韓国道徳科教育の研究

教科原理とカリキュラム

関根明伸　著

東北大学出版会

Research on Korean moral education

Subject principle and Curriculum

Akinobu SEKINE

Tohoku University Press, Sendai
ISBN978-4-86163-286-0

目　次

序章　本研究の意義と方法 ……………………………………………… 1

　第一節　研究主題…………………………………………………………… 3

　第二節　本研究の意義と特質 …………………………………………… 8

　第三節　研究方法と本論文の構成……………………………………… 13

　　第一項　研究方法と論文構成………………………………………… 13

　　第二項　関連用語の定義について …………………………………… 15

　　　1．社会認識教育と「社会認識教育」………………………… 15

　　　2．道徳教育と「道徳教育」……………………………………… 16

　　　3．「教育課程」とカリキュラム ……………………………… 16

第一章　米軍政初期の対韓教育政策と「社会認識教育」…………… 21

　第一節　米軍政の対韓教育政策と「社会認識教育」の展開

　　　　　（1945 〜 1946）…………………………………………… 23

　第二節　米軍政の開始と対韓教育政策 ……………………………… 23

　　第一項　米軍政庁の対韓教育政策…………………………………… 23

　　第二項　解放直後の教育課題………………………………………… 25

　　第三項　「韓国人有識者」の登用 …………………………………… 27

　第三節　「社会認識教育」関連の団体と教科書編纂 ……………… 29

　　第一項　「法令」にみる社会科的教科目への指示内容 ………… 29

　　第二項　社会科的教科目の教科枠の変遷と教科書の編纂 ……… 34

　　　1．社会科的教科目枠の変遷過程 …………………………… 34

　　　2．国語科教科書と社会科的教科目教科書の刊行 ………… 35

　第四節　米軍政期の社会科的教科目における内容と方法 ……… 38

　　第一項　震壇学会と朝鮮語学会……………………………………… 38

　　第二項　震壇学会による『国史』教科書の編纂 ………………… 38

　　　1．震壇学会の位置と活動………………………………………… 38

i

2．震壇学会の学問的背景 ……………………………………………… 40

　　3．震壇学会による『初等国史』教科書編纂の経緯 …………… 44

　　4．『初等国史』における社会認識教育論 ………………… 45

　　5．『初等国史』の内容構成 ………………………………… 47

　　6．『初等国史』の学習方法と「社会認識教育」………… 50

　第三項　朝鮮語学会による『初等公民』教科書の編纂 …………… 53

　　1．朝鮮語学会の位置と活動……………………………………… 53

　　2．朝鮮語学会事件と民族主義運動…………………………… 58

　　3．朝鮮語学会の活動と『初等公民』の編纂 ……………… 61

　　4．『初等公民』における「社会認識教育」……………… 63

　　5．『初等公民』における「修身」教科書の影響 ………… 70

　　6．公民科の性格と歴史的意義 ……………………………… 75

　第五節　米軍政初期における「社会認識教育」と歴史的意義 ……… 76

第二章　「教授要目」期における「社会認識教育」……………… 85

　第一節　「教授要目期」期における「社会認識教育」の展開

　　　　　（1946 ～ 1955 年）……………………………………… 87

　第二節　「教授要目」成立期の教育政策 …………………………… 88

　第一項　米軍政庁学務局（文教部）における

　　　　　　　教育主導勢力の活動と性格 ……………………… 88

　　1．韓国教育委員会および朝鮮教育審議会の構成 ………… 88

　　2．委員会の政治思想的背景　－韓国民主党の影響－ ………… 90

　　3．委員会の学問的背景

　　　　　－「米国留学帰国派」と「国内学派」－ ……………… 91

　第二項　「社会認識教育」における民主主義教育と民族主義教育 …… 94

　　1．民主主義教育と民族主義教育 ……………………………… 94

　　2．「米国留学帰国派」による民主主義教育の推進 ………… 94

　　3．「国内学派」による民族主義教育の主張 ……………… 96

　第三節　「教授要目」期の「社会認識教育」……………………… 99

目　次

第一項　「国民学校科目編成及び時間配当」と「教授要目」の制定

　　　　　　　　　　　　　　　　　　……………………………… 99

　　1．「国民学校教科目編成」の変遷 ………………………………… 99

　　2．「教授要目」の制定 ……………………………………………… 102

第二項　社会生活科による「社会認識教育」 ……………………… 103

　　1．社会生活科の教授目的と教授方針 …………………………… 103

　　2．社会生活科カリキュラムの内容 ……………………………… 105

　　3．内容編成におけるコロラド・プランの影響 ………………… 109

　　4．設問式単位学習と民主主義的教育法 ………………………… 113

　　5．社会生活科の意義と限界 ……………………………………… 117

第三項　国語科の中の「道徳教育」 ………………………………… 118

　　1．国語科の展開 …………………………………………………… 118

　　2．国語科の「教授要目」と目標および教授方針 ……………… 119

　　3．『初等国語』の内容 …………………………………………… 122

第四節　実践校の「社会認識教育」－孝悌国民学校－ …………… 139

第一項　孝悌国民学校による民族主義的教育と

　　　　　　　　　　　　　　民主主義教育の実践化 …… 139

第二項　尹在千の「民主的教育」における理念的形態 ………… 140

第三項　孝悌国民学校における社会科教育のモデル ……………… 143

　　1．初等地理科　第6学年『和蘭』単元の展開過程 …………… 143

　　2．「和蘭」単元における社会認識の深化過程 ………………… 145

　　3．孝悌国民学校における「民主的教育法」 …………………… 146

　　4．孝悌国民学校の歴史的意義 …………………………… …147

第五節　「教授要目」期の「社会認識教育」の歴史的意義 ………… 150

第三章　社会生活科と国語科による間接的な「道徳教育」 ………… 157

第一節　「第1次教育課程」制定期の「道徳教育」の展開

　　　　　　（1953 ～ 1963 年）…………………………………… 159

第二節　第1次教育課程」期の文教政策 …………………………… 160

iii

第一項　教育法の制定と「弘益人間」理念 ……………………… 160

第二項　建国初期の文教政策と「第1次教育課程」の制定 ……… 166

　　1．初代安浩相文教部長官の文教政策 ………………………… 166

　　2．第二代白樂濬文教部長官の文教政策 ……………………… 169

　　3．第三代金法麟文教部長官の文教政策 ……………………… 171

　　4．第四代李・根文教部長官の文教政策 ……………………… 174

　　5．「第1次教育課程」制定までの文教政策と奨学方針 ……… 174

第三節　「道徳教育」のための教科目設置をめぐる論議 ………………… 176

第一項　「道徳教育」科目設置の推進派 ………………………… 177

　　1．社会生活科による「道徳教育」への批判の立場

　　　　－崔鉉培の場合－ ………………………………………… 177

　　2．一元論的道徳教育の方法に対する批判の立場

　　　　－丁旭鎮の場合－ ………………………………………… 178

　　3．民主的道徳内容を強化する立場　－李相鮮の場合－ ……… 180

第二項　「道徳教育」科目設置の反対派 ………………………… 182

　　1．内容および方法論からの反対 …………………………… 182

　　2．「修身」の復活を危惧する立場からの批判 ……………… 184

第三項　「第1次教育課程」における道徳科目設置の方向性 ……… 185

第三節　米国教育使節団による「教育課程」改訂への影響 ……………… 186

第一項　第1～3次教育使節団とジョージ・ピバディ使節団 ……… 187

第二項　第3次教育使節団の報告書 …………………………… 189

第四節　「第1次教育課程」の制定 ……………………………………… 191

第一項　「教育課程時間配当基準表」と「第1次教育課程」制定の動向

　　　　　　　　　　　　　　　　　　　　　　　　　　…………… 192

第二項　「教育課程時間配当基準令」に見られる「道徳教育」………… 192

　　1．「教育課程時間配当基準令」の制定 …………………… 192

　　2．「特別活動」と「道義教育」の新設 …………………… 194

　　3．国語科および社会生活科の重視傾向 …………………… 196

第三項　「国民学校教科課程」の性格 ………………………… 196

目　次

第五節　「第１次教育課程」における「社会認識教育」と「道徳教育」
　　　　……………………………………………………… 199

　第一項　「第１次教育課程」国語科の「道徳教育」……………… 199
　　１．「第１次教育課程」国語科の目標 ……………………… 200
　　２．「第１次教育課程」国語科の内容および方法 ………… 201
　　３．「第１次教育課程」国語科の歴史的意義 …………… 221
　第二項　「第１次教育課程」社会生活科の「社会認識教育」… 222
　　１．「第１次教育課程」社会生活科の目標 ……………… 222
　　２．「第１次教育課程」社会生活科の内容と系列性 …… 225
　　３．「第１次教育課程」社会生活科の教育方法 ………… 237
　　４．「第１次教育課程」社会生活科の歴史的意義 ……… 262
　第六節　「第１次教育課程」期における「道徳教育」の歴史的意義 …… 264

第四章　「社会認識教育」からの「道徳教育」の分離と確立 ……… 271
　第一節　「第２次教育課程」および「第３次教育課程」期の展開 ……… 273
　第二節　「第２次教育課程」および「第３次教育課程」期の文教政策
　　　　……………………………………………………… 274

　第一項　過渡政府および第二共和国の文教政策（1960 ～ 1961 年）…… 274
　第二項　革命政府および第三共和国の文教政策（1961 ～ 1973 年）…… 277
　　１．革命政府の文教政策………………………………… 277
　　２．第三共和国政府の文教政策………………………… 280
　第三節　「第２次教育課程」における「社会認識教育」と「道徳教育」
　　　　……………………………………………………… 284

　第一項　「第１次教育課程」に対する改訂の要求 ……… 284
　　１．国家的・政治的な改訂への要求 …………………… 284
　　２．社会的・国民的な改訂への要求 …………………… 285
　　３．新教育運動への再考としての要求 ………………… 286
　第二項　「教育課程」の改訂を巡る論議と理念 ………… 288
　第三項　「第２次教育課程」の国民学校教育課程時間配当基準 ……… 294

v

第四項　「第2次教育課程」国語科による「道徳教育」…………………296

　　　1．「第2次教育課程」国語科の目標 …………………………296

　　　2．「第2次教育課程」国語科の内容 …………………………298

　　　3．「第2次教育課程」国語科の「道徳教育」………………305

　　第五項　「第2次教育課程」社会科における「社会認識教育」…………306

　　　1．「第2次教育課程」社会科の位置と目標 …………………306

　　　2．「第2次教育課程」社会科の内容構成 ……………………310

　　　3．社会的機能の配列と同心円拡大原理による編成 …………315

　　　4．「第2次教育課程」社会科に見られる社会認識形成の方法 …317

　　　5．「第2次教育課程」社会科における「社会認識教育」の深化

　　　　　　　　　　　　　　　　　　　　　　　　　　　　　…320

　　　6．「第2次教育課程」社会科の位置づけと性格 ……………322

　　第六項　特設「反共・道徳生活」の「道徳教育」……………………323

　　　1．「反共・道徳生活」の目標 …………………………………324

　　　2．教科書『正しい生活』の内容 ……………………………328

　　　3．内容の構成法………………………………………………335

　　　4．「反共・道徳生活」における教育方法

　　　　　　－徳目理解と態度形成の論理－ ………………………337

　　　5．「反共・道徳生活」の性格と歴史的意義 ………………341

第四節　「第3次教育課程」期における「社会認識教育」と「道徳教育」

　　　　　　　　　　　　　　　　　　　　　　　　　　　　…………343

　　第一項　「第3次教育課程」の制定と改訂の背景 …………………343

　　　1．文教政策の理念的背景　－国民教育憲章の具現化－ …………343

　　　2．学問中心教育課程の影響 …………………………………346

　　第二項　「第3次教育課程」の制定 …………………………………347

　　　1．1969年の部分改訂 …………………………………………347

　　　2．「第3次教育課程」制定の動向 …………………………349

　　　3．「第3次教育課程」の時間配当基準表 …………………350

　　　4．「第3次教育課程」の全体構成 …………………………352

目 次

　　第三項　「第3次教育課程」国語科の「道徳教育」……………………352

　　　　1.「第3次教育課程」国語科の目標 ……………………………352

　　　　2.「第3次教育課程」国語科内容の全体構成 ………………354

　　第四項　「第3次教育課程」社会科における「社会認識教育」…………361

　　　　1.「第3次教育課程」社会科の位置と目標 …………………361

　　　　2.「第3次教育課程」社会科の内容構成

　　　　　－分化的社会科への回帰－ ……………………………365

　　　　3.「第3次教育課程」社会科による社会認識形成の方法 ………373

　　　　4.「第3次教育課程」社会科の性格と位置づけ ……………380

　　第五項　「第3次教育課程」道徳科による「道徳教育」……………381

　　　　1.「第3次教育課程」道徳科の目標と位置 …………………381

　　　　2.「第3次教育課程」道徳科の内容構成 ……………………386

　　　　3.『正しい生活』に見られる「道徳教育」の教育方法 …………401

　第五節　「反共・道徳生活」による「道徳教育」の確立 ……………407

終　　章 ………………………………………………………………415

あとがき ………………………………………………………………427

参考文献 ………………………………………………………………431

資料編　「道徳教育」関連教科等の歴代「教育課程」

　　　　　　　　　　　　　（1947 ～ 1973 年）……………457

　Ⅰ.「教授要目」（軍政庁文教部『初・中等学校各教科教授要目集』1947 年）

　　　　　　　　　　　………………………………………459

　　　　1.「教授要目」国語科 ………………………………………459

　　　　2.「教授要目」社会生活科 ……………………………………460

　Ⅱ.「第1次教育課程」（文教部『文教部令第 44 号 1955 年 8 月 1 日公布、

　　　国民学校教科課程』）………………………………………490

vii

1．「第 1 次教育課程」国語科 ……………………………………… 490

2．「第 1 次教育課程」社会生活科 ……………………………… 494

III．「第 2 次教育課程」（文教部『文教部令第 119 号 1963 年 2 月 15 日公布、
国民学校教育課程』） ……………………………………………… 524

1．「第 2 次教育課程」国語科 ……………………………………… 524

2．「第 2 次教育課程」社会科 ……………………………………… 539

3．「第 2 次教育課程」反共・道徳生活
（文教部令第 251 号別冊 1969 年 9 月改訂） ………………… 549

IV．「第 3 次教育課程」（文教部令第 310 号 1973 年 2 月 14 日、
国民学校教育課程） ……………………………………………… 553

1．「第 3 次教育課程」国語科 ……………………………………… 553

2．「第 3 次教育課程」社会科 ……………………………………… 574

3．「第 3 次教育課程」道徳科 ……………………………………… 587

序　章

本研究の意義と方法

序章　本研究の意義と方法

第一節　研究主題

　本研究は、韓国初等学校における道徳科を対象に、1945 年の解放から 1970 年代までの関連教科等のカリキュラムを分析することにより、教科成立期における道徳科の教科原理とカリキュラム構造の解明を目的としている。

　解放（1945 年 8 月 15 日）から 28 年後の 1973 年、韓国の学校教育に新たに設置された「道徳」＝道徳科とは、一体如何なる歴史的課題に応える教科としての意義と役割を備えていたのか。そして、その教科は新たな「道徳教育」のために如何なるカリキュラム構造を備えていたのだろうか。

　2017 年現在、韓国の初等学校と中学校には「道徳」という必修教科が設置されており [1]、わが国の「特別の教科　道徳」と同様に、教科教育としての「道徳教育」が実施されている [2]。しかも、日本統治時代の 1910 年から 1945 年までは修身科の教育 [3] が実施されていただけでなく、解放後においても、韓国の「道徳教育」が辿ってきた歴史的な展開にはわが国と驚くほど多くの共通点がある。

　例えば、日本統治時代からの「修身」は 1945 年 9 月に廃止されたが、それに入れ替わるように「公民」が設置され、さらに 1947 年には米国から導入された「社会生活」（後の「社会」）が再度それに代わって設置されている。つまり、韓国においても戦後の一時期には、米国から導入された「社会生活」（Social Studies）による経験主義的で総合教科的な社会科教育を中心に「道徳教育」が展開されていたわけである。また、1963 年の「第 2 次教育課程」制定時には「反共・道徳生活」の「時間」が新たに「特設」され、続いて 1973 年の「第 3 次教育課程」制定時にはそれが正式の教科である「道徳」＝道徳科へと昇格し、今日に至っている。教科化される以前は「特設道徳」であったように、両国の「道徳教育」をめぐる歴史的な展開には共通する経緯や特徴が少なくないのである。

　だが、こうして 1970 年代に教科化された韓国の道徳科だが、現在もな

お教科としての意義やアイデンティティーに関する論議は論争的であり[4]、教科の原理的な本質究明は重要な課題の一つとなっている。それは、歴史的にみて、道徳科の教科としての意義や位置づけが不安定だったからである。とりわけ、「特設」化されるまでの「道徳教育」は、実際には「社会生活（社会）」の中だけで展開されていたわけではなく、他の社会科的教科目や「国語」においても複線的かつ潜在的に展開されており、かえってそのことが教科化後も単一教科としての性格や位置づけを曖昧にし、教科原理や性格を不明瞭にさせてきた側面を持っている。また、それは母体の「社会生活（社会）」についても同様であった。「第1次教育課程」（1955）の「社会生活」のカリキュラムには「道徳教育」的な内容が多く混在していただけでなく、「第6次教育課程」（1987）の制定時には、低学年の社会科が廃止されて新たに「正しい生活」へと改編された経緯がある[5]。社会科もまた不安定な教科であり、単一教科としての意義や位置づけが問われ続けてきたと言っても過言ではないのである。

　そもそも、韓国の道徳科とは1973年に一体如何なる教科として成立し、登場したのか。そして、今後は如何なる教科として存在すべきなのか。こうした教科の原理や特質に対する本質的な「問い」は、現在もあらためて究明されるべき課題の一つとなっているのである。

　一方、戦後のわが国の「道徳」の場合はどうであろうか。1958（昭和33）年に学習指導要領上に「特設」されて以来、これまで小学校と中学校では学校教育活動の全体を通じた「道徳教育」を前提としながら、週1単位時間の教科外の「道徳の時間」が設けられ、担任教師による組織的かつ計画的な「道徳教育」が進められてきた。いわゆる「特設道徳」である。

　だが周知の通り、2015（平成27）年3月27日、文部科学省から学校教育法施行規則の一部を改正する省令及び学習指導要領の一部改訂が告示され、「特設」から約60年の歳月を経て、「道徳の時間」は「特別の教科　道徳」＝道徳科へと格上げされた[6]。2017年現在は移行期間中だが、小学校では2018（平成30）年度、中学校では2019（平成31）年度から

序章　本研究の意義と方法

全面実施される直前となっている。このような戦後の「道徳教育」の歴史的転換期にある現在、我々にはこれまでの「特設道徳」の成果や課題に真摯に向き合いながら、あらためて教科教育としての今後の道徳科の在り方や課題について本質的で生産的な議論を重ね、研究や実践を一層推進していく必要があると考える。

　その理由の一つは、教科教育学的な研究と実践が必要とされているからである。かつての「文部省対日教組」という対立構図に象徴されるように、これまで戦後のわが国の「道徳教育」は、左右のイデオロギー対立に巻き込まれて政治問題化したことにより、「特設」の是非の論議だけは論争的である一方で、「道徳」そのものへの本質的で原理的な追究は十分になされてこなかった[7]。すなわち、「特設道徳」への反対派は戦前の「修身」の復活への危惧と不毛な是非論に終始して「道徳」を忌避し、一方の推進派は、研究対象を学習指導要領の範囲内に限定して議論を矮小化したため、オープンで生産的な議論の場は極めて限定的となっていたのである。その存在自体が是非論に二分化された「道徳」が、必ずしも現場の教師や教育学研究者達の興味や関心を引けなかったのは、ある意味で当然であったかも知れない。

　また、こうした問題は一般には「道徳の時間」の未履修や形骸化の問題として表出したが[8]、より根本的にはカリキュラムの目標、内容、方法、評価等に対する理論的かつ実証的研究、すなわち教科教育学的な研究に停滞をもたらしたことにこそ深刻さがある。たしかに、これまでも官民の様々な研究会や学会あるいは優れた個人の研究が、一定の成果とともに「道徳」の活性化と発展に貢献してきたのは事実である。だが、それらの多くは哲学的・思想的・歴史的関心からの本質論研究か、あるいは単発の実践報告や対処療法的なハウツー（how-to）論の研究に大きく二極化しており、カリキュラムや教科書、そして授業論等を対象化して教科教育学的に検証し、その成果を蓄積しようとする研究活動は低調であった。その理由は、「道徳」が教科外であったからにほかならないが、より根本的には、学習指導要領上では他教科と同様のカリキュラム

5

構造を持つにも拘らず[9]、教科教育学的には追究しようとはしなかった点にあるのではないか。学問的な検証や検討を経てこそ、現時点での到達点や課題の所在が明確となり、有効で有意義な「道徳教育」の創造へつながるはずだが、そのための認識や意識は不十分であったと言わざるを得ないのである。

　そして二つ目は、道徳科の教科教育的意義と役割を明確にすべきだからである。わが国の「道徳教育」は、「学校の教育活動全体を通じて」行なうことを原則としつつ、一方では「各教科，外国語活動，総合的な学習の時間及び特別活動における道徳教育と密接な関連を図りながら，計画的，発展的な指導によってこれを補充，深化，統合」[10]するための「道徳の時間」を設けてきた。すなわち、全面主義的な「道徳教育」と、それを「補充、深化、統合」する「道徳の時間」との二本立てで実施されてきたわけである。ところが、この全面主義的な「道徳教育」と教科外の「道徳の時間」との関係や位置づけが曖昧で不明瞭なために、そのことが「道徳」の地位や存在を不安定にさせ、実践をも困難にしてきた側面を持っているのである。

　そもそも戦後のわが国の「道徳教育」は、1958（昭和33）年に突然に「道徳」が「特設」されて開始されたわけではない。米国の占領期には、学校教育活動の全体を通じた生活指導的な実践を基本にしつつ、社会科が主としてその役割と責任を兼ねた時期が存在していたのである。いわゆる「初期社会科」[11]の実践である。したがって、「特設道徳」とはこの「初期社会科」から「道徳教育」の部分だけが切り離されて設置された特別の「領域」なのであり[12]、逆を言えば、「特設道徳」の母体は「初期社会科」だったということになるのである。

　そして問題は、この「初期社会科」が戦後直後には多様な実践が全国的に展開された一方で、逆にそのことが単一教科としての性格と役割を曖昧にさせ、「特設道徳」にも同様の課題を残したことにある。教科として不安定な「初期社会科」から分離された「道徳」は、その位置づけや性格もやはり不安定にならざるを得なかったのである。1992年には、低

学年社会科は廃止されて生活科に変更され、一方で高等学校では地歴科と公民科に分化されたが、これらは社会科が必ずしも安定的ではなかったことの証左といえるだろう。

　以上のように、戦後の日韓両国では、「道徳教育」の位置づけや在り方は常に問われ続けてきたのであり、固有のカリキュラムを持つ教科または「領域」として模索されてきたとみることができる。よって、両国とも教科教育となった現在、道徳科の教科原理とカリキュラム構造を究明することにより、教科のアイデンティティーとしての本質を明らかにすることは、今後の教科教育学的研究と開発を進めていく上で喫緊の課題となっているのである。

　そこで本研究は、韓国の「道徳教育」とは如何なる位置づけや役割、そしてカリキュラムの原理を有していたのか（有してきたのか）、韓国道徳科の成立過程について、カリキュラムの変容を中心に分析しながら、教科原理の特質とカリキュラム構造を明らかにしようとするものである。

　なお、前述したように、韓国の「道徳教育」は解放後の社会科的教科目と社会科、そして国語科をはじめとする他の関連教科目の思想と実践、あるいは「教育課程」と国定教科書の発展と改編の結果として成立し、展開されてきたものである。したがって、道徳科成立の過程で表出したカリキュラムの分析と解明からは、歴史的に展開されてきた国家レベルでの「道徳教育」に対する基本的方針や方向性の解明だけでなく、戦後に同様の課題を抱えてきたわが国の「道徳」の本質を問う意味でも、あるいは今後の「特別の教科　道徳」の方向性を問う意味でも大きな示唆を見出すことができると考える。

　さらに、本研究の意義と役割は「道徳教育」分野のみに留まるものではない。「道徳教育」の課題だけでなく、韓国の社会科的教科目に対する教科教育学的な関心や比較教育学的な関心、あるいは国語科と「道徳教育」の関連や政治と「道徳」の教科化との関連、さらには日本統治時代の「修身」から解放後の「道徳教育」への連続性の解明にも一定の手がかりを与えるものとなっている。本研究は、あくまでも韓国道徳科の成

立期における教科原理とカリキュラム構造の究明を中心的なテーマとするが、米軍政期から1970年代の教科成立までのカリキュラムを分析することにより、こうした点についても若干の解答と示唆を与えるものとなっている。

第二節　本研究の意義と特質

次に、本研究の意義と特質について述べたい。これまで、解放後の韓国の道徳科を対象に、社会科的教科目および周辺教科との関連性から、重層的な教科構成の成立過程を明らかにして教科の本質を究明した研究は見られない。ただし、文教政策やカリキュラム変遷の分析の視点からその特質と性格を究明しようとした研究には、以下の論文がある。

①林奉洙『韓国道徳教育の変遷過程とその教科内容の分析』公州教育大学校教育大学院修士学位論文、1986年
②コ・グァンスン『初等道徳科教育課程の変遷に関する研究』春川教育大学校教育大学院修士学位論文、1998年
③桂俊燮『韓国初等道徳科教の変遷に関する研究』ソウル教育大学校教育大学院修士学位論文、1999年
④チョ・デヒョン『初等道徳科教育課程の変遷に関する研究』韓国教員大学校教育大学院修士学位論文、2000年

また、社会科教育の成立史研究の中で、部分的に「道徳」に触れた研究には以下の論文がある。

⑤朴光熙『韓国社会科の成立過程とその過程変遷に関する一考察』ソウル大学校教育大学院、修士学位論文1965年
⑥李鎭碩『解放後韓国社会科の成立過程とその性格に関する研究』ソウル大

序章　本研究の意義と方法

学校大学院博士学位論文、1992 年

　さらに、「道徳教育」と関連性の高い社会科教育について通史的に変遷過程を分析し、その特質を究明しようとしたものには以下の論文がある。

⑦李燦「社会科教育の導入と変遷過程及び展望」韓国社会科教育研究会『社会科教育』第 5 号、1971 年
⑧金謙熙『韓国初等学校教育課程の変遷に関する研究』慶熙大学校教育大学院修士学位論文、1974 年
⑨金龍満「韓国社会科教育の変遷と展望」韓国社会科教育研究会『社会科教育』第 20 号、1987 年
⑩金永千『韓国国民学校社会科教育課程変遷に関する研究』東亜大学校教育大学院修士学位論文、1988 年
⑪徐在千『韓国国民学校における社会科教育展開過程の研究』広島大学大学院博士学位論文、1993 年
⑫朴南洙『韓国社会科教育成立過程の研究』広島大学大学院博士学位論文、2001 年

　以上の研究成果を概観すれば、①～⑪は道徳科教育と社会科教育に関連する教育行政的な背景や政策、あるいは「教育課程」の変容過程の通史的な分析によって当該教科の特質を究明しており、一般教育学的な立場からの研究とその成果が主流となっている。ただし、⑫の朴南洙の『韓国社会科教育成立過程の研究』だけは、政策や「教育課程」の表面的な分析に止まらず、カリキュラムに内在する編成原理に焦点化して究明を試みており、教科教育学的な視座から実相の解明を試みた点で特異である。だが、「道徳教育」に限って言えば、道徳科だけでなく、関連する教科目も分析の対象にしながらカリキュラム編成の原理を究明し、教科の特質を究明した先行研究は、管見の限り見当たらない。
　また、上記の道徳科教育および社会科教育に関連する研究論文には、

次のような特徴と問題点がある。

　その第一は、教科の本質を究明する上で、上記の諸研究は「道徳」あるいは「社会」という一つの教科のみを分析の対象に究明が試みられている点である。前述したように、韓国の「道徳」は、単なる単一教科の改編の結果として1973年に突如登場したわけではない。複数の関連教科目の改編と生成過程の中で形成されたのであり、それら諸教科目との連関性と影響関係を無視して本質を考察することは、困難と言わざるを得ないのである。

　例えば、1945年8月の解放から1970年代において、「道徳教育」と関連した教科目の変遷を図表化すれば図1の通りとなる。1945年9月、米軍政庁学務局は全6科目の「時間配当表」を発表したが、その直後には12科目に変更し、さらに翌年の1946年9月には、全部で8科目に再度修正した[13]。とりわけ、社会科的教科目に対する科目編成の変更は目まぐるしく、「公民」「地理・歴史」（1945年9月）→「公民」「地理」「歴史」（1945年9月）→「社会生活」（1946年9月）というように、改編は短期間で集中的になされていた。しかも前述したように、社会科的教科目は1946年9月に複数の分科形態から単一で総合教科の「社会生活」に突然変更されただけでなく、1963年の「第2次教育課程」では「社会生活」が「社会」に改称され、その「社会」から「道徳教育」的な内容が分離・独立することで「反共・道徳生活」が特設されているのである。さらに、1973年の「第3次教育課程」では「反共・道徳生活」が教科化されて「道徳」へと昇格し、現在に至っている。つまり、「道徳」という教科が成立するまでには、日本統治時代の「修身」に代わって設置された「公民」だけでなく、「地理」「歴史」「社会生活」（「社会」）「反共・道徳生活」等の複数の社会科的教科目の改編が深く関わっており、教科の本質究明のためには、これらの諸教科からの影響関係も含めた分析と考察が必要となってくるのである。

　なかでも、「歴史」については注意する必要がある。というのは、米軍政初期の文教行政には、日本統治の時代から震壇学会に所属していた

序章　本研究の意義と方法

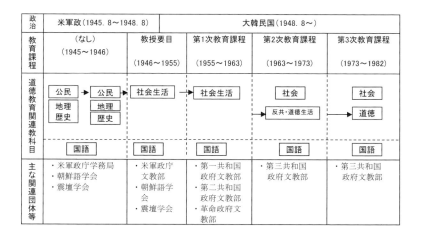

図1　「第3次教育課程」期までの道徳教育関連教科目 (1945〜1982)
　　　矢印は当該期に中心的に「道徳教育」を担った教科等を示す。(筆者作成)

歴史学者が多数関わっていたが、彼らは「歴史」や「公民」の教科書の作成に関わることで、間接的に当時の「社会認識教育」と「道徳教育」にも重要な役割を果たしていたからである。また、「国語」についても同様である。繰り返しになるが、解放後の韓国の「道徳教育」は、1945年9月に日本統治時代の「修身」が廃止され、代わりに設けられた「公民」から出発している。そして、この教科の設置の際に「公民」の目標と内容を考案しただけでなく、教科書の作成にも中心的に携わっていたのが朝鮮語学会の国語学者達であった。しかも、彼らは同時期に「国語」の教科書も作成しており、これら両教科の教科書には多数の似通った「道徳教育」的な題材が見受けられるのである。よって、複数の教科目の改編と展開の帰結として誕生した「道徳」の本質究明のためには、「国語」も含む社会科的教科目のカリキュラムの変容を視野に入れながら、多角的に検討していくことが求められるのである。

　第二に、これらの成立過程研究の多くは一般教育史的な研究の傾向が強く、教科教育学的な視点からの究明は看過されている点である。朴論

II

文を除けば、多くの研究論文は、中心となる個人の思想や諸団体の活動や報告を対象とするか、「教育課程」の記述内容、そして登場する単語の定量的な分析とその考察に止まるものがほとんどである。そこでの研究対象は、公文書にみられる文教政策や教科目の目標や内容、あるいは個人の言説であり、カリキュラムに内在する教科としての論理の究明はほとんど看過されている。たしかに、カリキュラムに影響を与えた文教部の方針や政策、あるいは中心人物等の言説を分析することは全体的な特徴を把握する上では重要かつ不可欠かも知れない。しかし、教科としての「道徳」の成立過程と本質を究明する上で、より中心的に問われるべきは固有のカリキュラムの目標と内容であり、その方法ではないだろうか。

　例えば、「初期社会科」の実践について言えば、わが国の戦後直後には実に多種・多様な「社会認識教育」が実践されていたが、その本質や今日的意義の追究のために、教科教育学的な視座からも精力的にその解明と再評価が進められている。そしてそれらの多くの研究成果は、現代の社会科教育実践にも多くの示唆を与え続けているのである[15]。一方、韓国における「道徳教育」および「社会認識教育」の成立過程に関する研究は、文教政策の分析を主とするマクロ的な視点からのものが主流となっており、カリキュラムや教科書の記述の事実に基づく教科教育学的な分析と研究成果の蓄積は必ずしも多くない。そこに現れた目標や内容、そして方法の事実から実相を解明し、課題点を明確にしていく教科教育学的な研究は、韓国でも要請される課題となっているのである。

　以上より、韓国における道徳科の成立過程と教科の本質を究明する上で、より重要な課題は、国家的な文教政策はいうまでもないが、「教育課程」および教科書等の第一次資料を対象に、「道徳教育」に関連の深かった周辺教科目の教科原理も同時に解明していく点にある。当該教科のみならず、近接し、関連する社会科的教科目や「国語」に内在する「道徳教育」の論理の解明も進めながら、同時に歴史的な結実としての道徳科の論理を紐解いていくことが求められるからである。

序章　本研究の意義と方法

第三節　研究方法と本論文の構成

第一項　研究方法と論文構成

　解放後の韓国で、米軍政庁および韓国政府によって展開された「道徳教育」は、社会科的教科目や「社会生活」(「社会」)、「国語」、そして「反共・道徳生活」を通してどのように「道徳」へと結実していったのか。繰り返しになるが、この問いに答えるためには単一の教科目の分析だけでは不十分である。「道徳教育」的な内容は複数の教科目にまたがって内包されていただけでなく、1973年に成立した教科「道徳」も、それら周辺教科目との関連の下で改編されながら登場した教科だったからである。

　よって本研究では、韓国の初等学校道徳科の成立過程について、①社会科的教科目、「社会生活」(「社会」)、「国語」、「反共・道徳生活」の相互のカリキュラムの関連性から捉え直し、②カリキュラムに内在する社会認識形成の論理を分析する、という2点からトータルとしての特質を歴史的・理論的に解明していく。つまり、上記の諸教科目の目標、内容、方法を貫くカリキュラムの構造を社会認識形成の教育という視点から分析し、道徳科の成立過程に伴う教科構成の論理を抽出することで、教科原理とカリキュラムの構造を明らかにしようとするものである。

　なお、本研究は具体的には以下のような手順と方法をとる。

　第一に、国家基準カリキュラムの「教育課程」[16]および教科書の編纂に影響を与えた政治的、社会的諸団体の委員会や個人名、あるいは中心的な文教政策を明らかにし、そこにおいて内在的に主張された教育論の検討により、緒教料に対する要求とその成立基盤について明らかにする。前述した図1の「主な関連団体等」の部分である。

　第二に、教科「道徳」の成立を解放後の各時期の歴史的課題に応えようとした「社会認識教育」の変容と捉え、そのカリキュラムの変容過程と展開を中心に明らかにする。対象となる教科目は、図1の「道徳教育関連教科目」の教科目群である。なお、具体的なカリキュラムおよび教

科書の分析にあたっては以下の点に焦点化し、方法論として位置づける。

①各時期の「教育課程」における各教科の時間配当基準は、どのように設定されていたのか。
②どのようなカリキュラムおよび教科書が編成され実践されていたのか。（目標、内容、方法）
③そのカリキュラムや教科書はどのような構造で、どのような教育観や社会科教育観、そして道徳教育観で構成されていたのか。

　また、本研究では以上の目的を達成するために、以下の手順で進めていく。まず、第1章では1945年8月の解放から「教授要目」が制定されるまでの米軍政期の1946年までを対象に、「社会生活」が登場する前段階での米軍政庁の対韓教育政策の概要と「公民」「地理」「歴史」の展開について整理する。併せて、それらの教科書作成に影響を及ぼした研究会や学会等の性格についても検討する。図1の「教育課程」の「なし」の時期が対象である。第2章では、「教授要目」から「第1次教育課程」が制定されるまでの1946年〜1955年の時期を対象に、文教政策の中心であった審議会等の構成員の性格や特徴を整理し、「国語」と米国からの「社会生活」を中心的な分析の対象としながら、当時の民族主義的教育思潮と民主主義的教育思潮が両教科に与えた影響と性格を論じていく。図1の「教授要目」期が対象となる。第3章では、「第1次教育課程」から「第2次教育課程」が制定されるまでの1955年〜1963年の時期を対象に、第1代から第4代までの文教部長官の文教政策と道徳教育科目の設置をめぐる賛否の論議を取り上げ、「社会」および「国語」のカリキュラムの中で、「道徳教育」はどのようなかたちで展開されていたのかを明らかにする。図1の「第1次教育課程」の時期である。第4章では、「第2次教育課程」から「第3次教育課程」までの1963年〜1973年の時期を対象に、革命政府および第三共和国文教部の政策展開と、「社会」から「道徳教育領域」の部分が切り離されて「反共・道徳生活」が特設され、

序章　本研究の意義と方法

さらに「道徳」に教科化されるまでのカリキュラムと教科書の変容過程に着目して特徴を明らかにする。図1の「第2次教育課程」と「第3次教育課程」の両時期が対象となる。

このように検討した後に、終章では、現在まで固有の「時間」とカリキュラムを設けて組織的かつ体系的に行なわれてきた韓国の道徳科の成立過程と特質について、歴史的かつ理論的に究明し、その教科原理とカリキュラム構造の本質について考察する。

第二項　関連用語の定義について

本節の最後に、研究上の齟齬と混乱を避けるため、本研究で使用する社会認識教育と道徳教育関連の用語の定義について触れておきたい。

日本社会科教育学会によれば、社会認識とは、「社会科を教科として成り立たせる知的活動領域であり、社会科教育の成果として子どもの内面に形成される社会事象に関する知的体系」[17]と定義されている。しかし、本研究では研究目的を遂行する上での分析対象が、社会科以外の教科目にも範囲を拡大して考察するため、社会認識の概念の適用を社会科の範囲内に限定せず、「国語」や他の道徳教育関連教科目まで含めた範囲に広げることにしたい。つまり、本研究における社会認識とは、「子どもの内面に形成される社会事象に関する知的および道徳的体系」と捉えて論を進めることにする。

また、カリキュラムと教科書における分析の範囲と研究結果の明確化のために、本研究では、関連用語については以下のように定義づけをして論考を進めることにしたい。

1．社会認識教育と「社会認識教育」

本研究において、社会認識教育とは、社会科教育等で育成する社会事象に関する認識だけではなく、道徳教育における価値認識までも含む広い概念として捉え、一般的な用語としての「社会の認識に関連する教育」という意味で用いることにする。したがって本研究で言えば、「修

身」「地理」「歴史」「公民」「国語」「社会生活」「社会」「反共・道徳生活」「道徳」等の諸教科目によって実施された、広い概念としての「社会認識に関連する教育」を指すことにしたい。

だが、括弧書きで「社会認識教育」と表記した場合は、「社会認識を主たる目的とする関連教科目による教育」という狭い概念として用いることにする。本研究で言えば、「公民」「地理」「歴史」「社会生活」「社会」の諸教科目における社会認識教育を指している。

2．道徳教育と「道徳教育」

道徳教育は、道徳的な教育内容や教育活動に関して一般的に用いられる広い意味の概念として用いることにしたい。本研究においては、「反共・道徳生活」あるいは「道徳」という教科等に限定した概念ではなく、全ての教科等に潜在的に含有される道徳教育の内容や活動も含む広い概念を指すことにする。

しかし、「道徳教育」と括弧書きで表記した場合には、「道徳教育を主たる目的とする関連教科目等または領域によって行われる道徳教育」として、教科教育的な限定的な意味で用いることにしたい。本研究で言えば、「修身」「反共・道徳生活」「道徳」そして、「第1次教育課程」社会科における「道徳教育領域」の教育を指すことになる。

3．「教育課程」とカリキュラム

教育課程とは、元々はカリキュラム (curriculum) の訳語という関係にあるが、そのカリキュラムの語義的解釈は、論者やカリキュラム研究の立場の相違によって諸説があるため、しばしば両者は混同されて使用される場合が少なくない。

しかし、本研究でのカリキュラムとは、「教育目標に即して児童生徒の学習を指導するために、学校が文化遺産の中から選択して計画的・組織的に編成して課する経験の総体」[18] という広義の意味で用いることにし、接続する修飾語で限定的に説明することにしたい。例えば、わが国

序章　本研究の意義と方法

の国家基準カリキュラム＝学習指導要領、である。

　一方、教育課程については、わが国では 1951（昭和 26）年の学習指導
要領で初めて登場して以来、1958（昭和 33 年）年の学校教育法施行規則
改正では、各学校の教育課程の基準としての学習指導要領が法的に規定
されたことで、教育課程とは公的な制度的枠組みとしての「教育計画」
を指している。しかし、韓国ではわが国の学習指導要領に相当する国家
基準カリキュラムそのものを、1963 年の「第 2 次教育課程」より「教育
課程」と呼んでいる。したがって本研究では、韓国における国家基準の
カリキュラムを指す場合には括弧書きの「教育課程」と表記し、「教育計
画」としての教育課程と区別しながら限定的に論考を進めていくことに
する。

1　2017 年現在、初等学校では 3 〜 6 学年、中学校では 1 〜 3 学年に「道徳」という
　教科が設置されている。前者では担任教師が、後者では道徳科の教員免許を有す
　る専任教員が授業を担当している。
2　2015（平成 27）年 3 月 27 日、学校教育法施行規則の一部改正する省令および学習
　指導要領の一部改正が告示され、学校教育法施行規則のなかの「道徳」は「特別
　の教科である道徳」と改められ、教科化された。
3　劉奉鎬『韓国教育課程史研究』教学研究社、1992 年、68 頁。「修身」が初めて登
　場したのは、1905 年 11 月 17 日の乙巳保護条約の締結後、1906 年 8 月 27 日に公布
　された普通学校令においてであった。その第一条には、「普通学校の教科目は、修
　身と国語と漢文と日語と算術と地理歴史と理科と図書と体操とし、女子には手芸を
　加える」とある。
4　韓国教育課程評価院『新しい道徳科の性格と目標定立　研究資料 ORM2005-28』
　2005 年、23 頁。現在、韓国では道徳科に政治教育的内容が含まれていることに関
　連して論争がある。例えば教育課程評価院は、2005 年に次期「教育課程」改訂作
　業の一環とし、全国教職員労働組合、韓国教員団体総連合会、韓国道徳倫理科
　教育学会、韓国倫理教育学会、韓国哲学会、韓国国民倫理学会、韓国初等道徳教
　育学会等の道徳教育関連団体によるワークショップを開催し、その成果を報告書に
　まとめたが、その中で全国教職員労働組合の見解として、道徳科による政治教育へ
　の批判が次のように記述されている。「道徳科は現在も政治教育（北朝鮮及び統一
　教育内容を含む）をかなりの部分で含んでおり、保守的性向のある理念教科という
　批判を受けているので、そのことが道徳科廃止論に名分を提供している。したがっ
　て、道徳科からは政治教育（北朝鮮及び統一教育内容を含む）及び社会科学的内
　容を払拭しなくてはならない。」

17

また李在鳳は、韓国の歴代の政権は政治権力の維持と個人的カリスマを深化さ
せるために権威主義体制を強固にさせていく政策として、反共イデオロギーと近代
化、あるいは発展イデオロギーを統治理念としてきた点を指摘している。そして韓
国の道徳教育における「反共教育」や「政治教育」も政治的機能と深く結びついて
きた点を問題点としてあげている。(李在鳳「韓国政治教育発展の体系的分析研究
──初中高道徳国民倫理科教育課程を中心に──」ソウル大学校博士学位論文、
1991 年、2 頁。)

5　現在の韓国においても、学校制度は原則的に単線型の 6・3・3・4 制であり日本と
よく似ている。「道徳」と「社会」の統合教科である「正しい生活」は、初等学校
の第 1, 2 学年だけに設置されている教科である。したがって 2017 年現在、「道徳」
は初等学校の 1, 2 学年では廃止されており、初等学校 3 学年〜中学校 3 学年の 7
年間の義務教育の「教育課程」に設置されている教科である。なお、道徳教育の
関連科目として、高等学校では「倫理と思想」「生活と倫理」「古典と倫理」という
選択科目が設置されている。

6　2017 年現在は移行期間となっているが、小学校では 2018（平成 30）年度、中学校
では平成 2019（平成 31）年度から道徳科が全面実施される予定となっている。

7　貝塚茂樹「道徳の教科化──『戦後七〇年の対立を超えて』──」、文化書房博文
社、31 頁。

8　1963 年（昭和 38 年）の教育課程審議会答申「学校における道徳教育の充実方策に
ついて」では、「教師のうちには、一般社会における倫理的秩序の動揺に関連して
価値観の相違がみられ、または道徳教育についての指導理念を明確に理解していな
い者がみられる。そこで、いわゆる生活指導のみをもって足れりとするなどの道徳
教育の本質を理解していない意見もあり、道徳の指導について熱意に乏しく自信と
勇気を欠いている者も認められる。また一部ではあるが、道徳の時間を設けていな
い学校すら残存している。」と指摘している。

9　現在の「道徳」学習指導要領では、各教科は「1．目標」、「2．内容」、「第 3．指
導計画の作成と内容の取扱い」となっている。ただし、平成 20 年 3 月 28 日に告示
の学習指導要領「道徳」では、「2．内容」が、教科では「2．各学年の目標と内
容」となっている。

10　文部科学省「小学校学習指導要領」、平成 20 年、90 頁。平成 20 年 3 月 28 日、文
部科学省より告示された小学校学習指導要領の「第 3 章道徳」の「第 1 目標」に
は、「道徳の時間においては、以上の道徳教育の目標に基づき、各教科、外国語活
動、総合的な学習の時間及び特別活動における道徳教育と密接な関連を図りなが
ら、計画的、発展的な指導によってこれを補充、深化、統合し、道徳的価値の自覚
及び自己の生き方についての考えを深め、道徳的実践力を育成するものとする。」
とあり、また「第 2 内容」には、「道徳の時間を要として学校の教育活動全体を通
じて行う道徳教育の内容は、次のとおりとする。」として教育内容が示されている。

11　小原友行『初期社会科授業論の展開』風間書房、3 - 4 頁。ここでの「初期社会
科」とは、1947（昭和 22）年版学習指導要領社会科編およびその第一次改訂版で
ある 1951 年版学習指導要領社会科編で示された社会科を中心としながら展開され
た、昭和 20 年代の成立期社会科を意味しており、ジョン・デューイを代表とする

序章　本研究の意義と方法

アメリカの経験主義教育論を背景とすることから「経験主義社会科」、あるいは問題を解決させることによって社会生活の理解（知的側面）と市民的態度・能力（実践的側面）を統一的に育成することをねらいとしたことから、「問題解決社会科」と規定されることもある。

12　水原克敏『現代日本の教育課程改革』風間書房、1992 年、355 頁。日本の昭和 33 年度改訂の小学校学習指導要領をみてみると、「道徳」が「特設」して独立したことから社会科の授業数は前回より削減されている。

13　中央大学校附設韓国教育問題研究所『文教史』中央大学校出版局、1974 年、85-86 頁。

14　朴鵬培「米軍政期及び草創期の教科書」『韓国の教科書変遷史』韓国教育開発院、1982 年、55-56 頁。
　　呉天錫『韓国新教育史』、現代教育叢書出版社、1964 年、392 〜 393 頁。詳しくは第一章第一節において後述する。

15　例えば、昭和 22 年発行『学習指導要領社会科編 I （試案）』、23 年の『小学校社会科学習指導要領補説』、26 年の『小学校学習指導要領社会科編（試案）』に示された社会科と、それらに基づいて展開された様々な社会科教育の理論と実践について体系的に明らかにした研究には、平田嘉三他『初期社会科実践史研究』等がある。同書は初期社会科実践が示唆する点を明らかにするとともに社会科教育の本質を究明するための方法論として、全国各地の小学校で編成され実践された初期社会科の優れたカリキュラムや実践記録を取り上げ、それらに対して社会科教育学的な視点から構造的に分析し、考察を試みている。（平田嘉三他『初期社会科実践史研究』教育出版センター、1986 年参照。）

16　ただし、米軍政時代については、1947 年 1 月に米軍政庁から発表された「教授要目」を分析の対象にした。

17　日本社会科教育学会『社会科教育辞典』ぎょうせい、2000 年、64 頁。

18　細谷俊夫その他『新教育学大辞典』第一法規出版、平成 2 年、40 頁。

第一章

米軍政初期の対韓教育政策と
「社会認識教育」

第一章　米軍政初期の対韓教育政策と「社会認識教育」

第一節　米軍政の対韓教育政策と「社会認識教育」の展開
（1945 ～ 1946）

　1945 年 8 月 15 日の日本の敗戦は、朝鮮半島においては日本による統治
からの解放とともに、教育政策の重大な転換を意味した。日本統治時代
（1910 ～ 1945）の朝鮮においては、第 1 次（1911 年）、第 2 次（1922 年）、
第 3 次（1938 年）、そして第 4 次（1943 年）までの 4 度にわたる「朝鮮教
育令」を中心に、皇国臣民化を目的とした日本人同化のための教育政策
が強力に展開されていたからである。朝鮮総督府は、これらの朝鮮教育
令にもとづいた教育内容の統制化と画一化、そし中央集権化を進めなが
ら、とりわけ学校においては「修身」を設けて、修身科教育の「道徳教
育」を推進した。しかし、第二次世界大戦の終結と日本の敗戦は、こう
した「道徳教育」からの解放と再出発を意味することとなり、その直後
に占領した米軍政統治による教育改革によって、解放後の「道徳教育」
は大きく変貌していくことになるのである。

　本章では、1945 ～ 1946 年に解放後の教育の在り方を特徴づけた米軍
政庁と、その下で展開された「道徳教育」、そして関連した社会科的教科
目の性格に着目して考察を進める。米軍政庁の教育政策と社会科的教科
目のカリキュラムを検討することにより、解放直後の占領期に展開され
た「道徳教育」の特質とそれらの歴史的な意義の検討を試みる。

第二節　米軍政の開始と対韓教育政策

第一項　米軍政庁の対韓教育政策

　解放後、1945 年 8 月 18 日の北方からのソ連軍と 1945 年 9 月 8 日の南
方からの米軍による朝鮮半島への上陸は、以降の南北分割占領統治と国
家・民族分断を固定化させる端緒となり、一転して朝鮮半島の歴史は、米
ソのイデオロギー対立による世界再編の部分的過程として位置づけられ

ることになった。国家の体制が民族の自主的な自律性ではなく、他律的な国際関係に大きく依拠されることになったからである。このような中で、1945年9月20日には朝鮮半島の南半分（現在の韓国[1]）では米軍による軍政（Military Government）統治が開始され、解放後の韓国の教育は、統治機構である米軍政庁学務局によって進められることになった[2]。では、その占領軍としての米軍は如何なる基本的な方針の下で軍政を開始し、以降の教育政策を展開していったのだろうか。

　第二次世界大戦の終結から間もない1945年9月8日、ホッジ（Jhon R Hodge）を司令官とする米軍は、朝鮮半島西岸の仁川から上陸した。ホッジは、朝鮮半島の南半分を統括する米軍政庁の責任者だったが、上陸に際して彼は、「米軍は連合国軍の代表として上陸したものであり、その目的は、貴国（韓国：筆者注）を民主主義制度下に置いて国民の秩序維持を図るためのものである。」と発言していた。また、その前月に米国国務省は朝鮮半島への米軍の上陸と占領に関連して、「占領政策の基本目的は…（中略）…平和的で民主的な土台のもとに（中略）…政治生活を究極的に再建することにある。」[3]と述べ、あくまでも米軍が韓国に進駐した理由は、政治的な秩序の回復と国家の再建のためであり、韓国に対する民主主義制度の構築が主な目的であるとの旨を明らかにしていたのである。

　ところが、1945年9月2日、米軍政庁が国民に向けて布告した米軍政庁布告第2号の「朝鮮国民に告ぐ」には、彼らの占領軍という立場と占領の意志が一層明確に示されていた。ホッジは、「軽率無分別な国民の行動は、意味もなく人民を失うことになる」と述べ、美しい国土が荒廃することで再建が遅延されることになるであろう。」[4]と強い警告を発していたのである。また、同年9月4日に出されたホッジから副司令官への指示においても、「朝鮮は、日本帝国の一部分として米国の敵国であったことにより、韓国に対しては降伏条項と条件に服従させなくてはならない。」とし、あくまでも彼らの指示は、旧敵国を占領した占領軍の立場であることを強調するものだった。さらに、1947年9月7日、連合国軍司令官マッ

第一章　米軍政初期の対韓教育政策と「社会認識教育」

カーサー（D. MacArtheur）が発した米軍司令部第1号の「朝鮮人民に告ぐ」の中では、「本官旗下にある勝利の軍隊は、北緯38度線以南の朝鮮領土を占領した」という点を明確に示しながら、四日後の9月11日に発令した『第2号布告文書』においても、「布告・命令・指令に違反する者、米国人及び連合国人の人命及び所有権及び安全を侵す者、公衆の治安・秩序を攪乱する者、正当な行政を妨害する者または連合国に対して故意に敵対行為をとる者は、占領軍軍法会議によって有罪の決定を下した後に、同会議が定めるところによりこれを死刑、または他の刑罰に処す。」[5]と述べていた。米国側は、韓国に対して極めて強権的で強い警告を発していたことが分かるのである[6]。

　しかし、こうした米軍と米軍政庁による一連の布告や命令は、韓国が「敗戦国」かつ「旧敵国日本の一部」であったという認識に基づくものであり、朝鮮半島の南部を占領統治下に置いた事実を明確に示したものでもあった。また、ソ連の膨張政策の下で進められていた朝鮮半島の共産化と共産主義イデオロギーの拡散の阻止も視野に入れたものでもあり、彼らが占領軍としての立場で韓国の全権を掌握し、軍政統治を開始したのは自明のことだったのである。したがって、1948年8月15日に韓国が独立するまでの約3年間、以降の全ての教育政策は、朝鮮総督府に代わって実権を掌握した米軍による米軍政庁学務局が中心となって進められていくことになった。

第二項　解放直後の教育課題

　ところで、米軍政時代の韓国の教育にはどのような課題があったのだろうか。当時の韓国社会で要請された教育的課題の一つは、国民の主体意識と民族意識を高揚させる民族的精神を復興させるための教育の実施であった。前述したように、日本統治時代（1910〜1945年）における朝鮮の教育は、「第1次朝鮮教育令」（1911年）、「第2次朝鮮教育令」（1922年）、「第3次朝鮮教育令」（1938年）、そして「第4次朝鮮教育令」（1943年）の四度にわたる朝鮮教育に基づいて展開され、特徴づけられていた。

例えば、1911年に公布された「第1次朝鮮教育令」（明治44年勅令第229号）には、以下のように記されている。

「第一条　朝鮮ニ於ケル朝鮮人ノ教育ハ本令ニ依ル
　第二条　教育ハ教育ニ関スル勅語の旨趣ニ基キ忠良ナル国民ヲ育成スル
　　　　　コトヲ本義トス
　第三条　教育ハ時勢及民度ニ適合セシムルコトヲキスヘシ
　第四条　教育ハ之ヲ大別シテ普通教育、実業教育及専門教育トス」

（以下、略）

　この「第1次朝鮮教育令」には、大きく二つの目的が内在していた。その一つは、教育内容の統制化や中央集権化、画一化による徹底した管理体制を形成させることで統治支配の体制と維持を正当化し、恒久化のための手段的役割を果たすことである。それは民族の意識を喪失させることで、日本の「忠良ナル国民」を育成するためのものであり、いわば朝鮮人の日本人化や皇国臣民化のための同化策であった。そしてもう一つは、「簡易ニシテ実用的」な教育を進めることである。政治的かつ経済的に優位な支配体制を確立するために、朝鮮の教育には相対的に実業教育を多く取り入れて差別化を図っていたのである。「朝鮮教育令」は、日本統治時代には三度の改正と制度の改編を経たが、この方針は解放まで一貫して変わることはなかった[7]。

　したがって、1945年の解放は、政治的・経済的な側面はいうまでもないが、こうした教育政策からの転換をも意味したのであり、失われつつあった朝鮮民族の主体性や矜持、そしてアイデンティティーを取り戻すための民族主義的な教育の必要性を提起する契機ともなった。民族意識の復権は極めて重要な教育課題となっていたのである。

　第二の課題は、民主主義教育の実施によって韓国を民主化することであった。前述したように、終戦直後より、北方からはソ連軍が南下し、

第一章　米軍政初期の対韓教育政策と「社会認識教育」

南方からは米軍が進駐することで、政治的な空白地帯となった朝鮮半島の政治性は、一転して米ソが介在する南北分割占領統治に巻き込まれることになった。朝鮮半島は米ソのイデオロギー対立による他律的な国際関係の枠組みに組み込まれることで、北緯38度線を境に南北に異なる政治体制の地域が形成されたのである。そしてこれにより、北側ではソ連による共産主義政権への政治的転換が図られ、南側では1945年9月20日より米軍の軍政（Military Government）統治が開始されることになった。

　こうした状況の中、韓国では米軍政下における社会認識教育関連科目のあり方が問われ、付随して「道徳教育」も米国と米軍政庁の求める民主主義社会の実現に寄与し、応えられるものへと変革されていった。つまり、米軍政期の「道徳教育」は、米軍占領統治下の社会再建の部分的過程として、民主主義的社会の実現という社会的な要請に応える教育として進められていったのである。

　次項より、1945年から1946年の「教授要目」制定までの時期を対象に、米軍政庁の基本的な教育政策とその中で展開された「社会認識教育」を含む「道徳教育」の実際について見ていくことにする。

第三項　「韓国人有識者」の登用

　まず、米軍政庁の人的政策について見てみよう。占領直後の米軍にとって、韓国に対する政治・歴史・文化に関する認識は基本的に「白紙状態」に近いものであり、彼らは事前の情報をほとんど持ち合わせていなかった[8]。しかも、占領統治した米軍政庁の構成員109名は、全て第二次大戦後の沖縄やマニラから派遣された戦闘部隊であり、彼らには民政を想定した訓練はおろか、教育行政に関する知識や経験、指導力は皆無に等しかったといわれる[9]。したがって、軍政統治は占領体制に対する明確なビジョンと方法論がないままに開始されたわけであり、当局は情報や人員の不足という様々な点で行政能力の欠如という問題を抱えていたのであった。

27

表 1　軍政庁学務局における各部署の人的構成（1945 年 12 月 19 日）

職　　　務	米国人	韓国人
学　務　局　長	E.N.Lockard 大尉	兪億兼
副　　局　　長	Paul D.Etret 海軍少領	呉天錫
通　訳　補　佐　官	Edmond Cross 中尉	李根用
行　政　補　佐　官	Robert E.L Counts 大尉	全禮鎔
編　修　局　長	James C. Welch 大尉	崔鉉培
初 等 教 育 課 程	W.S Bisco 中尉 (臨時)	李承宰（臨時）
中 等 教 育 課 程	W.S Bisco 中尉（臨時）	李興鐘（臨時）
師 範 教 育 課 程	Lioid E.Farley 大尉	司空恒（臨時）
高 等 教 育 課 長	Jhon G. Fechter 海軍少領	鄭準模
社 会 教 育 課 長	Ford M. Milam 大尉	―
調 査 企 画 課 長	Karl L. Rhoads 大尉	洪鼎植
文　化　課　長	Paul C. Mitchell 中尉	崔承萬
気　象　課　長	Guibert R. Graham 大尉	李源喆

　Bureau of Education USAFIK, 'Military and Korean Personnel Showing all Officers and All Top Koreans, '1945.12.19. *Trainor Papers, Box* No.36
阿部洋（編）「『解放』後韓国の教育改革－ アメリカ軍政期（1945 ～ 1948 年）を中心に－」『国立教育研究所研究集録』第 10 号，1985 年、5 ～ 6 頁から一部再引用。

　しかし、そのような中でも、米軍政庁は数度にわたる軍政庁学務局の組織改編を断行するなど、対韓教育政策の方向性を模索し、短期間に様々な対策を講じていった [10]。とりわけ、「韓国人有識者」達を米軍政庁の各部局の構成委員に積極的に登用した機構づくりを進めたことは、極めて特徴的な政策であった [11]。例えば表 1 は、1945 年 12 月 19 日当時の軍政庁学務局の人員構成である。これを見ると、軍政庁学務局長のポストには米国側のラッカード（E.N.Lockard）大尉と韓国人の兪億兼（ユ・オッキョム）の二人が就任しており、以下、「副局長」「通訳補佐官」「行

政補佐官」「編修補佐官」「初等教育課長」「中等教育課長」「師範教育課長」「高等教育課長」「社会教育課長」「調査企画課長」「文化課長」「気象課長」に至るまで、各部局の管理職は全て米国人と韓国人の2人組の責任体制となっていた[12]。

　このような構成になった理由の一つは、前述したように、多数の有識者としての韓国人を要員に登用することで占領政策を円滑に進め、韓国に対する認識不足と人員不足の問題を補おうとしたこと、そしてもう一つの理由は、対ソ連対策という政治的な戦略にあった。当時の米国は、「対ソ封鎖政策（Containment Policy）」による反共理念の強化を進めていたが、米軍政庁は、いわゆる Koreanization Policy の一環として、米国に友好的な政府を樹立するために親米的な人材の養成も行っており[13]、そのために韓国人を米軍政庁の管理職に積極的に登用して親米的な政権づくりを企図していたのである。

　このような「韓国人有識者」の登用は、明確なビジョンと方法論が欠如していた米軍政庁にとって戦略的な効果をもたらしただけでなく、国民を納得させることで民族的な抵抗を回避するための手段ともなっていた。だが逆に言うならば、米軍に選抜されたこれらの「韓国人有識者」達の政治的信条や思想は、カリキュラムや教科書の策定など、その後の米軍政庁学務局の政策展開にも直接的・間接的に影響を与えることにもなっていった。詳細は次章で述べるが、軍政庁学務局が行った「韓国人有識者」の登用策は、解放後の教育全般は言うまでもないが、特に「社会認識教育」と「道徳教育」の展開には重大な影響を与えることになっていくのである。

第三節　「社会認識教育」関連の団体と教科書編纂

第一項　「法令」にみる社会科的教科目への指示内容
　米軍政庁は、戦前の学校教育が日本の統治支配の道具的役割として

機能していたことに鑑みて、占領直後は学校で教えるべき教科目の内容
の改革に積極的に着手していった。とりわけ「国語」などの言語教科や
「歴史」、「地理」、「修身」のような社会科的教科目に対しては、その中心
的な科目として優先的に「日本色の払拭」を試みていった。では、米軍
政庁が進めた教育改革とは一体どのようなものであったのだろうか。次
に、関連する法令からみてみよう。

　1945年9月22日、軍政庁学務局は次のような「教育方針」(以下、「方
針」と略)[14]を発表し、軍政下における教育の在り方について提示した。

(1) 教育方針
　①教育制度と法規は、今後実施していく教育精神に抵触しない限り、当
　　分の間は現状のままとするが、日本主義的なものに関するものは一切
　　の事項を抹消すること。
　②平和と秩序維持を当面の教育目標とすること。
　③官立学校は全て朝鮮人の教育機関にすること。
　④学校の新設や拡張は認可を必要とするが、従来の制限を撤廃するこ
　　と。

　　　　　　　　　　　　　　　　　　　　　　　(以下、⑤〜⑦は略)

(2) 教育上留意する点
　①平和と秩序の護持のみが朝鮮の未来を開いていくものであり、闘争と
　　混乱は国家百年の計を誤らせるものであることを教育の全面を通して
　　徹底させること。
　②公論によって正当な民意を発揚し、政治的な責任を担うことにより自
　　由を享有することができる公民的資質を積極的に錬成し、政治的愚昧
　　が暴力を誘発し、暴力が重なれば民意が抑圧されることを自覚させる
　　こと。
　③利己的な観念を一掃して奉公の精神に徹底させ、特に公徳と公法を遵

第一章　米軍政初期の対韓教育政策と「社会認識教育」

守する精神を慣習化させるようにすること。

④小心翼翼させて遅疑逡巡する被圧迫的な観念を一掃し、明朗闊達な
　国民としての誇りを持ち、積極進取し、自由自覚の精神を涵養するこ
　と。

⑤わが国の過去の歴史と文化の栄光を回顧させ、世界に貢献した新文化
　創造の意欲を旺盛にさせると同時に、近世における事大思想と党争が
　民族自決の機能を喪失させたことを確認させ、前轍を踏まないように
　自覚させること。

⑥教育を実践的にすることで公理公論に落ちないようにさせ、生活の実
　際に適合した知識を反復練習させることで応用できるようにさせ、勤
　労を愛し、興行治産の意志を持たせること。

⑦芸能を重視し、醇良温雅な品性を陶冶すること。

⑧体育を積極的に奨励し、健康な心身を涵養すること。

　また、1945 年 9 月 17 日には、「一般命令第 4 号」として「新朝鮮の朝
鮮人のための教育」を発表したが、その一部を改正して次のような「法
令第 6 号」[15]（以下、「法令 6 号」と略）」を表明している。

公立学校の開学
　朝鮮の公立小学校は、1945 年 9 月 24 日に開学すること。朝鮮の児童と
　して 6 歳から 12 歳になった者はすべて登録すること、その他私立学校の
　開学は後日指令に指示する。
私立学校
　私立学校は学務局の許可を得てから開学すること。
種族と宗教
　朝鮮学校は、種族および人種の差別をしない。
教訓の用語
　朝鮮学校での教訓用語は朝鮮語とする。しかし、朝鮮語に相当する教訓
　材料を活用する時までは、外国語を使用しても構わないこととする。

課程

　朝鮮の利益に反する科目は、教授したり実習したりしないこと。

教師

　すべての朝鮮小学校教師は、最も近い学務課にすぐに登録し、1945 年 9 月 24 日月曜日に教訓を始めることができるように準備すること。国外にいる朝鮮人教師は、1945 年 9 月 24 日から 29 日の間に最も近い学務課に登録すること。

学校建物

　すべての学校建築物も、米国陸軍が占有したものを除き、現在まで教育以外の目的に使用していたものは即刻引渡し、学校へ専用するようにすること。

　「方針」では、「日本主義的色彩に関する一切の事項を抹消すること」により、日本語の教授や「旧日本色」を色濃く含む教科目を中止させること、そして「法令 6 号」では、「朝鮮学校での教訓用語は朝鮮語とする」ことや「朝鮮の利益に反する科目は、教授したり実習したりしない」ことを規定しており、「日本」に関連する全ての教科書と教師用書等の使用や教育活動の禁止と廃止を命じているのが分かる。いうまでもなく、これは「日本色」を含むこれらの教科目が、日本統治時代には軍国主義や国家主義教育に活用されたことで、統治のための道具的な教科であったと判断されたためであった。したがって、「修身」とともに「地理」および「歴史」にも「日本色」の削除が規定されたことで、これらの「方針」や「法令 6 号」は、日本統治下の教育体制を事実上終焉させたといえるだろう。

　しかし、ここで注目すべきなのは、1945 年 9 月の「教育ニ関スル措置」や「法令」、そして「方針」の内容は、教授用語の朝鮮語への限定や軍国主義教育の削除を指示してはいたが、「教育制度と法規は、今後実施していく中で教育精神に抵触しない限り当分の間現状維持とする」とし、平和と秩序の維持を名目にしながら、体制の維持を表明していた点であ

第一章　米軍政初期の対韓教育政策と「社会認識教育」

る。つまり、これらは社会科的教科目の廃止を要請したのではなく、あくまでも軍国主義や国家主義に抵触する内容部分のみの削除や代替を指示したものだったのである。

　また「法令6号」が示すように、小学校は1945年9月24日からの再開が予定されていたため、軍政庁学務局は朝鮮語で書かれた教科書の編纂と配布を早急に進める必要があった。当局は、1945年9月1日には『ハングルの初歩』をはじめ、1945年10月15日に『国史』、1945年12月15日に『初等公民』、そして1946年2月15日には『地理』の教科書を立て続けに刊行している。こうした教科書編纂の事実から見ても、社会科的教科目が解放後も継続されて実施されていたのは明らかである。言い換えれば、この時点では総合教科としての社会科や「道徳教育」のための教科目の設置の構想は、未だ具体化の段階にはなかったといえるのだ。

　しかし、一方でこの「方針」には、社会科教育への発展と可能性を含む文言が含まれていた点にも注意したい。同方針の「教育上留意する点」には、「公論によって正当な民意を発揚し、政治的責任を分担することによって自由を享有することができる公民的資質を積極的に錬成」すべきことが明記されているからである。これを受けて、「修身」に代わって新設されたのが「公民」であったが、その教科も「新しい民主的な公民を育成する」ことを目的にしていた[16]。また、同「方針」は、「教育を実践的にして公理公論に落ちることなく、生活の実際に適合した知識機能を反復練習させることで応用自在にし、勤労を愛して興業治産の志操を堅くすること」も述べている。ここには「生活の実際」に直結する知識が重視されていたことが分かる。獲得した知識の応用化や実践化は、伝統的で注入的な暗記式教育からの脱却と「生活実際への適合」の必要性を明確にしたものであり、ここには児童の生活を中心に据えた社会科教育構想の一端を見出すことができるのである。

　このように、米軍政庁学務局が重視していたのは国語科と社会科的教科目の改造であり、全教科目にわたる構造的な改革まで踏み込むものではなかった。1946年9月に「社会生活」が導入されるまでは従来の分化

33

的な教科目の枠組みを維持することにより、改革は「民主的な教育内容」
への転換のみに主眼が置かれていたのである。米軍政庁がこうした政策
をとったのは、短期間での「旧教育」からの転換が困難なこと、そして
内容の変更程度に留めた方が、現場の混乱を最小限に抑えられると判断
したからであった。軍政庁学務局は、既存の社会科的教科目を容認しな
がら、同時に教科目編成の検討と各教科書の編纂・発行作業を進めていっ
たのである。

第二項　社会科的教科目の教科枠の変遷と教科書の編纂

1．社会科的教科目枠の変遷過程

　日本統治時代からの社会科教科目は、米軍政の開始を機にすぐに廃止
されたわけではなく、「修身」以外の「地理」や「歴史」は、内容の転換
を図りながら米軍政期もしばらくは継続されていた。だが、1946 年 9 月
に「社会生活」が登場すると、これらの教科目の枠組みは一変すること
になる。

　解放から約一か月後の 1945 年 9 月 22 日、米軍政庁は全 6 科目からな
る初等学校の「教科目編成表と時間配当表」を発表したが、まもなく同
年 9 月 30 日には全 12 科目の編成に変更され、さらに翌年の 9 月になる
と全 8 科目へと再度改編された。この間の教科目の編成は、図 2 の通り、
短期間で修正が繰り返されながら、「公民」「地理・歴史」（1945 年 9 月
22 日）→「公民」「地理」「歴史」（1945 年 9 月 30 日）→「社会生活」
（1946 年 9 月）と変遷し、伝統的で分化的な科目から総合的で単一教科
の「社会生活」（1946 年 9 月）、さらには「社会」（1963 年 2 月）へと帰
結していったのである。

　この間、軍政庁学務局は 1946 年 11 月 15 日に教授要目制定委員会を
設置し、翌年の 1947 年 1 月には国家基準のカリキュラムである「教授要
目」を発表した。

　ところが、この「教授要目」は、教科によってはカリキュラムの編成
に偏りがみられるものであった。日本統治時代の社会科的教科目は全て

第一章　米軍政初期の対韓教育政策と「社会認識教育」

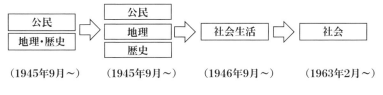

図 2　社会科的教科目群の変遷

廃止されていたのだが[17]、新設されたばかりの「社会生活」だけには国家基準のカリキュラムが整備されていたからである。つまり、「社会生活」は 1946 年 9 月に登場してからわずか約 3 ヶ月でカリキュラムが作成された一方で、米軍政開始から約 1 年間実施されていた社会科的教科目は、結局はカリキュラムも作成されないまま廃止されたことになるわけである。こうした事実からも、米軍政庁は長期的な展望から「公民」「地理」「歴史」等を実施したわけではないことが理解されるだろう。あくまでも国内の秩序維持と安定を優先しながら、暫定的に旧来の社会科的教科目を認定し、実施していたのである。

2．国語科教科書と社会科的教科目教科書の刊行

　1945 年 9 月 24 日からの学校の再開に向けて、米軍政庁学務局には上記の「時間配当表」の整備や「教授要目」の作成以外に、より早急に取り組まねばならない課題が存在していた。それは各教科のカリキュラムを確定することであり、現実的には各教科の教科書を一刻も早く作成して全国の児童・生徒に配布することであった。

　だが、教科書の作成を検討していた米軍政庁には、前述の「法令 6 号」によって直面せざるを得ない大きな課題があった。それは、すなわち朝鮮語で書かれた教科書の作製であった。教授用語としての日本語の使用と日本語で記述された教科書の使用が禁止されたのは前述の通りだが[18]、そもそも朝鮮語で書かれた教科書が当時はまったく存在していなかったからである。したがって当局は、早急に教科書の編纂と発刊作業

表 2　1945 年〜 1946 年にかけて発行された教科書および編集担当者

教科書名	発行日	主な編纂担当団体
『ハングルの初歩』	1945 年 9 月 1 日	朝鮮語学会
『国語読本 1』	1945 年 9 月 1 日	朝鮮語学会
『教師用国語読本（中学校用）』	1945 年 10 月 1 日	朝鮮語学会
『初等国史教本』（5 〜 6 学年用）	1945 年 10 月 15 日	震壇学会
『国語読本 2, 3』	1945 年 12 月 2 日	朝鮮語学会
『国史教本』（中学校用）	1945 年 12 月 11 日	震壇学会
『初等公民』（1 〜 2 学年用）	1945 年 12 月 16 日	朝鮮語学会
『初等公民』（3 〜 4 学年用）	1945 年 12 月 16 日	朝鮮語学会
『初等公民』（5 〜 6 学年用）	1945 年 12 月 16 日	朝鮮語学会
『音楽』（1 〜 6 学年用）	1945 年 12 月 20 日	不明
『国語読本』（中等学校用）	1946 年 1 月 28 日	朝鮮語学会
『習字』（1 〜 2 学年用）	1946 年 2 月 15 日	朝鮮語学会
『地理』（5 学年用）	1946 年 2 月 15 日	軍政庁学務局編修課

呉天錫『韓国新教育史』現代教育叢書出版社、1964 年、392 〜 393 頁より筆者作成。

に着手し、早くも 1945 年 11 月には『ハングルの初歩』という朝鮮語の
教科書を発刊した[19]。その後も、米軍政庁はわずか数ヶ月の間に『初等
国史』や『初等公民』等、朝鮮語で書かれた教科書を立て続けに刊行し
ていった。解放後から約 1 年の間に発刊された教科書とそれを編纂した
団体は、表 2 の通りである。

　これから分かるのは、第一に、最も発行が早かったのは『ハングルの
初歩』および『国語読本』等のような「国語」の教科書であった点であ
る。1938 年 4 月より朝鮮語の教育が制限されていたことから、「国語」と
しての朝鮮語の教育を重視し、他教科よりも早く編纂と発刊が急がれた
とみることができる。

36

第一章　米軍政初期の対韓教育政策と「社会認識教育」

　第二に、「国語」に次いで優先されたのは初等『国史』『初等公民』
『地理』等の社会科的教科目の教科書であった点である。国語教育ととも
に、社会のしくみを教えながら公民的資質を育成しようとする「社会認
識教育」が、米軍政期の教育改革では重要な科目として認識されていた
といえる。

　第三に、教科書の編纂には民間の学術研究団体が深く関わっていた点
である。『地理』だけは軍政庁学務局編集課の編纂だが、『国史』は震壇
学会が、そして『国語読本』と『初等公民』は朝鮮語学会という民間の
研究団体が担当していたことが分かる。これらについては編纂者が同一
の学会であったことから、「国語」と「公民」の教科書には互いに何らか
の関連性を持ちながら編纂された可能性を示すものといえる。

　第四に、『初等公民』だけは全国統一的かつ体系的に編纂された教科書
であった点である。というのは、例えば『国語読本』では各巻の発行時
期に時間差があったり、『初等国史』では第5、6学年のみが対象だった
りなど、他の教科では発刊の時期にバラつきが見られたが、『初等公民』
だけは1945年12月16日に3種類（1～2、3～4、5～6学年用）が一
度に発刊されていた。各巻は、全国で約50万部ずつ同時に発行されたと
いわれるが[20]、その後の中等学校用の全5冊（『初等公民上・中・下』『中
等公民上・下』）までを含めると、「公民」の教科書だけは初等教育から
中等教育まで全学年を網羅して同時期に発行されていたことになるので
ある。

　このように、「国語」と社会科的教科目だけは、他の教科よりも優先的
かつ緊急に教科書が発刊されており、如何に当局が肝いりで改革に着手
したのかが理解される。また、教科書の編纂作業も「時間配当」や「教
授要目」の作成と同時か、あるいは先んじて進められており、内容もカ
リキュラムから教科書が規定されるのではなく、教科書からカリキュラ
ムを確定していく過程を辿っていた。教科書の編纂という立場で、当時
の震壇学会と朝鮮語学会が、米軍政期の国語科教育や「社会認識教育」
に果たした役割と存在の大きさについて理解することができるだろう。

ただし、一方でこの事実は、これらの教科書には特定の民間研究団体の思想が、教科書の内容に強い影響を及ぼした可能性があることも同時に示している。したがって、米軍政期の国語科教育と「社会認識教育」の実態を把握するには、両学会の影響関係についても注意深く検討しながら、カリキュラムの内容と構造を考察していく必要があると考える[21]。次節では、これらの両学会について詳しく検討してみることにする。

第四節　米軍政期の社会科的教科目における内容と方法

第一項　震壇学会と朝鮮語学会

　民主的な新国家の建設という歴史的課題に対して、それに呼応するように要請された教育的な課題は、日本統治時代の教育の清算と新しい時代にふさわしい教育内容への転換であった。それらは米軍政庁の「教育方針」や教育制度の大幅な改編、そして日本統治時代の教科書の廃止と新しい教科書の発行というかたちで具体化されていった。なかでも、その改革には朝鮮語学会と震壇学会という二つの研究団体が関わったことで、「国語」と社会科的教科目の教科書の発行が優先的に進められたことが特徴的である。

　では、これらの学会はどのような性格の団体だったのか。そして、彼らが作成した教科書には如何なる「社会認識教育」の内容と論理が内在していたのだろうか。以下、震壇学会および朝鮮語学会の学問的な背景と、両学会が編纂した『初等国史』および「国語」の教科書を中心に検討していくことにする。

第二項　震壇学会による『国史』教科書の編纂
1．震壇学会の位置と活動

　米軍政期に『初等国史』および『国史』（中学校用）の教科書を編纂した震壇学会とは、どのような性格の研究団体だったのだろうか。

第一章　米軍政初期の対韓教育政策と「社会認識教育」

　震壇学会は、日本統治時代の 1934 年に、京城市（現在のソウル特別市）で創設された民間の研究団体であった。当時の発起人は以下の 24 名であった。

震壇学会の発起人（1934 年 5 月 7 日）

高裕燮、金斗憲、<u>金庠基</u>、金允經、金台俊、金孝敬、李秉岐、李丙燾、 李相佰、李瑄根、金允宰、李殷相、李在郁、李熙昇、文一平、朴文圭、 <u>白樂濬</u>、<u>孫晉泰</u>、<u>宋錫夏</u>、申奭鎬、禹浩翊、<u>趙潤濟</u>、<u>崔鉉培</u>、洪淳赫

下線は、後に朝鮮教育審議会のメンバーとなった人物である。（下線は筆者による）
李丙燾「震壇学会 50 年回顧　創立から光復まで」『震壇学報 57 号』震壇学会、1984年、218 頁より。

　この学会の主な発起人を見てみると、学会の代表で学会誌編纂や事務局の責任者でもあった李丙燾（イ・ビョンド）をはじめ、高裕燮（コ・ユソプ）、金斗憲（キム・テゥホン）、金庠基（キム・サンギ）、李相佰（イ・サンベク）、孫晉泰（ソン・ジンテ）、宋錫夏（ソン・ソッカ）等のような歴史学関係の研究者とともに、李秉岐（イ・ビョンギ）、趙潤濟（チョ・ユンジェ）、崔鉉培（チェ・ヒョンベ）等の国文学関連の研究者らも名前を連ねているのが分かる。すなわち震壇学会とは、朝鮮の国学に関連する歴史学と国文学の二つの研究分野の研究者で構成された学会だったのである。

　また、これらの発起人の中には、『初等国史教本』の執筆を担当したと言われる李丙燾（イ・ビョンド）や金庠基（キム・ジンギ）、そして、米軍政初期に韓国の教育体制の基礎を作り上げた朝鮮教育審議会の構成員となったメンバーも多数確認することができる。例えば、同審議会「教育理念分科会」のメンバーであった白樂濬（ペク・ナクチュン）、「中等教育部会」メンバーの宋錫夏（ソン・ソッカ）、そして「教科書分科会」のメンバーであった趙潤濟（チョ・ユンジェ）および崔鉉培（チェ・ヒョンベ）などである。とりわけ、崔鉉培は教科書編修官という重要な職務も任されており、米軍政期における教科書発行の統括的な責任者に

39

もなった人物であった。また後述するが、白樂濬は第一共和国政府下の1950年に第二代文教部長官に就いた人物であった。このように震壇学会は、当初から米軍政期の教育行政に多大な影響力を持った人物たちで構成されていたことが確認できるのである。

さらに、彼らの学問的な背景も興味深い。震檀学会には東京帝国大学卒の宋錫夏をはじめ、京都帝国大学卒の崔鉉培、早稲田大学卒の金庠基、あるいはその他の日本の大学出身者の李丙燾、李相佰、李揗根、孫晋泰らが所属しており、大きく分けると、一つは日本統治時代に日本への留学を経験したグループと、もう一つは日本によって設立された京城帝国大学で学んだ高裕燮、申奭鎬、趙潤済らのグループがあった[22]。米国への留学経験者はエール大卒の白樂濬のみであり、設立メンバーの大多数は、その学問的な背景を日本の大学か、あるいは京城帝国大学に置く者がほとんどだったのである。

2. 震壇学会の学問的背景

では、震壇学会とは学問的にどのような背景を持つ学会だったのだろうか。震壇学会は、1934年5月11日に京城市（今のソウル市）で創立された朝鮮国学関連の民間研究団体であった。1930年代の当時、朝鮮人の手による国学の研究はそれほど盛んではなく、ほとんどの場合、朝鮮国学関連の研究分野は日本人の創設した研究団体が主導していた。したがって、この分野の研究者は多くが日本人であり、朝鮮人研究者が自分の研究成果を発表できるような公式的な場や機会は極めて限定されていたのである。震壇学会は、こうした状況の中で、朝鮮と近辺諸国との歴史学、民俗学、文学等に関する国学関連分野の研究を目的に、朝鮮人研究者が中心となって設立した初の本格的な学会だったのである[23]。

1920年代の朝鮮では、1919年の「3.1独立運動」などに触発されて民族主義歴史学が興ったが、その一方で1930年の前後にかけては京城帝国大学関係者を中心に国学に関心を持つ研究者達が次第に増加する傾向にあった。なかでも朝鮮国学で中心的な位置をしめていたのが歴史学の分

第一章　米軍政初期の対韓教育政策と「社会認識教育」

野であったが、それはさらに植民主義史観学派と社会経済史観学派、そして民族主義史観学派という三つの学派に分かれていた。

　植民主義史観学派とは、1910 年の日韓併合以降に日本が主張した歴史観としての「内鮮一体」や「日鮮同祖論」を思想的な根拠としたグループであった。彼らは日本文化の源流の究明という大義の下に、朝鮮史自体を日本史の一部として組み入れることで朝鮮の統治政策の全体を合理化し、正当化しようとした立場にいた。京城帝国大学史学科出身の日本人教授陣や朝鮮に移住した日本人学者達がその中心メンバーであり、なかでも青丘学会は、彼らが中心となって設立したこの学派の中心的な団体であった[24]。植民主義史観学派＝青丘学会は、日本の朝鮮に対する統治政策を擁護して支持する立場に立っており、それに資する学問的研究を蓄積しようとした学派だったのである。

　一方、社会経済史観学派とは、1920 年代後半において高揚した民族解放運動とマルクス主義理論の発展を背景としながら、反植民主義歴史学を掲げて登場した学派である。白南雲（ペク・ナムン）がその代表的な人物であった。彼は、「日本人によって主導されてきた植民主義歴史学こそが、朝鮮史研究の正常な成長を妨げてきた」として批判し、史的唯物論と社会主義思想の立場から歴史発展の法則性を明らかにする事が、植民地支配の本質を明らかにし、ひいては民族解放の道となることを主張していた。したがって、彼らにとっての歴史研究とは、民族革命の原動力であるとともに、歴史的な法則性を理解することが実践的かつ闘争的な問題意識を持つことであり、すなわち民族による革命の実践こそが研究の目的とされていたのである。

　三つ目の民族主義史観学派は、さらに二つの学派に分かれていた。その一つが、日本の植民地支配から民族の独立を目指して啓蒙運動を展開した民族改良主義学派であった。前者は、崔南善（チェ・ナムソン）、安廓（アン・ロ）等らによる民族改良主義の啓蒙史学と文明史学を中心としており、概してブルジョア学問によって主導されながらも民族の独立を推進しようとした立場であった。当時の朝鮮人研究者達の主流となっ

41

ていた学派でもあった。

　崔南善は、民族改良主義学派の必要性と目的に関連して次のように述べていた。

　　歴史的民族としての朝鮮人の品質・能力を批判することは簡単なことではない。朝鮮人の旧歴史に残された具体的事実として、その長所と短所を明らかにすることで、その新歴史創造に正当な示唆を与えることは決して容易ではないのである[25]。

　崔は、民族の歴史を批判的に見つめて長所や短所を理解し、教訓や示唆を得ることから新しい歴史を創造することが重要であると述べ、それが歴史研究の目的であることを主張していた。このような彼の主張は、日本の統治支配に対して対抗的で激しい民族主義的な性格を帯びていたが、その意味では社会経済史学派と民族改良主義学派は全く異なる学問的背景を持ちながらも、一定の歴史観や理論に基づいた歴史研究によって教訓的で道徳的な認識を獲得しており、それらを改革や改善の行動実践に結びつけようとした点で共通していたともいえるだろう。両学派は日本の統治支配に抵抗するための歴史学として、いずれも反植民主義歴史学の性格を帯びていたからである。

　一方、上記の二つの学派の中間に位置したのが、民族主義学派のもう一つの学派であり、後に震壇学会の母体ともなった非妥協的民族主義学派であった[26]。彼らは朴殷植（パク・ウンシク）や申采浩（シン・ジェホ）の学問の流れを継承していたが、後には鄭寅普（チョン・インボ）、安在鴻（アン・ジェホン）[27]、文一平（ムン・イルピョン）らによって後期民族主義歴史学を形成した学派でもあった。彼らは、民族精神の回復を歴史学研究の第一の目標としており、一定の民族主義的な性格を帯びてはいたものの、その一方で研究スタイルは文献考証史学派としての実証主義歴史学を重視する立場をとっていた[28]。

　実証主義歴史学とは、近代的な歴史研究方法の一つとして当時の日

第一章　米軍政初期の対韓教育政策と「社会認識教育」

本史学界が受容していた学問であり、ドイツのランケ史学を基礎とする
ものであった。ランケ史学とは、個別的な歴史的事象や事実に対して徹
底した文献考証を行うことで事実そのものを探究し、確定しようとする
が、非妥協的民族主義派にはその手法が受け継がれていたわけである。
したがって、同学派は歴史的な「資料」や「事象」に対する主観的な史
観や理論による歴史の解釈を排除することで、あくまでも合理的な批判
と実証的な検証を基に、史実そのものの究明と確定を目指す性格を帯び
ていたのであった[29]。

　ところで、非妥協的民族主義学派＝震壇学会が、こうした研究スタ
イルをとっていたのはなぜだったのだろうか。先行研究によれば、そこ
には会員達の学問的背景が大きく関わっていたことが明らかにされてい
る。日本の統治時代、「有識者」達の中には日本の大学への留学経験を
持つか、あるいは京城帝国大学で学んだ者が多かったのは前述した通り
である。したがって、彼らは日本の歴史学会から学問的に影響を受けな
がら、歴史研究における方法の枠組み自体も実証的な日本史学会の方法
論に依拠していたということができるのである[30]。その意味では、思想
的には植民主義なのか、それとも緩やかな民族独立主義なのかという相
違はあったが、研究手法として植民主義史観学派と非妥協的民族主義学
派＝震壇学会派は、ともに同様の研究手法を用いていたことになるので
ある。しかも、民族独立解放運動や社会主義運動に関係が深い先の二つ
の学派に比べて、震壇学会は反体制的な反植民主義歴史観を持っていな
かったことから、朝鮮総督府にとっては比較的容認しやすく、活用しや
すい存在だったということができるだろう。

　1930 年代には様々な歴史学研究の潮流が生起していく中で、1934 年に
設立された震壇学会は、初めて朝鮮人の研究者が中心となって設立され
た民族主義的な学会であった。だが、その内実は日本から歴史学研究の
学問的影響を受けた研究者が主な構成員となっており、相対的に見て穏
健的な民族主義団体という位置づけにあったのである。

43

3．震壇学会による『初等国史』教科書編纂の経緯

震壇学会は、解放の翌日である 1945 年 8 月 16 日には再結成されており、宋錫夏、孫晋泰、趙潤済らの 3 人は、1945 年 9 月 17 日に米軍政庁学務局側と面会して正式に教科書編纂の委嘱を受けた。そして、そのわずか 4 日後の 1945 年 9 月 21 日、同学会は中等学校用『国史教本』および国民学校用『初等国史』教科書の原稿を同時に当局に提出した[31]。彼らは極めて短期間に歴史教科書を準備したのであった。また同学会は「歴史」だけでなく、「地理」の編纂も委嘱されており、以降の両教科には少なからず影響を残したとも言われている。

ところで、この米軍政庁学務局は「日本色の払拭」という基本方針を掲げていたにも拘らず、それに逆行するかのように、日本の歴史学の流れを汲む震壇学会に教科書編纂を委嘱したのはなぜだったのだろうか。

そこには、米軍政庁の対韓政策から見て大きく二つの理由があったと考えられる。その一つは、当局は体制や秩序の維持と占領政策の円滑な遂行のために、国内外の極端な民族主義的勢力に警戒を強めていたためであった。例えば、当局は過激な独立運動史観を強調した上海の臨時政府勢力は認定しなかったばかりか、国内の独立民族改良主義派に対しても排除する立場をとっていた。過激な民族主義的勢力は、朝鮮半島の秩序維持と安定化には寄与しないと判断したためである。そして二つ目は、左翼的政治勢力を阻止しようとしたためであった。米軍政当局は、共産主義の膨張政策をとっていたソ連に対抗し、その南下を阻止するために国内の共産主義的政治勢力を排除する必要があった。よって共産主義革命を標榜した社会経済史学派等が排除されたのは、当然の結果だったわけである。

以上の観点から見た場合、民族主義的な傾向を持ちながらも、学問的背景や学会の性格が植民主義史観学派と社会経済史観学派のどちらにも属さず、なおかつ米軍政庁にとって都合のよい存在であったのが、すなわち震壇学会だったといえるだろう。彼らは、教科書を編纂し得る学問的な背景と能力、そして米軍政府に親和的な政治思想をともに保有して

44

第一章　米軍政初期の対韓教育政策と「社会認識教育」

いた団体だったといえるのである。

4．『初等国史』における社会認識教育論

　では、実際に震壇学会が編纂した教科書とは、どのような内容構成となっていたのだろうか。震壇学会は国民学校用の『初等国史』を編纂したが、その中ではどのような編纂方針に基づいて作成されたのかは明らかにされていない。だが、第一に震壇学会は中等学校用『国史教本』と初等学校用『初等国史』の二つの歴史教科書をほぼ同時期に編纂していたこと、第二に、どちらも金庠基および李丙燾の2人が執筆に関わっていたこと[32]、そして第三には表3のように、両教科書の目次構成は極めて類似していたことなどから、これらはほぼ同様の編集方針の下で作成されたと推測することができる。よって、ここでは中等学校用『国史教本』を手がかりに、『初等国史』の編纂方針と「社会認識教育」の論理について検討してみることにしたい。

　『国史教本』の序文のページには、「国史学習の意義」と題して、次のように述べられている。

　　国史学習の意義
　　わが民族および文化の伝統と発展に対する認識を深め、民族性の本質を体
　　得させ、健全な国民精神と国民的道徳および情操を培養すること。

　さらに編纂方針と目的については、「凡例」に以下のように記されている。

　　本書は、臨時高級用国史教本として編纂されたものなので、運用如何にし
　　たがって中等ないし専門程度で使用することができる。その他、国民学校
　　教育の参考用としても勿論使用することができる。
　　一、本書は、わが国の文化、国家社会の変遷過程の大要をできるだけ簡明

表3　中等学校用『国史教本』および国民学校用『初等国史』の目次

		中等学校『国史教本』（1946.5）	国民学校『初等国史』（1945.10）
上古	前期	1．黎明期の動態 2．肇国の悠久	1．古朝鮮と壇君王倹 2．様々な国へ分裂 3．上古の文化
	後期	1．三国の勃興と発展 2．新羅の強盛と高句麗の武威 3．三国の統一と文化	4．三国の興り 5．強大な高句麗 6．三国の文化
中古	前期	1．民族と文化の統一 2．新羅と高麗の代替	7．渤海（北朝）の興りと文化 8．新羅（南朝）の文化（1） 9．新羅（南朝）の文化（2）
	後期	1．高麗の創業と経営 2．高麗中期の強盛 3．高麗後期の動乱 4．高麗の衰退 5．高麗朝の終局 6．高麗と外国との関係 7．高麗の社会と文化	10．高麗の興り 11．高麗の文化
近世	前期	1．初期の文化と政治 2．対外関係 3．士禍と思想界の動向	12．世宗大王の偉業
	中期	1．東西の分裂 2．倭乱と李瞬臣 3．北伐問題と胡乱 4．党派の闘争 5．新施設と新文化の萌芽	13．壬申倭乱と李舜臣の功績
	後期	1．英、正時代の文運 2．天主教の伝来と迫害 3．勢道政治と洪景来の乱 4．三政の紊乱と民衆の動揺 5．大院君の執政と鎖国 6．日本との交渉と開化運動 7．壬午軍乱と甲申政変 8．東学乱と清日戦争 9．甲午更張と国の新体制 10．露国勢力の南進と露日戦争 11．韓日協約と義兵 12．民衆の自覚と新運動 13．韓国の最後	14．日本人の侵略
近年		1．民族の受難と反抗 2．民族の解放	15．独立運動

『国史教本』および『初等国史』より筆者作成

第一章　米軍政初期の対韓教育政策と「社会認識教育」

に叙述する点に留意した。

一、資料の取捨においては、できるだけ慎重な態度と性格な方法を取っ
　　た。

一、本書の内容体裁に関しては、以後版を重ねるにしたがって多少訂正し
　　ようとする。

一、本書の上古、中古二編は金庠基委員が執筆し、近世、最近世の二編は
　　李丙燾委員が担当した。

一、本書の編纂は緊急であったため、挿話と地図を入れることができな
　　かったことは極めて遺憾である[33]。

　国史学習とは、「民族および文化の伝統と発展」を認識することによっ
て「民族性の本質」を体得させ、それが、「健全な国民精神と国民的道
徳、情操を培養」することにつながっていくとしている。すなわち、韓
国人としての精神や道徳心や情操は「民族の本質を体得」することに
よってこそ達成されると主張しており、そのためには、「民族と文化の伝
統」に関する民族史の理解こそが重要であることを述べている。「国家社
会の変遷過程の大要」を「簡明」に記述することで、朝鮮民族の民族史
を描こうとしているのである。

5.『初等国史』の内容構成

　『初等国史』は 1945 年 10 月に初版が発刊されたが、その後も版を重ね
て、1948 年 6 月までには約 40,600 巻が全国各地の児童に配布された。こ
の教科書には学年の内容区分は示されていないが、実質的には国民学校
第 5、6 学年用の「歴史」の教科書として編纂されたものである。

　1 ページ目には、韓国における神話上の「檀君」が民族の起源として位
置づけられ、その系統図も掲載されている。全体的には、古代から現代
までの国家の変遷が系統的で時系列的に記述された構成となっている。
全体の目次は表 4 の通りである。

　『初等国史』の第一の特徴は、朝鮮の歴史を過去から現在にいたる 4 段

47

表4 『初等国史』（1945）の目次構成

上古	前期	1. 古朝鮮と檀君王倹	・歴史の以前
		2. 様々な国へ分裂	・（半島の）中部　・（半島の）南部 ・（半島の）四郡
		3. 上古の文化	・産業　・宗教　・風俗　・文字
	後期	4. 三国の興り	・民族の移動　・高句麗　・百済 ・新羅　・附鸞洛
		5. 強大な高句麗	・初期　・広開土大王と長寿王 ・隋軍の撃退　・唐軍の撃退
		6. 三国の文化	・宗教　・学問　・工芸　・産業 ・風俗
中古	前期	7. 渤海（北朝）の興りと文化	・百済、高句麗の滅亡　・渤海の独立 ・渤海の全盛　・渤海の文化
		8. 新羅（南朝）の文化（1）	・平和と文化　・宗教　・学問 ・工芸　・道義と風俗 ・文化の受容と伝達
		9. 新羅（南朝）の文化（2）	・産業
	後期	10. 高麗の興り	・渤海の滅亡　・新羅の衰弱 ・高麗太祖の建国　・契丹の撃退 ・女真の撃退　・渤海の独立運動
		11. 高麗の文化	・高麗文化の由来・宗教・学問 ・工芸・産業・社会と風俗
近世	前期	12. 世宗大王の偉業	・近世朝鮮の建国 ・世宗大王の偉業　・武功
	中期	13. 壬申倭乱と李舜臣の功績	・儒教と闘争　・倭兵の侵入 ・閑山島での大勝　・明兵の来援 ・鳴梁での大勝 ・明兵の来援と露梁の大勝
	後期	14. 日本人の侵略	・党争の激化　・日本人の侵略 ・清日戦争と朝鮮の改革 ・露日戦争とわが国の喪失
最近		15. 独立運動	日人の虐政 ・三一運動　・臨時政府の成立 ・義士の活動 第2次世界大戦と我々の宣戦 ・国内の惨状　・戦勝と解放 我々の将来

軍政庁文教部『初等国史』、京畿道学務課臨時教材研究会、1946年より筆者作成

第一章　米軍政初期の対韓教育政策と「社会認識教育」

階の時代的な区分に沿いながら通史的に編成している点である。第1章
～第6章までの「上古」時代、第7章～第11章の「中古」時代、第12
章～第14章の「近世」時代、そして第15章は「最近」時代という大き
な時代区分を基準にしており、それぞれが前期と後期とに分けられ、国
家の生起と消滅の変遷過程を描いている。例えば、「上古」時代の前期に
は「古朝鮮」および朝鮮半島に散在した諸国と後期には「三国」が、「中
古」時代の前期には「新羅」が記されて後期には「高麗」が、「近世」時
代では「李氏朝鮮」が前・中・後期に整理されて記されている。最後の
「最近」の時代では、日本の統治時代に関する内容が記述されている。古
代から現代までを系統的に網羅し、包摂しながら朝鮮王朝の変遷史が描
かれているのである。

　第二に、第1章から第11章までの前半（以下、「前半」）と、第12章
以降の後半（以下、「後半」）では、歴史的あるいは社会的事象に関する
内容の構成方法が異なっている点である。「前半」では政治史と「文化」
をセットにして対象時代の様相を総合的に把握させているが、「後半」で
は政治史的な内容にしぼられた記述となっている。例えば、「上古」時代
では「歴史以前」の時代から百済、高句麗、新羅の三国時代にかけての
様々な国々の栄枯盛衰と「三国の興り」の変遷について述べ、「三国の
文化」「産業」「宗教」「風俗」「文字」などについて、産業や文化的な題
材から再び「上古」時代を捉えさせている。「中古」時代においても前期
の「百済」および「高句麗」の滅亡と「渤海」「新羅」について述べ、
「後期」では「新羅の衰弱」と「高麗の興り」などのような諸国家の変遷
が述べられており、いずれも「宗教」「学問」「工芸」「道義と風俗」「産
業」の側面から理解させながら当該時代を総合的に把握させようとして
いる。ところが「後半」になると、「近世」では僅かにハングル文字を創
生した世宗大王に触れているものの、「朝鮮」時代から日本統治の時代に
かけては、歴史的事件の政治史的な記述が体勢を占めており、「文化」的
な側面は言及されていない。先行研究によれば、その理由は、中等教育
用の『国史教本』では「上古」と「中古」の時代は金庠基が担当し、「近

49

世」と「最近」時代は李丙燾が担当していたが、『初等国史』においても同様の分担であったためではないかと言われている[34]。

　第三に、「前半」では各王朝の歴史的事実や事象への客観的な記述が多いのに対し、「後半」では朝鮮民族としての立場に視点を転じ、民族の受難の歴史が強調される構成となっている点である。「前半」では、「高麗の文化」までは様々に主権が変わりながらも外敵の侵略を撃退しつつ、主体的に民族独自の「学問」や「産業」、「文化」を発展させてきたことが記述されているが、「後半」では日本の「朝鮮侵略」の過程や植民地支配、民族の抵抗運動や「解放」へ至る経緯が強調され、「文化」についてはほとんど触れられていないのである。つまり、「朝鮮」時代まで発達してきた「産業」や「学問」は、日本統治の時代では停滞し、あたかも全く発展しなかったかのような印象を与えるものとなっている。「産業」が停滞して民族固有の「文化」の発展が閉ざされた印象を与えることで、抑圧された苦難の朝鮮の歴史が一層強調されるものとなっているわけである。

　このように、この教科書は、通史的な政治史的国家変遷の事実と文化発展の両面から民族的な優秀性を強調する「前半」と、「後半」では苦難の歴史と「解放」を迎えた喜びに関する記述が強調されたものとなっている。全体的に見れば、読者に対しては朝鮮民族の優秀性と誇りを認識させた上で、受難の歴史の延長線上に立たされている民族の一人である自分を理解させ、それを自覚させる構成となっているのである。

6. 『初等国史』の学習方法と「社会認識教育」

　『初等国史』は、「前半」と「後半」では異なる論理で内容が構成されている。よって、ここでは「前半」から「第8章新羅（南朝）の文化（1）」、そして「後半」からは「第14章日本人の侵略」章を例に、教科書の記述から当時の学習方法を検討してみることにしたい。以下、各章の本文を示せば以下の通りである。

第一章　米軍政初期の対韓教育政策と「社会認識教育」

「第8章　新羅（南朝）の文化（1）」の内容

「平和と文化」

　渤海と新羅は南北に分かれ、三国時代のように闘い争わず平和的に過ごすことを望んだ。それゆえに新羅では国の力を文化事業に力を入れて文化が発達し、聖徳王と景徳王の時には最も燦爛とした黄金時代を築いた。

「宗教」

　仏教はさらに広がり、全国民のほとんどがそれを信心する中で、名高い僧たちも現れ成果を収めた。元暁（2950〜3019）は偉大な道の悟りを得た僧として、華厳経疎　金剛三昧論等、数十冊の本を執筆し、仏教の真理を広げ、唐や日本でもそれを学び、海東聖人として崇めてきた。（以下、略）

「学問」

　国文学は全国民の関心が高まっていく中で、音楽と詩歌に対する趣味がさらに高まり、鄭歌もまた非常に発展し、…（以下、略）

「工芸」

　新羅人の最も誇りと言える工業と芸術も、このようにして最もよく成熟し、建築には文武王の豪華な臨海殿、鷹沱池、有名な金大成が創った石窟庵（3084）、仏国寺は石造物を見ただけでも、どれだけ技術が積み重ねられたものか推察することができる。

「道義と風俗」

　新羅の人々は本来勇敢で活発であり義侠心が多いが、このような国民精神をさらに大きくしてくれたのがまさに花郎道である。花郎道はシン興王の時代から始まって次第に発達し、国民精神を大きく支配したので、これを国仙教　風月道とも言い、これを信ずる人を花郎仙人、風月主、郎徒ともいい（以下、略）

「文化の伝播と教え」

　唐の国がインドの文化を学んでくるために海陸万里を隣国のようにわたって往来したために、文聖32年（3173）には唐に行って学び卒業した105人の学生が帰国したということを見ても、留学生の修好がどれだけ多かったか知ることができる。（以下、略）

軍政庁文教部『初等国史』、京畿道学務課臨時教材研究会、1946年より。

「第14章　日本人の侵略」

「闘争の激化」

　7年間の倭乱によって生命の犠牲が多かったのは言うまでもないが、

51

たくさんの産業と文化が破壊され、その後、丁卯、丙子の二つの胡乱と諸方面で荒廃したが、それを再興させようとする政治家がおらず、ただ闘争を続け、東人は南人と北人に、西人は老論と小論に3百余年にわたって激しく闘争を続けていた。しかし、このような中においても儒教と漢学には若干の発展があったが、それもまた狭く閉ざされた形式にとらわれていた。自由闊達な思想が少なく、許俊は医学に、丁若舗は百科学に有名で、朴趾源、李徳懋、朴斎家、金正喜唐に往来し、清朝の有名なソンビと連絡しながら、経学、文学、考証、金石学等、様々な学問を学んできた。清国に往来するサシンヘンと天主教の信徒側から若干の西洋文化も輸入し、鄭斗源は天文機械、金正浩は実測地図で有名となった。(以下、略)

「日本人の侵略」

　高宗五年（4201戊辰）には日本でいわゆる明治維新という政治的変動がおきると、わが国に来る日本の国書は傲慢な内容となり、また、かつての慣例とは異なっていたので、政治を行っていた高宗の父である興宣大院君は、これを拒否して受け取らず、そのため国交が一時期途絶えることになった。日本ではわが国を侵略しようとする議論が起こったが、これが西郷隆盛の、いわゆる征韓論というものであり、(以下略) …。

軍政庁文教部『初等国史』、京畿道学務課臨時教材研究会、1946年より。

　前述の通り、震壇学会は、個別的な歴史的事象や事実への徹底的な文献考証により、歴史的事実そのものを探究して確定しようとする性格を持っていた。したがって、当学会が作成したこの教科書は、極端な民族主義を持つ改良的民族主義学派や社会主義革命を標榜する社会経済史学派のようなものではなく、実証的な歴史研究を背景としながらも、それらの中間的な性格を有する記述となっているのが分かる。例えば第8章では、新羅は「闘い争わず平和的に過ごすこと」を目指して「文化事業に力を入れて文化が発達」した国であったと述べ、特に「聖徳王と景徳王の時には最も燦爛とした黄金時代を築いた」ことが歴史的な事件・事象として記述されている。新羅の「文化」的な発展についても、「元暁」などの高名な僧や学者や「仏国寺」や「石窟庵」等の芸術的、歴史的遺跡を多数登場させながら、「宗教」「学問」「工芸」「道義と風俗」「文化の

第一章　米軍政初期の対韓教育政策と「社会認識教育」

伝播と教え」の側面からも記述されている。読者には各項目間を相互に
関連づける考察を要請せず、単純な個々の項目の羅列による説明となっ
ている。つまり、多くの内容を網羅しながら、客観的に事象を腑分けし
て整理し配列することで、特定の視点や立場を排除していることになる
のである。

　だが一方で、第14章以降の「後半」部分では、民族主義的な表現が目
立つものとなっている。例えば、「7年間の倭乱によって生命の犠牲が多
かった」こと、「たくさんの産業と文化が破壊され」たこと、「儒教と漢
学は若干の発展があったが、それもまた狭く閉ざされた形式にとらわれ
て自由闊達な思想が少なく」なったこと、そして日本の「侵略」によっ
て産業が立ち遅れ、人々の生活が苦しくなって文化的にも衰退したこと
が述べられている。こうした記述には、苦難の歴史を持つ朝鮮民族だ
が、今後は一致団結することで苦難の克服が可能であり、未来には誇ら
しく輝かしい文明国が再建される、という予見が含まれるものとなって
いる。子どもたちはこうしたメッセージを読み取ることで、自らの意思と
態度を決定するように構成されているのである。

　『初等国史』は、民族と国家の発展や苦難の歴史を過去の「事実」とし
て編年体的に羅列し、同時に文化的発展も理解させることで、誇らしい
朝鮮の歴史と文化を認識させる構成となっている。そこには、解放を迎
えた朝鮮が朝鮮民族の国家であることを理解させ、個人を国家の発展に
寄与する態度形成に結びつけることで国家の重要な担い手に育成しよう
とする意図がみられる。震壇学会員の二名によって執筆された影響は、
内容的にも方法的にも影響が大きく、この教科書には歴史的な事実とし
ての事象とともに、民族主義的な主張も深く巧みに刻まれているという
ことができるであろう。

第三項　朝鮮語学会による『初等公民』教科書の編纂
1．朝鮮語学会の位置と活動
　次に、『初等公民』を編纂した朝鮮語学会について見てみたい。同学会

は思想的にはどのような性格の団体だったのだろうか。まず、朝鮮語学会の前身の朝鮮語研究会から検討してみよう。

　1894年頃、国王に高宗（コジョン）が在任していた李氏朝鮮の社会は、いわゆる甲午改革期の最中にあり、旧体制の伝統的な儒教文化の社会から近代化された国家へ至るための大きな変革が断行された時期であった。金弘集（キム・ホンジブ）を総理大臣とする政府の下で、政治や経済をはじめ、文化や風習、そして一般の国民思想に至る様々なシステムが、日本からの干渉を受けながらも着実に修正されて発展しつつあった。教育分野では教育令が発令され、近代的な学校教育の導入とともに着実に改革されていった時期でもある。

　このような中で断行された注目すべき施策の一つに、この時期に初めてハングル文字が本格的に使用されるようになったことがある。それまで、国家の公文書や諸種の学校の教科書には難解な漢語が使用されていたのだが、習得がしやすく純粋な国語でもあるハングル文字の使用は、文盲者の減少と教育の大衆化や充実化に寄与し、様々な教育改革を呼び起こすきっかけとなった。そのため、国家機関の学府には国文研究所が設けられ、高名な朝鮮語学者である周時経（チュ・シギョン）を中心に、朝鮮語に関する本格的な研究が開始された。1907年には漢城（現：ソウル市）の城東に「国語講習所」が、1909年にはボソン中学校に日曜学校の「朝鮮語講習院」が開設されるなど、この時期にはいくつか朝鮮語のための教育機関や国家的な研究機関が設立されている。ハングル文字は、1880年代半ばから1910年頃にかけて、様々な教育改革を通じて本格的に大衆化が実現されていったということができるのである。

　しかし、日本の保護国化を規定した1905年の乙巳条約や1910年には日韓併合の成立で、朝鮮総督府による武断政治の統治下に置かれるようになると、朝鮮語学者達の研究と活動の場は大幅に縮小していくことになった。この武断政治とは、1910〜1920年頃、朝鮮総督府が行政権や司法権、軍事権を掌握して言論や集会、結社の活動を管理・制限し、憲兵警察制度の整備によって統治支配を推し進めた際の政治体制を指して

第一章　米軍政初期の対韓教育政策と「社会認識教育」

いる。こうした中で、朝鮮語学会の民族言語の研究活動にも厳しい統制や制限が加えられるようになり、朝鮮語研究者の活動は大幅に縮小されるようになった。しかも1911年の「第一次朝鮮教育令」では、学校で使用される「国語」は日本語とされたばかりか、初等教育での学習機会も週2、3時間程度の「朝鮮語」に限定されるようになったこともあり[35]、その影響でこの時期には多くの朝鮮語研究者達が朝鮮語の教員へ転じたといわれている。

　ところが、1919年のパリ平和会議にて米国大統領ウィルソンの民族自決主義が提唱され、同年3月1日には民族・国家の独立を求める「3.1独立運動」が全国的に拡大すると、統治支配の体制には大きな変化が起こった。朝鮮総督府は、それまでの抑圧的な武断政治を修正して文化政治への転換を図り、民間新聞や雑誌の発行、集会なども許可制にするなど、一定の思想や信条の自由を認める政策に転じたのである。文化的な統制と統率を機軸としながら、融和的な態度で懐柔策に転じたわけであった。

　このような中で朝鮮語研究者の活動は徐々に再開されるようになり、1921年12月3日、朝鮮で初めての民間学術団体が京城市（現ソウル市）の徽文義塾にて創立された。これが朝鮮語研究会であり、後の朝鮮語学会（ハングル学会）の前身であった[36]。

　朝鮮語研究会の創設時の発起人は、以下の7名であった。

朝鮮語研究会創設当時の発起人（1921年）

任暻宰（徽文学校校長、朝鮮語研究会代表）
崔斗善（中央学校校長、朝鮮語研究会幹事）
張芝暎（朝鮮日報社文化部長、朝鮮語研究会幹事）
李奎昉（普成学校校長）
權悳奎（徽文学校教師）
イ・スンギュ（普成中学校　教師）
申明均（漢城師範学校出身）

下線の人物は、後の朝鮮教育審議会のメンバーである。（下線は筆者による）

この発起人を見てみると、代表の任暻宰（イム・キョンジェ）をはじめとして、研究機関の研究員や大学教授などの研究者ではなく、中等学校の校長や現場教師が名を連ねているのが分かる。彼らはいずれも高名な国語学者である周時經の門下生であったが、研究者としてではなく、学校教育の関係者として参加しており、ここには、かつての多くの朝鮮語研究者が、朝鮮語の教員という立場で活動の再開と維持をせざるを得なかった事情がうかがえる。

　また、この中で崔斗善（チェ・デゥソン）と張芝暎（チャン・ジョン）の二人は、後の朝鮮教育審議会においては審議委員として活躍したメンバーでもあった。後述するように、崔は朝鮮教育審議会の第3分科会（教育行政分科会）に、張は第9分科会（教科書分科会）に所属したが、震壇学会と同様、この研究会にも米軍政期の教育行政に重要な働きを担った者が数名所属していたのである。

　また、同研究会の創設時の会則は以下の通りであった。

　　本会は朝鮮語研究会という。

　　本会は朝鮮語の正確な法理を研究することを目的とする。

　　本会は京城に置く

　　本会への入会は、本会一人以上の推薦によって、幹事がこれを許可する。

　　会員は、入会時に入会金1ウォン、毎月50銭ずつ負担する。

　　本会には任期1年の幹事、三人を置き、その中で幹事長一人を互選する。

　　本会は、毎年4月に総会を開催し、一般会務を協議する。

　　本会は、毎月一回（第2週土曜日）研究会を開く

　　本会は必要だと認定される場合、講演会、講習会の開催、または会報の発行を行う。

　　本規則の改定は、総会出席員の半数以上の同意によって行う[37]。

　その後、同研究会は1931年に朝鮮語学会へと改称し、規約は新たに制定し直された。朝鮮語学会の改編時における主な規約は、以下の通りで

第一章　米軍政初期の対韓教育政策と「社会認識教育」

あった。

　　本会は、朝鮮語学会と言う。
　　本会は、朝鮮語文の研究と統一を目的とする。
　　本会は、京城に置く。ただし,地方には支部を置く。
　　本会の入会は、本会員の推薦により、幹事が審査した後に許可することと
　　する。ただし、入会を許可されたときは、１ウォンを支払わなければなら
　　ない。
　　本会員は、毎年会費２ウォンを負担する。
　　本会員として、１年に一度も集会に出席せず、会費も出さない者は、別会
　　員として編入する。ただし、退会を願う者は幹事長に退会届を提出しなく
　　てはならない。
　　本会の目的と事業に賛同する者は、本会の賛助会員と呼ぶ。
　　本会には、任期一年の幹事３人を置くが、その中で幹事長を一人互選し、
　　本会の代表者とする。
　　本会は毎年４月に定期総会を開くが、本会の３分の１以上の出席がなけれ
　　ばならない。ただし、必要な時には臨時総会を開くこととする。
　　本会は、毎月一度ずつ（第二土曜日）月例会を開くこととする。
　　本会は、本会の目的を達成するために、次のような事業を行う。
　　①講演会　②講習会　③講義録、学報、研究叢書、調査報告書、関係古文
　　献　その他必要書籍の出版。
　　本規則を改正するときは、総会の決議を得なければならない。
　　本規則に不備な点は、幹事会または総会の決議によって決定される[38]。

　朝鮮語研究会と朝鮮語学会の会則を見比べてみると、その事業範囲
と対象について、後者はより拡大されているだけでなく、実践的で社会
的な課題に活動の役割と範囲が重点化されているのが分かる。例えば、
前者の発足当時では、「朝鮮語の正確な法理」の研究など、朝鮮語の科
学的な原理や朝鮮語に内在する規則や法則の研究を主たる目的としてい

たが、後者では第2条に、「本会は、朝鮮語文の研究と統一を目的とする。」とあるように、具体的な朝鮮語の使用方法と朝鮮社会における言語生活の統一に目的が置かれている。つまり、朝鮮語学会は研究の目的を朝鮮語自体に置くことよりも、混乱していた社会的言語実践の改善に目を向け、そこで提起される課題に回答を与えることと、言語生活改善のための朝鮮語の指導に力を入れていたのである[39]。

　しかし、朝鮮語が「国語」から外された状況の中で、創設時の朝鮮語学会に求められていたことは、何よりも言語的な混乱を収拾して国民生活の改善と向上を図ることであった。当学会は、1931年には新たに機関紙『ハングル』を創刊し、1933年10月には「朝鮮語綴り法統一案」、1933年に「ハングル標準語」の発表、そして1940年6月には「外来語表記法」を制定した。また、1936年3月には「朝鮮語辞典編纂委員会」を組織して、朝鮮民族の言語的統一の集大成といえる朝鮮語辞典の編纂を開始している。このように、朝鮮語学会の活動は学術的な研究にとどまるものでなく、言語的統一後の人々の生活改善までも視野に入れたものであり、朝鮮語の研究はそのための必要不可欠な過程と認識されていたのである。

　だが、日本の統治支配が徐々に朝鮮語を排斥する傾向を強めていく中で、学会の活動は、次第に朝鮮語を民族の誇りや思想的な団結心を喚起させるための運動に変化していった。朝鮮語が民心の求心力となることで、民族主義運動や独立運動の主体としての傾向性を強めていったのである。とりわけ、朝鮮語研究会から朝鮮語学会へ改編されてからは、こうした運動を支持する活動組織としての性格を一層強めていった。

2．朝鮮語学会事件と民族主義運動

　朝鮮語学会にとって、朝鮮語事典の編纂は、民族固有の文化である朝鮮語を維持・保存するだけでなく、言語的な統一を図るための学術的な事業でもあり、民族精神の高揚と民族的団結を図る意味で極めて重要な活動であった。1929年の「ハングルの日」には198名の発起人によって

第一章　米軍政初期の対韓教育政策と「社会認識教育」

朝鮮語辞典編纂会を組織し[40]、その後、「ハングル綴り法統一案」の制定や「ハングル標準語」および「外来語表記法」を制定することで、編纂のための基礎的作業を開始した。そして1940年、ついに朝鮮総督府より朝鮮語辞典出版の許可が下り、1942年3月には本格的に事典編纂の植字を開始したのである。

　ところが、一方で1940年頃は日本が本格的に中国大陸に侵出した時代とも重なっており、朝鮮半島の安定化を望んだ朝鮮総督府は、独立運動に対する警戒感を強めて取締りを強化し、朝鮮人の「日本人化」策もさらに徹底するようになっていった[41]。また同時に、民族主義運動や独立運動への警戒や取り締まりは学術研究団体にも向けられていくようになり、こうした状況の中で、1942年9月には29名の朝鮮語学会員が警察に連行・拘束され、50名以上が審問されるという事件が発生した[42]。いわゆる朝鮮語学会事件である。この事件において、当局から弾圧を受けたとされる人物は以下の通りであった[43]。

朝鮮語学会事件で弾圧を受けたとされる人物

李允宰（延禧専門学校教授）	金善琪（延禧専門学校教授）
李熙昇（梨花女子専門学校教授）	李秉岐（徽文中学校教師）
崔鉉培（梨花女子専門学校教授）	李萬珪（培花中学校教師）
鄭寅承（梨花女子専門学校教授）	李康來（培花中学校教師）
張志暎（養正中学校教師）	鄭寅燮（延禧専門学校教授）
金允經（誠信家政女学校教師）	張鉉植（延禧専門学校教授）
李克魯（私立学校教師）	金良洙（延禧専門学校教授）
韓　澄（私立学校教師）	李　仁（延禧専門学校教授）
李重華（私立学校教師）	安在鴻（延禧専門学校教授）
李錫麟（私立学校教師）	徐昇孝（延禧専門学校教授）
権承昱（私立学校教師）	

網かけは震壇学会との兼任会員を示す（筆者）

　まず、ここには1934年の震壇学会の創立当時に発起人として名を連ねた人物も数名含まれている点に注意したい。例えば、梨花女子専門学校教授の李熙昇や崔鉉培、徽文中学校教師の李秉岐、そして誠信家政女学

59

校教師の金允經らは震壇学会にも所属するメンバーであった。そもそも
震壇学会は国語学と歴史学という二つの研究分野の国学研究者たちで構
成されており、国語学分野には、朝鮮語学会所属の学者たちも多数所属
していたのである。したがって、朝鮮語学会が非妥協的民族主義派と言
われた震壇学会と、思想的かつ学術的に近い性格であったのは自然なこ
とであった。

　後日、この事件で検挙された一人の李熙昇は、次のように述べている[44]。

　　　当時、この地では総督の南次郎が、民族文化抹殺政策を敢行しながら、
　　その手始めの一環として朝鮮語に対する弾圧を加えていった。それゆえ、
　　遠からず近づいて来る弾圧を予感し、朝鮮語事典編纂関係者たちは、編纂
　　事業を急速に推進しようとして夜も作業を続けていた。原稿を奪われてし
　　まうこと、あるいは無くなってしまうという場合を想定し、2つずつ原稿
　　を作成することにしていた。そして、大東出版社の協力を得ながら、最初
　　に終えた原稿を印刷に回したのである。果たして関係者の予感は的中し、
　　朝鮮語学会が捜索されることで我々のハングル運動は大きな受難を受ける
　　ことになった。

　元来、朝鮮語学会は語学研究の団体であったが、日本語の「国語化」
と朝鮮語の弱体化が強まっていく中で、彼らは朝鮮語の統一と普及の目
標を掲げながら、民族主義的な精神や行動の統一を謳う民族意識高揚の
ための団体に変化していった。学会存続の目的を朝鮮語の研究と普及だ
けに置くのではなく、民族言語としての朝鮮語を守って維持し、発展さ
せるための団体という性格を帯びていったのである。

　したがって、この事件によって同学会が一種の独立運動団体とみなさ
れたことは、大きな打撃とならざるを得なかった。なぜならば、この事
件を機に朝鮮語辞典編纂等の活動は全面的に禁止され、事実上の解散を
強いられことになったからである。朝鮮語学会は、ここに学会としての
機能をほとんど失うことになったのである。

第一章　米軍政初期の対韓教育政策と「社会認識教育」

3．朝鮮語学会の活動と『初等公民』の編纂

　しかし、朝鮮語学会は 1945 年 8 月 15 日の解放と同時に活動を直ちに再開し、米軍政時代の国語教育では重要な役割を果たしていくことになる。同学会は、早くも 1945 年 8 月 25 日には緊急総会を開催し、「教科書がなくて勉強ができない初等・中等学校の緊急事態に対処するために、まずは教育界、執筆界、言論界等の諸方面の協力を得て臨時国語教材を編纂すること」[45] を決議し、国語の教科書発行を優先的な課題に据えて活動を再開した。1945 年 9 月、米軍政庁から正式に国語教科書の編纂を委託された朝鮮語学会は、学会内に「国語教科書編纂委員会」を設置し、約 2 ヶ月後の 1945 年 11 月 6 日には米軍政庁学務局の発行者名で、『ハングルの初歩』というテキストを出版した[46]。続いて、『初等国語教本』『中等国語教本』『ハングル教授指針』等の一連の国語教科書を 4 ヶ月間で集中的に編纂していった。

　ところで、ここで注目されるのは、この「国語教科書編纂委員会」は、国語科だけでなく公民科の教科書も作成していた点である。以下に見られるように、1945 年 12 月 16 日には同委員会によって、『初等公民（1 ～ 2 学年用）』『初等公民（3 ～ 4 学年用）』『初等公民（5 ～ 6 学年用）』の三冊が同時に発刊されていた。彼らは同時期に「国語」だけでなく、「公民」の教科書の編纂も担当していたのである。

「国語教科書編纂委員会」（朝鮮語学会）が編纂した教科書

編纂教科書	編纂終了日
『国語教本　1』	1945 年 9 月 1 日
『国語教本　2』	1945 年 12 月 2 日
『国語教本　3』	1945 年 12 月 2 日
『国語読本（中学校用）』	1946 年 1 月 28 日
『国語読本（教師用）』	1945 年 10 月 1 日
『初等公民（1，2 学年用）』	1945 年 12 月 16 日
『初等公民（3，4 学年用）』	1945 年 12 月 16 日
『初等公民（5，6 学年用）』	1945 年 12 月 16 日

呉天錫『韓国新教育史』現代教育叢書出版社、1964 年、392 － 393 頁より。

元来、この委員会は国語科教科書の編纂を目的に結成されたはずだが、なぜ彼らは「公民」の教科書である『初等公民』も編纂していたのだろうか。こうした『初等公民』の編纂と発刊に関連して、同学会は後に『ハングル 50 年史』の中で次のように述べている。

　　過去に受けた奴隷的教育を一日も早く脱するためにも、新しい国家の新しい国民になるためにも、公民教育が必要であった。軍政庁学務局は、光復直後の混乱した時期に、短期間で公民教科書の編纂に優れた人材を得るのは困難であったことから、国語教科書を編纂した朝鮮語学会に公民教科書の編纂まで依頼するようになったのである[47]。

　1945 年 9 月 1 日からの学校再開が迫る中、米軍政庁学務局には迅速な教科書の作成が求められていたが、時間的にも経済的にも、そして人材的な制約により「公民」の教科書までは対処しきれなかった。そこでやむを得ず当局は、「国語教科書編纂委員会」に「公民」教科書の編纂も委託したというわけである。公民科とは直接的に関連性のない朝鮮語学会への委嘱は苦肉の策であったといえるだろう。

　なお、1945 年 9 月時点での「国語教科書編纂委員会」のメンバーは以下の通りであった[48]。

国語教科書編纂委員のメンバー（1945 年 9 月）

> 執筆担当
> 　李熙昇、鄭寅承、張志暎、イ・テジョン、李浩盛、ユン・ソンヨン、尹在千、
> 　イ・スンニョン、チョン・インスン、ユン・ボギョン
> 審査担当
> 　バン・ジョンヒョン、イ・セジョン、ヤン・チュドン、チョ・ビョンヒ、チュ・セジュン
> 委員
> 　李克魯、崔鉉培、金允經、キム・ビョンジェ、趙潤済、イ・ウンサン

下線部は朝鮮語学会事件で弾圧を受けた人物を、網がけは震壇学会創設時の発起人を示す。（筆者）

第一章　米軍政初期の対韓教育政策と「社会認識教育」

　この「国語教科書編纂委員会」には、民族文化の基礎としての教育文化を樹立させるために、学術や文化、教育界から幅広く人材が集められただけでなく、民族主義的な団体からも代表の委員が参会していた[49]。しかも、朝鮮語学会事件で警察当局から厳しい弾圧を受けたとされる前述の 29 名の中からも、李煕昇（イ・フィスン）、鄭寅承（チョン・インスン）、張志暎（チャン・ジヨン）、李克魯（イ・クルロ）、崔鉉培（チェ・ヒョンベ）らの 5 名が参加している。また、金允経（キム・ユンギョン）、趙潤濟（チョ・ユンジェ）、崔鉉培（チェ・ヒョンベ）、李煕昇（イ・フィスン）などは、先にも述べたように 1934 年の震壇学会創設時の発起人でもあった。

　今日、誰がどの教科書のどの部分を担当・執筆したのか、資料的な制約により、その詳細を知ることは困難である。だが、このように朝鮮語学会員や震壇学会員の数名がこの委員会に所属していた事実からは、彼らが所属する学会の民族主義的な思想や性格が、少なからず公民科教科書の内容に影響を与えたことは想像に難くない。

　では、実際の教科書ではどのような「社会認識教育」が構想されていたのか。次に、『初等公民』教科書の内容について詳細に検討してみよう。

4．『初等公民』における「社会認識教育」

①『初等公民』の内容構成

　国民学校の「公民」で使用された教科書は、『初等公民　第 1、2 学年用』『初等公民　第 3、4 学年用』『初等公民　第 5、6 学年用』の全 3 巻であり、これらが 6 年間で系統的に学習されるようになっていた。各教科書の直接の著者は不明だが、すべて朝鮮語学会内に設置された「国語教科書編纂委員会」によって編纂され、1945 年 12 月 16 日に軍政庁学務局より発行されている。各巻の目次を示せば、以下の通りである。

　6 年間の全体の内容構成を検討してみると、第一に、学習題材は子どもの社会性の発達の度合いに応じて段階的に選択されており、それが政治

63

『初等公民』（1945）各巻の目次

『初等公民第1、2学年用』	『初等公民第3、4学年用』	『初等公民第5、6学年用』
○国旗のつくり方	○国旗のつくり方	○国旗のつくり方
1．わが国の国旗	1．開天節	1．開天節
2．わが家	2．ハングルの日	2．世宗大王と
3．私たちの学校	3．自分の仕事は何だろう	3．自由
4．ハングル	4．労働	4．人格
5．みんないっしょに	5．公徳	5．民主政治
6．檀君王様	6．礼儀	6．正義
7．公徳	7．勇気	7．労働
8．じょうぶな体	8．正直	8．社会
9．信用	9．恵心	9．保健と衛生
10．力を合わせて	10．民主国民	10．時間を守る
11．わが朝鮮		11．勇気
		12．花郎道
		13．国家間の交際
		14．我々の民族性
		15．わが民族の使命

『初等公民第1、2学年用』（1945）、『初等公民第3、4学年用』（1945）、『初等公民第5、6学年用』（1945）より筆者作成。

的内容や道徳的内容に相互に関連づけられて配置されている。例えば、子どもの社会的な見方や考え方が未発達で、より直接的で具体的な教材が要請される第1、2学年では、「わが国の国旗」の後に「わが家」「私たちの学校」などの身近な「家」や「学校」の生活の場を題材にした内容を学び、その次に「ハングル文字」の偉大さや「檀君王様」の神話、「公徳」「信用」「力を合わせて」の道徳教育的な徳目が登場している。そして最後には、「わが朝鮮」という国家的・政治的内容に関する項目が登場することで、子どもにとって身近で日常的な活動範囲から、徐々に社会性や道徳心、愛国心等などのやや抽象的な内容を理解していけるように意図的に配置されているのである。第3、4学年でも、「開天節」や「ハングルの日」では朝鮮民族の「神話」や言語文化について学び、その後、身につけるべき社会性や道徳性としての「労働」「礼儀」「正直」などの徳目の学習を経て、最終章の「民主国民」では国民としての自覚を促す学習構成になっている。『初等公民第1、2学年用』よりは学習対象の範

第一章　米軍政初期の対韓教育政策と「社会認識教育」

囲が拡大され、「民主国民」を養成する立場から生活上の道徳教育的内容と民族意識や国民意識等の愛国心について学習されるようになっている。さらに第5、6学年では、より拡大された社会的・抽象的諸事象の理解も可能であるとの想定から、「開天節」「世宗大王」「人格」「正義」「労働」などの「道徳教育」的な内容とともに「民主政治」「国家間の交際」などのような国際的な観点も含めた政治教育的内容が登場し、最後には「我々の民族性」や「わが民族の使命」の学習が展開されるようになっている。つまり、民族の特性を理解させた上で、子ども達は自らの「使命」について自然に自覚していくように配列されているのである。こうした構成は、基本的に低学年から高学年まで共通の原則となっている。

　第二に、発達段階に応じた題材だけでなく、全3巻を通じて共通に盛り込まれている内容も存在している。例えば、いずれの教科書にも裏表紙の「目次」の前には韓国の国旗である「大極旗」の図絵が掲載されており、その次のページには「国旗のつくり方」が記載されている。本文外の扱いとなってはいるが、国旗の配色や図柄の配置、寸法、縦横の比率、また「屋上」などへの掲揚の仕方などについても詳しく述べられており、学年を問わず国旗の重要性を子ども達に強く認識させている。また、民族起源の神話に関連する題材では、「壇君王様」（低学年）→「開天節」（中学年）→「開天節」（高学年）となっていたり、朝鮮語関連の内容も、「ハングル」（低学年）→「ハングルの日」（中学年）→「世宗大王とハングル」（高学年）の順で出現したりしている。国家や民族性を象徴するような題材が繰り返し登場することで、長期的かつ継続的に国家と民族を意識させ、定着させようとしているのである。

　以上より、いずれの巻も最初に「国旗」や「壇君神話」などによって子ども達に民族性を自覚させた上で、望ましい社会生活上の規範や習慣に関する徳目を示し、次に伝統文化や民族言語のすばらしさについて繰り返し説明する構成となっている。そして、「国家」や「民族」あるいは政治的な内容について触れながら、最終的には一人の国民として、国家に対する自らの「使命」を自覚させるように編成されているのである。

ここには、教科書を読み進めていけば、神話や歴史上の偉人が登場することで、自国と民族には優れた歴史や伝統、文化が形成されてきた事を理解し、自分も道徳的な規範や態度を身に付けることで、国家や民族の発展に寄与するための自己のあるべき姿や進むべき方向性、そして行動や実践の在り方が自覚されていくはずである、という論理が見てとれる。登場人物や歴史的な事実は、社会のしくみや機能を理解させるためだけでなく、所与の国家体制に適応し、貢献する態度を育成するための教訓的な題材として扱われているのである。

　これらを踏まえると、『初等公民』の教科書は、朝鮮民族の伝統や文化に関する内容や徳目主義的な「道徳教育」、そして若干の政治教育に関する内容をにわかに寄せ集めて、強引に一つの公民科教科書として作成されたものであったと考えることができるのではないだろうか。3巻全体の内容構成や編纂担当の団体、あるいは緊急に編纂された経緯から検討してみても、公民教育としての原理的な目的性や一貫性は乏しいと言わざるを得ないからである。むしろ、民族を愛し、国家に貢献していく一人の国民としての態度形成を図ろうとしており、国家主義的、民族主義的な観点からそれらの諸要素を包括して内容を決定し、緊急に編纂したものと捉えることができる[50]。

②『初等公民』の教育方法
　　──民族主義的な徳目の提示による態度形成──

　では、公民教育はどのような教育の方法で実施しようとしたのだろうか。ここでは、『初等公民第5、6学年用』における「第8課　社会」および「第15課　わが民族の使命」の記述を例にとりあげ、教育方法について考察をすすめていきたい。

　「第8課　社会」の全文は以下の通りである。

第一章　米軍政初期の対韓教育政策と「社会認識教育」

『初等公民5、6学年用』の「第8課　社会」全文

「社会の意味と社会生活」
　我々は、子どもの頃から両親の苦労をかけるとともにあたたかい愛を受け、また近所の人々の助けと同胞の保護を受けてきた。我々が何も考えずに通る道路や、我々が毎日使うノート一冊、鉛筆一本までもいろいろな人々の苦労によってできたものである。我々がこのように集い、力を合わせて互いに助け合い、共同生活をすることが社会である。すなわち、家庭も学校も国家も一つの社会である。我々は、このような社会を離れては生きていくことができない。
「社会の中での我々の責任」
　わが家、わが学校、わが国をすばらしいものにすることが、この社会の中で住んでいる我々の責任である。学校で勉強する時、自分勝手に騒いだりすれば全体の勉強に迷惑になる。
「規則遵守」
　それゆえ社会生活において、まず我々は全体の中の一人であるということを考え、自ら規則を守らなくてはならない。道路や公園をきれいにし、左側通行をし、電車や汽車に乗るときはきちんと順番を守って乗るなど、公徳を守ることが社会をすばらしくすることなのである。
「犠牲精神」
　二つ目に、社会生活では自分一人だけの利益を捨てて、人々の幸福のために働いていくという犠牲の精神が必要である。我々3000万同胞が、安重根義士を尊敬せざるを得ないのは、その方が、ひとえにわが国の独立のために自分の命を顧みなかったからである。自分を犠牲にして社会のために働く時、はじめて社会はすばらしくなるし、輝くことができるのである。
「一致団結」
　しかし、一人の力では大きな仕事をなしとげることは難しい。わが国をすばらしいものにして力強いものにするためには、我々は真心で力を合わせ、一致団結しなくてはならない。団体競技においても、一致協力して自分の責任を果たしてこそ勝つことができるものである。一致団結する力が小さければ、学校や社会や国家の力は弱化し、強くなることはできないのである。
「我々の決心」
　わが朝鮮は、今、解放の喜びにあふれ、新しい国の建設に力強く歩みだしている。我々は家や学校で互いに心を一つにして家庭や学校生活をすばらしいものし、自分を犠牲にするというすばらしい精神で社会のために仕事をしていこう。

軍政庁学務局『初等公民第5、6学年用』朝鮮書籍印刷株式会社、1946年、23〜25頁。)

次に、「第15課　わが民族の使命」の全文は以下の通りである。

『初等公民5、6学年用』の「第15課　わが民族の使命」全文

第15課　わが民族の使命
「独立国家をつくること」

　八月解放。以前、我々には民族はあったが国はなかったために、我々は圧迫を受け、常に不満を抱えてきた。世界の人々の前に、堂々と自由と権利を主張をしようとするのであれば、我々は何よりもまず国を立てなくてはならない。時は来た。アジアの東方に美しい江山を持った三千万同胞は、一つの心と一つの志で幸せな我が国をつくろう。これが、私たち民族が当面した一つ目の使命である。
「文化を創造すること」

　野蛮人のように、文化のない民族は、存在してもないことと同じことであろうが、これとは反対に、ヘブライ人のように偉大な文化を持った民族はなくなってしまっても永遠に生きているのと同じである。我々の民族は、本来文化方面にすぐれた素質を持っている。この素質を発揮しよう。我々は、まず最も合理的なハングルとして、我々の文学を興そう。花郎道の伝統的な民族精神を再び体得しよう。新羅の彫刻、高麗の美術、百済の建築を生んだかつての芸術精神を再び発揮しよう。徐敬徳のような理学者、李滉のような哲学者、崔済愚のような宗教家を今後も輩出させ、優秀な我々の頭脳を証明し、我々の学術を世界的水準以上に向上させよう。偉大な文化創造が、わが民族の二つ目の使命である。
「世界平和を実現させること」

　様々な個人の努力なくしては、一つの国の秩序が維持されることが難しいように、様々な民族の努力なくしては世界平和は実現されない。我々は世界のどの民族よりも平和を愛しており、今まで他の国を侵略したことがない。我々は今後も世界各国と広く交際し、親善を図らなくてはならない。例えば列国代議士会、国際体育大会、列国博覧会、国際的学会等に積極的に参加し、協力をしよう。こうすることによって、我々は民族的自由と国家的独立を通して、諸国が同等の資格で親善し、平和を実現し、共存共栄の道を歩んでいくように努力しよう。これがわが民族の三つ目の使命である。

　軍政庁学務局『初等公民第5、6学年用』朝鮮書籍印刷株式会社、1946年、46 ～ 48頁。

第一章　米軍政初期の対韓教育政策と「社会認識教育」

　「第8課　社会」の記述展開を見てみると、まず「社会の意味と社会生活」という小項目では、「我々」は両親をはじめ近所の人々によって「保護を受けてきた」し、道路やノート、鉛筆など、自分の生活に必要なものは全て「いろいろな人々の苦労」によって支えられていることが示されている。そして、そのように「互いに助け合い」ながら共同生活していくのが「社会」であり、「我々」はその「社会」の一員として緊密に連関しながら存在していることを説明している。「社会の中での我々の責任」では、「社会」の一員でもある「自分」は、「わが家」や「わが学校」、そして「わが国」を「すばらしいものにするため」に貢献し、支えることが「我々の責任」であることを訴える。そして、「社会の中で我々が果たす責任」とは、「規則遵守」「犠牲精神」「一致団結」であることが述べられているのである。

　また「規則遵守」では、公園や道路歩行での規則や公衆道徳などの「公徳」を守る重要性について述べ、「犠牲精神」では独立運動の英雄である「安重根義士」を例にあげながら、「自分を犠牲にして社会のために働く」ことのすばらしさを訴える。「一致団結」では、団体競技を例にあげながら、「わが国をすばらしいものにし強いものにする」ために一致団結することの必要性を訴えている。そして最後の「我々の決心」の項目では、「新しい国の建設」を目指して「家や学校で互いに心を一つに」すること、さらに「自分を犠牲にするというすばらしい精神」により、「社会のために」貢献する態度とその自覚の必要性を訴えて全体が終了している。

　このように「第8課　社会」では、個人は家族や学校、国家などの社会全体と密接に関連しながら、それらに支えられている事実を自覚させ、自らもその社会を支えて発展させるべき存在である事を三つの徳目から説明している。すなわち、「規則遵守」「犠牲精神」「一致団結」である。そして、これらの徳目の実践と行動目標の達成により、最終的には社会に貢献する態度形成に直接的に結びつけ、子どもたちを社会化しようとする論理展開となっているのである。

69

このような展開は、「第15課　わが民族の使命」でもほぼ同様である。はじめに、民族的に果たすべき「我々」の使命として三つの行動目標が提示される。一つ目は、「我々には民族があったが国がなかった」ために「圧迫を受け、常に不満を抱えてきた」のだから、まず「独立国家をつくること」が必要であること、二つ目には、「我々の民族は本来文化方面に優れた素質を持っている」し、すばらしい「民族精神」や「芸術精神」等で学術を世界水準にできる「優秀な頭脳」を持っているのだから「文化を創造すること」、そして三つ目は、「世界各国と交際し親善を図る」ことで「世界平和を実現すること」である。これらを達成させることがわが民族の使命であり、同時に子どもたちの責任でもあることをこの文は暗に主張している。

しかしながら、これら二つの単元展開には、社会の制度や仕組みの理解、あるいは政治的有能性を育成するための公民教育的な観点は欠けている点が指摘される。子ども達には、所与の国家を維持・発展させていくべき主体として、そのための態度目標が直接的に求められているからである。つまり、子ども達には国家と民族が立たされた位置や状況に関する知識が与えられるだけであり、国民としての自覚と役割、そしてのための望ましい態度や行動の方向性は、既に決定されていることなのである。『初等公民』の記述は、道徳的態度の直接的な追求過程として構成されているといえるだろう。

5．『初等公民』における「修身」教科書の影響

『初等公民』では、なぜこのような内容の構成と教育の方法がとられているのだろうか。この問いに答えるためには、戦前の「修身」に注目する必要がある。日本統治下の朝鮮では、修身科教育が実施されていたのは前述した通りである[51]。「修身」は、1905年11月17日締結の日韓協商条約（乙巳保護条約）に基づく統監政治の断行により、1906年8月27日発布の「第一次学校令」の時に初めて設置された教科であった。解放を迎えるまでの約40年間、朝鮮の師範学校や高等学校、外国語学校、普

第一章　米軍政初期の対韓教育政策と「社会認識教育」

通学校（国民学校）で必修とされ[52]、基本的には「日本人」としての知
識・理解を与えることで国家に忠実な態度の育成を担い、それを直接的
に教授することを目的としていた[53]。ただし、1945年9月には「公民」
が設置されることで廃止された経緯がある。

　ところが、ここで日本統治時代の「修身」の教科書と解放後の「公
民」の教科書には、興味深い関連性が見てとれることを指摘しておきた
い。例えば、1940年に発行された『初等修身書　巻五』の目次を示せ
ば、以下の通りである。

修身科『初等修身書　巻五』（1940）の目次

目録	
第一課　上級生として	第十一課　心は清く
第二課　誠の心	第十二課　産を治め業を興せ
第三課　自分の力で	第十三課　祖先あっての家
第四課　働け	第十四課　博愛
第五課　進んでなせ	第十五課　忠孝は一つ
第六課　工夫は世のため	第十六課　皇大神宮
第七課　公衆衛生	第十七課　皇統
第八課　人と交わるには	第十八課　わが国
第九課　いつはりなき心	第十九課　教育に関する勅語（1）
第十課　我らは公民	第二十課　教育に関する勅語（2）

朝鮮総督府『初等修身書　巻五』朝鮮書籍印刷株式会社、1940年より。

　『初等修身書　巻五』の全体の目次を見てみれば、必ずしも道徳教育
的な内容だけで構成されていないことに気づくだろう。例えば、「上級生
として」「誠の心」「自分の力で」「働け」「心は清く」「博愛」等の「道徳
教育」的な徳目を扱った項目が見られる一方で、「公衆衛生」「我らは公
民」「わが国」などの政治教育的な項目、そして「皇大神宮」「皇統」な
どの神話的・民族的な題材を扱った内容項目も混在している。国民教育
の内容を以上の題材に求めながら、一定の国民意識や民族意識、国家意
識を育てようとする『初等修身書』の目次構成は、『初等公民』と極めて

類似しているのである。

しかも、各単元の内容を詳細に検討してみると、両教科書の類似性は一層具体的に見て取れる。例えば以下は、「第十八課　わが国」単元の全文である。

『初等修身書　巻五』における「第十八課　わが国」単元の全文

第十八課　わが国
　わが大日本帝國はアジヤの東、日いづる所に位してゐます。上に万世一系の天皇をいただいて、国民の心は一つに集まってゐます。その上、温和な気候と美しい山河によって、国民の心は自ら清く正しくなり、國はますます発展して止まる所を知りません。
　暑しともいはれざりけりにえかへる
水田にたてるしづを思へば
と仰せられ、御避暑をも思ひとどまらせ給うた明治天皇の大御心を拝し奉り、
　うつし世を神さりましし大君の
　　　　みあとしたひて我はゆくなり
とよんで、臣下の忠誠をささげ奉った乃木将軍の心を考へると、自ら涙がにじんできます。
こんなうるはしい君臣関係の國をどこに見ることができませうか。これがわが国体の精華なのであります。
　明治天皇の大御心は、とりもなほさず、歴代天皇の大御心であらせられ、乃木将軍の心持ちは、とりもなほさず、我々臣下、昔ながらの忠誠であります。これがために、わが国は、まだ一度も外国の侮りを受けたことがなく、世界の人を驚かすほど発展して来ました。
今や、わが国の教育は年と共にひろまり進んで来ました。農工業も盛になり、交通運輸も開け、商業貿易は世界を相手とするやうになって来ました。このやうな國に生まれ合はせた私たちは、何と幸福ではありませんか。これを思ふと、私たちは、常に皇国臣民にふさはしい心を養って、大いに君国のためにつくさねばならぬと深く感じます。
皇国臣民の宣誓
一　私共ハ　大日本帝國ノ臣民デアリマス
二　私共ハ　心ヲ合ハセテ
　　天皇陛下ニ忠義ヲツクシマス
三　私共ハ　忍苦鍛錬シテ
　　立派ナ強イ國民トナリマス

朝鮮総督府『初等修身書　巻五』朝鮮書籍株式会社、1940年、54頁より。

72

第一章　米軍政初期の対韓教育政策と「社会認識教育」

　まず、冒頭で「わが国」は「アジヤ」の「日いづる所」に位置し、「温和な気候と美しい山河に」よって「清く正しい」国民の心は、「万世一系の天皇」をいただいて「心は一つに集まってゐる」ことを示している。日本の国は、これまで天皇を中心に発展してきたし、今後ますます発展していくであろうという予見をさせているのである。そして、このような国家を支えてきたのが、まさに「臣下の忠誠」であり、「うるはしい君臣関係」であったことを「乃木将軍」を例にあげながら説明していく。結果、「わが国」は「農工業も盛んになり、交通運輸も開け」て「世界の人を驚かすほど発展」してきたことを述べ、「このやうな國に生まれ合わせた」我々は幸福であり、今後も「常に皇国臣民にふさはしい心」を養って「大いに君国のためにつくす」自覚と姿勢を持つように訴える。そして最後には、「皇国臣民の宣誓」が教条的に示されることで単元が終わっているのである。

　このように、「第十八課　わが国」では、「大日本帝国」が天皇を中心に心を一つにして発展してきたことと、発展の原動力は天皇と国家への「忠誠」であったことを認識させ、自らも「皇国臣民」にふさわしい忠誠心を持つべきことを具体的な目標像の「皇国臣民の宣誓」のかたちで示している。ここには、国家を支え、国家に貢献しようとする態度の育成に教育内容が結び付けられており、子どもたちの社会化を直接的に促す論理が内在しているのである。

　また、ここで、『初等修身書　巻五』の「第十八課　わが国」と『初等公民──第5、6学年用──』の「第15課　わが民族の使命」について、その論理的な展開に沿いながら二つの単元を比較してみたのが以下の図3である。

　『初等公民』の「第8課　社会」では、①「社会」とはどういうものなのか概念把握をさせた後に、②望ましい道徳的態度としての徳目が提示され、最後に③我々の取るべき態度の方向性を指し示す展開となっているが、これは、『初等修身』「第十八課　わが国」単元でもほぼ同様の展開となっている。すなわち、①「わが国」についての概念把握をさせた

73

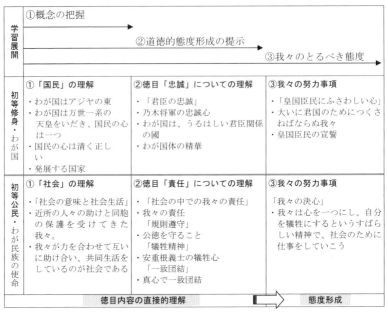

図3 「わが国」(『初等修身書』1940)および「わが民族の使命」(『初等公民』1946)の展開
(筆者作成)

後に、②望ましい「忠誠心」の徳目を提示し、そして③「君国」のために尽くすという態度の方向性が3段階の展開で示されているのである。

また、いずれも内容と方法においては民族主義的かつ国家主義な立場に立っており、民族の優秀性や一体性を強調することで国家の統一性を訴え、国家が望ましいと考える特定の価値観を教授しようとする点でも共通している。換言するならば、国家を支え貢献していく国民の育成を目的としている点では、『初等修身』では国家が「日本」であったのに対し、『初等公民』ではそれが「朝鮮」にとって代わっただけと言えなくもない。

こうした点から見れば、米軍政期の『初等公民』は、日本統治時代の『初等修身』から多大な影響を受けて編纂されたのではないかと推察され

る。「国語教科書編纂委員会」には、時間的、人材的な制約があったことは前述した通りだが、だとすれば、教科書の作成を考える上で最も身近で参考になった教科書は『初等修身』であったと考えられるからである。『初等公民』は、本質的には国家主義的かつ民族主義的な「道徳教育」の側面を持っており、「修身」の教科書と極めて近い構成であったといえるのである。

6．公民科の性格と歴史的意義

　1945年9月、「修身」の廃止後に新設された「公民」は、あくまでも民主的な市民の育成を目標とした社会科的教科としての位置づけにある教科であった。1947年には「社会生活」が設置されることでわずか2年での廃止となるが、社会的・経済的な混乱期にあった米軍政期の韓国において、一定の公民教育の方向性を示し、役割を果たしたといえるだろう。しかし、一方でこの教科には次のような特徴や問題点があったことを指摘することができる。

　第一に、『初等公民』は、米軍政期の公民教育だけでなく、以降の「道徳教育」のあり方にも重大な影響を与えた教科書であった点である。この教科書には朝鮮民族の歴史や伝統、神話、ハングル文字や偉大な人物等を理解させる題材が多く含まれており、民族性や民族の誇りを強く意識させる「道徳教育的」な内容が混在していたからである。しかも、そこには望ましい国民としての道徳的規範や態度の育成とともに、解放後の現状と今後の展望や「民族の使命」が示されており、価値と態度を一元化させて有能な「公民」を育成しようとする論理が含まれているものであった。

　第二に、教科書の編纂者達には専門性に問題があった点である。『初等公民』は朝鮮語学会内の「国語教科書編纂委員会」によって編纂されたわけだが、彼らの多くは公民教育の専門家ではなく、朝鮮語の研究者や教員という立場にあった。一般に、各教科の教科書は高度な学術的専門性や知識を持つ人物や団体によって編纂されるはずだが、もともと語学

を専門とする朝鮮語学会の関係者が、こうした公民教育の要請に対応できる専門性を持ち合わせていたかどうかは甚だ疑問である。『初等公民』は、公民教育の専門家が不在のまま、門外漢の国語学者達によって編纂された教科書だったのである。

　第三に、公民科の教科書は、部分的に「修身」教科書の内容や方法を引き継いだものであった点である。本研究で明らかにしたように、その内容や記述方法は日本統治時代の「修身」に酷似しており、執筆者達が、「修身」の教科書を参考にしながら作成した可能性は否定できない。また、「修身」と入れ替わるように登場した「公民」は、米軍政期の事実上の「道徳教育」を担っていたが、その本質は如何にして政治的に子ども達を社会化し、国家主義的、民族主義的な意識と態度の育成を図るかが意図されたものであった。このことから、目指すべき国家像や人材育成の方向性が異なるものの、「公民」の教科書には、国家に献身的で従順な国民を育成しようとした「修身」教科書の論理の影響が見られるのである。その意味では、公民科において潜在的に行われていた「道徳教育」とは、日本統治時代の「修身」からの転換ではなく、むしろその延長線上にあったということができるのではないだろうか。

第五節　米軍政初期における「社会認識教育」と歴史的意義

　これまで見てきたように、「国語」とともに「地理」「国史」「公民」等の社会科的教科目は、1945 年 9 月頃には新国家の独立と建設という課題の達成のために他教科に先んじて設置されていた。これらの教科は、日本統治時代からの「日本色」の払拭と「社会認識教育」や「道徳教育」の転換、そして民主的な国家や国民の育成に寄与すると捉えられていたからである。

　しかし、本研究による検討からは、こうした一般的な解釈とは異なる教科の性格や特徴が明らかとなった。『初等国史』は、朝鮮の民族史と民

第一章　米軍政初期の対韓教育政策と「社会認識教育」

族文化の伝統や発展過程の内容を認識させることで民族的な誇りと歴史的使命を自覚させ、それらを子どもの態度形成につなげることが意図された内容となっていたからである。『初等公民』も公民的な資質は国家の独立と発展に寄与し貢献する人材としての能力と捉え、そのために必要な知識と徳目の教授で態度形成を促そうとしていた。つまり、「国史」や「公民」は、民族主義的・国家主義的な見方や考え方を知識として教えると同時に、道徳的な価値観も内面化させることで、個人がとるべき行為の方向性まで示す構造となっていたのである。それらは、いわば閉じられた態度の形成を目的とするものであり、究極的には国家体制を所与のものとして認識させて受容させ、国家と民族に貢献しうる人材を育成しようとするものだったといえる。こうした教科の性格は、ある意味で、日本統治時代の社会科的教科目の論理をそのまま引き継いだと言えるものでもあった。

　ところで、米軍政初期の社会科的教科目が、このような性格を持っていたのはなぜだったのだろうか。それには次の二つの理由が考えられる。その一つは、教科書の編纂には日本統治時代に穏健な民族主義活動を展開していた震壇学会と朝鮮語学会が深く関わっていたからである。日本統治時代において、前者は日本の大学や日本人学者達から歴史学研究の影響を受けた朝鮮人学者による国学研究者の集団であり、後者は民族言語としての朝鮮語とその文化を死守しようとする立場に立っていた集団であった。いずれも急進的な性格ではなく、穏健な民族主義的立場に立っていたが、こうした民族主義的な両団体が教科書の編纂に関わったことは、民族主義的かつ国家主義的なイデオロギーが教科書に反映される大きな要因になったと考えられるのである。

　そしてもう一つは、両団体が教科書の編纂のために参考とした資料が、日本統治時代の教科書であったと考えられるからである。1945年9月からの学校再開を目前にした両団体にとって、編纂のための資料の入手や時間の確保が困難であったのは想像に難くない。それを勘案するならば、彼らにとって最も身近で入手が容易であった参考資料とは、とりも

直さず、日本統治時代の「地理」「歴史」「修身」等のカリキュラムや教科書であったのではないだろうか。とりわけ、専門外の公民科教科書まで編纂した朝鮮語学会にとっては、こうした傾向が強かったのではないかと推察されるのである。

　また、道徳科の成立過程の観点から見るならば、公民科の教科書は「道徳教育」的な内容が含まれていただけでなく、体系的に編纂された唯一の教科書であった点で、注目すべきと考える。『初等国史』や『初等地理』については、編纂・発行の時期や対象学年はバラバラで相互に有機的な関連性が見てとれないのに対し、『初等公民』だけは「民主的な市民の育成」を目標に、ほぼ全巻が同時期に発刊され、体系的に整理されていたからである。

　そしてこうした事実は、編纂者の朝鮮語学会という団体が「社会認識教育」の主体として、国語教育や公民教育にとどまらず、「道徳教育」の目標や内容、そして方法の分野にまで影響を及ぼす存在であったことを意味している。したがって、道徳科が成立する過程での本質を究明するためには、社会科的教科目だけでなく、国語科のカリキュラムや教科書も視野に入れながら、多角的に追究していく必要性が示唆されるのである。よって次章以降、本研究では国語科も分析の対象に含めながら考察していくことにする。

1　厳密に言えば、大韓民国の建国は 1948 年 8 月 15 日なので、米軍政期には韓国という国家は存在していなかったが、齟齬と混乱を避けるため、本研究では、以下、便宜的に米軍政期の「朝鮮半島の南半分」の地域も韓国と表記することで論考を進めていくことにしたい。

2　ここでいう米軍政の期間とは、かつアーノルド（A.B.Arnold）を軍政庁長官とする軍政が敷かれていた米軍の占領期を意味し、1945 年 9 月 11 日から 1948 年 8 月 15 日の独立までを指す。

3　E.G.Meade「米軍政の政治経済的認識」『韓国現代史の最照明』図書出版トルベゲ、1982 年、61 頁。

4　キョン・ハクビル『韓国現代政治史（1）』デーワン社　1985 年、93-94 頁。

5　孫仁銖『米軍政と教育政策』民英社、1992 年、96 頁

第一章　米軍政初期の対韓教育政策と「社会認識教育」

6　朝鮮日報社『資料解放40年』、月刊朝鮮85年新年特別付録、1985年、27-28頁。
　1946年9月9日における布告文には、①米軍が北緯38度以南の朝鮮領土を占領、
　②統治の権限は司令部にあること、③占領軍に対する反抗的行為の禁止、④英語を
　公用語とする、等が明記されていた。

7　阿部洋「米軍政下におけるアメリカの対韓教育政策」『韓』No.111号、東京韓国教
　育院、1988年。

8　パク・カンスク『トルーマン回顧録』韓林出版社、1971年、379頁。当時のアメ
　リカが韓国に抱いていた一般的なイメージについては、例えばトルーマン（Harry
　S.Truman）大統領の次のような言葉に象徴される。彼は終戦直後の回顧録の中で、
　「第2次大戦前、（朝鮮を）アジアの遠く東方に位置した「妙な国」程度以上の知識
　や関心を持っていた米国人はほとんどいなかったであろう。ごく少数の宣教師を除
　いては、1945年の米国占領軍の上陸まで、米国人に『鮮やかな朝の国』を知る機
　会はなかった。」と述べていた。

9　阿部洋「米軍政下におけるアメリカの対韓教育政策」『韓』韓国教育院、1988年、
　15頁。

10　軍政庁学務局は、1945年10月12日に「部長室」と6課に改編し、同年11月16
　日に「局長室」と「経理室」及び4課に、さらに同年12月19日には「米・韓連
　絡官室」「副情報室」「総務補室」が新設され、組織は9課に改編されている。翌
　1946年1月21日には「研究室」「特殊学科室」「総務室」の3室と「編修科」「初
　等教育科」「中等教育課」「高等教育科」「成人教育課」「文化課」「気象課」の7課
　へ変更されており、短期間に目まぐるしく組織の改編がなされていた。

11　韓駿相「米国の文化浸透と韓国教育」『解放前後史の認識 (3)』、韓吉社、1987
　年、573-574頁。韓駿相によれば、米軍政庁が積極的に「韓国人有識者」を登用し
　た理由は、①軍政庁には韓国の教育を理解する将校がいなかった。②高級官吏に
　属していた韓国人は大部分が日本統治時代の親日派であったため、英語圏に通じた
　協力者を必要とした。③米軍政の教育政策に関する韓国民の世論を聴取する必要
　があった。④現実的に予算不足の問題から無報酬で働く委員会を積極的に活用し
　た、等を挙げている。

12　劉奉鎬『韓国教育課程史研究』、教学研究社、1992年、288-290頁。

13　劉奉鎬、上掲書、288頁。ホッジ司令部は軍政長官にアーノルド長官を任命すると
　ともに、11名の軍政長官諮問を置いた。これは韓国の知識人によって構成された
　諮問機関を置くことによって、それらを政策に活用する方針を立てたためであっ
　た。これを韓国化政策（Koreanization　Policy）と言った。

14　中央大学校附設韓国教育問題研究所『文教史』中央大学校出版局、1974年、82頁。

15　Headquaters, USAMFIK,Office of the Military Governor(1945),Ordinance No. 6, 29
　September 1945, 104 ～ 107頁。劉奉鎬『韓国教育課程史研究』、教学研究社、1992
　年、279頁より再引用。

16　韓国教育十年史刊行会『韓国教育十年史』豊文社、1959年、80頁。

17　1947年1月に発表された「教授要目」では社会生活科のカリキュラムだけは比較
　的体系的に整えられていたが、解放直後の混乱期に短期間で制定されたために、
　それ以外の教科は主要な内容を項目別に羅列した程度に過ぎない不備の多いもので

79

あった。

18 中央大学校附設韓国教育問題研究所、前掲書、81 頁。

19 教科書編纂は軍政庁学務局内の編修課が担当したが、編修課長は朝鮮語学会員である崔鉉培であり、32 名の韓国人で構成されていた。朝鮮語学会員である彼が選任されたのは、朝鮮語を定着させることに最も重点が置かれたためと言われている。最初に認可された教科目は、四つの国語読本とハングルの本であった。

20 韓国教育十年史刊行会、前掲書、79 頁。ただし、『韓国教育十年史』によれば、1945 年当時における韓国全土の国民学校生徒数は約 163 万人であったことから、『国史』教科書がそうであったように、『初等公民』教科書においても、まず各郡や市の学務係に一冊ずつ配布され、そこであらためて印刷されたものが各学校および生徒に配布されたようである。

21 関英子「軍政下における韓国人の教育再建努力」『韓』No. 112、東京韓国教育院、1988 年。国語科と社会科的教科目以外の他の教科書は、日本統治時代に日本語で書かれていた教科書を単に朝鮮語に翻訳しただけで、教科内容において多くの部分で踏襲する面が多かったと言われている。

22 文恩貞「日帝時代震壇学会に対する研究——『震壇学報』(1934 ～ 1945) を中心に——」梨花女子大学校修士学位論文、1988 年、14 頁。

23 学会誌『震壇学報』によると、発足当時の会則は以下の通りであった。

震壇学会会則
①　本会は震壇学会と称する。
②　本会は、朝鮮及び近隣の文化の研究を目的とする。
③　本会は、前記の目的を達成するために左記の事業を行う。
一、雑誌の刊行（季刊）
一、講演会及び懇談会の開催
一、その他必要な事項（随時）
第四条、本会の会員は、左記の二種とする
一、賛助会員（朝鮮文化事業の功労者として、本会の趣旨に賛同する者）
一、通常会員（朝鮮及び近隣文化を研究する者）
（以下省略）

24 バン・キジュン『韓国近現代思想史研究』歴史批評社、1992 年、91 頁。青丘学会の学問的な母体は東京帝国大学国史学派であり、方法論的には文献考証的実証主義に通底しながら「日鮮同祖論」や「満鮮史観」を擁護して継承した立場に立ち、日本の統治政策に寄与する植民史学実践の前衛的な活動を主な役割としていた。

25 崔南善『国民朝鮮歴史』東明社、1947 年、1 頁。

26 バン・キジュン、前掲書、17 頁。非妥協的民族主義者と言われた系列には、朝鮮日報や天道教などの新幹会上層指導部を構成する諸般の民族主義路線をとる派閥と、無政府主義、大倧教等の進歩的民族主義をとる立場の団体があった。

27 安在鴻は、1945 年 11 月 23 日に米軍政庁内に設置された「朝鮮教育審議会」において、「教育理念」の審議を分担した第一分科委員会の委員長を務めた人物である。その時に決定された「公益人間」という教育理念は、現代もなお教育基本法の中で韓国教育の中心的理念として継承されている。

第一章　米軍政初期の対韓教育政策と「社会認識教育」

28　文恩貞、前掲書、17 頁。しかし、文恩貞の研究によれば、発起人の中には社会経済史学派に属する朴文圭や金台俊が含まれていただけでなく、学会誌の寄稿者の中にもその学派に含まれる研究者達も数名所属していたようである。厳密な意味では、多少の混在は否定できないであろう。

29　金恵麟『美軍政期国史教育と歴史認識——初・中等学校を中心に——』延世大学校教育大学院修士学位論文、1995 年、45-46 頁。

30　金景美『米軍政『国史教本』研究——現行中学校『国史』との比較——』梨花女子大学校修士学位論文、1990 年、77 頁。『初等国史』の執筆者であった金庠基と李丙燾は、共に震壇学会の発起人であったが、日本統治時代には日本の早稲田大学に留学した経験を持っており、当時の日本史学会の一般的な潮流であったランケ史学の影響を受けていたと言われている。

31　毎日新報 1945 年 10 月 5 日付。震壇学会『震壇学報 15 号』1947 年参照。当時の新聞報道には次のように出ている。「震壇学会は、建国の最初の事業として、中等学校と初等学校の国史と地理教科書を作ることになっており、その編纂で多忙な中、歴史教科書は、中等学生用と初等学校用ともに脱稿し印刷に送ったところである。……（中略）……まもなく出版されことになっている。」

32　徐在千『韓国国民学校における社会科教育展開過程の研究』広島大学博士学位論文、1992 年、26 頁。徐在千によれば、初等および中等学校の国史教科書編纂に関わったのは黄義敦と金庠基であったが、もともと金庠基は中等用『国史教本』を執筆した人物であり、また時間的な余裕もなかったことを勘案するならば、『初等国史』と『国史教本』は金庠基と李丙燾の二人で編纂したことが推測されるという。

33　金景美「美軍政期『国史教本』研究——現行中学校『国史』との比較——」梨花女子大学校教育大学院修士学位論文、1991 年、81 頁より再引用。

34　洪承基「震壇学会」『李梨史学研究』8 号、1974 年、37 頁。

35　李善英「植民地朝鮮における言語政策とナショナリズム——朝鮮総督府の朝鮮教育令と朝鮮語学会事件を中心に——」『立命館国際研究』25 巻、2012 年、495-519 頁。1911 年（明治 44 年）に公布された「第 1 次朝鮮教育令」によって、『朝鮮語及び漢文読本』という科目を除き、全ての教科書は日本語で編纂されるようになった。また、初等教育における朝鮮語は、1922 年の「第二次朝鮮教育令」までは必修科目であったが、1938 年の「第三次朝鮮教育令」によって随意科目に変更され、さらに「第四次朝鮮教育令」以降は廃止された。

36　朴鵬培『韓国国語教育全史　上』大韓教科書株式会社、1987 年、463 頁。

37　チョン・スンギ『朝鮮語学会とその活動』、韓国文化社、12 頁。

38　朝鮮語学会『ハングル』第 1 巻創刊号 36 頁。

39　チョン・スンギ、前掲書、18 頁。

40　李熙昇「国語を守った罪で——朝鮮語学会事件——」『韓国現代史　第 5 巻』、新丘文化社、1969 年、335 ～ 412 頁。

41　例えば、1936 年 12 月の朝鮮思想法保護監察令では「要視察人」として民族主義者に対する監視を開始し、1938 年 3 月の「第三次朝鮮教育令」においては「朝鮮語」を必修科目から随意科目へと変更するなど、皇国臣民化教育の政策を強化していた。

42　車錫基『韓国民族主義教育の研究——歴史的認識を中心に——』、進明文化社、

81

1976 年、365-366 頁。朝鮮語学会事件とは、1942 年 8 月 19 日、朝鮮語学会で朝鮮語事典を編纂していた永生女子中学校教師の丁泰鎮が、永生女子中学校事件の証人として咸興警察署に出頭したところ、彼自身が民族独立運動の容疑がかけられて拘留されたことから始まった、朝鮮語学会員に対する一連の弾圧事件を指す。この永生女子中学校事件とは、ある女子学生が通学の途中に洪原警察の刑事から不審検問を受けた際、カバンの中から「独立万歳」と書かれたノートが発見されたことで、関連するとされた他の女子学生 5、6 名とともに逮捕された事件である。その後、朝鮮語学会事件によって検挙された朝鮮語学会員は 29 名、その他証人として尋問を受けた者は 50 名を越えたと言われている。

43 車錫基、上掲書、365 頁。

44 李熙昇、前掲書、385 頁。

45 ハングル学会 50 周年記念事業会編「2　教科書編纂」『ハングル 50 年史』ハングル学会、1971 年。

46 『ハングルの初歩』は、解放後に刊行された韓国で最も古い教科書として韓国国語教育史の中では記念碑的な存在となっている。

47 ハングル学会 50 周年記念事業会編、前掲書、303 頁。

48 ハングル学会 50 周年記念事業会編、前掲書、304 頁。

49 「自由新聞」、1945 年 11 月 9 日付。国定教科書編纂研究委員会は、朝鮮学術院、震壇学会、朝鮮地理学会、朝鮮社会科学研究所、朝鮮教育革新同盟、朝鮮社会教育協会、朝鮮中等教育協会、英語学会、美術教育研究会、朝鮮文化建設中央協議会、朝鮮新聞記者会等の 12 の団体から参加したと言われる。

50 韓駿相「米国の文化浸透と韓国教育——米軍政期の教育的矛盾解体のための研究課題——」『解放前後の認識 3』韓吉社、1987 年、572 頁。こうした公民科の性格については、『初等公民』の章立てに「民主市民」や「民主政治」などが含まれていたことから、先行研究の中には、占領下の韓国を親米化するための政治的手段として「民主主義教育」を導入させ、公民科の方向性を決定づけたという見解もあった。しかし、教科書レベルでは必ずしも「民主主義」的教育内容を基調とする構成にはなっていない。たしかに、中・高学年段階では「民主市民」「民主政治」等の学習内容が登場するが、全 36 章から見ればわずか 3 章だけの扱いに過ぎないし、政治制度や政治的機構に関する知識、あるいは政治的有能性等の政治教育的内容についてもほとんど触れられていない。

51 朝鮮の初等学校で「修身」が登場したのは、1885 年 7 月 19 日公布の「小学校令」からであり、1905 年の乙巳保護条約締結後の第一次、第二次学校令下では、「普通学校」に「修身」が設けられていた。さらに、1910 年の日韓併合後は、第一次朝鮮教育令施行期（1911. 11. 1 ～ 1922. 3. 31）および第二次朝鮮教育令施行期（1922. 4. 1 ～ 1938. 3. 31）での「普通学校」、そして、第三次朝鮮教育令施行期（1938. 4. 1 ～ 1944. 3. 31）および第四次朝鮮教育令施行期（1943. 4. 1 ～ 1945. 8. 15）の「国民学校」においても、「修身」は常に筆頭教科とされていた。

52 劉奉鎬、前掲書、66 頁。

53 普通学校令第一条には、「普通学校は、学徒の心身の発達に留意し、道徳教育及び国民教育を施し、日常生活に必要な普通知識と技能を授けることによって本旨とす

第一章　米軍政初期の対韓教育政策と「社会認識教育」

る。」とあり、また普通学校令第 8 条には、「修身」の教授要旨として、「学徒の特
性を涵養し、道徳の実践を指導することを要旨とする。実践に適合する近易事項に
より品格を高くさせ、志操を固くさせ、徳義を重くする習慣を育成することを努め
とする。」とある。

第二章

「教授要目」期における
「社会認識教育」

第二章 「教授要目」期における「社会認識教育」

第一節 「教授要目」期における「社会認識教育」の展開

（1946 ～ 1955 年）

　1945 年 9 月 24 日からの学校再開の決定を受けて、米軍政庁学務局は
早急に朝鮮語で編纂された全教科の教科書の準備に取り掛からなくては
ならなかった。その際、特に急いで準備する必要のあった社会科的教科
目と国語科の教科書については、当局はそれぞれ震壇学会と朝鮮語学会
に編纂を委嘱し、両学会はそれに応えるかたちで極めて短期間に編纂し
た。一方、こうした民族主義的な研究団体が教科書の編纂に関与したこ
とは、社会科的教科目や国語科の教科書はいうまでもないが、米軍政初
期の教育行政全般に民族主義的な思想や風潮が入り込む要因ともなっ
た。なぜならば、これを機に両学会からは多くの関係者が米軍政庁の職
員や各種審議会の委員として登用されることになったからである。

　しかし、1946 年 9 月に発表された「教授要目」には、米国の経験主義
的な「民主主義教育」理念が反映されており、必ずしも民族主義的な思
想が前面に出たものとはなっていなかった。米軍政庁文教部[1]に協力し
て登用された韓国人有識者（以下、「有識者」と略）の中には、民族主義
的な教育を推進した勢力だけでなく、それとは対照的に米国の経験主義
的な「民主主義教育」の受容を主張した勢力も数多く存在していたから
である。したがって、米軍政初期の教育政策は、米軍政庁内のこうした
「有識者」達の思想的な対立と葛藤の影響の下で方向性が模索され、決定
されていくことになっていくのである。

　本章では、1946 年 11 月発表の「教授要目」から 1955 年告示の「第 1
次教育課程」までを対象に、米軍政庁内の教育行政や各審議会に関わっ
た「有識者」達の政治思想的・学問的な背景を探るとともに、国語科と
社会科的教科目のカリキュラムに焦点を当てながら、そこに内在してい
た「社会認識教育」と「道徳教育」の論理とその変容過程を明らかにし
ていく。また、最後に代表的な当時の実践例を取り上げ、「教授要目」期
における「社会認識教育」の展開とその歴史的な意義について考察する。

87

第二節 「教授要目」成立期の教育政策

第一項 米軍政庁学務局（文教部）における教育主導勢力の活動と
性格

1．韓国教育委員会および朝鮮教育審議会の構成

　1945 年 8 月 15 日に解放を迎えた韓国において、新しい教育行政制度
への取り組みが本格的に始まったのは、1945 年 9 月 16 日、米軍政庁学
務局内に韓国教育委員会（The Korean Committee on Education）が設置さ
れてからのことであった。以下の表 5 に見られるように、この韓国教育
委員会は、①初等教育、②中等教育、③専門教育、④高等教育、⑤教育
全般、⑥女子教育、⑦一般教育、⑧医学教育、⑨農業教育、⑩学会代表
という 10 の分科会から構成され、各分科会は 1 名ずつの計 10 名の委員
で組織された米軍政庁学務局直属の諮問機関となっていた。委員会は、
国内の各道における教育の責任者や教育機関長に対する人事権等も持っ
ており、教育行政に関わる全ての分野にわたって幅広く審議し、決定す
る権限を持っていた。その意味では、事実上の韓国教育行政の最高決定
機関としての位置づけにあったといえる。

　しかし、この韓国教育委員会の教育行政の対象や内容は、あまりにも
広範囲で多岐にわたっていたため、解放直後の混乱期に迅速に様々な教
育政策を展開していくには、人的、物的におのずと限界が生じることに
なった。そこで米軍政庁は、韓国委員会の発足から約 2 ヶ月後の 1945
年 11 月 23 日には教育界や学会、あるいは各界の有識者等から幅広く人
材を招聘し、新たに韓国教育の方向性を審議するための中央組織を結成
した。これが、朝鮮教育審議会（The National Committee on Educational
Planning）である。当時の朝鮮教育審議会の構成員は、表 6 の通りであっ
た。

　この朝鮮教育審議会の各委員会は、全て韓国人と米国人軍政庁職員と
の混合のメンバーで構成され、いずれの分科会も委員長には「有識者」
が就いていた。しかも、政策の審議方法と決定過程は米軍政庁からの一

第二章 「教授要目」期における「社会認識教育」

表5 韓国教育委員会（The Korean Committee on Education）の構成員
（1945 年 9 月 22 日現在）

部　　会	部会委員
初等教育	金性達
中等教育	玄相允
専門教育	兪億兼
高等教育	金性洙
教育全般	白樂濬
女子教育	金活蘭
一般教育	崔奎東
医学教育	尹日善
農業教育	趙伯顯
学会代表	鄭寅普

中央大学校附設韓国教育問題研究所『文教史』、9 頁より。

表6 朝鮮教育審議会（National Council on Education Plannning）構成員
（1945 年 11 月 21 日現在）

分科委員会	担当内容	委員長	分科会の委員
第 1 分科委員会	教育理念	安在鴻	河敬徳　白樂濬　金活蘭　洪県植、鄭寅普　キーファー（G. S. Kieffer）大尉
第 2 分科委員会	教育制度	金俊淵	金元圭　李寅基　兪億兼　呉天錫　エレット（P. H. Ehret）海軍少佐
第 3 分科委員会	教育行政	崔斗善	崔奎東　玄卯默　白南勲　司空桓　グレント（R.G.Grant）大尉
第 4 分科委員会	初等教育	李浩盛	李揆百　李康元　李活魯　李承宰　鄭錫胤　ミラン（E. M. Milan）中尉
第 5 分科委員会	中等教育	趙東植	高凰京　李炳奎　宋錫夏　徐元出　李興鐘　ビスコー（W. S. Biscoe）中尉
第 6 分科委員会	職業教育	張勉	趙伯顯　李奎載　鄭文基　朴環烈　李教善　ローレンス（F. P. Lauridsen）中尉
第 7 分科委員会	師範教育	張徳秀	張利郁　金愛嘯　愼驥範　孫貞圭　許鉉　ファーレイ（L. E. Farley）大尉
第 8 分科委員会	高等教育	金性洙	兪鎮午　白南雲　朴鐘鴻　クロフト（Alfred Crofts）少佐　ゴードン（J. Gordon）少佐　趙炳玉
第 9 分科委員会	教科書	崔鉉培	張志暎　趙鎮満　趙潤済　皮千得　黄信徳　ウェルチ（J. C. Welch）中尉
第 10 分科委員会	医学教育	李容鍋	兪億兼　朴乗來　沈浩燮　崔相彩　高乗幹　尹日善　崔棟　鄭求忠

関英子「軍政下における韓国人の教育再建努力」『韓』第 112 号、東京韓国教育院、
1988 年、15 頁より。

方的な命令ではなく、彼らが中心となることで、各委員会には大幅な自律性と決定権が付与されていたという。

　また、米軍政庁は左翼的な朝鮮人民共和国や強権的な民族主義を標榜した上海臨時政府に対してはその承認を拒否していたが、前述したように、米軍政庁の職員や各種の審議会委員には多数の「有識者」を採用しており、必ずしも当局は韓国人の登用を拒否したわけではなかった。国内秩序と治安の維持、そして体制の強化を優先していた米軍政庁は、意図的に特定の「有識者」を選別して採用していたのである。韓国教育委員会では11名、朝鮮教育審議会では59名の「有識者」達が登用されていた。

　では、このようなかたちで米軍政庁から重要なポストを与えられた韓国教育委員会と朝鮮教育審議会の「有識者」達とは、一体どのような人材であったのだろうか。次に、両委員会における「有識者」達の政治思想と学問的な背景から、その性格と特徴を検討してみることにする。

２．委員会の政治思想的背景 ——韓国民主党の影響——

　まず、政治思想的な背景からみてみよう。金仁鎔によれば、上記の韓国教育委員会11名の中の5名、そして朝鮮教育審議会の59名のうちの19名は、韓国民主党の党員であったことが明らかにされている[2]。

　韓国民主党とは、左翼的な政治理念での独立を目指した朝鮮人民共和国の建国に対峙して1946年9月に結成された政治団体であり、「大衆性」

表7　韓国人有識者の政治的構成人数（1945 〜 1946）

委員会 ＼ 政党	韓民党員	国民党員	無党派	その他	計（人）
韓国教育委員会	5	0	5	1	11
朝鮮教育審議会	19	2	33	5	59

金仁鎔『米軍政期韓国教育の展開過程研究』釜山大学校、博士学位論文、28-29 頁より筆者作成。

第二章 「教授要目」期における「社会認識教育」

「自由民主主義」「自主独立」をその綱領で謳う保守的な政党であった。ただし、党員には日本統治時代の地主や企業家、官僚等の特権階層出身者達、あるいは一部のいわゆる「旧親日派」も多数含まれており、「旧来の保守指向を標榜しつつ、一般民衆の要求とは乖離のある政治集団」[3]という評価もなされていた。ある意味では既得権の確保を目的とした旧支配層の多い右翼的陣営であったといえる。

　だが、「反共・民主主義」の理念に適う社会の構築とそのための人材を求めた米軍政庁にとって、この韓国民主党とは政治的な利害が一致する部分が多く、それが多数の関係者が登用される大きな理由になった[4]。彼らには政策の遂行上で一定の自律性が付与されていたが、その根幹には政治的戦略としての米軍政庁の人的活用の意味が含まれていたのである。

3．委員会の学問的背景　──「米国留学帰国派」と「国内学派」──

　次に、学問的な背景はどうだろうか。表8は、両委員会所属の「有識者」達の学問的背景についてまとめたものである。

　彼らの学歴や卒業校を確認すると、そこには大きく二つの学問的な潮流を確認することができる。その一つは、米国のコロンビア大学出身で米軍政庁文教部次長および朝鮮教育審議会第2分科委員会委員であった呉大錫（オ・チョンソク）、エール大学出身で同審議会第1分科委員会委員の白樂濬（ペク・ナクチュン）、そしてコロンビア大学出身で同審議会第1分科会委員の金活蘭（キム・ファルラン）などのように、日本統治

表8　韓国人有識者の学問的構成人数（1945～1946）

委員会＼経歴	米国の大学への留学経験者	日本の大学への留学経験者	朝鮮内の大学出身者	その他	計（人）
韓国教育委員会	2	5	2	2	11
朝鮮教育審議会	13	21	11	4	59

金仁鎔『米軍政期韓国教育の展開過程研究』釜山大学校博士学位論文、28-29頁より筆者作成。

91

時代に米国に留学し、米国の教育理論や教育思想を学んだ経験を持つグループである。彼らは、自身の学問的な経験から米国の教育理念や制度に精通するとともに、それらの韓国への導入に肯定的で積極的に推進した勢力であり、いわば米国留学帰国派といえる集団（以下、「米国留学帰国派」と略）であった。韓国教育委員会で2名、朝鮮教育審議会では13名が該当する。

　そしてもう一つは、日本統治時代の朝鮮や日本の大学等に学問的な背景を持つ集団である。韓国教育委員会の一般教育委員でカンシン産業学校卒の崔奎東（チェ・ギュドン）をはじめ、朝鮮教育審議会の教育理念委員会委員長で早稲田大学卒の安在鴻（アン・ジェホン）、同審議会中等教育分科会委員で東京帝国大学卒の宋錫夏（ソン・ソッカ）、同審議会師範教育分科会委員で東京高等師範学校卒の許鉉（ホ・ヒョン）、同審議会初等教育分科会委員長の李浩盛（イ・ホソン）、同審議会教育行政分科会委員で広島高等師範学校卒の司空恒（サ・ゴンファン）、同審議会教科書分科会委員長で京都帝国大学卒の崔鉉培（チェ・ヒョンベ）、同審議会教科書分科会委員で京城帝国大学卒の趙潤済（チョ・ユンジェ）などである。彼らは朝鮮内の高等教育機関か、あるいは日本の大学等へ留学した経験を持つ者であり、いわば国内学派といえる集団（以下、「国内学派」と略）であった。彼らは国語学者や歴史学者を中心とした穏健な民族主義勢力であったと評されており[5]、米国の民主主義教育思想に対して一定の距離を置きながら「民族主体性」の重要性を強調し、米国教育一辺倒ではない教育のあり方を追求した集団であった。韓国教育委員会の11名のうち5名が日本への留学経験者で、2名が朝鮮の大学卒業、そして朝鮮教育審議会においても59名のうち21名が日本への留学経験者であり、13名が朝鮮の大学出身者であった。

　ただし、朝鮮教育審議会の中心人物であった白樂濬だけは「米国留学帰国派」だが、同審議会の宋錫夏や崔鉉培、趙潤済の国内学派の3人とともに、1934年の震壇学会創設時には発起人にも名を連ねていた点に注意したい。「米国留学帰国派」の中にも「国内学派」のように民族主義的

第二章 「教授要目」期における「社会認識教育」

思想を持つ者、あるいはその中間的な「有識者」も存在していたのであり、実際には、重複して明確に区分されない「有識者」も多数存在していたのである。

とはいえ、こうした両委員会の「有識者」達の出身大学や学問的な背景の相違は、明確な対立軸とはならないまでも、少なからず以降の教育改革の方向性について対立を引き起こす一因となっていた。米国の民主主義教育を受容するのか否か、あるいは民族・国家の独立と自立を主張する民族主義教育を推進していくのかという大きな論点をはじめ、様々な政策立案の過程で摩擦や葛藤が生じていったからである。

しかし、こうした両学派の「有識者」によるゆるやかな対立関係は、1946年2月の朝鮮教育審議会の解散以降、「米国留学帰国派」が相対的に優位性を確保することで急速に収束していった。その理由の一つは、治安と統制力の強化のために、米軍政庁は政治的な抵抗勢力であった左翼勢力と極端な抵抗的民族主義勢力を排除したこと、そして二つには、「米国留学帰国派」はコミュニケーション能力としての英語力を持ち、かつ米国の進歩主義教育思想にも理解を示していたからであった。つまり、保守的で反共政治的な思想を持ち、米国の文化にも精通して高い英語力と高学歴を持つ彼らは、相対的にみて、米軍政庁にとって有力で有用な協力者となり得る条件を備えていたのである。

また、両委員会に特定の政治思想と学問的な背景を持つ「有識者」が多数登用されたことは、米軍政期に様々なかたちで彼らの思想や信条が政策に反映され、教育改革の方向性にも影響を与えたことを意味した。そして当然ながら、それは以降の「社会認識教育」の在り方にも無関係ではあり得なかった。「米国留学帰国派」の存在は、米国民主主義教育の象徴としての社会生活科の導入と普及を容易にさせただけでなく、生活経験主義的な「道徳教育」の実施と展開に影響を与えることになっていくのである。

第二項　「社会認識教育」における民主主義教育と民族主義教育

1．民主主義教育と民族主義教育

　米軍政庁による教育改革は、まずは日本統治時代の軍国主義的な皇国臣民化教育を否定し、新しい教育のあり方を「有識者」達と米国人顧問の協力関係のもとで検討することから始まった。こうした中で「米国留学帰国派」に属する「有識者」達は、民主主義教育の実践化と普及こそが教育改革の重要課題と捉え、米国の経験主義的な教育思想や理論を積極的に受容して民族・国家主義的な教育から脱皮しようとする立場をとった。しかし、「米国留学帰国派」が「旧教育」からの歴史的転換モデルを米国の民主主義教育に求めていたのに対し、一方の「国内学派」は、失われた民族精神を取り戻すための教育にその活路を求め、民族・国家主義的な教育理念の確立こそが教育改革の中心に据えるべきと考えていた。したがって、両学派の間には教育改革の方向性にもゆるやかな対立が生じ、それが社会生活科をはじめとする他の「社会認識教育」関連教科へも影響を与える要因ともなっていったのである。

　では、これら両学派の「社会認識教育」に対する基本的な考え方とは、如何なるものだったのだろうか。次に、両学派に所属していた「有識者」達の教育思想についてみてみよう。

2．「米国留学帰国派」による民主主義教育の推進

　当時の米軍政庁文教部次長の職にあり、とりわけ「米国留学帰国派」の中でも中心的な人物だったのが呉天錫（オ・チョンソク）である。彼は、「軍政の期間に米国はわが国を民主国家の基礎を立てるために努力してくれた」[6] と後に述べており、韓国の以降の進むべき方向性と立場については、「米国に協力することが韓国の発展の原動力である」と捉えていた。米軍政による解放後の教育改革を高く評価しており、米国からの民主主義教育の導入に積極的な立場をとっていたのである。また、日本の統治時代と解放直後の社会科的教科目については、以下のように述べていた。

第二章　「教授要目」期における「社会認識教育」

　　わが国の国民学校の教授内容の中で、最も革命的な改善を要する部門は
　社会生活に関することである。従来の修身科は、いわゆる社会道徳を観念
　的に子どもに注入させるために尽力し、地理、歴史などの学科目は成人の
　知識を被教育者に伝達することに力を入れてきた。この科目ほど、子ども
　の生活、心理、趣味、経験が無視され、成人を中心に内容が組織され、
　その方法が不自然であった科目はなかった。このような過去の誤りを改め
　て、社会関係学科目を子どもの生活に接近させて被教育者の心理に合わせ
　るために、今回文教部では従来分散していた科目を集めて社会生活科に統
　合して教えるようにしたのである[7]。

　彼は、修身科は子どもたちに観念的に「社会道徳」を注入した教科で
あり、地理科、歴史科についても内容を注入的に伝達することに中心が
置かれたものであったと評し、日本統治時代の「社会認識教育」の内容
と方法は、非民主的であったと指摘している。一方、社会生活科は子ど
もの生活や心理、趣味、経験に合わせて編成した教科であり、民主的な
教科であることを主張していた。
　また、米軍政庁文教部の公民科担当の編集官であり、「教授要目」の作
成にも関わった人物に李相鮮（イ・サンソン）がいる。彼は米国コロラ
ド州のコロラド・プランを翻訳し、社会生活科のカリキュラム作成にも
携わっていた人物であった。彼は1946年発行の著書、『社会生活科の理
論と実際』の中で、次のように述べている。

　　我々の教育制度を見てみると、その目標は民主主義国家の建設と完成に
　あり、従来の分化的教育から総合的教育を志向しようとすることがその特
　色となっている。このような教育を実践するための最も特色ある科目で、
　その成果を最も大きく期待できる科目として登場したのが社会生活科なの
　である[8]。

新しい教育制度の目標は「民主主義国家の建設」にあるとし、社会生活科がそのような国家を実現するための教科であることを主張している。つまり社会生活科とは、民主主義を学び、民主主義国家を建設するためには不可欠な教科であると捉えていたのである。

　「米国留学帰国派」の大方の主張は、韓国への民主主義教育の積極的な導入を支持するものであり、社会生活科がその民主主義社会の市民を育成して民主主義的方法を教える中心的な総合教科と捉えていた。社会生活科については、民主主義を教える民主的な教科として重視していたのである。

3.「国内学派」による民族主義教育の主張

　一方、「国内学派」には、朝鮮教育審議会の解散後の 1946 年 8 月に、民間の「有識者」達と一線の教師達により創設された朝鮮教育研究会のメンバーが数多く属していた。この団体は、表向きには解放後の教育のあり方の研究を目的としていたが、実際には保守的で伝統的な教育を推進する立場に立っており、いわゆる民族主義的な教育研究団体としての性格を持つ研究会であった。

　この研究会の中心者であるソウル大学校教授の安浩相（アン・ホサン）は [9]、「米国の民主主義教育哲学は我々には適合しない。……（中略）……我々は単一民族による国家であるから、我々は独自の教育哲学を探究しなくてはならない。」[10] と述べ、米国の教育思想を牽制しつつ、ヨーロッパの教育、特にペスタロッチの思想をその代案として積極的に提示していた [11]。朝鮮教育研究会は、1946 年 11 月 8 日から三日間にわたってソウル大学校の講堂で民主教育講習会を開催したが、そこでも安は、「教育はその国の現実と時代を超えることはできないし、また超えてもできません。現実を超えようとすれば結局自己自身を殺す結果を招来させます。我々は朝鮮の現実をふまえ、朝鮮の子どもと人々を朝鮮の国民らしく民族的に教育すべきなのです。」と述べ、「朝鮮の子どもと人々」に適合する独自の民族主義的な教育の必要性を訴えていた。彼が提唱した民

第二章　「教授要目」期における「社会認識教育」

族主義的教育の「教育指針」とは、①民族自尊心の養成、②相互信愛精神、③各自努力心の鼓吹と培養というものであった[12]。

　また、同研究会所属の歴史学者であった孫晋秦（ソン・ジンテ）も「民主主義教育」に対して批判的な立場に立っていた。雑誌『新教育』誌の中で彼は、「米軍政は我々の仕事を我々の手で思い通りに行うという自由を持たせなかった。我々は彼らの指導権の下で、いわゆる民主主義教育をせざるを得なかったのである」[13]と述べている。

　このように、朝鮮教育研究会のメンバーには、民族主義的な立場から米国の民主主義教育に対して批判的な思想を持つ学者が多数存在していた。当時の同研究会の主なメンバーを挙げれば表9の通りだが、同研究会には文教部関係者だけでなく、朝鮮教育審議会の委員、そして民族主

表9　朝鮮教育研究会の主要なメンバー

主要な構成員	最終学歴	1945 年以前の経歴	1945 年以降の主な経歴
安浩相（アン・ホサン）	イエナ大学（ドイツ）	普成専門学校教授	ソウル大学校教授
孫晋秦（ソン・ジンテ）	早稲田大学	延禧専門学校教授	ソウル大学校教授
司公恒（サ・ゴンハン）	広島高等師範学校	中等学校教師	文教部師範教育課長朝鮮教育審議会員
崔鉉培（チェ・ヒョンベ）	京都帝国大学	延禧専門学校教授	文教部編修局長朝鮮教育審議会員
安在鴻（アン・ジェホン）	早稲田大学	中央学校学監朝鮮日報主筆	朝鮮教育審議会委員朝鮮語学会員
崔奎東（チェ・ギュドン）	光信産業学校	中等学校長	朝鮮教育審議会委員
趙潤済（チョ・ユンジェ）	京城帝国大学	京城師範大学教師	ソウル大学校教授朝鮮教育審議会委員
許鉉（ホ・ヒョン）	東京高等師範学校エモリー大学（米国）	束束中学校教師	ソウル師範大学講師朝鮮教育審議会委員
イ・インヨン	京城帝国大学	延禧専門学校教授	ソウル大学校教授震壇学会員
沈奏鎮（シム・テジン）	京城師範学校	京城女子師範学校訓導	ソウル大学校附属国民学校教頭
李浩盛（イ・ホソン）	不明	西江国民学校長	文教部初等教育課長朝鮮教育審議会委員
崔秉七（チェ・ビョンチル）	京城師範学校	国民学校訓導	文教部編修官

洪雄善『光復後の新教育運動』大韓教科書株式会社、1991 年、48 頁より

義的性格の強かった朝鮮語学会や震壇学会のメンバーも多数含まれていたのである。

　しかし、ここで注意したいのは、朝鮮教育研究会のメンバーの全てが、必ずしも米国の民主主義教育や社会生活科の教育に批判的で否定的ではなかったという点である。例えば、ソウル大学校師範大学附属城東国民学校の教頭であった沈秦鎮（シム・テジン）は、前述のソウル大学校講堂での民主教育研究講習会において、「社会生活科教育論」という演題で講演したが、その内容は新教育と社会生活科の関係や社会生活科の必要性や地位、あるいは目的論や教材論、方法論に関するものであり、社会生活科を積極的に紹介しながら、その有意性を主張した内容であった[14]。彼は後に、「従来の旧式教育方法を新しい児童中心の新教育方法へ転換させるためには、その契機として社会生活科という教育を提供することがもっとも適当」[15]であるとも述べている。

　また、韓国に初めて社会生活科を紹介した許鉉（ホ・ヒョン）は、『社会生活解説』という著書の序文において、「社会生活は、人間と自然及び社会環境の関係を取り扱う科目である。特に集団生活の関係と社会的生活に重点を置く。この関係を研究し、経験することによって子どもが社会化し、自ら集団生活における責任を履行させることを目的とするのである。」と述べている。彼もまた、米国民主主義教育思想の象徴的な存在である社会生活科の優位性を強調し、積極的に韓国に紹介した人物だったのである。

　このように、朝鮮教育研究会は穏健な民族主義教育派と言える程度のものであり、明確に反米的で対立的な民族主義集団という性格を持っていたわけではなかった。「米国留学帰国派」の中にも民族主義的な学者がいたように、同研究会は米軍政庁の主要な教育主導勢力となった「米国留学帰国派」に比較して、相対的に民族主体性の教育を強調していたに過ぎなかったのである。とはいえ、一方ではそれが故に、1946年2月の朝鮮教育審議会の解散以降は、ゆるやかに米軍政庁の中心的な教育主導勢力からは外されていったとも見ることができよう。彼らは米国の民

第二章 「教授要目」期における「社会認識教育」

主主義一辺倒の教育ではなく、民族の誇りや伝統を重視する教育を目指すことで、朝鮮独自の教育制度や「社会認識教育」を目指していた集団だったのである。

第三節 「教授要目」期の「社会認識教育」

第一項 「国民学校科目編成及び時間配当」と「教授要目」の制定
1.「国民学校教科目編成」の変遷

　先にも述べたように、一般命令第4号（1945年9月17日）およびその改正法令第6号（同9月29日）の命令により、米軍政庁学務局は1945年9月24日からの国民学校の再開と同年10月1日からの中等学校の授業の開始を予定していた。だが、再開にあたっては教科のカリキュラムどころか朝鮮語で編纂された教科書も皆無の状態だったため、とりあえず米軍政庁学務局は、1945年9月22日に初等学校向けに「国民学校教科目編成と時間配当表」（以下、「時間配当表」と略）を発表した。

　「時間配当表」では、教科は「公民」「国語」「地理・歴史」「実習」「理科」「音楽・体育」の6教科だけに限定され、「修身」の代わりには「公民」という教科が設置されていた。授業時数は、第1～3学年で週に20時間、第4学年で20時間、第5～6学年で18時間、さらにその上の高等科では週17時間が確保されている。ただし、日本人教師達の帰国にともなう極端な教員不足のために、ほとんどの学校では二部制がとられるなど、実際はこの通りには十分に機能していなかったようである。

　こうした中で、1945年9月30日には「時間配当表」は表10のように再度改編された。「地理・歴史」が「地理」と「歴史」に、「音楽・体育」が「音楽」と「体操」にそれぞれ分離され、しかも「習字」「図画工作」「料理・裁縫」「実科」が新設されたことにより、全体で12教科に倍増している。とりわけ、「国語」には他教科より最も多くの時間が割かれており、国語教育が非常に重視されていたことが分かる。また、「歴史」は第

99

表10　国民学校教科編成および時間配当　（1945年9月30日）

教科＼学年	1	2	3	4	5	6
公民	2	2	2	2	2	2
国語	8	8	8	7	6	6
歴史	−	−	−	−	2	2
地理	−	−	−	1	2	2
算数	6	6	7	5	5	5
理科	−	−	−	3	3	3
体操	4	4	5	3	3	3
音楽	−	−	−	2	2	2
習字	−	−	1	1	1	1
図画・工作	2	2	2	男3 女2	4 3	4 3
料理・裁縫				女3	3	3
実科	−	−	−	男3 女1	3 1	3 1
計	22	22	25	30	33	33

数字は週当たりの「1単位時間」を表す。

5～6学年、そして「地理」は第4～6学年のみに設置されたのに対し、「公民」だけは全学年で週2時間ずつの割り当てとなっており、「修身」に代わって設置された「公民」も極めて重要な位置づけにあったことを示している。

　ところが、約1年後の1946年9月1日には再び改編され、表11の通り、朝鮮教育審議会は新しい「時間配当表」を発表した。

　この「時間配当表」では、1単位時間を「40分」と定めて、週当たりの時間配当は「時間」ではなく「分」単位で表記されることになった。「分」表記に変更したのは、地方の教育行政と各学校に一定の裁量権を付

第二章 「教授要目」期における「社会認識教育」

表11 国民学校教科編成および時間配当 （1946年9月1日）

教科＼学年	1	2	3	4	5	6
国語	360	360	360	360	320	320
社会生活	160	160	200	200	男 240 女 200	男 240 女 200
理科				160	160	160
算数	160	160	200	200	200	200
保健	200	200	200	200	200	200
音楽	80	80	80	80	80	80
美術	160	160	160	160	男 160 女 120	男 160 女 120
家事					女 80	女 80
計	1,120 (28)	1,120 (28)	1,200 (30)	1,360 (34)	1,360 (34)	1,360 (34)

表記の単位は「分」である。時間数は1年を40週とした場合の年間時間数である
文教部企画調査課『文教行政概況』1947年、1頁。
（咸宗圭『米軍政時代の教育と教科課程』韓国教育開発院、23頁より再引用）

与して画一的な教育を打破しようとしたこと、そして複数教科を統合して、2〜3単位時間（80〜120分）の授業を弾力的に運営しようとしたためであった[16]。既にこの時点で、米軍政庁は合科的な教育方法を構想していたことが理解される[17]。

また教科編成では、「実科」が中学校へ移動して「体操」が「保健」に、「図画」が「美術」へ改称された点が大きな変更点である。だが、それ以上に特徴的なのは、「公民」に代わって「社会生活」が新設されたことであった。それまでの「歴史」は第5、6学年に、「地理」は第4〜6学年のみに設置されていたが、「社会生活」は第1〜2学年で160分、第3〜4学年で200分、そして第5〜6学年の男子に240分、女子に200分ずつ割り当てられることになり、全学年で体系的な社会科教育が実施されることになったのである。これは、経験主義的で総合的な社会科が

101

開始されたと同時に、「道徳教育」が潜在的に「社会生活」を中心に展開されるようになったことを意味していた。

　なお、「国語」は第1～4学年で週当たり360分、第5～6学年では320分が組まれており、全学年にわたって最も多くの時間が配当されている。前回と同様、「国語」の重視傾向は変わっていない。

2.「教授要目」の制定

　米軍政庁学務局は、上記のように、短期間に「時間配当表」の改訂を何度も繰り返しながら、解放後の教育改革の指針を模索し、試行錯誤的に展開していった。だが、それ以上に重大な課題は、学校の各教科の目標や内容を規定する国家基準のカリキュラムを作成することであった。1946年2月21日、軍政庁文教部は362人で組織された教授要目制定委員会を編集課に発足させて準備を開始し、約9か月後の同年11月15日、解放後初の国家基準カリキュラムが発表された。これがすなわち、「教授要目」であった。

　「教授要目」は、1947年1月10日に『初中等学校各科教授要目集（以下、「教授要目」と略）(1)～(4)』として全4巻が刊行されており[18]、当時の全教科のカリキュラムの全体像を知ることができる。ただし、早急に作成されたため、教科によっては多くの不備や齟齬も見られ、ある意味で暫定的な意味合いが強いものであった。例えば、前述の国民学校「時間配当表」には全部で8教科が設定されていたが、「教授要目」には「国語」「算数」「社会生活」「理科」の4教科のカリキュラムしか記載されていなかった。また、「社会生活」の『教授要目集(4)』(以下、「社会生活科教授要目」と略）は、①教授目的、②教授方針、③教授要目の運営法、④教授に関する注意、⑤社会生活科の教授事項、の項目立てとなっているのに対し、「算数」と「理科」では「教授目的」や「教授方針」が示されず、「題目」のみの羅列となっている。カリキュラムの構成は統一されておらず、教科によってはかなりのバラツキが見られるものであった。

第二章 「教授要目」期における「社会認識教育」

　これは、学校再開に向けた準備の中で教科書の作成が優先されたため
に、カリキュラムまでは手が回らなかったこと、朝鮮教育審議会にはカ
リキュラムの分科会がなかったこと、そして何よりもカリキュラムの専門
家がほとんどいなかったことによるものであった。混乱の中で充分な議
論を経ないまま作成された「教授要目」[19]は、数々の不備と課題点を抱え
ながらも制定され、実施されたのである。

第二項　社会生活科による「社会認識教育」

1．社会生活科の教授目的と教授方針

　では、このような「教授要目」において、社会生活科はどのような教
科として位置づけられていたのだろうか。まず、教科目標から具体的に
見てみよう。

　「社会生活科教授要目」の「一、社会生活科の教授目的」には、教科
の目標として、「社会生活科（Social Studies）は、人と自然環境及び社会
環境との関係を明確に認識させ、社会生活に誠実有能な国民を育成する
ことを目的とする。」[20]と述べられている。そして、「この教授要目の眼目
は、社会生活の理解・体得」にあるとし、「社会生活の技術、態度、習
性、を涵養・実践する具体的な場は郷土であり、その郷土生活に適応す
る社会化した人格を陶冶しなくてはならない。」とする。また、「二、社
会生活科の教授方針」には、こうした理解や精神、態度育成に関する具
体的な下位目標として以下の6項目が示されている[21]。

　　　団体生活に必要な精神、態度、技術、習慣を養成する。
　　　団体生活の全てを理解させ、責任感を育てる。
　　　人と環境との関係を理解させる。
　　　わが国の歴史と制度に関する知識を得させる。
　　　わが国に適宜な民主主義生活に関する知識を涵養する。
　　　実践を通して勤労精神を体得させるようにする。

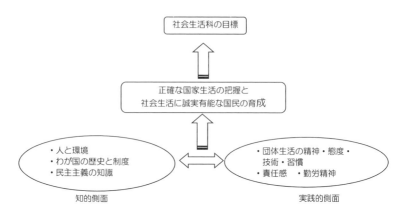

図4　社会生活科の目標の構造
軍政庁文教部「教授要目（4）」（1947年）より筆者作成

　社会生活科は、人と自然や社会との相互関係の理解や国家の歴史や制度、民主主義等に関する知識だけでなく、団体生活や勤労活動を通じて郷土や社会に貢献する人格の陶冶を目的としている教科であることが分かる。そして、知識だけでなく、実践的な技能も習得しながら、同時に態度や精神までも統一的に育成し、社会に「誠実有能」な国民の育成が目的されているのである。
　このような教科目標の構造を図示すれば、図4の通りである。目標には、「実践」や「体得」のような経験主義的な理念や用語が含まれているが、一方では「国家生活」に対する知的理解の必要性と国家や社会の発展に寄与していく人材の育成が同時に強調されている。つまり、これらは知的側面と実践的側面の統一的な展開と理解を目指すことで、社会的事象や国家に対する知識理解を深めながら、同時に社会への適応を実現させる目標となっているのである。
　経験的な学びは、系統主義的な学びに対しては、それを補完し強化する役割を果たしていく。そして、このような知的かつ実践的な学習による統一的な育成は、自然なかたちで自分の位置づけや役割を認識するこ

第二章 「教授要目」期における「社会認識教育」

とにつながり、最終的には国家・社会へ貢献できる人材の育成に連動することになる。社会生活科の教科目標には、子ども達が社会の機能を維持・発展させ主体としての国家に有能な主体的存在として捉えられ、そのための理解目標と態度目標が明示されているのである。

2．社会生活科カリキュラムの内容

　次に、内容について見てみよう。「社会生活に誠実有能な国民の育成」のための内容とは、一体いかなる原理で構成されていたのだろうか。「社会生活科教授要目」には、内容の選定に関する詳しい記述は見られない。しかし「五、社会生活科の教授事項」には、「児童の理解可能な範囲の社会生活」として、「社会環境」と「自然環境」から選定された単元（単位）の全体が示されている[22]。ここでは、この単元を手がかりに教科内容の構成原理について検討してみることにする。

　「五、社会生活科の教授事項」には、第1〜6学年の「学年課題」が提示され、その各下位にはそれぞれ小単元が設定されている。そしてその小単元は、さらに設問式の「細目」から構成されている。例えば、第1学年の「学年課題」は「家庭と学校」だが、その下位には、「(1) わが家」「(2) 私の学校」「(3) 私の家の動物」「(4) わが家族の食べ物」「(5) わが家族の衣服」「(6) わが家族の休養」などの小単元があり、さらに下記のように、「(1) わが家」の下位には、「わが家は地域のどの方角にあるか？」などの10個の設問文が「細目」として設定されている。逆を言えば、設問式の「細目」が最小単位となって、その集合体となる小単元が各学年の「学年課題」にそって配置されているのである。

　このような構成について「社会生活科教授要目」は、「各学年の課題は、児童たちの成熟度に沿って趣味と関心を持ち、また理解することができる範囲の社会生活を理解・体得させるように展開させた」[23]と述べている。つまり「学年課題」以下の項目は、子どもの「興味と関心」を勘案してカリキュラムのスコープとシークエンスに組み込んだというわけである。

第1学年の「家庭と学校」（学年課題）における「(1) わが家」単元
（20 時間）（1947 年）

「(1) わが家」
1．わが家は地域のどの方角にあるか？
2．わが家は何で作られているか？
3．わが家の家族はだれとだれで、何人いるか？
4．わが家の家族の仕事は何か？
5．私がわが家でする仕事は何で、またこれからすべきことは何か？
6．わが家の家族は互いにどのように助け合っているか？
7．わが家の家族がなかよく楽しく暮らすのはどう思うか？
8．わが家の家族にはどのように接することがいいだろうか？
9．私が家族にするあいさつ。
　　あいさつの例
　　　　お父さん、おやすみなさい。
　　　　お母さん、よくおやすみなりましたか？
　　　　お兄さん、学校に行ってきます。
　　　　お姉さん、学校に行ってきました。
10．わが家にはどんな花がさいているか？

表12　社会生活科の内容（1947 年）

課題 題材	1学年 家庭と学校	2学年 郷土生活	3学年 様々な場所の生活	4学年 わが国の生活	5学年 他の国の生活	6学年 わが国の発達
家	・わが家	・わが家	・居住	・わが家の生活		
服 食物	・家族の衣服 ・家族の食物	・私たちの衣服 ・私たちの食糧	・衣服			
学校	・私の学校					
家族	・家族の休養					
郷土		・助け合う人々	・私たちの地方			
動物	・わが家の動物					
交通				・わが国の交通		
通信		・私たちの通信				
余暇	・家族の休養	・故郷での旅行				
自然	・自然観察	・自然観察	・自然観察			
国土				・韓国地図学習 ・わが国の生活 の自然環境		

第二章 「教授要目」期における「社会認識教育」

寒帯			·寒帯地方			
熱帯			·サハラ砂漠 ·ハワイ		·アフリカとその住民 ·大洋州と住民	
温帯			·スイス		·アジアと住民 ·ヨーロッパと住民 ·南北アメリカと住民	
資源				·わが国の資源		
産業			·農業	·わが国の産業		·わが国の産業と経済
政治		·年中の祝日 ·わが国の国旗と他国の国旗		·わが国の都市と村落		·わが国の政治 ·我々の自覚と使命
国際				·わが国と外国との関係	·わが国と世界 ·地球の話	
文明						
地方				·わが国の都市と村落		
民族				·わが民族の由来		·わが民族性
古代				·わが国の古文化	·原始人の生活 ·古代文明	·原始国家と上古文化
中世						·三国の文化 ·南北朝の対立
理科的内容	·自然観察	·自然観察	·自然観察	·自然観察	·自然観察	·自然観察
職業補充教材					1.土 2.整地 3.農具 4.良い種 5.麦 6.藁 7.鶏 8.桑の木 9.春の蚕 10.蚕の病気と予防 11.苗 12.花壇 13.野菜 14.肥料 15.時給肥料 16.粟 17.大豆	1.種とり 2.綿花 3.野菜 4.野菜の貯蔵と加工 5.野菜の病害虫 6.果樹 7.稲 8.農村の手工業 9.化学肥料 10.豚の飼育方法 11.卵と雛 12.牛 13.造林 14.苗代と田植え 15.稲の栽培と病虫害 16.麦の収穫

軍政庁文教部『初中等学校各科教授要目（4）社会生活科』朝鮮教学図書、1947年より筆者作成。

しかし、各小単元に対する分析からは、それとは異なる内容編成の原理を読み取ることができる。例えば、ここで各小単元の題材を分類すれば、表12のように整理される。

たしかに「学年題目」としてのシークエンスは、「家庭と学校」「郷土生活」「様々な場所の生活」「わが国の生活」「他の国の生活」「わが国の発達」というように、子どもの心理的な成熟度や興味や関心、経験領域の拡大性を考慮しながら同心円拡大原理に沿って構成されているが、実際のスコープでは必ずしもそうなってはいない。直接的な接触や働きかけで認識対象への関心が喚起される第1〜2学年では家庭や学校、郷土、地域、そして様々な社会的機能を取り上げて自分たちを支えている人々を理解させ、第3〜5学年ではより抽象的な社会的事象に視野を拡大させて国内外の自然環境や生活、社会構造を支える産業や交通等に着目させるようにしているが、第6学年になると、外国との関係や歴史的分野が突然登場しているのである。

さらに詳細に見れば、これらの内容には相互に明確な関連性や一貫性が見えにくく、合理性が乏しい点も否定できない。例えば、第3学年では突発的に外国地理が出現するかと思えば、第4学年では政治と地理へ移り、第5学年では再び外国地理へ、そして6学年では歴史や政治の登場となるが、ここには子どもの経験的拡大に沿った原理は見えないばかりか、事実的知識中心の学習となっており、「興味の中心」に基づいた構成とはいえない。作成者側から見れば、「興味と関心」を持たせるべき知識の提示という意味合いを持っているからである。

また、「学年課題」では経験領域の同心円的な拡大原理が基調とされているが、実際の内容では社会的機能と伝統的な「地理」「歴史」「公民」の内容で構成されており、両者の原理は必ずしも一致していない[24]。低〜中学年では家庭や地域、社会的機能が如何なる意味連関を持って自分たちの生活や社会を支えているのかを学習させるが、高学年では伝統的な知識学習が中心となっているのである。いずれも、韓国の社会と自分の位置づけを「正しく」認識させ、国民としてのアイデンティティーと

第二章 「教授要目」期における「社会認識教育」

使命感を自覚させようとする点は共通しているが、カリキュラムの全体的な一貫性は低いと言わざるを得ないのである。

3．内容編成におけるコロラド・プランの影響

そもそも、社会生活科の教育内容とはどのように決定されたのだろうか。

「社会生活科教授要目」は、1940年代の米国のコロラド・プランを参考に、米軍政庁が作成した国家基準のカリキュラムである。導入に際しては、軍政庁文教部編集局長の顧問官であったアンダーソンが深く関わっており、彼がコロラド州デンバー市出身であったことが影響したと言われているが、詳しい経緯や理由については現在もなお不明である[25]。

だが、当時の公民科担当の編集官で、後に社会生活科のカリキュラムや教科書編纂にも関わった李相鮮（イ・サンソン）は、この件に関して、1946年11月の『社会生活科の理論と実際』の中で次のように述べている。

　　社会生活科は、単独で存在するものではなく、初等学校教科目中の一つの科目として存在しているが、まず、初等教育における社会生活科の位置を明らかにしなくてはその性質を明らかにすることはできない。私たちの新教育制度は、その目標は民主主義国家の建設・完成にあり、従来の分化的教育を脱して総合的教育をしようとすることに特色がある。そして、このような教育を実践するにあたり、最も特色ある科目として、また、最も成果が期待される科目として登場したのが社会生活科なのである。社会生活科は、米国で現在活発に実践されている科目であり、コロラド州、ミズーリ州では特に熱心に研究されている。初等教育での社会生活科の位置を明確にするため、ここでは、コロラド州の教授要目の編纂の精神を辿りながら説明することが、新しく建設しようとするわが国の教育に多大な便宜を与え、価値ある参考資料となるだろう[26]。

李は、解放後の韓国の課題が民主主義国家の建設と完成にあるとし、そのためには従来の分化的な教育ではなく、総合的な学びとしての、すなわち社会生活科による総合的な学習が有効で適切であると捉えている。そして、こうした文脈の中で彼は、同書の中で米国のコロラド・プランを紹介していたのである。コロラド州では、1942年に初等学校のカリキュラムが制定されたが、李は著書の中でその一部を抜粋し、「第一章　初等教育と社会生活の相関性」、「第二章　社会生活の教授方法」の2章立てで概要を説明していた。中でも、「第二章」の「Ⅱ．各論」ではコロラド・プランの翻訳が掲載されており、全ページの約80パーセントがこの内容

表13　米国のコロラド・プランと韓国「社会生活科教授要目」の内容比較

		コロラド・プラン（1942）		「社会生活科教授要目」（1946）	
	興味の中心	単　　元		題　目	単　　元
1学年	家庭及び学校での生活	1 わが家 2 私たちの学校 3 家庭の愛玩動物 4 家族の食べ物 5 家族の衣服 6 家族の娯楽	1学年	家庭と学校	1 私たちの家 2 私たちの学校 3 私たちの家の動物 4 私たちの家族の食べ物 5 私たちの家族の衣服 6 私たちの家族の休養
2学年	地域コミュニティの生活	1 住居を提供してくれるコミュニティの援助者 2 学校におけるコミュニティの援助者 3 家庭を保護してくれるコミュニティの援助者 4 食料を提供してくれるコミュニティの援助者 5 衣服を提供してくれるコミュニティの援助者 6 娯楽を提供してくれるコミュニティの援助者	2学年	郷土生活	1 私たちの食料 2 私たちの衣服 3 私たちの家 4 私たちの郷土での旅行 5 私たちの通信 6 その他社会を助け合っている人々 7 1年の中の楽しい日 8 わが国の旗と他国の旗
3学年	さらに広いコミュニティの生活	1 コミュニティの類型 2 コミュニティの相互協力 3 コミュニティの生計 4 コミュニティの交通機関 5 コミュニティの通信機関 6 コロラド及び南西地方インディアン	3学年	いろいろな場所の生活	1 私たちの地方 2 各地域の生活の様式の違い 　帯地方 　熱帯地方：サハラ砂漠 　山間地方：スイス 　海洋島嶼地方：ハワイ 3 人間の自然に対する適応 　農業（2）住居（3）衣服

学年	単元	内容	学年	単元	内容
4学年	他地域のコミュニティの生活	1コロラドのコミュニティの生活 2山間国家のコミュニティの生活（スイス） 3乾燥地帯のコミュニティの生活（サハラ） 4熱帯のコミュニティの生活（アマゾンまたはコンゴ） 5島嶼地方のコミュニティの生活（ハワイ） 6寒帯のコミュニティの生活	4学年	わが国の生活	1わが国の地図に関する学習 2わが国の生活の自然環境 3わが国の資源と産業 4わが国の交通 5わが国の都市と村落 6わが家の生活 7私たちの民族の由来と古文化
5学年	合衆国の生活	1わが国全体の概観 2東北地方の諸州 3大西洋沿岸の諸州 4北部中央地方の諸州 5南部中央地方の諸州 6山間地方の諸州 7太平洋沿岸の諸州	5学年	他国の生活	1地球のはなし 2原始人の生活 3古代文明 4アジアと住民 5ヨーロッパとその住民 6アフリカとその住民 7南北アメリカとその住民 8大洋州とその住民 9わが国と世界
6学年	わが国の隣国	1カナダ：北部にある友好国 2メキシコ：対照的な国 3中央アメリカと西インド諸島 4南アメリカの概観 5ＡＢＣ諸国 6南米の北部及び中部諸国 7アラスカ 8ハワイと太平洋の所属領地	6学年	わが国の発達	1原始国家と上古文化 2三国の発展と文化 3南北朝の対立とその文化 4高麗とその文化 5近世朝鮮とその文化 6日本人の圧迫とその解放 7健全な生活 8わが国の政治 9わが国の産業と経済 10我々の民族性 11我々の自覚と使命
7学年	他大陸の生活	1原始人 2初期文化 3ヨーロッパとその住民 4アフリカ 5アジアとその住民 6オセアニアと太平洋諸島			
8学年	コロラド州と合衆国の発展	1コロラド：現世界における私たちの州 2合衆国の初期発展 3新国家の発展と拡張 4内乱と再建 5発展（1872－1935） 6現在の合衆国			

李相鮮『社会生活科の理論と実際』(1946) および軍政庁文教部「教授要目」(1947) より筆者作成

に割かれている。したがって、本研究ではこの資料を手がかりに、1942年のコロラド・プランと1946年の「社会生活科教授要目」の内容の構成を比較・検討してみた。その結果は、表13の通りである。

　二つのカリキュラムの構成を比較してみると、完全には一致していないことに気づく。例えば、コロラド・プランにおける第2学年の「地域コミュニティの生活」、第3学年の「さらに広いコミュニティの生活」、第4学年の「他地域のコミュニティの生活」の3年間のコミュニティを中心に編成された内容は、社会生活科では第2学年の「郷土生活」と第3学年の「いろいろな場所の生活」に集約されている。また、コロラド・プランの第5学年の「合衆国の生活」は、社会生活科の第4学年「わが国の生活」へ、第6学年の「わが国の隣邦」と第7学年の「他大陸の生活」は第5学年の「他国の生活」へというように、コロラド・プランで複数年にわたる題材群は、韓国では6年間の国民学校の就学期間に合わせて整理されているのである。この点について、李は以下のように述べている。

　　コロラド州では8年間の児童たちの体験を通して完成するようになっていた。朝鮮においては初等学校の年限が6年なので、8年間の年限に編成されたコロラド州の教授要目を適当に6年制に配分しなくてはならないだろう[27]。
（中略）
コロラド州の教授要目を説明してその中で取ることは取り、捨てることは捨てて、先進教育家らの朝鮮的な社会生活科の斬新な名案が出ることを待つ意味でコロラド州の指導要領を説明する[28]。

　コロラド・プランの8年間のカリキュラムは、韓国の国民学校の6年間に合わせて意図的に内容が改編されていたことが、李の記述からも理解されるだろう。社会生活科は、社会のしくみや人々の生活についてコミュニティを中心に捉えさせようとしたのではなく、地域社会や国家の

第二章　「教授要目」期における「社会認識教育」

社会的機能、そして従来の伝統的な地理や歴史等の内容に組み換えられて再編されていたのである。つまり、理念的には、家庭→地域→他地域→他国→合衆国というコロラド・プランの同心円拡大原理を導入したものの、単純な翻案と呼べるものではなく、実際には旧来の「地理」「歴史」「公民」の内容を数多く含みながら、韓国の実態や実情に合わせて再編されたことが理解されるのである。

4．設問式単位学習と民主主義的教育法

　次に、学習の方法はどうだろうか。学習方法について「社会生活科教授要目」は、「現地観察、本を読むこと、父母・先輩その他の名士に聞いてみること」等をあげており、「観察、研究、推理、批判、討論をすることにより子どもたち自身で正当な結論に到達するように先生が指導しなくてはならない」と述べている。そして、秩序立てて効果的に教授するために、①観察的活動、②知識の収集及び発表活動、③評価活動、④総括活動の過程、の必要性が示されている。これらは伝統的な一斉授業による知識の提示ではなく、社会生活上の問題に主体的に取り組ませて、「人と自然環境及び社会環境の関係を明確に認識」させようとする、いわゆる生活学習的な方法が取り入れられていることを示している。しかし、その生活学習では、如何なる方法で「正確な国家生活」を把握させるのかは明記されておらず、実際の学習過程を知ることはできない。そこで、ここではカリキュラムに示された単元構成とその展開の論理に着目して教育の方法を検討してみることにしたい。

　まず、各学年の「学年課題」には、家庭・地域・自然・国・世界、政治・経済・社会・文化・歴史の領域が示されており、内容には社会とその領域の全体、そして地理的、歴史的な内容を覆いながら幅広く学習の対象が設定されている。そして実践的で具体的な学習活動の例が、「学年課題」の下位に複数の小単元で示されている。例えば、第6学年の学習課題の「わが国の発達」の下位には、以下のような11の小単元がある。

113

社会生活科　第6学年「わが国の発達」の小単元構成（1947年）

（1）原始国家と上古文化	（8時間）	（7）健全な生活	（25時間）
（2）三国の発展と文化	（13時間）	（8）わが国の政治	（15時間）
（3）南北朝の対立とその文化	（12時間）	（9）わが国の産業と経済	（14時間）
（4）高麗とその文化	（22時間）	（10）わが民族性	（10時間）
（5）近世朝鮮とその文化	（30時間）	（11）我々の自覚と使命	（12時間）
（6）日本人の圧迫と解放	（36時間）		

（時間は標準時数）

この中で、「(8) わが国の政治（15時間）」を例にあげれば、この小単元の全文は次の通りとなる。

---

(8) わが国の政治（15時間）
1. 政治とは何か
2. 政治にはどのような形態があるか。
3. わが国では過去にどのような政治が実施されてきたか。
4. わが国は今後どのような政治を行うだろうか。
   （ア）民権とは何か。
   （イ）自治精神を持とう。代議政治とは何か。
   （ウ）なぜ三権分立をしなくてはならないのか。
     ・立法はどのようにするのか。
     ・行政はどのようにするのか。
     ・司法はどのようにするのか。
5. 国家と国法の関係はどうなっているのか。
6. 国民の権利と義務はなんだろうか。

さらに、この小単元をその論理的な展開から整理してみると、以下の通りとなる[29]。

第二章　「教授要目」期における「社会認識教育」

	1. 政治とは何か 2. 政治にはどのような形態があるか。	3. わが国には過去にどのような政治が実施されてきたか。	4. わが国は今後どのような政治を行うだろうか。 (ア) 民権とは何か。 (イ) 自治精神を持とう。代議政治とは何か。 (ウ) なぜ三権分立をしなくてはならないのか。 ・立法はどのようにするのか。 ・行政はどのようにするのか。 ・司法はどのようするのか。	5. 国家と国法の関係はどうなっているのか。	6. 国民の権利と義務はなんだろうか。
わ が 国 の 政 治					

図5　社会生活科　第6学年「わが国の政治」単元の展開

軍政庁文教部『初中等学校各科教授要目（4）社会生活科』朝鮮教学図書、1947年、36頁より筆者作成。

　「社会生活科教授要目」によれば、「単元」とは、社会生活上の課題に対して提起される探究活動上での経験的な学習のひとまとまりを意味している[30]。例えば「わが国の政治」でいえば、「わが国の政治」に対しては、「1. 政治とは何か？」「2. 政治にはどのような形態があるか？」などのような一連の追究活動となる。「各地方の特殊性を考慮しながら、単元は適度に補充・削除しても良い」とされており、これらは主題となる「単元」の学習対象や解決方法は教師の裁量で弾力的に運営されていくことになる。また、「先生が価値判断して命令的に教えるような断案的教授法を脱し、先生と子どもが協力しながら問題を解決」していくために、設問式という形式がとられているのも特徴となっている。つまり、「単元」は一方的な注入式ではなく、子どもの自発的な学習活動によって支えられ、課題解決の方法について、教師は様々な活動を紹介するだけで強制することはないのである。このような学習方法を、「社会生活科教授要目」では「民主主義的教育法」と呼んでいるのである[31]。

115

ところが実際の「わが国の政治」単元では、それとは異なる論理がみてとれる。「単元」の展開はあらかじめ意図的に構成されており、「わが国」に関しての、①政治の意味、②政治の歴史、③政治の制度、④政治の現状理解、⑤我々の努力事項という５段階で組み立てられているからである。第一段階は導入であり、社会的事象と自分たちの生活との関わりについて探究し、その意味を把握して学習の意義を知る。第二段階は歴史研究であり、対象となる事象や問題の歴史的展開を辿る中でそれらの経緯や背景を知って改革・改善の方向性を探る。第三段階は、事象に関わる社会的制度や仕組み、法令、組織などが学習される。第四段階では第三段階までに学習した内容を基礎に、対象の社会的事象の現状や問題点を調査して把握させ、相互の有機的な関連性を考察させる。そして最後の第五段階では、改革・改善の方策を認識して国民としてのあるべき姿を考え、今後に自分が取るべき行動や態度の指針を自覚させて終えているのである。「単元」によっては、これらの段階は統合あるいは分割されることで歴史的背景が省略されたり、外国の生活や民主的政治に関する比較学習が挿入されたりする場合もある。しかし、日常生活上の課題に対して多角的に学び、態度や姿勢の方向性まで示す構成となっている点は共通となっている。

だが、こうした段階的な学習が明確になっている「単元」は、一部に過ぎない点も否定できない。例えば、第６学年の「（二）三国の発展とその文化」の場合では、「8. 三国の文化にはどんなものがあるか。」の次に、「（ア）宗教（イ）学問（ウ）工芸（オ）産業（カ）豪華な生活（キ）道義と風俗（オ）文化の理解」などの単語が単純に羅列されているだけとなっている。第２学年の「自然観察」においても、「（二）太陽はどんなはたらきをするか。」の下位には、「1. 太陽は地球とくらべてどれだけ大きいか？」「2. 太陽は我々にどんなはたらきをするか？」など、知識を問う設問のみである。これらは題材自体が社会や社会生活上の課題から提起されたものでないばかりか、探究活動で社会的な意義や活動を追究する観点は抜け落ちたものとなっている。そこには従来の分化的で

第二章 「教授要目」期における「社会認識教育」

系統的かつ注入式的な知識学習が強調されており、設問群は羅列的で断片的な事実的知識の提示か、それらを引き出すための質問の役割に過ぎないものとなっているのである。

　このように、社会生活科は理念的には多様な生活上の問題を解決する学習が強調されているが、実際にはその学習方法が確立されたとはいい難いものとなっている。「単元」の相互間には有機的な関連性も低く、社会生活上の課題を主体的に探究して認識し、解決していく方法や原理も明確に示されていない。問題解決的な学習方法を掲げながらも、実際には知識学習に偏した学習に偏りやすいものであったと言えるのである。

5．社会生活科の意義と限界

　社会生活科は、人と自然環境、および人と社会環境との関係性を認識させることで、国家や社会に誠実で有能な国民の育成を目的とした教科であった。そのため、カリキュラムの内容は、消費、生産、通信、産業といった社会生活の中の社会的機能について、学年段階の進行に従って時間的、空間的に拡大しながら学習するように構成されており、各自が様々な関係性の中で互いに支えられて生活していることを学習するものとなっていた。理念としての学習の方法は、子どもの「興味・関心」を中心に、社会生活上の課題に対して主体的で探究的な活動によって課題解決を図ろうとする方法が提示されており、従来の教師中心の一方的な注入的教授法からの脱却を意図する画期的なものであったと言えるだろう。韓国社会を探究的に認識させることで、多くの関係性の中で支えられている自分自身を知り、自らも民主主義社会を支え、発展させようとする市民の育成を期して行われていたからである。

　しかし、様々な知識を幅広く取り入れて活用することで、社会の矛盾点や課題の本質を主体的に探究して解決しようとする、いわゆる問題解決的な学習への発展性を持つものではなかった。というのは、低学年段階では家庭や郷土生活に関する理解を学習の糸口にしながらも、最終的には中・高学年段階の学習を積み重ねることで、国家に忠実で貢献でき

117

る有能な人材の育成に重点が置かれていたからである。あくまでも、子ども達には国家や社会生活における社会的諸機能の把握とそれらの相互依存関係に対する理解が求められるだけであり、「民主主義的」な社会とされる韓国社会の認識と適応の目標の下に、社会に存在する矛盾や課題に対する本質的な追究は求められていないのである。題材も「興味の中心」というよりは、興味を持たせたい社会的機能が内容の中心となっていると言わざるを得ないものであった。

　ただ、そうとはいえ、「修身」に代わって登場した「公民」が十分に機能しないまま廃止された経緯を勘案すれば、全国統一的に、しかも全学年で体系的な「社会認識教育」が構想されたことは画期的な転換点を示したといえる。この教科が「公民」から引き継いだ潜在的な「道徳教育」の役割が、経験主義的で生活学習的な「民主主義教育」として展開された意義は小さくなかったからである。その後、教師の裁量権の拡大によってもたらされたカリキュラム開発と多様化のブームは、1950 年代の「セ教育（新教育）運動」と潮流をともにして、官・民一体の教育改革運動へと大きく連動することになっていく。1962 年に「道徳教育」のための「時間」が特設されるまで、韓国では経験主義的な「道徳教育」が、この社会生活科を中心に模索されていくことになるのである。

第三項　国語科の中の「道徳教育」

1．国語科の展開

　前述したように、「教授要目」は 1946 年 2 月 21 日に米軍政庁内に教授要目制定委員会が発足してから同年 11 月 15 日に制定までの、わずか 9 カ月間で作成されたものであった。各教科の教科書の作成も進められていく中で、「教授要目」と教科書は極めて短期間に、そしてほぼ同時並行的に準備されていったのである。とりわけ、国語科教科書の作成は、民族復権の象徴である朝鮮語の普及とともに、全教科の基礎となる言語能力を育成する点でも喫緊の課題となっていた。作成作業には、前述の朝鮮語学会の研究者達が関わることで [32]、一刻も早い教科書の整備が進め

第二章　「教授要目」期における「社会認識教育」

られていたのである。

　ところが、「公民」と「国語」の教科書の編纂者が同じであったことは、国語科が単なる言語の学習だけではなく、そこに「社会認識教育」関連の内容も教材として挿入される可能性があったことを示している。後述するが、実際に教科書の『初等国語』には、物語や論説文などを通じて一定の「社会認識教育」関連の内容が多く登場していたのである。

　では、こうした米軍政期の国語科とは、如何なる特質を持っていたのか。そして、その内容には如何なる「社会認識教育」や「道徳教育」のための論理が隠されていたのだろうか。そこで本研究では、国語科教育に対し、教材を通しての「社会認識教育」の一つのかたちとして大胆に位置づけ、次に教科目標および教科書内容の分析を中心に、米軍政期の国語科によって展開された「社会認識教育」と「道徳教育」について検討を試みていくことにしたい。

２．国語科の「教授要目」と目標および教授方針

　1946 年 11 月に発表された『初中等学校各科　教授要目集 (2)』の「(カ) 国民学校国語科」には、カリキュラムの全体は、①教授要旨、②教授方針、③教授事項、④教授注意、として以下のように示されている[33]。

「教授要目」国語科の教授要旨

教授要旨
　国語は、日常生活に必要な言葉と文字を習得させ、正しい言葉と文字を会得させて理解させることにより、自分の意味するところを正しく賢く表すことができるようにさせるとともに、知恵と道徳を培い、国民の道理と責任を悟らせ、わが国民性の独特の素地と国文化の長く蓄積された過程を明らかにして、国民精神を充分に育成していく。

（下線は筆者による）

軍政庁学務局『初中等学校各科教授要目 (2) 国民学校国語科』朝鮮教学図書、1946 年。

「教授要目」国語科の教授方針

教授方針

　国語と国文のしくみと特質を理解させるとともに正しい道を探させ、自分の考えと自ら経験したところを明るく賢く自由に表現することができるように指導する。

　国語と国民性の関係を調和させ、国語をよく学習することで、わが国民の品格を高めることができることを学習させる。したがって、われわれの国語を大切にし、高め、国語の実力をよくみがき、さらに美しく、さらに正しい行いをするという心をしっかりと持たせる。

　これまでの我が国の文化のあゆみと蓄積をよく理解させ、今後我々がさらに磨きをかけて輝かせるようにするとともに、一層これを開いていくことによって世界文化に大きく貢献していこうとする心を持たせる。

（下線は筆者による）

軍政庁学務局『初中等学校各科教授要目（2）国民学校国語科』朝鮮教学図書、1946年。

「教授要目」国語科の教授事項

教授事項

　国語は読む、話す、聞く、作る、書くに分けて教える。

１．読むこと

　正しい言葉を正しい文字で書き、これを読ませ、これを解釈する。文字は美しく明快で力強く書く。文には、国家の観念と国民道徳や知恵を広げるもの、人格を高めるもの、情緒を美しくするものを選んで教え、民主国家国民にふさわしい素地を育てることに注意する。

２．話すこと

　子ども達に発音を正しく、意味を正しく話させる。基本ができてない言葉やだらしない言葉は直し、標準となる言葉で正しく話すようにさせ、考えのせまい言葉や軽はずみな言葉を直し、ゆったりとやわらかく漸進的で重みのあるように話すよう教える。

３．聞き取り

　他の人の言葉を聞くときは、まじめによく聞き、その意味をよく理解することができるようにする。

４．作文

　自分が考える事や外で体験したことを文字に書かせるが、偽りや嘘がなくまことで真実を書くようにする。文字はできるだけきれいにはっきりときちんと書き、だれでも明るく読むことができて、その意味をすん

第二章 「教授要目」期における「社会認識教育」

> なり理解することができるように書かせる。
> 時々、他の人の文を用いて、上手にできたところと間違ったところを
> 捉えさせ、その意図するところを理解し、いい点とよくない点を批評さ
> せ、文を読むことによって自分が文の書き方を見つけることができるよ
> うにする。
> 5．書き方
> 　鉛筆や鉄筆を用いて国文の文字を書かせるが、字画の前と後を教え、
> 文字の形を正しく美しく書くように教える。

（下線は筆者による）

軍政庁学務局『初中等学校各科教授要目（2）国民学校国語科』朝鮮教学図書、1946
年。

「教授要目」国語科の教授注意

> 教授の注意
> 　他の全ての学科目を教えるときにも常に言葉と文字を正しく教えるこ
> とに重点を置き、文字の書き方を正しく早く、よく書くことができるよ
> うに注意する。
> 　このように、常に我々の国民性に照らし、我々の文化に現れた我々
> の特徴を知らせ、よって我々が努力しなければならないものを見つけさ
> せ、我々の品格を落とさず、国をよく治めることができるきちんとした
> 心と強い力を育てるようにしなければならない。

（下線は筆者による）

軍政庁学務局『初中等学校各科教授要目（2）国民学校国語科』朝鮮教学図書株式会
社 1946 年より。

　国語科の目標は、「日常生活に必要な言葉と文字を習得させ、正しい言
葉と文字を会得」させることで、朝鮮語の言語能力を育成することにあ
る。つまり、朝鮮語に関する「読む、話す、聞く、作る、書く」という
能力を正しくバランスよく育成することなのである。

　しかし、それとともに「国民の道理と責任」や「国民性」「国文化」
などのような国家や国民に関する言葉や「知恵と道徳」の教育、あるい
は「国民精神」という道徳教育的な用語が数多く登場する点にも注意し
たい。「教授方針」には、朝鮮語の文法や特質を教えるだけでなく、国語

121

を大切にして「国民の品格」を高めるとともに、自国の文化や歴史を学んで世界の文化に貢献する人材を育成することが述べられているのである。また、「教授事項」においても、「文が持つ意味は、国家観念と国民道徳と知恵を広げるもの、人格を高めるもの、情緒を美しくするものを選んで教え、民主国家国民にふさわしい素地を育てることに注意する。」とし、教える側の教授法の原則についても述べられている。「教授の注意」では、「言葉と文字を教えて、いかなる場合にも我々の国民性に照らして、文化に現れた我々の特徴を理解させ、努力すべき点を捜させ、我々の品格を落とさずによく国を治めていこうとする喜びの心と強い力を持つように努力させる。」[34]とあり、国民性を理解しながら品格を高めさせ、国民の一人として努力させる必要性を訴えているのである。

　このように、国語科には正しい言葉使いや文字を教授するという基本的な役割はいうまでもないが、道徳性や責任感の育成とともに、固有の文化や歴史なども理解させることで「国民精神」を育成する役割も期待されていたといえる。言い換えれば、固有の歴史と文化を持つ韓国人としてのアイデンティティーを自覚させ、自己を確立するための役割も担っていたのである。

3.『初等国語』の内容

　①『初等国語』発刊までの経緯

　米軍政期には、いずれの教科の教科書も編纂が急がれていたが、とりわけ全教科の言語的な基礎力を育成する国語科は、一刻も早い作成が求められていた。そのため、解放からわずか3か月後にも拘らず、1945年11月には『ハングルの初歩』が発刊されたのに続いて、同年12月には『ハングル教授指針1集』、1946年1月に『ハングル教授指針2集』、同年9月に『中等国語教本』、そして同年12月には『初等国語教本』が発刊されるなど、朝鮮語の教科書や指導書は極めて短期間に集中的に準備されていったのである。

　これらの発行権は全て米軍政庁学務局が持っていたが、いずれも実際

第二章　「教授要目」期における「社会認識教育」

に編纂したのは朝鮮語学会であった[35]。逆を言えば、朝鮮語学会が担当したからこそ、このように短期間で複数の教科書の準備が可能だったとも言えるだろう。『ハングルの初歩』は、ハングル文字の基本的な読み方や書き方に関する内容を扱っていて広く一般人を対象にしていたが、『初等国語教本』と『中等国語教本』は、児童・生徒を対象にそれぞれ上、中、下の3巻で構成され、体系的に整理された国語教材として、今日も高い評価がなされている[36]。

　ただし、これらはハングル文字やその使い方に関する文法的な学習を中心に編纂された教本であり、いずれの教科書も伝記や物語などの読み物教材はわずかに掲載されただけであった。例えば、『初等国語教本』では「第1課」から「第38課」まで基本字母と二重母音に関する内容や単語の用例、あるいは字母の使われ方等に関する内容が中心となっており、ほとんどのページは文字や語彙、つづり法など文法の学習で占められていたのである。

　ところが1946年、朝鮮語学会員の崔鉉培（チェ・ヒョンベ）編修局長が、弟子の朴昌海（パク・チャンヘ）を教科書編集官に抜擢して教科書の作成を開始すると、国語科の教科書は大きく変貌していくことになる。『初等国語教本』の発刊から約10ヶ月後の1946年10月、彼らによって本格的な国民学校向けの教科書が発刊されたが、これがすなわち『初等国語』であった[37]。

　国民学校の二学期制に合わせて、第1学年から第6学年までの上・下2冊ずつ全12巻で編成された『初等国語』は、物語や作文などの読み物教材が多く取り入れられたことが大きな特徴であった。文字や文法の学習に偏っていた『初等国語教本』に対し、読み物教材を数多く取り入れることで考えさせたり、感じ取らせたりする内容を積極的に盛り込もうとしたためである。この教科書は、発刊から1950年6月25日に朝鮮戦争が勃発するまでのわずか4年間しか使用されなかったが、1949年12月までには全巻が発行されており、事実上の国定国語教科書として、建国初期の国語教育を強力に支えたといえるだろう。

123

では、この『初等国語』は、どのような内容構成となっていたのだろうか。次に、社会認識形成の教育という観点から、この教科書の内容を分析し、捉え直してみることにしたい。

　②『初等国語』の全体構成と内容
　『初等国語』は『初等国語 1-1』から『初等国語 6-2』まで全部で 12 巻となっている。これらの全ての目次を示せば、以下の通りである。

表 14　『初等国語 1-1』および『初等国語 1-2』教科書の目次

『初等国語 1-1』1948 年 （1946 年 10 月 5 日発行）		『初等国語 1-2』1948 年 （1948 年 11 月 25 日発行）	
目　　次	形　式	目　　次	形　式
ヨンイとバドク		1．先生様	
花畑		2．すべり台	
飛行機		3．整理整頓	
すずめ		4．私たちの仕事	
かくれんぼ		5．うしろ押し	
夕方		6．春	
動物園で		7．つばめ	
ブランコ		8．月	
おじいさんとおばあさん		9．川の水	
10．私はなんでしょう		10．シャボン玉	
11．雪		11．夏	
12．こま			

表 15　『初等国語 2-1』教科書の目次

『初等国語 2-1』（1946 年 10 月 30 日発行）			
目　　次	形　式	目　　次	形　式
第 1 課　新しい教室	生活文	第 18 課　切手	生活文
第 2 課　赤ちゃんおきて	詩	第 19 課　おまわりさん	説明文
第 3 課　あいさつ	生活記録	第 20 課　雪降る朝	生活文
第 4 課　空	説明文	第 21 課　雪だるま	詩
第 5 課　栗ひとつぶ	詩	第 22 課　一年	説明文
第 6 課　せんたく	生活紹介文	第 23 課　おもちゃ	生活文

第二章 「教授要目」期における「社会認識教育」

第 7 課　子犬	生活文	第 24 課　元旦	生活文
第 8 課　同級生	詩	第 25 課　正月	詩
第 9 課　遠足	記録文	第 26 課　絵本	生活文
第 10 課　うそつき子ども	童話	第 27 課　病院ごっこ	物語
第 11 課　収穫	生活文	第 28 課　新しい靴	詩
第 12 課　ありとせみ	脚本	第 29 課　お母さん	生活文
第 13 課　紅葉の葉	詩	第 30 課　山羊二匹	童話
第 14 課　カジェとのろま	寓話	第 31 課　つらら	詩
第 15 課　汽車	生活文	第 32 課　しっぽを切られたきつね	童話
第 16 課　かくれんぼ		第 33 課　ことわざ	ことわざ
第 17 課　ヨンギルの手紙		第 34 課　ひらめといか	童話

表 16 『初等国語 2-2』教科書の目次

『初等国語 2-2』(1948 年 11 月 25 日発行)			
目　　次	形　式	目　　次	形　式
第 1 課　三月一日	生活文	第 18 課　電車	生活文
第 2 課　馬車遊び	生活文	第 19 課　農夫とひばり	童話
第 3 課　三日月	詩	第 20 課　麦刈り	生活文
第 4 課　知恵の多いろば	童話	第 21 課　ありとはと	童話
第 5 課　お姉さんの考え	生活文	第 22 課　青がえる	童話
第 6 課　パク・ヒョクコセ	伝記	第 23 課　ふたりの同級生	生活文
第 7 課　しっかり隠れろ	詩	第 24 課　かえる	詩
第 8 課　金のうさぎ	童話	第 25 課　虫	観察文
第 9 課　パデュキ（犬のなまえ）	生活文	第 26 課　ミョンスクのはかりごと	生活文
第 10 課　ゆりの花	童話	第 27 課　雨	観察記
第 11 課　春の裏山	詩	第 28 課　陶器のかけら	詩
第 12 課　こうもり	童話	第 29 課　星	生活文
第 13 課　つばめ	生活文	第 30 課　手紙	手紙
第 14 課　雨のふる日	生活文	第 31 課　わたしたちの同級生	詩
第 15 課　飛び石の橋	詩	第 32 課　あたたかい同級生	童話
第 16 課　病気の友達	生活文	第 33 課　学校に行く日	生活文
第 17 課　考える子ども	童話		

125

表 17 『初等国語 3-1』教科書の目次

目　　次	形　式	目　　次	形　式
『初等国語 3-1』(1948 年 8 月 10 日発行)			
第 1 課　汗	生活文	第 18 課　貯金	生活文
第 2 課　月見	詩	第 19 課　氷すべり	説明文
第 3 課　落ち葉船	生活記録	第 20 課　雪だるま	生活文
第 4 課　葉っぱの汗	説明文	第 21 課　月と太陽	詩
第 5 課　倹約	詩	第 22 課　朝鮮の一番	説明文
第 6 課　秋夕の晩	生活紹介文	第 23 課　星	生活文
第 7 課　観月	生活文	第 24 課　学芸会の前日	生活文
第 8 課　お姉さんへ	詩	第 25 課　なぞなぞ	詩
第 9 課　チョゴリ	記録文	第 26 課　早起き	生活文
第 10 課　秋	童話	第 27 課　ソルゴ（人の名前）	物語
第 11 課　電話	生活文	第 28 課　どこからくるの	詩
第 12 課　わが家	脚本	第 29 課　ユニー（人の名前）	生活文
第 13 課　郵便受け	詩	第 30 課　とら	童話
第 14 課　昼に出た半月	寓話	第 31 課　3 年峠	詩
第 15 課　礼儀正しい兄弟	生活文	第 32 課　わが国	童話
第 16 課　ゆび		第 33 課　有名な在官	ことわざ
第 17 課　かげ			

表 18 『初等国語 3-2』教科書の目次

目　　次	形　式	目　　次	形　式
『初等国語 3-2』(1949 年 3 月 10 日発行)			
第 1 課　早い春	生活文	第 18 課　すずめとはえ	童話
第 2 課　力を合わせて	童話	第 19 課　私の花畑	生活文
第 3 課　おもちゃの汽車	生活記録	第 20 課　あさがお	詩
第 4 課　春の手紙	詩	第 21 課　蚕	説明文
第 5 課　道に置かれた石	童話	第 22 課　難しいことば	説明文
第 6 課　日記	日記	第 23 課　ことわざ	ことわざ
第 7 課　みぞがえぐられた井戸	伝記	第 24 課　わが家の牛	生活文
第 8 課　秘密	生活文	第 25 課　つきあそび	詩
第 9 課　夜	詩	第 26 課　せみ	生活文
第 10 課　馬二匹	童話	第 27 課　薬水	生活文
第 11 課　お姉さん	生活記録	第 28 課　かぼちゃの花	詩
第 12 課　同級生	生活文	第 29 課　魚とり	生活文

第二章 「教授要目」期における「社会認識教育」

第 13 課　月見	詩	第 30 課　すもう	生活文
第 14 課　心配	童話	第 31 課　赤とんぼ	詩
第 15 課　山の上で	生活文	第 32 課　ノチョク峰とヨンサン江	むかし話
第 16 課　ブヒョクルーとキム・ファンウォン	伝記	（李瞬臣将軍の話）	
第 17 課　なわとび			

表 19 『初等国語 4-1』教科書の目次

『初等国語 4-1』(1948 年 11 月 25 日発行)			
目　　　次	形　式	目　　　次	形　式
第 1 課　国花	説明文	第 18 課　ラジオ放送	生活文
第 2 課　谷川の水	物語	第 19 課　石	説明文
第 3 課　百日草	生活文	第 20 課　スンヒ	生活文
第 4 課　秋夕	詩	第 21 課　ろば	童話
第 5 課　月と少女	童話	第 22 課　道の働き者	説明文
第 6 課　すばらしい山河	紹介文	第 23 課　勇敢な消防士	鑑賞文
第 7 課　運動会	生活文	第 24 課　お母さんの胸	詩
第 8 課　夕方の月	詩	第 25 課　たこあげ	生活文
第 9 課　ハングルの日	説明文	第 26 課　サンタクロースの贈り物	生活文
第 10 課　うさぎ	動物飼育記	第 27 課　ソウルにいるお姉さんへ	手紙
第 11 課　フンブとノルブ	物語	第 28 課　雪花一輪	詩
第 12 課　たね	説明文	第 29 課　リンカーン	伝記
第 13 課　赤ちゃんの眠り	詩	第 30 課　そり	生活文
第 14 課　紅葉	鑑賞文	第 31 課　チェ・ジョンウォン	生活文
第 15 課　食事の礼儀	生活文	第 32 課　学校に行く道	詩
第 16 課　土	生活文	第 33 課　亀甲船	昔話
第 17 課　木の歌		第 34 課　交通整理	生活文
		第 35 課　ユリ太子	昔話

表 20 『初等国語 4-2』教科書の目次

『初等国語 4-2』(1948 年 11 月 25 日発行)			
目　　　次	形　式	目　　　次	形　式
第 1 課　朝鮮の花	詩	第 18 課　塩田	生活文
第 2 課　私の鶏	生活文	第 19 課　お母さん	説明文
第 3 課　ぶたの裁判	童話	第 20 課　端午	生活文
第 4 課　ムーフンの真心	伝記文	第 21 課　泉の水	詩
第 5 課　意外な賞賛	生活文	第 22 課　にわか雨	説明

127

第6課 すずめ	詩	第19課 お母さん	詩
第7課 植樹の日	日記文	第20課 端午	生活文
第8課 国境の春	生活文	第21課 泉	童話
第9課 ソ・キョンドク	伝記文	第22課 夕立	鑑賞文
（人の名前:460年前の学者）		第23課 やきもちやき	童話
第10課 ソウル見物	紀行文	第24課 いもほり	生活文
第11課 うつくしい蝶よ	詩	第25課 山の風、川の風	詩
第12課 遅刻	生活鑑賞文	第26課 丈夫な体	説明文
第13課 開城（高麗時代の首都）	紹介文	第27課 堆肥	生活文
第14課 子どもの日	詩	第28課 灯台	詩
第15課 私の発見	観察記録文	第29課 班会	生活文
第16課 貝採り	説明文	第30課 ウェグム江	紀行文
第17課 少年彫刻家	童話		
第18課 塩田			

表21 『初等国語5-1』教科書の目次

『初等国語5-1』(1948年11月25日発行)			
目　　　次	形　式	目　　　次	形　式
第1課 朝鮮の歌	詩	第18課 キム・ジョンホ	伝記文
第2課 都会と田舎	説明文	第19課 格言	語録
第3課 電話局の見物	見学文	第20課 ク・ジンチョン	伝記文
第4課 きれいな心	生活童話	第21課 昔の始祖	詩
第5課 月光の曲	伝記文	第22課 音楽科マリオ	伝記文
第6課 半月	詩	第23課 大みそか	日記文
第7課 お金の力	説明文	第24課 新しい日	鑑賞文
第8課 動物の体の輝き	説明文	第25課 補佐あそび	説明文
第9課 周詩径	伝記文	第26課 チェ・ヨン将軍	伝記文
第10課 韓国の歌	詩	第27課 私たちの礼儀	紹介文
第11課 ろうそく	詩	第28課 昼と夜	説明文
第12課 わが民族性	説明文	第29課 トーマス・エジソン	伝記文
第13課 ハン・ソクボン	伝記文	第30課 花廊道	説明文
第14課 銀行	説明文	第31課 孫文	伝記文
第15課 フレーレンス・ナイチンゲール	伝記文	第32課 家	説明文
第16課 物の値打ち	説明文	第33課 白頭山	詩
第17課 雁	詩		

第二章 「教授要目」期における「社会認識教育」

表22 『初等国語5-2』教科書の目次

『初等国語5-2』(1948年5月10日発行)			
目　次	形　式	目　次	形　式
第1課　李瞬臣将軍	詩	第18課　網にかかった葉っぱ	生活文
第2課　春の知らせ	説明文	第19課　初夏の雲	鑑賞文
第3課　朝鮮	説明文	第20課　束ねられた矢	童話
第4課　売られていく馬	童話	第21課　コロンブス	伝記文
第5課　春が来ました	詩	第22課　くもの巣	詩
第6課　山火事	生活文	第23課　6月の風景	鑑賞文
第7課　新婦の夢	瞑想文	第24課　伝染病	説明文
第8課　平和な心	説明文	第25課　牡牛とくも	詩
第9課　気品	詩	第26課　済州島の女性	説明文
第10課　沈清	昔話	第27課　魚とり	詩
第11課　発明	科学読み物	第28課　予防注射	説明文
第12課　ファン・フィ	伝記文	第29課　パギョンの滝	説明文
第13課　ツバメの兄妹	詩	第30課　夕方の海	詩
第14課　ライオンとハツカネズミ	寓話	第31課　自動車王	伝記文
第15課　博物館	説明文		
第16課　扶余	詩		
第17課　山林の恵沢			

表23 『初等国語6-1』教科書の目次

『初等国語6-1』(1947年1月25日発行)			
目　次	形　式	目　次	形　式
第1課　自由の鐘	詩	第18課　百丈僧	童話
第2課　8月15日	鑑賞文	第19課　格言	語録
第3課　ジャンの中の鳥	生活式紹介文	第20課　キュリー夫人	伝記文
第4課　星の国	科学物語紹介文	第21課　新聞	説明文
第5課　綿羊	寓話詩	第22課　孝女知恩	童話
第6課　ありの自慢	紀行文	第23課　子ども時代	詩
第7課　星	伝記文	第24課　クリスマス頌歌	昔話
第8課　ドンリョン窟	童話	第25課　雪と氷	説明文
第9課　世宗大王	詩	第26課　釈迦	伝記文
第10課　金を愛する王	生活式紹介文	第27課　トハムサン峠	詩
第11課　秋	生活式紹介文	第28課　だれのお母さん	生活文
第12課　遠足（1）		第29課　鐘の音	童話

129

第 13 課 遠足 (2)		第 30 課 推挙状	紹介文
第 14 課 栗谷先生		第 31 課 アルキメデスの原理	科学物語
第 15 課 家庭		第 32 課 足の不自由な障害者	詩
第 16 課 昔の時調		第 33 課 絶え間ない犠牲	論説文
第 17 課 間島		第 34 課 わが国	説明文
		第 35 課 私の祖国	

表 24 『初等国語 6-2』教科書の目次

『初等国語 6-2』(1946 年 12 月 10 日発行)			
目　　次	形　式	目　　次	形　式
第 1 課 春の光	詩	第 18 課 孔子とその弟子	逸話文
第 2 課 3．1 運動	説明文	第 19 課 姓名	説明文
第 3 課 灯台職員の娘	童話	第 20 課 公衆衛生	論説文
第 4 課 春	鑑賞文	第 21 課 扶余（百済の首都）	紀行文
第 5 課 私たちの文字	論説文	第 22 課 虫と花	説明文
第 6 課 イ・ユンジェ先生	伝記文	第 23 課 国の仕事	論説文
第 7 課 ユリの花	詩	第 24 課 卒業後の方向	鑑賞文
第 8 課 生きようとする努力	論説文	第 25 課 紙の船	散文詩
第 9 課 マラソン	説明文	第 26 課 ヘンジュ山城	歴史物語
第 10 課 昔の詩調	詩調	第 27 課 少年ヘッテル	伝記文
第 11 課 たんぽぽ	鑑賞文	第 28 課 綿雲	鑑賞文
第 12 課 金時計（1）	童話	第 29 課 テーソン岩	詩
第 13 課 金時計（2）	童話	第 30 課 朝の海	鑑賞文
第 14 課 李退渓先生	伝記文	第 31 課 商人の使命	論説文
第 15 課 電球のたま	生活文	第 32 課 仏国寺	紀行文
第 16 課 ひよこ	詩	第 33 課 石窟庵	紀行文
第 17 課 図書館	記録文		

　この『初等国語』には、いくつかの大きな特徴が見られる。第一に、第 1 学年を除けば、『○-1』の教科書には時系列的な題材が登場して『○-2』には単発の題材が登場しており、上巻と下巻で編集の方法が異なっている点である。例えば、2 学年の『初等国語 2-1』では「第一課　新しい教室」から始まって「第 9 課　遠足」「第 13 課　紅葉の葉」「第 24課　元旦」というように、ほぼ年間行事に沿った題材の配列になっているが、『初等国語 2-2』では童話や生活文などが不規則に登場している。

第二章　「教授要目」期における「社会認識教育」

つまり、前期の『○ -1』では年間を通しての日常生活に沿った題材と
なっているのに対し、後期の『○ -2』では読み物教材を中心とする構成
になっているのである。これは他学年でもほぼ同様の傾向である。

　第二に、前回の『初等国語教本』と比較してみると、子どもの生活経
験を中心に考慮された題材が多いことに気づく。第1学年の『初等国語
1-1』では、一般に「パデッギとチョルス」と言われる物語が登場してい
るが[38]、「第1課」から最後の「第12課」までは一つの物語として構成
する story method 式の構成法が導入されており、生活で日常的に発生す
る題材が取り上げられている。また、他学年でも日常的な生活経験を題
材とする生活記録文や生活鑑賞文が多く、それらと詩や観察記録、説明
文、童話、伝記、物語等が混在している。『初等国語』が読み物教材中心
の内容となっているのは、文法的な基礎的理解を目指した『初等国語教
本』とは異なり、米国の経験主義教育思想の影響も受けていたためと考
えられる。

　第三に、中学年から高学年にかけては、民族意識や国家意識、そして
民族文化意識の高揚を意図する題材が急増する傾向にある。例えば、第
三学年では「朝鮮の一番」「わが国」、第四学年では「国花」「ハングルの
日」「亀甲船」「朝鮮の花」「ソウル見物」「開城」、第五学年では「朝鮮の
歌」「韓国の歌」「白頭山」「花廊道」「李瞬臣将軍」「朝鮮」「扶余」、そし
て第六学年では「8月15日」「世宗大王」「わが国」「私の祖国」というよ
うに、学年段階が上がるにつれて、「朝鮮」や「韓国」のように国名が登
場して国家を強く意識させ、民族の誇りである歴史上の偉人や伝説上の
英雄、そしてハングル文字や歴史的に有名な古都や遺跡、景勝地などが
数度にわたって登場しているのである。これらは自国の歴史や文化のす
ばらしさを自覚させることで、歴史的な国家の一員としての誇りと自信
を育成しようとしたものと理解される。

　第四に、第2学年からは自分と関わりが深い身近な社会的機能の内容
が登場しており、「社会認識教育」的な題材が多くなる点である。例え
ば、第2学年では「切手」「おまわりさん」「電車」「手紙」、第三学年で

は「貯金」「電話」「郵便受け」、第四学年では「ラジオ放送」「勇敢な消防士」「交通整理」、第五学年では「電話局の見物」「お金の力」「銀行」「博物館」「伝染病」「予防注射」、第六学年では「新聞」「図書館」「公衆衛生」「国の仕事」などが、漸次登場している。全体の中でこれらが占める割合は少ないものの、国語科の中の説明文や生活文として様々な社会的機能を学ぶことで、子ども達にとっては客観的な実在としての都市機能への理解や市民および国民としての知識理解、さらには自分とこれらとの関係性について身近に感じとり、自然なかたちで再確認する機会を得るものとなっている。これらが自分たちのために存在することを学習し、携わっている人々の苦労を知ることで感謝の念を学ぶことにもつながるだろう。ここには、国語科教育の中でも「社会認識教育」や「道徳教育」を行おうとした思惑が見てとれるのである。

③『初等国語』教科書に見られる「社会認識教育」の方法

では実際の各課では、題材はどのように記述され、教えようとされていたのだろうか。

ここでは、民族・国家意識に関する題材と捉えられる第6学年の『初等国語 6-1』の「第34課わが国」を例に、『初等国語』にはどのような社会認識形成の論理が内在していたのか検討することにしたい。以下は『初等国語 6-1』における「第34課わが国」の全文である。

『初等国語 6-1』における「第34課わが国」の全文

> 朝鮮は私たちの国です。私たちの祖先達がここに生まれ、ここに埋葬され、また私たち子孫が永遠に生きていく国です。過去数千年の間、私たちの近隣に住んでいる民族が何度もわが国を欲しがって攻めてきましたが、私たちの祖先達は血を流してこれを守ってきました。ウルジ・ムントク、ヨン・ケソムン、カン・カムチャン、イ・スンシンのような人々は偉大な人たちです。
>
> 私たちの民族性は、このように強いだけでなく善良でした。すでに今から4200余年前に360条からなるすばらしい憲法を持った国であり、三国時代の美術、工芸、音楽は近隣の国にまで模範となっていました。

第二章　「教授要目」期における「社会認識教育」

現在も私たちは大洞江のほとりのお墓や慶州（キョンジュ）および扶余（プヨ）の古跡で、わが祖先たちがつくりあげた輝かしい文化のなごりを見ることができます。

　また、愛国精神はわが国の人々の自慢の種となっています。高句麗のチョ衣仙人、新羅の国仙花郎は儒教や仏教の精神を受けたものではなく、わが民族が元来持っていた信仰と道徳から出てきたものであり、その核心は、「国に忠誠であり、父母に孝行し、人にはうそをつかず、信を守り義のためには命もいとわず、戦いにおいては尻ごみせず、命を大切に思い、むやみに殺してはならない。」という六つです。

　わが国の歴史には、この六つをそのまま守ったと人の記録が数多くあります。梁満春、キム・ユシン、成忠のような人たちは全てこのような人たちであり、現在も私たちの民族にはこのような血が流れているのです。

　近代になるとこのような美しい民族精神は衰えてきましたが、しかし、これからはこの精神に再び花が咲き、私たちの民族は大きくて美しい文化をつくりあげ、全世界が互いに助け合い、愛し合い、ともに楽しく生きていける楽園になるように新しい光となり、力となっていくことでしょう。

　また、わが国土は幸いにも大陸に連接しているとともに温帯地方に属しているので気候がよく、暮らしやすく、三方へは海が面しているので交通が便利で発展していく可能性を持っています。

　「山は高く水は澄む。」といい、昔から近隣の国の人々はわが国をうらやましがりましたが、ただ景色だけが美しいのではなく、土がよくて全ての穀物と果物をよくつくることができるし味が良いのです。また、金と石炭とその他の貴重な鉱物が多く埋まっており、水力電気も豊富であり、将来は農業が改良されるとともに工業も大きく発展することでしょう。

　わが民族の優れた頭脳と勤勉さによって科学をよく勉強し、発明に力を注ぎ、農業や工業が大きく発展するならば、私たちは本当に幸福な暮らしとなることでしょう。

軍政庁文教部『初等国語 6-1』朝鮮書籍印刷株式会社，1947 年より。

　この「第34課　わが国」単元は、内容的には大きく三つの展開部分から構成されている。まず導入の段階では、自分達が生活する朝鮮という国に対する概念的な把握がなされる。朝鮮が、過去数千年にわたり他国からの侵略に耐えながらも存続してきた歴史的な事実を示すとともに、そのような国家的な危機に際して身を挺して国を守った歴史上の偉大な

英雄が取りあげられている。自国が置かれてきたこれまでの歴史的な受難の境遇と、国のために活躍した愛国者を直接的に捉えさせる記述になっているのである。

　次の段落は、前半部分では朝鮮民族が強くて善良なだけでなく、既に4200年前には憲法を制定していたこと、三国時代には美術、工芸、音楽なども発達させた優秀で誇らしい民族であることを述べている。そして、「国に忠誠で、父母に孝行し、人にはうそをつかず、信を守って義のためには命もいとわず、戦いにおいては尻ごみせず、命を大切に思い、むやみに殺してはならない。」という六つの教えを例にあげながら、これらの思想は儒教や仏教のような宗教の教義から受けついだものではなく、本来的にわが民族が持っていた独自の民族信仰と道徳から出たものであることを強調している。朝鮮民族はこれからも大きくて美しい文化を創造して「新しい光となって力」になっていくことが説明されるのである。段落の後半では、朝鮮半島が地理的に恵まれていること、すなわち気候的に恵まれていて作物が豊富であること、鉱物資源と電力などが豊富であること、さらに交通の要所に位置する点を挙げながら、朝鮮が将来的にますます大きく発展して豊かな国になっていく可能性を示唆するものとなっている。つまり、前半では民族精神や文化の優秀性について述べ、後半では朝鮮半島の地理的優位性について触れながら、誇らしい「わが朝鮮民族」としての望ましい道徳的態度や姿勢を直接的に追究させるようになっているのである。

　そして、最後の展開部分では、上記の理解を前提としながら、「わが民族の優れた頭脳と勤勉さによって、科学をよく勉強して発明に力を注ぎ、農業や工業がよく発達すれば本当に幸福な暮らしとなることでしょう。」と結ぶことで、子どもたちに対して新しい国家の建設と発展のため、あるいは民族の幸福のために努力していこうとする覚悟を持たせる展開となっている。このような展開を示せば、図6のようになるだろう。

　「第34課　わが国」の単元は、最初に子どもたちに国民として知っておくべき「わが国」の民族の歴史、民族精神、歴史上の偉人等や固有の

第二章　「教授要目」期における「社会認識教育」

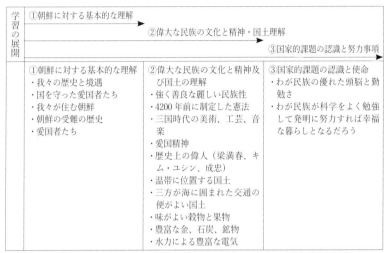

事実的知識の理解と徳目の理解による社会認識　⇒　態度形成　（筆者作成）

図6『初等国語6-1』における「第34課　わが国」単元の展開

文化、風習などに関する知識を提示し、これらを優秀な民族性や歴史、文化として理解させることで子どもたちの民族的な自尊心や国家意識を高めようとしている。そして、最後には誇らしいわが民族・国家の一員としての自覚を促すことで、国家と民族を支えていこうとする態度形成に結びつけ、そのことによって礼会化していく方法がとられているのである。

④『初等国語』に見る『初等修身』および『初等公民』教科書の影響

「教科目標」でみたように、国語科は、「日常生活に必要な言葉と文字を習得させて正しい言葉と文字を会得させて理解させる」だけでなく、「知恵と道徳を培い、国民の道理と責任を悟らせ、わが国民性の独特の素地と国文化の長く蓄積された過程を明らかにし、国民精神を充分に育成していくこと」を目標としていた。単なる言葉の学習だけではなく、知性と道徳性を育成することで国民性を高め、個人の国民精神や国家意識を醸成することに最終的な目標を置いていたからである。したがって、『初

135

等国語』ではこの「わが国」単元のように、道徳的徳目の理解と事実的知識の理解により、直接的に態度形成を意図する単元が数多く見られるものとなっているのである。

　しかし、こうした論理展開は、当時の「社会認識教育」の教科であった社会生活科の単元の展開方法とは異なっている点に注意したい。前述の社会生活科の「わが国の政治」の単元でいえば、その展開は、①政治の意味→②政治の歴史→③政治の制度→④政治の現状理解→⑤我々の努力事項というように5段階で組み立てられていたが、『初等国語』ではそうした学習展開にはなっていない。『初等国語』では、①朝鮮に関する基本概念の理解→②偉大な民族の文化と精神及び国土の理解→③国家的課題の認識と我々の使命、という構成になっているのである。

　では、なぜ『初等国語』ではこうした展開の構成となっているのだろうか。

　これについて手がかりとなるのは、実は「公民」や「修身」の教科書である。朝鮮語学会のメンバーが中心となって『初等国語』を完成させたのは1946年10月であったが、それに先立って同学会が『初等公民』の教科書を刊行したのは、その約10ヶ月前の1945年12月であった[39]。日本統治時代の日本人教育関係者や教育学者、行政担当者が全員本国へ帰国し、専門的な研究者や実践者が不在の中、『初等国語』の編纂を担当した朝鮮語学会関係者にとって、最も身近で参考となる資料になったのは、1945年編纂の『初等公民』教科書か、あるいは日本統治時代の『初等修身』であったと考えられるのである。

　実際に、教科書を比較してみよう。表25は、日本統治時代の『初等修身書』教科書における「第十八課　わが国」と、1945年12月に朝鮮語学会が編纂した『初等公民』における「第8課社会」、そして1948年11月に同様に朝鮮語学会によって編纂された『初等国語』の「第34課わが国」の記述内容の展開を比較したものである。

　『初等国語』の「わが国」単元では、①「朝鮮」の歴史と民族性とはどういうものなのかについて概念把握をさせた後に、②望ましい道徳的態

第二章　「教授要目」期における「社会認識教育」

表25　『初等修身書』と『初等公民』ならびに『初等国語』における記述の比較

展開の要旨／教科書	導　入 （第1段階） 概念の理解	展　開 （第2段階） 望ましい徳目の提示	 民族・文化の優秀性の提示	まとめ （第3段階） 我々がとるべき態度の方向性の提示
『初等修身』 （1940年） 「わが国」 単元	「日本という国」 ・わが国はアジヤの東 ・わが国は万世一系の天皇をいただき、国民の心は一つ ・国民の心は清く正しい。 ・発展する国家	「忠誠心」 「君臣の忠誠」 ・乃木将軍の忠誠心 ・わが国は、うるはしい君臣関係の國	 ・わが国体の精華	「国のために尽くと我々」 「国のために尽くと我々」 「皇国臣民にふさわしい心」 ・大いに君国のためにつくされねばならぬ我々皇国臣民の宣誓
『初等公民』 （1945年） 「社会」 単元	「社会の意味と社会生活」 ・近所の人々の助けと同胞の保護を受けてきた我々。 ・我々が力を合わせて互いに助け合い、共同生活をしているのが社会。	「社会の中での我々の責任」 ・我々の責任 「規則遵守」 ・公徳を守る 「犠牲精神」 ・安重根義士の犠牲心 「一致団結」 ・真心で一致団結		「我々の決心」 ・我々は心を一つにし、自分を犠牲にするというすばらしい精神で、社会のために仕事をしていこう。
『初等国語』 （1947年） 「わが国」 単元	「我々の歴史と境遇」 ・国を守った愛国者たち ・我々が住む朝鮮 ・朝鮮の受難の歴史 ・愛国者たち	「民族性と偉人たち」 ・強く善良な麗しい民族性 ・愛国精神 ・歴史上の偉人（梁満春、キム・ユシン、成忠）	「韓国文化の優秀性と豊かな国土」 ・4200年前に制定した憲法 ・三国時代の美術、工芸、音楽 ・温帯に位置する国土 ・三方が海に囲まれた交通の便がよい国土 ・味がよい穀物と果物 ・豊富な金、石炭、鉱物 ・水力による豊富な電気	「我々の努力事項」 ・わが民族の優れた頭脳と勤勉さ ・わが民族が科学をよく勉強して発明に努力すれば幸福な暮らしとなるだろう

（筆者作成）

137

度としての徳目及び文化の優秀性を提示し、最後に、③我々の取るべき態度の方向性を指し示すという展開になっている。一方、『初等修身』の「第十八課　わが国」単元と『初等公民』の「第8課　社会」単元では、①「わが国」についての概念把握、②望ましい徳目の提示、③民族・国家に貢献する態度の形成、という3段階で望ましい態度の方向性が示されている。また、『初等国語』でも、第2段階では望ましい徳目の提示と民族・文化に関する内容が詳しく説明され、自国の歴史や文化の優秀性が加えられており、基本的な展開の仕方は『初等修身』および『初等公民』とよく似ているのである。

　また、これら三つの教科書の記述展開は、民族主義的および国家主義な立場に立っており、民族・国家の優秀性や固有性を強調することで、国家の統一性と国家や民族が望ましいと考える特定の価値観を子どもたちに理解させ、注入しようとしている点も共通している。教科書を読み進めていく中で、子ども達は自分たちがこれから取るべき姿勢や態度が如何にあるべきなのか、展開の中であらかじめ方向づけられていることになる。つまり、これらの教科書は子どもたちに国家や民族を支えていくための道徳的態度や姿勢、行動を要請しており、国家や民族にとって有益となる国民を育成しようとする論理に立っているのである。

　⑤社会認識形成の教育からみた『初等国語』の性格

　『初等国語』は、言葉や文法的な学習だけでなく、社会的機能を国語教材の説明文や生活文を通じて学ばせることで、客観的な実在としての都市機能や市民・国民としての知識理解を深めさせ、自分と社会的機能との関係性を学ばせる内容を含んでいた。また、民族意識や国家意識、民族文化意識の高揚を意図する内容題材も多数含まれており、学年段階が上がるにつれて、「朝鮮」や「韓国」という国名が登場して国家を強く意識させるとともに、歴史上の偉人や伝説上の英雄、有名な古都や遺跡、景勝地などが数度にわたって登場することで、民族意識や国家意識を高揚させる構成ともなっていた。このような内容を随所に入れ込むこ

とで、『初等国語』は自分たちが様々な社会的機能に支えられた存在であることを自覚させるとともに、自国の歴史や文化、民族性のすばらしさを理解させ、民族・国民の一員としての誇りと自信を育成する構成となっているのである。

さらに、単元展開の記述を社会認識形成の論理から分析してみると、各単元は、①概念的な知識理解→②望ましい道徳的態度としての徳目および民族・文化の優秀性の理解→③とるべき態度・行動の方向性の提示、という３段階の展開で構成されている。このような段階を踏まえることにより、最終的には一定の態度形成がなされるよう直接的に徳目を理解させ、特定の価値へ感化させていく展開になっているのである。

このように見てみると、子どもたちにとって貢献すべき対象の国家は、日本統治時代の『初等修身』の教科書では「日本」であったものが、解放後の『初等公民』および『初等国語』では、「朝鮮」あるいは「韓国」にとって代わっただけと見えなくもない。『初等国語』が、『初等修身』と『初等公民』の両方から影響を受けながら作成された可能性は否定できないのではないだろうか。朝鮮語学会が作成した『初等国語』は、民族主義的かつ国家主義的な思想を基調としながらも、同時に「社会認識教育」と「道徳教育」の内容も含んだ科書だったのである。

第四節　実践校の「社会認識教育」——孝悌国民学校——

第一項　孝悌国民学校による民族主義的教育と民主主義教育の実践化

前述したように、日本統治時代の社会科的教科目は、「皇国臣民化」教育の一翼を担う役割と使命を担っていたが[40]、解放後は一転して「旧日本色の払拭」や「民族主義的教育」、あるいは「民主主義教育」が推進されたことで、これらの教科が担うべき役割と目的は大きく転換していった。例えば、政治的には国家の独立性の確保と民主的な国家の実現が求

められ[41]、教育の分野では民族文化の高揚による民族の理念的統合と民主的な国民の育成が同時に目指されるようになったのである[42]。そして、こうした課題を抱えながら社会科的教科目で展開されたのが「民族主義教育」と「民主主義教育」の実現であった[43]。

　しかし、1946年9月に「教授要目」に社会生活科が導入されて「民主主義教育」を背景とするセ教育運動（新教育運動）が全国的に展開されると、各地では経験主義的な教育思想を基底とした様々な実践が展開されていくようになった。それは、各教科のカリキュラムと教科書は法的位置づけが過渡期にあったこと[44]、日本人に代わって多数の韓国人の若手教師が登用されていたこと[45]、そして官民一体の様々な団体によってセ教育運動が展開されたことなどの理由によるものであった[46]。

　このような中で、最も先駆的な教育実践を行った学校の一つに、ソウル市立孝悌国民学校（以下、孝悌校と略）があった。当校の前身は、1895年に李氏朝鮮末期にソウル市に九つ創立された官立小学校の一つであった[47]。解放後は校長の尹在千（ユン・ジェチョン）を指導者に迎えながら、韓国で最も早く新教育を導入した初等学校として、今日も名高い[48]。

　本節では、米軍政期における現場レベルでの「社会認識教育」の実態を明らかにするため、孝悌校ではどのような「社会認識教育」が構想されていたのか、理論的・実践的指導者であった尹在千の問題意識と同校の社会生活科実践を分析することにより検討してみることにする。

第二項　尹在千の「民主的教育」における理念的形態

　解放後の孝悌校にて、校長として研究と指導に中心的に携わっていた尹在千は、「民主的教育」について如何なる構想を持っていたのであろうか[49]。

　尹在千は、かつての日本統治時代の教育が与えてきた影響と再構築すべき教育について、子どもたちの実態に関連して次のように述べていた。

140

第二章　「教授要目」期における「社会認識教育」

　　この戦慄する事実を見よ。我らの社会に信義があるだろうか。……（中
　　略）義理も道理もなく、ただ利己的権謀術数によって国家の新建設も忘却
　　されてしまったというのに、これをもって教育の効果、訓練の効果を評価
　　することができるだろうか。……（中略）……我々の教育が直面している
　　第一の緊急で重要な問題は、真実の知育を隆盛させ、虚飾のない理性的人
　　物を養成しなくてはならないことである[50]。

　尹在千は、現実の韓国社会の現状を痛烈に批判することで、日本統治
時代からの教育政策の過誤を明らかにし、転換しようと考えていた。現
在も学校教育は、「日本人の構成した慣習から抜け切れないでいる」こと
から、「我々は新しいものを学ばなくてはならない。旧を放棄しなくては
ならない。旧を放棄する方法は『新』によって置換する意外にない」[51] と
して、日本統治時代の教育とは、「『統制』という言葉の下で教育が一身の
自由や一個人の思考力までも抑圧」し、「行事教育」や「訓育」「訓練」は
「知よりも実践を、知識の代わりに信仰を、科学の代わりに神話を、道理
の代わりに感情」を教え込むものであったと認識していたのである[52]。
つまり、日本統治時代の教育は、個人の思考力や実践力を拘束して「自
由」を奪うものだったのであり、自然や社会の諸相に対する理解や課題
点、そして改善点まで探求する能力や資質までも剥奪した教育であった
との主張であった。虚偽の「知識」に基づく「道徳」の注入は、子ども
達の心までも荒廃させ、その結果、現在の不信に満ちた韓国の社会構造
を生み出すに至ったというわけである。
　また、学習方法については以下のように捉えていた。「自由」な探究と
理解による学習過程は、自学的な探究活動を保障してこそ、事象の発生
原因や影響関係を含む事実的関係も捉える過程となっていく。そして、
そのような活動が社会の矛盾点や課題点の把握までも可能にし、改革を
志向する問題意識と行動意思を喚起させると捉えていた。したがって尹
在千は、「日本色の払拭」後には、「新教育」の内容と方法へ転換させる

ことで「民主的教育」を実践し、子どもたちに「自由」な視点から社会的課題を自覚させ、社会改善の為の実践を展開させることをねらいとしていたのである。社会改造と「民主主義社会」の建設に寄与する、実践的行動力を持った市民的資質の育成に力を入れていたということができるだろう。

だが一方で、こうした彼の「民主的教育」論は、国民としての「義務」を自覚させ、国家への態度育成を重視するものでもあった。例えば、持論の「民主的教育」については、「民主的教育の重点は態度の錬成を主とする。すなわち自律的態度、自己を表現する態度、仕事をする態度、責任を履行する態度を育成しなくてはならない」[53]と主張し、「すばらしい態度の錬成から知識と技能を習得する道はさらに広がっていく」とも述べていた。「自学的」な活動を通した社会的な課題の把握は、韓国社会の改善や改造に目的を置いているのではなく、「責任的態度の錬成」によって、「民主主義社会」を建設する資質の育成に置いているのである。したがって、この「民主的教育」とは、子ども達に社会的事象の様々なしくみを探究させ、それらが一定の目的性を持ち、相互に有機的関連性を維持しながら社会体制を支えている事実を自覚させるものとなるのである。しかも、その際の「自由」とは、学習活動の過程だけに限定されるものと考えられるのである。

このように、尹在千が主張する「民主的教育」とは、子ども達に社会の改善や改造への意思育成の可能性を示すというよりも、むしろ機能的な韓国社会の全体を捉えさせ、自ら社会に参加して主体的に社会を支えようとする「態度の錬成」に重点が置かれていたといえる。「民主的教育」は、態度の形成に直結する学習方法の過程にのみ焦点化されていたということができるのである。

では、当校では実際にはどのような「社会認識教育」が構想されていたのだろうか。次に、当校の関連する授業案を手がかりに、その論理的な展開から「民主的教育」の実際について検討してみたい。

第二章 「教授要目」期における「社会認識教育」

第三項 孝悌国民学校における社会科教育のモデル

1. 初等地理科 第6学年『和蘭』単元の展開過程

　孝悌校では、実際にはどのような「社会認識教育」が構想され、実践されていたのか。その把握のためには、当校で実際に実践された授業案そのものを分析の対象にする必要がある。しかし残念ながら、当校の当時の授業案等の所在は今日においても確認されていない。そこで本研究では、尹在千が著書『新教育序説』の中で、米軍下士官の Zints から紹介された米国オレゴン州の小学校社会科の「教授案」を紹介しているので、この資料に着目して考察を進めることにしたい。この「教授案」は、当校の社会生活科授業のモデルであったと推測されるからである[54]。

　尹在千が自著の中で示した「教授案」の「和蘭」単元の展開を整理すれば、表26の通りとなる。

　また、「回答すべき質問事項」には、以下の項目が提示されている。

「和蘭」単元における「回答すべき質問事項」

> 1. 現在、オランダを形成する地方はどのような位置にあるのか？
> 2. 地図上でオランダの海岸線をたどり、その道を計算せよ。
> 3. 堤防とは何であり、どのようにしてコンクリート堤防を作ったのか。
> 4. どのように開墾されたのだろうか。三方法を発見しなさい。
> 5. オランダ人はどのようにその堤防を保護しているのだろうか。
> 6. 海上貿易港の物資としては、どのような工業が発達する法則があるのだろうか。
> 7. オランダ政府は誰によってどのように統治されているのか。
> 8. 最も重要な都市3つを発見しなさい。そしてその3つが重要な理由を発見しなさい。
> 9. その地方が商業の門戸としてロッテルダムに依存しているのか。
> 10. アムステルダムは金剛石錬磨で盛んなのはなぜだろうか。

尹在千『新教育序説』朝鮮教育研究会、1946年、66頁より。

　「教授案」の第1段階では、事実的な知識としての「地図上の位置を確認」する作業や討論の活動となっており、客観的で具体的な事実や事象

表26　オレゴン州教授案「和蘭」単元の教授案

	目的及び目標	主な学習活動	教授資料	時間（分）
第一段階	①オランダ帝国の位置および意義の教授	・地図上で和蘭の位置を限定する和蘭についての既得の知識を討論する ・単語の意義と発音を明白にする	・オランダの地図	15
		・15個の単語を黒板に列挙する黙読しながら、「質問」への回答を発見するようにする（15項目）	・世界地図	15
	③堤防の構造及び価値の説明	・学習（必要であれば個人指導）	・コンクリートでできた堤防の絵	10
第二段階	④オランダ産業の大綱を学習	・学習しながら目録にある全質問の解答を完了する。（下記の『回答すべき質問項目』）	・絵図 a. チューリップ農園 b. 手工業　c. 風車 d. 金剛石琢磨 e. 風俗　f. 運河	20
	⑤和蘭の経済に関して討論 a. 生活必需品を得る方法 b. 海港都市が重要な理由 c. 輸入と輸出	・教科書をとじて質問目録について討議する。（15個の質問事項）		20
第三段階	⑥オランダ地理の討論に必要な語彙を教授	・オランダの大きさと面積に関して百科事典の知識を討論		15
	⑦オランダ人の性格討論	・口頭討論に対する質問を討論する		20
	⑧和蘭についてもっと知りたいとする児童の関心を喚起する	・質問に回答、教材の検討		5

尹在千『新教育序説』朝鮮教育研究会、1946年、64-65頁より筆者作成。

の把握を試みるようになっている。第2段階では、前半で前段階からの「調べ活動」を継続し、後半では各自が調べた結果をもとに「討議」活動に入って互いに「回答」を練り上げる。第3段階では、討論と知識の相互確認をした後に、「ロッテルダムが海港として大きくなった理由」や

第二章 「教授要目」期における「社会認識教育」

「和蘭で牛乳工業が盛んな理由」等を全体で「討論」することで法則的で説明的な知識を獲得していく[55]。そして、最後は全体で討論を終えて単元を閉じている。

2. 「和蘭」単元における社会認識の深化過程

①題材に対する概略的で事実的な基礎知識の整理段階

以上の「教授案」をもとにしながら、「和蘭」単元における授業展開と社会認識の深化過程を時系列的に分析してみたものが、以下の図7である。教師は、最初の段階で課題追究の前提となる既得知識や基本的な用語を整理し、既存の「和蘭」関連の知識の確認と共通理解を図りながら、「質問項目」を確認させて「一人調べ」に入らせる。この段階では課題追究の動機づけに比重が置かれることになり、結果的に子ども達には基礎的で事実的な知識が与えられ、日常的で経験的な認識が整理されて確認される段階となる。

②生産・産業に関する事実的な知識と説明的な知識の獲得段階

第2段階は、地勢的な特徴を把握させるとともに、社会的事象の歴史的な経緯や背景をそれらとの関連性の中で把握させていく段階である。また、「海上貿易港にはどのような工業が発達する法則があるのか」等を問うことにより、社会的事象に対する法則的で説明的な知識まで踏み込んだ考察もなされていく。つまり、「調べ活動」と「討論活動」の連結によって、「一人調べ」だけでは捉えきれなかった「和蘭」の生産・産業に関する事実的な知識を深化させ、説明的な知識の獲得までも可能にさせる過程となっているのである。

③「和蘭」社会の総合的理解と態度形成

第3段階では、このような社会的事象がなぜ生起したのか考察させるとともに、今後の展開を予想させ、その理解に基づいた態度形成を築く段階となっている。「和蘭政府は誰によって統治されているのか」等を問

145

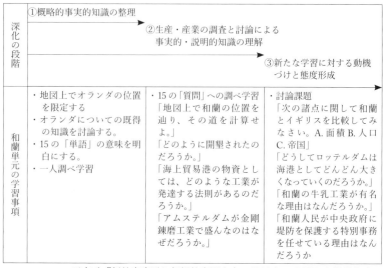

尹在千『新教育序説』朝鮮教育研究会、1946年、64頁より筆者作成。

図7 『和蘭単元』単元の展開と社会認識の深化過程

うことで、個人が社会体制の一員であることを自覚させ、各自が社会の中での役割を行動することが要請される。そして、様々な事実的知識を総合的に連携させて総括し、説明するための一般的説明的知識や法則、理論等を獲得するのである。

　以上、尹在千が『新教育序説』の中で紹介した「民主的教育」とは、図7で見られるような3段階の学習過程となっていることが理解される。すなわち、①題材に対する概略的で事実的な知識の整理→②生産・産業に関する事実的な知識と説明的な知識の獲得→③「和蘭」社会の総合的理解と態度形成、という手順と方法での追究過程である。

3．孝悌国民学校における「民主的教育法」

　この「民主的教育法」とは、一体どのような特徴を持っていたのだろうか。「和蘭」単元の展開を見てみると、各自の調査活動や「討論」に

第二章 「教授要目」期における「社会認識教育」

よって獲得された事実的・記述的な知識は、その獲得自体が最終的な目的なのではなく、「原因」や「結果」、あるいは事象に対する「事由」を把握し、上位の「態度錬成」に連結されることで目的が達成されるようになっている。そして、最終的には態度の形成に帰結していくのだが、知識や徳目が理解される過程は一方的に与えられるのではなく、自主的な調査や討論活動から獲得されるようになっている。

　このような「社会認識教育」の展開は、図8で示すように、1937年の日本統治時代の国定教科書『初等地理巻二』の中の単元と比較してみると、その相違点は明白である。すなわち、『初等地理巻二』では、事実的で記述的な知識と態度形成を促す価値的な知識の直接的注入による論理展開となっていたが、「和蘭」単元では、地勢的特徴と生産・産業、政治体制が自然的条件や人々の工夫、努力によって発展を遂げてきたことを中心に理解させており、今後もこうした発展が見込まれる点を自覚的に捉えさせようとする過程となっているのである。

　また、社会的機能の重要性と社会の中の自分の役割についても、ただ単に注入的に知識が与えられるのではなく、自ら自覚しながら認識していく過程となっている。尹在千が構想した「民主的教育法」とは、経験的で日常的な知識がこの段階まで深化されて初めて、社会生活に対する社会認識が形成される学習と考えていたと捉えることができる。

4．孝悌国民学校の歴史的意義

　本節では、米軍政期における代表的な実践校として名高い孝悌国民学校を対象に、中心的指導者であった尹在千自身の教育理念と同校のモデル授業案に焦点を当て、「社会認識教育」の実践についての検討を試みた。結果は、以下の通りである。

　第一に、尹在千が構想した新教育とは、日本統治時代の「旧教育」を転換して「自由」かつ「自学的」な学習を展開させること、そして、様々な社会的機能が一定の目的の下で相互に有機的な関連性を持ちながら機能している事実を理解させるというものであった。最終的には「韓

147

深化の段階	①概略的事実的知識の整理 →	②国民としての態度形成 →
ヨーロッパ州と日本と世界単元の主な学習事項	第21章　「ヨーロッパ州」 (1) 位置・区域 ヨーロッパ州はアジヤ州の北西につらなっている半島状の大陸で、北には北極海、西には大西洋をひかへ、南は地中海を隔ててアフリカ州と相対している。(中略) (2) 地形 本州の南部及び南西部にはアルプ山脈をはじめ、あまたの山脈があって平地が少なく、また北部のスカンジナビア半島にも平地が少ない。(中略) (3) 気候 ヨーロッパ州は、大西洋近海を流れるメキシコ湾流という暖流の影響を受けるから、アジア州や北アメリカ州の同緯度の地方に比べると遥かに気候が温暖である。(中略) (4) 農業 農業は廣く行はれ、東部から中部へかけては麦類と麻、中部では甜菜や馬鈴薯等がたくさんとれる。(中略) (5) 牧畜業 牧畜は廣く各地に行はれ、綿羊・牛・馬等の飼養が盛である。 (6) 林業 中部からの北の諸国には森林が多く、ことに、ソビエト聯邦・スエーデン・フィンランド・ドイツ等には廣い森林があって、木材の産額が多い。(中略) (7) 水産業 ヨーロッパ州の西の海岸は、水産業が極めて盛である。(中略) (8) 鐵業・工業 中部から西部にかけては鐵鋼と石炭が豊富である。 (9) 交通・貿易 本州は、産業の進歩と共に交通の便も大いに開け、鐵道は到るところに敷設されてゐる。 (10) ソビエト聯邦 (11) 独逸　　　　(中略) (12) 仏蘭西　　　(中略) (13) 英吉利　　　(中略) (14) 伊太利　　　(中略) (15) その他　　　(中略) (16) わが国との関係 わが国と欧州諸国との交通ははなはだ便利で、イタリヤ・フランス・イギリス・ベルギー・オランダ・ドイツの主な港には、わが欧州航路が通じてゐて、貿易も益盛になっていく。	第22章「日本と世界」 ・六大州の中、アジヤ州とヨーロッパ州とは早くから開けて、世界の文明国は、多くここに起こった。したがって、この両州は人口が多く、世界の住民の約5分の4はここに住んでいる。(中略) ・今やわが国は、世界の海運上にも、貿易上にも頗る優勢な地位を占め、国勢はいよいよ盛になってきた。しかし、国土は狭く、人口は急激な勢いで増加し、かつ国富は豊かでない上に、輸入額は何時も輸出額を超過してゐる有様である。それ故に、われ等国民は一層協力奮闘して、産業の開発につとめ、海外発展に志すようにしなければならぬ。

朝鮮総督府『初等地理巻二』京城：朝鮮書籍印刷株式会社、1937年、158頁より筆者作成。

図8　『初等地理』(1937) の「ヨーロッパ州」単元の展開と社会認識の深化過程

第二章 「教授要目」期における「社会認識教育」

国民主主義社会」の建設に貢献する「態度の錬成」に目的を置いており、それを自主的で自由なかたちで学ばせることを「民主的教育」と呼んでいたのである。したがって、米軍政期の教育課題に対する「民族主義教育」の展開は、「旧日本式教育」の払拭のレベルにとどまる一方で、「民主主義教育」は、上記のような自学的学習への方法的な転換を意味するものであったといえる。

　第二に、同校の実践モデルの「地理科教授案」は、事実的な知識について自ら捉えさせ、同時に説明的な知識や法則も獲得させて態度形成まで目指すものであり、単純で直接的な知識・価値の伝達によって態度形成を図ろうとした学習方法とは対照的であった。同校では、社会事象への知的理解と社会改造の実践との統一的な育成が目指されており、「地理科教授案」の論理は、その展開からも大枠において尹在千が構想した「民主的教育」と合致するものであったといえる。だが、一方で単元構成には、既に「回答すべき課題」や「討論課題」が所与の学習事項として組み込まれており、自学的で主体的な学習では、形態と実施のみに関心を持つものとなっている点が指摘できる。韓国では、朝鮮戦争以前の社会科授業研究に対しては、教授法の研究のみに偏向していたという批判や指摘があるが[56]、同校の実践は、方向付けられた態度形成に向けての自学自習の方法を示したレベルに過ぎないものであり、一定の限界性を持つ実践であったことは否定できない。

　しかし、こうして孝悌校で援用された学習方法は、1950年代に一世を風靡した問題解決学習に先駆けるものであり、経験主義的な教育方法を具体的に示した点で評価できるものであったといえる[57]。自学的学習による社会事象への知識理解や、それらを意味付ける説明的知識と法則的知識の獲得、そして社会的機能を支えていく態度育成の方法が、具体的に示されていたからである。孝悌校の実践そのものは、日本明治時代とは異なる一つの明確な「社会認識教育」の方法を先駆けて示したものであったといえる。同校は、米軍政期の社会生活科を実践から支えた重要な位置づけにあったと捉えることができるのである。

149

第五節　「教授要目」期の「社会認識教育」の歴史的意義

　日本統治時代の教育からの転換という課題に直面していた米軍政庁に
は、解放後の新しい教育のあり方をめぐって対立する二つの韓国人「有
識者」の学派が存在していた。一つは、伝統的で系統主義的な教育を重
視しながら民族主義的な教育を推進しようとする「国内学派」であり、
もう一つは米国からの経験主義的な教育思想を積極的に受容して改革を
進めようとした「米国留学帰国派」である。おおよそ、前者は日本統治
時代の朝鮮で高等教育を受けたか、あるいは日本への留学を経験した者
が多く、「旧教育」からの歴史的転換を民族主義的かつ国家主義的な理念
とその実践に求めたのに対し、後者は米国留学の経験者が多数を占めて
おり、その転換を米国の「民主主義教育」の受容と実践化に求めた集団
であった。したがって、米軍政庁による教育改革は、思想的・学問的に
緩やかな対立関係にあったこれら両学派の影響の下で開始され、展開さ
れていったのである。

　両者は「社会認識教育」関連のカリキュラムや教科書にも多大な影響
を及ぼした存在だったが、米軍政期の初期と後期での彼らの勢力図は大
きく異なっていた。初期には朝鮮語学会と震壇学会等が「国語」や社会
科的教科目の教科書を編纂するなど、「国内学派」の「有識者」達が相対
的に優位性を得ていたが、一転して 1946 年 11 月に発表された「教授要
目」では、米国の経験主義的な理念が反映され、後期においては「米国
帰国派」の勢力が強くなっていたからである。つまり、米軍政の後半期
にかけて「米国留学帰国派」が徐々に主流派を形成していくなかで、彼
らは経験主義教育としての「民主主義教育」を推進しながら、教育改革
の主導的な役割をも担っていたのである。そしてその中心的な役割を果
たした教科が、社会生活科だったわけである。

　しかし、本研究で社会生活科のカリキュラムを分析した結果、この教
科は必ずしも経験主義的な総合社会科の立場に立っていない点が明らか
となった。たしかに、同教科のカリキュラムはコロラド・プランに範を

第二章 「教授要目」期における「社会認識教育」

とって作成されていたが、教科の目標は国家と社会を形成する主体として発展に寄与する態度育成に重点が置かれたばかりか、教育の内容は韓国の学校制度や実情に合わせて改編され、伝統的で分化的な「地理」「歴史」「公民」や社会的諸機能が多く含まれていたのである。つまり、社会生活科には部分的に経験主義的な学習方法が導入されていたが、目標と内容は伝統的で分化的な社会科的教科目の知識学習を脱してはいなかったのだ。理念的には経験主義的でありながら、実際には国家や社会を支え貢献しようとする価値への社会化が目指されており、ある意味で中途半端な導入であったと言わざるを得ないだろう。

　一方、「国内学派」の教育思想は、米軍政期に完全に消滅したわけではなかった点にも注意する必要がある。というのは、日本統治時代に見られた修身科の内容や方法は、廃止とともに完全に消滅したわけではなく、公民科や国語科の中に潜在的なかたちで引き継がれていたからである。

　しかも、「国内学派」の国家主義的・民族主義的な思想は、米軍政期にこうした教科書を通じて一定の「道徳教育」的な役割を果たしただけでなく、後続する国家基準カリキュラムや教科書へも影響を与えることになっていく。この点については、次章以降でもさらに詳細に検討していくことにしたい。

1　米軍政庁内に設置されていた軍政庁学務局は、1946 年 3 月 29 日付の「軍政法令第 64 号」によって軍政庁文教部へと改称された。
2　金仁鎔『米軍政期韓国教育の展開過程研究』釜山大学校，博士学位論文、28-29 頁。
3　シム・ジヨン 『韓国社会研究』創作と批評社、1983 年、183 － 221 頁。
4　そのような韓国人を行政に組み入れることは、米軍政庁では国民の批判を避ける意味で大きな意図があった一方で、逆に、民衆に反軍政庁の感情を蓄積させるような状況を米軍政庁自らが作り出すことにもなった。例えば、韓国教育委員会は「旧親日的」な人員の構成であることから批判の対象にもなったことがある。特に、戦後の教育改革に大きな役割を果たした朝鮮教育審議会委員の兪億兼（ユ・オッキョン）、金性洙（キム・ソンス）、金活蘭（キム・ファルラン）などは、「旧親日派」

と評されていた。

5 金恵麟『米軍政期歴史国史教育と歴史認識』延世大学校教育大学院修士学位論文、1995年参照。金恵麟の研究による分類では、当事の教育主導勢力について、①民族改良主義的立場（韓国民主党中心の政治的な勢力）②新民族主義（安在鴻、安浩相、孫晋泰、李仁榮、崔鉉培、司空恒らによる朝鮮教育研究会のメンバー）③進歩的民主思想の培養と自主的民族文化教育（白南雲らの朝鮮学術院の勢力）の大きく3派に分類しているが、①と②は人によっては重複している場合がある点と、ここでは政治思想的背景と教育思想的背景を区別・整理して考察するために、大きく「米国留学帰国派勢力」と「民族主義的勢力」の二つに分類して考察を進めた。

6 呉天錫『韓国新教育史』現代教育叢書出版、1964年、379頁。

7 李相鮮『社会生活科の理論と実際』金龍図書文具株式会社、1946年、3頁。呉天錫の推薦辞より。

8 李相鮮、上掲書、1頁。

9 安浩相は、後に初代の文教部長官として1948年8月3日～1950年5月3日まで在任した。

10 孫仁銖『美軍政と教育政策』民英社、1992年、342頁。

11 安浩相の思想については、第3章第2節第2項で後述する。

12 安浩相「建国期の教育論」『革命』創刊号、1946年1月（李吉相・呉萬錫『韓国教育史資料集成美軍政期編Ⅱ』韓国精神文化研究院、34頁。復刻版）

13 孫晋泰「新教育者の皆さんに贈る言葉」『新教育』3月号、1948年、1－2頁。

14 朝鮮教育研究会『朝鮮教育：民主教育研究講習会速記録』1輯、文化堂、1946年参照。朝鮮教育研究会が編纂した教育誌『朝鮮教育』の第1集には、以下のように、1946年11月8日からソウル大学講堂で開催された民主教育講習会の講演者と講演の内容が掲載されているが、民主主義教育について講演された内容も複数掲載されている。

　　1. 開会辞　　安浩相（本会長）
　　2. 国語教育論　趙潤済（ソウル大学教授）
　　3. 民主主義哲学論　安浩相（ソウル大学教授）
　　4. 教育行政論　ピーシャ（前ウィルソン大学教育課長）
　　5. 民主主義教育の実践　李浩盛（文教部初等教育課長）
　　6. 民主主義教育論　エバサル（前加州大学教育課長）
　　7. 社会生活科教育論　沈秦鎮（ソウル師範大学附属城東国民学校）

15 沈秦鎮「社会生活科教育論」『朝鮮教育：民主教育研究講習会速記録』第1輯、文化堂、1946年、126頁。

16 劉奉鍋『韓国教育課程史研究』教育研究社、303頁。

17 翌1947年に発表された「教授要目」において、社会生活科という教科は、「社会生活」「自然観察」「職業補充教材」という三つの内容領域から構成されており、社会科、理科、実科の合科的な特徴を持っていた。

18 『教授要目集（1）』には国民学校理科と中学校科学、『教授要目集（2）』には国民学校国語科と中学校国語科と中学校英語、『教授要目集（3）』には国民学校算数と中

学校数学、『教授要目集（4）』には国民学校社会生活科が収録されていた。

19　鄭令株『韓国教育課程形成期（1945～1962）の教育課程変化要因の分析』梨花女子大学校博士学位論文、1992年、101頁。

20　軍政庁学務局『初中等学校各科教授要目（4）国民学校社会生活科』朝鮮教学図書株式会社、1947年、3頁。

21　軍政庁学務局、上掲書、3頁。

22　「教授要目」では、unitの訳として「単位」と表記しているが、「単元」と同意であるので、以下「単元」と記すことにする。

23　軍政庁学務局、前掲書、3頁。

24　軍政庁文教部、前掲書、6頁。その点について「社会生活科教授要目」では、「従来の分化的観念をもって社会生活科に歴史、地理、公民を入れようとすれば、総合には不自然性が生じるので、特に注意して社会生活科の究明を基本にしながら適切に地理、歴史、公民を扱わなければならない。」と述べている。このように、社会生活科は、総合社会科的な性格を目指していたが、理念レベルでとどまっていたということができるだろう。

25　徐在千『韓国国民学校における社会科教育展開過程の研究』広島大学博士論文、1992年、59頁。

26　李相鮮、前掲書、1頁。

27　李相鮮、前掲書、6頁。

28　李相鮮、前掲書、16頁。

29　軍政庁文教部、前掲書、6頁。

30　軍政庁文教部、前掲書、6頁。

31　軍政庁文教部、前掲書、6頁。

32　ユン・ヨタク他『国語教育100年史Ⅰ』ソウル大学校出版部、2006年、339頁。教授要目制定委員会の半分以上の委員は朝鮮語学者であっただけでなく、朝鮮教育審議会の第9分科会（教科書関連の部会）には崔鉉培（チェ・ヒョンベ）をはじめ、多数の朝鮮語学会のメンバーが加わっていた。張志英（チャン・ジヨン）、趙鎭満（チョ・ジンマン）、趙潤済（チョ・ユンジェ）、皮千得（ピ・チョンデック）、そして学務局の主要な位置にいたエール大出身の白樂濬（ペク・ナクチュン）や金活蘭（キム・ファルラン）等も参与しており、後に編集局を指揮したイ・スンニョンも含めるとこれらの作成には、多数の朝鮮語学会員や朝鮮語の研究者達が関わっていた。

33　軍政庁学務局『初中等学校各科教授要目（2）国民学校国語科』朝鮮教学図書株式会社、1946年、2頁。

34　軍政庁学務局、上掲書、2頁。

35　ユン・ヨタク他、前掲書、351頁。

36　ユン・ヨタク他、前掲書、353頁。

37　朴貞蘭『国語を再生産する戦後空間――建国期韓国における国語科教科書研究――』、三元社、196頁。朴貞蘭は、建国期の中等国語教科書の政策について、米軍政期（1945～1948年）、政府樹立期（1948～1950年）、朝鮮戦争期（1950～1953年）、朝鮮戦争・戦後期（1953～1955年）に区分している。そして、米軍政期の中等国

語教科書の開発は、米軍政庁学務局が朝鮮語学会に依頼して編纂した『中等国語教本』と、「教授要目」（1947年）が制定された後に1948年に文教部が刊行した『中等国語』の二度に渡って開発されたことを明らかにしているが、初等の『初等国語教本』および『初等国語』教科書はいずれも1946年に発刊しており、軍政庁学務局の下で作成されていた。

38 1948年10月5日に発刊された『初等国語1-1』の表紙裏には「バデゥギとチョルス」と書いてあるため、韓国ではこの時期に発刊された国語教科書を一般に「バデゥギとチョルス」と呼んでいる。

39 呉天錫『韓国新教育史』現代教育叢書出版社、1964年、392〜393頁。

40 孫仁洙『韓国教育思想史Ⅵ』、文音社、1991、1330頁。1938年、朝鮮総督府は「国体明徴」、「内鮮一体」、「忍苦鍛錬」の3大教育方針を発表し、民族抹殺を目的とする教育政策の中心的スローガンにした。これらの目的を達成する一つとして、「修身」「地理」「国史」が教授されていた。

41 中央大学校附設韓国教育問題研究所、『文教史』中央大学校出版部、1974年、3-6頁。

42 鄭美羅「韓国『国民学校教育課程』にみられる人間像の変遷(1)――1945年から1980年まで――」『筑波大学教育学研究集録第13集』、1992年、40頁。

43 ここでは、韓国社会で一般的に使われる①「民主主義教育」と②「民族主義教育」及び尹在千の意味する限定的な③「民主主義教育」を区別して考察するため、便宜上、それぞれ、①「民主主義教育」、②「民族主義教育」、③「民主的教育」と呼ぶことで、概念を区別することにしたい。

44 実際に国民学校社会生活科の教授要目が公布されたのは1947年1月だが、設置当時には教科書は整備されていなかった。なお、教科書の発行が法的、制度的に確立するのは、1949年12月の教育法制定、1950年の'教科用図書検定規定'（大統領令第336号）、'国定教科用図書編纂規定'（大統領令第337号）が公布されてからである。

45 呉天錫『韓国新教育史』現代教育叢書出版社、1964年、346頁。1943年の時点の統計によれば、官公立国民学校の教員数26,227人のうち、9,543人の日本人が占めていたが、戦後ほとんどの日本人教師は帰国したと言われている。

46 孫仁珠、上掲書、340頁。「セ教育運動」において中心的に活動した団体には、軍政庁文教部が創設の「新教育研究協会」（1946.9）がある。その他、民間教育研究団体としては、安浩相（ソウル大学校教授）を中心とする「民主教育研究会」（1946.8）、白楽濬（延世大学校教授）を中心とする「韓国教育文化協会」、呉天錫（米軍政庁文教部次長）を中心とする「セ教育協会」、金ギソ（ソウル大学校師範大学附属国民学校校長）と沈泰鎮（同校教頭）を中心とする「児童教育研究会」の大きく4つの研究団体があった。

47 ソウル市立孝悌国民学校『孝悌92年史』ソンイル文化社、1987年、54頁。

48 中央大学校附設韓国教育問題研究所『文教史』ソウル：中央大学校出版局、1974年、93頁。ソウル市立孝悌国民学校は、1946年10月25日に韓国で最初に新しい教授法を紹介した研究会を開催した。南韓（現在の韓国）の各学校の校長、教師、父兄、師範大学生等、約700余名が集った大規模な研究会であったといわれる。

第二章　「教授要目」期における「社会認識教育」

49　ソウル孝悌国民学校、前掲書、165頁。尹在千は、1945年10月〜1947年8月まで、ソウル市立孝悌国民学校に解放後初代校長として在職した。その間は、教科書編修委員、教育審議会委員、雑誌『セ教育』編修委員、学校用語制定委員、初・中等学校教授要目査定委員等を歴任し、文教部の重要な政策に関わったが、当時非常に稀な現場教育関係者からの立場で携わっていた。

50　尹在千（1947）．"知的態度の新構成（1）"「新教育建設」．「韓国教育資料集成——米軍政期編Ⅲ——」．ソウル：韓国精神文化研究院、512頁。

51　尹在千『新教育序説』朝鮮教育研究会、1946年、2頁。

52　尹在千、上掲書、37頁。

53　尹在千、前掲書、26頁。

54　徐在千『韓国国民学校における社会科教育展開過程の研究』広島大学大学院博士学位論文、1992年、6頁。李東原『セ教育運動期社会科授業方法の受容と実践』韓国教員大学校修士学位論文、1997年、16頁。この件に関しては、第一に、徐在千の研究によると尹在千は英会話に長けており当時の米国社会科教科書を多数翻訳し出版していた事実があったこと、第二に、米国の授業案の資料を参考にして作成したとされる「第五学年理科学習指導案」（『新教育序説』に掲載）は、1946年10月25日の当校における「新教育研究発表会」で実際に実践された授業案であったこと等を勘案し、本稿では当校にとって最も身近な社会科教育のモデルであった『和蘭単元』が同校実践に与えた影響は看過できないと捉え、以降の考察を進めていきたい。

55　森分孝治「現代社会科授業理論」明治図書、1984年、61-63頁参照。森分孝治によれば、社会科授業の中で児童に提示される知識は大きく分けて、事象を記述し説明していく「事実的知識」と事象に対する態度・行動を表明し指示する「価値的知識」に分類されるという。さらに前者は特定の地域にみられる個々の事実を記述した知識である「個別的記述的知識」、特定の社会事象の起因や結果や影響を説明し予測する知識である「個別的説明的知識」、一般的な社会的事象の事実を説明する「一般的説明的知識」に大きく類別される。この時「記述的知識が事象そのものを確定していくのに対し、一般的な説明的知識は事象を説明する枠組みとなっていく法則」のような関係にあるという。ここでの「事実的な知識」は、この分類で言うならば「個別的記述的知識」という意味で、また「説明的・法則的な知識」は、「個別的説明的知識」と「一般的説明的知識」の両者を含めた意味で便宜上用いることにしたい。

56　洪雄善、金在福「韓国教育過程の生成過程に対する再照明」『統合教科及び特別活動研究第5巻第1号』統合教科及び特別活動研究会、1989年。

57　李鐘浩『韓国社会科教育課程理念の時代性変遷研究』韓国教員大学校博士学位論文、1996年、162頁。

第三章

社会生活科と国語科による
間接的な「道徳教育」

第三章　社会生活科と国語科による間接的な「道徳教育」

第一節　「第1次教育課程」制定期の「道徳教育」の展開
（1953 ～ 1963 年）

　1945 年 8 月から開始された約 3 年間の米軍政期間が終結し、朝鮮半島の南半部に大韓民国政府が樹立したのは 1948 年 8 月 15 日のことであった。この第一共和国が当面していた教育の課題は、日本統治時代からの「旧教育」を転換しつつ、米軍政時代からの課題を引き継ぎながら、如何に民主的な国家建設を実現するかにあった。そして、こうした「脱日本」化の動きは、教科では主に社会生活科および国語科の教科書において顕著に現われていた。すなわち、前者では主に「民主主義教育」的な内容が、そして後者には「民族主義教育」的な内容が多く含まれて編纂されていたからである。ただし、両教科にはともに「道徳教育」的な内容も多く含まれており、その意味では、この時期の「道徳教育」は社会生活科と国語科を中心に間接的なかたちで実施されていたということができる。

　ところが、こうした状況は 1950 年 6 月 25 日に勃発した朝鮮戦争を境に大きく変貌することになる。戦時中からは国策としての「反共教育」と「道徳教育」を重視した政策が強力に進められ、この傾向はその後の 1960 年代や 1970 年代の「反共・道徳生活」や「道徳」などのカリキュラムや教科書に直接的に反映されることにつながっていくからである。

　本章では、以上のような歴史的背景を踏まえながら、第一共和国による「第 1 次教育課程」期（1957 ～ 1963）の文教政策について概観し、次に「道徳関連科目の設置に関する論議」と「教育課程」の時間配当表、そして「第 1 次教育課程」に基づいた「道徳教育」の実態について詳しく検討していくことにする。

第二節　第1次教育課程」期の文教政策

第一項　教育法の制定と「弘益人間」理念

　約3年間の米軍政期が終了し、大韓民国＝韓国が正式に樹立したのは
1948年8月15日のことであった。ただし、その約一ヶ月前の1948年7
月17日には全ての法的な基準となる大韓民国憲法が制定されていたこと
から、この新生国家の教育行政は、憲法に基づくとともに、それまでの
米軍政による教育政策をそのまま引き継ぎながら、その延長線上で展開
さたものであった。

　憲法の第16条は、新しい教育理念について以下のように規定してい
る。

> 大韓民国憲法
> 　第16条
> 　すべて国民は能力に応じて均等に教育を受ける権利を有する。少なくと
> も初等教育は義務であり、無償である。全ての教育機関は国家の監督を
> 受け、教育制度は法律で定める。

　日本統治時代には制限されていた国民の等しく教育を受ける権利につ
いて触れられており、初等教育の義務教育は全ての国民の権利として明
確に制度化されたことが示されている。そして全ての教育政策は、かつ
てのような勅令主義に依るものではなく、立法府の民主的な手続きによ
る法律主義の原則に則って執行されることが明文化されている。ここに
は、日本統治時代の教育制度から大きく民主化への転換を図ろうとした
決意と方針を確認することができるだろう。

　また、翌年6月3日、文教部は白樂濬、呉天錫、兪鎭午、張利郁、玄
相允ら5人の起草委員会に教育に関する法律の草案作成を委任し、新し
い教育の骨格となる教育関連の法的整備を進めた[1]。この委員会の案は、
1949年11月30日に国会を通過し、同年12月31日には法律第86号と

第三章　社会生活科と国語科による間接的な「道徳教育」

して正式に法的に位置づけられた。これが、現在の教育基本法の前身の
教育法であった[2]。

　教育法には、目指すべき教育理念はいうまでもなく、教育行財政制度、
学校体系等、韓国の教育のあらゆる分野に関連する基本原理と原則が網
羅されており、全体は十一章 173 条（後に 177 条）という膨大な内容か
ら構成されていた。では、この教育法は、建国後の教育理念については
どのように規定していたのだろうか。最もその根本理念を示していると
言われる「第一条」および「第二条」を見てみよう。以下は、その条文
の抜粋である[3]。

　　韓国教育法（法律第 86 号　1949 年 12 月 31 日制定　同日施行）
　　第一条
　　　教育は弘益人間の理念の下に、全ての国民をして人格を完成し、自主
　　　的生活能力と公民としての資質を具有させ、民主国家発展に奉仕し、
　　　人類共栄の理想実現に寄与させることを目的とする。
　　第二条
　　　第一、身体の健全な発育と維持に必要な知識と習性を育成し、合わせ
　　　　　て堅忍不抜の気概を持つようにさせる。
　　　第二、愛国愛族の精神を育て、国家の自主独立を維持発展させるよう
　　　　　にし、さらに人類平和建設に寄与させるようにする。
　　　第三、民族の固有文化を継承昂揚し、世界文化の創造発展に貢献する
　　　　　ようにする。
　　　第四、真理探究の精神と科学的思考力を培養し、創意的活動と合理的
　　　　　生活をさせるようにする。
　　　第五、自由を愛し、責任を尊重し、信義と協同と敬愛の精神で調和の
　　　　　とれた社会生活をさせるようにする。
　　　第六、審美的情緒を涵養し、崇高な芸術を鑑賞創作し、自然の美を楽
　　　　　しみ、余裕の時間を有効に使用し、明朗な生活を送るようにさ
　　　　　せる。

161

第七、勤倹労作し、誠実に仕事を行い、有能な生産者で賢明な消費者
　になり堅実な経済生活をするようにさせる。

（筆者訳）

　教育法には、子どもたちの「人格の完成」を目指して公民的な資質の
育成を図ること、そして民主的な国家の発展と人類共栄を実現すること
が教育の目標として示されている。すなわち、「個」の人格完成の実現を
通じて国家発展を支え、人類平和に貢献していく人材を育成することが
中心的な目的として謳われているのである。ただし、ここで注目したい
のは、こうした理想的な人間の育成と社会の実現を図るために、冒頭で
は象徴的な根本理念として、「弘益人間」の理念を提示した点である。
　そもそも、この「弘益人間」という言葉は、韓国の教育理念としてふ
さわしいのか否か、当初から極めて論争の多い理念であった。この言葉
が、最初に議題にとり上げられたのは、1945 年 11 月 23 日から翌 1946 年
3 月 7 日に開催された朝鮮教育審議会においてである[4]。特に、その是非
について議論が交わされたのは、教育理念を中心に検討した安在鴻（ア
ン・ジェホン）を委員長とする第一分科委員会の教育理念部会であった。
同部会の委員には、河安在、鴻敬徳、白樂濬、金活蘭、洪県植、鄭寅
普、キーファー（G. S. Kieffer）大尉らの委員がいたが、なかでも「弘益
人間」理念の導入に積極的な姿勢を見せたのは、後の 1950 年 4 月から約
2 年半にわたって文教部の第二代長官を務めた、歴史学者の白樂濬（ペ
ク・ナクチュン）であった。
　彼は「弘益人間」理念の意義に関連して、後に以下のように述べてい
る。

　　弘益人間の意義とは何だろうか。簡単に言えば、それは広く人間を有益
　にするという意味であろう。どのような教育であろうとも、問題になるこ
　とは、私達がどのようにすれば他の人に利益を与えることができるだろう
　かということである。他の人に利益を与えようとすれば、少なくとも他の

第三章　社会生活科と国語科による間接的な「道徳教育」

人に害を与えず、また害を与えることがない人にならなければならない。人に害を与えないだけでなく、利益を与える人になることが第一の条件である。それゆえに弘益人間を教育理念とする時、まず私達は、各々が完全な人間になることになるのである。……（略）……したがって、弘益人間を教育理念とする時、まず私達は、各々完全な人間になることを大事にすべきである。そして完全な人間としての人になろうとするならば、近代教育理論による徳智体情育の円満な教育を受けることが必要である。完人主義の教育を行うことが、弘益人間理念の一端なのである。個性の特質を円満に啓発させ、完全な人格を養成するように教育することが近代教育の理念であり、また私達の教育の理念でもある。では、完全な人格を養成しようとする目的はどこにあるのだろうか。それは、私個人の満足と栄達のためということではない。弘益人間の理念は、弘益する生活および活動をしようとすることこそが、その目的なのである。個人の利益のための教育をするのではなく、他の人に利する人をつくろうとするものなのである[5]。

　白樂濬によれば、「弘益人間」の意味するところは「広く他の人の為に利する人間」であり、他の人に利益を与えるような利他的精神を持つ人間のことである[6]。我々には、個性を啓発して円満な人格を養成し、完全な人格になるための教育が肝要だが、そのためには教育の目的を個人の利益追求のみとするのではなく、他の人に利する人間をつくることにこそ置かなくてはならないと強調する。「弘益人間」を育成してこそ、個人に対する目的も同時に実現可能になると捉えていたからである。
　歴史的に見るならば、「弘益人間」という言葉が文献上に初めて登場したのは、高麗時代後期の古記である『三国遺事』の「古朝鮮編」における檀君神話においてである。白樂濬は、その中の四文字に注目し、韓国の中心的な教育理念となすべきことを訴えていたのである。
　ところが、この「弘益人間」という言葉を教育法に盛り込むことについては、同審議会第8分科会委員の社会経済史家の白南雲（ペク・ナムン）をはじめ、多くの委員達から異論の声が巻き起こった。この文言の是

163

非をめぐっては、全体会でも激しい議論が展開されたと言われている[7]。反対派の主な理由には、「弘益人間」が古記としての非科学的な神話を根拠とする理念であること、そして日本統治時代の八紘一宇を想起させるという意見があったといわれている。

しかし、こうした反対意見に対して白樂濬は以下のように反論した。

> ある人においては、この言葉が神話から出た非科学的であるとか、教育理念になれないとか評する人たちがいるかも知れません。しかし、この理念が私達に文字となって伝わってきたのは少なくとも『帝王韻記』、『三国遺事』が記されたときであり、今から800年前になります。その理想が伝えられてきたことがいつからなのかは分かりませんが、『帝王韻記』の作者と『三国遺事』の著者は別々に同じ理念を記したものではないし、昔から伝えられてきた文字そのままを写しとったものでないならば、これらは、長い間伝承されてきた精神であり、その理想を文字化したものであるはずです[8]。

「弘益人間」は高麗後期時代に史書としてまとめられた神話が基礎になって使われていた用語だが、800年以上にもわたって絶えることなく、代々民族に伝承されてきた民族固有の精神であり、理想であり続けてきた点を彼は強く主張する。そして、非科学的であるという理由だけでは排除するに当たらないとして、さらに以下のように続ける。

> 誰でも共益共福のためとするならば、その社会の福利は増進し、その社会全体が恵みを受ける間に、その社会の一員である私、すなわち一個人にも福利が返ってくるものです。それとは反対に個人の私利のためだけならば、社会の共同の福利は疲弊してその社会も疲弊することになり、社会の一員である私一個人にも害を及ぼすことになってしまうものです。だから、一人一人が弘益の生活、すなわち共同の社会、国家、世界の福利のために生活をしなくてはならないのです。いま私は、我々の歴史を通してわ

第三章　社会生活科と国語科による間接的な「道徳教育」

が民族が過去 4000 年の間、弘益人間の理念を実践してきた事例を挙げな
がら話してみる時間の余裕がないことを残念に思います[9]。

　「弘益人間」とは、悠久なる朝鮮の歴史的経過の中で、朝鮮民族自身が
彼らの生活経験の中で実践し、伝承してきた固有の理想的概念であると
いう。個人の個性と特質を啓発させて完全な人格と高い資質を涵養し、
そのような教育を受けた個人が社会に出て、社会全体の福祉のために貢
献することが最も重要であり、そのための教育が必要であると捉えてい
るのである。彼は、こうした理想的な人間像を「弘益人間」という言葉
に込めていたのである。この理念には、今日的な意味での民主主義や人
権に通ずる思想も見受けられるが、同時にその根本には、朝鮮民族や国
家への深い誇りや愛情に基づく、民族主義的かつ国家主義的な思想も垣
間見えるものであったといえる。
　1945 年 9 月 20 日に開催された朝鮮教育審議会第 4 回全体会では、こ
うした主張に対する反対論が出たものの、結果的にはこの「弘益人間」
理念は採択され、以下の「教育方針」が打ち出されることになった。

　　『弘益人間』の建国理念に基づき、人格が完全で愛国精神が透徹した民
　　主国家の公民を養成することを朝鮮教育の根本理念とする。[上の] 理念
　　貫徹のために、[下記の] 教育方針を樹立する。

1. 民族的独立自存の気風と国際友好・協調の精神を具備した国民の品性
　を陶冶する。
2. 実践躬行と勤労力作の精神を強調して、忠実な責任感と相互愛助の公
　徳心を発揮させる。
3. 固有文化を醇化昂揚し、科学技術の独自的工夫で人類文化に貢献する
　ことを期する。
4. 国民の体位向上を図り、堅忍不抜の気魂を涵養させる。
5. 崇高な芸術の感性・独自性を高め、醇厚円満な人格を養成する[10]。

ここでも「人格が完全」であることや「愛国精神」を持つ「民主国家の公民を養成」を根本とするなど、「教育方針」は「民族的独立自存」や「国際友好・協調の精神を具備した国民の品性を陶冶」を掲げているのが分かるだろう。つまり、ここには民主主義的な理想とともに、民族主義的かつ国家主義的な教育理念が共存して併記されているのである。その後、この「弘益人間」は1949年12月制定の教育法の「第一条」に明記されたが、約50年後の1997年12月13日、同法の廃止と同時に新しく制定・公布された教育基本法では「第二条」に明記されることになった。今日においても、「弘益人間」が韓国教育の中心的な理念であることに変わりはないのである[11]。

　では、この理念を中心とする教育法の下で、「第1次教育課程」期の文教部ではどのような教育政策が展開されていたのだろうか。次に「第1次教育課程」期の歴代の文教部長官が提唱した政策を中心に、文教部が推進した教育政策を検討してみよう。

第二項　建国初期の文教政策と「第1次教育課程」の制定

1．初代安浩相文教部長官の文教政策

　1948年7月17日の歴史的な大韓民国憲法の制定・公布の後、同年8月3日に初代文教部長官として就任したのは、朝鮮教育研究会の中心的な人物であったソウル大学校教授の安浩相（アン・ホサン）であった。彼は「一民主義」という理念を新たに提唱し、建国期における文教政策を展開したことで知られる人物である。では、その「一民主義」とは一体どのような理念だったのだろうか。

　それを知る手がかりの一つに、1960年に発刊された『韓国教育十年史』という記録書がある。その「歴代文教部長官政策」の項目には、筆者が回想するかたちで初代から第六代までの歴代文教部長官の基本的な方針と政策に対する解説が掲載されている[12]。しかも、38名の執筆陣の

第三章　社会生活科と国語科による間接的な「道徳教育」

中には安浩相も含まれていたことから、あくまでも推察だが、初代長官
の文教政策については彼自身が執筆した可能性が高いと考えられるので
ある[13]。

　その『韓国教育十年史』には、解放直後の朝鮮民族と国家が置かれた
立場について、以下のように記述されている。

　　　檀君神人の時から高句麗、百済、新羅にいたるまで我々の民族主体性
　　が確固としていたために、我々の歴史と文化と国は光輝いていた。しかし
　　高麗中葉の頃から外来の宗教と思想のために我々の民族主体性のゆらぎが
　　始まり、李氏朝鮮ではさらに悪化し、最悪の日本帝国主義の殖民政策を経
　　て、アメリカ、ソ連の軍政に入ると我々の民族思想は完全に分裂し、民族
　　主体性はほぼ消滅してしまった。大韓民国政府が樹立された以上、我々は
　　まず民族の主体性を取り戻し、統一独立の基盤を立てなくてはならないの
　　である[14]。

　建国理念として重視すべきだったのは、三国時代まで堅持していた誇
り高い民族的な主体性であり、この失われた「民族主体性が、教育だけ
でなく、政治・経済・文化等の発展と大韓民国の今後を左右する」[15]と主
張している。そして、「教育は民族の主体性を再生すると同時に．人間自
身を探し、世界人類全体に妥当で普遍的な理念」でなくてはならないわ
けであり、よって「弘益人間」の「広く他の人を有益にする」という理
念は「わが民族の教育理念であると同時に大韓民国の建国理念になる」[16]
と述べている。つまり、「弘益人間」の理念が実現されれば、「民族が統
一し、一民として、あるいは世界民族が統一されて世界一民となり、広
く人々を有益にすることができるのである」という。これを彼は、「一民
主義」と名づけ、提唱していたのである。

　教科の目標や内容、方法についてはどうだろうか。彼は、「一つの人民
主義において、すべての民族は一つの同胞であるという民族主義がその
内容と目的であり、民主主義はこの内容と目的の実現の方法であり手段

167

である。一つの人民主義の目的は民族主義であり、方法は民族主義、すなわち民主主義である。」[17]とも述べていた。そして、次のような原則を示した。

  (1) 正しい人民（正民）すなわち大覚生としての一つの人民主義
  (2) 人民統一（民族統一）としての一つの人民主義
  (3) 世界一つの人民（世界一民）としての一つの人民主義
  (4) 万の人民がともに（万民同一）としての一つの人民主義
  (5) 人民第一としての一つの人民主義[18]

　安は、高麗時代から李氏朝鮮時代、そして日本の統治時代を通じて喪失してしまった誇るべき民族の文化と伝統を復権させ、韓国と北朝鮮に分断された国家の統一を成し遂げることで、民族的な主体性を如何に復権するのかを課題と捉えていた。そのための中心的な理念を彼は「民主主義的民族主義教育」＝「一民主義」として、その目的と内容には民族主義的思潮を主張しながら、方法では民主主義的な手法を提唱していたのである。ただし、教育の目的には民族主義を主張していたことから、相対的には民族主義教育に比重が置かれていたとも言えるだろう。ここには、安が文教部長官として米軍政時代から引き継いだ米国民主主義教育思想の受容の立場と、「国内学派」としての民族主義的な教育思想を擁護する立場が見られるものとなっており、まさに「一民主義」の標語でそれらを折衷して統一し、融合しようとした意図がみられる。つまり、国民には民主主義思想と反共精神を確立させて共産主義思想の浸透を遮断し、一方では民族的な団結によって学園の思想的安定化と国民思想の統一を図ろうとしていたのである。
　こうした安の「一民主義」の理念は、1948年の政府の樹立とともに、文教部の中心的な政策理念として採択されることになった。そして、この精神を学校教育に浸透させて展開していくために、彼は中学校以上には学徒護国団を設置し、その組織化と普及化を全国的に推進していった

のである。

　ところが、この「一民主義」の普及化のための中央集権的でトップダウン的な手法に対しては、次第に批判が高まり、学徒護国団自体も日本統治時代の軍国主義や旧ドイツの全体主義を想起させるような体制であったことから、安の理念が国民的な支持を得ることは困難であった。その結果、この理念は一時的には全国に普及したものの、持続性を維持することはなく、「一民主義」理念は安浩相が文教部長官を退任すると同時に急速に下火となり、消滅していった。

2．第二代白樂濬文教部長官の文教政策

　1950年5月4日、安浩相の後任として文教部の第二代長官に就任したのは白樂濬（ペク・ナクチュン）であった[19]。今日、彼は韓国の近現代史において、最も困難な時期に文教部長官を務めた人物という評価がなされている。というのは、就任してわずか一ヵ月半後の1950年6月25日には朝鮮戦争が勃発したことで、彼の約2年の在任期間中は、ほぼ戦時下にあったからである。

　その戦時下における教育行政は困難を極めていた。戦争の勃発後、北朝鮮の進撃を受け続けた韓国は、わずか約3ヶ月後には朝鮮半島南東部の釜山市近辺の一部を残すだけで、そのほとんどの領土は北朝鮮に占領されていた。朝鮮半島は北朝鮮で統一される目前となっていたのである。しかし、1950年9月15日の国連軍による仁川上陸作戦の成功と強力な支援体制の下で奇跡的に反撃に転じ、1950年9月28日には首都ソウル市を奪還した。続いて北緯38度線を突破して越境し、国連軍と韓国軍は北朝鮮内部へと北進していったのである。そして1950年10月19日には首都の平壌市を占領し、朝鮮半島は韓国による南北統一の実現を目前にしたのであった。ところが、1950年10月5日に参戦を決定した中国軍が、10月19日から鴨緑江を渡ってきたため、一転して韓国軍と国連軍は後退を余儀なくされる。避難のために再度北緯38度線を越境し、韓国側へと南下することになったのである。

169

こうして 1951 年 1 月 4 日、最悪の事態を想定した韓国政府は、ついに首都をソウル市から釜山市に遷都することを決定した。1951 年 1 月 7 日には文教部自体も釜山市庁舎内に移され、文教部は従来の教育方針を推進しながらも戦時対策委員会を設置し、戦時下における学徒青少年の育成や戦時教材の発刊、その他、文教関係者の戦闘訓練や輸送等までも担当することになった。戦時下の文教行政の一つとして、文教部は学徒と一般市民に対する戦時下の各種啓蒙や宣伝活動までも行っていたのである[20]。

このように極めて混乱した戦時下で、白樂濬は 1952 年 10 月 29 日まで文教部長官に在任していた。したがって白の文教政策は、基本的には戦時下としての非日常的な臨時的教育行政とならざるを得なかった。1951 年 2 月 26 日には「戦時下教育特別措置要綱」を制定し、仮教室の建築や避難特設学級、そして分教場の設置などを進めながら、避難学生に対する就学の推進策等を積極的に進めていったのである。

また、白樂濬が推進した主な文教方針には、①道義教育、②一人一技教育（技術教育）、③国防教育、知識教育があった。まず「道義教育」の推進とは、すなわち「道徳教育」の徹底化であった。彼は 1952 年発刊の『教育週報』の中で、「道義教育とは、換言するならば人格教育、すなわち人格を建設する教育である。戦災により廃墟と化した国土を再建して民族文化を新しく建設しようとすれば、その再建の人的基礎になる人格が先行しなくてはならない」[21]と述べ、「民族固有の精神、すなわち、わが民族の独自性を充分に発揮することができる人格者を養成すること」、それこそが教育の目的であり目標であるとした。壊滅的な国土の荒廃から国家を再建するためには、「国土再建、文化再建、教育再建」を優先し、まずは「人間再建」のための人格教育、すなわち道義教育から文教行政を始めなくてはならない点を主張していたのである[22]。したがって、彼は民族主義的な道徳教育を「固有の道義に立脚した民主主義的国民道徳」[23]として提唱し、その実践の徹底化を図ろうとしたのである。

次に、「一人一技教育（技術教育）」とは、一人一人の生徒に対して一つ以上の技術の習得を奨励した政策である。彼は、国家の再建と国民経

第三章　社会生活科と国語科による間接的な「道徳教育」

済の復興のためには、経済的な発展に直結する国家的な技術力の向上が
必要であり、そのためには各個人に対する職業技術教育が不可欠である
と捉えていた。1951年6月、文教部は「一人一技教育実施要項」を発表
するとともに、部内には「一人一技教育推進委員会」を設置して中学生
以上への技術の習得と精神鍛錬を強化する政策を打ち出し、復興の基礎
となる職業能力を育成しようとした。

　そして三つ目の「国防教育」とは、北朝鮮による侵略からの国家の防
衛と世界平和及び人類文化の維持向上を主な目的としたものであり、具
体的には、国防思想教育の実施と中学校以上での軍事訓練の徹底化を意
味した。文教部は、1951年には『戦時臨時教育要綱』を作成するととも
に、戦時生活を指導するための臨時教材として、国民学校用『戦時生活
1』（1、2学年用）、『戦時生活2』（3、4学年用）、『戦時生活3』（5、6
学年用）と中等学校用『戦時読本』を発刊して無償で配布している。当
時、戦時教材として発刊された教材は以下の通りであった。

表27　1951年に発刊された国民学校および中等学校用戦時教材集

教材名	第1集	第2集	第3集
『戦時生活 (1)』 （国民学校1、2学年）	飛行機	戦車	軍艦
『戦時生活 (2)』 （国民学校3、4学年）	戦うわが国	我々は必ず勝つ	りりしいわが同胞
『戦時生活 (3)』 （国民学校5、6学年）	わが国と国際連合	国軍とUN軍は どのように戦うか？	われわれも戦う
『戦時読本』 （中等学校）	侵略者は誰なのか？	自由と闘争	同胞を救援する精神

中央大学校附設韓国教育問題研究所『文教史』中央大学校出版局、1974年、231頁。

3．第三代金法麟文教部長官の文教政策

　1952年10月30日、白樂濬の後任として第三代文教部長官に就任した
のは、金法麟（キム・ポムニン）である。彼が在任中に打ち出したのは、
①戦時文教、②建国文教、③独立文教の三大政策であった。

171

『韓国教育十年史』の中で、金法麟とみられる執筆者は戦時文教について次のように記述している。

　戦時文教は、教育全体を通して国防力を強化しようとするものであった。国家が危機に瀕した時であればあるほど、愛国愛族の精神が高揚するという事実は古今東西の歴史がこれを証明しており、国民がそのような危機を避けることができたのは、愛国愛族の犠牲的精神が高揚したからであろう。……（中略）……それゆえに、精神を武装して滅共救国思想を涵養し、戦時体制強化と国防技術練磨に力を入れるとともに戦時生活教育の徹底を期そうとしたのである。軍事訓練と学徒護国団の運営を一層強化させ、戦時学徒としての心身両面の発達を期したのであった[24]。

　依然として戦時下にあった事実を背景に、臨戦態勢下の文教政策について「戦時文教」という言葉が示され、それを全ての文教政策の優先的課題として設定していたことが分かる。「戦時文教」の活動は、「滅共救国思想」の強化という精神的武装とともに、軍事訓練および学徒護国団の組織の強化という二つの側面から戦時下教育を徹底化しようとするものであった。

　次に、建国文教については以下のように述べている。

　建国文教とは、自由・平等・協同・公正の四つの目標を立てて、その目標に向けて指導する全人教育のことをいう。自由と平等の思想は、人類の歴史とともに人類が永遠に享有しなければならない。ここにわが民族の特殊性を考慮して、協同と公正の二つの条目を付け加えることにより、新生民主国家の道義建設に大きく貢献するとともに、人類文化に大きく寄与する国民を陶冶しようとするものである。私がここでいう建国というものは、狭義のそれではなく、広義の建国、換言するならば国家発展のために絶えず貢献することを指している。また、すばらしい国家を形成するためには、建国というものは我々にとって永遠の課題となるだろう。それゆえ

第三章　社会生活科と国語科による間接的な「道徳教育」

に、破壊消失した国土の上に新生大韓民国を再建して永遠の繁栄を目指す
とするならば、精神面で堕落した道義を昂揚し、物質面で破綻した生産を
振興させ、明日の韓国を、そして民主主義を基盤とする道義国家、生産国
家に発展させなくてはならないのである。したがって、我々の教育は国史
と伝記等によって民族伝来の美風良俗を継承し、個人の人格、個性を尊重
する民主道徳教育と勤労精神に透徹させることで、創意を発揮して科学技
術を活用することができる実業生産教育に重点を置こうとしたのである[25]。

　建国の意味について、この「筆者」は「国家発展のための貢献を持続
すること」であると広義に捉えなおし、そのための方案として精神的な
道義の昂揚と物質的な生産活動の振興という二つの側面から重要性を強
調していた。つまり、「建国文教」とは、韓国を「道義国家」および「生
産国家」として発展させて再生させるためのものであり、そのための人
材育成を意味したのである。内容では、「国史」と「伝記等」を強調する
ことで、「民族伝来の美風良俗」の継承を強調した点が注目される。民族
の歴史や伝統、道徳観を重視しようとしていたのである。
　そして、最後の独立文教については、「教育の独立を図ることであり、
対内的には教育自治の成果を出すこと、対外的には外国の模倣を脱して
自主的で創意的な民族文化を形成することに努力すること」[26]と述べてい
る。「教育自治の成果」とは、教育委員会の改革や義務教育６ヵ年の確立
や憲法の教育の機会均等の完遂、教育公務員法制定による教員の身分及
び待遇の保障、中央教育研究所の新設など、教育文化の刷新と発展を期
するものであり、一方の「創意的な民族文化」とは、文化保護法による民
族文化の保護発展のための学術院、芸術院の創設や国立劇場の開設など、
「反共文化人総団結」による「文化活動の強化策」であると述べていた[27]。
「筆者」は教育文化が刷新されて発展するためには、文教政策の独自性と
独立性が必要と捉えていたのである。
　以上のように、金法麟の三大政策は、自由・協同・平等・公正を目標
に掲げながら、同時に教育の独立性を掲げるなど、理念的には学校教育

173

全体を通じた児童・生徒の全人格的な発達を促す全人教育を主張し、韓国の教育行政の独自性を目指すものであった。しかし、そこには戦時下という事実が色濃く反映されており、あくまでも民族の伝統、文化、愛国心を重視した「道義教育」や生産性向上のための技術教育、そして反共精神を持つ愛国者の育成は、戦時下での限定的な範囲に止まらざるを得ないものであった。

4．第四代李・根文教部長官の文教政策

　休戦協定締結後の 1954 年 4 月 21 日、第四代文教部長官に就任した李瑄根（イ・ソングン）は、その基本施策においては「反共民主教育」の推進と「教育の質的向上」、そして「生活文化の簡素化」を掲げていた。「反共民主教育」とは、朝鮮戦争の経験で得られた民族的な要望と教訓に基づいて表現されたものであり、子ども達に徹底した反共意識を涵養することで、国民的な思想統一を図ろうとするものである。「教育の質的向上」とは、戦災によって発生した学校施設の損失や指導資料等の不足だけでなく、教員の大量採用に伴って発生した質的低下への対策として、講演会や講習会等の機会を数多く設けることで、現職教育を積極的に進めようとするものであった。そして「生活文化の簡素化」とは、休戦後の国民経済の破綻的な状況を克服するために、質素倹約の態度の醸成を訴えたものであった。

　なお、李瑄根の在任中である 1955 年には、建国後初の国家基準カリキュラムとなる「教科課程」＝「第 1 次教育課程」が正式に制定・告示された。

5．「第 1 次教育課程」制定までの文教政策と奨学方針

　初代長官の安浩相から、第四代長官李瑄根までの主な文教政策と奨学方針を整理すれば、表 28 の通りである。

　第四代長官までの文教政策および奨学方針を見てみると、1948 年の建国以来の反共イデオロギー教育は、「国防教育」等の名称で、一貫して

第三章　社会生活科と国語科による間接的な「道徳教育」

表 28　歴代文教部長官の文教政策および奨学方針（1948 年〜 1956 年）

文教部長官	主な文教政策	奨学方針
初代長官　安浩相 （1948.8.3-1950.5.3）	1. 教育法の公布（1949 年 12 月 31日）による学制の制定（1946 年2 月 4 日）学制改編：6・3・3・4 制（1951 年 3 月 20 日） 2. 民主主義民族主義教育を主唱 3. 国民思想を帰一させ、反共精神確立のための一民主義思想の普及	主要施策 1. 学徒護国団の組織（中学校以上）及び軍事訓練実施 2. 師範学校の国立への転換
第二代長官　白樂濬 （1950.5.4-1952.10.29）	1. 人格教育を重視し、民主主義独立国家の国民が持たなくてはならない品格の陶冶 2. 職業技術の向上のための技術教育奨励 3. 知識教育の正確性と徹底を期し、基礎学力の向上 4. 保健衛生を増進させるとともに体力を向上させて国土防衛に貢献	1951 年 1. 学行一致教育 2. 一人一技教育 3. 道義教育 4. 国防教育 1952 年 1. 自治人の養成…個人 2. 自由人の養成…国民 3. 平和人の養成…世界人
第三代長官　金法麟 （1952.10.30-1954.4.20）	戦時文教 建国文教 独立文教	1953 年 1. 道義教育・生産教育 2. 生活教育・国防教育 3. 文化独立・教育自治 1954 年 1. 反共思想を昂揚し、精神を武装して統一独立に邁進すること 2. 科学技術を振興し、生産を増強して経済発展に貢献すること。 3. 健康衛星を増進させ、国土防衛に貢献すること。
第四代長官　李瑄根 （1954.4.21-1956.6.7）	1. 徹底した反共意識を涵養することにより、教育を通した国民的思想統一を図る。 2. 教育の質的低下を防止し、その改善を図るために現職教育に力を入れる。 3. 国民生活の醇化と簡素化に力を入れる。	1. 反共思想を透徹して教育し、民主道義生活を確立させることにより、統一独立の先方になるようにする。 2. 科学技術を振興し、生産を増強することにより、経済発展に貢献させるようにする。 3. 健康教育を徹底し、学徒の体位を向上させることによって、国土防衛の干城になるようにする。

中央大学校附設韓国教育問題研究所『文教史』中央大学校出版部、1974 年、629 〜
632 頁より筆者作成。

掲げられていた国家的課題であったことが分かるだろう。そして第二代の白樂濬の時代からは、知識教育や技術教育とともに、そこに「道義教育」の名称で「道徳教育」の徹底化が図られるようになったのである。

　このように、1955年に「第1次教育課程」が制定されるまでの韓国では、反共教育と学力の向上策、そして「道徳教育」の強化は重要な国家的政策課題の一つとなっていた。言い換えれば、「第1次教育課程」が制定されるまでの韓国では、基本的には第二代長官白樂濬の文教政策がそのまま踏襲されて継続し、発展したものだったということができるのである。

第三節　「道徳教育」のための教科目設置をめぐる論議

　第二～四代の歴代の文教部長官は、常に反共教育と「道徳教育」の強化を文教政策と奨学方針の中で一貫して掲げており、それらはいずれも在任中における教育政策上の重要課題となっていた。なかでも、「道徳教育」の課題は次期「教育課程」の中で如何に具体化させて実行していくべきなのか、文教部だけでなく、教育学者や実践者達を巻き込んでの極めて論争的な課題となっていた。すなわち、「道徳教育」を強化して徹底化を図るとしても、どの教科で実施するのか、あるいはそのための教科目を新設すべきなのか、否か、様々な意見の相違と対立があったのである。では、そこには如何なる論議があったのだろうか。

　ここでは、当時の文教部が発行した雑誌記事を中心に調査することで、「道徳教育」の科目設置をめぐって展開された論議の実態を検討することにしたい。科目の設置に対する推進派、そして反対派らの主張について順次見ていくことにしたい。

第三章　社会生活科と国語科による間接的な「道徳教育」

第一項　「道徳教育」科目設置の推進派
1．社会生活科による「道徳教育」への批判の立場　——崔鉉培の場合——

　　まず、「道徳教育」のための教科目設置について、積極的に推進しよう
とした人物には文教部編修局長の崔鉉培（チェ・ヒョンベ）がいる。前
述のように、彼は米軍政期の1945年11月から1946年3月までは朝鮮教
育審議会で教科書関連分科会の第9分科会に所属していただけでなく、
その委員長も務めており、米軍政期の教育行政に深く関わった国語学者
の一人であった。また、『初等国語』の作成時にはその編纂にも参加して
おり、もともとは朝鮮語学会の会員でもあった。彼は文教部の職員とし
て、引き続き建国後の「教育課程」の作成にも深く関わっていたのである。
　　崔は、1953年12月発刊の『文教月報8号』の座談会の中で以下のよ
うに述べていた。

　　　8月15日の解放後、わが国は植民地奴隷教育をきれいに消し去って新し
　　い自由民の教育を実施するようになった。教育の制度と課程においては、
　　多くの部分で米国を見本に新しく改訂して運営を始めたわけだが、その事
　　実の一つに、かつての「修身」科目がなくなり、歴史、地理、公民、の三
　　つが合わさって「社会生活」ができたこと、そしてその「修身」が担って
　　いた道徳教育は「社会生活」が担うようになったことがある。それは、普
　　通の教育においても、歴史、地理、公民というように分科的かつ学問的に
　　行うよりも、被教育者が広く社会生活を学んでいくような包括的な科目に
　　したほうが実効性のある科目になるのではないか、という見解からであっ
　　た。社会的な生活は、それ自体が道徳的でなくてはならないし、また社会
　　生活を離れて道徳はなく、道徳を離れて社会生活はありえない。それゆ
　　えに、道徳教育を特別な目標とする「修身」という科目が必要なのではな
　　く、「社会生活」の中に、当然道徳教育を含ませなくてはならないという理
　　論だったのである[28]。

　　崔鉉培は、社会生活科について、「修身」の停止後に「歴史」「地理」

177

「公民」の三科目が統合されて成立した教科と見なしており、我々の社会生活自体が道徳と密接な関係性を持っているため、社会生活を学ぶことが同時に道徳も学ぶことになると主張している。したがって、社会生活科は、道徳教育の役割や目的も担う包括的な教科であると捉えていたのである。

　ところが、それに続いて彼は、(1) 教師の社会生活科に関する知識と方法論の不足、(2) 朝鮮戦争の勃発による社会的な混乱、(3) 米国では教会が道徳教育の役割を担っているが韓国では道徳科目がないし、教会も少ないので精神的修養が困難、という３点をあげ、社会生活科を通じた道徳教育では、「急激な科目の変更のために、意図した目的を達成することができなかった。」と結論付けている。社会生活科による「道徳教育」は、結局は失敗に終わったというわけである[29]。さらに、「道徳教育は学校教育全般を通して行うものであるから（道徳科目は）必要ない」という論調に対しては、「食事においても必要に応じては塩を入れるのと同様に、全ての教科が道徳に関連することは違いないが、必要に応じては道徳科目を設置することができるであろう。」[30]とも述べており、学校教育活動の全体を通じて行う全面主義的な道徳教育を肯定しながらも、道徳教育の重点化のために新科目設置の必要性を主張していた。

　このように崔鉉培は、社会生活科の問題というよりも、教科に対する教師たちの根本的な知識・理解不足の問題と、社会生活科が「公民」「地理」「歴史」が統合されて成立した経緯に対する問題意識を持っていた。いずれも中途半端になってしまった要因を指摘し、「道徳教育」の強化・徹底化を図るためには、新しい教科目を設置してカリキュラムと教員養成の整備により徹底化する必要性を訴えていたのである。

２．一元論的道徳教育の方法に対する批判の立場 ——丁旭鎭の場合——

　政府の文教行政に同調しながら、「道徳教育」の科目設置には賛意を示した他の人物には、宗教者で現場教師でもあった聖神中高等学校長の丁旭鎭（チョン・オクジン）がいた。丁は、社会生活科で行われる「道徳

第三章　社会生活科と国語科による間接的な「道徳教育」

教育」へは批判的であったが、主にその矛先は教科に対してではなく、背景となっていた米国からの経験主義的な教育思想と新教育運動に対して向けられていた。つまり、経験主義教育的な社会生活科のなかで実施された「道徳教育」の方法には問題があったとし、その「道徳教育」に対しては内容ではなく、方法論的な観点から批判していたのである。彼は『文教月報』誌の中で、次のように述べていた。

　　　新教育の倫理教育に対する見解は、おおよそジョン・デューイを主導者とする現代米国的プラグティズムの教育思潮からきているとみられる。これは倫理的一元論に立脚したものであり、倫理の哲学的、形而上学的基礎がないという二重の過ちを犯していることになるのである[31]。

　社会生活科による「道徳教育」は、プラグマティズム思想とデューイの経験主義に依拠し、教育方法が道徳的一元論に基づいており、そのことが重大な問題になっているという。すなわち、プラグマティズムでは、「倫理的な価値の評価基準は、行為を実践する時にどの程度の実用性（有用性）を持っているかによって測定される」という概念を持つため、道徳的に「善」で価値あるとされるものは全て物質的な進歩の度合いやその有用性に左右されることになっていく。したがって、「倫理的価値は物質的価値と完全に同一化」することになり、人間の道徳的、倫理的価値は、社会的生活の実用性の価値基準に一元化してしまうことになりかねないというのである。彼はこれを、道徳的一元論と呼んで批判していた。

　では、このような問題に対し、丁は如何なる対案を持っていたのだろうか。丁によれば、人類は同一の生活観や生活事情を持っているわけではなく、人間の行動自体は中立的で、行為も負荷される特殊な意図と目的によって道徳的な意義が成立するという。したがって道徳的な価値とは、「価値によって規定された秩序組織に関与することによって決定されるべき」であるとする。つまり、価値基準とは、相対的で物質的な価値

や有用性に左右されるべきでなく、「形而上学的基礎の上に樹立」される
べきであり、絶対的な価値基準としての宗教的で信仰的なものにこそ、
その内容を求めるべきというのである。

　丁は普遍的で絶対的な価値を教えるべきであるという立場に立ってお
り、良心を育成する教育は、「その他の全ての教育の部分的な目的よりも
優位に置かれるべきもので、教育として伝達される全ての知識ないし技
能の実施は全て良心を通して行われなければならない」[32] と主張してい
た。彼は、「道徳教育」は全ての教育活動に優先されるべきであるとし、
道徳科目を設置することによって、宗教的価値のような絶対的かつ普遍
的な価値を積極的に教育すべき点を主張していたのである。

３．民主的道徳内容を強化する立場　——李相鮮の場合——

　丁旭鎮が、経験主義的教育思想に基づく「道徳教育」の方法論に限界
を感じていたのに対し、扱う内容自体に問題があると指摘したのは、文
教部編修官の李相鮮（イ・サンソン）であった。李は 1953 年の『文教月
報』第 8 号の中で、以下のように述べていた。

　　　今日の教育は、道義教育の方法論で失敗したのではなく、根本的に内容
　　問題において失敗しているのであり、その内容問題においての失敗は単に
　　教育者の怠慢にあるのではなく、わが国の歴史的現実にあるとみることが
　　できる。そして、社会生活科教育の失敗に道義教育の失敗の原因を探そう
　　とすることも正確ではなく、また、道義教育の内容問題を根本的に明らか
　　にすることなしに、道義教育に関する教科目を新設するのか、あるいは社
　　会生活科で総体的に取り扱うのか、または学校教育による全教科、全活動
　　で取り扱うのかという問題を最初に解決しようとすることも、根本的な解
　　決にはならないのである [33]。

　李相鮮は、社会生活科による道徳教育が失敗した原因は、教育の方法
に問題があるのではなく、そこで扱うべき「道徳教育」の内容設定に問

第三章　社会生活科と国語科による間接的な「道徳教育」

題があった点を指摘する。そして、社会生活科が内包している欠陥や教師の力量の問題に責任を転嫁するのは筋違いであるとして、「道義教育を強化するには、まず道義教育の内容を確定したあとで、それを最も効果的に学生たちに教える方法は何かを究明しなくてはならない」と主張した。つまり、「道徳教育」の内容となる「道義的指標が確立されていない」ために、教えるべき内容が明確にならないばかりか、こうした内容設定自体の曖昧さがその実施を困難にさせてきたというのである。

　では、李はその「道義的指標」をどこに設定したらよいと考えたのだろうか。それについては、次のように述べている。

　　　それではわが国の道徳的指標は、誰が確立するのだろうか。民主主義は
　　単に政治形態を規定するだけではなく、生活方式も規定するので、わが国
　　が民主主義を採択したということ自体が、既にわが国の道義的大指標を決
　　定していることといえる。したがって、民主主義生活原理が今日のわが国
　　の道義的指標にならなくてはならないことも事実なのである[34]。

　解放後に導入された民主主義思想こそが韓国の「道義的指標」となるべきであり、同時に「道徳教育」の内容に設定されるべきである点を主張している。李によれば、韓国の近現代史には、李氏朝鮮時代における「封建的社会時代」、日本統治時代の「独裁時代」、そして解放後の「民主社会」という歴史の事実があり、その過程の中に民族の歴史が存在してきたとする。したがって、解放後の現在が民主主義社会であるとするならば、その歴史的現実に適合させる生活原理が「道徳教育」の指標となるべきと捉えているのである[35]。また彼は、「道義教育」、すなわち「道徳教育」の内容は民主主義であり、その生活原理を我々の生活にどのように定着させて現実化させていくのかが「道徳教育」の内容であり、そのための方法とならなければならない点を主張していた。

　このように、主張した李相鮮は米国への留学経験があり、米軍政時代には米国の経験主義教育思想を積極的に韓国に紹介しただけでなく、社

会生活科の導入時には同教科の成立に尽力してくれた代表的な人物の一人であった。よって、本来ならば社会生活科の教科的意義と有意性を主張して擁護する立場に立ち、道徳科目の設置については消極的になるのが普通であっただろう。だが当時、彼は文教部編集局の職員であり、しかも上司の編修局長の崔鉉培が科目設置を推進する立場にあったことなどから、社会生活科による「道徳教育」の問題点については教科内容の問題として捉えなおし、民主主義教育の必要性を指摘するのみにとどまったとみられる。李は、やや消極的な科目設置賛成派という立場に立っていたといえるであろう。

第二項 「道徳教育」科目設置の反対派

1. 内容および方法論からの反対

　道徳教育関連科目の設置について、まず反対派の一つは方法論からの主張であった。大韓教育連合会の幹事であった丁泰時（チョン・テシ）は、『新教育』誌に「道義科目設置に対する省察」という論文を寄稿しているが、その中で彼は崔鉉培の言動を批判しながら、「道徳教育」は学校教育全体で教育すべきであり、校外活動や家庭などの実生活にもとづいて行うべきであるとして科目設置に反対していた。

　　もちろん、道徳教育は社会生活科がすべて担っているわけではないが、社会生活科は、道徳教育と最も密接に連結している科目である。さらに、8・15以後の我々の新教育は数科目が結合して名前だけ『社会生活』とつけられていたが、崔鉉培氏が指摘するように、その中身は「修身科」だけではなく、旧態依然に『公民』『歴史』『地理』を分化的に教えてきたのが実情である。しかし、それはもちろん社会生活科とそれ自体の欠陥というよりも、崔氏が指摘するように、教師の知識と方法の不足にあったといえるだろう。しかし、社会生活科に教師が不足しているからといって、道徳の科目を別個に設置することで道徳教育が重視されるのは疑問であるだけでなく、わが国の社会生活科の改善をさらに困難にするだろう。社会生

第三章　社会生活科と国語科による間接的な「道徳教育」

活科は、人間関係に関する学生の経験を発展させることによって、よりよい社会をつくりあげていく国民をつくるのである。わが国の新教育の失敗は、まず、この科目を正常なレールの上にあげることによって成されていくべきであり、道徳教育も教育全体の正常化から強調されなくてはならない[36]。

　「道徳教育」は、社会生活科と密接な関係にあることを認めながらも、その社会生活科との目標が人間関係における経験を発展させることで、よりよい社会を構成する国民を育成することにあったのだが、それが本来の姿からはずれたために「道徳教育」も同時に不徹底になったという。したがって、何よりも社会生活科が正常な姿に戻ることこそが、「道徳教育」の正常化につながることを主張し、道徳教科目の設置に関しては次のように批判した。「道徳教育とは、誰もが認めるように倫理的な道徳の訓練に終わるものでもなく、礼儀の訓練で全てが終わるものでもない。人間生活の全ての行為は善悪の観点から評価されるとき、道徳的に見ることができる。それゆえに、学生の全ての行為は道徳的判断の対象になるのであり、よって全ての機会が道徳教育の基礎になるのである。道徳教育はどんなによく組織されたとしても、一つの教科が担当するにはあまりにも広大で広範囲なのである」。つまり、本来は全ての機会を通じて行うはずの「道徳教育」が、教科目を設置することでかえって歪められてしまう危険性を指摘しているのである。

　また、ソウル師範大学の金基錫（キム・ギソク）は、「道義教育を学校の一つの教科として置く事はどうでしょうか。私は難しいと思います。道義教育を過去の修身科のように独立して置くのかは分かりませんが、私は一つの道義教科を設置するのは難しいと考えます。逆に、学校全般の学校教育と家庭と社会の全ての教育が、全て教育的に道義教育にあると考えます。」と述べていた。

　さらに、仁川国民学校校長の趙碩基（チョ・ソッキ）は、「今さら道義というものを新設しなくても、その道義あるいは道義生活を特別活動の

機会を活用することによって、ある程度展開させることができないだろうかという考えを持ちました。もちろん道義教育は絶対に必要であり、道義を昂揚しなくてはならないという趣旨については全面的に賛成しますが、その方法論を考えてみるべきです。」[37]と述べている。

　以上のように、総じて彼らは「道徳教育」を行うとしても、特別活動や学校教育活動の全体、さらには学校と家庭と社会全体を通して行うことにその意義を見出していたといえる。教科目の設置については、内容と方法の観点から反対する立場に立っていたのである。

2．「修身」の復活を危惧する立場からの批判

　反対派の二つ目は、道義教育のための科目を設置することが日本統治時代の「修身」の復活とならないかという批判である。1954 年の『新教育』6 月号の誌上において開催された「道義教育を語る座談会」の特集記事には、当時の反対派の主張が掲載されているが、その中でソウル南大門国民学校長の尹享模（ユン・ヒョンモ）は、「修身科の再版になってはならない……（中略）……ある細目をもって一体的に行うことは不賛成である。」[38]と述べていた。延嬉大学校の林漢永（イム・ハニョン）も、「日帝時代[39]の修身科というものは児童の心を統制し、思想を統制する道具として使用されたのであり、児童が実生活で実践するものではなかった。」[40]と述べ、もし道徳科目を設置するとしても、かつての「修身」とは異なるものでなくてはならない点を強調していた。さらに丁泰時も、「それは日帝時代の修身科目のように、無味乾燥な論語式教訓の羅列になってはいけない。」[41]と発言していた。

　彼らは、「道徳教育」のための教科目を設置することは、教育活動全体を通じた全面主義的な道徳教育から日本統治時代の道徳教育体制への逆行と捉えていた。かつての「修身」は実生活と関連性が低く、抽象的な徳目の教授に終始した非民主的な教科であり、それが軍国主義教育の道具として利用されたという理解に共通の認識を持っていたのである。道徳科目の設置とは、日本統治時代の教育への逆行となると捉えていたこ

第三章　社会生活科と国語科による間接的な「道徳教育」

とになるだろう。

　ただし、一方でこうした認識と主張は、決して一枚岩ではなかった点にも注意したい。例えば、その座談会の中で李相鮮は、「それでは過去の修身というものがどういうものであったのか。皆さんは一言で修身を悪く言って反駁していますが、それは教育制度を全体主義的な形式で定めたから悪かっただけであり、いずれにせよ、日本はその時代において持たなくてはならない道徳観を確立させていたということが言えると思います。まず、わが国の指導層はこのような問題に対してしっかりと道徳観を打ち立て、国民教育においては道徳に立脚した道義を向上させるようにしなくてはならないでしょう。」[42]と発言している。「全体主義」的な教育について批判するが、なかにはその時代に既に道徳教育に対するビジョンを持っていた点を高く評価し、「修身」の設置の意義を肯定的に捉えた言動もみられていたのである。

第三項　「第１次教育課程」における道徳科目設置の方向性

　文教部は、以上のような様々な声を受け止めながらこれを重大な課題と捉え、朝鮮戦争休戦後には教育課程制定合同委員会を開催し、道徳科目設置の是非について計11回に及ぶ議論を重ねた。その結果、特定の教科や科目は設けないという結論に至り、「道徳教育」は全ての教科や学校生活の活動全体を通じて行うという、いわゆる全面主義的な道徳教育の原則が改めて確認されている。だが、その一方で、委員会では学校教育活動の全体で行うとしても、その活動以外に「道義教育」の時間を設定しなければ単なる活動に終始しかねないとし、果たして有効性があるのかという疑義の意見も出されていた。核となる時間を設定してこそ、活動の意義があるとの主張である[43]。文教部は、こうした教育課程制定合同委員会における様々な論議を踏まえながら、1954年4月20日には「国民学校、中学校、高等学校、師範学校　教育課程時間配当基準令」を制定・公布し、続いて1955年8月1日には新しい「教科課程」を発表した。これが、いわゆる「第１次教育課程」であった。

185

しかし、この「第1次教育課程」には「道徳教育」について注目すべき変化があった。前述のように、制定前には全面主義的な「道徳教育」が確認されたはずであったが、高等学校には新たに「倫理」という科目が設置されただけでなく、中学校では「道徳教育」の科目は設置されなかったものの、社会生活科の時間数が増加されて、そのうちの週1単位時間は「道義教育」の内容に充当されるように規定されたのである。事実上、これは社会科教育の一部に「道徳教育」の内容が正式に組み込まれたことを示している。国民学校の社会生活科には大きな変化が見られなかったが、中学校と高等学校には「道徳教育」のための新たな手立てが見られたのである。

　ところが、本研究において国民学校の社会生活科カリキュラムを詳細に分析した結果、そのなかには「道義教育」のための内容が含まれている点が明らかとなった。したがって、「第1次教育課程」の国民学校と中学校の「社会生活」には、実際には「道徳教育」のための教育内容が「道義教育」として登場していたのである。この点については、本章第5節で改めて詳述することにしたい。

第三節　米国教育使節団による「教育課程」改訂への影響

　「第1次教育課程」の制定に際して、その内容の策定に重大な影響を与えた動きの一つに、米国教育使節団の存在をあげることができる。彼らは、1952年9月から1962年6月までの約10年間に4次にわたって訪韓し、朝鮮戦争休戦後の韓国の教育指針を示すとともに、「第1次教育課程」の方向性に多大な影響を及ぼした団体であった。今日、一般に彼らは、第1次から第3次までの使節団は米国教育使節団、そして第4次使節団はジョージ・ピバディ師範大学（George Peabody College for Teachers）教育使節団と呼ばれている。

　ここでは、特に「第1次教育課程」（1955）の制定に影響を及ぼしたと

第三章　社会生活科と国語科による間接的な「道徳教育」

される第3次教育施設団の活動内容を中心に、その実態について検討してみることにする。

第一項　第1～3次教育使節団とジョージ・ピバディ使節団

　米軍政期から建国の初期にかけて、米軍政庁学務局および文教部は、日本統治時代の軍国主義的教育内容の排除と民主主義への転換を意図してきたが、教育の各領域に関する具体的かつ長期的な施策や、現職教員の再教育、そして国家基準カリキュラムの「教育課程」に関する基本方針と具体化については、まだまだ模索の段階にあった。

　先述の通り、そのような中で1950年6月には朝鮮戦争が勃発したわけだが、1952年9月から1953年6月までの間には、戦時下の只中であるにも拘らず、米国からは米国国務省とUNKRAの財政的な支援を受けた第1次米国教育使節団が訪韓した。このハーバッジ（Mary Harbage）を団長する総勢7名の使節団は、戦時下による全国的な交通難の状況の中で、慶尚南北道をはじめ各地の鉄道沿線の都市、あるいは臨時首都の釜山市や未修復のソウル市においても生活中心重視の「教育課程」のあり方や教授方法に関する講習会等を開催した。各地で学校視察や教員に対する現職教育の実施など、民主的な学習指導法の改善のための指導助言を積極的に行ったのである。当時、彼らの講習会に参加した教員は全国で総数約700名にのぼったと言われている[44]。

　次に、第2次米国教育使節団が訪韓したのは、1953年9月から1954年6月までの約10ヵ月の期間においてであった。団長は、第1次教育使節団の委員でもあったチルホーランド（Vester M Malholland）であり、総員6名であった。同使節団は、韓米財団と国際教育事業委員会（Uniterian Service Committee）の補助とUNKRAの支援を受け、全国の師範学校、高等学校、大学など200以上の公立学校を視察して助言しただけでなく、「教育課程」の改善や学習指導、生活指導等に関する講習会の開催、そして第1次米国教育使節団と同様に教師養成のための講習会の開催等を積極的に展開し、現職教員への教育支援を中心に活動した。ソウル市

187

では1回、釜山市では2回開催された教育研究協議会（workshop）には、全国から200名以上の校長や教頭、奨学官、一般教員が参加し、各道で行われた3日〜5日間の会議や協議会にもそれぞれ250名〜850名が参加したと言われている[45]。

　そして、このような第1次、第2次の米国教育使節団の成果を継承し、さらに充実・発展させたのが、第3次米国教育使節団であった。ベンジャミン（H. Benjamin）を団長とする13名の同使節団は、1954年9月から1955年6月までの10ヵ月にわたって韓国に滞在し、様々な指針を示す役割を果たした。第2次使節団と同様、この使節団も韓米財団およびUNKRA韓米財団の補助を受けており、国際教育事業委員会は同使節団を援助しただけでなく、その組織の管理も担当していた。この第3次教育施設団は、第1次および第2次米国教育使節団が提出した報告書の内容を把握し、理解した上で訪韓したため、それまでの活動や成果を継承しがら発展させ、組織的かつ効果的に取り組んだと言われている。

　その後、第4次教育使節団として1956年10月にはジョージ・ピバディ大学使節団が訪韓したが、実際にはこの教育使節団は6年間にわたって三度訪韓しており、事実上はこれらの全てを総称して第4次教育使節団と呼んでいる。1956年に初代団長をゲスリン（Willard E.Goslin）とする使節団が訪韓し、続いて第二代団長にはゲリソン（Martin B. Garrison）、最後の第三代団長にはウィギンス（Sam P. Wiggins）が就任した使節団であった。第4次使節団は、1962年6月まで韓国の教師養成と教師再教育の改善のための技術援助と指導助言を主な活動任務とし、特に初等学校教員を養成する師範大学に対する物質的な援助や理論の提供、中央教育研究所の業務の援助、そして幼稚園教育について貴重な提言をしたといわれている。

　以上のように、1952年からの約10年間にわたり、米国からは4度の米国教育使節団が訪韓したわけだが、彼らの活動は休戦後の様々な教育政策に多大な影響を与えることになった。なかでも第3次教育使節団は、1955年制定の「第1次教育課程」に最も大きな影響を与えた使節団と

第三章　社会生活科と国語科による間接的な「道徳教育」

して、今日、最も名高い使節団の一つと言われている[46]。彼らは 10 ヶ月
の活動を終えて帰国する直前に、"Curriculum Handbook for the School of
Korea"という報告書を残したが[47]、これは後に徐明源（ソ・ミョンウォ
ン）によって『教育課程指針』として翻訳され、全国の諸学校に配布さ
れた。

　次に、この『教育課程指針』を手がかりに、第 3 次教育使節団の活動
内容と「第 1 次教育課程」への影響について詳しくみていくことにする。

第二項　第 3 次教育使節団の報告書

　ベンジャミン（H.Benjamin）を団長とする第 3 次教育使節団が残した
『教育課程指針』は、「序文」に続いて「第一部　原理」、「第二部　実
際」、「第三部　必要なカリキュラムの改訂」の三部構成となっており、
目次は以下の通りとなっている。

　序文
　　①原理
　　（1）基本概念
　　（2）誤謬と修正
　　第二部　実際
　　（1）適切な目的の設定
　　（2）目的達成のための学習活動
　　（3）カリキュラムの組織
　　（4）カリキュラムの評価
　　第三部　必要とされるカリキュラムの改訂
　　（1）国語
　　（2）韓国のための芸術
　　（3）道徳教育と社会生活科教育
　　（4）算数
　　（5）自然（科学）

189

(6) 技術教育

(7) 保健、体育、軍事訓練[48]

　同書を概観すると、ここでは第3次教育使節団が約10ヶ月間にわたって視察した学校施設の概況や「教育課程」や教授方法に関する講習会の内容、あるいは現職教育の内容には触れておらず、第三部で見るように、次期「教育課程」の改訂の方向性を示すとともに、各教科に対する提言が主な内容となっている。団長のベンジャミンは、「韓国の学校が、韓国国民の目的、必要、態度、能力、国家間理念に応じた経験カリキュラムを設定することができる諸方法を提言する」[49]と述べており、同使節団が教科カリキュラムよりも経験主義カリキュラムの優位性を認め、その原理を論じようとしたことがうかがえる。つまり、同報告書の目的は、経験主義教育の原理を中心に据えたカリキュラムの提言とその普及にあったと理解することができるのである。

　では、社会生活科と「道徳教育」についてはどのように提言していたのだろうか。「第九章　道義教育と社会生活科教育」を見ると、彼は第一に、経験主義的教育観を全面的に肯定し、主張していたことが分かる。「行動はそれが善であれ、悪であれ、社会的であれ、反社会的であれ、それらに関わらず学習されること」[50]であるとし、行動すること、すなわち経験することによって全ての学習は成立するとしている。また「道徳教育」については、「美しい格言と美しい物語は、その子どもの経験に関連していない限り、ためにならないか、あるいは何も啓蒙されないのである」として、経験に基づいていなければ「道徳教育」の意義がない点を指摘している。

　第二に、「道徳教育」は全面主義的に行うべき点を主張している。彼は、「公式であろうと非公式であろうと、計画的であろうと非計画的であろうと、学校で起こる一つ一つの活動を通して道義教育は進行される。教えられる道義教育はよい場合もあればよくない場合もある。しかし、道義はいつもそこにあるものである。」[51]と述べていた。教科の活動や教

第三章　社会生活科と国語科による間接的な「道徳教育」

師の行動にも「道徳教育」が存在し、それを意識すべき点を強調していたのである。

第三に、社会生活科における民主主義教育としての「道徳教育」を肯定的に捉えている点である。社会生活科は、「人間社会の組織と発展に関する知識」を扱っているため広範囲だが、「社会生活科は、道徳教育と市民精神を教えるための主要手段」の教科と捉えていた。民主主義教育には、「(1) 学生の最大の可能性を引き出すために各種の経験を付与すること。(2) 学生たちが個性と他人の権利を尊重するよう手助けすること。(3) 学生たちが協同的作業の価値を学ぶように手助けすること。(4) 学生たちが地域的、国家的、世界的問題の解決に関する責任を学習するよう手助けすること。(5) 学生たちがこうした確信を実践に移す機会を与えること」[52]をその内容とすべき点を強調している。そして、これが「道徳教育」としても有効で応用されるべき点を述べていたのである。

このように、同報告書は、実践的な経験や体験の重視、そして協同的な作業や問題解決的な学習方法を重視しており、全教育活動を通じての責任感の醸成を主張するものであった。このことは、社会生活科が、「道徳教育」も包含する内容と手段を持つ教科であると捉えていたと考えることができる。だが逆を言えば、道徳教育科目の特設に消極的であったとも言えるだろう。彼らは道徳科目の設置には否定的な立場に立っていたのである。

第四節　「第 1 次教育課程」の制定

本節では、1954 年 4 月 20 日に公布された文教部令第 35 号による「教育課程時間配当表基準表」、そして 1955 年 8 月 1 日に文教部令第 44 号として告示された「国民学校教科課程」を対象とする。「第 1 次教育課程」がどのような性格の「教育課程」であったのか、以下、詳しく検討してみることにしたい。

191

第一項 「教育課程時間配当基準表」と「第1次教育課程」制定の動向

　1949年12月31日に教育法が制定されて約半年後の1950年6月2日、文教部は文教部令第9号により、「教授要目」制定審議会規定を公布した。米軍政時代の「教授要目」に代わる、新しい「教育課程」の制定作業に着手しようとしたためである。ところが、直後の6月25日には朝鮮戦争が勃発して全国の学校や教育施設、印刷施設等が大量に破壊されたため、文教部は「教授要目」の改訂どころか、通常の教育行政も困難な状況に陥った。前述の通り、文教部は国民学校向けに『戦時生活（1）（1、2学年用）』や『戦時生活（2）（3、4学年用）』、『戦時生活（3）（5、6学年用）』を、そして中学校には『戦時読本』を編纂・発行し、避難中の学生に配布することで、かろうじて学校教育を維持していたのであった。

　1951年3月、文教部は臨時首都の釜山にて教科課程研究委員会規定を公布し、一旦は新しい「教育課程」への改訂作業に着手した。だが、戦災のために改訂作業は再び断念せざるを得なくなり、ようやく改訂作業に再び取り掛かったのは、それから約2年後の1953年3月11日のことであった。教授要目制定審議会[53]と教科課程研究委員会[54]が合併することで、「教育課程」の改訂に向けた教育課程制定合同委員会を発足させたのである[55]。

　教育課程制定合同委員会は[56]、国民学校、中学校、高等学校、師範学校における「教育課程時間配当基準表」と「教育課程」の作成を主な任務としたが、その成果として1954年4月20日には、文教部令第35号により、各級学校の「教育課程時間配当基準令」が発表された。続いて、1955年8月1日には文教部令第44号、45号、46号により「教科課程」が正式に告示された[57]。これがすなわち、「第1次教育課程」である[58]。

第二項 「教育課程時間配当基準令」に見られる「道徳教育」

1.「教育課程時間配当基準令」の制定

　「教育課程時間配当基準令」では、国民学校の各教科や授業時間数は

第三章　社会生活科と国語科による間接的な「道徳教育」

どのように規定されていたのだろうか。次の表29は、文教部令第35号で規定された「第1次教育課程」における国民学校の時間配当基準表である。

表29　国民学校　教育課程時間配当基準表（1954年4月20日）

教科目＼学年	1学年	2学年	3学年	4学年	5学年	6学年
国語	25〜30% 240〜290分	25〜30% 250〜300分	27〜20% 290〜220分	20〜23% 220〜260分	20〜18% 240〜220分	20〜18% 250〜220分
算数	10〜15% 100〜140分	10〜15% 100〜150分	12〜15% 130〜160分	15〜10% 180〜120分	15〜10% 180〜120分	15〜10% 190〜120分
社会生活	10〜15% 100〜140分	10〜15% 100〜150分	15〜17% 160〜130分	15〜12% 170〜130分	15〜12% 180〜140分	15〜12% 190〜150分
自然	10〜8% 100〜80分	10〜8% 100〜80分	10〜15% 110〜160分	13〜10% 140〜110分	10〜15% 120〜180分	10〜15% 120〜190分
保健	18〜12% 170〜120分	15〜12% 150〜120分	15〜10% 160〜110分	10〜12% 110〜130分	10〜12% 120〜140分	10〜12% 120〜150分
音楽	12〜10% 120〜100分	15〜10% 150〜100分	8〜10% 190〜110分	7〜10% 90〜80分	10〜8% 100〜60分	10〜8% 100〜60分
美術	10〜8% 100〜80分	10〜8% 100〜80分	8〜19% 90〜110分	7〜10% 80〜110分	10〜8% 120〜100分	10〜8% 120〜100分
実科				7〜10% 80〜110分	7〜10% 80〜110分	7〜10% 90〜130分
特別活動	5〜2% 15〜20分	5〜2% 50〜20分	5〜8% 50〜80分	5〜8% 60〜100分	5〜10% 60〜120分	5〜10% 60〜120分
計	100% （960分）	100% （1000分）	100% （1080分）	100% （1120分）	100% （1200分）	100% （1240分）
総授業時間数	840時間 （24）	875時間 （25）	945時間 （27）	980時間 （28）	1050時間 （30）	1240時間 （31）

備考
1．百分率は、各教科及び特別活動の一年間の授業時間数に対する学年別時間配当量を示す。
2．カッコ内の数字は毎週平均授業時間量を示す。
文教部令第35号（1954.4.20）「国民学校、中学校、高等学校、師範学校教育課程時間配当基準令」より。

「教育課程」の全体は、「国語」「算数」「社会生活」「自然」「保健」「音楽」「美術」「実科」という 8 教科と特別活動から構成されている。従前の「理科」は「自然」へ、「家事」が「実科」へと変更され、しかも「家事」はこれまで 5、6 学年の女子だけに限定されていたが、今回からは 4 学年以降の全ての男女に実施されることになった。

また、時間数は週当たりの時間数が示されているが、その表示方法は従来の固定的な時間数ではなく、一定の幅を持たせた表示となった。年間時間数に対する百分率の表示と週当たりの分数での表記に変更され、しかも「総則」の第三条によって、「年を単位とし、毎週の平均授業時間量を参考に表示する」ことが明記されており、時間数はあくまでも「参考」とされたのである。そして「各学校長は、本令に規定された時間配当基準により、各学校の実情に沿った年間計画、学期計画、季節計画、週間計画及び日課表を作成しなくてはならない」とあり、児童や地域の実態、季節や天候の関係による週間時数の多少の変動は容認され、各学校の最終的な決定は、学校長の裁量に委ねらるようになった[59]。学校や地域、子どもの実態や実情に即応した教育活動の展開を可能にしたといえる。

この「第 1 次教育課程」の理念と方針には、生活中心教育課程や中核教育課程（コア・カリキュラム）関連の理論や民間団体の研究、そして日本の新教育運動からの影響も垣間見られるものとなっている。かつての分化主義を克服して、経験主義的な「教育課程」へ改善しようとする意図が見られるのである[60]。

2．「特別活動」と「道義教育」の新設

今回の「教育課程時間配当基準令」は、新たに「特別活動」とともに「道義教育」内容が加えられた点に特徴がある。まず「特別活動」だが、「総則」の第六条には「本令において『特別活動』とは、教育目的及び教育目標を達成するために必要な教科以外のその他教育活動」と規定されており、その教育活動に該当する活動として次の四点をあげている。

第三章　社会生活科と国語科による間接的な「道徳教育」

1．集会、その他民主的な組織の下で運営される学生活動に関すること。
2．学生の個人能力による個別成長に関するもの。
3．職業準備及び利用厚生に関するもの。
4．学生の趣味に関するもの[61]。

　ここには、「特別活動」に対して教師が主体的に立案することが求められたこと、民主的な組織の形成と運営方法であるべきこと、そして個人の趣味や能力、発達段階など個性に応ずる活動であるべき点等が述べられている。このような民主的な活動を含む「特別活動」の時間の新設には、米国の経験主義教育思潮からの影響や当時の教育現場で全国的に展開されたホームルーム活動や生徒会活動等、「特別活動」に関する研究会などの影響があったと考えられる。

　次に「道徳教育」についてだが、今回「総則」の「第十条」には、国民学校の「道義教育は全教科及びその他の教育活動全般にわたって行い、各学年の総授業数の範囲内で年三十五時間以上、これに充当しなくてはならない」[62]ことが新たに明記された。特定の科目を設置したわけではないが、これは年間35時間の「道義教育」が初めて「教育課程」に規定されたことを意味している。ただし、中学校について規定した「第十四条」では、「社会生活科に配当された時間数の中で最低35時間以上は道義教育のための時間を充当しなくてはならない」と記されており、国民学校と中学校ではこの「道義教育」の実施の仕方が異なっている点に注意したい。つまり、「教育課程時間配当表」上では両者とも「道徳教育」のための教科等は設定されていないが、前者は「全教科およびその他の教育活動全般」の中から、そして後者では社会生活科から、それぞれ新たに35時間を割り当てることが明確にされているのである。このように、「第1次教育課程」は子どもの円満な徳性や健康な身体、調和的な知識・技能の育成を期する全人的な育成を基本としながら、特に国民学校では全面主義的な「道徳教育」の方針がはっきり示されていたということができるのである。

195

だが、一方で「道義教育」のために一定の「時間」が確保されたことは、その「時間」を固有化しようとしたことでもあり、その位置づけに変化をもたらすきっかけになったともいえる。特に中学校では、社会生活科に週1単位時間の「道義教育」を行うことが明記された意味は大きかったのではないだろうか。こうした動きは、間接的な「道徳教育」に対する修正と捉えることもできる。そして、結果的には次期「教育課程」において、「特設」されるための大きな布石になったとみることができるのである。

3．国語科および社会生活科の重視傾向

日本統治時代や米軍政期と比較すれば、この「教育課程時間配当基準令」は児童・生徒の個性や生活を尊重し、児童や学校、地域の実情に沿うかたちで弾力的に時間配当が構想されたものといえる。新たに「特別活動」の時間が割り当てられたり、「道義教育」の時間が設置されたりしていたのは、その好例といえるだろう。

だが時間数から見れば、国語科を筆頭に、総時間数に占める主要四教科の割合が高くなった点が注目されるだろう。特に、国語科と社会生活科を合わせた授業時間数が各学年で最大の 30 ～ 35％となっており、両教科に対しては大幅に重点化された傾向が見られるのである。両教科には生活の主体である子どもの発達段階と生活実情への対応をはじめ、全人的な育成という考慮の下で、重要な役割が担わされていたものと考えることができる。

第三項　「国民学校教科課程」の性格

次に、「第1次教育課程」の理念的な特徴について見てみよう。「第1次教育課程」は、「巻頭言」の次に「一．本課程が出るまで」、「二．本課程の基本態度」、「三．本課程運営上の注意」の項目があり、この「教育課程」の全体的な方針や運営上の注意事項について触れている。続いて、「国語」「社会生活」「算数」「自然」「保健」「音楽」「美術」「実科」

第三章　社会生活科と国語科による間接的な「道徳教育」

の各カリキュラムが提示される構成となっている。

　その「一．本課程が出るまで」では、以下のように記述されている。

　1．本課程が出るまで

　　8.15 の解放後、今日に至るまで私達の教育課程は軍政当時に制定された
　ものであった。そのため、わが国の憲法及び教育法の制定によって教育の
　基本方針が確立すると、文教部はすぐに教育課程の制定に着手した。しか
　し、予期せぬ 6.25 事変により、その計画は一旦挫折してしまった。政府が
　釜山に移っていた 4285 年（筆者注：1952 年）、文教部は再び教育課程の改
　訂を開始することにし、まず教育界及びその他各界の有識者を網羅した教
　育課程全体委員会を構成したのであった。

　　この委員会は 29 回の討議を得て、旧教育課程の綿密な検討及び新教育
　課程の樹立を期すことにより、各級学校教育課程時間配当基準を作成し、
　ついに 4287 年（筆者注：1954 年）4 月 20 日、文教部令第 35 号により公
　布された。その後、文教部は教育課程の改訂に再度拍車をかけて、各教
　科の委員会を構成し、教育課程全体委員会が立てた原則にしたがって改訂
　に着手した。各科委員会は月日を重ね、真摯な研究と討議を繰り返した結
　果、ついに全体委員会の審議を経ることによって、次のような各科課程を
　作成したのである [63]。

　ここでは、「第 1 次教育課程」の作成作業は朝鮮戦争のために一時期中
断されていたが、戦時下の臨時首都釜山市にて文教部と協力者達のおか
げで再開され、紆余曲折を経ながらもようやく制定されたことが高らか
に宣言されている。憲法と教育法の下、初めて韓国人の手によって編成
された本格的かつ歴史的な「教育課程」として、内外にその原点が示さ
れたといえるだろう。

　次に、「二．本課程の基本態度」には「第 1 次教育課程」を作成した際
の基本的な目的と方針、およびその原則については以下の説明がある。

197

(1) 教科課程は社会を改善・向上させるための計画案である

(2) 育成すべき具体的な理想像とその具現方法について表示する

(3) 学生の心身の発達と生活理想に合致させる

(4) 内容を厳選して重複・過重を避けて必要最小限の内容とする

(5) 総合的で全人的な教育、個性尊重を重視する

(6) 反共教育、道義教育、実業教育を重視する

(7) 教育課程には弾力性を持たせる [64]

　この七つの項目は、教育法の「第一条」で謳う「民主国家発展」と「人類共栄の理想」実現に向けての「人格の完成」や「公民的な資質の育成」などの新たな理念が具体化されたものとなっている。すなわち、「教育課程」の目的を「社会の改善・向上のための計画案」と捉え、必要最小限度の内容であることや、全人的な育成を目指していること、反共教育、道義教育、実業教育を重視すること、そして地域や時代に応じた弾力的な運営を認めている点などは、かつての「教授要目」にはなかった新しい視点の内容となっているのである。とりわけ、「反共教育」「道義教育」「実業教育」に対する重視の傾向が明確にされた点は、白樂濬、金法麟、李瑄根ら歴代の文教部長官の政策が色濃く反映された結果だといえるだろう。また、経験主義的な教育観とともに系統主義的な教育観も同時に共存しており、「教育課程」を構成している点も特徴的である。というのは、子どもの発達段階や生活に対応した「総合的」な全人教育を目指して「個性尊重を重視」するだけでなく、「反共教育」や「道義教育」、「実業教育」などの伝統的で系統的な学習の重要性も掲げられているからである。

　「三、本課程の運営上の注意」はどうだろうか。カリキュラムの概念規定として、「本課程は、各学校の教育計画と教科経営の基準を示すものである。」と述べ、この「第1次教育課程」は最も基底となる国家基準の内容を定めたカリキュラムであることが明確にされている。そして、「教科書の活用は本課程の趣旨を逸脱して扱われることはできないし、全ての

第三章　社会生活科と国語科による間接的な「道徳教育」

学習資料も本課程の主旨の下に利用されなくてはならない。」として、教科書内容の基準となることも明らかにされている。

　しかし、その具現化にあたっては、「全ての教育の計画と経営は、本課程の趣旨にしたがって、これを具現するようにし、地域社会の特殊性と学生の実情に合う独自的な研究と創意を期さなくてはならない。」とされ、地域の特性と学生の実情に応じた弾力的な運営ができるようになっている。かつてのように、国策が前面に出るのではなく、地域社会と学生からの要求、そして実態への現実的な対応が確認されているのである。また、「本課程は教師の実際指導と学習評価に利用されなくてはならない。全ての学習指導計画だけでなく、実際の指導と学習評価の普遍的基準とするものであり、教師は各自の体験により本課程の改善に参与するよう努力することであろう。」と述べ、カリキュラムの内容は固定的で不変的なものではなく、今後も教員の努力によって改善されるべきことが明記されている。このように、「第1次教育課程」は国家的な基準性を持つことを内外に示しながらも、その運営についてはかなりの柔軟性を持つ「教育課程」であったといえる。

第五節　「第1次教育課程」における「社会認識教育」と「道徳教育」

第一項　「第1次教育課程」国語科の「道徳教育」

　第2章で見たように，米軍政期における朝鮮語学会は「国語」だけでなく、「公民」の教科書作成にも関与していたが、そのことは間接的に米軍政期の「国語」教科書の性格にも大きな影響を与える要因となっていた。米軍政期時代の「国語」は、単なる言語能力の育成だけでなく、公民教育的な役割も担っており、その教科書には「社会認識教育」や「道徳教育」的な内容が色濃く含まれていたからである。では、このような国語科の傾向は、「第1次教育課程」の制定後も継続されていたのだろうか。

199

本節では、「第1次教育課程」期の「国語」および「社会生活」を対象に、社会認識形成の教育の視点からカリキュラムと教科書を分析し、特に「道徳教育」との関連性からみた両教科の歴史的な意義について検討してみる。

1.「第1次教育課程」国語科の目標

まず、国語科のカリキュラムを確認してみよう。「国民学校国語科課程」の全体は、「一．国民学校国語科の目標」、「二．国民学校国語教育の領域」、「三．国民学校各学年の指導目標」、「四．国民学校国語科学習指導方法」という4つの章で構成されている[66]。その中で、目標については「一．国民学校国語教育の目標」の中の「1．国民学校の目標と国語教育」で、次のように述べられている。

「第1次教育課程」国語科の教科目標

1．国民学校の目標と国語教育
　国語は、全ての社会生活と密接な関係を持っているため、個人の人格というものが分離できない一部分であるのと同じように、社会的な手段という存在でもある。国語の純化は社会的な媒介を改善することによって人間関係をさらに密接にし、理解と協同の社会へと牽引していくと同時に個人の心性と人格を陶冶する。ここに言語教化の重要な価値があるのである。それゆえに、国語教育は内容面で思想と感情を重視し、民主的な生活指導に力を入れなければならないし、形式面では機械的な正確性を訓練しなくてはならない。
　国語学習指導の目標は、前記のとおり、技能を持った国語の使用を効果的にするところにあり、話すこと、聞くこと、読むこと、書くことに加えて、よい習慣と態度と技能を育て、日常生活に必要な理解と知識と鑑賞する力を増大させ、正しい国語生活への向上を図るところにある。
　国民学校国語科学習指導は、主に基本的な言語習慣、言語技術を正しく育てる体験を与えるところにある。従来の国語教育は、知識を付与するとか理解力を育成することによって、演繹的に言語技術を熟達させようとしたのであり、鑑賞と創作の力も知識を通して与えようとした。国語の抽象的な知識は語法の知識や文字、語句の知識である。しかし、このような部分的な知識は言語活動を通して得ることができるし、このよう

第三章　社会生活科と国語科による間接的な「道徳教育」

> にして得た知識こそ必要なものである。単純な言語の抽象的な知識は、
> 事物に対するある程度の理解を与えることはできるが、生命を付与する
> ことはできない。ある必要性と動機による生活を通した体験をすること
> なしには、知識と理解はまちがった知識を与え、生命のない言語として
> 正確でない表現で御用されがちである。言語を誤用せずに正しく思考し
> 判断することによって、その技能は行動表現とともに正しく発揮させる
> ことが、おなじく<u>国語教育が社会の改善と人格の完成に寄与する一つの
> 使命でなくてはならない</u>[67]。

（下線は筆者による）

　言語能力を育成することは、単なる言語の学習だけでなく、究極的に
は個人の心性と人格の陶冶にまで影響力を及ぼすことを強調している。
そして、国語科では「思想と感情を重視」すべきではあるが、指導方針
としては、民主的な生活指導にまで踏み込んだ内容を学ぶことの必要性
にも言及している。また、「話すこと、聞くこと、読むこと、書くこと」
に加え、望ましい習慣と態度の育成のための技能の育成についても触れ
られており、最終的には、「社会の改善と人格の完成に寄与する」教科で
あるべき点が明確に示されているのが分かる。

　このように「第1次教育課程」期の国語科は、正しい言語の習得に
よって児童・生徒の相互理解を可能とさせながらも、社会生活における
民主的な生活態度の育成も同時に目標とした教科であった。個人には人
格の陶冶と完成を、社会に対しては社会改善に寄与する市民性を育むこ
とにその目標を置いており、国語科でありながら、公民教育的で、道徳
教育的な目標も設定した教科だったのである。

2.「第1次教育課程」国語科の内容および方法

　①国語科の内容　——社会の改善と人格の完成に資する内容——

　では、この教科目標を達成するためには、国語科ではどのような内容
が扱われていたのだろうか。国語科のカリキュラムには、教科の目標は
明記されているが、各学年で扱われるべき具体的な内容については記載
されていない。だが、「二.　国民学校国語教育の領域」には、「国語科の

領域とは、抽象な面では一つもないか、反対に全ての有形無形の生活が全ての領域になるとも言えよう。それゆえに、国語科の領域とは言語としての領域ではなく、国語科の使命を達成するために何をしなくてはならないかという内容になるのである」[68]と記載されている。つまり、「第1次教育課程」では、国語科の内容は抽象的な文法とか語彙のような言語的なレベルに止まるものではなく、国語科としての使命、すなわち「社会の改善と人格の完成に寄与」するものでなくてはならないことを規定しているのである。

　また、国語科で扱うべき領域については、「(1) 言語経験の要素」「(2) 言語経験の機会」「(3) 技術面から見た学習指導」「(4) 生活指導としての学習指導」「(5) 国語科の読解の主要な主題」があげられている。中でも、「社会認識教育」および「道徳教育」に関連するものとして、「(5) 国語科の読解の主要な主題」には、以下の18項目が掲げられている。

1．日常生活のいろいろな経験

2．家庭及び学校の行事

3．季節の変化

4．時事ニュース

5．動植物及び自然現象の観察

6．映画、演劇及び読書後の感想

7．遊びと運動競技に関すること。

8．児童のための文学作品

9．科学的で継続的な観察の記録

10．心情を豊かにする伝説及び寓話

11．道義心を高める話

12．趣味を満足させる話

13．科学の原理に関する話

14．民主思想の理解と発達を助長する話

15．民族と人類文化に寄与した偉人の伝記

第三章　社会生活科と国語科による間接的な「道徳教育」

16. 国語生活に直接的に寄与する資料

17. 言語感覚を新しくする資料

18. 国語の発達と国語純化に関する資料[69]

　ここに示された読解で扱われる主要な「主題」を見てみると、たしか
に日常生活での出来事や行事、文学作品や観察記録、あるいは「言語感
覚を新しくする資料」などのように、子ども達の言語能力の育成を念頭
に置いた主題例が多く列挙されているのが分かる。しかし、中には「11.
道義心を高める話」や「14. 民主思想の理解と発達を助長する話」、
「15. 民族と人類文化に寄与した偉人の伝記」などのように、明らかに言
語能力の育成だけを目的とするのではなく、道徳的な心情や民族・国家
的な意識、あるいは民主主義思想の育成を目指すような主題も多数散見
される。国語科の内容は、言語能力の育成のための単なる文法的な言語
学習だけでなく、最終的には「個人の心性と人格を陶冶」することを視
野に入れているのが理解されるのである。言語の学習とともに、「社会認
識教育」と「道徳教育」の内容を扱うことで、「社会の改善と人格の完成
に寄与する」ことも教科の目標となっているからである。

②『国語』教科書の内容

　では、実際の教科書は如何なる構成となっているのだろうか。

　繰り返しになるが、国語科のカリキュラムには、「学年の指導目標」
「話すこと」「聞くこと」「読むこと」「書くこと」の目標が学年毎に立て
られているが、内容に関する記述は見られない。国語科で扱うべき内容
や題材については全く示されていないのである。しかし、教科書は「第1
次教育課程」の制定後に刊行されたことから、それに準拠して作成され
たのは明白であり、具体的な内容についてはこの教科書を手がかりに把
握することが可能である。そこで本節では、1956 年〜 1957 年に発行され
た初等学校用の国語科教科書の『国語』について検討し、内容の把握を
試みることにしたい[70]。

203

③『国語』教科書の全体構成と内容

『国語』は、各学年とも2巻から構成されており、第6学年までの全12巻となっている。1956年～1957年に発行された全学年の目次は、以下の通りである。

表29 『国語1-1』および『国語1-2』の目次

『国語1-1』(1957年1月15日発行)		『国語1-2』(1956年9月10日発行)	
目　　次	形　式	目　　次	形　式
(ア) 私たちの学校	絵教材	1．月	歌詞
(イ) 私たちの家	対話文	2．なかよく	生活文
(ウ) かくれんぼ	対話文	3．もとの場所	生活文
(エ) ちょうちょ	詩	4．学校の遊び	生活文
(オ) 朝	生活文	5．たま	歌
(カ) おもしろい遊び	生活文	6．雪	言葉学習
(キ) 飛行機	生活文	7．コマ	生活文
(ク) 花園	生活文	8．おじいさんのうち	生活文
(ケ) 絵本	童謡	9．なんでしょうか	言葉学習歌
(コ) 紙の船	童話	10．うさぎとカメ	生活文
		11．影あそび	生活文
		12．シャボン玉	生活文

表30 『国語2-1』および『国語2-2』の目次

『国語2-1』(1957年1月15日発行)		『国語2-2』(1956年9月10日発行)	
目　　次	形　式	目　　次	形　式
1．新しい学年	生活文	1．運動会	生活文
2．絵日記	日記	2．学校へ行く道	生活文
3．ひよこ	歌詞	3．おもちゃ	言葉遊び
4．霧雨	生活文	4．病院遊び	言葉遊び
5．遠足	生活文	5．学芸会	生活文
6．私たちの地域	紹介文	6．手紙	手紙の書き方
7．予防注射	衛生生活	7．冬	生活文
8．洗濯	生活文	8．お正月	生活文
9．夏	生活文	9．ラジオ	生活文
10．三つの話	物語	10．三一節	物語
11．イソップ物語	童話	11．いたずらうさぎ	童話

第三章　社会生活科と国語科による間接的な「道徳教育」

| 12. ツバメ三兄弟 | 物語 | 12. 義兄弟 | 童話 |

網掛けは「道徳教育」的な単元を、下線は「社会認識教育」的な単元を示す。（筆者）

表31　『国語 3-1』の目次

『国語 3-1』(1956 年 3 月 10 日発行)			
目　　　次	形　式	目　　　次	形　式
I．やさしい春		11．かぼちゃの提灯	歌詞
1．春の手紙	歌詞	V．おもしろい物語	
2．たんぽぽ	歌詞	12．今古記	童話
3．人夫と蝶	歌詞	13．水の旅行	童話
4．日記	日記	14．変な国々	説明文
II．やさしい子ども		VI．ありがたいわが国	
5．子どもの日	歌詞	15．私たちのもの	説明文
6．竹馬の友	生活文	16．大極旗	物語
III．おもしろい私たちの言葉		17．李瞬臣将軍	物語
7．ことば遊び	お話		
8．なぞなぞ	お話		
IV．美しい花			
9．花畑日記	日記		
10．ゆり	歌詞		

網掛けは「道徳教育」的な単元を、下線は「社会認識教育」的な単元を示す。（筆者）

表32　『国語 3-2』の目次

『国語 3-2』(1956 年 9 月 10 日発行)			
目　　　次	形　式	目　　　次	形　式
○秋		○美しい初めてのあいさつ	
1．コスモス	歌詞	10．初雪	日記
2．秋の風	歌詞	11．誕生会	生活文
3．作文	生活文	12．白鳥の工子	童話
○難しい言葉		○すばらしい人達	
4．売られていくロバ	童話	13．柳寛順（ユ・ガンスン）	詩
5．はい、いいえ。	話し方	14．ユニ	脚本
6．大洞江	紹介文	15．アブラハム・リンカーン	伝記
○伝えられてきたお話		○楽しかった 3 年生	
7．三年峠	童話	16．新しい春	詩
8．ノチョクポンとヨンサンガン	童話	17．楽しかった物語	回想記

205

9．きこりと仙女	童話	18．4年生になるには	詩

網掛けは「道徳教育」的な単元を、下線は「社会認識教育」的な単元を示す。（筆者）

表33 『国語4-1』の目次

『国語4-1』（1956年3月15日発行）			
目　　　次	形　式	目　　　次	形　式
○木を植えよう		11．済州島	説明文
1．育っていく木	詩	○伝えられてきたお話	
2．植樹の日	生活記録文	12．オキナグサ	童話
3．へんなメガネ	生活鑑賞文	13．墨画とムンイクジョム	伝記文
○手紙		14．ツバメとフンブ	童話
4．なつかしい先生	手紙	○童話と演劇	
5．慰問の手紙	手紙	15．お月様の話	物語
○私の観察記録		16．王子とツバメ	物語
6．私の発見の場	観察記録	17．ぞうきん	脚本
7．私が育てたアゲハチョウ	飼育日誌	○子ども達の友達	
8．蚕のまゆ	観察記録	18．パン・チョンファン先生	伝記文
○海の国		19．アンデルセン	伝記文
9．海	歌詞	20．ファーブル	伝記文
10．イチモチとり	記録文		

網掛けは「道徳教育」的な単元を、下線は「社会認識教育」的な単元を示す。（筆者）

表34 『国語4-2』の目次

『国語4-2』（1956年9月10日発行）			
目　　　次	形　式	目　　　次	形　式
○言葉と文字		○お母さん	
1．この世で尊いもの	説明文	10．ハン・ソクポン	童話
2．標準語と方言	説明文	11．盲目者	童話
3．辞典	解説文	12．お母さんの宝物	童話
○短い文		○ありがたい方々	
4．歌4篇	歌詞	13．世宗大王	伝記文
5．ことわざと格言	語録	14．エジソン	伝記文
6．標語とポスター	生活文	15．ジェノー	伝記文
○物語3編		○互いに助ける世の中	
7．自由の鐘	物語	16．幸福	童話
8．一握りの土	小説	17．愛の家	解説文

第三章　社会生活科と国語科による間接的な「道徳教育」

9. ハーモニカ	小説	18. 私たちを助けてくれる UN	論説文

網掛けは「道徳教育」的な単元を、下線は「社会認識教育」的な単元を示す。（筆者）

表 35　『国語 5-1』の目次

『国語 5-1』（1956 年 3 月 15 日発行）			
目　　　次	形　式	目　　　次	形　式
○春の歌		10. 花とちょう	物語
1. 土の中には誰かがいるみたい	詩	11. 夕方の鐘	伝記文
2. 笛	詩	12. フランダースの犬	伝記文
3. 朝のカササギ	詩	○生活報告	
○わが学級の生活		13. ミツバチ	観察記録文
4. 学級新聞	説明文	14. 本を読んで	鑑賞文
5. 子ども会	会議録	15. 映画の話	鑑賞文
6. 子ども貯金	説明文	○私たちの民族と民主主義	
○発見と発明		16. 私たちの民族性	説明文
7. 少しのことでも	観察文	17. キム・ジョンホ	伝記文
8. 聴診器	説明文	18. チェ・ヨン将軍	伝記文
9. 電話	物語	19. 民主主義と共産主義	論説文
○美しい生活			

網掛けは「道徳教育」的な単元を、下線は「社会認識教育」的な単元を示す。（筆者）

表 36　『国語 5-2』の目次

『国語 5-2』（1956 年 9 月 10 日発行）			
目　　　次	形　式	目　　　次	形　式
○秋		8. 西洋の音楽家	紹介文
1. 歌 3 篇	詩	9. 月光曲	逸話文
2. 日記	日記	10. ショパン	伝記文
○美しい私たちの言葉		○赤十字精神	
3. 韓国語の美しさ	解説文	11. ナイチンゲール	小説
4. あいさつと敬語	説明文	12. 赤十字社の誕生	説明文
○美しい物語		13. シュバイツァー	伝記文
5. 美しい信号	童話	○探検物語	
6. 花郎官昌	童話	14. アメリカの発見	探検記
7. タイムズ川の地下道	小説	15. 極地探検	探検記
○音楽の物語		16. 情で結ばれた探検	探検記

網掛けは「道徳教育」的な単元を、下線は「社会認識教育」的な単元を示す。（筆者）

207

表 37 『国語 6-1』の目次

目　　　次	形　　式	目　　　次	形　　式
『国語 6-1』（1956 年 3 月 10 日発行）			
○新聞と放送		○古跡を探して	
1. 新聞	論説文	10. 扶余	紀行文
2. 放送局を探して	観察記録文	11. 仏国寺	紀行文
3. 話すこと	生活文	12. 南海で	紀行文
○詩と音楽		○感激の日	
4. 詩の世界	詩	13. 8 月 15 日	鑑賞文
5. シューベルトの子守歌	逸話	14. 9 月 28 日	鑑賞文
6. なつかしい歌	詩	○人類のあかり	
○自然と生活		15. ペスタロッチ	伝記文
7. 自然のすがた	説明文	16. ノーベル賞	伝記文
8. 自然と科学	観察文	17. UN の誕生	説明文
9. ダルガス	伝記		

網掛けは「道徳教育」的な単元を、下線は「社会認識教育」的な単元を示す。（筆者）

表 38 『国語 6-2』の目次

目　　　次	形　　式	目　　　次	形　　式
『国語 6-2』（1956 年 9 月 10 日発行）			
○私たちのハングル		○一つの世界	
1. ハングルの歌	詩	9. 世界地図になるまで	説明文
2. 文字の話	説明文	10. 人類の師	伝記
3. ハングルの誇り	論説文	11. オリンピック	説明文
○私たちの言葉、私たちの歌		○わが民族	
4. 歌と私たちの言葉	鑑賞文	12. 3.1 精神	論説文
5. 詩調	詩調	13. わが民族	論説文
○物語と演劇		○卒業を前にシテ	
6. 創作物語	論説文	14. さようなら、学校よ！	詩
7. 沈清物語	小説	15. ケヤキ	鑑賞文
8. クリスマスの聖歌	脚本	16. 私の希望	鑑賞文

網掛けは「道徳教育」的な単元を、下線は「社会認識教育」的な単元を示す。（筆者）

第三章　社会生活科と国語科による間接的な「道徳教育」

　全ての単元名と教科書の記述を手がかりにしながら、「社会認識教育」
および「道徳教育」内容に関連が深い単元項目を選択し、それらを道義
的領域、社会的領域、経済的領域、政治的領域、地理的領域、歴史的領
域の観点から分類したものが表39である[71]。

　この『国語』には、「教授要目」期の『初等国語』と比較してみると、
いくつかの点で異なる特徴が見られる。第一に、『国語』は2巻を通じ
て年間の内容の配列が考慮されている点である。前回の『初等国語』で
は、『○-1』に相当する第1巻目には季節や年間行事等の時系列に沿っ
た生活関連の題材が配列され、第2巻目の『○-2』には時系列と関係の
ない題材が配列されていたが、今回は6学年を除いて、各学年とも『○
-1』と『○-2』は一貫した連続的構成となっており、扱われる題材も春
→夏→秋→冬という時系列に合わせられているのである。

　第二に、前回に比べて社会的機能に関する内容が大幅に減少した点で
ある。『初等国語』では、第3学年から少しずつ身近な社会的機能が登場
していたが、この『国語』では、第2学年で「ラジオ」や第6学年に「新
聞」「放送局」等が登場する程度であり、僅かな数しか登場していない。
本節の第二項でも後述するが、これは「通信」「交通」「銀行」等の社会
的機能については社会生活科で扱うことが明確にされたことで、ある意
味で教育内容の棲み分けが進み、ことさら国語科の中で扱う理由がなく
なったからと考えられる。

　第三に、新たに政治教育的な内容が登場した点である。例えば、第
4学年では戦時中に援軍を送ってくれた国連と国連軍への感謝の内容の
「18.（4-2）私たちを助けてくれるUN」が登場している。第5学年では
共産主義と民主主義を対比させて後者の優越性を述べた「19. 民主主義
と共産主義」、第6学年では、ソウル市奪還時の戦況に関する「14.9月
28日（6-1）」、国際連合に関する「17. UNの誕生（6-1）」などが登場し
ている。朝鮮戦争に関連した題材が増えているのである。

　第四に、学年段階が上がるにつれて「道徳教育」的な内容が増加して
いる点である。例えば、第1学年の「なかよく」、第2学年の「三一節」

209

表 39 『国語』の内容分類

領域＼学年	1学年	2学年	3学年	4学年	5学年	6学年
道義的領域	2. なかよく	10. 三一節 12. 義兄弟	5. 子どもの日 6. 竹馬の友 15. ありがた いわが国 15. 私たちの もの 16. 太極旗 17. 李瞬臣 将軍 13. 柳寛順 14. ユニ 15. アブラハ ムリンカーン	13. (4-1) わたとムンイ クジョム 17. (4-1) ぞうきん 18. (4-1) バン・チョン ファン先生 19. (4-1) アンデルセン 20. (4-1) ファーブル 13. (4-2) 世宗任君 14. (4-2) エジソン 15. (4-2) ジェノー 16. 幸福 17. 愛の家	7. (5-) 少しのこと でも 8. (5-1) 聴診器 9. (5-1) 電話 10. (5-1) 花とちょう 11. (5-1) 夕方の鐘 12. (5-1) フランダース の犬 16. (5-1) 私たちの民 族性 17. (5-1) キム・ジョン ホ 18. (5-1) チェ・ヨン 将軍 6. (5-2) 花郎クァン チャン 7. (5-2) テムズ河の 地下道 11. (5-2) ナイチンゲー ル 12. (5-2) 赤十字社の 誕生 13. (5-2) シュバイツァー 5. (5-2) 美しい信号 6. (5-2) 子ども貯金	5. (6-1) シューベル トの子守歌 9. (6-1) ダルガス 12. (6-1) 南海で 13. (6-1) 8月15日 15. (6-1) ペスタロッチ 16. (6-1) ノーベル賞 1. (6-2) ハングルの歌 2. (6-2) 文字の話 3. ハングル の誇り 7. (6-2) 沈清物語 9. (6-2) 世界地図が できるまで 10. (6-2) 人類の師 11. (6-2) オリンピック 12. (6-2) 3.1精神 13. (6-2) わが民族
社会的領域	1. 私たちの 学校 2. 私たちの家 4. 学校の遊び	6. 私たちの 地域 7. 予防注射 4. 病院遊び 9. ラジオ				1. 新聞 (6-1) 2. 放送局を 探して (6-1)
経済的領域	−	−	−	−	−	−
政治的領域				18. (4-2) 私たちを助 けるUN	19. 民主主義 と共産主義	14. (6-1) 9月28日 17. (6-1) UNの誕生
地理的領域			14. へんな 国々 6. 大洞江	11. 済州島		
歴史的領域						10. (6-1) 扶余 11. (6-1) 仏国寺

第三章　社会生活科と国語科による間接的な「道徳教育」

「義兄弟」、第3学年の「大極旗」「李瞬臣将軍」「柳寛順」、第4学年の
「世宗王」、第5学年の「キム・ジョンホ」「チェ・ヨン将軍」「私たちの
民族性」、第6学年の「扶余」「仏国寺」「8月15日」「ハングルの誇り」
「3・1精神」「わが民族」などは、いずれも民族意識や国家意識を高揚さ
せる将軍や高名な学者に関する偉人伝か、民族・国家に関する歴史的な
事実、あるいは文化遺産としての歴史的建造物に関する題材である。特
に、第3学年以降では社会的機能の内容が減少しているが、「道徳教育」
的な内容は急増する傾向がある。

　全体的には、前回の『初等国語』では、都市機能や市民生活関連の事
象など、社会的機能に関する内容の理解や市民目線からの社会的事象を
扱った題材が多く含まれていたのに対し、この『国語』では、民族や国
家に関する歴史的事実や偉人伝のような「道徳教育」的内容、そして、
朝鮮戦争および国際連合に関するイデオロギー教育としての政治教育、
さらに民族主義的、国家主義的な内容を含む教材が増加している。国語
科には、子ども達を一定の価値的な方向へ社会化させていこうとする役
割が一層強化されたといえるだろう。「第1次教育課程」制定の前後期に
おいて、韓国では建国や朝鮮戦争を経たことにより、国語科に国家意識
や民族の意識を強く持たせるための「道徳教育的」な使命と役割が増大
したとみることができるのである。

　④『国語』教科書における「道徳教育」的内容の実際
　では、この『国語』において「道徳教育」的な内容はどのような方
法で教えられていたのか。ここでは、1956年発行の第6学年用『国語
6-2』の「わが民族」単元を手がかりに、その内容記述の論理から教育方
法について考察してみたい。
　『国語』の単元は、第1学年～第2学年では小単元で構成されているが、
第3学年以上では大単元での構成となっている。したがって、「わが民
族」単元は、「12. 三.一精神」および「13. わが民族」という二つの小単
元からの構成となっている。以下は、「わが民族」単元の全文である[72]。

『国語 6-2』（1956）教科書における「わが民族」単元の全文

「12. 三一精神」

　"三一精神"は"3. 1独立運動"の精神という意味である。

'3・1運動'は、檀紀4252年3月1日に、わが民族が当時の侵略者である日本帝国の武力的支配と強圧に抵抗した運動である。われわれは平和的手段として、わが民族の自主独立を叫びながら世界平和と正義人道のためにともに立ち上がり、神聖なる民族運動を展開した。

　その時のわが国は、日本の武力的侵略を受けて、その強制的支配の下で喘ぎ苦しみながらも、これを武力で抑えたり、はねのけたりする力を持てない状況であった。その時、世界の情勢はちょうど第一次世界大戦が終わった頃であり、アメリカのウィルソン大統領によって民族自決主義の原則が提唱された。'民族自決主義'というのは、たとえ弱小の民族であったとしても他の民族の武力的侵略や支配から逃れ、自ら自由と平等を享受してこそ、世界の平和と秩序を維持することができるという国際約束を指す言葉である。ウィルソン大統領のこうした原則は、その当時の我々と同じように、他の民族の武力的侵略と支配によってうめきながら死んでいった世界のすべての弱小民族に、解放の喜びと光明を与えるものだった。わが民族もこの原則から解放を得ようとして、ついに3・1運動は起こったのである。

　しかし、その時は日本の憲兵隊と警察は銃と刀によって我々を動けないように押さえつけ、我々は互いにこの日を知らせることもできなかったし、自由に一ヶ所に集まって議論をすることもできなかった。よって、わが民族の指導者たちは日本の警察の目を盗みながら秘密に会って約束をし、太極旗を作るとともに、'独立宣言書'を書いて全国に広めるようにした。その時の独立宣言書には、

「――わが民族はたとえ古い時代の残物である武力的侵略と強権の支配の下に置かれていても、われわれは五千年の歴史を持つ文化民族として自由と平等を愛し、正義と真理を求め、世界平和と人類の幸福に貢献することによって、自ら日本の束縛から脱しようとする。――」

と述べられていた。

　そして、この宣言書に続いて'公約三状'には、

「――われわれは、ただ我々の生存を探し求めるだけであり、他の人を排斥することを好むものではない。このためにはわれわれの命が尽きるまで志は折れるものではないが、だからといって武力や暴力を使用することではなく、どこまでも平和的手段によって秩序を守るものである。――」と明言していた。

第三章　社会生活科と国語科による間接的な「道徳教育」

　このような独立宣言書と'公約三状'を掲げ、我々は共に'大韓民国万歳'を声高く叫び、太極旗を振って市街の行進に出たのである。時を同じくして、最初は大都市だけで立ち上がったが、後には郡ごとや道ごと、そして、おじいさんであろうとおばあさんであろうと、子どもも大人も農夫、商人のだれもが、韓国人の血を受けた人ならば全ての人が走り出てきて万歳を叫んだのであった。

　日本の憲兵隊と警察が、銃と刀と馬蹄で万歳と行進を防ごうとしたが、我々はこれに恐れず、血を流しながら前進した。この時に血を流して倒れた人が7,500人以上にものぼり、警察に連行された人は46万人を超えた。これを指して私たちは普通、'3・1運動'と呼んでいる。

　この'3・1運動'の精神、すなわち「三一精神」の最も重要なことは次の3つである。

　第一には、民族精神がそれであり、第二には自由精神がそれであり、第三には平和精神がそれである。

　このように、われわれが'三一精神'の第1の要素として民族精神をあげたのは、3・1運動が何よりもその時の我々を武力で抑えてきた外族に対する抵抗運動であったからである。

　このような外族の侵略的な支配に対し、抵抗する心はどの民族にもあるだろうが、当時のわが民族のように、全民族的な運動を展開したことは、他の民族では見られないし、難しいことである。

　その時、まだ我々には国民教育が普及する前であったので一般的には知識水準が非常に低かった。それにもかかわらず、四方から老若男女がともに走り出てきて、万歳によって山を揺らし、血によって川を染めたのだが、これは我々の血統の中に宿り、われわれの心の中に本来染み付いた民族精神でなければ起こることがなかったであろう。よって、われわれは世界のどの民族よりも民族の尊厳性に対して命をかけて守ることが知られるようになったのである。

　しかし、我々が皆そのように立ち上がり、命をかけて万歳を叫んだのは、相手が日本だったことだけが理由ではない。相手が誰であったとしても、暴力と強権によって我々を容赦なく押さえつけ、苦しめたからである。

　言い換えれば、彼らはわれわれの自由を完全に奪ったために抵抗運動が起きたのである。彼らは国の主権を奪っただけではなく、われわれから話すこと、文字を書くこと、集まって議論する自由までも奪ってしまったのである。

我々には、わが国の主権を取り戻そうとする民族精神だけに終わらず、暴力と強権によって踏みにじられた我々の自由を捜し求める精神がほとばしっていた。これがすなわち、三一精神の２つ目の要素である自由精神である。

　このように、わが民族は初めから強権と暴力を嫌う自由精神を持っていたということは、すなわち民主主義を血筋の中に宿らせてきたということができるだろう。このように見たとき、三一精神の中には、民族精神とともに自由精神がどれだけ大きな位置を占めていたかということを知ることができるのである。

　三一精神の三つ目の要素は、平和精神である。これは独立宣言書や公約三状で何度も強調されており、また行動によってもはっきりと見ることができる。その時われわれは、銃や刀によって恩讐に対したのではなく、われわれの太極旗だけを手に掲げて戦ったのである。恩讐たちがわれわれに銃や刀によって対したときに、われわれはそのまま太極旗を振りながら、「大韓独立万歳」とだけ叫んで倒れたのであった。

　それだけでなく、われわれの歴史を見ても、わが民族はこれまで一度も暴力や強権によって他の民族を侵略したり、抑圧したりしたことがなかった。これは元来、わが民族が平和を愛したからであり、この平和精神がまた民族精神、自由精神とともにわれわれの血筋の中に流れてきたためである。

　われわれが当時のウィルソン大統領の民族自決主義原則を熱烈に歓迎したことも、そのように行動することのみが、世界平和を建設することができるという彼の言葉が正しいと信じたからである。すなわち、彼が主張した世界平和は、まさにわが民族の理想と一致したのであった。

　今、３・１運動は過ぎ去ってしまったが、われわれは今も三一精神の中に生きている。三一精神は今もわれわれの血筋の中に流れているだけではなく、われわれが8.15解放を迎えるようになったことも、大韓民国を新しく打ち立てたことも、また6.25の侵略においてＵＮ軍を迎え、ともに手をとって北朝鮮傀儡軍を打ち破ったことも、全て三一精神がもたらした結果なのである。

　だとすれば、民族精神であり、自由精神であり、平和精神である三一精神は、今日のわれわれに何を教えているのだろうか？

　第一に、民族精神はわれわれに南北の統一を教えている。わが民族はもともと二つではなくて一つであり、われわれの言葉、われわれの文字はもともと全て一つずつであり、二つではないからである。

　第二に、自由精神は共産主義を拒み、民主主義に行けと教えている。

第三章　社会生活科と国語科による間接的な「道徳教育」

共産主義世界では少しも自由がないが、それとは反対に民主主義は全ての人たちが各々自分の思う通りに話し、文を書き、集まって議論し、どこにでも行ったり来たりすることのできる自由を与えてくれる。

　第三に、平和精神は我々に対し、UN に歩調を合わせて行くべきであることを教えている。UN は我々が大韓民国を建国するよう励ましてくれたし、さらに 6.25 事変のときには、我々の自由と民主主義が危機に陥ると UN 軍を送って共産侵略軍を撃退するように助けてくれた。またそれだけでなく、UN は世界の全ての民族の自由と平和と正義を尊重し、これを守っていく国際機構だからである。

　それゆえに、UN と歩調を合わせていくことによって南北を統一し、共産主義を払いのけて世界平和に貢献することが、三一精神を受け継ぐわが民族の使命なのである。われわれが 3 月 1 日を三一節という祝日に定めて記念日としていることも、この三一精神を刷新し、その精神を受け継いで誓いを固くし、その理想を一層輝かせ、達成させるためなのである。

「13. わが民族」

　わが民族は、東北アジアの種族の一つとして生まれ、はるか遠い昔に中国の北側のふもとを経て、日が出て暖かい東側の土地に向かい、東南満州と三千里江山のこの土地に住むようになった。

　その頃、わが祖先たちは山と平野と海岸に散らばっており、狩猟、牧畜、漁で生活をする一方で、農業も次第に始めるようになった。川沿いの土地は肥えており、水を求めやすい場所を探して生活したため、自然にいろな人々が集まって生活するようになり、そこにはムラが次第に増えて広がっていった。檀君が最初にわが国の土地を選んだのも、このようなことであったのだろう。

　わが民族はこの土地に基盤を置いて住むようになり、各地方にいろいろなムラが群れをなして集まるようになったが、おおよそ押緑江の流域、満州の吉林、長春付近一帯、咸境南北道海岸地方、江原道一帯にかけて住んでいた。漢江以南にはいわゆる三韓といって、大きく分けて三つの集団があったが、これらはそれぞれ小さな国をつくり、ムラとムラが団結して生活と平和を維持していた。

　その間、大同江流域には中国から衛満がその大勢の群れを率いてきて国を建て、もう一つの国がこれを打ち破った後、さらにその勢力を広げようとしたが、わが民族の間にはおのずと民族的自覚が芽生えること

なり、初めて分立から統一の道に向かうようになった。北側には高句麗の国が起こって小さな国々は統合され、中国勢力を遠くに追いやり、広開土大王時代には松花江流域と沿海州地方まで占有していた。一方、南側には百済と新羅が興って小さな国々を統合し、わが民族は三国にまとまることで他の民族の侵略も完全に払いのけ、さらに大きな発展の道を歩んだのであった。

　このように、分立から統一されていったわが民族は、新羅という大きな垣根の中で、ひとつの国の１つの民族として出発するようになった。高句麗の人々は、新羅と唐の連合軍によって国を失ったが、唐の侵略に対しては新羅とともにこれを払いのけた。

　このように、１つの国に１つの民族としてまとまった新羅は、三国の文化が融合した民族文化の発展をしたので、現在慶州に残っている仏国寺や石窟庵等の輝かしい古跡はこれを証明しているといっても過言ではない。

　古来より、わが民族は明るくて暖かく美しい国土の中で育てられてきた。それゆえに、われわれの祖先たちはおのずから明朗で美しく、正義を愛し、強くても平和を愛し、楽しく生活しようとする心と純朴な精神を持つようになった。近隣の国と他の民族に対しても常に平和に過ごそうとして努力してきたが、一度侵略を受けたときには、力強く、粘り強く戦い、最後にはこれを払いのけてしまったのである。

　かつて隋のヤンジェが百余万の大軍をまとめて高句麗を侵略したとき、乙支文徳将軍は、りりしい高句麗の男を率いて、役軍を清川江のつりのえさにして隋の国をひっくり返してしまったし、天下に威力をとどろかした唐の太宗自ら大軍をまとめて攻め入ってきた時も、これを小さなアンシ城で３ヶ月もの間ねばり強く耐え、ついに彼らを払いのけた。その後、高麗時代にヨーロッパ大陸の大部分まで征服していたモンゴルの侵略を受けたときにも、全民族がひとかたまりとなって力強く戦ったことは、世界の歴史に輝かしく残っている。

　ただ、近世に入ると、大陸の強大な清と東の島国である日本からの侵略が頻繁にあったため、長い間疲労困憊したが、壬申の乱の時には李瞬臣将軍のような民族の血の流れるような戦いが行われていた。近年では民族精神がバラバラになったすきをねらわれ、しばらく日本に侵略を受けていたわけだが、これは5000年のわが民族の歴史の中で初めてうけた恥辱であった。

　しかし、これもついにわが民族の精神を呼び起こすことになり、3・1運動をはじめ、絶え間なく闘争をすることとなった。このことで、ア

第三章　社会生活科と国語科による間接的な「道徳教育」

メリカをはじめとする民主主義の国の助けを得て再び解放されることになり、われわれは大韓民国を建国することができたのである。

東アジアの小さな半島周辺の弱小民族として、このように強力な種族と戦いながら5000年の長い歳月を生命と国土と文化を保全してきた民族は、果たしてどれくらいあっただろうか。ヨーロッパ大陸を踏みにじったモンゴルの子孫は今どこにいて、中国大陸を手に入れて牛耳った満州族は、今日その行方を見つける術がない。

ある外国人は、わが民族を指して奇跡と言ったが、これはわが民族を知らないで言う言葉であろう。

今、世界の全人類は歴史上最も危険な中をさまよっている。暴力に明け暮れた独裁主義から自由を尊重する民主主義へ、少数のための専制政治から民主政治へ、そして分裂した闘争主義から統合された平和主義へ、二つの世界から一つの世界へ向かっているのである。

元来、人は機械ではなく、人間社会は虫やアリのようなものではない。人は各自、自分の人格を持っているのであり、自分を主張する権利を持っているのだから、国家政治においても様々な人々が自由と権利を充分に分かち合うことができるようにしなくてはならない。

わが民族は、昔からこのような民主主義的思想を持っていたので、新羅時代にはには和白制度をつくり、近世ではシンムンコ制度をつくった。和白は社会的に、または国家的に大きなことが起こったときにいろいろなムラまたはいろいろな団体の長がひとつの場所に集まって議論をし、その意見に従って仕事をする法であり、シンムンコは、百姓に悔しい事情があったときは、宮殿の門の上につるした太鼓をたたいて王様にその事情を訴えた法なのである。

わが民族は、このような制度で人々の声を聞き、国民生活に不公平がないように努力してきた。

今、わが民族が他の民族の手から脱して真の民主主義精神の下に大韓政府を受け入れ、これを発展させようと努力してきたのは当然のことである。しかし、わが民族はソ連の悪辣な計画により、国境ではない38度線を間において、10年という月日を苦労してきたのであり、また彼らの手先である北朝鮮共産軍によって突然侵略を受けたのである。まさしく、ソ連という国は、世界を手中に収めて、専制主義、独裁主義のどん底に落とそうとする人類の敵なのである。

中国を見てみよう。彼らは過去の輝かしい文化と歴史を持っていたにもかかわらず、民族が一つにまとまることができなかったため、共産党の手中に落ちてしまっただけでなく、ソ連の手先になり、わが国に理由もなく

217

侵略したことで、世界の諸国から憎しみと嘲笑を受けているではないか？
かつて、わが李承晩大統領は、
「一つにまとまれば、生きて、別れるならば死ぬ。」
　3千万民族の団結だけが新しい国を建て、幸せに生きることができる
と教えてくださった。このお言葉は、わが民族だけでなく中国人にもあ
てはまる言葉であり、世界の民主主義国家に共通となる教えである。
　われわれは三千万民族が一つになってソ連共産主義と戦って勝ち、内
に向けては民族の永遠の安全を守り、外には世界の平和と人間の自由と
権利を守る模範にならなくてはならない。この道だけが、われわれを生
かす道であり、わが民族が担っている重要な任務なのである。

（筆者訳）

　なお、本文と関連して、第3学年以上の教科書には巻末に「学習問
題」というページが設けられており、単元の題材をもとに、各自が追究
すべき課題が提示されている。「わが民族」単元の「学習問題」には、以
下のように記述されている[73]。

『国語6-2』(1956)「わが民族」単元の学習問題

わが民族
・ わが民族の発展した姿を振り返ってみよう。
・ わが民族の理想は何なのか、調べてみよう。

12. 3・1精神
・'3・1運動'について調べてみよう。
・なぜ私たちは'3・1運動'を起こしたのだろうか。
・民族自決主義というものは何だろうか。
・'3・1運動'の精神を振り返ってみよう。
・3.1精神はどのようにわが民族の中に育成されてきたのだろうか。
　・3.1精神と民主主義の通じる点は何だろうか。

13. わが民族
・5000年の間、わが民族はどのように発展してきたのだろうか。
・この文を読んで、簡単にわかりやすく表現してみよう。
・わが民族性を振り返り、私たちが今から進まなければならない道を
　話し合ってみよう。
・わが民族が世界人類に貢献しようとすれば、どのようにしなくては
　ならないだろうか。

第三章　社会生活科と国語科による間接的な「道徳教育」

　まず、単元の本文を見てみよう。「12.　3.1精神」の小単元では、「三一精神」とは一体如何なる精神であったのかが述べられている。日本統治時代の1919年に発生した「3・1運動」の「独立宣言書」の内容を示しながら、この運動が如何に非暴力的で平和的な運動であったのか、歴史的な事実として説明している。次に、「三一精神」の中心的な思想について、外的な侵略に抵抗した民族精神、自由を求めた自由精神、そして平和を愛する平和精神という三つの特徴をあげながら説明し、この三つの精神は今も朝鮮民族の血に流れ、日本統治支配からの解放や大韓民国の建国、朝鮮戦争で北朝鮮に対峙したことも含めながら、「三一精神」がもたらしたものについて論述していく展開となっている。

　また、「『三一精神』が我々に教えたものは何か？」と読者に問いかけながら、それに対する回答としては、第一に南北統一の必要性、第二に反共民主主義思想の確立、第三に国際連合との協調を掲げている。そして、我々の使命とは共産主義を排除して南北を統一し、世界の平和へと貢献することであると結論づけ、最後は民族的な自覚と態度を獲得させる展開として終えているのである。

　次の「13.　わが民族」ではどうだろうか。まず、「はるか遠い昔」に東北アジアの種族の一つであった「わが民族」はムラから発展した小さな国々の集まりであったが、次第に百済、高句麗、新羅の三国の時代を経て新羅という統一国家を建国し、その時代から一つの国、一つの民族として発展してきたことを説明する。そして「わが民族」は、「明るく暖かく美しい国土」に住んでいたため、民族の精神も「明朗で美しく正義を愛し」、平和を好む純朴な精神を持つようになったと述べる。また、「わが民族」は平和的な民族だが、侵略を受けたときは団結して外敵を押しのけた勇敢な民族でもあるとも述べ、近年では日本の統治支配によって屈辱を受けたものの、「民族の精神」によって解放を迎えて、大韓民国を建国したことに触れている。そして、「5000年もの長い間、強力な種族と戦って生命や国土、文化を維持してきた民族が他にどれほどあっただろうか？」と読者に投げかけて、民族の強靭性と優秀性を強調する。最後

219

は、ソ連や中国、北朝鮮を例に挙げながら共産主義思想の間違いを指摘するとともに、「三千万民族が一つになってソ連共産主義と戦って」勝利すること、そして民族の安全と世界平和、自由と権利を守ることが「わが民族」が担う使命であるとし、民族的な自覚と態度の必要性を強調しながら記述を終えているのである。

なお、巻末の「学習問題」では、個々の設問式小単元の課題を追究することがそのまま上位の大単元の課題を追究する構成となっており、上記の最小項目は設問式課題の追究を促す問いかけとなっている。つまり、「12. 三一精神」単元では「民族自決主義」や「3・1精神」、「13. わが民族」単元では民族の歴史や「民族性」について調査し、その結果として「わが民族」が歩むべき方向性を探索することを促す課題を提示しているのである。

このように「わが民族」単元では、「12. 三一精神」と「13. わが民族」の二つの小単元によって民族の苦難の歴史や優秀性に関する徳目的内容を説明的に提示しながら、民族愛や反共思想について心情的に訴えかけ、共感的に理解させていく構造になっている。展開方法は、①事実的知識の理解→②徳目の理解→③態度の形成、となっており、歴史的事実の知識と徳目を理解させ、道徳的に望ましい心構えを持たせることで一定の態度形成がなされるように特定の方向へ意識を感化させているのである。これらをまとめると、表40のようになるであろう。

事実的な知識の説明の後に直接的に徳目を理解させることで、望ましい道徳的な態度形成まで深めようとする「道徳教育」的な単元は、他の単元でも多数散見されるものとなっている。題材も子どもの身近で生活経験的な範囲の事象だけでなく、個人や地域、国家、民族、世界に関わるような様々な徳目が選定されている。国語科では、このような方法で「道徳教育」が間接的に実施されていたといえるのである。

第三章　社会生活科と国語科による間接的な「道徳教育」

表40　『国語6-2』（1956）「わが民族」単元の展開方法

小単元 認識 の深化	「12. 三一精神」	「13. わが民族」
①事実的 知識の理 解と②徳 目の理解	○「三一精神」とはいかなる精神なのか。 ・非暴力、平和的な「3・1運動」 ・「独立宣言書」の内容 ・「三一精神」の三つの精神 ・民族精神 ・自由精神 ・平和精神	○わが民族はどのような民族なのか。 ・百済、高句麗、新羅の三国時代から統一新羅へ ・明朗で正義を愛する平和的な民族 ・外敵を退けた勇敢で強い民族 ・民族精神によって大韓民国を建国
③態度形成	○「三一精神」が我々に訴えているものは何か。 「それゆえにUNと歩調を合わせていくことによって南北を統一し、共産主義を押しのけて世界平和に貢献することが、三一精神を受け継ぐわが民族の使命なのである。」	○5000年の長い間、強力な種族と戦い、国土と文化を保全した民族があっただろうか。 「われわれは三千万民族が一つになってソ連共産主義と戦って勝ち、内に向けては民族の永遠の安全を守り、外には世界の平和と人間の自由と権利を守る模範にならなくてはならない。この道だけが、我々を生かす道であり、わが民族が担っている重要な任務なのである。」

（筆者作成）

3.「第1次教育課程」国語科の歴史的意義

　「第1次教育課程」の国語科は、基本的には、読む、書く、話す等の国語能力の習得と向上を目指す教科であったが、目的はそれだけに止まらず、正しい言語を理解して習得することで個人の人格の陶冶や社会改善を目指す市民性も育成することで、民主的な生活態度の形成までも目標とするものであった。したがって、教科書の『国語』には国語教育的な内容だけでなく、「社会認識教育」的な内容や「道徳教育」的な内容が豊富に含まれており、国語の教科書でありながら、上記の学習目標も達成しようとしていたのである。

　詳しく『国語』を見てみると、「教授要目」期の『初等国語』に比べて都市機能や市民生活での社会的機能、あるいは地理的、歴史的な領域に関する内容等は減少したものの、一方では、政治イデオロギー教育とし

221

ての反共教育的な内容や民族・国家意識を醸成する民族主義的内容、あるいは偉人伝などの「道徳教育」的な題材が大幅に増加しており、その意味では、国語教育を通じての「道徳教育」はより強化されたとみることができる。ただし、その「道徳教育」的な単元における教育方法自体は、①事実的知識の理解→②徳目の理解→③態度形成の提示、というように三段階の論理で構成されており、その枠組み自体は前回の『初等国語』を踏襲するものであった。

こうした点から見れば、依然として「道徳教育」を担う中心的な教科目が存在しない中で、文教部が国語科の中でも積極的に反共教育や「道徳教育」の内容を扱ったことは、結果的には社会生活科による「道徳教育」の不備を補足したことになるであろう。しかも、『国語』の中の「道徳教育」的な内容は、『初等国語』からも多くの題材を引き継いでおり、その後の1965年の「反共・道徳生活」の特設や、1973年の教科「道徳」の登場に際しても、教育の内容や方法において影響力を残す要因になったと考えられる。「第1次教育課程」の国語科は、教科「道徳」の準備的な役割を潜在的なかたちで担っていたということができるのである。

第二項 「第1次教育課程」社会生活科の「社会認識教育」
1. 「第1次教育課程」社会生活科の目標

次に、社会生活科ではどのような「社会認識教育」が目指されていたのか見てみよう。まず、社会生活科のカリキュラムと教科書を手掛かりに、教科目標について検討してみたい。

「国民学校社会生活科課程」には、「1. 社会生活科の目標」として以下の5項目が示されている。

社会生活科は、子どもたちの社会生活に関わる社会的諸事象に対する知的理解と行動・態度形成の統一的な育成を教科の目標としているのが理解される。単に知識を注入することで知的陶冶を図るとか、盲目的に行動実践のみを追究するのではなく、知的側面と行動・態度的な側面が調和的に育成されることで教科の目標が達成されていくと捉えているの

第三章　社会生活科と国語科による間接的な「道徳教育」

「第 1 次教育課程」社会生活科の教科目標

> (1) 自己と他の人の個性と権利を尊重することを理解させ、自主的に思
> 　考し行動する態度を育てる。
> (2) 職種の集団生活（家庭、学校、市、邑、面、国、洞）に関しての成
> 　員間の関係、集団の意義、及び集団と集団の関係を理解させ、その中
> 　における自己の正しい立場を理解させるとともに、立場をわきまえた
> 　良い態度をとるようにする。
> (3) 社会生活の諸機能（生産、消費、交通、通信、生命、財産の保全、
> 　厚生慰安、教育、文化、政治、国防、道義等）に関して正しい理解を
> 　するようにさせ、社会的な協同活動に積極的に参加する態度と能力を
> 　育てる。
> (4) 人間生活と自然生活との関係を理解させるとともに適応させ、これら
> 　を統制・利用し、人間生活を向上させようとする態度と能力を育てる。
> (5) 各種の制度、施設、習慣、及び文化遺産が我々の生活において如何
> 　なる意義を持っているのか理解させ、これを利用し改善させる能力を
> 　育てる[74]。

である。

　例えば、目標の各項目の前半部分に注目すれば、「(1) 自己と他との
個性と権利の理解」、「(2) 各種の集団生活に関しての成員間の関係の理
解、集団の意義、及び集団と集団の関係を理解」と「自己の正しい立場
を理解」、「(3) 社会生活の諸機能に関して正しい理解」、「(3) 社会生活
の諸機能」、「(4) 人間生活と自然生活の関係の理解」「(5) 各種の制度、
施設、習慣、及び文化遺産」等は、子どもが理解すべき社会事象や社会
的機能に関する知識を示している。一方、各項目の後半部分では、「(1)
〜自主的に思考し、行動する態度を育てる」、「(2) 〜立場をわきまえた
良い態度をとるようにする」、「(3) 〜社会的な協同活動に積極的に参加
する態度と能力を育てる」、「(4) 〜人間生活を向上させようとする態度
と能力を育てる」、「(5) 〜これを利用し改善させる能力を育てる」のよ
うに、目指される能力や姿勢、態度形成が示されているが、その方向性
は前半部での理解を前提に想定されたものとなっている。つまり、「〜を

223

表 41 「教授要目」および「第 1 次教育課程」における社会生活科目標の比較

「教授要目」社会生活科の目標（1947 年）	「第 1 次教育課程」社会生活科の目標（1955 年）
(1) 団体生活に必要な精神、態度、技術、習慣を養成する。 (2) 団体生活の全てを理解させ、責任感を育てる。 (3) 人と環境との関係を理解させる。 (4) わが国の歴史と制度に関する知識を得させる。 (5) わが国に適宜な民主主義生活に関する知識を涵養する。 (6) 実践を通して勤労精神を体得させるようにする。	(1) 自己と他の人の個性と権利を尊重することを理解させ、自主的に思考し行動する態度を育てる。 (2) 各種の集団生活（家庭、学校、市、邑、面、国、洞）に関しての成員間の関係、集団の意義、及び集団と集団の関係を理解させ、その中における自己の正しい立場を理解させるとともに、立場をわきまえた良い態度をとるようにする。 (3) 社会生活の諸機能（生産、消費、交通、通信、生命、財産の保全、厚生慰安、教育、文化、政治、国防、道義等）に関して正しい理解をするようにさせ、社会的な協同活動に積極的に参加する態度と能力を育てる。 (4) 人間生活と自然生活との関係を理解させるとともに適応させ、これらを統制・利用し、人間生活を向上させようとする態度と能力を育てる。 (5) 各種の制度、施設、習慣、及び文化遺産が我々の生活において如何なる意義を持っているのか理解させ、これを利用し改善させる能力を育てる。

（下線は筆者による）

軍政庁文教部『初中等学校各科　教授要目集（4）』朝鮮教学図書株式会社、1947 年、
3 頁および文教部『国民学校教科課程』教育週報社、1955 年、47 頁より。

理解させて、〜を育てる」というように、知的理解の側面を基盤にした
上で、連続的な学習の帰結として態度・行動まで育成することを目標と
しているのである。

　また、表 41 で見るように、教科の目標に関連して、知的理解の側面と
行動・実践的側面を統一的に育成しようとする知行合一の傾向は、前回
の 1947 年の「教授要目」の社会生活科に比べてより明確にされている。社
会生活科は、子ども達に民主主義社会のあるべき姿を抽象的に理解させ
ようとするのではなく、社会が相互依存関係性を保ちながら成立してい
るとともに、我々もその社会を形成する一員であることを認識させ、社
会に適応する能力や態度の形成を促していく立場に立つものとなってい

第三章　社会生活科と国語科による間接的な「道徳教育」

る。すなわち、子ども達には「自己と他の人」との関係や人間の社会生活に影響を与える自然との関係、集団としての家庭や学校、市、国などのような「各種の集団」との関係、そして社会を構成する制度や習慣、文化遺産等の社会的機能に対する理解が期待されており、民主的で協調的な精神を養いながら、社会の一員としての適応能力を身につけることが目標とされているのである。

　一方、上記の5項目を達成するためには、「社会的及び子どもの要求によって基礎的な問題が扱われなければならない」点や「社会生活科の内容である地理、歴史、公民は、これを分化的または系統的に扱うのではなく、心身の発達の段階をみながら総合的に扱われなければならない」[75]と規定している点には注目する必要がある。というのは、1947年の「教授要目」では、「わが国の歴史と制度に関する知識」、あるいは「わが国に適宜な民主主義生活に関する知識」のように国家的意識を高めるための系統的な知識が重視されていたのだが、「第1次教育課程」では、社会的に解決が求められる課題や子どもたちの要求に基づく社会生活上の問題、そして断片的な知識学習ではなく、総合的な教科学習であるべき点が強調されているからである。つまり、「我々が生活」する現実社会を理解させて適応させながらも、社会の発展に自主的に貢献する主体者としての育成が同時に目標とされているのである。この教科には、民主的で平和的な社会の形成者としてだけでなく、社会や自分の生活を改善していく、主体者としての役割も期待されているのである。

2．「第1次教育課程」社会生活科の内容と系列性

　①崔秉七の構想と内容選定の基準

　では、教育内容はどのような原則に基づいて選定され、構想されていたのだろうか。社会生活科のカリキュラム自体には、教育内容の選定基準に関する記述を見つけることはできない。しかし当時の文教部編修官として、社会生活科のカリキュラム作成に深く関与した崔秉七（チェ・ビョンチル）は、『新教室』という教育雑誌の中でその内容構成法につ

いて詳しく言及している。ここでは、彼の論稿をもとにしながら、カリキュラムの原理について検討してみよう。

崔秉七は、現実の社会で「個人が住んでいる社会環境」をいくつかの領域に分類分けし、それらを「単元選定の範囲」に設定し直して内容を選定した。彼が『新教室』誌上で主張した社会生活科カリキュラムに対する基本的な考え方は、次の通りであった。

> 単元設定の範囲は、個人が住んでいる社会環境をどのように分類するかによって決定される問題である。この方法として、一般的に機能的な面で分類する方法（社会機能法）が使われているが、以前から社会が機能化された欧米社会とは異なっているだけでなく、韓国社会はまだ非合理的であり、運命共同体的な集団社会としての影響を多く受けているので、こうした社会環境を無視することはできない。むしろ合理的な機能社会と非合理的な集団社会が交錯している現実社会そのままを範囲にして、その中で単元を選定することが自然な方法であろう。そして、人間はこのような二つの交錯された社会環境の中で生活しながら、ある面では物的自然と対決して経済的活動を営み、ある面では人間と人間が直接交渉して集団社会の相互福利、または民主的発展に貢献し、ある面では真、善、美、聖などが対決して科学、道徳、芸術、宗教などの文化を創造しているのである。
> このような人間の生活活動について、広く、そしてもれなく網羅しながら単元選定の範囲として定めることにした。そして、このようにして区分された経済的、社会的、文化的領域を再び小項目に細分化したのである。ここで細分化された小項目は、その一つ一つが韓国社会の当面課題として子ども達の解決を求めている問題なのである[76]。

崔秉七は、「欧米社会」は社会的機能で構成されているのに対し、韓国の社会は合理的で機能的な社会と「非合理的」で「運命共同体的な集団社会」という二つの社会が交錯して構成されていると主張する。そして様々な問題が発生する現実社会が、「二つの交錯された社会環境」なのだ

第三章　社会生活科と国語科による間接的な「道徳教育」

から、まさにその「社会環境」が社会生活科で学習されるべき内容だというのである。「社会環境」としての社会については、「物的自然と対決して経済活動を営んでいる」経済的領域と、「人間と人間が直接交渉する集団社会の相互福利」に関する社会的領域、「真、善、美、聖」や「科学、道徳、芸術、宗教」などに関する文化的領域という三つの領域で捉えている。この教科は単なる政治機構や経済組織に関する個別的で断片的な知識を扱うのではなく、社会的機能と「非合理的」な要素で構成されている現実社会を学ぶことにこそ、その意義があるという。したがって彼は、このような「社会環境」を三領域に分類し、再構成した学習題材を社会生活科の内容に設定しようとしたのである。

　なお、論稿の中で彼は、道徳や宗教の文化的領域も主要な三領域の一つに設定していた点が注目される。詳細は第四章で後述するが、このことは、文教部が道徳や宗教に対して社会を構成する重要な要素として再認識する契機となっただけでなく、1963年の「第2次教育課程」においては、社会生活科のカリキュラムから道義教育内容（道徳教育内容）を分離するための根拠か、あるいはその遠因になったと考えられるからである。

　次に、各単元の配列と構成法についても検討してみよう。これについて崔秉七は、以下のように述べている。

　　国民学校の社会生活科の課程を組織する際に、我々が前もって考えるべきことは韓国の歴史的課題を考慮すべきということである。第6学年の内容である『民主主義』とか、『国際連合』『統一と復興』とか、第4学年の『愛林緑化』というものはわが国の復興のために重要なことである。このようなものを中心に編成し、その他の必要ないろいろな要素を網羅するようにすれば、わが国の社会生活科の特徴が現れていくと考える。こうして作られた社会生活科の課程は、子どもの心身発達過程に合わせ、身辺から世界へとその視野を拡張することになるのである。このような方法はヴァージニア・プランの社会機能法に比べて、その構造と方法が異なるものであ

り、むしろ、問題領域法ともいえるだろう。問題の所在を単元として採択する枠を設定し、この領域の要素を組織化したのである[77]。

　彼は、韓国社会には解決すべき困難な歴史的課題が数多くあるが、子どもたちがそのような社会の諸問題を解決しようとすれば、同時にそれは自らの生活自体も変えることになるのであり、歴史的な課題を解決しようとすれば、よりよい社会をめざす態度の育成にもつながるという。彼はこうした課題意識により、単純な社会的機能の知識学習だけではなく、子どもの心身の発達段階に合わせながら、「身辺から世界へ」と連続して諸問題を解決する過程を通じて学んでいく「問題領域法」の単元学習を構想していたのである。

　このような内容選定の基準にもとづいて彼が作成したものが、表42の単元表である。領域および項目について一部の変更箇所は認められるものの、単元の名称や「学年課題」は、「第1次教育課程」の社会生活科カリキュラムと極めて酷似している。

表42　崔秉七が構想した社会生活科カリキュラム構成

領域	学年	1	2	3	4	5	6
	配列	私達の家	近所の生活	地域の生活	私達の生活の来歴	産業の発達	わが国の発展と世界
経済的領域	資源				(4)愛林	(4)資源の活用	
	労働					(2)勤労	
	生産				(10)農業のはじまり	(5)機械発達と産業 (11)国産品愛用	
	金融		(2)金融組合と銀行			(8)銀行と組合	
	交通		(3)人と品物の輸送			(6)交通と輸送	
	貿易					(7)商業と貿易	
	消費	(4)物資を節約しよう	(4)物を供給してくれる人々	(3)私達の食料 (5)私達の服 (6)私達の家			

228

第三章　社会生活科と国語科による間接的な「道徳教育」

領域								
社会的領域	集団生活	家庭	(9)私達の家 (11)私達の学校と私達の家					
		学校	(1)私達の学校					
社会的領域	集団生活	地域社会	(5)安全 (10)楽しい日	(2)私達の村を守ってくれる人々 (9)面事務所と市役所	(2)私達の村の自然環境 (7)都市と田舎の生活 (8),(9),(10),(11)わが国の北、南、山間、海岸地方	(2)私達の村の発展 (11)集団生活	(10)世界のいろいろな国	
		国家				(5)わが国の自然環境 (6)わが国の名勝、古跡	(9)わが国の人口と都市	(2)わが国の由来 (7)統一と復興 (6)国際連合
文化的領域		交際		(6)手紙を伝える人々				
		娯楽	(7)丈夫な体 (3)遠足	(11)私達の健康を見守ってくれる人々 (12)私達の生活を楽しくしてくれる場所や施設			(3)健康と娯楽	
		政治						(4)わが国の政治 (5)民主主義 (10)国民の本分
		教育						
		科学				(8)私達の住んでいる地球 (9)手の道具の発達		
		道徳	(2)あいさつ (6)よい習性を身につけよう (8)友だち	(1)よい2学年 (2)お使い (7)正直な子ども (10)時間を守ろう	(1)りっぱな子ども (4)責任と公徳	(1)私達の礼法 (3)自由と協同 (7)美しい風俗	(1)礼法を守ろう	(1)美しい習慣
		芸術						(3)わが国を輝かせた人々や物 (8)美しいもの
		宗教						(9)宗教

②「第1次教育課程」社会生活科カリキュラムの全体構成

では、実際のカリキュラムを見てみよう。前述したように、この教科は「合理的な機能社会と非合理的な集団社会が交錯している現実社会」の「社会環境」が学習対象である。学年毎にも大きな課題が設定されており、それらは「学年課題」となっている。前回から多少の変更はあるが、1学年「わが家・私たちの学校」、2学年「近所の生活」、3学年「郷土の生活」、4学年「私たちの学校の由来」、5学年「産業の発展」、6学年「わが国の発達」というように、各学年には「学年課題」が設定され、その下位には10～12個の中項目が、さらに各中項目の下位には設問式の小項目が用意されている点は変わらない。例えば第1学年の場合、「学年課題」は「わが家・私達の学校」だが、その全体は「一．私たちの学校」「二．あいさつ」「三．遠足」「四．物を大切に使おう」「五．安全」「六．よい習慣を身につけよう」「七．丈夫な体」「八．友だち」「九．私達の家」「十．楽しい日」という10個の中項目で構成されている。そして各項目の下位には、「○○は○○だろうか？」という設問文が登場している。「一．私たちの学校」の単元を例にあげれば、次の通りである。

第1学年「一．私たちの学校」の項目

一．私たちの学校
1．学校にはどのような人がいるか？
2．学校にはどのような施設があるか？
3．先生たちはどのように私たちに手助けしてくださるか？
4．学校ではどのような勉強をするのか？
5．教室や運動場ではどのように生活しなくてはならないか？
6．どのようにすれば学校を美しくすることができるか？
7．自分の物と人の物をどのように注意して使わなければならないか？
8．どのようにすれば学校で楽しい時間を過ごすことができるか？
9．友だちとはどのように過ごさなければならないか？
10．私たちはなぜ学校に通わなくてはならないのか？
11．どのような子どもがよい子どもだろうか？

第三章　社会生活科と国語科による間接的な「道徳教育」

　「学年課題」の系列性を見れば、第1学年の「わが家・私達の学校」か
ら第3学年の「郷土の生活」までは子どもの発達段階と経験範囲が考慮
され、「自分」を生活経験領域の中心に位置づけながら、同心円的に学習
内容が拡大しているのが分かる。しかし、第4学年では歴史的事象とし
ての「私たちの生活の由来」や、第5学年では「産業の発展」という現
代社会の産業に関する題材が「学年課題」になっており、最終学年まで
単純に同心円的な拡大原理に沿って設定されているわけではない。全体
的に見れば、低学年では家庭・学校における直感的で直接的な課題を、
中学年では近隣社会、そして高学年では現代の国家と世界を対象にして
社会の理解を促すように配列されている。表43で分かるように、これら
は1946年の「教授要目」と非常によく似た構成となっているのである。

表43　「教授要目」と「第1次教育課程」における社会生活科の「学年課題」

教育課程＼学年	1学年	2学年	3学年	4学年	5学年	6学年
教授要目 (1947)	家庭と学校	郷土生活	様々な場所の生活	わが国の生活	他の国の生活	わが国の発達
第1次 教育課程 (1955)	わが家・私達の学校	近所の生活	郷土の生活	私たちの生活の由来	産業の発展	わが国の発達と世界

（筆者作成）

　③社会生活科の6領域の学習内容

　上記の中項目について、崔秉七が構想したカリキュラム構成の案を参
考にしながら、分類分けして整理すると、以下の表44の通りとなる。

　このカリキュラムからは、崔秉七が構想した経済的領域、政治的領域
に加えて、新たに「礼法」「正直」「責任」などの道義的領域、地理的領
域、歴史的領域、そして政治的領域を抽出することができる。つまり、
文化的領域は新たに道義的領域と政治的領域に整理し直すことで、全体
では道義的領域、社会的領域、経済的領域、政治的領域、地理的領域、
歴史的領域の6つの「領域」で再構成されることになったのである。

231

表 44 「第 1 次教育課程」（1955）社会生活科カリキュラムの構成

領域	学年	1 学年	2 学年	3 学年	4 学年	5 学年	6 学年
	題材	わが家・私たちの学校	近所の生活	郷土の生活	私達の生活の由来	産業の発展	わが国の発達と世界
道義的領域	道義	2. あいさつ 6. よい習慣を身につけよう	1. よい 2 年生 5. お使い 7. 正直な子ども 10. 時間を守ろう	1. りっぱな子ども 4. 責任と公益	1. 私達の礼節 3. 私達の生活に自由と協同はどうして必要か? 4. 我々はなぜ木を愛すべきなのか 7. 美しい風俗	1. 礼法を守ろう	1. 美しい習慣 10. 国民の本分 11. 我々の将来
社会的領域	家	9. 私達の家		6. 私達の家			
	健康	5. 安全 7. 丈夫な体	11. 私達の健康を増進する人々はどのように役に立っているか				
	学校	1. 私たちの学校					
	友人	8. 友だち					
	娯楽	3. 遠足 10. 楽しい日	12. 私達の日常生活をうれしくて楽しく してくれる人たちはどのように役に立っているか			3. 健康と娯楽	
	芸術						8. 美しいもの
	宗教						9. 宗教
	通信		6. 手紙を届ける人たちはどのように役に立っているか				
経済的領域	生産			3. 私達の食料品		11. 国産品の愛用	
	消費	4. 物を大切に使おう	4. 物を供給してくれる人々はどんな人か	5. 私達の衣類			
	交通		3. 人と物を輸送する人々はどのように役に立っているか			6. 交通と輸送	
	金融		8. 金融組合と銀行			8. 銀行と組合	
	労働					2. 勤労は私達の生活にどのように必要なのか。	
	資源					4. 資源の利用	
	産業					5. 機械の発達と産業 7. 産業と貿易	

領域						
政治的領域		2. 私達の地域を守ってくれる人々 9. 面、邑事務所は私達にどのように役に立っているか				4. わが国の政治 5. 民主主義 6. 国際連合 7. わが国の統一と復興
地理的領域			2. 私達の地域の自然環境 7. 都市と田舎の生活 8. わが国の北部地方の生活 9. わが国の南部地方の生活 10. わが国の山間地方の生活 11. わが国の平野地方の生活 12. わが国の海岸地方の生活	2. 私達の地域の発達 5. わが国の自然環境 6. わが国の名勝古跡 8. 我々が住む地球とはどのようなものか	9. わが国の人口と都市 10. 世界の諸国	
歴史的領域				9. 集団生活 10. 人はどのようにして農業を営んできたのか 11. 道具の発達		2. わが国の由来はどのようなものか 3. わが国の歴史を輝かせた人と物

文教部『文教部令第44号 1955年8月1日公布、国民学校教科課程』教育週報社、1955年より筆者作成。

　道義的領域から見てみよう。前述したように、1954年4月20日に発令された「教育課程時間配当基準令」では、中学校の「教育課程」には「道義教育」が含まれていたが、国民学校にはそのような規定はなかった[78]。しかし、このように実際の国民学校の「教育課程」を見てみると、道義教育関連の学習題材が多数盛り込まれていることが確認できる。これに関連して、崔秉七は1957年の『新教育』誌上で次のように述べていた。

　　改訂された社会生活科には、各学年に2〜3単元ずつ道徳的教材が含まれている。これは主に礼儀に関する教材である。各学年のレベルを考慮して選定されたこれらの礼儀を総合し、国民学校生に必要な礼儀の一般が網羅されているのである。しかし、このような礼儀は日常生活の指導の中でも

よく指導することができるものでもある。これを特別編成したのは時代的な要請であり、よって、この方面に注意を喚起させようとする意図があったわけである[79]。

　崔秉七が述べるように、道義的領域の内容を見てみると、全学年にわたって個人の礼法や礼儀に関する徳目が配置されているだけでなく、詳しく見れば、1，2学年では「習慣」や「正直」などの個人の生活における徳目を学び、3，4学年では「公益」や公衆道徳的な徳目、そして5，6学年においては「国民の本分」や国家の将来に対する「責任感」などの国家的な題材が登場している。つまり、国民学校でも明らかに道義的領域の内容が含まれており、社会生活科には「道徳教育」の教育的役割が段階的に期待されていたことが分かるのである。

　また社会的領域では、「人間と人間が直接交渉する集団社会の相互福利」を学習題材にしたとされ、特に低学年に集中的に題材が選択されている。ただし、第5，6学年ではわずか、「健康と娯楽」「宗教」等だけであり、第3，4学年ではまったく扱われていない。

　経済的領域は、第2学年と第5学年においてのみ題材が選択されており、他学年では学習されない。第2学年では「物の供給」「人と物の輸送」「金融組合」や「銀行」についての身近な題材だが、第5学年では「交通と輸送」「銀行と組合」「資源の利用」「産業と貿易」などとなっている。第2学年で学んだ経験的な知識をさらに高度化し、抽象的な経済活動も含む社会機能に関する学習となっているのである。

　政治的領域は、第2学年と第6学年だけで扱われている。第2学年では「私たちの地域」の行政単位の「面」や「邑」の事務所の存在や、そこで働く人々への理解、そして第6学年では「わが国の政治」「民主主義」「国際連合」など、政治機構や政治のしくみに関する社会的諸機能の学習が中心となっている。

　地理的領域の学習は、第3～5学年に限られているが、第3学年に最も多く題材が選択されており、身近な「私たちの地域の自然環境」から

第三章　社会生活科と国語科による間接的な「道徳教育」

始まって「わが国」の北部、南部、山間、平野、海岸地域の各地域を学
習し、一通り韓国全体の地域を網羅する学習となっている。第4学年で
は国土の「自然環境」や「名勝古跡」、地球環境までを扱い、第5学年で
は「世界の諸国」が扱われている。

　最後に歴史的領域では、第4学年と第6学年だけに二つずつ単元が設
定されている。第4学年では子どもたちに身近な「農業の発達」や「道
具の発達」について経験的に学ばせ、第6学年では「わが国の由来」と
「わが国の歴史を輝かせた人と物」について、偉人伝を中心にしながら時
系列的に知識を学んでいく構成がとられているのである。

　これらの6領域の構成についてまとめたものが、表45である。

　これらから、道義的領域を除く、社会的領域、経済的領域、政治的領
域、地理的領域、歴史的領域の内容は6年間に均等に振り分けられて配
列されているわけではなく、学年によって重点化がなされているのが分
かる。例えば、第2学年では第1学年の社会的領域における身近な社会

表45　「第1次教育課程」社会生活科カリキュラム（1955）の内容項目の構成

領域＼学年	1学年	2学年	3学年	4学年	5学年	6学年
道義的領域	礼儀、習慣	習慣	責任感	礼儀、自由、協同	礼儀	礼儀、国民的自覚
社会的領域	家庭・学校・近隣・友だち	健康・娯楽・通信			健康と娯楽	なし
経済的領域	物の使い方	物の供給・輸送・銀行	食料品・衣類		交通・輸送・銀行	
政治的領域		地域の行政				国の政治・国際社会
地理的領域			地域・地方と都市・国土の地理	国土の自然環境・地球環境	人口・世界地理	
歴史的領域				農業・道具の発達		国の歴史・偉人伝

太線の枠内は道義的領域の内容項目を示す。（筆者作成）

235

的機能を学んだ上で、身近な経済的領域と政治的領域の学びの内容になり、第3学年では国土の地理的領域、第4学年で身近な歴史的領域を学ぶことで4年間の中で6領域が一通り学べるように編成されている。第5学年では社会的領域および経済的、地理的領域のみの学習となっている一方で、最終学年の第6学年では政治的領域と歴史的領域に重点化されているのである。

　このような構成は、「現在」の韓国が「民主主義的社会」としての理想的な社会であることを前提としながら、これまで国家が、歴史上の偉人達によって形成されてきたことを暗に示すものとなっている。そして、それらを自然に共感的なかたちで認識させるための手段として、段階的に低学年から高学年まで社会的事象を示していく方法がとられているのである。つまり、低学年及び中学年では、身近な社会的機能や地理的領域、歴史的領域を学習することで、自分たちが様々な社会的事象に囲まれながらそれらに支えられている存在であることを自覚させ、自らも関係性を維持する社会の一部分であることを認識させる過程となっている。そして、それらを踏まえて、高学年では政治や国の歴史に対する理解を深めながら、一定の価値的方向に向けられた先人たちの努力が国家を形成してきたことを捉えさせ、自分自身も国家をあるべき姿や方向に発展させていく国民としての役割を自覚させていくのである。6年間を通じた学習題材は、国家・社会の一員としての役割の自覚を促し、態度形成を目指す構成となっていると解釈できるであろう。

　一方、道義的領域だけは、これとは異なる論理となっている点に注意する必要がある。各学年には、ほぼ均等に学習内容が配分されており、必ずどの学年も一定の道徳的な価値・徳目を学習するように配慮されているからである。しかも、低学年では家庭や学校での「礼儀」や「習慣」等の個人的道徳課題が扱われているが、中学年に進むと「協力」「協同」などの集団における社会的課題が示され、それを踏まえて、高学年では国民や公民としての自覚に関わる課題、すなわち国家的、社会的な道徳的課題が扱われている。他の領域とは異なり、段階的にこれらの「道徳

第三章　社会生活科と国語科による間接的な「道徳教育」

教育」を 6 年間で展開するために、系統的に配列したと捉えることができるであろう[80]。

3.「第 1 次教育課程」社会生活科の教育方法

　次に、教科書を手がかりに、社会生活科の教育方法について検討してみよう。教科書の各単元は、学習される知識の種類から大別すれば大きく二つに分類することができる。一つは、子どもたちに生活経験や社会的機能、あるいは地理的事象や歴史的事象の学習をさせることで望ましい態度形成に結び付けようとする単元群であり、もう一つは、道徳的な態度や育成の課題を価値・徳目として定めて学習させ、これを態度形成に結び付けさせていく単元群である。ここでは仮に、前者を「社会認識教育中心単元」、後者を「道徳教育中心単元」と呼ぶことにしたい。

　では、これらの二種類の単元ではどのような教育方法で授業が行われていたのだろうか。以下、教科書の単元記述を手がかりに、両者の教育方法について検討してみることにする。

　①「社会認識教育中心単元」の論理

　「社会認識教育中心単元」については、1956 年に文教部が発行した教科書『社会生活 4-1』の「二．私たちの地域の発展」単元を例に検討してみよう[81]。以下は、その全文である。

『社会生活 4-1』における「二．私たちの地域の発展」単元の全文

> 1．私たちのよい学校
> 　クラスの学級会が始まるとすぐに、先生は静かにおっしゃいました。
> 「毎週金曜日に学級会があるのだけど、なんのためにお互いに集まって話し合いをするのか、わかるでしょうか？みんなの力で、私たちの学校はもっとよくするために努力することができると思います。みんなも今年からは上級生なのだから、下級生を指導する責任もあります。良い学校をつくろうとするならば、まず私たちの学校のいい点を知ってこそ、これをもっと伸ばしていくことができるのです。だから、今日は、私たちの学校の良い点についてみんなで話し合いましょう。」

237

クラス委員長のヒョソンが立ちあがって話し始めました。
　「私たちが毎週の反省をして生活の目標を決めることも、先生がおっしゃったように、もっと良い学校をつくって、もっとよい子どもになるために必要だと思います。では、だれでもいいから私たちの学校のいい点を話してみて下さい。」
　あちこちで子どもたちが立ち上がり、話し始めました。
　「私たちの学校は、運動場にある大きなケヤキが有名です。」
　「私たちの学校は、私たちの地域でも花畑が多くて有名だから、よく手入れをしなくちゃ。」
　「私たちの学校は、前に川が流れ、後ろには林が茂っていて、景色がよいことで有名なのだそうです。」
　「私たちの学校は、実習地が多いことでも有名なのだそうです。子どもたちが仕事をちゃんとしているから、野菜も苗木もたくさんできるし、家畜もよく育ち、ぼくたちが勉強するときに必要なものが育っているのだと思います。」
　「他の学校よりも建物もよくつくってあるし、実験するも多いそうだよ。」
　「もっとあるよ。お父さんが言っていたけど、中学校に入学する成績もいいんだって。」
　聞いていた先生が、にっこり笑いながらお話されました。
　「君たちのお話は、その通りだと思うよ。私たちの学校は、この郡で最も良い学校になろうと先生や子どもたちがみんな努力しているんだ。私たちの学校の自慢は、物を生産するということだし、子どもたちがまじめなところでしょう。でも、どうして私たちの学校が、このように物の生産に力を入れているかというと、ここに描かれているお父さん達の職業を見て答えてみなさい。」
子どもたちは、先生が貼り付けた図表を見ながら考えました。
「あ、分かりました。農業、漁業、林業のようなものをつくる職業が多いし、私たちも大きくなってよく働けるようにするためです。」
と答えたのは、ヒョソンでした。
　「おお、そうだね。君たちも学校を卒業したら、自分のうちでやっている職業と違う仕事を持つ人もいるだろうけど、大部分は家の仕事のあとを継ぐようになる。だから、私たちの学校では生産に関する勉強を大切にしながら力をいれているのです。ここで出たお金でいろんな学校の建物も建設し、君たちが市場へ行って売ってみる練習もするんだよ。学校で子どもたちに教えようとすればいろいろな費用がかるけど、このような費用はどこで準備しているのか、みんな分かるかな？」

第三章　社会生活科と国語科による間接的な「道徳教育」

と聞くとすぐ、キョンエが立ち上がって答えました。

「国民の税金から出します。」

「そうです。国民の税金でやっているのです。私たちの学校は私たちの道で建てた学校だから、私たちの道で教室もつくり、物も買ってあげるのです。でも、学校の数がもともと多いし、費用が十分でないから、私たちの学校は私たちの力で費用の準備もしています。じゃあ、私たちの地域には学校数がどれだけあるのか、この表を見てみよう。」

と、お話されながらわが国の国民学校の数と学級数の表を見せて下さいました。

「この表を見なさい。私たちの地域には学校がいくつあって、学級数がいくつになるかな？他の地域とはどうですか？私たちの道と人口と他の道の人口と比較してみれば分かることですね。」

「先生、これだけの学校があれば、私たちの地域の子どもたちが学ぶには充分なのでしょうか？」

ヨンギルが聞きました。

「学校の数は足りないんだよ。だから私たちの学校でも午前クラスと午後クラスがあるでしょ？また、私たちの学校の横にある学校も午前クラス、午後クラスがあるから、わが国も早く豊かになって、学校がもっと多く建てられなくてはならないのです。」

「先生、この前、私たちの学校には他の学校の先生たちがたくさん来られて、私たちが勉強しているところをご覧になりましたが、それは私たちの学校がいいからそうなのですか？」

と聞いたのは、ヨンスクだった。

「うん。いい学校であるという理由もあるけど、先生たちは他の学校でやっていることをご覧になりながら、いい点は学んでいくし、そうでない点は直してくださったりして、互いに良い学校をつくるために努力しているんだよ。」

「この前の公休日には学校の運動場で祝賀大会をしたし、また、きのうの夕方には映画会をしただけど、学校はどんな日にも貸してもらえるのですか？」

とミョンスクがたずねました。

「どんな日でも貸してあげるということではないですね。本校はさっきお話したように、道の道民が立てた学校だから、道民や郡民のための仕事をするときには、許可を得て使うようにしているのです。だから、夜間学校や国会議員の選挙のとき、または農業を営む講習会のような時には学校を使うことになるのです。でも、使う人たちも自分たちが建てた学校だか

ら、これを愛して大事に使わなくてはならないのです。」
　「だから、去年、大きな建物ができて運動場が掘られたときは、地域
の大人たちが来られて直してくださったんですね？」
と話したのはミョンギルでした。
　「そう、そう。そのようにして学校は一般の人を助け、一般の人たち
は学校を助けて、互いにいい学校をつくるために努力しているのです。」
先生の言葉が終わるとすぐ、ヒョソン達のクラスは、次の週にはもっと
いい学校を作るために、守るための生活目標を話し合いました。

　a. わが地域の自慢
　今日の社会生活の時間には、先生が出された「わが地域の自慢」とい
う課題について、各分担が調査してきたものを発表することにしました。

(1) わが地域の由来……ヒョソンたちの分担
　私たちは歴史の本を読んだり、大人たちに聞いてみたりしたことをま
とめて発表します。わが地域は、今から約200年前から発達した場所で
あり、その時は南韓（※朝鮮半島南部　筆者注）で最も文化が発達した
地域だったといいます。
　わが地域には、百済という国があって、芸術や文化が早くから開け
て、国の中だけでの自慢のたねになったのではなく、遠く日本まで教え
ていたといいます。でも、そのように豊かな地域も、百済が滅んでから
は新羅の土地になったそうです。道の名前を今のように呼ぶようになっ
たのは、高麗の時からのようですが、その後、何度か変わったあと、今
の名前に決定したのは約60年前だそうです。
　そして、私たちの地域は昔から平野が多く、気候もあたたかいので、
畑では農業をし、海では魚を捕り、山では金、銀、のような金属が出
て、今も昔のお墓から金の指輪や金の腕輪、耳かざりのようなものが出
てくるそうです。

(2) わが地域の産業……キョンエたちの分担
わが国は農業国なので、私たちの地域でも農業を営む人が多く、農産物
も多く出るそうです。そして、山には木もあり、海では魚も獲れます。
だから、私たちの地域で重要な産業は、農業と漁業になります。
　私たちの分担では、地図に米、麦の生産高や農業を営んでいる家の
数、そして漁をしている家の数を書いてきました。他の地域よりも少な
いものもあり、多いのもありますが、これは住んでいる数に比較して検

第三章　社会生活科と国語科による間接的な「道徳教育」

討しなくてはなりません。
　このように、私たちの地域で農業を営んでいる人と魚を捕っている人が多いのは、私たちの地域の土地が肥えているため、昔から人々がたくさん集まって生活しており、この地域の前方の海ではたくさんの魚が獲れるという理由があるからだそうです。そして、私たちの地域を流れる川は農業をするときに使われるので、非常に助かるそうです。でも、もっと山に木を植え、もっと海岸に農地を増やすならば、私たちの地域の産業はもっと発展することができるそうです。徐々に工業は発達していますが、私たちの地域に発電所が一つできれば、工業がもっと発達するそうです。

(3)　わが地域の名勝古跡……ヨンギルたちの分担
　「私たちの由来」で発表したように、私たちの地域は昔の百済の土地だったので、今も百済時代の昔の土地がたくさん残っています。
　百済時代の家は、ほとんどなくなってしまいましたが、そのときからある寺もあるし、昔の宮殿の場所や城が残っています。また、昔のお墓もあるので歴史を研究するときに役に立つし、見物に来た人々も多いそうです。そして、私たちの地域には景色がいい場所が多いので、春には花見、夏には舟遊び、秋には紅葉狩りに行く人も多いそうです。
　このように地域に住んでいる私達は、景色がいい場所では古跡をよく保護して、自分たち誇りにしなくてはなりません。
　発表が終わると、すぐに先生はたくさんほめてくださり、子どもたちがよく知らないことに対してもお話してくださいました。そして今日、勉強したことについて感じたことを書くようにおっしゃいました。

○ホソンの感想文
　私たちは、私たちの祖先が生きていた私たちの地域に住んでいる。私たちの地域は景色もよく、古跡も多く、物も多く出る。私たちは私たちの地域でたくさん出るものをもっと出るように努力し、足りない物も徐々に出るように努めなければならない。私たちが生きていくときに必要な物の大部分は、私たちの地域で足りている。米もおかずも魚も足りるし、作っても足りる。だから、私たちは私たちが住んでいるこの地域をもっとすばらしく良い地域につくることに力を合わせなくてはならない。

241

3. わが地域の発展

ホソンは学校から帰る途中に、道庁に行ってきたお父さんに会いました。ホソンのお父さんは、汽車で道庁産業局に通勤しています。いろんな人たちが停留所で降りると、汽車は汽笛を鳴らしながら、ホソンの前を通り過ぎます。貨物車には山から切り出した丸太がいっぱい積まれていました。

「お父さん、あの丸太はどこに行くのですか？」

「あれは郡で切り出したけど、ソウルに送るものなんだ。」

「切り出した山まで汽車が行くのですか？」

「いや、線路のわきの山は木が少ないので、汽車から遠く離れた奥深いところで切り出したらしい。だから、停留所まではトラックで運んで汽車に乗せたんだよ。」

「汽車がなかったらとっても不便でしょ？」

「ああ、不便だろうさ。この地域には汽車がたくさん通っているから、本当に便利だ。」

と言いながら、お父さんは家に帰ってきて、私たちの地域の交通地図を見せながら、次のようなお話をされました。

「さっき乗せて行った木も、万一汽車がなければトラックで運ばなくてはならないんだけど、貨物車一台はトラック約10台になる。さらにトラックだと揮発油を使わなくてはならないので、高くて遅いんだよ。でも、これを貨物船で運んだならば、800トンの船一隻に貨物車300台分を載せることができる。だんだん世の中が発達するほど、自分の地域で出る物だけでは生活するのが難しいので、様々な物を売ったり買ったりするようになるんだけど、この運搬は全て交通機関を利用することになるんだ。だから、私たちの地域のように汽車が通っている地域は、他の地域よりも発達しているし、物が集まっていて、自然に人々も集まってくるようになるんだよ。この地図を見て、わが地域には汽車があるし、自動車の道があり、大きな都市にはどんな交通機関があるのか調査してみなさい。」

「お父さん、あしたは道庁に関する勉強をするんだけど、道庁でしている仕事を教えてください。」

「そうなの？じゃあ、教えてあげよう。お父さんは道庁の産業局に勤めているんだけど、この産業局では、私たちの道の産業を発達させるためにいろんな役割を担っているんだ。この産業局の中でも、水産に関する仕事、商業、工業に関する仕事、家畜を育てる仕事、山林に関する仕事、農土を改良する仕事、農業に関する仕事、土地を利用する仕事のよ

第三章　社会生活科と国語科による間接的な「道徳教育」

うなことを担当する課があるんだよ。お父さんはその中で農業に関する
仕事を担当しているんだ。道庁には産業局だけでなく、道をよく守って
くれたり道民をよく保護してくれる警察局、道民の保健や道民の教育を
担当している文教社会局、道で使う費用や道の建設、税金のような仕事
を担当する内務局があり、その局の下にはまた様々な課があるんだ。道
で最も地位が上の人が道知事で、その下に局長、局長の下に課長がいて
道の仕事をしている。この道でやっている仕事を郡で受けてやっている
んだけど、だいたい郡では産業課と内務課があるので、そこで仕事をし
ているんだ。」

　ヒョソンは夕食を食べて、お父さんが見せてくれた交通地図を見て考
えたことをノートに書きました。
「産業が発展し、工業と商業が盛んになれば交通と通信が発展する。物
を注文したり売ったりする場合に電話を使うようになるし、電報も打つ
し、手紙も書くようになるし、物を分けるときも様々な交通機関をたく
さん利用するようになる。このように交通が発達すれば、一度にたくさ
んの物を運ぶことができるので、商品の値段も安くなるし、買って使う
人も多いので産業も発達するようになる。」

　ホソンが書いたものを読んだお父さんは、
　「いいところに気がついたね。結局、地域は自分たちの力だけでは生
きていくことができないのだから、いろいろな地域と力を合わせること
によってこそ、良い地域をつくることができるのだよ。」
　「だから、ぼくたちの地域はわが国にもよい産物をたくさん供給してい
る。国内でもぼくたちの地域から必要な物を受けとるようになっている
んですよね？」
　「そうだよ。何度も他の地域や国にお世話になることは、地域の人に
は恥ずかしいことなのだ。その地域の人々は、その地域なりに力を
合わせて、無煙炭をたくさん出すとか、米をたくさんつくるとか、魚を
たくさん捕るとか、または工業を発達させるとかのように努力すること
とか、大切な生活になるんだよ。」
　お父さんの言葉を聴いたホソンはノートに、
「ぼくたちは、力を合わせてぼくたちの地域の発展に貢献しよう。」
と書いておきました。

　　　文教部『社会生活 4-1』大韓文教書籍株式会社、1956 年、22 〜 41 頁より。

「わが地域の発展」単元には、その下位に「1．よい私たちの学校」「2．わが地域の自慢」「3．わが地域の発展」の三つの小単元が設定されており、いずれも記述の形式は教師対児童、児童対児童、あるいは父と息子の会話文や説明の文によって構成されている。学校や家庭における子どもの日常生活を題材とした生活記録文の形式となっているのである。最初の「1．私たちのよい学校」では、教師が「私たちの学校の良い点」とは何かについて発問し、それに対する子どもの回答や子ども同士の話し合いによって自分達の地域の学校が担っている機能と役割について考え、話し合う様子が描かれている。「2．わが地域の自慢」では、教師から出された「わが地域の自慢」という課題に対し、グループごとに調査した内容を代表の者が発表する形式となっている。そして「3．わが地域の発展」では、「わが地域」における「交通」の整備状況や「道庁」の社会的な役割、そして産業が発展するしくみの内容に関して子どもと父親の会話で説明され、最後に、「ぼくたちは、力を合わせてぼくたちの地域の発展に貢献しよう。」と決意することで、地域に対する貢献の方向性を示して全体の単元を終えている。

　次に、この単元全体ではどのような論理によって子どもの社会認識を深めようとしていたのか。以下、小単元の記述に即して分析を試みよう。

（ⅰ）小単元「1．よい私たちの学校」——体験的な生活における事実
　　　の認識——

　最初の小単元の「1．よい私たちの学校」では、子どもにとっての身近な体験的事実が取り上げられている。クラスの学級会における教師と子ども、あるいは子ども同士の話し合いの場面という設定になっており、教師は、「良い学校をつくろうとするならば、まずは私たちの学校のいい点を知ってこそ、これをもっと伸ばしていくことができるのです。」と述べ、生徒たちが学校の良い点について話し合うことを提案する。すると、それに対して子ども達からは、「花畑が多い」ことや「前に川が流れて後ろに林が茂っていて景色がよい」こと、子ども達が勉強しやすい

第三章　社会生活科と国語科による間接的な「道徳教育」

ように「実験する器具が多い」こと、「建物がよくつくってある」こと、「成績がよい」などの発言があり、普段の生活体験を振り返らせている。

　次は、「学校の良い点」を発見して自覚させる過程である。教師は、「物を生産すること」が「学校の自慢」である点を指摘しながら、保護者の職業を百分率で表した表を提示し、クラスには農業、漁業、林業に従事する保護者が多く、「私たちの学校」が地域の農・林・水産業の生産に深く関わっていることを説明する。

　次に教師は、道内の学校数と学級数の資料を示しながら、「私たちの学校は私たちの道で建てた学校」だが、費用は十分でなく、そのために「私たちの学校は私たちの力で費用の準備」も負担しており、学校は国民の税金や地域の人々の経済的な協力によって存立していることを説明する。一方、学校は地域の人々に対して「夜間学校」や「選挙」「祝賀会」などの場合にも場所を提供している事実を説明し、「学校は一般の人を助け、一般の人たちは学校を助けて、互いにいい学校をつくるために努力している」ことを認識させる。最後に教師は、子ども達に「もっといい学校を作るために、次の週に守るための生活目標」を立てさせて終えている。

　この「1．よい私たちの学校」では、「学校の自慢」をきっかけにしながら、自分たちの学校が地域で担っている社会的な機能について知るとともに、学校と地域の人々が相互依存的な関係性の中で役割を果たしている点を理解していく展開となっている。ただし、この段階では題材に関する事実的な説明はなされるが、知識内容も学校の範囲を越えることはなく、日常生活の描写にとどまっている。そのため、社会認識は既有の子ども達の知識レベルから抜け出ることがなく、よってこの段階における子どもの社会認識の深まりは、日常生活の常識的な知識レベルを超えることはないと捉えられる。

（ⅱ）小単元「2．わが地域の自慢」──歴史、産業、地理的知識の獲得と態度形成──
　次の小単元では、「2．わが地域の自慢」という全体の課題について、

245

三つのグループの各代表者が調査の結果を発表するという内容である。各グループのテーマは、それぞれ「わが地域の由来」、「わが地域の産業」、「わが地域の名勝古跡」であり、最後に「ホソンの感想文」が載せられている。

「わが地域の由来」の発表では、「わが地域は約200年前から発達した場所であり、その時は南韓で最も文化が発達した地域」であるとともに、かつて「百済という国があり、芸術や文化が早くから開け、国内の自慢になるだけではなく、遠く日本まで教えた」とある。歴史的に由緒ある誇らしい場所であることが、子どもの発表という形で述べられている。次の「私たちの地域」では、韓国の中でも地理的、気候的に非常に恵まれていて「農業と漁業」が盛んだが、「もっと山に木を植えて、もっと海岸に農地を増やすならば、私たちの地域の産業はもっと発展することができる」こと、そして「私たちの地域に発電所が一つできれば工業がもっと発達する」ことも述べながら、地理的条件を生かせばあらゆる産業が盛んとなるだけでなく、工業が発展する可能性も述べられている。三つめのグループは、地域には「百済時代」の「寺」や「宮殿」「城」などの歴史的な名勝古跡が数多く残されていること、そして景色の美しい場所が多く、見物に訪れる人々が多いので、その保護の必要性がある点を訴える内容となっている。

そして、最後の「ホソンの感想文」では、各グループの発表を聞いたホソンという子どもが登場する。地域には歴史と伝統があるとともに名勝古跡が多くてすばらしい場所であること、産業も盛んで自分たちの生活を豊かにしてくれていることを認識すること、そして「私たちは、私たちが住んでいるこの地域をもっとすばらしく良い地域につくることに力を合わせなくてはならない」という感想と決意を述べて終えている。

子ども達にとって、このように3つのグループの発表を聞くことは、地域に関する歴史的、地理的観点から知識を得て地域を捉え直すとともに、現在の産業発展の知識も新たに獲得することにつながっていく。つまり、日常の経験や生活の範囲だけでは知り得なかった地域に対する認

第三章　社会生活科と国語科による間接的な「道徳教育」

識を深め、そのことが自分の地域を一層保護して発展させようとする態
度形成に直結するものとなっている。小単元の「2．わが地域の自慢」
は、「1．よい私たちの学校」の生活経験の知識獲得を踏まえた上で、さ
らに社会認識を深めさせていく学習展開となっているのである。

（ⅲ）小単元「3．わが地域の発展」——社会的機能の認識と態度形成
　　　の段階——

　最後の小単元の「3．わが地域の発展」は、現在の自分達の生活現実が
なぜそのようになっているのか、そして今後どのようになっていくのか、
あるいはどのようにすべきなのかを自覚し、その態度・行動の方向性を
形成する段階となっている。ここでは「道庁産業局」に勤務する一人の
父親と、その息子のホソンとの対話というかたちをとりながら、地域の
様々な社会的事象が人々の生活を支える社会的機能となっていること、
そして、それらが相互に関係性を保ちながら地域の発展に重要な役割を
果たしている点が説明される文となっている。

　まず、父親は「丸太」を積んだ貨物列車に関連しながら、「この地域
は汽車が通っているから本当に便利」であり、「私たちの地域のように
汽車が通っている地域は他の地域よりも発達していて物が集まっている
し、自然に人々も集まってくるようになる」ことを取り上げ、「交通」の
重要な役割について説明する。次に「道庁」の仕事については、農林水
産業を管轄する「産業局」や「道民を保護」する「警察局」、「道民の保
健や教育」を担当する「文教社会局」、そして道の財務や建設を担当して
いる「内務局」などがあり、それぞれが地域の発展のために重要な役割
を持ち、地域の人々を支えている重要な社会的機能である点を説明して
いく。そして最後の部分で父親は、地域に産業が発展すれば「交通」と
「通信」が整備されて「物」が安くなって人々が集まるようになり、さら
に産業が発展することを説明し、だからこそ地域の人々は農業、漁業、
工業等を発展させる必要があることを訴えている。そして、最後は「ぼ
くたちは、力を合わせてぼくたちの地域の発展に貢献しよう」と日記に書

いたホソンの決意の文によって締めくくられ、終わっているのである[82]。

このように、「二．私たち地域の発展」単元は、読者に学校や生活現実を理解させるだけでなく、地域における歴史的背景や地理的条件を生かした産業と様々な社会的機能を理解させることで、地域の発展に寄与する態度や姿勢を育成する展開となっているの。こうした記述方法は、他の「社会認識中心単元」にも見られるものであり、その多くは、自然なかたちで地域の社会的事象に関する事実的知識を順次理解させながら、同時に子ども達に歴史的な文化や経済発展の中心的立場に立つことを自覚させ、地域社会や国家への貢献に寄与する態度や姿勢を育成する展開となっている。つまり、社会的機能の理解を中心に「社会認識教育」を展開し、その学習の結果としての態度の形成を目的とするのが「社会認識教育中心単元」なのである。

②「道徳教育中心単元」の論理

次に「道徳教育中心単元」については、同じく1956年に文教部が発行した『社会生活4-1』の中の「私たちの礼節」単元を例に検討してみることにする。以下はその全文である。

『社会生活4-1』（1956）の「一．私たちの礼節」の全文

> 1．美しい心
> 　私たちは4年生になりました。上級生よりも下級生の数の方が多くなりました。私たちは四年生としてすべてのことに一生懸命となり、私たちの学校がもっとすばらしくなるように努力しなければなりません。
> 　4年生になった最初の金曜日に、私たちはクラス学級会を組織しました。投票によって委員を決めた後に話し合いに入りました。話し合いのテーマは、「素晴らしい4年生になるには、どのような心構えを持たなくてはならないか？」でした。
> 　この問題に対して、意見がある人は手を挙げます。すると、議長の指名によって次々に意見を発表しました。
> まず、ヒョソンが話しました。
> 　「私たちは互いに仲良くしなくてはなりません。私たちだけでなく、上級生や下級生に対しても、互いに仲良く過ごさなくてはならないと思い

第三章　社会生活科と国語科による間接的な「道徳教育」

ます。私たちは今まで他の人の間違いや、悪い点だけを見てきましたが、これからすばらしい点、よい点を探して互いに知らせ、さらに広めていくようにしなくてはならないと思います。そのためには、私はいいことをした人の名前と行動を書いておくことができるように、私たちの教室に投書箱を置けばいいと思います。」

ヒョソンの言葉が終わるとすぐに賛成であるという拍手がおきました。次に、キョンエが話しました。

「私の意見もヒョソンと似ていますが、私たちは人の人格を尊重するように努めなくてはならないと思います。例えば、だれかが勉強の時間に間違った答えをしたときは、笑ったりしないようにしましょう。言い換えれば、人をバカにしたりしないようにしましょう。勉強ができないとか、自分の家よりも貧しいとか、自分よりも年下で力が弱いとか、見下したりすることがあってはいけないと思います。このような友達には、むしろ温かい心で助けてあげることが正しい道理ではないかと思います。」

キョンエの意見にもみんな賛成しました。議長は書記にヒョソンとキョンエの意見を記録するようにし、あとですぐに実行に移そうと言いました。

次にヨンギルが発表しました。

「私たちは、良い心を持って良い行動をたくさんするためには、私は本をたくさん読むようにすればいいと思います。よい本をたくさん読めば、私たちの常識が豊かになるし、常識が豊かになれば、それにともなって、良い心を持って良い行動をすることができると思います。そのために、私はクラスに学級文庫を準備するようにすればいいと思います。皆さんが賛成してくれるならば、この問題はあとで先生に申し上げて必ず実現するようにしたいと思います。

もちろん、ヨンギルの意見にもみんな賛成しました。この他にもいろいろな意見が出ました。例えばある子どもは、「予習と復習を一生懸命やって家の仕事をよく手伝いましょう」と言いました。

また、ある子どもは、「先生と両親をもっと尊敬しよう」と言いました。「友達の悪い誘いに引き込まれないようにしよう」という意見も出ました。

学級会がだいたい終わるころ、先生からのお話がありました。先生は今日の会は静かな中で、とても熱心に行われていたとほめられ、続いて次のように話しました。

「今日は、すばらしい４年生になろうとするには、どのような心構えを

249

持たなければならないか？という問題について話し合いました。これは君たちには少し難しかったかも知れないけど、いい意見をたくさん発表してくれたのでとてもうれしく思います。この問題は、どうすれば礼儀正しい4年生、そしてすばらしい4年生になることができるのかという問題です。では、礼儀正しい人になるためには、一体どのような心構えが必要なのでしょうか？さっきキョンエが、人の人格を尊重しようということを言いましたが、この人の人格を尊重する心こそ、礼儀の根本土台ではないかと思います。孔子さまがおっしゃったことには、「自分がすることで嫌なことは、人にもさせるな。」とありますし、聖書には、「人にしてもらいたいと思うように、おまえたちも人にしてあげなさい。」という言葉があります。この言葉の意味は、他の人を大切にすることを、自分を大切にするようにしなさいということです。つまり、他の人の人格を自分の人格のように尊重しなさいという意味なのです。

　今から400年前に、イギリスにフィリップシドニーという紳士がいました。スペイン人がオランダを攻めた時、彼はオランダを救うために、その国のジュベンという場所で戦いました。彼はこの戦地で重傷を負って退却しましたが、その時、とてものどが乾いたので水を欲しがりました。間もなく部下が水を持ってきましたが、しかし彼はその水を受け取らず、少し前から横で水を欲しがっていた負傷軍人に水を与えるよう命令しました。そして、「私よりも君のほうが、はるかにのどが乾いているだろう。」と言ったのです。しかし、シドニーは間もなく亡くなりました。なんと美しい話ではないでしょうか！

　私たちは自分と親しい人、知り合いの人には親切ですが、知らない人には不親切にしやすいものです。これは昔のように社会が狭かった時代にはわかりませんが、今日のように一歩外に出れば、市場や、バスの中や、あるいは汽車の中でたくさんの人と会うようになる世の中では通用しないことです。世の中の人々が互いに他の人のために優しく過ごすならば、この社会はどんなに明るくて美しくなるでしょうか！

　今日のみんなが発表してくれたいろいろな意見は、本当によかったと思います。これを忘れずにずっと実行していくならば、間違いなくすばらしい4年生になるだろうと思います。」

2．いろいろな人が集まる場所で
　ヒョソンのクラスでは、みんなでいっしょに映画の鑑賞に行きました。映画館の門の前に整列すると、先生はチケットを買いに行かれました。チケットを買う場所の前には、人々が列をなして順番に買っていまし

第三章　社会生活科と国語科による間接的な「道徳教育」

た。すると、一人の青年が現れ、順番を抜かしてチケットを買おうとしましたが、そこに並んでいた人々に文句を言われたために、後ろに退いたということがありました。

　映画館の中に入ってみると、とても混雑していました。子どもたちの半分には席がありましたが、残りの人たちは壁際に立って見なければなりませんでした。背が大きい子どもがくぐって入ってくると前をさえぎってしまうので、よく見ることができません。

　「もしもし、すみませんが見えないので少しよけてください。」と言っても、背の大きい人は聞いても聞かなくてもさらに前をさえぎっていました。

　時々席が空けば、人々は紙やハンカチを投げながら互いに席取りをしていました。

　間もなく第1回目が終わると、子どもたちはみんな席にすわりました。そして再び映画が始まりました。

　美しい絵本のような色をしたバンビという小鹿の話でした。

　「前の席のおじさん、すみませんが帽子を脱いでもらえませんか。」
とヒョソンが話すと、

　「ああ、これはすまなかった。映画館の中では帽子を取らなくてはいけないね。悪かったね。」

　前にいらしたおじさんは、すぐに帽子を取ってくださいました。ヒョソンは、このような素晴らしいおじさんもいらっしゃるのだなあという思いとともに、申し訳ない気持ちにもなりました。

　「先生、これをどうぞ。」
と、キョンエがキャラメルをいくつか先生に差し上げました。

　「あ、これどうしたの？映画館の中でキャラメルくらいは食べてもいいけど、包み紙をむやみに捨ててはだめだよ。」
と先生はおっしゃいました。

　この話を聞いて、キョンエは回りの人たちを見てみました。お菓子を食べている子どもや、果物を食べている青年、リゾーを飲んでいる婦人もいました。まるで買い食いをするために映画館に来たかのようでした。その人たちは全部食べてからも、紙くずやビンを片付けようとはしませんでした。座席の下の通路など、いろんなところに捨てていたのです。

　キョンエ達は、これではダメだなと感じました。

　映画がだんだん面白くなってくると、時折、拍手の音がしました。

　バンビは茂みの中に生まれました。茂みの中のすべての獣たちからか

251

わいがられ、大きくなって、自分の親せきであるパリを妻として迎えました。このようにして、賢くて強い小鹿になり、ついには草原の中の王様になりました。

その後、映画館から学校にもどると、ヒョソン達のクラスでは、映画を見た感想を話すことになりました。

その中では映画に関するいくつかの話とともに、映画館でのマナーについての話をする子どももいました。

先生は、「映画館でのマナーについての話が出てきたことはとても良いことだ」と話しながら、次に、「人々が集まる場所で注意しなくてはならない点について話し合おう」とおっしゃいました。

はじめに、いろいろな人々が集まる集会や場所には、どのようなものがあるのか考えてみました。いろんな意見が出ましたが、次の4つについて話し合うことになりました。

①学級会や学芸会をするときにはどのような注意をしなくてはならないか？

②運動場ではどのような態度で過ごさなくてはならないか？

③銭湯ではどのように注意しなくてはならないか？

④共同井戸ではどのように注意しなくてはならないか？

ヒョソンたちのクラスでは、すべての子どもたちが4つの班に分かれて問題を研究し、後にそれぞれ下のように発表しました。

①学級会や学芸会をするときには…

会議場では順番に静かに入るようにしましょう。学芸会のような時には、まず入った人から順番に前の方の席に座るようにしましょう。会議がはじまったなら、むやみに出入りしたり、おしゃべりしたり、よそ見をしたりしないようにしましょう。

会には会議の規則に従ってするようにしましょう。自分の意見はハッキリと要領よくしゃべるようにしましょう。議長の指示に従って、順番に意見を述べましょう。むやみに怒るとか、人の悪口を言うことはあってはいけません。反対意見を話すときも、正しい態度を失わないように注意しましょう。

他の人の意見は何であろうと反対しようとする人がいますが、これはよくない態度です。反対しなくてはならないことには反対であったとしても、賛成しなくてはならない意見には、躊躇せずに賛成するようにしましょう。そうでなければ、会議を開いたとしても何にもならないからです。会議に出てからは、自分も重要な議員の1人であるということを理

第三章　社会生活科と国語科による間接的な「道徳教育」

解し、会議がよく進行されるとともに、できるだけ良い成果を得ること
ができるように協力しましょう。

　いま社会で言葉というものは、とても重要なものです。よい意見を
持って互いにそれを発表し、間違ったことを直して、よいことはさらに
これをよくするようにし、みんな一緒に協力して素晴らしい学校や社会
を作るようにしましょう。

　議長になった人は、活発でしゃべることが好きな人にだけさせるよう
にするのではなく、あまり言葉を話さない子どもにも皆等しく発表する
ように勧めましょう。そして賛成する人がそれほど多くない人の意見も
尊重するようにしましょう。

　会議を開くために責任を持っている人たちは、前もって先生と相談
し、プログラムや議長の席を準備して仕事を分担するようにしましょ
う。決めた時間に会議を開き、また終わるようにしましょう。

　会議場の中はきれいにし、空気がよく通るように注意しましょう。会
議が終わったら順序よく静かに出るようにし、後で会議場の中をきちん
と整理するようにしましょう。

②運動競技場では…

　私たちは学校の運動会のときや公設運動場での競技大会の時に、他の
学校の児童たちと一緒に運動するときがあります。そのようなとき、私
たちは私たちの学校の選手が競技に勝つことを願うあまり、しばしば応
援団や選手同士で互いに争うことがあります。

　自分の学校が素晴らしくて、勝つことを願うことはだれでも持ってい
る気持ちでしょう。でもそうだからといって、むやみに人の応援団や選
手たちをやじったりして、妨害してもいいのでしょうか？絶対にそうし
てはいけません。選手や応援団が全力を尽くしても、残念ながら勝つこ
とができなかった時には、自分たちの選手の力がそれだけ足らなかっ
たということを知らなくてはなりません。だから、負けたことを憤るの
ではなくて、むしろ勝った方のすばらしい技術に対して称賛と拍手を送
ることかできる大きな心を持たなくてはなりません。このような態度こ
そ、自分の人格だけでなく、人の人格を尊重することになるし、この社
会で柔軟に上手に生きていける力になります。

　自分たちの方が勝ったときにも、むやみに自慢をして、負けた方の心
を傷つけたりしないように注意しましょう。

　応援は必要なときにきちんとルールを守ってやり、むやみに騒いだ
り、競技の妨害をしたりしてはなりません。食べ物を食べながら座席を

253

汚すとか、競技中や終わったときにむやみに競技場の中に入らないようにしましょう。

③銭湯で…

銭湯に行くときには、前もっておふろに入る順序を知っておくようにしましょう。おふろの中に入る前に、まず体の汚いところを洗うようにしましょう。そのようにした後に浴槽の中に入りましょう。タオルを持ったり、浴槽の中でアカを落としたりしてはいけません。そして浴槽の中で泳いだり、いたずらをしたりして人に迷惑をかけてはいけません。アカをするときにも、いたずらをしたり、あまりにもたくさんのお湯を使ったりすることは控えるようにしましょう。

④共同井戸では…

共同井戸はみんな一緒に使う井戸なので、いつもきれいにして崩れたりしないように注意しましょう。井戸の中に汚いものが入らないようにして、洗濯などは特に控えるようにしましょう。

このような注意を守らなければ、時には井戸を使うすべての人が伝染病にかかることもあります。井戸は、時々くみ上げて消毒しなくてはなりません。雨水やほこりが入らないようにふたや屋根をしなければなりません。

つまり、共同の井戸でも自分の家の井戸のように慎重に扱い、きちんと使わなければならないのです。

---

3. 手紙書き

4年生になって初めて慰問の手紙を出すことにしました。ヒョソンのクラスでは、どのようにすればもっとよい手紙を書くことができるのかという問題について勉強しました。

手紙とは、人に会って話すことに代わるものであり、書く事です。だから、毎日会う友達に手紙を書く必要はありません。

わが国でも外国でも、手紙を書くときの作法と書き方があります。これをよく学ばなければなりません。そして手紙を書く人は、よく考えてその時に合うような手紙を書くようにしましょう。

それでは、手紙を書く時のいくつかの注意点について書いてみます。
①何の意味か分からない、難しい手紙を書いてはいけません。使う言葉はやや短く、ハッキリと書くようにしましょう。
②文字はきれいに、間違えないように書きましょう。

第三章　社会生活科と国語科による間接的な「道徳教育」

③目上の人には失礼がないように書かなくてはなりません。尊敬する気持ちを敬語でよく表現しなければなりません。

④しかし、あまりかた苦しく書く必要はありません。いつも真心を込めて書くようにしましょう。

⑤特に封筒には受け取る人と出す人の住所と氏名を、ハッキリ書くことが礼儀です。

⑥目上の人に手紙を書くときには、ノートを破った紙などを使わないで、きれいな便せんを使うようにします。

⑦何かお願いがあって、受け取る人の返信が必要なときには、返信に貼り付ける切手を入れて送るようにします。

⑧返信はなるだけ早く送るようにすることも礼儀です。

練習

1.　私たちの学校の、クラス学級会、全校学級会は、どのように組織されているのか？

2.　ヒョソン、キョンエ、ヨンギルの意見は簡単に言えば何を意味しているのだろうか？

3.　私たちの礼儀の根本になる心構えとはどのようなものか？

4.　フィリップシドニーの話に対する感想はどうか？

5.　映画館で注意する点は何だろうか？

6.　よい会議はどのように進行されているか？

7.　運動するときに持っていなくてはならないすばらしい精神とは何だろうか？

8.　本に出てくる以外の、いろいろな人が集まる場所で守らなくてはならない礼儀を考えてみよう。

文教部『社会生活4-1』大韓文教書籍株式会社1956年、1〜21頁より。

　この「一．私たちの礼節」の単元は、「1．美しい心」、「2．いろいろな人が集まる場所で」、「3．手紙書き」という三つの小単元から構成されている。全体は、教室等における先生と児童の会話を中心に、望ましい生活態度に関する解説や連続的な説明を含む記述文となっていて、「社会認識教育中心単元」の「二．私たちの地域の発展」と同様に、日常生活で想定される子どもたちの生活が扱われている。

　まず「1．美しい心」では、新4学年として望ましい態度について話

し合う子どもたちを中心に教室の様子が描かれている。次の「2. いろいろな人が集まる場所で」では、クラス全員で街の映画館に出かけた時に起きたエピソードの説明、公共の場におけるマナーに関するクラスでの話し合いが記述され、最後は、3つのグループで話し合った内容の発表という形式で述べられている。しかし、最後の「3. 手紙書き」だけは生活記録文ではなく、手紙を書く際に注意すべきマナーが八つの箇条書きで示されている。

　このような「一. 私たちの礼節」は、単元全体ではどのような論理で展開されているのだろうか。以下、各小単元の論理構成に即しながら詳しく検討してみる。

（i）「1. 美しい心」──個人の範囲における徳目の理解と態度形成──
　「1. 美しい心」では、新しい4年生としての望ましい心構えや生活態度についての様々な徳目や価値が提示される展開となっている。新学期の学級会において、「すばらしい4年生になるにはどのような心構えを持たなくてはならないか。」という議題で話し合うが、議長に指名された子どもは、自分の意見を自由に述べながらクラスの望ましい在り方について提案している。例えば、互いの良い点を認め合うクラスにしたいので「投書箱を置いたらどうか」という意見や、「良い心をもって良い行動をたくさんするため」には多くの本を読むことが良いので「学級文庫を準備したらよいのではないか」、というような提案である。また、「人格の尊重」「予習と復習を一生懸命やる」「先生と両親を尊敬する」などの意見が次々に出され、一人ずつ意見を述べる度に賛成の声が起きたり自然に拍手がわき起こったりして、子ども達は民主的な雰囲気の中で自主的に意見を述べ合い、全体で考えながら共通認識されていく過程が記述されている。学級会の最後には孔子の教えや聖書の言葉の引用、あるいはフィリップシドニーの逸話等を取り上げ、「他の人の人格を尊重する心こそ、礼儀の根本土台ではないか。」と言って重要な徳目を示し、「これを忘れずにずっと実行していくならば、間違いなくすばらしい4年生にな

第三章　社会生活科と国語科による間接的な「道徳教育」

るだろうと思います。」と述べ、話し合ったことを実際に実行に移すべき
点を強調して終えている。

　このように、前半部分では自由に話し合って意見を述べ合うという形
式をとりながら４年生としての望ましい態度や姿勢について間接的に徳
目が示されているが、後半では訓話が示されることで身につけるべき道
徳的な態度について直接的に徳目の理解が促されている。前半では間接
的に、後半では直接的な方法によって個人の範囲での徳目の理解と態度
形成が目指されているのである。

（ⅱ）「２．いろいろな人が集まる場所で」──公共の場でのマナーの
　　　理解と態度形成──

　次の小単元の「２．いろいろな人が集まる場所で」は、公共の場で
守るべき公衆道徳の徳目の理解と態度形成が目指される段階となってい
る。前半ではクラスのみんなで映画を見に行った時の場面が描かれ、チ
ケットの購入の際に順番が守られていなかったり、ゴミを散らかしてマ
ナーが守られていなかったりした事例が登場する。具体的な事例をもと
に、公共の場で守るべきマナーについて振り返らせ、考えさせる内容と
なっているのである。

　一方、後半では教師から、「いろいろな人々が集まる場所で注意しなく
てはならない点」とは何か、という課題が出される。①子ども会および
学芸会、②運動競技場、③銭湯、④共同井戸の公共の場でのマナーにつ
いてなど、４つのグループに分かれて自由に話し合うことが促され、そ
の結果を各グループの代表が発表する。しかしその発表では、「会議場で
は順番に静かに入りましょう。」、あるいは「会議に出てからは自分も重
要な議員の１人であるということを理解し、会議がよく進行されて、で
きるだけ良い成果を得ることができるように協力しましょう。」など、い
ずれも「○○しましょう。」あるいは「○○してはいけません。」という
ように、望ましい行動や態度の方向性を指し示す特定の価値・徳目が明
示されている。教師の訓話ではなく、児童の発表のかたちになっている

257

が、実質的には直接的に望ましい徳目を認識させて態度形成に結びつけていく展開となっているといえる。

（ⅲ）「3．手紙書き」——手紙の作法の理解と態度形成——
　最後の小単元では、「手紙」の書き方に関する作法の知識理解を深めた後に、直接的に態度形成を図る内容となっている。まず、ヒョソンのクラスで、「どのようにすればもっとよい手紙を書くことができるのか」という課題について、互いに子ども達が話し合う場面が出てくる。しかし、実際の記述では、「わが国でも外国でも、手紙を書くときの作法と書き方があります。これをよく学ばなくてはなりません。」というように、教科書の筆者が突然に読者に語り出して説明していく展開となっている。手紙を書く上で重要な8項目のマナーが提示されているが、これらは筆者にとって重要と考える主観的な徳目であり、それらを子どもたちの態度形成にまで高めようとしている。

③「社会認識教育中心単元」と「道徳教育中心単元」の論理の相違
　以上より、『社会生活4-1』の教科書には二つの異なる論理で構成された単元が混在しており、それぞれ異なる社会認識の形成が意図されていることが分かる。その一つは、「二．私たちの地域の発展」単元のように、子どもたちに、①社会的事象の事実的な知識理解→②態度形成、という段階を踏まえて社会認識を深め、最終的に地域、社会、国家に貢献する態度形成を促していく「社会認識教育中心単元」であり、もう一つは、「一．私たちの礼節」単元のように、①徳目の理解→②態度形成という段階を経て、直接的に徳目を理解させて道徳的に望ましい心構えを持たせながら態度形成を図る「道徳教育中心単元」である。知識の提示や態度形成の展開は同様だが、両者の違いは、理解される知識が前者では社会的機能や社会問題などの社会的事象に関する事実的知識なのに対し、後者では礼儀やマナー、郷土愛、道徳的規範のような徳目であるという点である。これらをまとめたものが、表46、表47である。

第三章　社会生活科と国語科による間接的な「道徳教育」

表46　「二．私たちの地域の発展」——「社会認識教育中心単元」の展開——

小単元名　認識の深化	「1．私たちの学校」	「2．わが地域の自慢」	「3．わが地域の発展」
事実的知識理解による社会認識	・私たちの学校の自慢 ・お父さん達の職業 　農業、漁業、林業 ・地域の学校と学級数 ・道民が建てた学校	・わが地域の由来 ・わが地域の産業 ・わが地域の名勝古跡	・わが地域の交通 ・道庁の役割 ・警察局の役割 ・文教社会局の役割 ・内務局の役割
態度形成	・先生の言葉 　「学校は一般の人を助け、一般の人たちは学校を助けて、互いにいい学校をつくるために努力するのです。」	・ホソンの感想文 　「私たちは私たちが住んでいるこの地域をもっとすばらしく良い地域にしていくことに力を合わせなくてはならない。」	・ホソンのノート 　「ぼくたちは、力を合わせてぼくたちの地域の発展に貢献しよう。」

（筆者作成）

表47　「一．私たちの礼節」——「道徳教育中心単元」の展開——

小単元名　認識の深化	「1．美しい心」	「2．いろいろな人が集まる場所で」	「3．手紙書き」
徳目の内容理解	・仲良く過ごす ・人格の尊重 ・あたかかい心 ・家の手伝いをする ・予習復習をする	・映画館でのマナーが悪い事例 ・公共の場所でのマナーについて話し合い ①子ども会、学芸会 ②運動競技場 ③銭湯 ④共同井戸	・手紙を書く意味とは ・手紙を書く上でのマナー
態度形成	・先生の言葉 　「世の中の人々が互いに他の人のために優しく過ごすならば、この社会はどんなに明るくて美しくなるでしょうか！」	・グループの発表 ①子ども会、学芸会での望ましい態度 ②運動競技場での望ましい態度 ③銭湯での望ましい態度	・8項目の注意点 ①言葉は短くハッキリと ②文字はきれいに ③目上の人を尊敬 ④真心を込めて ⑤住所・氏名を明記 ⑥便せんを使う ⑦返信用切手 ⑧返信は早く

（筆者作成）

259

④「道徳教育中心単元」に見られる国語科教科書の影響

　ここで注目したいのは、「道徳教育中心単元」では、なぜこのような論理展開の構成となっているのかという点である。そしてその解明のためには、国語科との関連性の検討が必要となる。というのは、社会生活科は5項目の教科目標を掲げているが、その中でも、「自己と他の人の個性と権利を尊重することを理解」「人間生活を向上させようとする態度と能力を育てる」「各種の制度、施設、習慣、及び文化遺産が我々の生活において如何なる意義を持っているのか理解させ、これを利用し改善させる能力を育てる」等の項目は、国語科での「理解と協同の社会へと牽引していくとともに個人の心性と人格を陶冶する」、および「社会の改善と人格の完成に寄与する」[83] という教科目標と非常に近いからである。つまり、社会生活科と国語科には、①個人の人格的、道徳的な成長や成熟、②社会の向上・改善に資する態度形成、という共通する目標が含まれていることになるのである。

　また、教科書の展開においても、記述方法には国語科教科書との関連性を見てとることができる。社会生活科の「道徳教育中心単元」では、望ましい徳目を直接的に認識させることで態度形成を目指しているが、これは国語科の「道徳教育」的な単元の展開と酷似している。例えば、「第1次教育課程」における社会生活科教科書『社会生活科6-1』の「一、私たちの礼節」と国語科教科書『国語4-2』の「12. 三一精神」の両単元の展開を比較してみよう。表48は、両者の展開過程を並列して示したものである。

　いずれの小単元も、「導入」から「展開」までは徳目に関する概念について一方的に説明して理解させていく展開となっている。国語科の「12. 三一精神」では、最初に「三一精神」とは一体どのような精神なのか歴史的な事実と概念を説明するのに対し、社会生活科の「1. 美しい人」においては、「美しい人」とはどのような人を指すのか、具体的な例を挙げて徳目の説明がなされている。そして「終末」において、国語科では「UNと歩調を合わせ」て「反共」的思想で南北を統一し、世界平

第三章　社会生活科と国語科による間接的な「道徳教育」

表48　「第1次教育課程」期の国語科と社会生活科の「道徳教育」的内容単元の比較

		国語科「道徳教育」的内容単元		社会生活科「道徳教育中心単元」			社会認識の深化
大単元名		『国語6-2』(1956)「わが民族」単元		『社会生活4-1』(1956)「一. 私たちの礼節」単元			
小単元名		「12.三一精神」	「13.わが民族」	「1.美しい心」	「2.いろいろな人が集まる場所で」	「3.手紙書き」	
導入及び展開		○「三一精神」とはいかなる精神なのか。 ・非暴力、平和的な「3·1運動」 ・「独立宣言書」の内容 ・「三一精神」の三つの精神とは… ・民族精神 ・自由精神 ・平和精神	○「わが民族」はどのような民族なのか。 ・百済、高句麗、新羅の三国時代から統一新羅へ ・明朗で正義を愛する平和的な民族 ・外敵を退けた勇敢で強い民族 ・民族精神によって大韓民国を建国	○美しい心とは… ・仲良く過ごす ・人格の尊重 ・あたたかい心 ・家の手伝いをする ・予習復習をする	○公共の場所でのマナー ・映画館でのマナーが悪い事例 ・公共の場所でのマナーについて話し合う ①子ども会、学芸会　②運動競技場　③銭湯　④共同井戸	○手紙のマナー ・手紙を書く意味とは ・手紙を書く上でのマナー	●徳目の理解
終末		●「三一精神」が我々に訴えているものは何か。 「それゆえに、UNと歩調を合わせていくことによって南北を統一し、共産主義を押しのけて世界平和に貢献することが三一精神を受け継ぐわが民族の使命なのだ。」	● 5000年の間、強力な種族と戦い、国土と文化を保全した民族があっただろうか。 「われわれは三千万民族が一つになってソ連共産主義と戦って勝ち、内に向けては民族の永遠の安全を守り、外には世界の平和と人間の自由と権利を守る模範にならなくてはならない。この道だけが、我々を生かす道であり、わが民族が担っている重要な任務なのである。」	●先生の言葉 「人々が互いに他の人のために優しく過ごすならば、この社会はどんなに明るく美しくなるでしょうか。」	●グループ発表 ①子ども会、学芸会での望ましい態度 ②運動競技場での望ましい態度 ③銭湯での望ましい態度 ④共同井戸での望ましい態度	●8項目注意点 ①言葉は短くハッキリと　②文字はきれいに ③目上の人を尊敬 ④真心を込めて ⑤住所・氏名を明記 ⑥用紙はきれいなものを ⑦返信封筒には切手を貼る ⑧返信はなるだけ早く	●望ましい態度形成

和に貢献すべきことを促すのに対し、社会生活科では「教師の言葉」というかたちをとりながら、「人々が互いに他の人のために優しく過ごす」べき点を述べて、社会や国家に対する貢献の必要性を訴えている。このように、「道徳教育中心単元」は国語科教科書の「道徳教育」的な内容と非常に近い展開となっているのである。

　このように、1950年代の「道義教育」の重視策を背景に、「第1次教育課程」の社会生活科のカリキュラムと教科書には、それまでの内容や展開とは異なる「道徳教育中心単元」が新たに挿入されていた。しかもそれらは、社会的機能や人・集団との関わりに関する理解や歴史的、地理的な社会事象の理解にもとづく態度形成ではなく、特定の価値・徳目の注入的な説明によって一定の態度形成を図る展開となっており、そこには少なからず国語科教科書からの影響を見てとることができるものとなっている。当時、この「道徳教育」的な内容を考案する上で最も身近だったのは、国語科の教科書であったと考えることは十分に可能であろう。

　しかも、その国語科の「道徳教育」的な内容は、もともとは米軍政期の「公民」や日本統治時代の「修身」の単元展開から影響を受けていた可能性があることは、本研究の第一章および第二章で既に明らかにした通りである。したがって、社会生活科の「道徳教育中心単元」には、「第1次教育課程」と米軍政期の「国語」、そして潜在的には「公民」や「修身」からの影響があったと考えることができるのではないだろうか。

4. 「第1次教育課程」社会生活科の歴史的意義

　「第1次教育課程」における社会生活科のカリキュラムには、二種類の性格の異なる単元が存在していた。その一つは、生活経験的な社会的事象や社会的機能に関する事実的理解をもとに、地域や社会、国家に貢献する態度形成を図っていく「社会認識教育中心単元」であり、もう一つは、生活経験的な徳目の直接的な理解をもとに道徳的な態度の形成を図っていく「道徳教育中心単元」であった。いずれの単元も、子どもの

第三章　社会生活科と国語科による間接的な「道徳教育」

生活経験的な範囲から内容が選定されており、抽象的な知識ではなく、具体的で身近な事象を中心的に理解させながら望ましい態度形成に結び付けようとする展開となっていた点は共有している。

　しかし、これらの理解すべき知識の性格と目標の役割、そして目指すべき態度形成の方向性には大きな相違点があった。すなわち、前者は社会的事象や社会的機能の学習による相互依存関係の理解や知的理解と行動実践の知行合一化、そして社会的課題と子どもたちの社会生活上の課題解決が目標とされるのに対し、後者は、価値・徳目の理解によって直接的な道徳的態度の形成が目的とされていたのである。したがって、社会科教育を推進しようとする立場から見れば、こうした「道徳教育中心単元」の登場は、社会科の中に異質の論理と目的を持ち合わせた単元が混入したことを意味しており、単一教科としての本来の「社会生活」の統一性や系統性に曖昧さを抱える要因になったと捉えることができる。

　しかし、一方で道徳科の成立過程の観点から見るならば、後述するように、このカリキュラムは「第2次教育課程」（1962）において、社会生活科から「道徳教育」的内容が切り離される直前の、いわば過渡的な「道徳教育」のカリキュラムであったとも言える。「道徳教育中心単元」の登場は、体系的で組織的な「道徳教育」のためのカリキュラム出現のきっかけとなったと捉えられるからである。また、この単元の内容は、「道徳教育」に特化された場合のカリキュラムモデルの一つであったと考えることもできるだろう。社会生活科に「道徳教育」領域の内容が登場したことは、内容的にも方法的にも、道徳科のカリキュラムの先駆けとしての意義や位置づけを持つものであり、その歴史的意義は決して小さくなかったといえるだろう。

第六節　「第1次教育課程」期における「道徳教育」の歴史的意義

　1953年7月27日の朝鮮戦争休戦協定の締結後、文教部は「技術教育」や「反共教育」、そして「道義教育」等を推し進めることで、一刻も早い復興の実現と新しい教育政策の展開を試みようとしていた。とりわけ、「道義教育」については新しい道徳科目の設置を視野に入れながら、それまでの「社会生活」による間接的な「道徳教育」から、直接的なそれへの転換や、その在り方に関する検討を開始していたのである。だが、こうした中で1955年8月には「第1次教育課程」が制定されたわけだが、そこには新しい教科目や固有のカリキュラム設置が実現されることはなく、「道徳教育」は、あくまでも「社会生活」や「国語」の中で部分的に扱われる内容の一部程度に過ぎなかった。両教科の教科書で扱われていた「道徳教育」的な内容単元も僅かな数に限られていたのである。

　しかし、道徳科の成立過程という観点から見るならば、この「第1次教育課程」の制定と両教科による間接的な「道徳教育」の実施は、次の点で重要な転機になったと考えることができる。その第一は、「道徳教育」の全体的な充実化に貢献したことである。米軍政の時期より、韓国では全面主義的な「道徳教育」を中心に展開されていたわけだが、この「第1次教育課程」の登場は、新たに「社会生活」や「国語」の中でも「道徳教育」的な内容が扱われようになったことを意味した。間接的かつ部分的ではあるものの、こうした両教科での実践は、計画的かつ意図的な「道徳教育」の実現と全体的な「道徳教育」の底上げに寄与したということができるだろう。

　第二に、その「国語」と「社会生活」の「道徳教育」的な内容は、次期「第2次教育課程」における固有のカリキュラムの出現を示唆していた点である。これまで見てきたように、両教科での「道徳教育」的な内容は、望ましい価値・徳目を子どもたちに理解させることで心構えを持たせ、民族、国家、社会に貢献する良き国民としての態度育成を図ろう

第三章　社会生活科と国語科による間接的な「道徳教育」

とするものであった。しかも本研究では、その教育の仕方は、「第1次教育課程」期の「国語」だけでなく、米軍政期の「公民」や日本統治時代の「修身」とも酷似していたことを明らかにした。つまり、これらの基本的な理念や教育方法の原型は、「第1次教育課程」になって初めて登場したわけではなく、時代や政権を超えながら、日本統治時代からの連続性を維持してきたことを示している。そして同時にこれは、次期「第2次教育課程」ではいっそう整理され、カリキュラムとして体系化される可能性を内胞していたということができるだろう。

　「第1次教育課程」期の「国語」および「社会生活」での「道徳教育」的な内容は、間接的ながらも、現代の道徳科カリキュラムの原型につながる重要な意義と役割を持つものであった。日本統治時代からの「道徳教育」の方法原理を内在的に保有しつつ、一方では次期「教育課程」での体系化を促す役割を果たしていたからである。つまり、道徳科カリキュラムの初期のモデルを示した点で、これらの「第1次教育課程」の「社会生活」と「国語」における「道徳教育」は、先がけて教育内容と方法を「第2次教育課程」に向けて示唆したものであったと捉えることができるのである。

1　孫仁銖『韓国教育思想史VI』文音社、1991年、1507頁。
2　1997年12月13日、法律第5437号として新しく教育基本法が制定された。
3　国家法令情報センター（韓国）ホームページより。
　　http://www.law.go.kr/lsEfInfoP.do?lsiSeq=5396#（アクセス日：平成29年5月20日）
4　朝鮮審議会では、各分科委員会で毎週1～3回会議を持って関係事項について審議・議決し、その結果が全体会に報告されて再度全体会で最終決定されるという手続きがふまれたが、各分科委員会では105回、全体会は20回の会議が持たれたという。
　　劉奉鎬『韓国教育課程史研究』教学研究社、1992年、292頁。
5　白樂濬『韓国教育と民族精神』文教社、1953年、25-26頁。
6　当時の英訳は、'maximum service to humanity'と訳されていた。
7　白樂濬、前掲書、34頁。
8　白樂濬、前掲書、25頁。
9　白樂濬、前掲書、27頁。
10　中央大学校附設韓国教育問題研究所『文教史』中央大学校出版部、1974年、26頁。

11 韓国の教育基本法は、1997 年 12 月 13 日に法律第 5347 号として公布され、1998 年 3 月 1 日から施行された。文部科学省ホームページにその全文が掲載されている。http://www.mext.go.jp/b_menu/kihon/data/004/d004_03.htm（アクセス日：平成 29 年 5 月 14 日）

12 韓国教育十年史刊行会『韓国教育十年史』、豊文社、1960 年、43 〜 55 頁。

13 韓国教育十年史刊行会、上掲書、4 〜 6 頁。1960 年に発刊された『韓国教育十年史』の 38 名の執筆委員の中には、第七代の李丙燾を除き、1960 年までに文教部長官に就任した経験のある第一代安浩相、第二代白樂濬、第三代金法麟、第四代李瑄根、第五代崔奎南、第六代崔在裕、第八代呉天錫の 6 人が含まれている。各歴代長官の文教部教育政策については、当時を回顧するかたちで執筆されているので、これらの長官経験者が在任時代の政策を回想しながら執筆したものと推察される。

14 韓国教育十年史刊行会、上掲書、45 頁。

15 韓国教育十年史刊行会、上掲書、45 頁。

16 韓国教育十年史刊行会、上掲書、45 頁。

17 韓国教育十年史刊行会、上掲書、84 頁。

18 安浩相『民主的民族論』雄文閣、1961 年、240 頁。

19 白樂濬の文教部長官の在任期間は、1950 年 5 月 4 日〜 1952 年 10 月 29 日であった。

20 韓国教育十年史刊行会、前掲書、47 頁。

21 白樂濬、前掲書、58 頁。

22 白樂濬、前掲書、59 頁。

23 白樂濬、前掲書、67 頁。

24 韓国教育十年史刊行会、前掲書、50 頁。

25 韓国教育十年史刊行会、前掲書、49-50 頁。

26 韓国教育十年史刊行会、前掲書、50 頁。

27 韓国教育十年史刊行会、前掲書、50 頁。

28 崔鉉培「道徳科目設置に関して」『文教月報 8 号』、1953 年、9 頁。

29 崔鉉培、上掲書、9 頁。

30 崔鉉培、上掲書、10 頁。

31 『新教育』6 月号、1954 年、56 頁。

32 『新教育』上掲書、61 頁。

33 李相鮮「道義教育の当面問題」『文教月報第 8 号』、1953 年、12 頁。

34 李相鮮、上掲書、11 頁。

35 李相鮮、上掲書、10 頁。

36 丁泰時「道義科目の設置に対する省察」『新教育 6 月号』、67-68 頁。

37 「道義教育を語る座談会」『新教育 6 月号』、1954 年、75 頁。

38 「道義教育を語る座談会」、上掲書、76 頁。

39 韓国では、一般的に、日本によって植民地統治を受けた 1910 年〜 1945 年までの期間を、日帝時代と呼んでいる。

40 「道義教育を語る座談会」、前掲書、76 頁。

41 丁泰時、前掲書、68 頁。

第三章　社会生活科と国語科による間接的な「道徳教育」

42 「道義教育を語る座談会」、前掲書、77 頁。

43 「道義教育を語る座談会」、前掲書、75 頁。

44 中央大学校附設韓国教育問題研究所、前掲書、236 頁。

45 Malholland「韓国教育の諸問題」『文教月報 1 月号』1954 年、17 - 18 頁。

46 中央大学校附設韓国教育問題研究所、上掲書、237 頁。第三次教育使節団が展開した主な活動は次の 4 点である。①韓国の教育研究者達と韓国青少年達の可能性、能力及び学力に関する基本調査　②カリキュラム研究者、教科書執筆者、出版業者に対して、教授計画を樹立し、教授資料を作成するための協力。③奨学官と教師養成達と教員養成に関する協力　④教育政策担当者達に対して、諸外国における教育事業と要求に対する研究、およびその解決に関する情報の提供。

47 American Education Team,1954-55, curriculum Handbook for the School of Korea. Education Reserch Institute,1955

48 徐明源訳『教育課程指針』中央教育研究所、1956 年、7 頁。

49 徐明源訳、上掲書、17 頁。団長のベンジャミンは同書の中で、経験カリキュラムが立脚している原理として、(1) 学習者の本性の原理、(2) 社会的有用性の原理、(3) 機能的内容の原理、(4) 発達的方法の原理、(5) 協同的努力の原理をあげている。

50 徐明源訳、上掲書、158 頁。

51 徐明源訳、上掲書、165 頁。

52 徐明源訳、上掲書、166-167 頁。

53 文教部「文教部令第 9 号、教授要目制定審議会規定」『官報』366 号、1950 年 6 月 2 日。法令によると、教授要目制定審議会は、文教部編修局長が議長を務め、基礎資料を調査研究して教授要目の原案を審議する審議会であった。

54 文教部「文教部令第 16 号、教科課程研究委員会会則」『官報』448 号、1951 年 3 月 30 日。法令によると、教科課程研究委員会は、文教部長官が委員長を務め、教育の理念とその方針を実現するための教育課程を改善するために設置された委員会であった。教科目の設置および統合、教材選定、国家基準の教育課程および学習指導計画等を研究した。

55 編修局所属の「教授要目制定審議会」と奨学室主管の「教科課程研究委員会」が教育課程に関わる部署として並存していたが、基本的に前者は教科別の各論的な内容について検討し、後者は教科を設定して時間を配当する役割を担っていたとされる。しかし、実際は両者の審議事項が重複するなど、所属部署が異なるために互いに対立することもあったという。そこで、このような非合理性を解消するために第二代文教部長官の白樂濬が両組織を統一させて新たに組織した。

56 金明鎮「教育課程が制定されるまで」『新教育』1953 年 11 月号、60 頁。教育課程制定合同委員会は、文教部次官を議長、編修局長を副議長を努めており、1953 年 3 月に釜山師範大学行動で第一回会議を開いている。

57 この時の正式な国家基準のカリキュラムは「教科課程」となっているが、「総則」の第二条では、「本令で教育課程という場合は、各学校の教科目及びその他教育活動の編成をいう」と記述しており、総則では「教育課程」という用語が使用されている。つまり、1955 年の時点では「教科課程」と「教育課程」は事実上同じ意味

267

で使用されていたのである。

58 正式には、各学校級全ての国家基準カリキュラムを総称して「第1次教育課程」と呼ぶが、本研究では、「第1次教育課程」は国民学校の国家基準カリキュラムという意味に限定して、以降の論考を進めることにする。

59 文教部令第35号「国民学校、中学校、師範学校教育課程時間配当基準令」、6頁。

60 劉奉鎬、前掲書、316頁。

61 文教部令第35号、前掲書、6-7頁。

62 文教部『文教部制定　国民学校教科課程』教育週報社、1955年、7頁。

63 文教部、上掲書、5頁。

64 文教部、上掲書、2-3頁。

65 「第2次教育課程」時に特設された「反共・道徳生活」については、次章で詳しく述べるが、そのカリキュラムと教科書の内容には、「第1次教育課程」の社会生活科と国語科だけでなく、実際には戦時下の1951年に発行された『戦時生活』という臨時教材の存在が大きく関わったと見られる。しかし、本研究ではその資料の所在を確認することができなかったため、『戦時生活』は分析の対象からはずした。

66 文教部、前掲書62)、9頁。

67 文教部、前掲書62)、13頁。

68 文教部、前掲書62)、17頁。

69 文教部、前掲書62)、11頁。

70 ここでは、1956年3月〜1961年9月の間に「第1次教育課程」に依拠して刊行された国定『国語』教科書を対象に検討してみることにする。

71 いう間でもなく、『国語』の教科書は、本来は「社会認識教育」あるいは「道徳教育」を主な目的に記述しているわけではないので、単元によっては複数の内容領域に重複するものや明確な分類が不可能なものもある。したがって、この分類はおおよその傾向の把握に過ぎないことをお断りしておく。

72 文教部『国語6-2』、大韓教科書株式会社、1959年、116-134頁。

73 文教部、上掲書、18頁。

74 文教部、前掲書62)、47頁。

75 文教部、前掲書62)、48頁。

76 崔秉七「社会生活科編纂趣旨」『新教室』1956年6月号、大韓教育連合会、7〜8頁。

77 崔秉七「社会生活科指導の教材内容」『新教室』1960年6月号、大韓教育連合会、9頁

78 文教部、前掲書59)、7頁。

79 崔秉七「社会生活科指導の革新」『新教室1957年1月号』、大韓教育連合会、1957年、33頁。

80 朴南洙「韓国社会科教育成立過程の研究」広島大学博士学位論文、2001年、260〜264頁参照。朴南洙も「第1次教育課程」社会生活科のカリキュラムは、「社会認識中心型」単元の論理と「徳目中心型」単元によって構成されていることを指摘している。

81 文教部『社会生活4-1』大韓教科書株式会社、1956年、22-41頁。

第三章　社会生活科と国語科による間接的な「道徳教育」

82　文教部、上掲書、41 頁。
83　文教部、前掲書 62）、13 頁。

第四章

「社会認識教育」からの
「道徳教育」の分離と確立

第四章 「社会認識教育」からの「道徳教育」の分離と確立

第一節 「第2次教育課程」および「第3次教育課程」期の展開

　1960年代の韓国は、数度の政変による政権交代が続くことで政治的に不安定な状態が続いたが、同時に「道徳教育」は、当該政権の影響を受けながら大きく変貌した時期でもあった。独立後、約12年間にわたって政治体制を維持してきた李承晩（イ・スンマン）政権（第一共和国）は、1960年3月の不正選挙を機に発生した「4.19学生革命」によって崩壊に至り、1960年7月には新しく民主党政権が樹立することで第二共和国が誕生した。しかし、政治的、経済的、そして社会的にも不安定な状況が続くなかで、翌年の1961年5月16日には陸軍少将の朴正熙（パク・チョンヒ）が中心となって「5.16軍事革命」を起こし、民主党による政権はわずか約1年で終わりを迎えた。一転して、韓国の政治は革命政府による軍政が敷かれることになったのである。

　この軍政は約2年後には民政に移行することになるのだが、解放後の韓国の政治理念は、この「5.16軍事革命」を分岐点としながら、第二共和国での「民主化」路線から革命政府および第三共和国政府（1963年〜1972年）の経済開発路線へと大きく舵がとられていく。そして「社会認識教育」の関連教科目も、「民主主義教育」の重視から「民族」や「国家」、そして「反共教育」等の強調路線へと大きく舵が切られていくことになるのである。

　本章では、第2〜3節では過渡政府から革命政府及び第三共和国政府によって方向づけられた文教政策と「教育課程」の改訂の概要、そして第4節では「第2次教育課程」と「第3次教育課程」期における「国語」、「社会」、「反共・道徳生活」、そして「道徳」の各カリキュラムを分析していく。「第2次教育課程」期から「第3次教育課程」期における「社会認識教育」および「道徳教育」の実態とその変容について考察していくことにする。

273

第二節 「第2次教育課程」期および「第3次教育課程」期の文教政策

第一項 過渡政府および第二共和国の文教政策（1960〜1961年）

　朝鮮戦争休戦後の韓国では、1960年の「4.19学生革命」と1961年の「5.16軍事革命」という二つの大きな革命によって新たな時代を迎え、政治的な混乱の中で、1960年代の政治体制は短期間に大きく変貌していくことになった。こうした中で成立した革命政府と第三共和国政府だが、それらは異なる政権ではありながらも、ともに朴正熙が中心人物となって経済開発路線中心の改革を断行した点で、その目的や方向性は非常に近いものを持っていた。したがって、ここでは歴史的な区分として、第二共和国崩壊後の革命政府期から第三共和国期までの時期を一体的に捉えながら、「4.19学生革命」から第三共和国までに文教部が試みた文教政策を中心に検討していくことにしたい。

　初代大統領の李承晩（イ・スンマン）を中心とした第一共和国政権は、基礎的な政治のしくみや反共国家としての政治体制、あるいは憲法の制定や教育法の公布など、現代韓国の民主主義理念につながる国家の土台形成に一定の役割と責任を果たした。だが、その末期には政権の恒久化と独裁の強化を目的化して協力に推し進めたため、国民からの支持を急速に失っていった。1960年3月15日の大統領選挙の際には大規模な不正が発覚し、同年4月19日には、李政権の打倒を訴える学生と市民のデモ隊が急速に全国的に拡大していくなかで、李政権はついに崩壊に至ったのである。いわゆる「4.19学生革命」（以下、「学生革命」と略）の発生である。李承晩は1960年4月26日には退陣に追い込まれ、同年5月29日に米国ハワイへ亡命したのであった。

　この「学生革命」の後、1960年4月29日には民主党の許政（ホ・ジョン）を中心とする過渡政府が政権を担当し、その下で李丙燾（イ・ビョンド）が第7代の文教部長官に就任した。彼は過渡政府の文教部にて最も急を要する施策として、学園の正常化、師道の確立、教育の中立性、

274

第四章 「社会認識教育」からの「道徳教育」の分離と確立

という 3 大方針を打ち出していた。これは第一に、第一共和国時代の学園財団の運営の不正や教育公務員の汚職等で引き起こされた学園の紛糾化に対する不正・腐敗の排除と民主的教育体制の確立、第二に、教員の教育者としての人格や実力を備えた新しい教育観の確立、第三に、学校教育の中立性を確保するための学園の政治化と警察権力の排除を目的とするものであった。李はこれらを文教政策の基本方針に据えて、教育界の混乱を早期に収拾しようと試みたのである。

1960 年 6 月 15 日、過渡政府の下で大統領制から責任内閣制に変更するように憲法が改正され、続いて 1960 年 7 月 29 日には新憲法に基づいて民議員と参議院の総選挙が実施された。形式的な国家代表としての大統領には尹潽善（ユン・ポソン）が就任し、総理大臣には張免（チャン・ミョン）が選出されて、張を首班とする内閣がつくられた。ここに、張免政権による第二共和国が成立したわけである。その結果、過渡政府の文教政策は第二共和国政府に引き継がれて発展的に解消することになり、民主党政権下の 1960 年 8 月 23 日、第 8 代文教部長官には呉天錫（オ・チョンソク）が就任した。

第二章で前述したように、この呉天錫とは、米軍政期に米軍政の教育政策に積極的に協力した米国留学経験者であり、韓国に米国の「民主主義教育」を導入するために奔走した「米国留学帰国派」の一人である。したがって、ここにきて彼は、名実ともに文教部における教育民主化策の中心的な責任者となったわけである。

では、文教部長官として呉はどのような教育政策を進めようとしていたのだろうか。

呉は、韓国の政治的民主化は発展途上にあることを認めながらも、文教政策については、「(1) 学園の民主化、(2) 中央集権的行政体制から権限の地方分譲、(3) 教育の質的向上」という三つの大きな方針を示した[1]。(1) 学園の民主化とは、精神の民主化、体制の民主化、教育内容及び方法の民主化と新教育の推進であり、(2) 中央集権的行政体制から権限の地方分譲とは、文教部を中央集権的な権力の府としての性格から専門的

指導機関への改編と権力の分散化を意味し、そして（3）教育の質的向上
とは、2年制師範学校の教育大学への昇格と現職教育講習会の実施によ
る教育の量的拡大から質的拡大への転換を意図するものであった。これ
らは、1960年5月12日公布の「国民学校施設基準に関する規定」によ
る義務教育完成計画の推進を内容とするものでもある。「学生革命」後の
政治的混乱期ではあったが、呉は学園の民主化をはじめ、教育界全体の
民主化を推進していくために積極的に改革を進めようとしていたのであ
る。

　しかし、その「学生革命」を経て民主化を目指して誕生した民主党政
権であったが、彼らがその諸政策を実現化するための政権能力を持ち合
わせていなかったことは悲劇であった。李承晩の独裁から解放された民
衆は、さらなる自由と民主化を求めるようになり、その要求は自制力を
失ったかのように拡大し続けて暴徒化していった。張勉政権樹立後も、
デモ隊は大都市の街や広場を連日埋め尽くし、興奮と騒乱が継続する中
で、最後まで民主党政権は国内の政治的安定と民衆の支持を得ることは
できなかった[2]。

　そして1961年5月16日、ついに朴正熙（パク・チョンヒ）を中心と
する青年将校の一団が決起することにより、いわゆる「5.16軍事革命」
（以下、「軍事革命」と略）というクーデターが発生した。これによって
第二共和国は事実上崩壊し、同時に呉天錫から引き継いだ第9代長官の
尹宅重（ユン・テクチュン）の文教政策も挫折する結果を迎えた。この
ように、民主化を求めた「学生革命」の意思を受け継いで発足した第二
共和国の文教政策だったが、わずか1年足らずで挫折し、以降は革命政
府および第三共和国政府の文教政策に取って替わることになったのであ
る。

　第二共和国における第7～9代の文教部長官の中心的な文教政策と奨
学方針は、表48の通りであった。

第四章 「社会認識教育」からの「道徳教育」の分離と確立

表 48 第二共和国政権下における文教部長官及び文教政策

文教部長官（在位期間）	中心的な文教政策	奨学方針
第 7 代 李丙燾 （1960.4.28 ～ 1960.8.22）	師道の確立を期する 教育の中立性を期する	教育自治強化 学園紛糾の収拾
第 8 代 呉天錫 （1960.8.23 ～ 1961.5.2）	1. 革命精神に立脚した文教精神の具現 2. 教育の質的向上 3. 民族文化の復興 4. 教育自治制の確立 5. 実業教育の質的強化 6. 貸与奨学金制度の確立 7. 在日僑胞教育の強化 8. 学期制変更（3 月 1 日始業）	1. 反共及び国防教育強化 2. 生産教育の強化拡充 3. 郷土教育の建設 4. 大学教育の整備強化 5. 科学の振興 6. 民族文化の暢達 7. 国民体位の向上
第 9 代 尹宅重 （1961.5.3 ～ 1961.5.19）	1. 革命精神に立脚した文教精神の具現 2. 教育の質的向上 3. 民族文化の刷新 4. 教育自治制の強化 5. 実業教育の質的強化 6. 貸与奨学金制度の強化 7. 在日僑胞教育の強化	1. 反共及び国防教育徹底 2. 生産教育の強化 3. 郷土教育の強化 4. 大学教育の整備強化 5. 科学の振興 6. 民族文化の暢達 7. 国民体位の向上

中央大学校附設韓国教育問題研究所『文教史』中央大学校出版局、1974 年、633-635 頁より筆者作成。

第二項　革命政府および第三共和国の文教政策（1961 ～ 1973 年）

1．革命政府の文教政策

　「軍事革命」によって誕生した革命政権下で進められた文教政策は、解放後の韓国教育史上においては極めて重大な転換点となった。というのは、「軍事革命」から 2 年 8 ヶ月後には民主的に大統領選挙が行われることで、朴正熙を中心とした第三共和国が合法的に成立し、結果的にこの政権は、革命政府の様々な基本政策を踏襲して近代化を成し遂げただけでなく、現代韓国の経済的、政治的、そして教育政策の基礎を形成していったからである。したがって、革命政権と第三共和国政権の文教政策は連続性を持っており、一体的で継続的な教育改革を進めたとみてよい。

　では、そこでは如何なる政策が展開されていたのだろうか。

　革命政府は、主として反共体制の再整備と自立経済体制の確立という

277

歴史的課業としての「祖国近代化」をスローガンに[3]、政治的には民主主義の土着化、経済的には工業化の促進、社会的には解放社会体制の確立、そして文化的には民族文化の暢達を概念的な指標に掲げ、全領域にわたる国民生活の発展を計画した[4]。また、文教政策として中心的に掲げたのは、悪習や腐敗を一掃して道義文化を取り戻し、産業や経済、文化、社会にわたって、社会的な構造を全体的に「近代化」するための教育の在り方であった。

このような革命政府の政権において、第10代文教部長官に就任したのが文熙奭（ムン・フィソク）であった。1961年、文が発表した「文教政策実践要綱」では、①間接侵略の粉砕、②人間改造、③貧困打破、④文化革新の4点が掲げられていた[5]。

まず①間接侵略の粉砕とは、第二共和国時代には「民主化」の名の下に極端な左翼的政治思想が拡散して間接的な侵略が進んだとして、そのことに対する対抗策を意味した。すなわち、学生や労働者等へ広く共産主義思想が浸透したことへの危機意識から、学校教育で反共教育というイデオロギー教育を進めようとしたことを意味する[6]。このような政治的な危機意識は、具体的には反共教育や国防教育の実施、政治活動の禁止、軍事教育の強化等の政策となって実現されたが、何よりも「①間接侵略の粉砕」を文教政策の筆頭に掲げた点で、この革命政府が如何に反共教育に力を入れていたかが理解されるだろう。

次に、②人間改造とは、社会改革遂行の主体かつ原動力である人間に対し、その意識改造のための人間教育の必要性を示した言葉であった。彼は、近代化が人間生活を合理化するための人間性の具現であるならば、近代化の前提には、物質的なものよりも人間自身の精神的な成長や成熟が必要である点を主張していた。つまり、社会改善のための制度の革新や整備の前には、人間自身の精神的な成熟が要請されるのであり、近代化の断行のためには、まず人間の心性を陶冶して潜在力を開発するための人間改造が必要だというのである。それらは具体的には「道義教育」の強化と国民新生活運動の展開を意味していた。

第四章 「社会認識教育」からの「道徳教育」の分離と確立

③貧困打破とは、革命政府が 1962 年から 4 次にわたって実施した経済開発五ヵ年計画に関連し、その政策の下での経済発展と教育との関係性を強調した政策である[7]。彼は、産業の振興と生産技術の向上による国民経済の再建が急務と考え、経済発展のための教育政策を重視しながらも、それらを技術教育や実業教育の強化として具体化した。

最後の④文化革新とは、「新民族文化創造」ともいい、民族の文化や伝統、歴史を尊重して昂揚しようとする政策であった。積極的な外国文化の導入や文化団体の再登録、そしてその改編等により建設的な文化芸術運動を目指していたのである。

以上の 4 つの文教政策は、表 49 に見られるように、革命政府だけでなく、その後の第 11 代金相浹（キム・サンヒョプ）、第 12 代朴一慶（パク・イルギョン）、そして第 13 代李鐘雨（イ・ジョンウ）の代まで、すなわち、第三共和国が樹立するまでの 4 人の歴代文教部長官達によって継続的に進められた政策であった。

1963 年 12 月 17 日に第三共和国が樹立するまでの革命政府は、「軍事革命」にともなう非合法的な政権ではあったが、国策として取り組んだこれらの諸政策は、当時の韓国社会が直面していた課題に直接向き合うものであった。韓国社会の課題を四点に絞り込むことで、第二共和国の「民主化」を基調とした教育政策を大胆に修正して改善し、具体的に実現化しようとしたのである。とりわけ、反共教育を政策課題の筆頭に据えた点や、道義教育＝道徳教育の強化を図ろうとした点、あるいは経済再建を教育政策の重点課題とした点は、切実な現実の課題に対峙しようとした具体的な改革であったといえるだろう。そして、こうした政策は、国民に対しては国家的課題と教育目標との関連を明確に認識させる機会と効果を与えるものとなった。次期の第三共和国の文教政策では、これらの政策は一層強化され継続されていくことになるのである。

279

表 49　過渡政府期における文教部長官および文教政策

文教部長官（在位期間）	中心的な文教政策	奨学方針
第 10 代 文熙奭 （1961.5.20 ～ 1962.1.8）	1. 間接侵略の粉砕 2. 人間改造 3. 貧困打破 4. 文化革新	1. 精神革命 2. 教育革命 3. 教育行政刷新 4. 生産・技術・科学教育の強化 5. 郷土及び義務教育の質的向上
第 11 代　金相浹 （1962.1.9 ～ 1962.10.14）	1. 間接侵略の粉砕 2. 人間改造 3. 貧困打破 4. 文化革新	1. 郷土学校の建設 2. 実業教育の振興
第 12 代　朴一慶 （1962.10.15 ～ 1963.3.15）	1. 間接侵略の粉砕 2. 人間改造 3. 貧困打破 4. 文化革新	1. 郷土学校の建設 2. 実業教育の振興
第 13 代　李鐘雨 （1963.3.16 ～ 1963.12.16）	1. 間接侵略の粉砕 2. 人間改造 3. 貧困打破 4. 文化革新	1. 郷土学校の建設と実業教育の振興 2. 勝共道義教育の徹底と礼節の遵守 3. 保健体育教育の強化 4. 生産技術の研磨 5. 読書教育を通した自律的学習活動の調整 6. 特別活動の効率的な運営 7. 学校運営の実効性向上 8. 研究学校の積極指導

中央大学校附設韓国教育問題研究所『文教史』中央大学校出版局、1974 年、635-637
頁より筆者作成。

2．第三共和国政府の文教政策

　1963 年 11 月 26 日、国会議員選挙で与党の共和党は圧勝し、同年の 12
月 17 日には新憲法の発効とととともに第三共和国が成立した。そして同時
にこれは、軍事革命政権による軍政という政治形態が終結し、合法的な
かたちで民政へ移行したことを意味した。繰り返しになるが、近代化の
達成を目標としていた第三共和国は、革命政府から多くの政策をそのま
ま引き継いでいた。すなわち、政治的には国防体制の確立と強化、経済
的には第 1 次経済開発五ヵ年計画（1962 年～ 1966 年）と第 2 次経済開

第四章 「社会認識教育」からの「道徳教育」の分離と確立

発五ヵ年計画（1967 年〜 1971 年）の実施など、その政策は民族的な自主・自立を中心に置いた政策に重点化されており、教育を政治、経済、社会、文化等の全ての領域にわたる国家発展の基礎と捉えながら、1960年代の民族中興の歴史的課題を遂行するための文教政策を推進していったのである[8]。こうした第三共和国政権下の歴代文教部長官の主な文教政策と奨学方針をあげれば、表 50 の通りであった。

　その特徴は第一に、1960 年代に重視された文教政策には「民族主体性」の強調があった点である。解放から第三共和国期までは、政治や経済、文化や教育等のあらゆる分野は米国を中心とする外国からの影響を受けていたが、歴代の文教部長官の文教政策や奨学方針を見ると、そこには明らかな変化が見てとれるものとなっている。第 15 代長官尹天柱（ユン・チョンジュ）の「民族文化の発掘昂揚（民族魂の振作）」、第 16代長官の權五柄（クォン・オビョン）と第 17 代長官文鴻柱（ムン・ホンジュ）の「民族主体性の確立」、そして第 20 代長官の閔寛植（ミン・ガァンシク）の「愛国愛族の新しい価値観が透徹した国民像の創造」のように、ここにきて、民族の主体性を取り戻し、民族性を強固に確立していこうとする動きが出てきたからである。これらは、本質的な探究や研究がないままに無批判的に新教育を受容してきたことへの反省や、あるいは民族に対する独自の教育を再評価しようとする傾向が現れたものであった。

　第二に、安保教育と反共教育の強調である。第14 代長官の高光萬（コ・クァンマン）の「1.勝共道義を昂揚し、勤勉協同する気風を振作する。（民主学園の建設）」、第 15 代長官の尹天柱の「勝共道義の高揚」、そして第 20 代長官の閔寛植では「1. 安保教育体制の強化」とあるように、対北朝鮮を意識した反共教育が強力に推進されていたことが分かる。米ソ冷戦の緊張が世界的に高まっていく中で、休戦ラインを境に対峙する北朝鮮の脅威に対応するための国民に対する思想教育が要請されたためであった。

　第三に、経済発展と関連させた教育政策の推進である。第 15 代長官尹

281

表 50　第三共和国期における文教部長官および文教政策

文教部長官（在位期間）	中心的な文教政策	奨学方針
第 14 代　高光萬 （1963.12.17 〜 1964.5.10）	1．民主国民の資質向上 　（自主精神確立） 2．科学・技術教育の強化 　（生産能力培養） 3．科学・技術教育の発掘昂揚 　（民族魂の振作）	「国民経済成長に寄与する教育」 1．勝共道義を昂揚し、勤勉協同する気風を振作する。（民主学園の建設） 2．正常教育の基盤の上に科学教育を重視し、生産技術を研磨する。（生産技術の研磨） 3．教育方法を研究改善し、学生の適性と能力を発掘、伸張させる。（教育方法の改善） 4．郷土学校運営の進展 5．健康教育の強化 6．教育者の自体革新運動の促求
第 15 代　尹天柱 （1964.5.11 〜 1965.8.26）	1．祖国の近代化のために前進する教育 2．民主国民の資質向上（自主精神確立） 3．科学技術教育の強化（生産能力培養） 4．民族文化の発掘昂揚（民族魂の振作）	1．経済成長に寄与する教育の推進 ・建設的、創意的、生活態度の育成 ・生産技術の研磨 ・合理的経済生活の実践 ・健全な国民道義の確立 ・自主・自立精神の確立 ・勝共道義の昂揚 ・協同団結の強化
第 16 代　權五柄 （1965.8.27 〜 1969.9.25）	祖国の近代化のために前進する教育	1．民族主体性の確立 2．生産する教育の推進 3．健全な学風の造成
第 17 代　文鴻柱 （1966.9.26 〜 1967.5.20）	学ぶ学園を建設し、生産する教育の推	1．健全な学風の造成 2．生産する教育の推進 3．民族主体性の確立
第 18 代　權五柄 （1968.5.21 〜 1969.4.10）	1．学ぶ学園を建設し、近代化のための人間教育と生産する教育の推進 2．新国民像の創造	1．倫理観の確立 2．生きた教育の推進 3．教育課程運営の正常化 4．ハングル専用の推進 5．師道の確立
第 19 代　洪鐘哲 （1969.4.11 〜 1971.6.3）	1．新国民像の創造 2．教育の質的向上 3．学校制度の刷新	1．国民倫理の実践 2．教育の権威向上 3．科学・技術教育振興
第 20 代　閔寬植 （1971.6.4 〜 1974）	1．国民教育憲章理念の生活化 2．愛国愛族の新しい価値観が透徹した国民像の創造 3．教育立国のための教師像の確立 4．全国民の科学化	1972 年度 1．安保教育体制の強化 2．新しい価値観の確立 3．科学・技術教育の徹底 4．保険・体育の振興 5．教職の専門性の強化 6．郷土学校の建設と教育の社会化 1973 年度 1．民族主体性の涵養 2．維新教育体制の確立 3．セマウル教育の深化 4．保健体育教育の強化 5．科学・技術教育の振興

中央大学校附設韓国教育問題研究所『文教史』中央大学校出版局、1974 年、637-641 頁より筆者作成。

第四章　「社会認識教育」からの「道徳教育」の分離と確立

天柱の「経済成長に寄与する教育の推進」、第16代長官權五柄の「生産する教育の推進」、そして第19代長官洪鐘哲（ホン・ジョンチョル）および第20代長官閔寛植（ミン・グァンシク）の「科学・技術教育の振興」のように、奨学方針には、生産教育あるいは科学技術教育というかたちで、経済発展の政策と密接に関連させた教育政策が継続的・長期的に展開されていた。これは、第1次および第2次での二度にわたる経済開発五ヵ年計画により、経済的な発展が国家的な課題となっていたからであった。しかも、「近代化」のスローガンの下で、経済発展と教育との関連性を重視した政策が打ち出され、急激な経済発展に伴う国力の増強は、国家や国民の自信を回復させただけでなく、そのことがさらに「国家」や「民族」を前面に登場させて、精神的側面を重視する方向へと向かわせたのである。例えば、朴正熙大統領は、物的生産に直結する経済的行為を「第一経済」と呼ぶ一方で、祖国の近代化と民族中興の実現のための不可欠な精神的基盤を「第二経済」と呼んでおり、経済政策と関連させた精神教育重視の政策を推進していた[9]。そして、こうして実現した国力の回復は、伝統的な民族性について改めて顧みる余裕をも生み出していったのである[10]。

　合法的に成立した第三共和国においても、軍事革命政府で展開された文教政策は概ね踏襲され、それらは朴正熙大統領を中心にさらに強力に推進されていった。しかも、本章の第三節で触れるが、1970年代の中心的な基本原理は、1968年12月5日に彼によって宣布された国民教育憲章によって一層強固なものとされていく。以降の1970年代の韓国の教育は、この国民教育憲章を中心に展開されていくことになるのである。

283

第三節 「第2次教育課程」における「社会認識教育」と「道徳教育」

第一項 「第1次教育課程」に対する改訂の要求

　1960年の「学生革命」と1961年の「軍事革命」という政治的な混乱期を経た直後、文教部は、1961年8月には次期「教育課程」の試案を作成してその内容を発表した。だが、改訂の方向性と下準備はこの時期に開始されたわけではなく、既に「第1次教育課程」(1952)告示の3年後からは進められていた。こうした早期の改訂については、「頻繁な改訂は国民教育や経済上において有害であり、少なくとも十数年の間は固定不変であることが上策である」[11]という主張もあったが、文教部は「第1次教育課程」の制定後には、早々と次期改訂作業に着手していたのであった。

　では、このように文教部が改訂を急いだのは如何なる理由からであったのだろうか。

　ここでは、「第1次教育課程」に対する改訂の要請として、国家的・政治的な要求と社会的・国民的な要求、そして新教育への再考、という三点から考察してみることにしたい。

1. 国家的・政治的な改訂への要求

　米軍政期から朝鮮戦争休戦後にかけて継続されていた米国の経済的支援は、1957年頃からは漸次削減されていったが、約3年間の朝鮮戦争で焦土化した国土と市民生活の復興は極めて重大な課題となっていた。ところが、こうした危機的な状況は、一方では国内経済に自助自立の気風を高める契機をもたらすことにもつながり、いわゆる「経済的民族主義」の概念を生み出すことにつながっていった。というのは、二度にわたる経済開発計画による経済成長の成功は、国民に自信を取り戻させ、誇らしい民族や国家、そして伝統を強調する「韓国化」傾向を生み出していったからである。様々な教育政策には、民族や国家が前面に登場す

第四章　「社会認識教育」からの「道徳教育」の分離と確立

る傾向がますます顕著に現われていくようになっていったのである[12]。

　こうした国家的・政治的な状況は、具体的には国家主義的、民族主義的な国民性育成への要求や、社会改造と反共精神の醸成、そして経済復興を志向する「教育課程」編成への要求というかたちで現れていった。例えば、文教部編修官のパク・マンギュは、「全ての学習経験が社会的実情に適合するものでなくてはならない。すなわち、現実の生活と遊離すれば、教育は時勢と離れてその機能を充分に発揮することができなくなる。今日、わが国が要求する基本的要請は、反共戦力の増強による国土統一と産業再建による国民経済の安定にある。それゆえ、全ての教育課程は、直接、間接的にこれら二つの基本的課業を達成することに忠実に寄与しなくてはならない。」[13] と述べていた。また、同じく文教部編修官の金宗斌（キム・ジョンム）は、「従来のように、単なる民主的市民生活・社会生活の原理、制度、実態等だけを扱うべきではなく、共産主義社会のそれと対比しながら、民主主義の合理性、長所短所を明らかにする方向において指導すべき」[14] と述べており、当面の歴史的課題として反共イデオロギー教育の必要性を主張していた。このように「教育課程」改訂の方向性には、民族主義的な経済政策と反共イデオロギーが直結した「経済的民族主義」が影響を与え、イデオロギー教育を通じた国民統合という第三共和国政府の政策理念が、直接的に反映されるようになっていったのである。

２．社会的・国民的な改訂への要求

　1963 年、文教部は「第 2 次教育課程」の解説のために『国民学校教育課程解説』を発行した。同書には、「教育課程」改訂の趣旨や経緯、目的等に触れながら、喫緊の課題とされた改訂の理由について記述されている。そこでは、「個人は善や美を求めるような変化の時代に生きるようになっており、同時に『社会』も科学文明を発展させて『より良い世の中』と『美しい社会』を志向して実現を図っているのだから、そのためには個人と社会の発展において呼吸を合わせ、日々前進できるような教

285

育課程が与えられなくてはならない」という。変革の時代である現在、それに対応するための「個人」に対する「教育課程」にも改善が望まれると主張しているのである。また、「教育課程の改訂があまりに頻繁ではないか」という批判に対しては、前回の「第1次教育課程」では、①「調査や参考資料の不足、あるいは他国の「教育課程の模倣に留まっていた」、②「社会生活科や科学、英語、数学の内容を時代性や社会性に適合する適度な水準に修正する必要がある」などと指摘し、改訂の理由についても触れている[15]。

　さらに同書は、1958年に全国の国民学校・中学校・高等学校の関係者や父兄を対象に実施した世論調査の結果も公表している。その中では、改訂の必要の是非について保護者に質問したアンケート結果を公表し（表71、72）、「改訂の必要性を感じている」という回答は約45.5%を占めたことと、「改訂しなくてはならない理由」については、いずれも「実情と合わないから」という回答が最も高かった点を明らかにしている。

　文教部は、経済的発展を背景とした急激な社会の変化と個人の知的欲求への高まりという風潮を勘案し、「第2次教育課程」では実態との整合性を有する現実的な教育内容への修正を求めていた。子どもたちの社会生活の実情に近く、レベルの高い教育を扱うことにより、社会の問題を改善して国家を建設していく一人一人となることを望んだからである。前回の「教育課程」に対する調査や研究の不足、そして予備調査も不十分なままで応急的に作成した経緯を克服することで、子どもの実態や生活の現実に即した内容に改善しようとしたといえるだろう。

3．新教育運動への再考としての要求

　セ教育運動といわれた韓国の新教育運動は、1950年代には各学校の授業方法の改善やカリキュラム研究というかたちで全国的に拡大したが、1960年前後の次期「教育課程」の改訂の時期になると、反省的な論議が沸き起こり、急速に下火となっていった。例えば、雑誌『新教育』1959年9月の誌上では、「新教育10年を回顧する座談会」という座談会が編

第四章 「社会認識教育」からの「道徳教育」の分離と確立

集部によって企画されたが、そこでは、かつて一世を風靡した新教育運動に対する反省的な検討会が特集されており[16]、新教育運動の歴史的な展開と成果、そして課題点について活発な議論が交わされていた。

その座談会の中で、教育週報社社長のチョン・コニョンは、「新教育の本質的な内容を知らずに形式だけ受け入れたところに問題があった」と述べ、また、淑明女子大学校の柳炯鎮（ユ・ドンジン）は、「民主主義教育が、すなわち新教育ではなかったのでしょうか。新教育は個人個人を尊重する。そして、学習においては動機を誘発する。このような教育内容で新教育運動を展開したのだが、一般には教育に対する認識不足、言い換えれば新教育に対する根本的な信念と人間性の尊厳に対する認識が欠如していた」と述べていた。さらに、中央教育研究所調査研究部長の成来運（ソン・ネウン）は、「今後、新教育運動を本当に展開しようとするならば、日本や米国のものはあくまでも参考とし、韓国の実情を土台にして、ここに教育の改善方向を求めなくてはならない。」[17]と述懐していた。要するに彼らの主張は、セ教育運動の「方法や理論の根拠が貧弱」であったことや、米国からの経験主義的教育思想の「形式的な導入」に留まっていた問題点を指摘するものであり、新教育に対する理解不足の問題点を鋭く指摘したものであった[18]。

しかし、一方で釜山師範附属国民学校校長のキム・デュソンは、『新教育』誌上において[19]、「経験主義の過剰意識や過小評価は、真の韓国教育の成長とはならないだろう。米国のフロンティア的な民主教育や地域社会学校がわが国でも理想的な教育にならねばならない。しかし、だからといって文化の形態や系統性を無視しながら児童生活中心だからといって理解や知識を軽視すれば、わが国の社会現実無視の空理空論になるだろう。……（中略）……教育が進歩して、拡充し深化するほど教育的な系統が切実に必要になり、生活教育の前進のためには生活機能としての基礎学力が切実に要求される。教育の合理性や能率性を無視しての教育はありえない。我々はこのような形式に拘らず、実質的で正しく真実を具現することに韓国教育の進路を探求し、その前進を望む。」[20]と述べて

287

いた。彼は米国の経験主義教育に教育的価値を認め、それに対する正当な評価の必要性を認めながらも、一方では民族の文化や知識を無視した無批判な導入については批判的な立場に立っていたのである。

　以上のように、単なる外国の教育の模倣ではなく、新教育の理念を正確に理解して正当に評価し、それを韓国の実情に適合させながら展開しようとした教育関係者は少なくなかった。次期「第2次教育課程」においては、その改訂を機に新教育の理念が実現化されることを強く望んでいたのである。

第二項　「教育課程」の改訂を巡る論議と理念

　第二共和国政権下の文教部は、1959年頃からは次期「教育課程」や教科書のための改訂作業を進め[21]、1960年12月23日には「教育課程審議会規定」を発表して運営委員会と学校別委員会、そして教科別委員会の三つの委員会を組織し、「第1次教育課程」の改訂作業に着手した。しかし、1961年5月には突然「軍事革命」が発生することで、この作業は中断せざるを得なくなる。ようやく改訂の審議が再開したのは、同年8月に、革命政府政権下の文教部が各種委員会の委員300名を任命してからのことであった。

　その後、文教部は1962年5〜8月に改訂の試案を全国の国民学校、中学校、高等学校及び教育機関等の約600ヶ所に発送しつつ、一方では「総論」と各教科の「各論」部分に関する世論調査も実施して本格的に改訂作業に入った。同年9月には教科別委員会において試案を再検討し、1963年1月には原案の完成と吟味の過程を経て、ついに1963年2月15日、文教部令第119号により「国民学校教育課程」を制定・公布した[22]。これが、すなわち「第2次教育課程」である。

第四章 「社会認識教育」からの「道徳教育」の分離と確立

第二～第三共和国期における主な事件と「教育課程」改訂の動向

1960 年 4 月 19 日	学生革命
1960 年 4 月 29 日	許政　過渡政府の発足
1960 年 7 月 29 日	民主党による第二共和国樹立
1960 年 12 月 23 日	「教育課程審議会規定」の制定・公布
1961 年 3 月	国定教科書に関する世論調査の実施
1961 年 5 月 16 日	朴正熙らによる「軍事革命」
1961 年 8 月	教育課程改訂のための「教科別委員会」「学校別委員会」「運営委員会」を設置
1961 年 8 月	「教育課程」の試案を作成
1962 年 3 月	教育課程試案作成
1962 年 5 ～ 7 月	試案についての世論調査実施
1963 年 2 月 15 日	「第 2 次教育課程」の告示
1963 年 12 月 17 日	共和党政権による第三共和国政府の樹立

（筆者作成）

　このような経緯を辿りながら、第二共和国政権から第三共和国政権樹立までの４年間を跨いで制定された「第２次教育課程」とは、一体どのような理念を根本に据えていたのだろうか。

　「第２次教育課程」の全体は、「Ⅰ．教育課程改訂の趣旨」「Ⅱ．教育課程構成の一般目標」「Ⅲ．教育課程改訂の要点」「Ⅳ．国民学校教育課程」の四章から構成されている。特に「Ⅰ．教育課程改訂の趣旨」では、次のように、①自主性の強調、②生産性の強調、③有用性の強調、という３点から今回の改訂の趣旨が述べられている。

①自主性の強調

　教育を通して形成しようとする人間像は、漠然として普遍的な民主的公民ではなく、固有の歴史と伝統を持ち、歴史的な現実の中で明確な使命感を自覚して、これを遂行する大韓民国の国民でなくてはならない。そのためには、国家民族の理想と現実を明哲に理解し、われわれが直面する課業を解決するために国民各自に託された歴史的使命を完遂することができる

具体的で力動的な人間を養成しなくてはならない。

しかし、旧教育課程では制定当時のさまざまな要件の準備不足により、先進国家の教育課程を参考にするとか、解放前の教育課程を多く参考に作成した関係により、われわれの特殊性と自主性が欠如していた。わが国の発展のために切実に要求される問題よりは、一般的で抽象的な民主国家の建設のための問題が主となっており、教育の理想と現実が互いに遊離していたのである。したがって、この度の改訂においては、具体的で自主的な教育目標を立て、我々の問題を中心にしながら学習内容を精選し、わが国家・民族の無窮な民主的発展と国民生活の向上を期するのである。

②生産性の強調

教育はその本質において、社会生活を維持発展させることに必要な物資を作り、これを賢明に利用することにより、さらに価値のある生活を継続的に発展させる機能を持たなくてはならない。

それゆえに、新しい教育課程においては従来のような消費生活に偏っていた学習内容を再検討し、学生たちが作り、食べて、着て、生きることに適合する方法を習得させ、我々の生活を実質的に改善することができる態度と技能を育成することに重点を置いた。

さらに、今日すべての国民が当面している重要な課題が国民経済の迅速な再建にあるので、今回の教育課程では生産性を強調せざるを得ないものとなっている。すべての教科学習と教科外学習活動においても、この生産性が強調されなくてはならないが、特に日進月歩である現代科学技術の習得と実業、及び職業教育を画期的に改善するところには必要な学習経験を充分に計画しなくてはならない。

③有用性の強調

学校と社会、教育と生活は密接不可分の関係になっている。したがって、社会の要求と必要はそのまま学習の課題にならなくてはならないし、いったん教育を受けた後には自活的な生活能力を持ち、有為有能な役軍と

第四章　「社会認識教育」からの「道徳教育」の分離と確立

して、国家・社会の繁栄と発展に貢献することができる"力"を発揮しなくてはならない。

　それゆえに、教育内容と方法は日常生活と直結してなくてはならないし、学習指導は知識（理解）の習得にだけ終わるのではなく、実際に活用することができる技術（技能）の習得と人格（態度）の育成に重点をおかなくてはならない。

　旧教育課程も生活教育を中心に構成されていたが、社会生活や学校生活をする上で切実に必要な内容は不足していた。また、その運営方法においても断片的な知識の記憶だけを強調する準備教育に特化されていたので、学習した知識も生きた知識になることができず、社会生活に必要な技能と態度の育成とは距離があったのである。

　その結果、日常生活で活用する"力"は欠如し、学校を卒業した後も社会生活の現実に直面して無力な存在にならざるを得なかった。したがって、教育課程の改訂においては、国家社会の切実な要求、学生生活に必要不可欠な課題を中心にしながら、児童達の生活経験を通して教育することによって立派な社会人を育て、自活することができる実践人の育成を強調したのである[23]。

　さらに「II．教育課程構成の一般目標」には、「現代のわが国の社会で切実に要請されている人間像の特徴とその具現のための基本方向」として、「一般目標」が掲げられている。その項目だけを示せば、以下の通りである。

1. 民主的信念が固く、反共精神が透徹し、民主的な生活を発展させることができる人間を養成するのに最も適合した学習経験を含めなくてはならない。
2. 独立自尊の民族的気風とともに国際協調の精神を涵養することができる具体的な学習経験をふくめなくてはならない。
3. 日常生活で当面する問題を解決するのに必要で有益な知識と有用な技能及

び科学的生活態度を育成することに直結する経験を含めなくてはならない。

4. 貧しさを克服し、経済的効率性を増進させることに必要な活動を充分に含めなくてはならない。

5. 健全な精神と健全な身体を持った国民を養成するのに直接寄与することができる学習活動を計画しなくてはならない。

6. 国民生活を遵守し、明朗にする審美的な情緒生活のために豊かな個性を開発するようにしなくてはならない。

7. 形式的で抽象的な知識に偏っていた反共・道徳教育を刷新し、一貫性があるように指導することができるように計画を樹立し、生徒達が能動的に参与する実践的教育に力を注がなくてはならない[24]。

(下線は筆者による)

改訂の特徴は第一に、民族主義的・国家主義的な教育が強調されている点にある。前回は準備不足から先進国のカリキュラムを模倣したため、「一般的で抽象的な民主国家の建設」がカリキュラムのテーマとなり、その結果、「第1次教育課程」には民族の「特殊性と自主性が欠如」する結果をもたらしていた。しかし、韓国の教育で形成すべきなのは「普遍的な民主的公民」ではなく、「固有の歴史と伝統を持ち、歴史的な現実の中で明確な使命感を自覚し、これを遂行していく大韓民国の国民」であることを明確にしている。したがって、ここには「歴史」や「伝統」、そして「民族」や「国家」という文言が前面に登場しているのである。

第二に、生活中心または経験中心教育課程の理念が強調されている点である。「教育課程構成の一般目標」には、「教育課程は、生徒達が学校の指導の下で経験する全ての学習活動の総和を意味するものである。」と記されているように、今回の改訂では学校の教育活動は教科だけでなく、教科外活動を含む総体としての概念に捉え直されているのが分かる。つまり、子どもの生活や経験、体験活動そのものを「教育課程」と捉える経験主義的なカリキュラム観に立っており、ここには米軍政時代

第四章　「社会認識教育」からの「道徳教育」の分離と確立

からの新教育の流れを汲む理念が見られるのである。また、「教育課程」の性格は、「国家社会の切実な要求や学生の生活に必要な課題を中心に、生活経験を通して教育する」という「有用性」と、「各学校は教育課程が許す範囲の中で教育目標を設定し、地域社会や学校、生徒の実情に符合するように教育内容を選定して指導方法を研究・実践」するという「自主性」が強調されたものとなっている。「教育課程」が学校の全ての経験活動の総体であり、子どもの実態や実情に合わせて生きて働くものであるとの認識に転換されていることが分かるだろう。

　だが、それに対して第三の特徴としては、同時に系統主義的な教育観も強調されている点に注意したい。というのは、上記の「有用性の強調」では、「国家社会の切実な要求や学生生活に必要不可欠な課題を中心に」教育すべき点が述べられているが、これは革命政府が進めていた実業・実科教育の奨励や産業教育の強化、そして科学・技術教育の振興とは無関係でないからである。「生活を実質的に改善することができる態度と機能」の育成とは、すなわち、実質的には「生産性」の改善や向上に直結する学習のことを指している。つまり、この「第2次教育課程」には、一定の知識や技能を文化遺産として積極的に伝達することで産業を復興させ、経済的発展を強力に推進していくための系統主義的な教育観が同時に内在していたといえるのである。

　第四に、反共教育および「道徳教育」が強調されている点である。それまでの反共教育と「道徳教育」に対しては、「形式的で抽象的な知識」の伝達に偏っていたという問題点が指摘されていた。したがって、より体系的で実践的な内容を充実化させることにより、実効性のある指導が期待されたものとなっている。

　以上、「第2次教育課程」には民主主義教育はいうまでもないが、社会の改造や生活の改善、反共精神の育成、そして経済復興などの多様な目的が含まれており、個人の道徳的成長とともに、民族・国家的な社会的課題の解決に寄与する人材の育成が望まれたものであったということができる。一般に現代の韓国においては、この「第2次教育課程」は「経

験主義教育課程」あるいは「生活経験主義教育課程」として位置づけられており、経験主義の教育観に立脚したカリキュラムであったとの評価が定説とされている[25]。しかし、カリキュラムの詳細な検討からは、必ずしもそうではない点が多く指摘できる。なぜならば、この「第2次教育課程」は、民主化を求めていた民主党政権下の経験主義教育観だけでなく、軍事革命政権下での民族・国家主義的教育観や経済発展優先の系統主義的教育観の影響も強く受けているからである。言い換えれば、「学生革命」と「軍事革命」という二つの大きな政変を跨いで開発されたために、それらの歴史的および政治的な影響を強く受けて作成されたからである。1960年代の二度の大きな政変は、「第2次教育課程」における経験主義教育と系統主義教育との折衷的なコンセプトの形成に重大な影響を及ぼしたということができるだろう。

第三項　「第2次教育課程」の国民学校教育課程時間配当基準

　次に全体の構成をみてみよう。表53は、国民学校「第2次教育課程」の時間配当基準表である。

　今回の「教育課程」では、構成する領域が二領域から三領域へと変更されている点に特徴がある。これまでは8つの「教科」とそれ以外の「特別活動」という二領域であったが、そこに加えて「反共・道徳生活」の領域が新たに特設されたからである[26]。その理由について『国民学校教育課程解説』は、「全人教育の立場から相互関連性を持って生活を中心とする総合的な指導活動」を展開しようとしたためとされ[27]、「教育課程」は、「①知識と教養面を中心とした教科活動、②道徳心の昂揚と反共人としての素養を育成するための反共・道徳生活活動、③民主社会人としての生活態度、個性の伸張等を中心した「特別活動」（学校の各種行事活動を含む）」の三領域に区分して再編成したという[28]。三つの各領域が相互に関連することで補完し合いながら、全人教育的な指導を目指したというのである。

　だが、「道徳教育」の形成過程から見るならば、このことは体系的で計

第四章 「社会認識教育」からの「道徳教育」の分離と確立

表53 国民学校 「第2次教育課程」時間配当基準表（1963年2月15日）

学年 教科目	1学年	2学年	3学年	4学年	5学年	6学年
国語	6〜5.5	6〜7	6〜5	5〜6	6〜5.5	5〜6
算数	4〜3	3〜4	3.5〜4.5	4.5〜4	4〜5	5〜4
社会	2〜2.5	3〜2	3〜4	4〜3	3〜4	4〜3
自然	2〜2.5	2〜2.5	3.5〜3	3〜3.5	4〜3	4〜3
音楽	1.5〜2	2〜1.5	2〜1.5	1.5〜2	2〜1.5	1.5〜2
体育	2.5〜3	3〜2.5	3〜3.5	3.5〜3	3〜3.5	3.5〜3
美術	2〜1.5	2〜1.5	2〜1.5	1.5〜2	2.5〜1.5	1.5〜2.5
実科				2〜1.5	2.3〜3	2.5〜3.5
反共・道徳	1	1	1	1	1	1
計	21	22	24	26	28	28
特別活動	5〜10%	5〜10%	5〜10%	5〜10%	5〜10%	5〜10%

備考 1．時間配当基準は、平均週当たり時間量の最小時間と最大時間を表示している。
　　 2．学校授業日数は210日を確保し、年間では35週を基準とする。
　　　　文教部『国民学校教育課程解説』、教学図書株式会社、1963年、7頁より。

画的な「道徳教育」のカリキュラムが、解放後に初めて設定されたこと
を意味している。「反共・道徳生活」はその名の通り、「反共教育」と「道
徳教育」との内容で構成されていたものの、「道徳教育」を進める上で、
まとまった必修の週1単位時間（40分）が各学年に確保された意味は極
めて大きかったからである。

　しかも、「第1次教育課程」では時間数は割合で表示されていたが、今
回は「特別活動」を除き、全ての教科と「反共・道徳生活」は週当たり
の時間数で示されている。つまり、年間授業日数が210日、年間週数が
35週、そして1単位時間が40分という「基準」が示されたことで、「道
徳教育」のカリキュラムは明確に位置づけられたことになるのである。
ただし、「地域社会や学校の実情に合わせて学校で特に強調する場合、あ
るいは児童・生徒の要求や経験を充足させるための場合など、教育的な

意図に立脚して伸縮性を持たせた」[29]とされており、時間数には若干の幅を持たせている点は前回と同様である。時数の確保と裁量権が与えられたことで、「反共・道徳生活」には計画的で体系的な学習が保障されただけでなく、一定の自由度も保障されていたのである。

第四項　「第2次教育課程」国語科による「道徳教育」

1．「第2次教育課程」国語科の目標

　次に、「教育課程」について具体的に見てみよう。1963年2月15日、文教部令第119号により公布された「第2次教育課程」の全体構成は、第1部「総論」と第2部「各論」の大きく二部に分かれている。「総論」では国民学校、中学校、高等学校の各級学校に共通する「教育課程改訂の経緯」「教育課程改訂の趣旨」「教育課程改正の一般目標」「教育課程改定の要点」と「国民学校教育課程」の計5項目が立てられ、全体を貫く基本方針や原理・原則が記述されている。一方、「各論」では各学校級別の各教科について、「改訂の要点」「目標」「学年目標」「指導内容」「指導上の留意点」の項目により、各学年の目標や計画、留意点が記述されている。国民学校では、「国語」「算数」「社会」「自然」「体育」「音楽」「美術」「実科」「反共・道徳生活」「特別活動」である。このように、「第1次教育課程」に比較すると、「第2次教育課程」は国家基準カリキュラムとしての体裁はかなり体系的に整えられた感がある。では、そこでは如何なる「社会認識教育」や「道徳教育」が構想されていたのだろうか。

　まず、国語科から検討してみよう。国語科のカリキュラムは、「Ⅰ．目標」「Ⅱ．学年目標」「Ⅲ．指導内容」「Ⅳ．指導上の留意点」の4つの章で構成されている。その中で教科の目標については、「Ⅰ．目標」の「2．国語科の目標」の中で次のように述べられている。

第四章　「社会認識教育」からの「道徳教育」の分離と確立

「第2次教育課程」国語科の教科目標

2. 国語科の目標

　国語はすべての社会生活と密接な関係を持っているので、個人の人格と分離することができない一部分であると同時に、社会的な手段ともなっている。

　国語の純化は、社会的な媒体を改善することによって人間関係をさらに密接にし、理解と共同の社会にしていくと同時に、個人の心性と人格を陶冶していく。ここに言語教育の重要な価値があるのである。それゆえに、国語教育は内容面から思想と感情を重視し、民主的な生活指導に力を入れなくてはならないし、形式面では機械的な正確性を訓練しなくてはならない。

　国語科の目標は、前記のような機能を持つ国語の使用を効果的にし、話すこと、聞くこと、読むこと、書くことにおけるよい習慣や態度と機能を育成し、日常生活に必要な理解と知識と観賞する力を高めることによって、正しい国語生活への向上を図ることにある。したがって、国民学校国語科学習指導は、主に基本的な言語習慣、言語技術を正しく育てる体験を与えることにある。

　従来の国語教育は、知識を敷衍したり理解力を育てたりすることによって演繹的に言語技術を熟達させようとし、鑑賞と創作の力も知識を通して育てようとしていた。しかし、国語の抽象的な知識である語法や文字、語句など、このような部分的な知識は言語活動を通して得ることができるし、このように得た知識こそ真のものである。必要性と動機の生活を通して、体験しない知識と理解は間違った知識を与え、命のない言語として正確ではない表現として誤用されやすいのである。国語を誤用しないで、正しく思考し、判断することによって、その技能を行動表現とともに正しく発揮させることは、国語教育が社会改善と人格完成に寄与する一つの目標であり、使命でなくてはならない。

　特に、国語科は国家の要請によって文盲をなくし、標準語を確立させ、これを普及させることに意義がある。わが国は音声、標準語、表記法、文法等の各分野に科学的な標準が確立されていないが、方言や語法に極端な対立がない単一語族であり、文字の組織が簡単なハングルを持っているので、国民学校時代に少なくとも言語生活の基盤を作り、表記法の統一と語法に対する初歩的な知識を持つようにさせなくてはならない。これがすなわち国語純化の形成の基盤になるのである。

（下線は筆者による）
文教部『国民学校教育課程』培英社、1969年、30-31頁より。

図9 国語科の目標構造（筆者作成）

　この教科目標の構造を示したものが図9だが、これは「第1次教育課程」国語科の目標とほぼ同様の構造となっている。国語科は、社会生活と密接な関係を持つ教科であることを明確にしながら、言語の能力だけでなく、「個人の心性と人格を陶冶」すべき点までその育成の範囲を広げており、民主的な生活指導にまで踏み込む必要性に言及している。つまり、国語科は正しい言語を習得させて協調的な精神や相互理解を可能とさせるだけでなく、社会生活における民主的な生活態度の育成までも目標としているのである。そして、個人に対しては人格の陶冶と完成を、社会に対しては社会改善に寄与する市民性の育成を目標とし、「第1次教育課程」国語科の目標をそのまま踏襲した構造となっている。

2．「第2次教育課程」国語科の内容

　次に、国語科で潜在的に展開された「社会認識教育」および「道徳教育」の実態について、教科書を中心に見てみよう。

　『国語』は、1963年より刊行が開始されたが、その3年後になってようやく全12巻が完成した。前述の通り、「第2次教育課程」そのものには

第四章　「社会認識教育」からの「道徳教育」の分離と確立

経験主義教育と系統主義教育の理念が混在していたが、その下で展開された国語科では主に社会の安定化と民族中興のための民族主義的な自尊心の育成が重要な目的とされていた[30]。よって、この教科書にはこうした思想的背景が色濃く反映されたものとなっている。全巻の目次を示せば、以下の通りである。

表54　『国語 1-1』および『国語 1-2』の目次

『国語 1-1』（1963 年 2 月 15 日発行）		『国語 1-2』（1964 年 8 月 15 日発行）	
目　　　次	形　式	目　　　次	形　式
1. 私たちの学校	絵日記	1. 秋夕	記録文
2. 私たち 1 年生	絵日記	2. 月	童謡
3. 私たちの遊び	絵日記	3. お使い	生活文
4. インスとスニ	文字の学習	4. 学校の遊び	生活文
5. わが家	対話文	5. もみじの葉	説明文
6. かくれんぼ	対話文	6. ウサギとカメ	物語
7. 朝	対話文	7. 話のポケット	童話
8. 遠足	童話	8. 言葉づくり	言語教材
9. 歌本	童謡	9. 犬と猫	童話
10. 動物園	説明文	10. 雪	鑑賞文
11. おもしろい言葉	言語教材	11. 正月	記録文
12. 紙の船	童話	12. こま	鑑賞文
13. 夏休み	記録		

表55　『国語 2-1』および『国語 2-2』の目次

『国語 2-1』（1963 年 2 月 15 日発行）		『国語 2-2』（1964 年 8 月 15 日発行）	
目　　　次	形　式	目　　　次	形　式
1. 新しい学年	生活文	1. 赤とんぼとコスモス	鑑賞文
2. 私たちのふるさと	説明文	2. ラジオ遊び	言語教材
3. 小さな木	童話	3. 運動会	鑑賞文
4. 絵日記	絵日記	4. 誕生会	手紙
5. 春の外出	童話	5. おじさんの家	生活文
6. 子どもとのっぽ	童話	6. 秋の朝	鑑賞文
7. ことば遊び	言語教材	7. 順序よく	生活文
8. 田植え	生活文	8. はだかの王様	脚本
9. 楽しい本	寓話	9. 義の兄弟	童話

299

10. 予防注射	生活文	10. 行くが降った日	生活文
11. 話じまん	童話創作	11. 新年の夢	鑑賞文
12. 夏の記録文・手紙	鑑賞文	12. 物語の汽車	言語教材

表 56 『国語 3-1』および『国語 3-2』の目次

『国語 3-1』(1964 年 2 月 15 日発行)		『国語 3-2』(1965 年 8 月 15 日発行)	
目　　次	形　式	目　　次	形　式
新しい生活	生活文	私たちの本	
1. 三月の空	説明文	1. 童話を読んで	鑑賞文
2. 日記	童話	2. 詩を読んで	鑑賞文
3. 青い鳥	絵日記	3. 回し読みした本	生活文
春	童話	秋をさがして	
4. 運動場で	童話	4. 金色の原っぱ	詩
5. 花の種	言語教材	5. 遠足	紀行文
6. しょいこと蝶	生活文	6. 秋収	生活記録
7. 本の外出	寓話	むかし話	
8. 5 個の大豆	生活文	7. 三年峠	童話
9. 木こりと仙女	童話創作	8. ノ・チャクポンとヨンサンガン	昔話
10. けやき	鑑賞文	9. アン・ヒャン	伝記
11. 竹馬の友	記録文	私たちの催し	
12. 子どもの遊び場	説明文	10. 学芸発表会	記録文
楽しい言葉遊び		11. 政承のモットク	伝記
13. 考えすぎ	童話	12. 売られていくロバ	童話
14. ことば作りあそび	言語教材	美しいお話	
15. なぞなぞ	言語教材	13. リンカーンの親切	伝記
なつかしいふるさと		14. 初雪	鑑賞文
16. 太極旗	記録文	15. 孝女セビョル	童話
17. 花だより	手紙	新春	
18. 海の風	鑑賞文	16. 新春	詩
		17. かげろう	生活文
		18. 私の文集	作文

第四章 「社会認識教育」からの「道徳教育」の分離と確立

表 57 『国語 4-1』および『国語 4-2』の目次

『国語 4-1』（1965 年 3 月 1 日発行）		『国語 4-2』（1965 年 9 月 1 日発行）	
目　　次	形　式	目　　次	形　式
韓国語		私たちの文章	
1. 標準語を使おう	説明文	1. クラス子ども会	会議録
2. 辞典	説明文	2. 詳しい文章	解説文
3. 学校放送	言語教材	3. 私たちの文集	作文
山を青く		ありがたい人々	
4. 私は今、木を	詩	4. 世宗大王	伝記
5. 私たちの山	説明文	5. エジソン	伝記
6. 森の中の郡主様	童話	6. 太鼓の音	伝説
物語と演劇		生きがいのある生活	
7. ツバメとフンプ	昔話	7. 一握りの土	童話
8. お月様の話	童話	8. 世の中で怖いもの	説明文
9. ぞうきん	脚本	9. 立派な死	伝記
くわしく見よう		ふるさとの自慢	
10. 私の観察	説明文	10. 釜山港	説明文
11. カラスの生活	観察記録文	11. 春川発電所	説明文
12. 初夏の日記	日記	12. 金甫空港	説明文
伝えられている物語		言葉の役割	
13. 金で作った花	伝説	13 冬の歌	詩
14. 木花	伝記	14. ことわざと格言	説明文
15. ハン・ソクボン	伝記	15. 標語とポスター	説明文
海の歌		互いに助け合う世の中	
16. 海が呼ぶ	詩	16. 愛の家	伝記
17. 済州島にて	手紙	17. 兄妹のクラス	生活記録文
18. 貝を探して	記録文	18. 私たちを助けてくれる UN	説明文

表 58 『国語 5-1』および『国語 5-2』の目次

『国語 5-1』（1966 年 3 月 1 日発行）		『国語 5-2』（1966 年 9 月 1 日発行）	
目　　次	形　式	目　　次	形　式
上級生になって		美しい韓国語	
1. 子ども役員会	会議録	1. 韓国語の美しさ	説明文
2. 学級新聞	説明文	2. 美しい言葉を使おう	説明文
3. 私たちの貯金	説明文	3. 中秋の名月	詩

301

	形式		形式
春をさがして		物語と演劇	
4. 春の風	詩	4. になったなまけ者	童話
5. 春のささやき	鑑賞文	5. 花郎クァンチャン	伝説文
6. 渡し場	小説	6. 新しく出たお月様	脚本
美しい生活		秋	
7. あいさつと敬語	言語教材	7. 歌三編	詩
8. キュリー婦人	小説	8. 読書の季節	手紙
9. 月光曲	伝説	9. 開拓の道	論説文
私たちの研究		赤十字の精神	
10. トムおじさん	小説	10. ナイチンゲール	小説
11. ハトの研究	観察文	11. 赤十字の由来と活動	説明文
12. 講演を聴いて	鑑賞文	12. 赤道の聖者	伝記
伝記を読んで		絶え間ない探検	
13. 大同余地図	伝記	13. アメリカの発見	探検記
14. 代を受け継いだ発明	伝説文	14. 情で結ばれた探検	伝記文
15. 僧将軍	伝説文	15. 宇宙旅行	説明文
民主主義の国		すばらしい人々	
16. 板門店にて	説明文	16. ミレーの晩鐘	伝記文
17. 高地の太極旗	小説	17. 安重根義士	伝記文
18. 民主主義と共産主義	論説文		

表 59 『国語 6-1』および『国語 6-2』の目次

『国語 6-1』（1965 年 3 月 1 日発行）		『国語 6-2』（1966 年 9 月 1 日発行）	
目　　次	形　式	目　　次	形　式
私たちの読書		報道の使命	
1. 本を読む楽しみ	鑑賞文	1. ラジオとテレビ	記録文
2. 騎士任命式	鑑賞文	2. 新聞	説明文
3. 花を見て	鑑賞文	3. ペンの力	説明文
文化の足跡		文字と文化	
4. 南海から	手紙	4. ハングルの誇り	説明文
5. 古跡をたずねて	紀行文	5. 文字の話	説明文
6. 伝統工芸をさがして	鑑賞文	6. 詩調	詩調
私たちの歌		名作を読んで	
7. 歌と表現	詩	7. 沈清伝	小説
8. 詩の世界	詩	8. クリスマスの聖歌	脚本
9. なつかしい歌たち	詩	9. 創作物語	説明文

第四章　「社会認識教育」からの「道徳教育」の分離と確立

人類の道しるべ		互いに助け合う世界	
10. ペスタロッチ	伝記文	10. オリンピック大会	説明文
11. ノーベル賞	伝記文	11. UN（国連）の使命	説明文
12. 栗谷の母	伝説文	わが民族	
自然の開拓		12. 三一精神	論説文
13. 自然の利用	説明文	13. 美しいわが国土	感想文
14. ヨーロッパの楽園	紀行文	14. 我々の将来	説明文
15. 世界地図になるまで	論説文	卒業を前にして	
感激の日		15. 私たちの希望	感想文
16. 光復節	記録文	16. 学校を離れて	感想文
17. ソウル収復	記録文		

　これらの目次について、単元名と記述内容を手がかりにしながら「社
会認識教育」あるいは「道徳教育」に関連の深い単元を選定し、分類分
けして整理したものが表60である。

　第1〜6学年の内容を概観してみると、「第1次教育課程」国語科の教
科書で登場した単元が数多く踏襲されており、単元構成もほぼそのまま
引き継いでいるものが多い。しかし、今回の教科書では、以下のような
特徴が見られる。

　第一に、学年段階に沿って「道徳教育」的な内容が増加する傾向にあ
る。第3学年までは各学年とも2巻を通じて、おおよそ春→夏→秋→冬
という季節や時系列的な年間行事に沿って単元が編成されていたが、4学
年以上になるとそれが緩やかになり、一方で「道義教育領域」内容が急
増している。例えば、『国語3-1』の「三月の空」「海の風」、『国語3-2』
の「秋収」「初雪」「新春」など、中学年までは年間の季節に沿った単元
が登場しているが、第5学年では夏や冬関連の単元はなく、第6学年で
は季節関連の単元は全く登場していない。しかも、それに入れ替わるよ
うに、第3学年では「太極旗」「アン・ヒャン」、第4学年で「世宗大王」
「ハン・ソクボン」「立派な死」、第5学年で「僧将軍」「花郎クァンチャ
ン」「安重根義士」、そして第6学年では「栗谷の母」「光復節」「ハング
ルの誇り」「三一精神」などが登場している。つまり、中学年以降では民

303

表60 「第2次教育課程」の『国語』教科書における内容領域の分類

領域＼学年	1学年	2学年	3学年	4学年	5学年	6学年
道義的領域	1.(1-2) 秋夕 6.(1-2) ウサギとカメ 9.(1-2) 犬と猫	1.(2-1) 新しい学年 9.(2-1) 楽しい本 10.(2-1) 予防注射 3.(2-2) 運動会 8.(2-2) はだかの王様 9.(2-2) 義の兄弟 11.(2-2) 新年の夢	1.(3-1) 三月の空 2.(3-1) 日記 10.(3-1) けやき 11.(3-1) 竹馬の友 12.(3-1) 子どもの遊び場 16.(3-1) 太極旗 7.(3-2) 三年峠 8.(3-2) ノ・チャクポンとヨンサンガン 9.(3-2) アン・ヒャン 11.(3-2) 政承のモットク 13.(3-2) リンカーンの親切 14.(3-2) 初雪 15.(3-2) 孝女セビョル	7.(4-1) ツバメとフンブ 9.(4-1) ぞうきん 13.(4-1) 金で作った花 14.(4-1) 木花 15.(4-1) ハン・ソクポン 4.(4-2) 世宗大王 5.(4-2) エジソン 6.(4-2) 太鼓の音 7.(4-2) 一握りの土 9.(4-2) 立派な死 12.(4-2) 金甫空港 16.(4-2) 愛の家 17.(4-2) 兄妹のクラス	7.(5-1) あいさつと敬語 8.(5-1) キュリー婦人 9.(5-1) 月光曲 10.トムおじさん 13.(5-1) 大同余地図 14.(5-1) 代を受け継いだ発明 15.(5-1) 僧将軍 4.(5-2) 牛になったなまけ者 5.(5-2) 花郎クァンチャン 9.(5-2) 開拓の道 10.(5-2) ナイチンゲール 11.(5-2) 赤十字の由来と活動 12.(5-2) 赤道の聖者 16.(5-2) ミレーの晩鐘 17.(5-2) 安重根義士	4.(6-1) 南海から 10.(6-1) ペスタロッチ 11.(6-1) ノーベル賞 12.(6-1) 栗谷の母 15.(6-1) 世界地図になるまで 16.(6-1) 光復節 3.(6-2) ペンの力 6.(6-2) ハングルの誇り 7.(6-2) 沈清伝 8.(6-2) クリスマスの聖歌 10.(6-2) オリンピック大会 11.(6-2) UN(国連)の使命 １２.（6-2）三一精神 14.(6-2) 我々の将来 15.(6-2) 私たちの希望 16.(6-2) 学校を離れて
社会的領域		2.(2-1) 私たちのふるさと		11.(4-2) 春川発電所 12.(4-2) 金甫空港	3.(5-1) 私たちの貯金	1.(6-2) ラジオとテレビ 2.(6-2) 新聞
経済的領域					12.(5-1) 講演を聴いて	6.(6-1) 伝統工芸をさがして
政治的領域				18.(4-2) 私たちを助けてくれるUN	16.(5-1) 板門店にて 17.(5-1) 高地の太極旗 18.(5-1) 民主主義と共産主義	17.(6-1) ソウル収復
地理的領域				17.(4-1) 済州島にて 18.(4-1) 貝を探して 10. 釜山港		14.(6-1) ヨーロッパの楽園 13.(6-2) 美しいわが国土
歴史的領域						5.(6-1) 古跡をたずねて

第四章　「社会認識教育」からの「道徳教育」の分離と確立

族の英雄や偉人の伝記、あるいは民族と国家の歴史的な事実や事件が登場することで、民族的意識や国家的意識の涵養を徐々に高めていく構成になっているのである。

　第二に、今回は新たに「経済領域」関連の内容が追加された点である。第5学年では、水力発電による資源の活用について触れた「講演を聴いて」、そして第6学年では全国の伝統工芸品について紹介した「伝統工芸をさがして」などがあり、産業や経済開発に関連した題材が登場している。これらは、産業の振興と生産技術の向上による国民経済の再建を課題としていた革命政府の方針が強く反映されたためではないかと推察される。

　第三に、前回に続いて、中学年以降では政治教育的な内容が登場している点である。とりわけ、第4学年の「私たちを助けてくれるUN」、第5学年の「板門店にて」「高地の太極旗」「民主主義と共産主義」、第6学年の「ソウル収復」などは、いずれも朝鮮戦争関連の内容となっており、北朝鮮の侵略性や残虐性、そして共産主義の思想や政治体制を批判する反共教育的な内容が登場している。政治教育的な題材は、それらを中心に中学年以降に重点的に配置されているのである。

3．「第2次教育課程」国語科の「道徳教育」

　国語科の目標は、「読む、書く、話す」等の単なる国語能力の習得に留まらず、個人に対しては「個人の心性と人格の陶冶」を、社会に対しては「社会改善」を目指し、それに寄与する市民性の育成に主眼を置くものとなっていた。単なる言語の習得だけでなく、言語学習を通じて、社会生活における民主的な生活態度や実践力を育成する目的を持っているのである。これは、「第1次教育課程」の国語科とほぼ同様であったと言ってよい。

　しかし、教科書レベルで見てみると、反共教育あるいは政治教育的な単元の数は「第1次教育課程」期と同程度だが、中学年以上では朝鮮の歴史上の偉人や聖人が数多く登場し、民族意識や国家意識を醸成しよう

305

する傾向が強くなっていた。世界的偉人の伝記を扱った題材も増加しており、全体的に見ても、「道徳教育」関連の題材は急増している。カリキュラムの改訂は小幅であり、前回の枠組みと内容構成をほぼ引き継いではいるが、「道徳教育」の部分だけはより拡充されているのである。ここには「反共・道徳生活」だけでなく、国語科においても「道徳教育」を強化しようとした文教部の思惑が見て取れるだろう。しかも、道徳科が正式に成立したのは1973年だが、それまでの国語科は、ある意味で「反共・道徳生活」を内容的に補完し、「第2次教育課程」期の「道徳教育」を支えたと考えることができる。国語科は1960年代の「道徳教育」の一翼を担いながら、カリキュラムと教科書の両面から潜在的かつ間接的に「道徳教育」を支えていたということができるのである。

第五項 「第2次教育課程」社会科における「社会認識教育」

1．「第2次教育課程」社会科の位置と目標

次に、社会科について見てみよう。社会科の目標は、以下のように7項目で示されている[31]。

「第2次教育課程」（1962）社会科の教科目標

①民主的な社会生活を営むためには、自分や他人の人格を尊重し、各自が持つ権利や義務を正当に行うことがその基本であることを<u>理解させ</u>、自主的かつ自律的に思考し、<u>行動する態度を養う</u>。

②家庭や学校、その他各種の社会集団における集団の意義、集団成員間の関係、集団と個人、集団と集団との関係について<u>理解させ</u>、その集団における自分の位置に気づかせ、集団生活に適応し、<u>社会改造のために貢献しようとする態度や能力を養う</u>。

③社会生活の重要な諸機能とその相互関係について正しく<u>理解させ</u>、社会的な協力活動に積極的に協力し、これを改善しようとする態度や能力を養う。

④我々の人間生活が自然環境と密接な関係を持って営まれていることを<u>理解させ</u>、日常生活において自然に適応する一方、それを工夫、活用して生活を向上・発展させ、<u>地域社会の改善に貢献する態度や能力を養う</u>。

第四章　「社会認識教育」からの「道徳教育」の分離と確立

⑤わが国の社会制度、生活風習、固有の文化について、その変遷や発展の様子を理解させ、正しい民族的自覚をもって、民族の発展のために貢献しようとする態度や能力を養う。

⑥自由民主国家の真の社会生活について理解させる一方、わが国が民主主義の砦であり、先鋒であることを理解させ、反共思想の確立を通して確固たる反共生活の営みと、かつ国際連合及び民主友邦と協調しようとする態度を養う。

⑦国土統一と産業振興がわが国と民族の重大な課題であることを理解させ、その解決のために、積極的に協力しようとする態度や能力を養う。

(下線は筆者による)

文教部令第119号（1963年2月15日制定公布）国民学校教育課程より。

　また、「第1次教育課程」社会生活科と「第2次教育課程」社会科の目標について、それぞれ理解目標と態度・行動目標に着目して分類し、比較したものが表61、表62である。

　社会科の教科目標は、第一に社会生活における様々な知識に関する知的理解とそれに基づく行動・実践・態度の形成を統一的に育成しようとしている点に特徴がある。しかも、いずれの項目も、前半部分では「〜を理解させ」という文言が見られる一方で、その後半部分では「行動する態度を養う」「改善しようとする態度や能力を養う」「貢献する態度や能力を養う」などとなっており、教科目標は理解目標と態度・行動目標から構成されているだけでなく、前者は後者を規定する関係となっている。つまり、社会科の学習は単なる社会的機能や社会的事象、社会思想に関する知的理解だけでなく、それらを基盤としながら連続的な学習の結果として一定の態度や行為の育成も意図されており、そのための知的理解と行動的実践の統一的な理解が求められているのである。こうした原則は、米軍政時代の社会生活科と共通するものであり、知識理解だけでなく、社会の諸問題も解決していくなかで自らの問題も解決し、民族や国家、そして世界をよりよく改善していくための行動実践も志向されていることを示している。

　第二に、様々な社会的事象において、それらの相互依存の関係性を理

表 61 「第 1 次教育課程」と「第 2 次教育課程」の社会（生活）科の理解目標比較

「第 1 次教育課程」社会生活科の理解目標 (1947)	「第 2 次教育課程」社会科の理解目標 (1952)
(1) 自己と他の人の権利・個性の理解 (2) 各集団の意義、関係の理解 (3) 社会的諸機能の理解 (4) 人間と自然環境との関係理解 (5) 社会制度・文化遺産の理解	(1) 個人の人格の尊重・権利・義務の理解 (2) 社会集団の意義の理解 (3) 社会的諸機能の理解 (4) 自然環境との関係の理解 (5) 社会制度・文化の理解 (6) 反共・民主主義の理解

（筆者作成）

表 62 「第 1 次教育課程」と「第 2 次教育課程」における態度・行動目標比較

「第 1 次教育課程」社会生活科態度目標 (1947)	「第 2 次教育課程」社会科態度目標 (1952)
(1) 自主的に思考し行動する態度 (2) 集団生活への適応と態度 (3) 社会的な協同活動へ参加する態度 (4) 自然環境活用と生活改善の態度と能力 (5) 生活改善の態度と能力	(1) 自主的・自律的思考と行動 (2) 集団生活への適応、社会改造貢献 (3) 社会活動への協力、社会改善 (4) 地域社会の改善に貢献 (5) 民族発展のための貢献 (6) 反共生活、国連と強調積極的協力

（筆者作成）

解させるだけでなく、こうした社会への適応を求める構造となっている点である。子どもの身の回りには、①権利と義務、②社会集団、③様々な社会的機能、④人間生活と自然環境、などの様々な関係性が存在しているが、いずれも相互依存の関係性を維持して発展していることを理解させ、究極的には、本人もその一員であることを自覚させようとしている。例えば、①では権利と義務の関係、②では集団としての「家庭」や「学校」の中における「自分の位置」の自覚とその集団を支えること、③では、社会を構成する制度、習慣、機関などの社会的機能への理解と適応を、④では人間生活に影響を及ぼす自然との関係性の理解とその調和が求められている。子ども達には、集団や制度、機関や自然等との関係性を肯定的に認識させることで、それらに適応するための能力や態度の育成が意図されているのである。これらは、個人に対しては民主的で協

第四章　「社会認識教育」からの「道徳教育」の分離と確立

調的な精神を培いながら、それと同時に、現実の韓国社会を肯定的に受け入れさせ、それに適応するための役割が期待されていることを示している。

　第三に、今回初めて「産業振興」という文言が掲げられて、経済的な成長や発展が社会科の重要な目標として位置付けられた点である。前述のように、政府は1962年に「第1次経済開発五ヵ年計画」の発表とともに「文教再建五ヵ年計画」を策定し、中等教育の効率化と職業教育の強化を進めていた[32]。1960年代は「経済発展と教育」を国家政策の重要課題として位置付けていたが、社会科教育の目標にも直接的な影響を与えていたと捉えることができる。

　第四に、新たに民族主義的かつ国家主義的な国民的資質育成の項目が追加された点である[33]。①〜④には、一人の市民としての社会生活に関する知的理解と行動実践が示されているが、国家的課題への理解とその解決、そして発展に協力する態度としての国民的・民族的資質の目標が登場している。例えば⑤は、「国家」の社会制度や民族の風習や文化、そして国土と民族分断の現状を理解させることで、民族や国家に対する帰属意識を高めて「民族的自覚」を深めさせ、⑥では「反共教育」が登場することで、共産主義国家の対立概念としての「自由民主国家」、または「民主主義の砦」としての「わが国」への理解や「反共」の推進、そして「国際連合及び民主友邦」に貢献する態度育成が要請されている。これらが追加されたことで、子ども達は「反共思想」に基づきながら国土統一を願い、民族・国家の一員として、経済発展に寄与する生活態度を身につけることが一層要請されているのである。

　以上の社会科の教科目標の全体構造を示せば、図10の通りである。目標は、各項目の理解目標と態度目標の統一的な育成により、社会生活者的な資質と民族主義的、国家主義的な国民的資質を育成し、そのことによって民主的な社会の一員としての国家や社会の発展に貢献する人材の育成が目指されている。子どもたちには、現実社会を理解させて適応させるだけでなく、民族や社会、国家の向上に貢献する主体者としての

309

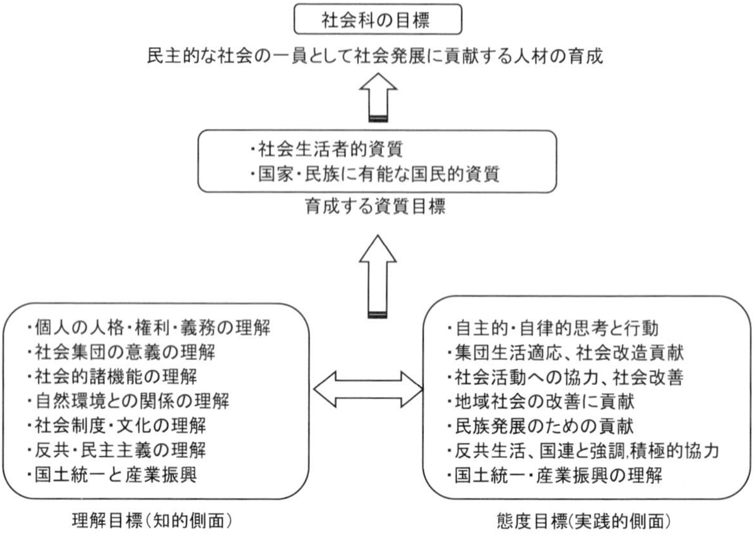

```
                        ┌──────────────────┐
                        │  社会科の目標     │
                        └──────────────────┘
        民主的な社会の一員として社会発展に貢献する人材の育成

                              ⬆

              ┌─────────────────────────────────┐
              │ ・社会生活者的資質               │
              │ ・国家・民族に有能な国民的資質   │
              └─────────────────────────────────┘
                        育成する資質目標

                              ⬆

┌──────────────────────────────┐      ┌──────────────────────────────┐
│ ・個人の人格・権利・義務の理解 │      │ ・自主的・自律的思考と行動     │
│ ・社会集団の意義の理解         │      │ ・集団生活適応、社会改造貢献   │
│ ・社会的諸機能の理解           │ ⟷   │ ・社会活動への協力、社会改善   │
│ ・自然環境との関係の理解       │      │ ・地域社会の改善に貢献         │
│ ・社会制度・文化の理解         │      │ ・民族発展のための貢献         │
│ ・反共・民主主義の理解         │      │ ・反共生活、国連と強調、積極的協力│
│ ・国土統一と産業振興           │      │ ・国土統一・産業振興の理解     │
└──────────────────────────────┘      └──────────────────────────────┘
        理解目標(知的側面)                   態度目標(実践的側面)
```

図10 「第2次教育課程」社会科の目標構造

育成が目標とされ、現実的な社会生活の向上も目的とされているのである。とりわけ、今回の目標では子どもたちを民族主義的、国家主義的な一定の方向に社会化しようとする傾向は一層強化されたものとなっているのが分かる。

2.「第2次教育課程」社会科の内容構成

①社会科の内容項目の編成

次に、内容について見てみよう。社会科カリキュラムの内容項目は、どのような選定基準で選択されていたのだろうか。1963 年発行の『国民学校教育課程解説』によれば、内容の選定は「第一に、基礎学力の充実を期することができるようにし、第二に、自主性と生産性及び実用性を考慮し、第三に、他の教科との指導内容の重複を避け、第四に、各地域別に再構成することができるように融通性を考慮した」[34] とされている。そして、基本的には 1955 年版を踏襲しながら「旧教科課程の内容を修

第四章　「社会認識教育」からの「道徳教育」の分離と確立

正、補完」[35] し、一層の精選と整理をしたとされている。例えば、前回では内容の各中項目の下位には設問式の小項目が設定されていたが、今回は設問式ではなく、簡潔な表現に変更されている。第1学年の「1．楽しい私たちの学校」単元の場合を示すならば、次の通りである。

　　1．楽しい私たちの学校
　　　（1）学校生活の楽しさ
　　　（2）学校にある道具と施設の重要性とその使用法
　　　（3）公共施設を扱う心構えと態度
　　　（4）規則的な生活習慣
　　　（5）学校で行っている勉強のさまざまな形態で
　　　（6）学校で行っている年中行事の種類とその必要[36]

　このような下位の項目を構成要素とする各学年の内容項目について、それらを道義的領域、社会的領域、経済的領域、政治的領域、地理的領域、そして歴史的領域の観点から整理し直し、「第1次教育課程」社会科のカリキュラムと併記して表記したものが以下の表63である。
　社会的領域に関する項目は、第1、2学年段階に集中的に配列されており、前回よりも項目数は大幅に削減されている。また、「家」「近隣」「学校」のように人との関わりが多い内容は第1、2学年で集中的に扱われ、第3、4学年および第5、6学年ではほとんど扱われていない。経済的領域については、前回は第2学年と第5学年だけに題材が選定されていたが、今回は第3、4学年でも「郷土の生産」や「農業」についての項目が追加されている。ただし、第2学年では「物の供給」「輸送」「村の生活」などの子どもの身近な題材について取り上げながら、一方で第5学年では「交通と産業」「経済の発達と金融機関」「資源の利用」「わが国の産業の発達」のように、国家的視点から交通や金融、資源や産業について扱われている。第2学年で学んだ経験的知識を第5学年で高度化させ、抽象的な経済活動まで学習させようとする構成は前回と変わっていない。

表63 「第１次教育課程」および「第２次教育課程」社会科内容の比較

領域＼学年	学年課題	1学年 わが家・私たちの学校 （家庭・学校）	2学年 近所の生活 （近隣）	3学年 郷土の生活 （郷土）	4学年 私達の生活の由来	5学年 産業の発展	6学年 わが国の発達と世界
					(地方・国家・世界)		
道義的領域	道義	2.あいさつ 6.よい習慣を身につけよう	1.よい２年生 6.お使い 7.正直な子ども 10.時間を守ろう	1.りっぱな子ども 4.責任と公益	1.私達の礼節 3.私達の生活に自由と協同はどうして必要か？ 4.我々はなぜ木を愛すべきなのか 7.美しい風俗	1.礼法を守ろう	1.美しい習慣 10.国民の本分 11.我々の将来
社会的領域	家	9.私達の家 (4)わが家		6.私達の家			
	地域	(5)近所の遊び場			(5)集団生活		
	健康	5.安全 7.丈夫な体	11.私達の健康を増進する人々はどのように役に立っているか				
	学校	1.私たちの学校 2.楽しい私達の学校 3.先生と私たち 4.学校に行く道					
	友人	8.友だち					
	娯楽	3.遠足 10.楽しい日	12.私達の日常生活をうれしくて楽しくしてくれる人たちはどのように役に立っているか			3.健康と娯楽	
	芸術						8.美しいもの (5)新しい文化生活
	宗教					9.宗教	
	通信		6.手紙を届ける人たちはどのように役に立っているか (3)私達に便りを伝えてくれる人々と施設				
経済的領域	生産			3.私達の食料品		11.国産品の愛用	
	消費	4.物を大切に使おう	4.物を供給してくれる人々はどんな人か				
	交通		3.人と物を輸送する人々はどのように役に立っているか (2)物資を供給してくれる人々と施設 (4)旅行と物の輸送			6.交通と輸送 (5)交通と産業	

312

第四章　「社会認識教育」からの「道徳教育」の分離と確立

経済的領域	金融		8. 金融組合と銀			8. 銀行と組合 (4) 経済の発達と金融機関
	労働					2. 勤労は私達の生活にどのように必要なのか。 (1) 勤労と私たちの生活
	資源					4. 資源の利用 (2) 資源の利用
	産業		(6) 私達の村の生活	(3) 郷土で生産されるもの	(6) 農業の発達	5. 機械の発達と産業 7. 産業と貿易 (3) 機械の発達と産業 (6) わが国の産業の発達
政治的領域		(6) いろいろな行事	2. 私達の地域を守ってくれる人々 9. 面、邑事務所は私達にどのように役に立っているか (1) 私達の村の仕事を担当している人々と機関 (5) 私達の生活の安全を守ってくださる人々と機関	(2) 郷土のくらしを助けている機関と施設 (6) 将来の私達の郷土		4. わが国の政治 5. 民主主義 6. 国際連合 7. わが国の統一と復興 (2) 民主主義と政治 (4) 韓国と国際連合 (6) 私たちのなすべきこと
地理的領域			2. 私達の地域の自然環境 7. 都市と田舎の生活 8. わが国の北部地方の生活 9. わが国の南部地方の生活 10. わが国の山間地方の生活 11. わが国の平野地方の生活 12. わが国の海岸地方の生活 (1) 郷土の自然環境 (4) いろいろな郷土の生活	2. 私達の地域の発達 5. わが国の自然環境 6. わが国の名勝古跡 8. 我々が住む地球とはどのようなものか (1) わが国の自然環境 (2) 山林の緑化 (4) わが国の様々な地方の生活	9. わが国の人口と都市 10. 世界の諸国	(3) 世界の様々な国の生活
歴史的領域				(5) むかしの私達の郷土	9. 集団生活 10. 人はどのようにして農業を営んできたのか 11. 道具の発達 (3) わが国の名勝古跡 (7) わが地方の発達	2. わが国の由来はどのようなものか 3. わが国の歴史を輝かせた人と物 (1) わが国の発達

網掛け部分は「第2次教育課程」、網掛けなしは「第1次教育課程」の内容を表す。（筆者作成）

政治的領域は、前回では第2学年と第6学年だけに扱われていたが、今回は新たに第1、3学年でも増加した。第1、2学年では、地域の「村の仕事を担当している人々と機関」や「生活の安全を守っている人々と機関」への理解、第3学年では「郷土」の行政機関や人々の働きについて、そして第6学年では「民主主義と政治」や「国際連合」のように、地域、国家、国際関係へと段階的に拡大しながら政治機構やしくみに関する社会的諸機能が学習されていく。地理的領域の学習では、前回は第3〜5学年だけに限られていたが、今回は第5学年では扱われなくなり、代わりに第3、4、6学年の学習となった。第3学年では「郷土の自然環境」「いろいろな郷土の生活」、第4学年では「わが国の自然環境」「わが国の様々な地方の生活」、そして第6学年では「世界の様々な国の生活」というように、おおよそ地域→国→世界という配列構成となっている。最後の歴史的領域では、第3学年で「むかしの私たちの郷土」、第4学年で「わが地方の発達」「わが国の名勝古跡」のような地方の歴史を学び、第6学年では「わが国の発達」として自国の歴史を体系的かつ系統的に学ぶ構成になっている。

　以上の全体の構成について、各領域の系列性を中心に再度整理したものが次の表64である。

　②「道徳教育」内容の分離と「社会認識教育」内容の強化

　今回、「道義的領域」の内容はカリキュラムから完全に削除されたことが分かるだろう。前回では、全学年に「礼法」や「礼儀」に関する徳目が設定されていただけでなく、第1、2学年には「習慣」や「正直」などの個人に関する徳目、第3、4学年では「公益」や「公衆道徳」等の対社会的な徳目、そして第5、6学年では国家への「責任感」など対国家的な徳目が配列されて学年段階に応じて重点化が図られていたが、それらは全て消滅しているのである。このことにより、年間35時間の道義領域の授業は社会科から完全に削除されたことになる。

　だが、このことは「道徳教育」のカリキュラムが「第2次教育課程」

第四章　「社会認識教育」からの「道徳教育」の分離と確立

表64　「第2次教育課程」社会科カリキュラムの全体構成

	1学年	2学年	3学年	4学年	5学年	6学年
道義的領域	－	－	－	－	－	－
社会的領域	・家 ・地域 ・学校	・通信		・集団生活		・新文化生活
経済的領域		・産業　→ ・輸送	・産業　→	・農業の発達	・産業　→ ・交通と産業 ・金融 ・資源 ・勤労	・産業の発達
政治的領域	・行事	・地域の 　行政 ・地域の治安	・地域の行政 ―――――――→ ・将来の郷土 ――――――→			・国の政治 ・国際連合 ・民主主義と 　政治 ・我々の使命
地理的領域			・地域の 　地理 →	・国土の　→ 　自然環境 ・地方の生活		・世界の諸国
歴史的領域			・地域の 　歴史 →	・わが国の名 　勝古跡 ・地方の発達	・産業の 　発達 →	わが国の発 達

矢印は関連する内容を指す（筆者作成）

から完全に削除されたことを意味しない。それまでの「道徳教育」の内容は、全て特設された「反共・道徳生活」に移動したからである。逆をいえば、今回の改訂で社会科は、「社会認識教育」を中心とするカリキュラムへと特化されたわけであり、「道徳教育」を前提としないそれへと転換されたことを示しているのである。

3．社会的機能の配列と同心円拡大原理による編成

　内容の配列方法はどうか。前回のように、学年ごとに「学年課題」は明記されていないが、第1学年で「家庭・学校」、第2学年は「近隣」、第3学年は「郷土」、そして第4学年～第6学年では「地方・国家・世界」の社会的事象というように、段階的かつ拡大的に題材が配列されているのが分かる。低学年では家庭や学校での直接的で具体的な事象を、中学

年では郷土の産業や行政、地理や歴史、そして高学年では国家および世界に関する政治や産業、地理、歴史が設定されている。つまり、家庭・学校→近隣→郷土→地方・国家・世界というように、段階的に拡大する生活経験領域の中心には「自分」が置かれた構成となっているのである。

　このように、同心円拡大的に内容項目が設定されているのはなぜなのだろうか。それは、低学年段階では身近な社会での意味づけを持ち、より大きな社会を理解するための基礎的学習となるとともに、段階的に学習を進めていけば、より高い次元での社会的機能も自然なかたちで学習できるようになるからである。例えば、「産業」という社会的機能を学習する場合には、初めに低学年で身近な地域の「産業」について学び、その後に高学年でも高度で広範囲の「産業」を扱うことで、子どもたちは常に自分と社会全体との関連性の中で、「産業」の持つ社会的意味を立体的に捉えることが可能となっていく。しかも学習過程では、社会や国家に対する姿勢や態度、行動の方向性も同時に形成されていくことになっていく。なぜならば、その社会的事象が位置づく社会の全体を知ることで、その存在の社会的な意味と自分との関係、そして自分の役割を理解するようになるからである。つまり、社会的意味を理解することで自らも社会を支える一員であることを自覚し、態度や行動も同時に育成されていくことになるのである[37]。このような原理の採用は、「教授要目」および「第1次教育課程」の社会生活科ではやや不完全気味であったが、今回の「第2次教育課程」ではより鮮明となった点に注目したい。

　前回の社会生活科には、「社会認識教育」的内容と「道徳教育」的な内容が混在していたが、そのために教科内容の体系性や系列性の一貫性には難があった。だが、今回の改訂では、カリキュラムから「道徳教育」的な内容を完全に切り離すことで「社会認識教育」の内容に特化し、内容の配列には社会的機能の学習と同心円拡大法を採用して社会科教育の性格を一層鮮明にしている。「第2次教育課程」社会科は、この教科が「社会認識教育」を中心的に扱う教科である点を、あらためて内外に示したカリキュラムだったと言えるであろう。

第四章　「社会認識教育」からの「道徳教育」の分離と確立

4．「第2次教育課程」社会科に見られる社会認識形成の方法

　では実際の単元では、如何なる方法で社会科の内容を理解させようと
していたのか。ここでは、第3学年『社会3-2』の「5．わが地方の将来」[38]
単元を例に教育方法について考察してみることにする。以下は、その全
文である。

「5．わが地方の将来」の全文

　1．良くなっていくわが地方

　　わが地方では、住みやすい地方を作るために様々なことをしていま
す。郡庁で働いている公務員と地方の仕事を手助けしてくださる人たち
が、互いに力を合わせて仕事をしています。

　　わが地方は、農業を営む地域です。広い田畑があるので、田んぼの仕
事と畑の仕事をして多くの穀物を収穫しています。

　　しかし、わが地方は農業を営む人の数に比べて農地は広くない方で
す。だから、人々は力を合わせて農地にできる海辺の干潟をしたり、山
の急斜面にも農地を作ったりしています。

　　また、良い農産物をたくさん出荷するために、農村指導所や農業協同
組合と力を合わせていろいろな知恵を出し合っています。それだけでな
く、貯水池も広げて水道もさらに広げ、農業の助けになるようにしてい
ます。このようなことがすべて行われれば、わが地方には今の何倍も穀
物ができるようになるそうです。

　　わが地方は美しい山と広い田畑があり、川も流れているので住みやす
いところです。

　　しかし、わが地方は道が狭いので、自動車や馬車が通るのが困難な場
所が何カ所かあります。このような道は広げて、交通を便利にしなくて
はならないでしょう。また、田畑や谷間には小川が流れていますが、洪
水が起きれば行くことができない場所には橋をかけ、行き来が便利にな
るようにしなくてはならないでしょう。

　　そして、隣の地方のすべての村には、電気があるので明るい光の下で
生活をすることができますが、将来はわが地方でも全ての村に電気がが
入るようにしなくてはなりません。また、井戸はポンプに変えて使いや
すいようにしなくてはならないでしょう。このようなことを一日も早く
成し遂げてこそ、わが地方も住みやすく便利な地方になるのです。

　　また、わが地方で大きな関心事になっているのは、洪水が起きたとき
に川の水が田畑に入ってきて農産物をダメにしてしまうこと、家を壊

317

してしまうことでした。この洪水を防ぐために、国では堤防をつくることにしました。川沿いに堤防が作られれば、わが地方では大雨が降っても安心して農業を営むことができるし、地方も生活が豊かになります。

次に、わが地方では消防施設が準備されている村はとても少ないです。なので、火事が起きれば、村人たちはバケツに水を汲んで火を消さなくてはなりません。風が吹いたときに火事が起きてたくさんの家が燃えてしまったときがあります。今後は、村ごとに義勇消防隊を作って、消防施設を準備しなくてはならないでしょう。

病院がない村に住んでいる人たちは、病気になれば病院がある村まで行かなければ治療を受けることができません。このような不便を減らして安全な生活をするために、病院や保健所をさらに作らなくてはならないでしょう。

2. 私たちのすべきこと

わが地方が今後住みやすい地方になろうとすれば、何よりも地方で生活しているすべての人々が生活を改善していかなくてはなりません。すなわち、私たちの各自が生活を改善することに努力しなければならないのです。

まず、私たちは一人では生きていくことができないということをよく理解し、村や地方の人々と互いに助け合って生きていかなくてはなりません。近所同士が互いに助けることは、自分の生活のためにもなることです。

それだけでなく、私たちがすべての生活を行うときには、いろいろな守らなくてはならないことがあります。生活で守るべきことを守れば、互いに笑顔で仲良く生活することができるようになるでしょう。

そして、私たちが生活を豊かにしていくことができる道は、ものを多く作ることです。農業を営む人は、さらに多くの農産物を作るために努力しなければならないし、魚をとる人々は、さらに多くの魚をとるためにいろいろな知恵を絞らなくてはなりません。

それだけでなく、物を大切に使って時間も上手に利用することができるようにならなくてはなりません。

また、私たちが着ている服も、仕事をするためにしやすい服装でなくてはならないし、あまりにも良い服は着ないようにしなくてはなりません。

食料も大切に食べるとともに、米だけ食べるのではなく、雑穀を混ぜて食べ、小麦粉で作った食べ物も食べる習慣を持たなくてはなりません。

そして、私たちが生活する家も楽しい生活ができるように、いつもきれいな家で生活するようにしなくてはなりません。

第四章　「社会認識教育」からの「道徳教育」の分離と確立

　　また、私たちは貯金をする習慣を持ち、生活を良くしていくことがで
　きるようにしなくてはなりません。私たちの家の生活が豊かになってい
　くことは、わが地方の生活が豊かになっていくことになり、地方の生活
　が良くなれば、国の生活もよくなっていきます。
　　ですので、これからは家ごとに貯金通帳を準備し、お金を貯金して生
　活を少しずつ良くしていくようにしなくてはなりません。
　このように、わが地方で生活している全ての人々が、自分の生活を改善
　するために努力を惜しまなければ、きっとわが地方は次第に住みやすい
　地方になるでしょう。

　課題
　1. わが地方で行おうとする仕事は、どのように決められるのだろうか？
　2. わが地方で住みやすくするためには、地方の人々はどのような努力
　　をしているのだろうか？
　3. わが地方で、今後しなくてはならないことは何だろうか？
　4. わが地方で新しくしなくてはならないことには何があるだろうか？
　5. 私たちが生活の改善をするために行うことができることはなんだろうか？
　6. わが地方で行っている貯金の方法はどのようなものか？

　この単元は、その下位には「1. 良くなっていくわが地方」および「2.
私たちのすべきこと」という二つの小単元で構成されている。この記述
展開を分析すると、以下のようになる。

①「1. 良くなっていくわが地方」
　　──事象の事実・現状についての理解段階──
　最初の小単元の「1. 良くなっていくわが地方」では、「わが地方」が
どこなのか具体的には説明していないが、そこでは人々が住みやすくな
るために、公務員と一般の人々が協力しあって様々な実践をしている事
実を述べている。また、「わが地方」は多くの穀物を生産している農業地
域だが、農地が狭いので干拓や開墾の努力をしていること、「良い農産
物」の生産のために「農村指導所」や農協と協力していること、そして
貯水池や水道の整備等も進めていることを事実的な知識として理解させ

319

ている。

②改善すべき課題点の理解・把握の段階

次に、「わが地方」は「美しい山と広い田畑」があって川も流れているので住みやすいが、一方ではいくつか改善すべき点があることを説明している。道が狭いことや橋が少ないこと、電気が全戸に入っていないこと、堤防がないこと、消防設備が少ないこと、そして病院や保健所が少ないこと等である。

③「2．私たちのすべきこと」
　　　──生活改善のための道徳的態度形成段階──

「2．私たちのすべきこと」では、自分たちが「わが地方」の現状をどう評価し、今後どういう行動をとるべきなのか態度形成を促す記述となっている。「私たち」の努力すべき点は、（ア）互いに助け合うこと、（イ）ルールを守ること、（ウ）多くのものを生産すること、（エ）ものを大切に使うこと、（オ）時間を上手に使うこと、（カ）服は質素にすること、（キ）食料を大切にすること、（ク）貯金をすること、の8項目が示される。そして、全ての人が生活の改善のためにこれらを努力すれば、それがすなわち、「わが地方」を住みやすくして国民生活の改善に資することになることを示唆する。最後は学習すべき具体的な六つの質問項目の「課題」を示して終えている。

5．「第2次教育課程」社会科における「社会認識教育」の深化

この単元は、二つの小単元を連続的に学習させることで、①社会的事象の事実的な知識理解→②社会的事象の課題点の把握→③望ましい態度の形成、という三段階を踏ませる展開となっている。段階的に社会認識を深めさせ、最終的には自分の生活の改善や地域・国家に貢献する態度や行動の形成が目指されているのである。これらを図にまとめると、図11のようになるだろう。

第四章 「社会認識教育」からの「道徳教育」の分離と確立

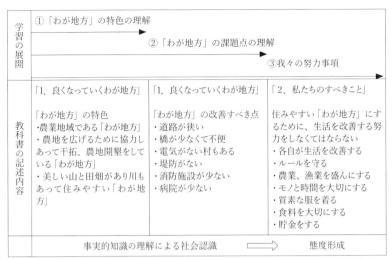

図11 「5. わが地方の将来」単元の展開と社会認識の深化

　各単元では、いずれも特定の社会的事象に関する事実的な知識理解と課題点の把握、そして地域と国家への貢献という態度形成まで社会認識を深化させることが基本の展開となっている。題材は可能な限り子どもの生活経験的な範囲から選定されて構成され、そして子どもにとって抽象的な知識ではなく、具体的で身近な事象から理解が深められていくようになっているのである。

　だが、一方でその知識は、主体的かつ課題解決的な活動で獲得されるものではない点も指摘される。例えばこの単元の場合では、「わが地方」が具体的に「どの地方」なのかは明らかにされていないし、子どもの実生活が「わが地方」とどのように関わっているのか、知識は子どもの実際の生活や経験からは引き出されていない。あくまでも、一般的で一方的な説明が中心となっており、まとめも「わが地方」の人々の努力や活動、生活の改善点に関する「課題」の調査が促されているだけで、説明の補足か追認のために指示された行動指針でしかない。そして最後には、「わが地方で生活しているすべての人々」が「自分の生活を改善する

321

ために努力を惜しまなければ、われわれの地方は次第に住みやすい地方になる」と結論づけることで、「わが地方」を支える市民としての態度と覚悟を自覚させているのである。

教科書の記述から読み取れる教育方法は、子どもの主体的な探究活動や体験活動をもとに展開されるのではなく、地域の都市機能等に関する社会的機能や地理的、歴史的内容に関する知識を学ぶことがその基本とされている。社会事象に関する事実的知識を学習させて、子ども達を直接的に地域や社会、国家を支えていこうとする態度形成に結びつけ、社会化する方法がとられているのである。

6.「第2次教育課程」社会科の位置づけと性格

「第2次教育課程」社会科は、社会的機能や制度、環境、民主主義、環境、産業、そして地理的、歴史的な事象に関する事実知識と、社会の改造や地域への貢献など、知的理解だけでなく態度や行動的な側面も統一的に理解させようとする教科であった。そして、社会的事象に対する知識や相互依存の関係性に対する理解を深め、社会への適応力や社会貢献の態度の育成も同時に目指そうとしていたのである。「民主的」な社会の生活者あるいは国民としての資質を育成しながら、民族や国家に貢献する人材を育成しようとした教科目標は、前回の社会生活科の目標をほぼ踏襲しているといってよい。

だが、今回新たに追加された部分もある。①権利と義務、②社会集団、③様々な社会的機能、④人間生活と自然環境との関係性、は従来通りだが、⑤国家主義的、民族主義的な国民的資質形成に関する項目や、⑥「反共教育」、そして⑦産業の発展などは、かつての目標や内容にはなかったものである。しかも、内容の展開は、子どもの主体的な探究活動や体験活動を保障しながら社会認識を深めさせていく展開ではなく、都市機能等の社会的機能や地理、歴史内容に関する事実的知識の説明が中心となっており、その理解を直接的に態度の形成に結びつけようするものであった。調査の活動も、探究的な活動というよりは、現状の体制や

第四章　「社会認識教育」からの「道徳教育」の分離と確立

組織を追認するための作業的活動というべき意味合いが強いものであった。

　子ども達にとって、社会的事象が共同性や連帯性を維持して互いに関わり合いながら成立している事実を理解するとき、その社会は様々な社会的機能が相互依存関係性を維持して存在する一つの有機体として捉えられる。そして、個々の社会的機能や歴史的、地理的な事象は所与の事実として捉えられ、それらを成立させている価値観とともに理解されることで、国家・民族に有能で忠実な国民になろうとする意識が形成されていく。こうした点から捉えれば、この社会科は社会の課題や矛盾点を学習させて問題解決的な能力を育成しようとするのではなく、むしろ、子どもたちを政治的に社会化することで国家や民族の担い手として育成し、その維持と発展に貢献する態度の育成に重点が置かれていたといえるだろう。新たに目標と内容に、国家・民族主義的な項目が新たに追加されたことも、そのためであったと考えられる。

　しかし、その一方でこのカリキュラムは、「道徳教育」の内容を分離させて「社会認識教育」の内容に再構成された点で重要な転換点としての意義を持っている。前回では「道徳教育中心単元」と「社会認識教育中心単元」という二種類のカリキュラムが混在していたが、今回は後者の性格を引き継ぐことで、「社会認識教育」の内容に特化されていたからである。「道徳教育」の役割も兼ねていた前回に対し、この「第2次教育課程」社会科は、その曖昧さに決別して社会科教育の新しい方向性を示したといえるだろう。「社会認識教育」を中心とした社会科教育の新しい視点を打ち出し、その流れを作った注目すべきカリキュラムであったといえるのである。

第六項　特設「反共・道徳生活」の「道徳教育」

　前述したように、解放後に「道徳教育」（道義教育）の内容が初めて国家基準のカリキュラムに登場したのは、1955年8月1日に制定・公布さ

れた「第1次教育課程」においてであった。しかし、そこでは特定の教科目等は設定されておらず、「道義教育は全教科及びその他の教科活動全般で行うこととするが、各学年総授業時間数の範囲内では35時間をこれに充当する」[39] と規定されており、「道義教育領域」は社会生活科の中で部分的に割り当てられただけに過ぎなかった。

しかし、1962年の「第2次教育課程」になると、その「道義教育領域」は切り離されて改編され、新たに「反共・道徳生活」の「時間」として特設された。よって以降の「道徳教育」は、この「時間」を中心に展開されることになったのである。では、この「反共・道徳生活」とは如何なる「時間」であったのだろうか。以下、その実態についてカリキュラムと教科書を中心に検討してみる。

1.「反共・道徳生活」の目標

①　理解目標と態度目標による全体目標

「反共・道徳生活」とは、どのような目標を掲げていた「時間」だったのか。「第2次教育課程」における国民学校「反共・道徳生活」の目標は、以下の通りである。

「第2次教育課程」国民学校「反共・道徳生活」の目標

Ⅰ．目標
1. 日常生活に必要な基本的行動様式とその根本精神を理解し、礼節に合う行動が習慣化されるようにする。
2. 良心に従って行動、常に自己を反省する習慣を育て、自分を正しく伸長させ、すばらしい品格を持とうとする能力を育てる。
3. 社会の一員としての自己の位置を理解して民主的社会生活に正しく適応し、社会生活を明朗快活にして健全な発展に貢献することができる基礎的能力を育てる。
4. 共産主義の間違いと民主主義の優越性を理解し、愛国・民族愛の心と態度を育てる。

文教部「反共・道徳生活」文教部令第119号、1963年より（下線は筆者による）

第四章 「社会認識教育」からの「道徳教育」の分離と確立

　目標は四つの項目で示されている。1963 年発行の『国民学校教育課程解説』によれば、その理由は、「反共・道徳生活」は「特設の時間だけで行うのではなく全体の教育活動で行わなくてはならない」[40]ため、「全ての生活と立体的な関係にある反共・道徳生活を細部的に領域化」して、「指導領域を四つに分けて 4 項目の目標を設定した」[41]からであるという。つまり、子どもの経験的な生活領域を、①礼節生活、②個人生活、③社会生活、④国家生活、の 4 領域に区分し、そこに学習内容をその枠組みに沿って示したわけである[42]。

　また、これらの内容項目は、徳目に関する知識としての理解目標と実践としての態度・行動目標から構成されている点にも特徴がある。「2.」を除けば、いずれの項目も前半では「〜を理解し、」となっている一方で、後半では「〜とする能力と育てる。」、あるいは「〜態度を育てる。」という表現になっているからである。これは、学習では知的側面と実践的側面の育成が不可分と捉え、徳目への知識理解とともに態度・行動の実践による統一的な理解が目標として目指されていることを示している。

　しかし、さらにこれらを詳細に検討すれば、態度・行動の目標が理解の目標を規定する関係となっていることにも気づくだろう。例えば「1.」の場合では、「礼節に合う行動が習慣化」されるためには、「日常生活に必要な基本的行動様式とその根本精神を理解させる」ことが理解

表 65　「反共・道徳生活」の目標における理解目標と行動目標の関係

領　域	理解目標	態度・行動目標
1.　礼節生活	基本的行動様式と精神の理解	礼節の行動の習慣化
2.　個人生活	良心、品格の理解	良心的行動、自己反省の習慣育成
3.　社会生活	社会の自己の位置を理解	社会生活に適応、発展
4.　国家生活	反共・民主主義の理解	愛国心、民族愛の心の育成

知的に理解させる　⇐　態度・行動目標の達成のために

文教部令第 119 号「反共・道徳生活」（1963 年）より筆者作成

目標とされ、「3.」では、「民主的社会生活に正しく適用」して「健全な発展に貢献する」ためには、「社会の一員としての自己の位置を理解」することが理解目標とされている。つまり、態度・行動の目標が達成されるためには、その前提として理解目標が完遂されなくてはならない関係になっているのである[43]。

②　個人の道徳的資質育成と国民としての道徳的資質の育成

　また目標の全体は、育成しようとする道徳的資質の観点から捉えれば、大きく二つの目標で構成されているのが分かる。一つは、礼節や習慣の理解と態度形成に関する個人に対する道徳的資質であり、もう一つは社会・民族・国家に対する国民的資質とでもいうべきものである。例えば「1.」および「2.」の、「日常生活に必要な基本的行動様式とその根本精神」の理解や「礼節に合う行動」の習慣化「良心に従って行動、常に自己を反省する習慣」の育成などは、全て「自分を正しく伸長」させるための個人に関する目標である。だが一方で「3.」では、子どもに「社会の一員」である事を理解させ、「社会生活を明朗快活」に送りながら社会の「健全な発展」へ貢献する姿勢や態度が求められ、「4.」では、「共産主義の間違いと民主主義の優越性」の理解に基づく「愛国・愛族」の態度や姿勢、行動の育成が期待されている。このように「反共・道徳生活」には、個人レベルでの道徳的資質と社会・民族・国家レベルでの道徳的資質を同時に育成することが目標とされているのである。

③　「反共・道徳生活」目標の全体構造

　以上の「反共・道徳生活」の目標全体を図示すれば、以下のように示すことができる。

　「反共・道徳生活」は、基本的な道徳的礼儀や精神に関する「礼節生活」、自分自身の良心や品格に関する「個人生活」、社会的な規範や公衆道徳に関する「社会生活」、そして愛国心や反共思想などの社会・国家的な内容に関する「国家生活」から内容を学ぶことで、個人に関する道徳的資質

第四章 「社会認識教育」からの「道徳教育」の分離と確立

と民族・国民としての道徳的資質を同時に育成することが目標とされている。そして子ども達にはこれらの資質を身に付けることで、ゆくゆくは「民主的」な韓国社会の一員としての役割を果たし、社会・民族・国家の発展へと寄与することが期待されているのである。

そしてこの目標の構造を見れば分かるように、「反共・道徳生活」は社会科から多くの影響を受けていることが分かる。特に、前述した理解目標と態度・行動目標による構成や、その両者の統一的な理解をもとに韓国社会へ貢献する人材を育成する点、個人的な資質とともに国民的な資質の育成を目標としている点等は、「第１次教育課程」社会生活科や「第２次教育課程」社会科とほぼ同様の構造となっている。とりわけ、国家的、民族的な国民的資質育成の強調は、その後者に近いといえるだろう。「反共・道徳生活」の目標構造は、その原型を社会科に求めていたといえるのである。

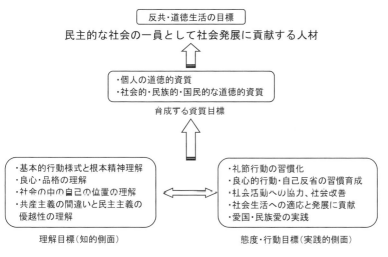

図12「反共・道徳生活」の目標構造

2．教科書『正しい生活』の内容

　次に、「反共・道徳生活」の内容について検討してみよう。カリキュラムの内容は、如何なる原理で構成されていたのだろうか。

　『国民学校教育課程解説』によれば、「反共・道徳生活」の「指導は、特設された時間だけで行うのではなく、全教育活動での実施を前提に」、学校教育活動の全体を通して行う道徳教育と関連させながら、弾力的かつ創造的に授業を行うこととされている。そして、その際の学習内容は、「目標の設定から考慮した四つの領域」を基準に設定したことが述べられている[44]。つまり、「反共・道徳生活」では学校教育活動全体での全面主義的な道徳教育を基本としながらも、週1単位時間の授業では、①礼節生活、②個人生活、③社会生活、④国家生活、の枠組みで選定した徳目を扱っていくというのである。

　しかし、解説書にはこうした説明があるものの、実際のカリキュラムは極めて大綱的であり、具体的な全体像とその特性を把握するのは困難である。したがってここでは、1965年〜1966年に「第2次教育課程」に準拠して発行された教科書『正しい生活』を手掛かりに、具体的な学習内容と方法について検討していくことにしたい[45]。以下は、『正しい生活』の全学年の目次である。なお、網掛けの目次は、反共教育的な内容の単元を示している。

表66　『正しい生活 1-1』および『正しい生活 1-2』教科書の目次

『正しい生活 1-1』(1965.3.1)	『正しい生活 1-2』(1965.9.1)
1．学校へ行く道	1．りりしい子ども
2．あいさつ	2．パデュクとぶた
3．よい子ども	3．かわいがられる子ども
4．楽しいわが家	4．遠足
5．よい習慣、よい仕事	5．こわれた花びん
6．なかのよい友だち	6．国軍の日
7．お母さん、私たちのお母さん	7．よい1年生
8．お父さん、私たちのお父さん	8．心の遊び場
9．私たちの先生	9．おばあさん

第四章 「社会認識教育」からの「道徳教育」の分離と確立

10. 私たちの国軍	10. 慰問物
11. 6.25 のお話	11. 正月
12. 避難してきたおじさんのお話	12. じまん
13. カルタ遊び	13. アリとキリギリス
14. 太極旗	
15. 絵日記	

表 67 『正しい生活 2-1』および『正しい生活 2-2』教科書の目次

『正しい生活 2－1』(1965.3.1)	『正しい生活 2－2』(1966.9.1)
1. 2 年生になって	1. 立派な子ども
2. きれいな身なり	2. 時間表
3. 正しい姿勢	3. おいしいおかず
4. よい言葉づかい	4. お母さん鳥とひよこ
5. にこにこ	5. パデュクとむく犬
6. くせを直すこと	6. 先生を待つ心
7. お母さんの言葉	7. 新しい友だち
8. 義の兄弟	8. 風邪
9. 助けてあげること	9. おじさんの祭祀の日
10. 私たちの国旗	10. おじいさんの誕生日
11. 賢忠の日	11. インスの贈り物
12. 6.25 の時の話	12. 約束
13. 故郷をすててきたおじさん	13. おつり
14. 北朝鮮の子ども	14. 昼寝をするうさぎ

表 68 『正しい生活 3-1』および『正しい生活 3-2』教科書の目次

『正しい生活 3-1』(1965.3.1)	『正しい生活 3-2』(1966.9.1)
1. 新しい学年	1. 笑う子ども
2. そうじ当番	2. 遠足で行く場所
3. がまんする子ども	3. ヤノンのお父さん
4. ヨンヒの病気	4. まちがいを悟ったチャンス
5. 花の道	5. 故郷を発つタンチョウ鶴
6. ウサギとライオン	6. 動物農場の話
7. 言葉使いに注意	7. チャンスのてがら
8. 青ガエルの悲しみ	8. 青い大門の家
9. ブタの村とヤギの村	9. 木の葉を掃く子どもたち
10. お客様	10. ガキ大将のいのしし

329

11. 固い決心	11. お母さんと風邪
12. 慶州のお父さん	12. よい顔
13. 国軍のおじさん	13. 机
14. おばあさんの誕生日	14. 美しい言葉づかい
15. 誇らしい太極旗	15. 宴に出てきたブタ
16. 石工	16. 王様と木綿の座布団
17. 短い鉛筆	17. 寛大なウォン様と欲張り者
18. 大掃除の日	18. 高句麗のチャンス

表69 『正しい生活4-1』および『正しい生活4-2』教科書の目次

『正しい生活4-1』(1965.3.1)	『正しい生活4-2』(1966.9.1)
1. 私が大人になったら	1. 心の鏡
2. 会長の選挙	2. 稲刈りの日
3. 可愛がられる子ども	3. 越南（脱北）したインスの家
4. ヨンスと算数の時間	4. 血がにじんだ太極旗
5. 年老いた松と子どもの松	5. 栗一升
6. 映画見物	6. 私の日記
7. 川に捨てた金のかたまり	7. 子ども会
8. 勉強を終えて	8. 新しい友達
9. 留守番	9. ヨンソンとチュング
10. 本当の友達	10. 避難民の列車の中で
11. お父さん	11. けだもののような共産スパイ
12. 父を救ってくれたキム・ワ	12. 使えなくなったたこ
13. 花畑	13. 住みやすいふるさと
14. 花の道	14. 大切な約束
15. 汽車に乗って	15. スニがしたこと
16. スナミの家のラジオ	16. 羊たちの約束
17. キョンヒの貯金	17. 美しい集まり
18. 一番やさしい仕事	18. ヨンオクと鉛筆
19. 果樹園の宝物	19. 王様と羊飼い
20. 私の友達	20. 働く楽しさ
21. ホンイ将軍	21. りりしく
22. 誇らしい太極旗	22. 落ち着いた少年
23. 収復地区の子ども	23. ホン・サグの愛国心
24. 勇敢な空軍のおじさん	24. 戦争孤児の父
25. ベンブリート将軍とその息子	

第四章 「社会認識教育」からの「道徳教育」の分離と確立

表70 『正しい生活5-1』および『正しい生活5-2』教科書の目次

『正しい生活5-1』（1966.3.1）	『正しい生活5-2』（1966.9.1）
1. 私	1. 優勝カップ
2. 私はこのような人になろう	2. ヨンエと日記帳
3. けんか	3. 失ったウサギ
4. 学級文庫	4. 孤児院のような託児所
5. 友達のための心	5. 心の墓参り
6. 世宗大王と二人の兄	6. 汽車の中で
7. 母の日	7. 飛び石
8. 礼節の精神	8. 外国のお客様達に
9. 正しい礼法	9. カナリア島
10. 最もすばらしい保証	10. 学生の日
11. あるスパイの手記	11・スニが経験したこと
12. 北朝鮮からの知らせ	12. もどったスドン
13. 世界一の配達夫	13. 北へ行く道
14. 牛を飼育する子ども達	14. お父さんが経験したこと
15. 道みがき	15・ハト高地の十勇士
16. チャン・ボクおじさんの足	16. 板門店でみたこと
17. 池のほとりのすももの家	17. ある北送橋胞からの手紙
18. 太極旗がなびく百馬高地	18. ベトナムで咲いた大韓の花
19. 天使の羽	19. アジア反共大会
20. 国を愛する少年	20. わが祖先の発明
21. 国産品の愛用	21. チャンシクのニワトリ
22. チョンチョルの貯金	22. お父さんの病気
23. 忠臣 ソン・サンヒョン	23. ポスターの作成

表71 『正しい生活6-1』および『正しい生活6-2』教科書の目次

『正しい生活6-1』（1966.3.1）	『正しい生活6-2』（1966.9.1）
1. 6学年の教室で	1. 大きな志
2. 絵筆	2. 国旗掲揚
3. 岩の巨人	3. 税金を出してみて
4. 若い頃の釈迦	4. わが民族の正義感
5. 公園のりんご	5. 自由の村
6. りんごに書かれた文字	6. 空の花
7. 国を救った少年	7. 民族の星
8. ウォルナム イ・サンジェ先生	8. 空の下の最初の村

9. ああ！中隊長様！	9. 子どもしょいこ部隊
10. カテゥ山要塞の陥落作戦	10. ある反共捕虜の物語
11. 若き自由の闘士	11. 北朝鮮の政治と生活
12. チャンスの願い	12. 新義州学生の義挙
13. 間違いを悟った橋胞	13. 自由と奴隷
14. 鉄条網越しのマリイ	14. ベトナムから来た手紙
15. 途切れた鉄道	15. ハンガリーの反共闘争
16. おじいさんの祭祀の日	16. 自由を求めた飛行士
17. おじいさんのお墓	17. おばあさんの話
18. いかだおじいさんの最後	18. ミョンスのお母さん
19. 38度線の牛	19. 世の中で一番よいもの
20. ‘李瞬臣将軍’を読んで	20. ほうきとぞうきんの会社

網掛けの単元は、反共教育内容の単元を示す。（筆者）

　これらの教科書の全ての目次項目を対象に、目標の四つの領域と中心的な徳目の観点から分類し、配列し直したものが表72である[46]。

表72 『正しい生活』(1965〜1966) における「反共・道徳生活」の内容体

領域	徳目	1学年	2学年	3学年	4学年	5学年	6学年
礼節生活	姿勢・用意	3. 良い子ども	2. きれいな身なり 3. 正しい姿勢 1. 立派な子供	1. 笑う子ども			
	あいさつ・言行	2. あいさつ 3. かわいがられる子ど	4. よい言葉づかい 5. パデュックとむく犬	14. 美しい言葉づかい			
	一般礼節	5. よい習慣、よいこと	6. くせを直すこと 3. おいしいおかず	10. お客様 13. 机	3. 可愛がられる子ども	8. 礼節の精神 9. 正しい礼法	
	健康・安全		8. 風邪				
個人生活	正直・誠実	5. こわれた花びん		16. 石工	19. 王様と羊飼い	10. 最もすばらしい保証 19. 天使の羽 2. ヨンエと日記帳	2. 絵筆
	倹約・節制	12. じまん	13. おつり	17. 短い鉛筆 16. 王様と木綿の座布団	17. キョンヒの貯金 18. ヨンオクと鉛筆	22. チョンチョルの貯金 22. お父さんの病気	
	勤勉・努力	13. アリとキリギリス	14. 昼寝をするうさぎ		4. ヨンスと算数の時間 8. 勉強を終えて 20. 働く楽しさ	13. 世界一の配達夫 14. 牛を飼育する子ども達 1. 優勝カップ 21. チャンシクのニワトリ	3. 岩の巨人 19. 世の中で一番よいもの
	創意・進取						1. 6学年の教室で
	思慮・反省		7. お母さんの言葉		1. 心の鏡	1. 私	
	自主・自律			6. ウサギとライオン			
	整理・整頓	2. パデュックとぶた					
	寛容・慈悲						4. 若い頃の釈迦
	忍耐・不屈			3. がまんする子ども	22. 落ち着いた少年		
	動植物愛護	4. 遠足		5. 故郷を発つタンチョウ鶴	5. 年老いた松と子どもの松 12. 使えなくなったたこ	9. カナリア島	
	明朗・快活	1. りりしい子ども	5. にこにこ	9. ブタの村とヤギの村			
	時間尊重		2. 時間表				

個人生活	公益・公徳心	8. 村の遊び場		15. 宴に出てきたブタ	6. 映画鑑賞	15. 道みがき 7. 飛び石	5. 公園のりんご 20. ほうきとぞうきんの会社
	家庭愛	4. 楽しいわが家 15. 絵日記 7. よい1年生	8. よい兄弟 4. お母さん鳥とひよこ	8. 青ガエルの悲しみ 11. お母さんと風邪	7. 川に捨てた金のかたまり 11. お父さん 12. 父を救い出したキム・ワ	6. 世宗大王と二人の兄 7. 母の日	17. おばあさんの話 18. ミョンスのお母さん
	親切・同情		9. 助けてあげること	17. 寛大なウォン様と欲張り者	14. 花の道 15. 汽車に乗って 5. 栗一升		
	責任・義務		1. 2年生になって	2. そうじ当番	9. 留守番 15. スニがしたこと	3. 失ったウサギ	
社会生活	敬愛・感謝	7. お母さん、私たちのお母さん 8. お父さん、私たちのお父さん 9. 私たちの先生	6. 先生を待つ心				
	友情・信義	6. なかのよい友だち	7. 新しい友だち 12. 約束	4. ヨンヒの病気 2. 遠足で行く場所 4. 間違いを悟ったチャンス 10. ガキ大将のいのしし	13. 花畑 20. 私の友達 14. 大切な約束 10. 本当の友達 8. 新しい友達	3. けんか 4. 学級文庫 6. 友達のための心	6. 空の花
	協同・相助			18. 大掃除の日 9. 落ち葉を掃く子ども達	2. 会長の選挙 7. 子ども会 9. ヨンソンとチュング 16. 羊たちの約束		
	愛校・愛郷	1. 学校へ行く日		1. 新しい学年 5. 花の道			
	規律・遵法					6. 汽車の中で	3. 税金を払ってから
	愛国心	13. カルタ遊び 10. 私たちの国軍 14. 太極旗 6. 国軍の日 10. 慰問品	10. 私たちの国旗	15. 誇らしい太極旗 12. よい顔 18. 高句麗のチャンス	21. ホンイ将軍 22. 誇らしい太極旗 23. ホン・サグの愛国心	20. 国を愛する少年 21. 国産品愛用 23. 忠臣 ソン・サンヒョン 8. 外国のお客様達に	7. 国を救った少年 8. ウォルナムイ・サンジェ先生 20. 「李瞬臣将軍」を読んで 2. 国旗掲揚
	国民矜持・民族自覚					10. 学生の日 23. ポスターの作成	4. わが民族の正義感
	国家発展に協力				1. 私が大人になったら	1. このような人になろう 20. わが祖先の発明	1. 大きな志

						17. 美しい集まり	17. おじいさんのお墓
社会生活	美風良俗の継承伸長						
	反共	11. 6.25 のお話 12. 避難したおじさんの話	11. 賢忠日 12. 6.25の時の話 13. 故郷をすててきたおじさん 14. 北朝鮮の子ども 9. おじさんの祭祀の日 10. おじいさんの誕生日 11. インスの贈り物	7. 言葉使いに注意 11. 固い決心 12. 慶州のお父さん 13. 国軍のおじさん 14. おばあさんの誕生日 3. キナミのお父さん 6. 動物農場の話 7. チャンスの手柄 8. 青い大門の家	16. スナミの家のラジオ 23. 収復地区の子ども 24. 勇敢な空軍のおじさん 25. ペンブリート将軍とその息子 3. 越南(脱北)したインスの家 4. 血がにじんだ太極旗 10. 避難民の列車の中で 11. けだもののような共産スパイ 21. りりしく 24. 戦争孤児の父	11. あるスパイの手記 12. 北朝鮮からの知らせ 16. チャン・ボクおじさんの足 17. 池のほとりのすももの家 18. 太極旗がなびく百馬高地 4. 孤児院のような託児所 5. 心の墓参り 11・スニが経験したこと 12. もどったスドン 13. 北へ行く道 14. お父さんが経験したこと 15. ハト高地の十勇士 16. 板門店でみたこと 17. ある北送橋胞からの手紙 18. ベトナムで咲いた大韓の花 19. アジア反共大会	6. りんごに書かれた文字 9. ああ!中隊長様! 10. カテウ山要塞の陥落作戦 11. 若き自由の闘士 12. チャンスの願い 13. 間違いを悟った橋胞 14. 鉄条網越しのマリイ 15. 途切れた鉄道 16. おじいさんの祭祀の日 18. いかだおじいさんの最後 19. 38度線の牛 5. 自由の村 7. 民族の星 8. 空の下の最初の村 9. 子どもしょいこ部隊 10. ある反共捕虜の物語 11. 北朝鮮の政治と生活 12. 新義州学生の義挙 13. 自由と奴隷 14. ベトノムからの手紙 15. ハンガリーの反共闘争 16. 自由を求めた飛行士

網掛け・ゴシック体の文字は上巻、明朝体の文字は下巻の単元名を表す。（筆者作成）

３．内容の構成法

　内容の系列性を概観すると、「礼節生活」領域の「一般礼節」や「個人生活」領域の「正直・誠実」「勤勉・努力」「公益・公徳心」「家庭愛」、そして「社会生活」領域の「友情・信義」、さらに「国家生活」領域における「愛国心」「反共」のような徳目は、ほぼ全学年に登場していること

が分かる。これらは全学年で強調され、重視されていた徳目であったと言ってよい。

　しかし、一方で他の多くの徳目は、学年段階に応じて重点化が図られていることが分かる。例えば、興味と関心が経験の及ぶ範囲に限られ、直接的な接触や働きかけで認識対象への関心が喚起される第1～3学年では、「礼節生活」や「個人生活」の領域を中心に家庭や学校、郷土に関する徳目が多く、「姿勢・用意」や「あいさつ・言行」関連の徳目はこの3年間に集中している。その一方で、第4～6学年では「社会生活」や「国家生活」領域に関する徳目が多く登場しており、公衆道徳や社会的規範、愛国心、反共思想などの抽象的な社会的事象、あるいは歴史的事実や伝記、説話、偉人伝の題材が段階的に登場している。第3学年までは「国民矜持・民族的自覚」のような内容は見られないが、第4学年以降では段階的に高度化しながら「国家生活」領域関連の徳目が増加する傾向となっているのである。「反共教育」が第5学年から急増している点も注目されるだろう。高学年段階では、朝鮮戦争関連の事実を提示しながら北朝鮮や共産主義思想を批判的に捉えさせ、反共思想を自覚させていく意識形成過程となっているのである。

　また、内容の範囲については、第3学年までと第4学年以降では異なる編成となっている点に注意したい。前者は個人の道徳的資質に関連する徳目を中心に身近な生活経験の範囲に限定されているが、後者では社会・国民的な道徳的資質の育成がより強調され、社会的な規範や規則、団体行動など、「社会生活」領域と国家・民族に関する「国家生活」領域の徳目が多くなっているからである。

　このように全体的に検討してみると、「反共・道徳生活」の内容は子どもの発達段階や理解力を考慮しながら、自分自身や家庭、学校、郷土や社会、国家や世界に関連する徳目、さらには反共思想の徳目も理解させながら、意図的かつ計画的に国民としての使命を自覚させるように構成されているのが分かる。内容は、個人→家庭→近隣→国家→世界というように、生活経験領域が拡大するように同心円的に学習内容の範囲を広

第四章 「社会認識教育」からの「道徳教育」の分離と確立

げながら、連続的かつ段階的に徳目を学習させ、個人の道徳的資質と社会的・民族的・国民的な道徳的資質を自然なかたちで育成させようとしているのである。

4．「反共・道徳生活」における教育方法―徳目理解と態度形成の論理―

　「反共・道徳生活」のカリキュラムには、教育方法に関する具体的な記述を見つけることができない[47]。よって、ここでも教科書の記述を手がかりに、その教育方法について検討してみることにしたい。以下は、第6学年の『正しい生活6-2』における「4．わが民族の正義感」単元の全文である。

『正しい生活6-2』（1966）の「4．わが民族の正義感」単元の全文

> 　昔、わが民族は、漢、女真、モンゴルなど、様々な民族が互いに争う場においても、絶え間なく長い歴史と光輝く文化を発展させてきた。この事実は、わが民族の優秀さが秀でており、特に正義感が強かったということを物語っている。
> 　正義感が強い人は、自分の利害関係や場合によっては、自分の命までも振り返らずに良心を偽ったり正しくないことをしたりしないものである。このことと同様に、わが民族と国家の正しい立場を主張するためには、自分の全てのものを惜しまないことがまさに民族の正義感と言える。
> 　わが国の歴史上で、民族のすばらしい正義感を見せてくれた人は数え切れないほど多い。その中で何人かをあげてみよう。
> 　高麗のカン・ジョと近世朝鮮末期のホ・ウィ。
> カン・ジョは、高麗の将軍である。余という国の王が、たくさんの軍隊を率いて突然高麗に侵略してきた時のことである。
> 　カン・ジョは総司令官になり、今の平安北道ソンチョン地方へ出兵して必死に戦ったが敗戦し、部下とともに捕らわれてしまった。余の国の王は、カン・ジョをなだめて降伏させようとして体を縛っていたロープをほどかせながら、
> 「お前は私の臣下になるつもりはないか？」
> と聞いた。しかし、カン・ジョは、
> 「私は高麗の人間である。どうしてお前の臣下になれるのか？」
> と威厳をもって答えた。

337

余の王は、何度もいろいろな方法でなだめたり、おどしたりしてみたが、カン・ジョの答えには変わりがなかった。

　ところで、カン・ジョとともに捕らわれた部下の一人が、うっかり余の王のはかり事にひっかかってしまった。これを知ったカン・ジョは、
「お前が高麗の民でありながら余の王の臣下になったとは。どうしてそんな言葉がお前の口から出てくるのか？」
と、足で蹴ってとがめた。

　結局、カン・ジョは殺されてしまったが、余の王はついに彼を屈服させることはできなかったのである。

　ホ・ウィは、近世の朝鮮末期にチャムチャンという重要な官職にあった。彼は、日本がわが国を侵略しようと強制的に乙巳保護条約を結ぶと、これに反対して抗日運動を起こした人物であった。高宗が日本によって強制的に譲位までさせられると、ホ・ウィは武力抗争を開始した。京畿道のヨンチョンで義兵を起こして義兵隊長になり、力強く抗日闘争を開始したのである。

　しかし、同志の裏切りによって、まもなく彼は日本軍に捕らえられてしまった。
「だれが義兵を起こして、だれが義兵の隊長なのか？」
日本軍が彼に聞くと、ホ・ウィはこのように答えた。
「義兵を起こしたのは伊藤博文である。伊藤博文がわが国を侵略しなかったならば義兵は起きなかったであろう。そして義兵の隊長は、まさに私である。」

　その後、ホ・ウィは最後には日本軍の手によって殺されてしまった。しかし、死刑を執行しようとした時のことである。日本の僧が「冥福を祈る」と言いながら読経を始めようとした時、彼は大きな声で叫んだのであった。
「忠義がある人ならば自然に極楽に行くだろう。たとえ地獄に行くようになったとしても、どうしてお前達のような恩讐たちの手を借りて極楽に行くことを望むだろうか。」

　この言葉に、日本の僧もしばらく慌ててしまったという。

「トラの穴の中に入って、トラのヒゲをつかむ」という言葉があるが、カン・ジョとホ・ウィのような人こそ、そうであったということであろう。敵に捕えられたとしても、我々はこのように勇敢であることができるだろうか？

338

第四章 「社会認識教育」からの「道徳教育」の分離と確立

　　これは、ひとえに強い民族の正義感から出てくるのであろう。富と栄
　華も誘惑できないし、権力と刑罰もくじくことができなかったものが、
　わが民族の祖先たちの正義感だったのである。

　私たちのすること
　1. 民族の正義感とはどのようなことをいうのだろうか？
　2. カン・ジョとホ・ウィについてさらに調査研究してみよう。
　3. わが民族の正義感を示した人たちを調査研究してみよう。

　　　文教部『正しい生活 6-2』国定教科書株式会社、1966 年、22 〜 27 頁より。

　全文を記述内容の展開に即して分析すると、以下のような論理展開と
なっている。
①わが民族の特徴の理解
　冒頭では朝鮮民族の「正義」や生活態度に関する徳目や価値が提示さ
れる。そして、読者に対し、歴史上で「正義感」の強かった人物をあげ
てみることを提案する。
②高麗の「カン・ジョ」の「正義感」の理解
　高麗時代の将軍「カン・ジョ」について理解させる。彼の部下は背信
してしまったが、敵に対して降伏せず、最後まで義を貫いたカン・ジョ
の生き様と「正義」について理解を深めさせる。
③朝鮮末期の「ホ・ウィ」の「正義感」の理解
　朝鮮末期の役人「ホ・ウィ」について知る。抗日闘争で捕らわれて
処刑されてしまうが、彼の最後まで民族の自尊心を守り抜いた生き方と
「正義感」について理解を深めさせる。
④「正義」について
　最後まで勇敢であった「カン・ジョ」と「ホ・ウィ」について理解さ
せ、「わが民族」の強靭な「正義感」について再確認させる。
⑤我々の取るべき態度・姿勢について
　「カン・ジョ」と「ホ・ウィ」などの歴史上の人物に関する調査を指
示するとともに、「民族の正義感」とは一体何なのかを考えさせ、さらに

339

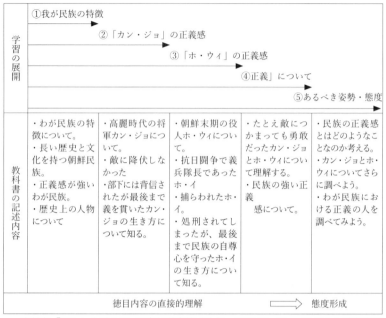

文教部『正しい生活6-2』国定教科書株式会社、1966年、22〜27頁より筆者作成

図13 『正しい生活6-2』(1966)「わが民族の正義感」単元の展開

「正義」について理解を深めることで自分達の取るべき態度や行動、姿勢の方向性について示唆を与える。

　以上の展開を図示すれば、図13のようになるだろう。この単元は、直接的に「正義」の徳目を子どもに理解させ、その感化によって望ましい道徳的態度の形成まで認識を深めさせようとする展開となっている。題材は抽象的な知識ではなく、高麗時代の「カン・ジョ」と朝鮮末期時代の「ホ・ウィ」の偉人伝である。子ども達には、彼らが貫徹した「正義」の行為を連続的に示して共感的かつ感動的に理解させることで、道徳的な態度や行動の形成が意図されている。子ども達は教科書を読み進めながら内容に入り込み、偉人の生き方について共感的に理解するときに感動が生まれ、自分も偉人のようになりたい（生きたい）という願望と自

覚が形成されるという論理に基づいている。

ただし、この場合、英雄達の行為に対する対立的な価値観や価値葛藤的な課題、あるいは合理的な判断や批判的な観点は排除されており、価値観に対する多面的・多角的な追求はなされていない。あくまでも「正義」を知的かつ直接的に理解させて望ましい心構えを持たせ、一定の態度や行動の形成に目的が置かれているのである。

このように教科書のレベルで検討してみると、そこには「反共・道徳生活」の目標で見たような知的かつ実践的な両側面からの統一的な理解や、1950年代における新教育運動からの影響、あるいは「第2次教育課程」の経験主義教育的な理念や学習方法からの影響を見出すことは難しいものとなっている[48]。むしろ、そこには道徳的価値を提示して直接的に内面化を図ろうとする、いわゆる伝統的かつ系統主義的な価値注入的な方法が確認されるからである。

5.「反共・道徳生活」の性格と歴史的意義

「反共・道徳生活」の目標は、徳目に関する知識と道徳的な態度・行動実践を統一的に理解させることで、個人の道徳的資質と社会的・国民的な道徳的資質の同時的な育成を同時に目指すものとなっていた。抽象的な道徳的知識や価値を一方的に学習させるのではなく、生活経験の領域から選定した知識や徳目とともに、実践的な活動とを統一的に学習させることで民主的な社会の一員であることを自覚させ、ひいては国家・社会に貢献できる実践力を育成しようとしていたのである。こうした目標が、「第1次教育課程」社会生活科や「第2次教育課程」社会科のそれと極めて近い構造を持っていたことは、前述した通りである。

だが、教科書をもとにカリキュラムを検討してみると、その実際の内容や方法が、こうした教科目標の理念から乖離していることは明らかであった。低学年では「個人生活」領域の生活題材が多いが、学年が上がるにつれて、「社会生活」領域や「国家生活」領域関連等の抽象的な概念や政治教育的な知識を扱う題材が段階的に増加していく傾向にあり、

とりわけ、中・高学年で重点化された「反共教育」の内容は生活経験からの題材とは言えないばかりか、「反共」という抽象的な政治的イデオロギー教育が主体となっているのである。そしてその要因は、「反共・道徳生活」の学習が、段階的で系統主義的な知識学習に支えられていた点に求めることができる。

　教科書の記述の中で展開される教育方法も、主体的な学習による知識学習と行動実践の統一的理解という手順は踏まれておらず、知識や徳目に関する知的理解を中心に、それを望ましい道徳的態度・行動の形成に直接結び付けていくための価値の内面化が進められる展開となっている。子ども達には、個人や社会、国家に関する望ましい道徳的知識や価値の理解を図ることで、伝統的で本質主義的な教育観に立つ「道徳教育」のあり方が示されていたのである。

　ところで、「反共・道徳生活」の教育内容が、このように目標の理念と乖離していたのはなぜだったのだろうか。

　その理由の一つは、目標だけは社会生活科（社会科）から引き継いだ一方で、内容や方法については米軍政時代の公民科か、あるいは「第1次教育課程」期の国語科から引き継いだためではないかと考えられる。既に明らかにしたように、「第1次教育課程」社会生活科には「道徳教育」の内容も混在していたが、そこから分離されて特設された「反共・道徳生活」の目標が社会生活科から引き継がれていたのは、ある意味で自然であったといえる。なぜならば、「反共・道徳生活」の母体は社会生活科だったからである。ところが、時間的余裕がない中での量的拡大と体系化を進める必要があったため、教科の内容については、身近な公民科や国語科の中の「道徳教育」的な内容を参考にせざるを得なかったのではないだろうか。「公民」「国語」「反共・道徳生活」の三つの教科書に、似通った題材が多かったのはそのせいではないかと考えられるのである。そして、こうした緊急的な措置が、結果的には「反共・道徳生活」の目標と内容に乖離を生じさせた可能性は否定できない。

　そしてもう一つは、「反共教育」と「道徳教育」の内容の統合が、社会

第四章 「社会認識教育」からの「道徳教育」の分離と確立

科的な教科目標の下で行われたためと考えられる。数度の政変による政治的混乱と北朝鮮との政治的対立を背景に、革命政府が国民的な統合と政治的安定化の実現のために断行したのは、「反共教育」と「道徳教育」のコラボによる「反共・道徳生活」の特設であった。そもそも、政治教育的な「反共教育」と道徳的価値・徳目を扱う「道徳教育」の内容に親和性を見出すのは困難だが、両者は社会的事象への理解を通じて態度の形成を図る社会科の教科原理の下で内容的に統一され、それが間接的で経験主義的な「道徳教育」から、直接的で系統主義的なそれへの転換を誘発し、ひいては目標と内容の乖離につながったと考えることができるのである。

　だが、一方でこのような「反共・道徳生活」の登場は、それまで断片的にしか社会生活科に位置けられてこなかった「道徳教育」が、固有の「時間」とカリキュラムを有して前面に登場し、体系的かつ計画的に機能するようになった点で意義があったとみられる。とりわけ、国定教科書の発刊は、教育内容と方法の固定化や画一化を招いた弊害は否定できないが、韓国独自の「道徳教育」の具体化と確立に貢献した意義は大きかったのではないか。「反共・道徳生活」は、固有の「時間」と「教科書」によって「道徳教育」の在り方を具体化させただけでなく、初期の道徳科教育に対して、目標、内容、方法の面から支えたのであり、その意義と役割は決して小さくなかったといえるだろう。

第四節　「第３次教育課程」期における「社会認識教育」と「道徳教育」

第一項　「第３次教育課程」の制定と改訂の背景
1．文教政策の理念的背景　——国民教育憲章の具現化——
　次に、「第３次教育課程」期の「社会認識教育」および「道徳教育」について考察しようと思うが、その前に、この改訂に重大な影響を与えた

343

国民教育憲章と学問中心教育課程の思潮、そしてそれらをめぐる論議について検討することにしたい。

　1968 年 12 月 5 日、朴正熙大統領は国民に対して国民教育憲章を宣布した。国民教育憲章とは、韓国人としての望ましい徳目や目指すべき今後の教育の在り方について、大統領宣布というかたちで国民に示された教育理念を指す。教育法における「弘益人間」とともに、1970 年代の第三共和国政権下においてはあらゆる文教政策の指標とされた中心的理念であった。その全文は、以下の通りである。

国民教育憲章

　　我々は民族中興の歴史的使命をおびてこの国に生まれた。祖先の輝かしい精神を蘇らせ、内には自主独立の姿勢を確立し、外には人類共栄に尽くす時である。ここに我々の進むべき道を明らかにして教育の指標とする。

　　誠実な心と健やかな体で学問と技術を学び、生まれながらの各自の素質を啓発し、我々の立場を躍進の踏み台として、創造の力と開拓の精神を培う。公益と秩序を優先させ、能率と実質を尊び、敬愛と信義に根ざす相扶相助の伝統を受け継ぎ、明朗かつ情誼あふれる協同精神を養う。我々の創意と協力によって国が発展し、国の隆盛が自己の発展の根本であることを悟り、自由と権利に伴う責任と義務を果たし、自ら進んで建設に参与し奉仕する国民精神を高める。

　　反共民主精神に透徹した愛国愛族が我々の生の道であり、自由世界の理想を実現する基盤である。末永く子孫に残すべき栄光ある統一祖国の将来を見通し、信念と誇りを有する勤勉な国民として、民族の英知を集め、たゆまぬ努力を続け、新しい歴史を創造しよう。

1968 年 12 月 5 日

大統領　朴正熙

馬越徹『現代アジアの教育』東信堂、1989 年、114 頁より。

　教育法では「個」の人格の完成が強調されていたが、この国民教育憲章では、民族や国家に、より焦点が当てられている点が大きな特徴となっている。例えば、本研究の第三章第一節でみたように、教育法では個人の「人格の完成」や「公民としての資質」育成が重視され、それを

第四章 「社会認識教育」からの「道徳教育」の分離と確立

通じた国家の発展や人類平和への貢献が謳われていたが、この国民教育憲章では、「我々の創意と協力によって国が発展し、国の隆盛が自己の発展の根本である」と述べられており、個人の成長と発展のために国家の発展と「民族の中興」が前提とされ、強調されている。民族や国家への忠誠心や愛国心が強調されることで、民族主義的かつ国家主義的な色彩がより強いものとなっているのである。

また、「反共精神」が強調されている点も注目される。「反共民主精神に透徹した愛国愛族」の活動によって「統一祖国」建設への貢献が促され、国民が目指す祖国統一の道は「反共」という政治的イデオロギーを中心に実現されるべき点が明確にされている。

このような国民教育憲章は、「個人」を「国家」や「民族」の概念に吸収し、国家主導型の経済建設の精神的な柱となる民族愛や愛国心、そして反共教育の優先的な涵養を示唆するものであった。民族主義的かつ国家主義的、そして反共主義的な主張には、自立的な主体性を目指す教育のあり方が示されているだけでなく、婉曲的には、米国から受容された個人の成長と発達を重視する「新教育」に対する批判とその転換も示唆されていたからである[49]。

これを受けて文教部は、1960年代には『国民教育憲章解説』を全国の児童・生徒に配布して全文を暗唱させるなど、この理念の徹底化と普及化を全国的に展開していった。だが、こうした排外的な思想と強制的な指示や指導の仕方に対しては反発も多く、この国民教育憲章は、国民的な理解を十分に得ないまま、第三共和国政権の終焉とともに下火となっていった。今日、その内容や経緯については、しばしば日本統治時代の教育勅語に例えて、「韓国版教育勅語」と揶揄されるように、韓国では国民教育憲章に対する一般的な評価は批判的なものが多い[50]。しかし1970年代の韓国において、文教政策の中心的な原理にこの国民教育憲章が位置付けられたことで、それが「第3次教育課程」の内容と方針の策定に多大な影響を及ぼしたことは間違いない。後述するが、1969年の「教育課程」の部分改訂をはじめ、国民教育憲章の基本的な理念や思想は、「第

345

3次教育課程」の「社会認識教育」や「道徳教育」のなかに具体的に結実していくことになるからである。

2．学問中心教育課程の影響

　「教育課程」を改訂しようとしたもう一つの理由は、それまでの生活中心教育課程の理念から、学問中心教育課程の理念に立脚したカリキュラムへ改革しようとしたことにある。1960年代後半から1970年代にかけて、韓国では米国から学問中心教育課程という教育思想が流入し、1973年の「第3次教育課程」の制定に向けた基本的な理念や方針に対して、重大な影響を与えた。

　よく知られているように、米国では学力低下問題等への教育改革を目的として、1959年9月にはマサチューセッツ州ケープ・コッドにてウッズホール会議が開催された。その会議の議長で中心的な人物であったブルーナー（J. S. Bruner）は、「どの教科でも、知的性格をそのまま保って発達のどの段階の子どもにも効果的に教えることができる」という仮説を立て、カリキュラムの内容は科学的な概念と学問的知識によって構成されるべき点を主張した。教科の内容は、背景となる学問が持つ系統的な論理にしたがって編成すべきであるという主張である。このように、習得した量としての知識ではなく、知識に至るまでの学問的で科学的な学習の過程を重視して編成されたカリキュラムは、今日では一般に学問中心教育課程（discipline-centered curriculum）と呼ばれている。

　米国の学問中心教育課程の理念は、韓国では既に1960年代に呉天錫によって韓国に紹介されていたが、本格的に流入したのは1971年代に入ってからであった。そして、その理論を紹介した人物の一人に、ブルーナーの著書『教育の過程』を韓国語に翻訳した人物としても知られるソウル大学校教授の李洪雨（イ・ホンウ）がいる。彼は、「教育課程」を「各学問に内在している知識の探究過程の組織」と定義し直し、「我々が教えなくてはならないのは教科だが、教科は知識として構成されており、教科を教えるということはそれを構成する知識の構造を学生たちに

第四章 「社会認識教育」からの「道徳教育」の分離と確立

把握させること」であると述べていた。彼は、「知識の構造は『学問』または各学問を特徴づけている『事物を見る眼目』ないし『思考方式』と同意語である」[51] として、カリキュラムの内容は、背景となっている当該学問の知識と科学的な探究方法であるべきことを主張していたのである。

この理論の影響が顕著に現れたのは、理科教育と社会科教育においてであった。例えば、理科教育については、文教部は 1967 年〜 1970 年にかけて UNICEF および UNESCO と協力して「韓国科学教育事業」を推進し、1971 年からは国民学校、中学校、高等学校の科学教育を全面的に改革して、より学問的な内容と方法への転換をはかろうとした[52]。一方、社会科教育では、1969 年にソウル大学校の鄭範謨（チョン・ボンモ）が、社会科に社会科学の学問的成果や手法が反映されてない状況を批判し、同教科には社会科学的な研究の手法や思考、科学的精神を含むべき点を主張していた[53]。さらに、ソウル教育大学校の趙光濬（チョウ・クァンジュン）は、「第 2 次教育課程」社会科のカリキュラムや教科書が社会的機能を中心に編成されている欠点を指摘し[54]、地理教育には社会科学的な視点や基本概念を導入すべきことを主張していたのである。

このように「第 3 次教育課程」に反映されていた教育理念は、朴大統領の「国民教育憲章」や第三共和国政府の「国籍ある教育」の主張に見られる民族・国家主義的な思想だけではなかった[55]。そこには、米国から流入してきた学問中心教育課程の思潮の影響も強く反映されたものとなっていたのである。

第二項　「第 3 次教育課程」の制定

1．1969 年の部分改訂

「第 2 次教育課程」から「第 3 次教育課程」が制定されるまでの間、「教育課程」は一度だけ部分改訂がなされている。1969 年 9 月 4 日、文教部令第 251 号により「教育課程」の一部改訂が公布され、半年後の 1970 年 3 月 1 日には施行された。

1969 年の部分改訂に伴って変更された時間配当基準表は、表 73 の通

表 73　国民学校教育課程時間配当基準（1969 年）

区分＼学年	1 学年	2 学年	3 学年	4 学年	5 学年	6 学年
国　　語	6 － 5.5	6 － 7	6 － 5	5 － 6	6 － 5.5	5 － 6
算　　数	4 － 3	3 － 4	3.5 － 4.5	4.5 － 4	4 － 5	5 － 4
社　　会	2 － 2.5	3 － 2	3 － 4	4 － 3	3 － 4	4 － 3
自　　然	2 － 2.5	2 － 2.5	3.5 － 3	3 － 3.5	4 － 3	4 － 3
音　　楽	1.5 － 2	2 － 1.5	2 － 1.5	1.5 － 2	2 － 1.5	1.5 － 2
体　　育	2.5 － 3	3 － 2.5	3 － 2.5	3 － 3	3 － 3.5	3.5 － 3
美　　術	2 － 1.5	2 － 1.5	2 － 1.5	1.5 － 2	2.5 － 1.5	1.5 － 2.5
実　　科	－	－	－	2 － 1.5	2.5 － 3	2.5 － 3.5
反共・道徳	2	2	2	2	2	2
計	22	23	25	27	29	29
特別活動	1.5 ～	1.5 ～	2 ～	2 ～	2.5 ～	2.5 ～

劉奉鎬『韓国教育課程史研究』教学研究社、1992 年、342 頁より

りであった。

　改訂の目的は、1968 年 12 月の「国民教育憲章」により、民族や国家の歴史と伝統を重視する国民教育の指標が示されたことを受け、一刻も早くこの趣旨を「教育課程」に反映させることにあった。したがって各教科のカリキュラムの改訂は、あくまでも「第 2 次教育課程」の部分的な修正に止まるものであり、基本な教育理念や教科編成等の全体的な枠組みの変更を伴うものではなかった。

　しかし、そのような中でも「反共・道徳生活」だけは例外的に扱われていた。国民学校と中学校では、いずれも授業時数はそれまでの週 1 単位時間から週 2 単位時間に倍増しただけでなく、教育内容も量的に大幅な拡大措置がとられていたからである[56]。

　とはいえ、こうした部分改訂がなされた一方で、その直後には早くも次期「教育課程」の全面改訂に向けた改訂作業が開始されており、後述

第四章 「社会認識教育」からの「道徳教育」の分離と確立

するように、その4年後には「第3次教育課程」が告示されている。した
がって、1969年の部分改訂とは1960年代の急速な国内経済の成長と
世界的な冷戦の激化を背景にしながら、「国民教育憲章」の具現化を可及
的に反映させたものであり、とりわけ「反共・道徳生活」の時数と内容
を拡充させることで、「反共教育」と「道徳教育」の強化に具体的に対応
したものであったといえる。

2.「第3次教育課程」制定の動向

　次期「教育課程」への改訂作業は、委託した研究者達や編修官によっ
て、「第2次教育課程」に対する客観的な分析や世論調査、あるいは諸外
国の調査など、実証的で科学的な研究調査をもとに精力的に進められて
いった。1969年には文教部内の長期総合教育計画審議会の教育課程研究
班により「1980年代の教育計画」が建議され[57]、そこでは次期改訂に向
けて、①国民教育憲章理念の教育課程への反映、②膨張する知識の量に
対応するため基本概念の重点的指導、③「反共・道徳生活」の「道徳」
への教科化、④学年別週当たり時間の増配、等の基本方針が発表され、
具体的な方向性が示されていった。

　また、文教部は教育課程審議会を設置して文教部長官の諮問に答申す
る役割を持たせただけでなく、彼らには「教育課程」に関する調査と研
究も委託していた。つまり、教育課程審議会は審議会でありながら、同
時に政策を企画担当する行政機関でもあったのである。

　その下部には、教育運営委員会、学校別委員会、教科別委員会という
三つの分化委員会が設けられ、教育運営委員会は「教育課程」の全体
的な原則や目的、調整に関連する事項を、学校別委員会は内部に国民学
校、中学校、高等学校ごとに学校級別班を組織して該当学校の教育課程
を、そして教科別委員会には各級学校の教科別教育課程の内容を審議す
るという役割を持たせた。延べ約430名の委員は45回にわたる会議を経
て改訂に向けた準備を進め[58]、1971年1月には試案を発表し、その後約
2年間の実験評価の期間を経て、1973年2月14日、文教部令第310号

349

によって新しい「教育課程」が制定・告示された。これがすなわち、「第3次教育課程」であった[59]。

3.「第3次教育課程」の時間配当基準表

まず、時間配当基準表を見てみよう。表74は、1973年に制定されたものである。

特徴の第一は、「教育課程」を構成する領域が二領域になった点である。「第2次教育課程」では、「教科」、「反共・道徳生活」、そして「特別活動」の三領域となっていたが、今回の改訂では「道徳」「国語」「社会」「算数」「自然」「体育」「音楽」「美術」「実科」の9教科と「特別活動」と

表74 「第3次教育課程」国民学校の時間配当基準表（1973）

区分＼学年	1学年	2学年	3学年	4学年	5学年	6学年
道　　徳	70 (2)	70 (2)	70 (2)	70 (2)	70 (2)	70 (2)
国　　語	210 (6)	210 (6)	210 (6)	210 (6)	210 (6)	210 (6)
社　　会	70 (2)	70 (2)	105 (3)	105 (3)	140 (4)	140 (4)
算　　数	140 (4)	140 (4)	140 (4)	140 (4)	175 (5)	175 (5)
自　　然	70 (2)	70 (2)	105 (3)	140 (4)	140 (4)	140 (4)
体　　育	70 (2)	105 (3)	105 (3)	105 (3)	105 (3)	105 (3)
音　　楽	70 (2)	70 (2)	70 (2)	70 (2)	70 (2)	70 (2)
美　　術	70 (2)	70 (2)	70 (2)	70 (2)	70 (2)	70 (2)
実　　科	－	－	－	70 (2)	70 (2)	100 (3)
計	770 (22)	805 (23)	875 (25)	980 (28)	1050 (30)	1085 (31)
特別活動	35〜 (1〜)	35〜 (1〜)	52.5〜 (1.5〜)	52.5〜 (1.5〜)	52.5〜 (1.5〜)	52.5〜 (1.5〜)

※社会科5、6学年の時間配当140（4）時間のうち、70（2）時間は該当学年の国史部門に配当する。（ ）は週あたりの時間数である。

　　　　　　　文教部『国民学校教育課程』教学図書株式会社、1973年、10頁より。

第四章 「社会認識教育」からの「道徳教育」の分離と確立

の二領域に再編された。その理由は、「反共・道徳生活」が正式な教科「道徳」になることで「特設」の領域が削除されたからである。こうした教科化の理由について『国民学校教育課程解説』は、「新しい教育課程では、国民教育憲章の具現を基本的方向としながら、国民的資質を涵養し、人間教育を強化するという基本方針に沿って反共・道徳生活を道徳にし、教科活動として組織的、能率的に指導するようにした」[60]と説明している。つまり、国民教育憲章の具現化のために教科化が必要とされ、1969年の部分改訂からさらに進化させたのが教科化だったというわけである。

　第二に、各教科の授業時間数が年間授業時数の固定表示へ変更された点である。前回の「第2次教育課程」では、各学年で「4〜3時間」というように最大で1時間の開きが許容されて幅が持たされていたが、今回は「特別活動」以外は固定時数の表示に変更されており、ほとんどの教科では前回の最大時間数が割り当てられている。教科の時間数を十分に確保して内容を充実させ、着実に学習する機会を与えようとしたと考えられる。

　第三は、「国語」や「算数」、そして「道徳」（前回は「反共・道徳生活」）の時間数が増加した点である。既に、1969年の部分改訂時から「道徳」は週1単位時間増加していたが、「第3次教育課程」では「国語」や「算数」での基礎的な学力とともに、「道徳教育」を重視した点が顕著に現われており、これらはそのまま学年の時間数の増加に連動していた。例えば、週当たりの時間数を「第2次教育課程」と比較すれば、第1学年：21→22時間、第2学年：22→23時間、第3学年：24→25時間、第4学年：26→28時間、第5学年：28→30時間、第6学年：28→31時間となっており、時間数は全学年で増加している。「1単位時間の教科授業時間は40分または45分とする」とした点も、前回までは40分であったことから実質的な時間数の増加を意味していた。

351

4.「第3次教育課程」の全体構成

「第3次教育課程」の全体は、「第1部　総論」と「第2部　各論」に分かれており、2部構成となっている。「第1部　総論」には全体の基本的な理念や方針、原則が記述されており、国民学校、中学校、高等学校の各級学校に共通する「第1. 教育課程構成の一般目標」と「第2. 国民学校教育課程」の2つからで構成されている。前者は「1. 基本方針」と「2. 一般目標」、そして後者は、「1. 構成方針」「2. 編成と時間配当」「3. 運営指針」で構成されている。

「第2部　各論」では、各教科の具体的なカリキュラムが示されているが、その内訳は「第1. 教科活動」と「第2. 特別活動」に分かれており、なおかつ「第1. 教科活動」の中には「道徳」「国語」「社会」「算数」「自然」「体育」「音楽」「美術」「実科」の9教科のカリキュラムが明示されている。前回では、「改訂の要点」「目標」「学年目標」「指導内容」「指導上の留意点」という構成だったが、今回はかなり整理され、全て「ア. 目標」「イ. 内容」「ウ. 指導上の留意点」に統一された。改めて目標、内容、方法の観点から全教科のカリキュラムが見直されたといえるだろう[61]。

第三項　「第3次教育課程」国語科の「道徳教育」

1.「第3次教育課程」国語科の目標

次に、「国語」、「社会」、「道徳」の各教科のカリキュラムについて検討してみよう。まず「国語」の教科目標を見てみると、「ア. 目標」の中の「(1) 一般目標」には、以下の通り記述されている。

「第3次教育課程」（1973）国語科の教科目標

> ア. 目標
> 　(1) 一般目標
> 　(ア) 日常生活に必要な国語の経験を広げ、<u>正確に理解し適切に表現する技能を育成し、言語生活を円滑に行うことができようにする。</u>
> 　(イ) 国語を通して知識を広げ、<u>問題を解決する力を育成し、発展する社会に適応するようにして</u>、将来を切り開いて歩んでいくことができる基礎を準備させる。

第四章 「社会認識教育」からの「道徳教育」の分離と確立

(ウ) 国語を通して正しく思考し、自主的に判断する力と美しい心を育て、堅実な国民として育成する。
(エ) 国語に対する関心を高めて、国語と国語で表現された我々の文化を愛し、ひいては民族の文化発展に貢献しようとする心を持つようにさせる。

(下線は筆者による)
文教部『国民学校教育課程』教学図書株式会社、1973年、27頁より。

　国語科の目標は、前回での抽象的な文章表現から具体的な四項目に変更されただけでなく、社会科の目標と近い表現になっていることが分かる。例えば、各項目の前半では、「国語を通して…」や「国語に対する関心を高めて…」というように、知的あるいは心情的な理解目標を示しながら、後半では、「社会に適応する」ことや「民族の文化発展に貢献する」などの態度・行動に関する目標が明示されている。つまり、態度・行動目標の達成のためには知的・心情的理解の目標が前提となる関係となっており、後半での態度・行動の育成が最終的な目標となっているのである。また、個人のレベルと社会・民族・国家的なレベルで、それぞれ二つの資質育成が目標として目指されている点も社会科の目標と共通している。

　この構造を図示すると、以下の通りである。

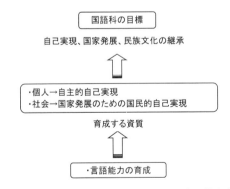

図14　「第３次教育課程」(1973)国語科における目標の構造（筆者作成）

国語科は、正しい言語の習得によって子ども達を社会に適応させるとともに、個人の自己実現と民族的、国家的な次元での国民的な自己実現を果たすことで、「民族文化」の継承と国家の発展に寄与する人材の育成を目標としている。このような観点から見れば、この目標は「第2次教育課程」国語科の目標よりも、むしろ本章第四節第四項の社会科か、あるいは第五項の「道徳」の目標のほうが近い構造であると言えなくもない。「第3次教育課程」の国語科には、潜在的に「社会認識教育」および「道徳教育」の役割も備わっていたということができるのである。

2.「第3次教育課程」国語科内容の全体構成

　次に、カリキュラム全体の構成を見てみよう。ただし、カリキュラム自体は大綱的なので、やはりここでも教科書を手掛かりに、「社会認識教育」および「道徳教育」の内容について検討してみることにする。

　国定教科書の『国語』は、1973年から1974年にかけて1学年に2巻ずつ順次改編・出版されたが、それらの全12巻の目次を示せば以下の通りである。

表 75　『国語 1-1』および『国語 1-2』教科書の目次

『国語 1-1』(1972 年 11 月 15 日発行)		『国語 1-2』(1973 年 2 月 15 日発行)	
目　　　次	形　式	目　　　次	形　式
1. 私たち	絵日記	1. 秋夕	記録文
2. 私たちは 1 年生	文章学習	2. おもしろい物語	物語
3. トンスとヨンイ	文型学習	3. お使い	生活文
4. 朝	文型学習	4. もみじの葉	感想文
5. かくれんぼ	文型	5. 作文の学習	作文
6. 絵のはなし	物語	6. ウサギと亀	童話
7. アリとハト	物語	7. おもしろい言葉あそび	言葉学習
8. おもしろい言葉	言葉学習	8. 雪	生活紹介文
9. 紙の船	物語	9. 正月	生活紹介文
10. 夏休み	意見発表	10. 犬とねこ	童話物語

第四章 「社会認識教育」からの「道徳教育」の分離と確立

表 76 『国語 2-1』および『国語 2-2』教科書の目次

『国語 2-1』(1972 年 11 月 15 日発行)		『国語 2-2』(1973 年 2 月 15 日発行)	
目　　次	形　式	目　　次	形　式
1. 私たちは 2 学年	生活記録	1. 本を読もう	創作童話
2. 黄色いひよこ	童話	2. 作文	生活鑑賞文
3. 楽しい春	歌詞	3. 言葉遊び	鑑賞文
4. 私がしたこと	日記	4. 誕生会	脚本
5. 名人とハト	生活文	5. うれしい知らせ	手紙文
6. 子どもとのっぽ	童話	6. 義理堅い兄弟	童話
7. 私たちの文	作文	7. おもちゃたちの合唱	脚本
8. 言葉遊び	言語	8. 私の自慢	童話
9. じまん話	話法	9. 雪が降った日	生活鑑賞文
10. 夏	生活文	10. 街に出たトラ	物語

表 77 『国語 3-1』および『国語 3-2』教科書の目次

『国語 3-1』(1972 年 11 月 15 日発行)		『国語 3-2』(1973 年 2 月 15 日発行)	
目　　次	形　式	目　　次	形　式
1. 新しい生活		1. 美しい歌	
(1) 三月の空	詩	(1) 「ガラス窓磨き」読んで	童詩
(2) 日記	日記	(2) 歌 2 編	童詩
2. 春		2. 楽しい読書	
(1) 花の種	童話	(1) 回し読みした本	生活鑑賞文
(2) 春の歌	童詩	(2) 器楽合奏	生活鑑賞文
3. 楽しい言葉遊び		3. 秋	
(1) 聞き取り遊び	言葉伝達	(1) 楽しい一日の道のり	生活鑑賞文
(2) なぞなぞ	なぞなぞ	(2) 稲刈り	生活記録文
4. 本を読もう	生活文	4. 文を書こう	
(1) 木よ寝て育て	童話	(1) 日記	日記
(2) 五個のエンドウ豆	童話	(2) 水道水	観察記録文
5. 育つ子ども		5. お知らせの言葉	
(1) ケヤキ	生活記録文	(1) 渡り鳥	調査文
(2) 竹馬の友	生活記録	(2) 犬の物語	観察文
6. 作文		6. 私たちの宴	
(1) 高飛び	生活記録	(1) 学芸発表会	手紙
(2) 石塔	生活記録	(2) 一本橋のガチョウ	脚本
7. 手紙		7. お使い	

355

(1) 手紙 2 通	手紙	8. 冬の夜の物語	伝説文
(2) 郵便物語	説明文	(1) ノ・チョクポンとヨン・サンガン	伝説文
8. 太極旗	物語	(2) オンダル将軍	
9. すばらしい方々		9. 私が読んだ本	
(1) 馬から落ちた若者	伝記文	(1) 孝女新星	童話小説
(2) 森の草原の少年	伝記文	(2) アンヒャン	童話
10. スホの水泳		10. 春	
		(1) かげろう	生活鑑賞文
		(2) 私の作文集	生活作文

表 78 『国語 4-1』および『国語 4-2』教科書の目次

『国語 4-1』(1973 年 11 月 15 日発行)		『国語 4-2』(1974 年 2 月 15 日発行)	
目　　次	形　式	目　　次	形　式
1. 楽しい読書		1. トンスの望遠鏡	創作童話
(1) 歌 2 編	童詩	2. 作文集	
(2) 定規	小説	(1) 私たちの作文集	説明文
2. 韓国語		(2) 私たちの作文	詩・生活記録
(1) 標準語を使おう	説明文	3. ありがたい人々	
(2) 辞典	説明文	(1) 世宗大王	伝記文
3. 私たちの文		(2) エジソン	伝記文
(1) 私は今木を	詩	4. 手紙	
(2) 植樹の日に	生活記録	(1) 手紙	解説文
(3) 井戸	生活作文	(2) 手紙 2 通	手紙文
4. 話すこと		5. ふるさとの自慢	
(1) いろいろな人の考え	読後対話	(1) 済州島から	伝記
(2) いろいろな人の前で	調査発表	(2) ソヤンガンダム	説明文
5. 伝えられている物語	観察記録文	6. 言葉の役割	
(1) ハン・ソクポン	物語	(1) ことわざと格言	説明文
(2) ツバメとフンブ	物語	(2) 標語	説明文
6. 物語と演劇		7. すばらしい少年達	
(1) お月様の物語	童話	(1) 太鼓の音	童話
(2) 石屋	脚本	(2) 堂々とした死	説明文
7. 初夏の日記	日記	8. 冬の歌	説明文
8. 私の観察	観察記録文	(1) 冬の歌	
9. 国を愛する心		(2) 雪が降った朝	伝記
(1) 金で作った花	伝記	9. お知らせの文	童話

第四章 「社会認識教育」からの「道徳教育」の分離と確立

目次	形式	目次	形式
(2) わたの花が咲くまで		(1) 橋	
10. 海の歌		(2) 私たちの正月の風俗	童詩
(1) 海が呼んでいる	童詩	10. 甲斐のある生活	童詩
(2) 南太平洋から	手紙	(1) 愛の家	
		(2) 一握りの土	説明文

表79 『国語 5-1』および『国語 5-2』教科書の目次

『国語 5-1』(1973 年 11 月 15 日発行)		『国語 5-2』(1974 年 2 月 15 日発行)	
目　　次	形　式	目　　次	形　式
1. 上級生になって		1. 読書の季節	
(1) 子ども役員会	会議録	(1) 最も尊いもの	童話
(2) 私たちの貯蓄	生活鑑賞文	(2) よい本	説明文
2. 春をさがして		2. 秋の歌	
(1) 春の歌	童詩	(1) 歌三編	詩
(2) 山の畑	小説	(2) 詩調	詩調
3. 私たちの文	鑑賞文	3. 韓国語の美しさ	
(1) なくなった領収証	生活作文	(1) 美しい韓国語	説明文
(2) 私の欠点	生活鑑賞文	(2) あいさつと丁寧語	言語
4. 美しい生活		4. 物語と演劇	
(1) 農村を興したユン・ボンギル	伝記文	(1) 僧の将軍	伝記文
(2) キュリー婦人	小説	(2) 新しく出たお月様	脚本
5. 森の中の鍛冶屋	脚本	5. 開拓の道	
6. 私たちの研究		(1) 開拓の道	説明文
(1) ハトの研究	調査記録文	(2) インドネシアの密林	紀行文
(2) トムおじさんを読んで	読書感想文	6. ケヤキ	童話
7. 伝記を読もう		7. 終わりのない探検	
(1) 大東興地図	伝記文	(1) アメリカの発見	探検記
(2) 代を受け継いだ発明	伝説文	(2) 宇宙旅行	探検記
8. 高地の人極旗	小説	0. 私たちの風習	
9. 幼い牧童	小説	(1) たこあげ	説明文
10. 見学記録		(2) 農学	説明文
(1) 織物工場をたずねて	見学記録	9. ナイチンゲール	伝記文
(2) あいさつの手紙	手紙文	10. すばらしい人たち	
		(1) ミレーの晩鐘	伝記文
		(2) 安重根義士	伝記文

357

表80 『国語6-1』および『国語6-2』教科書の目次

『国語6-1』(1973年11月15日発行)		『国語6-2』(1974年2月15日発行)	
目　　次	形　式	目　　次	形　式
1.光を残した人々		1.報道の使命	
(1) 栗谷の母	伝記文	(1) ラジオとテレビ	記録文
(2) ペスタロッチ	伝記文	(2) ペンの力	説明文
2.私たちの読書		2.鳴梁海戦	説明文
(1) 本を読むおもしろさ	説明文	3.文字と文化	
(2) 技師任命式	小説	(1) ハングルの誇り	説明文
3.自然を美しく		(2) 文字の話	説明文
(1) 花を見て	鑑賞文	4.お知らせの文	
(2) 月のガス	開拓記	(1) 自然の利用	説明文
4.文化の足跡		(2) 家	説明文
(1) 古跡を訪ねて	紀行文	5.わが民族	
(2) 南海から	紀行文	(1) 三一精神	論説文
5.私たちの歌		(2) 美しいわが国土	論説文
(1) 私たちの歌	詩	6.沈清物語	小説
(2) なつかしい歌	詩	7.詩の世界	
6.お知らせの文		(1) 歌と表現	解説文
(1) オリンピック大会	説明文	(2) 歌2編	詩
(2) 通信の発達	説明文	(3) 詩調	詩調
7.私たち		8.クリスマス聖歌	脚本
(1) 愛に生きる人	鑑賞文	9.子牛	小説
(2) セマウル運動	説明文	10.子どもたちへ	式辞
8.最後の授業			
9.伝来の工業をさがして	説明文		
10. 感激の日			
(1) 光復節	論説文		
(2) ソウル修復	従軍記		

(筆者作成)

　以上の目次について、教科書の内容記述を手がかりに、「社会認識教育」および「道徳教育」の観点から分類分けしてみたものが表81である。

　特徴の第一は、第1〜3学年まではほとんど「道徳教育」的な題材だけで配置されている点である。しかも、それらは季節や子どもの身の

第四章 「社会認識教育」からの「道徳教育」の分離と確立

表81 「第3次教育課程」国語科に見られる「社会認識教育」と「道徳教育」

領域＼学年	1学年	2学年	3学年	4学年	5学年	6学年
道義的領域	1. (1-1) 私たち 2. (1-1) 私たちは一学年 3. (1-1) トンスとヨンイ 4. (1-1) 朝 7. (1-1) アリとハト 8. (1-1) おもしろい言葉 10. (1-1) 夏休み 2. (1-2) おもしろい物語 3. (1-2) お使い 6. (1-2) ウサギと亀 10. (1-2 犬とねこ	1. (2-1) 私たちは2学年 2. (2-1) 黄色いひよこ 5. (2-1) 名人とハト 6. (2-1) 子どものっぽ 6. (2-2) 義理堅い兄弟 10. (2-2) 街に出たトラ	1. (3-1) 三月の空 2. (3-1) 日記 4. (2)(3-1) 五個のエンドウ豆 5. (1) (3-1) ケヤキ 5. (2)(3-1) 竹馬の友 6. (2)(3-1) 石塔 9.(1)(3-1) 馬から落ちた若者 9. (2)(3-1) 森の草原の少年 10. スホの水泳 2.(2)(3-2) 器楽合奏 4.(1)(3-2) 日記 8.(1)(3-2) ノ・チョクポンとヨン・サンガン 8.(2)(3-2) オンダル将軍 9.(1)(3-2) 孝女新星 9.(2)(3-2) アンヒャン	1. (1)(4-1) 定規 3. (1)(4-1) 私は今木を 3. (3)(4-1) 井戸 4. (1)(4-1) いろいろな人の考え 5. (1)(4-1) ハン・ソクボン 5. (2)(4-1) ツバメとフンブ 6. (1)(4-1) 石屋 9. (1)(4-1) 金で作った花 9. (2)(4-1) わたの花が咲くまで 3. (1)(4-2) 世宗大王 3. (2)(4-2) エジソン 6. (1)(4-2) ことわざと格言 6. (2)(4-2) 標語 7. (1)(4-2) 太鼓の音 7. (2)(4-2) 堂々とした死 10.(1)(4-2) 愛の家 10. (2)(4-2) 一握りの土	3. (2)(5-1) 私の欠点 4. (1)(5-1) 農村を興したユン・ボンギル 5. (1)(5-1) キュリー婦人 6. (1)(5-1) トムおじさんを読んで 5. (1)(5-1) 大東興地図 7. (2)(5-1) 代を受け継いだ発明 9. (5-1) 幼い牧童 1. (1)(5-2) 最も尊いもの 3. (2)(5-2) あいさつと丁寧語 4. (1)(5-2) 僧の将軍 5. (1)(5-2) 開拓の道 6.(5-2) ケヤキ 7. (1)(5-2) アメリカの発見 7. (2)(5-2) 宇宙旅行 8. (2)(5-2) 農学 9. (5-2) ナイチンゲール 10.(1)(5-2) ミレーの晩鐘 10.(2)(5-2) 安重根義士 農学 9. (5-2) ナイチンゲール 10.(1)(5-2) ミレーの晩鐘 10.(2)(5-2) 安重根義士	1. (1)(6-1) 栗谷の母 1. (2)(6-1) ペスタロッチ 4. (1)(6-1) 南海から 6. (1)(6-1) オリンピック大会 7. (1)(6-1) 愛に生きる人 8. (6-1) 最後の授業 10.(1)(6-1) 光復節 1. (2)(6-2) ペンの力 2. (6-2) 鳴梁海戦 3. (1)(6-2) ハングルの誇り 5. (1)(6-2) 三一精神 6. (6-2) 沈清物語 8. (6-2) クリスマスの聖歌 10. (6 2) 子どもたちへ

社会的領域		2.(2-1)私たちのふるさと		4.(1)(4-2)手紙 5.(2)(4-2)ソヤンガンダム 9.(1)(4-2)橋	1.(2)(5-1)私たちの貯金 10.(1)(5-1)織物工場をたずねて	6.(2)(6-1)通信の発達 7.(2)セマウル運動 1.(1)(6-2)ラジオとテレビ 4.(2)(6-1)家
経済的領域						9.(6-1)伝統工芸をさがして
政治的領域			8.(3-1)太極旗		8.(5-1)高地の太極旗	10.(2)(6-1)ソウル収復 9.(6-2)子牛
地理的領域				5.(1)(4-2)済州島にて	8.(2)インドネシアの密林	5.(2)美しいわが国土
歴史的領域						4.(1)(6-1)古跡をたずねて

(筆者作成)

回りの経験に即して選定された行事や遊び、童話等の題材が多く、他の「経済的領域」や「政治的領域」等に関する題材は皆無に等しい。身近な生活経験の題材が多く扱われており、第3学年までの国語科は、基本的に「道徳教育」が中心であったと言っても過言ではないだろう。

第二に、4学年以降では「道徳教育」の内容がさらに増加しているが、生活経験的な題材から人物の伝記学習を中心とする「道徳教育」へと転換されている点である。例えば、4学年には「ハン・ソクボン」「世宗大王」「エジソン」、第5学年では「農村を興したユン・ボンギル」「キュリー婦人」「ナイチンゲール」「安重根」、第6学年では「栗谷の母」「ペスタロッチ」「光復節」「三一精神」など、国内外の歴史的な偉人や聖人、そして英雄等が多数登場している。偉人の生き方や人生観、偉業を学習させることで、人類愛や博愛思想、さらには民族意識や国家意識等の育成が意図されているのである。

第四章 「社会認識教育」からの「道徳教育」の分離と確立

　第三に、中学年以降からは「社会的領域」「経済的領域」「地理的領域」「歴史的領域」が登場している点である。「社会的領域」の内容は、第4学年の「ソヤンガンダム」、第5学年の「私たちの貯金」「織物工場をたずねて」、第6学年では「通信の発達」「セマウル運動」など、韓国社会を維持し形成している社会的機能の学習となっている。いずれも社会で重要な役割を持つ社会的事象だが、とりわけ、第三共和国が農村の近代化の実現のために1971年から肝いりで開始した「セマウル運動」が登場している点は興味深い。「政治的領域」については、第4学年以降で「太極旗」「高地の太極旗」「ソウル収復」「子牛」が登場するが、いずれも朝鮮戦争での韓国軍や国連軍の活躍か、あるいは北朝鮮軍による非人道的な蛮行等の「反共教育」的な内容が物語や生活記録文のかたちで登場する。「地理的領域」内容は、「済州島にて」「インドネシアの密林」「わが国土」の三つが、そして「歴史的領域」は「古跡をたずねて」のみが、第6学年で登場している。

　教科目標を見た限りでは、国語科では国家主義的かつ民族主義的な目標が強調されていたが、実際の教科書では、「第2次教育課程」国語科からの大きな変更点を見ることはできない。前回と同じ単元が多いだけでなく、3学年以降の重層的な単元構成にも変更がなく、この教科書は、「第2次教育課程」国語科の教科書をほぼ引き継いでいると言える。

第四項　「第3次教育課程」社会科における「社会認識教育」
1.「第3次教育課程」社会科の位置と目標
　次に、「第3次教育課程」の社会科について検討してみたい。社会科の「一般目標」には、以下のような5項目が示されている。

361

「第3次教育課程」（1973）社会科の教科目標

> ア．目標
> （1）一般目標
> 　（ア）社会生活について正しい<u>理解</u>を持つようにさせ、家庭、社会、国家に対する愛情を育て、<u>国家の発展と国民的課題の解決に積極的に参与する国民としての資質を育てる。</u>
> 　（イ）社会の様々な<u>機能</u>と民主社会生活の特徴を理解させ、その他人格の尊重と相互協力によって<u>社会生活の改善と発展に寄与しようとする態度を育てる。</u>
> 　（ウ）人間生活と自然環境との関係、自然条件の活用の重要性を<u>理解</u>させ、郷土と国土に対する愛情を育成し、<u>国土の開発、国際協力の必要性を自覚させる。</u>
> 　（エ）わが国の文化と伝統について理解させ、文化民族としての自覚を堅くし、<u>民族文化を発展させて国民的使命を完遂しようとする態度を育てる。</u>
> 　（オ）社会的な事実を観察して<u>理解</u>し、さまざまな社会的現象の意味するところ正しく思考し、正しい判断力をもって<u>問題を解決する能力を育てる。</u>

文教部『国民学校教育課程』教学図書株式会社、1973年、57頁より。
（下線は筆者による）

　全体は5つの項目に再構成されているが、各項目の要旨は、（ア）社会科の全体目標、（イ）公民的内容の目標、（ウ）地理的内容の目標、（エ）歴史的内容の目標、そして（オ）学習の手順と育成する能力の目標、となっている[62]。ただし、全体的な目標の構成を見れば、様々な社会的諸事象に関する知的理解とそれに基づく行動・実践・態度の形成を統一的に育成しようとしており、「第1次教育課程」や「第2次教育課程」の社会科の目標構成と基本的には同様で、ほぼ踏襲されているのが分かる。各項目も、前半では「～を理解させ」と表現し、後半の部分では（ア）「解決に積極的に参与」させるとか、（イ）「社会生活の改善と発展に寄与しようとする態度を育てる」、あるいは（ウ）「国民的使命を完遂しようとする態度を育てる」のように、社会的機能などの社会的事象や社会思

第四章 「社会認識教育」からの「道徳教育」の分離と確立

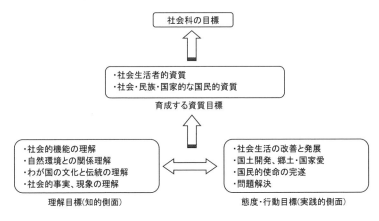

図15 「第3次教育課程」(1973) 社会科目標の構造（筆者作成）

想の知的理解だけでなく、それらを基盤とする連続的学習の結果として一定の方向性を持つ態度や姿勢・行動の形成を目標にしている。つまり、態度や行動を方向づけるために社会的事象を理解させて認識させる構造となっており、態度・行動の目標が理解目標を規定するかたちとなっているのである。

そして、これらの統一的な理解によって、社会生活者的な資質と社会・民族・国家的な国民的資質の同時的な育成が目指されており、全体として社会科の教科目標を構成している。図示すれば、図15のようになるだろう。

ところが前回の社会科と比較すると、「社会生活」や「反共教育」、そして「産業振興」に関する目標には変化が見られる点に注意したい。各「教育課程」の目標を、理解目標と態度・行動目標の観点から比較したのが表82、83だが、理解目標では「第２次教育課程」から「個人の人格・権利・義務」「社会集団の意義の理解」「反共・民主主義の理解」「国土統一と産業振興」がなくなり、態度・行動目標では「自主的・自律的思考と行動」「集団生活への適応」「反共生活、国連と強調」の目標が削除さ

363

表 82 「第 2 次教育課程」（1963）および
「第 3 次教育課程」（1973）社会科の理解目標

「第 2 次教育課程」社会科の理解目標	「第 3 次教育課程」社会科の理解目標
（ァ）個人の人格・権利・義務の理解	（ァ）社会生活の理解
（ィ）社会集団の意義の理解	（ィ）社会的機能の理解
（ゥ）社会的諸機能の理解	（ゥ）自然環境との関係理解
（ェ）自然環境との関係理解	（ェ）わが国の文化と伝統の理解
（ォ）社会制度・文化の理解	（ォ）社会的事実、現象の理解
（ヵ）反共・民主主義の理解	
（ㇰ）国土統一と産業振興	

網掛けは共通、または類似する項目を示す。（筆者作成）

表 83 「第 2 次教育課程」（1963）および
「第 3 次教育課程」（1973）社会科の態度・行動目標

「第 2 次教育課程」社会科の態度・行動目標	「第 3 次教育課程」社会科の態度・行動目標
（ァ）自主的・自律的思考と行動	（ァ）社会生活の改善と発展
（ィ）集団生活への適応、社会改造貢献	（ィ）国土開発、国際協力
（ゥ）社会活動への協力、社会改善	（ゥ）国民的使命の完遂
（ェ）地域社会の改善に貢献	（ェ）問題解決
（ォ）民族発展のための貢献	（ォ）家庭・社会・国家に対する愛情
（ヵ）反共生活、国連と強調	
（ㇰ）積極的協力	

網掛けは共通、または類似する項目を示す。（筆者作成）

れている。これは、「反共教育」関連の目標項目は全て道徳科の教科目標
へ移動するとともに、「産業振興」関連の項目は完全に削除されたからで
ある。社会科と道徳科の教科的な役割が明確にされて「教育課程」の全
体が整理されたこと、そして政府の経済復興の施策が、ある程度基盤に
のったためではないかと考えられる。

　だが、民族・国家主義的な目標が強化されている点は大きな特徴となっ
ている。例えば、態度・行動目標の第 3 項目には「郷土愛」や「国家愛」
が登場し、第 4 項目には「わが国の文化と伝統」を理解して「文化民

第四章 「社会認識教育」からの「道徳教育」の分離と確立

族」を自覚し、国家・民族への帰属意識を高め、「国民的使命を完遂」することが望まれている。国家主義的、民族主義的な目標の志向性が高まるとともに、それが社会科で育成すべき資質として前面に出てきたといえるだろう。

2．「第3次教育課程」社会科の内容構成 ──分化的社会科への回帰──

①社会科学の学問的成果としての内容

社会科の内容項目は、どのように構成されていたのだろうか。『国民学校教育課程解説』は「学習素材選定の原則」として、従来の同心円拡大法による内容配列法に関連して次のように述べている。

　素材の配列の原則は、従来から同心円的拡大法というものが適用されてきた。すなわち、学習の素材は児童の生活領域の拡大に沿って、家庭生活、学校生活、村の生活、故郷の生活、地方の生活、国家生活、国際生活に漸次拡大していくものである。しかし、児童の発想は必ずしもこのように秩序正しく整然と拡大していくものではない。第1学年の児童であろうとも、風になびく国旗を見てわが国の存在を認識し、テレビを見て日本という国とわが国のサッカーにさらに大きな関心を持つものである。このような問題は、家庭での家計の問題や、姉の結婚式のような問題よりもさらに身近なものになり得るだろう。子どもたちは、隣の郡に住んでいる子どもたちの生活よりも、はるか遠くに離れているエスキモーの子どもたちの生活に対して、より大きな関心を持つこともあり得るのである[63]。

これまでカリキュラムの内容配列の中心的原理であった同心円拡大法について、その非現実性から批判しており、新しい配列法に転換することで一層の精選と整理を図ろうとしているのが分かる。では、その新しい「配列の原則」とは如何なるものなのだろうか。

『国民学校教育課程解説』は、今回の社会科の中で扱うべき内容について以下のように述べている。

365

社会的な事実や現象は人間の活動の結果として現れ、人間の活動という
のは人間とその自然環境との対応、そして人間相互間の作用の中で行われ
る。したがって、社会はその内容として、人間の本性、人間と自然環境、
人間同士の相互作用、人間集団、集団とその成員との関係、人間の基本的
要求の充足様式、人間の環境との葛藤とその調整、制度と機関、伝統と文
化、変化と発展等を扱うのである。

　このような内容を学習するにあたっては、地理学、社会学、政治学、経
済学、人類学、心理学等の社会科学や歴史、哲学等の部門に蓄積された知
識体系が活用されるが、それぞれの学問の成果を伝授することは、普通教
育の一翼を担う社会科の最終的な目標ではない。しかし、現代の複雑な社
会の中で起こる様々な現象の意味を明らかにするためには、上記の学問の
成果を活用し、これら学問の方法論を活用することが最も能率的であると
思われるので、これを教育内容に再構成して使用するのである[64]。

　社会科は、人間活動の結果としての複雑な社会的事実や現象を内容と
すべきであり、社会科学系列の諸学問の成果を活用して探究し、得たそ
の成果や方法論を「再構成して使用する」べきであると述べている。社
会科の内容は、地理学、社会学、政治学、人類学、心理学等の社会科学
やその他の知識体系における学問の成果と方法論であり、それらを内容
選定の基準にして設定すべきだというのである[65]。

　このような解説書の説明は、これまでの「第1次教育課程」や「第2
次教育課程」の生活経験的な題材や社会的機能、あるいは社会的課題を
内容として選定した内容編成方法からは大きく転換されたことを意味し
ている。すなわち、今回は学問中心教育課程の理念に即して社会科の内
容が構成されたことを示しているのである。

　②学問的視点を加味した内容項目
　具体的に見れば、「第2次教育課程」では社会的機能や社会的課題を

366

第四章　「社会認識教育」からの「道徳教育」の分離と確立

表84　「第2次教育課程」と「第3次教育課程」社会科の内容項目比較

「第2次教育課程」(1963) 社会科の第1学年「1. 楽しい私たちの学校」	「第3次教育課程」(1973) 社会科の第1学年「(1) 学校生活」
(1)　学校生活の楽しさ (2)　学校にある道具と施設の重要性とその使用法 (3)　公共施設を扱う心構えと態度 (4)　規則的な生活習慣 (5)　学校で行っている勉強のさまざまな形態で (6)　学校で行っている年中行事の種類とその必要[66]	ア）学校の施設－学校の施設を観察し、その機能を理解して正しく利用することができるようにする。 　①施設の種類 　②施設の使用方法 　③施設の共用の意味 　④家庭の施設と共通点と相違点 イ）学校の成員－自分の学校の教職員と児童たちの生活を観察し、自分との関係を中心にして彼らを理解し、自分も学校成員の一員であることを自覚するようにする。 　①成員に対する分別 　②活動状況 　③任せている仕事の意味 　④努力する方向 ウ）学校の行事－行事参加の経験発表、反省等の学習を通して、児童たちが直接参加することができる学校、社会、国家的な行事の意義を考えさせ、これに参加するようにする。－ 　①日課表による行事 　②季節的な行事 　③社会的な行事 　④国家的な行事 　⑤国旗、愛国歌、国家元首[67]

（筆者作成）

中心に全体の内容項目が構成されていたが、今回はそこに社会的事象に対する分析的な視点が加味されており、項目内容の表記はかなり詳しくなっている。例えば表84は、「1. 楽しい私たちの学校」（「第2次」）と「(1) 学校生活」（「第3次」）を併記したものだが、ともに第1学年の最初に登場する内容項目である。

　「第2次教育課程」のカリキュラムでは、社会的機能としての学校に関する常識的な事実的知識の内容となっていたのに対し、「第3次教育課程」では「学校生活」という題材について、「学校の施設」「学校の成員」「学校の行事」の観点から追究していく内容となっている。「学校の施設」で

367

見るように、下位項目では、施設の種類や使用方法、「共用の意味」、そして「家庭の施設との共通点と相違点」等の観点に沿って分析的に示されている。単なる社会事象の事実的知識の羅列ではなく、様々な角度や観点から科学的に「学校生活」を探究し、考察させるようになっているのである。

③分化的な社会科カリキュラム内容構成への転換
　ここで、「第2次教育課程」から「第3次教育課程」までの社会科の全学年の全ての内容項目について、道義的領域、社会的領域、経済的領域、政治的領域、地理的領域、歴史的領域の各観点から分類分けし、それらを併記してみたものが表85である。また、「第3次教育課程」のみの内容項目を整理したものが表86である。
　このカリキュラムでは、かつての総合的で経験主義的な社会科ではなく、地理・公民・歴史という、かつての伝統的で分化的な社会科への回帰が見られるものとなっている。まず社会的領域から見てみると、第1学年には「家庭生活」や「学校生活」「近隣の生活」が登場し、子どもたちは自分自身の家庭、学校、近隣の村などの観察を通してそれらの役割を理解していく。経済的領域では、第2学年で「生産や流通」「交通・通信」などの身近な社会的機能やそこで働く人々の苦労と努力を学びつけ、5学年で「経済開発計画」「国民生活」などの交通や金融、資源や産業について学習する。政治的領域では、第2学年で「生命・財産・健康保護に従事する人々」を、第6学年では「民主主義と我々の生活」など、社会の仕組みやそこで働く人々、そして民主主義の学習が展開される。地理的領域では、第3学年で「いろいろな村の生活」「世界のいろいろな生活」、第4学年では「私たちの住んでいる市・道」「わが国における各地方の生活」、第5学年の「世界」、そして第6学年では「世界の中の大韓民国」となっている。
　つまり、全体では地域→国家→世界→国家という配列となっており、同心円拡大法の原理に即していないことが分かるだろう。とりわけ、最

第四章 「社会認識教育」からの「道徳教育」の分離と確立

表85 「第1次～第3次教育課程」の社会科内容の比較

学年／領域	学年／学年課題	1学年	2学年	3学年	4学年	5学年	6学年
		わが家・私たちの学校	近所の生活	郷土の生活	私達の生活の由来	産業の発展	わが国の発達と世界
		（家庭・学校）	（近隣）	（郷土）	（地方・国家・世界）		
道義的領域	道義	2.あいさつ 6.よい習慣を身につけよう	1.よい2年生 5.お使い 7.正直な子ども 10.時間を守ろう	1.りっぱな子ども 4.責任と公益	1.私達の礼節 3.私達の生活に自由と協同はどうして必要か？ 4.我々はなぜ木を愛すべきなのか 7.美しい風俗	1.礼法を守ろう	1.美しい習慣 10.国民の本分 11.我々の将来
社会的領域	家	9.私達の家 (4)わが家 2.家庭生活		6.私達の家			
	的領域	(5)近所の遊び場 3.近隣の生活			(5)集団生活		
	健康	5.安全 7.丈夫な体	11.私達の健康を増進する人々はどのように役に立っているか				
	学校	1.私たちの学校 1.楽しい私達の学校 2.先生と私たち 3.学校に行く道 1.学校生活					
	友人	8.友だち					
	娯楽	3.遠足 10.楽しい日	12.私達の日常生活をうれしく ご楽しくしてくれる人たちはどのように役に立っているか			3.健康と娯楽	
	芸術						8.美しいもの (5)新しい文化生活
	宗教						9.宗教

369

社会的領域	通信		6.手紙を届ける人たちはどのように役に立っているか (3) 私達に便りを伝えてくれる人々と施設				
経済的領域	生産		1.モノの生産と流通のために働く人々	3. 私達の食料品 1.自然の利用と衣食住		11.国産品の愛用	
	消費	4.物を大切に使おう	4.物を供給してくれる人々はどんな人か	5.私達の衣類			
	交通		3.人と物を輸送する人々はどのように役に立っているか (2) 物資を供給してくれる人々と施設 (4) 旅行と物の輸送 2.交通・通信に従事する人々			6.交通と輸送 (5) 交通と産業	
	金融		8.金融組合と銀行			8.銀行と組合 (4) 経済の発達と金融機関	
	労働					2.勤労は私達の生活にどのように必要なのか。 (1) 勤労と私たちの生活	
	資源					4.資源の利用 (2) 資源の利用	
	産業		(6) 私達の村の生活 4.村の生活	(3) 郷土で生産されるもの	(6) 農業の発達	5.機械の発達と産業 7.産業と貿易 (3) 機械の発達と産業 (6) わが国の産業の発達 3.産業と経済生活 4.経済開発計画と国民生活の向上	

第四章　「社会認識教育」からの「道徳教育」の分離と確立

		(6) いろいろな行事	2. 私達の地域を守ってくれる人々 9. 面、邑事務所は私達にどのように役に立っているか (1) 私達の村の仕事を担当している人々と機関 (5) 私達の生活の安全を守ってくださる人々と機関 3. 生命、財産、健康保護に従事する人々	(2) 郷土のくらしを助けている機関と施設 (6) 将来の私達の郷土			4. わが国の政治 5. 民主主義 6. 国際連合 7. わが国の統一と復興 (2) 民主主義と政治 (4) 韓国と国際連合 (6) 私たちのなすべきこと 4. 民主主義と我々の生活 5. 国民としての責任
政治的領域			2. 私達の地域の自然環境 7. 都市と田舎の生活 8. わが国の北部地方の生活 9. わが国の南部地方の生活 10. わが国の山間地方の生活 11. わが国の平野地方の生活 12. わが国の海岸地方の生活 (1) 郷土の自然環境 (4) いろいろな郷土の生活 2. いろいろな村の生活 3. 世界のいろいろな所の生活 5. 村の人々の共同生活	2. 私達の地域の発達 7. わが国の自然環境 6. わが国の名勝古跡 8. 我々が住む地球とはどのようなものか (1) わが国の自然環境 (2) 山林の緑化 (4) わが国の様々な地方の生活 1. 私たちの住んでいる市・道 2. わが国における各地方の生活 3. 国土環境と国民生活 4. 国土の保全と開発	9. わが国の人口と都市 10. 世界の諸国 5. 私たちの住んでいる世界		(3) 世界の様々な国の生活 3. 世界の中の大韓民国
地理的領域			(5) むかしの私達の郷土 4. 村の生活の昔と今	9. 集団生活 10. 人はどのようにして農業を営んできたのか 11. 道具の発達 (3) わが国の名勝古跡 (7) わが地方の発達 5. 私たちの祖先の生活の来歴とその足跡		1. わが国の経済生活の発展 2. わが国の文化の発展	2. わが国の由来はどのようなものか 3. わが国の歴史を輝かせた人と物 (1) わが国の発達 1. 我々民族の成長 2. 近代社会への転換

網掛けなし：「第1次」、網掛け：「第2次」、ゴシック体：「第3次」の各「教育課程」を表す。

（筆者作成）

表86 「第3次教育課程」（1973）社会科内容の全体構成

領域＼学年	1学年	2学年	3学年	4学年	5学年	6学年
道義的領域	－	－	－	－	－	－
社会的領域	・学校生活 ・家庭生活 ・近隣生活					
経済的領域		・生産・流通 ・交通・通信 ・村の生活	・自然の利用と衣食住		・産業と経済生活 ・経済開発と国民生活	
政治的領域		・地域行政の人々				・民主主義と生活（地理・公民部分） ・国民の責任（地理・公民部分）
地理的領域			・村の生活 ・世界の生活 ・村の共同生活	・私達の市・道 ・各地方の生活 ・国土環境と国民生活 ・国土開発	・私達の世界	・世界の中の韓国（地理・公民部分）
歴史的領域			・村の昔と今	・祖先の来歴と足跡	・経済生活の発展（歴史部分） ・文化の発展（歴史部分）	・わが民族の発展（国史部分）

（筆者作成）

後の歴史的領域では、第3学年で郷土の歴史、第4学年で地域の歴史、第5学年で国家の経済や文化の発展史、第6学年で「我々の民族の成長」「近代社会への転換」というように、郷土や民族・国家の発展的な歴史について編年体的かつ系統的な学習となっている点が著しい。また、前回と同様に、「道義的領域」の項目は全く登場していない。それらは全て、新設した道徳科で扱われることになったからである。

　このように、低・中学年では身近で経験的な事実的知識が扱われ、高

第四章 「社会認識教育」からの「道徳教育」の分離と確立

学年では高度化された抽象的な概念や制度を学習させる構成となっているが、本質的には、これらは主体的な探究活動や経験活動を通じて課題を追究していくのではなく、伝統的で系統的な、地理、歴史、公民の学習が主流となっている。各領域の内容は系統的で体系的な知識のまとまりであり、それらを獲得していく過程なのである。とりわけ、高学年では「国史部分」と「地理・公民部分」の二つに分類された点は、分化社会科への回帰を象徴していると言えるだろう[68]。「第3次教育課程」社会科は、「道徳教育」的な内容を排除した上で社会科学の学問的成果を取り入れており、「社会認識教育」内容を中心に扱う教科として再編されたものであったと捉えることができる。

3．「第3次教育課程」社会科による社会認識形成の方法

社会科の教育方法については、ここでは教科書『社会5』の「2．経済発達計画と国民生活の向上」単元の中の「(2) 国民生活が向上する姿」[69]を例に、検討してみよう。

『社会5』「(2) 国民生活が向上する姿」単元の全文

「(2) 国民生活が向上する姿」

経済開発計画が成功的に推進されており、私たちの経済生活は非常に向上している。しかし、どのような部門において、どのように向上しているのかはよくわからない。このような点について詳しく調べてみるとともに、北朝鮮の経済生活についても調べてみよう。

研究

1. 経済開発計画の推進によって私たちの国民所得はどれだけ増大したのか調べてみよう。
2. 経済開発計画によって、交通、通信の状況はどれくらい便利になったのか調査してみよう。
3. 私たちの社会において、困難な問題とはどのようなものがあり、どのように変わっているのか調べてみよう。
4. 福祉社会の建設のために政府と国民がともに努力していることを振り返ってみよう。

5. 北朝鮮共産社会の経済生活は私たちとどのように異なっているのか
調査してみよう。

資料

1. 増えていく国民所得
　国民一人ひとりが一年間に得た所得を全て合算したものを国民所得という。国民所得を総人口数で割れば一人当たりの平均所得額が出るが、これを我々は一人当たりの国民所得と言っている。
　一人当たりの国民所得によって、ある国の生活水準を判断することができる。
　わが国は急速な経済成長により、一人当たりの国民所得が1961年の83ドルから1977年の864ドルに大幅に増加した。しかし、これは先進国に比べればまだ劣っているので、経済をさらに発展させ、国民所得を継続して増加させるために全国民は努力している。
（ここに、「一人あたりの国民所得が増加している様子」のグラフが挿入されている：筆者）

2. 便利になった交通、通信
　わが国は経済開発の計画により、様々な産業が発展し、旅客の輸送だけでなく原料や製品の輸送量も増加し、交通も発達するようになった。
　農漁村で生産された新鮮な農産物や水産物は、交通の発達によって簡単に都市に運搬され、工業に必要な原料や工業製品を輸送するためには自動車、鉄道、船舶交通が多く利用されている。最近では航空交通も産業の発達によって大きく発達して貨物専用機も登場した。
　また、ソウルの地下鉄、首都圏の鉄道、嶺東の鉄道等は人々の往来や物資輸送に多く利用されている。
　一方、産業や交通の発達とともに通信も非常に発達し、電信、電話、郵便施設は大幅に増加したただけでなく、その施設も新しくなった。
　特に、国際間の電信、電話は、クムサン衛星通信地区局の建設とウルサンと日本の間にスケティー通信施設を設置することによって、世界の様々な国との貿易や外交等、様々な事業に利用されており、外国にいる人々との連絡も簡単になってきている。
　また、わが国の都市と都市間の市外電話は自動電話に変わりつつあり、セマウル通信網である農漁村の里・洞単位の電話と離島の通信を行う無線電話も広がっている。全国のどの場所とでも簡単に連絡をすることができようになっている。

374

第四章 「社会認識教育」からの「道徳教育」の分離と確立

3. 人口と公害問題
(1) 人口問題

一つの家庭での父親の収入が少ないとき、家族の人数が多ければ生活が難しくなるということは誰でも知っている。このように、ある国の営みにおいても一定の国土で制限された資源を持ち、人口が増えれば、その国の経済事情がだんだん難しくなっていくのは当然のことである。

人口増加は世界的な問題となっているが、わが国の場合、1966年には約2,900万人だったが、1975年には約3,500万人に増加している。

どんなに産業が発展しても、このように人口が増えれば国民の生活は少しも良くならないので、国では人口増加を抑制するために、家族計画事業を通じて、「娘、息子を区別せず、2人だけ産んでよく育てる運動」を展開している。その結果、人口増加率は、1966年は2.5%であったが、1972年には1.9%に、1975年には1.7%になった。今後も人口増加を抑えることは努力しなくてはならない。第4次5カ年計画期間の1977〜1981年の間には1.6%になるだろう。

(2) 公害問題

経済発展のために、工場がたくさん建設されていることはうれしいことである。しかし、工場から排出される煤煙、機械の音、たれ流される薬品が混ざった水は、われわれ人間の健康はもちろん、生命にまで危険を及ぼすことになる。これは病原菌よりも恐ろしいものだが、このようなことのために受ける害を公害という。工場の地域はもちろん、都市で道を埋める車両が吐き出すばい煙、ガス、騒音、ほこり、各家庭から出るごみと汚物などによる公害は、全て私たちの健康を害し、生命を脅かしている。国では経済開発に努力する一方で、公害から国民たちを守ろうと努力している。したがって市街地をつくるときには、住宅地域、商店街地域、公園地域、緑地帯、工場地域等に市街地調整を行っているのである。

4. 福祉社会の建設
(1) 社会保障制度

世界の多くの国の人々の中には、学校に通うときに必要な学費、病院で病気を直すときに必要な治療費、年を取った後に生活することに心配しなくてもよい国民がいる。このような国を福祉国家というが、これは社会保障制度がよく整えられているからである。

このような国の国民たちは、日ごろいろいろな保険に入っていたり、互いに助けあうための組織を持って活動したりしている。また、いつも

375

国家と社会のために奉仕する精神が強く、自分の収入の中から多くの金額を、国家に税金として払うことをうれしく考えている。このように、多くの人が集めた保険金や国から出した税金が再び国民たちの学費や治療費、老人たちの生活費等になっている制度、すなわち国家が国民たちの生活に大きな責任を負っている制度が社会保障制度である。

わが国では、教育、疾病、老後に対する経済的な心配がない国をつくるために、経済開発計画の一つとして社会保障に関する計画を立てており現在推進中だが、それには国民の協力がなくてはならないだろう。

(2) 教育環境

私たちが勉強する教育環境も、1980年代になると大きく変わっていく。今までは国民学校の教育だけを義務的に受けるようになっていたが、1980年代になれば幼稚園と中学校までも義務教育になる。また、高等学校、大学等の数が増えて、施設もよくなり、多くの人々が希望によって勉強することができようになるだろう。それだけでなく、上級学校に進学することができない人々も工場や会社に学校が建てられて勉強することができようになるし、放送、通信を通して勉強することができる機会もさらに多く与えられるようになる。そして、勉強するときに必要な教室や、その他のさまざまな施設も増加し、勉強するのに良い環境に変わっていくことであろう。

(3) 住みやすくなっていく農漁村

経済開発計画を立てて推進していくことは、すべての国民が幸福な生活を受けることができるようにすることである。

今まで工業の発達、高速道路の開通、輸出の増大等、多くの経済的な発展を見たが、今までは都市に比べて農村の発展速度が遅い面があった。しかし、セマウル運動が農漁村で活発に推進されており、最近では農村の生活が大きく向上している。セマウル運動と経済開発計画の推進によって、年毎に医療施設、各家庭に屋根の改良、簡易上水道、農村電話事業、農道の拡張等が達成され、農村の姿が新しく変わってきている。わが国の農漁村も先進国の農漁村のように住みやすい故郷になり、人口が都市に集中することがないように全国各地に等しく散らばり、住みやすい農村になる日は遠くないだろう。

5. 北朝鮮共産社会の経済生活

北朝鮮共産主義社会では、土地はもちろん、機械、工場、住宅棟のすべての財産は国のものとして共産党が管理しており、個人の財産や個人の自由な経済活動は認められていない。したがって、国民は党から指示

第四章　「社会認識教育」からの「道徳教育」の分離と確立

されように工場や協同農場、その他の職場で動物のように仕事だけするようになるのである。

　国民たちが努力して働き、生産したものはすべて国のものになり、労働者たちには少しだけの配給が与えられ、その残りは軍備や宣伝費等に使われる。

　また、労働者の生活と党の管理者や指導層の生活とはあまりにも差が大きく、労働者は仕事をする意欲さえ失っている。したがって、当然ながら口実をつけて強制労働をさせ、例えば「党と首領に忠誠心を発揮する」とか、「近くにいる外敵を粉砕する」という偽りの多いスローガンを立てながら、常に脅しと監視によって仕事をさせているが、能率は上がっていない。

　このように、私たちの経済生活に比べて北朝鮮の人々の経済生活はあまりにも悲惨である。私たちは北朝鮮の人々が私たちと同じような経済生活をすることができるように、一刻も早く国土統一を成し遂げなくてはならない。

学習内容の整理

1.　経済開発計画の通りに推進されているので、私たちの国民所得は毎年増加している。

2.　経済開発計画の成果によって交通と通信施設が非常に発達しており、生活が大変便利になっただけでなく、産業発展にも大きく貢献した。

3.　人口問題や公害問題は、私たちの社会で重要な問題となっているが、その解決に向けて努力しており成果を収めている。

4.　福祉社会になれば、国民のすべてが教育、疾病、老後に対する経済的な心配をしなくても生活できるような幸福な生活ができようになる。

5.　経済開発計画とセマウル事業の推進によって、農漁村が非常に住みやすい場所に発展するようになる。

6.　共産社会では、個人の財産所有や自由な経済活動が認められておらず、すべての生産物は国家のものになり、国民は強制労働に苦しめられている。

文教部『社会5』国定教科書株式会社、1974年、62-71頁より。

一つの単元は、「研究」、「資料」、「学習内容の整理」の三項目から構成されている。はじめに「研究」として、追究する課題の五項目が示される。それに沿って、「１．増えていく国民所得」「2. 便利になった交通、通信」「3. 人口と公害問題」「4. 福祉社会の建設」「5. 北朝鮮の経済生活」についての説明が「資料」として提示され、最後に「学習内容の整理」が六項目で記述されている。これらの記述について、社会認識形成の視点から展開過程を整理すれば、以下の通りとなる。

　①「研究」──経済生活に関する課題とテーマの提示段階──
　まず、「わが国」では国民の「経済生活」が順調に向上しているが、どの部門で、何が、どのように向上しているのか、課題意識を持たせている。それを受けて、次の「研究」では「国民所得」「交通・通信の状況」「社会の問題」「福祉社会」「北朝鮮の経済生活」などの調査すべき具体的なテーマが与えられる。いずれも「～を調べてみよう。」と投げかけており、子ども達に調査・研究を促している。よってこの「研究」では、韓国の「経済生活」に関して問題意識を持たせ、研究・調査すべき課題を自覚させることに主眼が置かれたものになっている。

②「資料」──社会的機能および社会問題等の社会的事象に
　　　　　　　　　　関する事実的知識の理解──
　次の「資料」では、テーマについて、「1. 増えていく国民所得」「2. 便利になった交通・通信」「3. 人口と公害問題」「4. 福祉社会の建設」「5. 北朝鮮共産社会の経済生活」の観点で説明がなされている。「1. 増えていく国民所得」では、国民所得という概念の定義や急速な経済成長による国民所得の増加傾向をグラフで説明し、具体的な数値をもとに事実的知識が提示される。その事実的知識には二種類あり、その一つは「経済生活」を捉える視点としての「交通・通信」や「社会保障制度」、「教育環境」のような社会的機能であり、もう一つは「国民所得」や「人口・公害問題」「北朝鮮の経済生活」等のような現代的トピックや社会的、国民

第四章 「社会認識教育」からの「道徳教育」の分離と確立

的な課題である。これらの知識の説明により、「経済生活」というテーマに関する事実的な知識や現状の説明が展開されている。

③「学習内容の整理」——学習内容の理解・把握と社会への
　　　　　　　　　　　　　適応態度形成の段階———

　最後は、①「研究」と②「資料」の学習内容について振り返らせて知識の定着を図り、今後、自分はどのように考えて行動すべきなのか、態度の形成を促す過程となっている。様々な角度から「経済生活」に関する事実的知識の理解を深め、生活を規定する社会的機能や現代社会の問題点を認識させ、その上で社会や国家のシステムに適応し、よりよい国家・社会を創造しようとする自覚を促す過程となっている。

④社会科における「社会認識教育」深化の３段階

　この単元の全体は、（1）研究課題の認識→（2）社会的事象に関する事実的な知識の理解→（3）望ましい態度の形成、という三段階を踏まえて記述されている。

　前回の「第２次教育課程」社会科では、子どもの生活経験的範囲の中の社会的事象から題材を選定し、事実的知識を説明しながら課題点を把握させ、地域と国家に貢献しようとする態度形成につなげるように社会認識を深化させる展開となっていた。題材は抽象的な知識ではなく、子どもにとって具体的で身近な事象を取り上げながら理解させようとしていたのである。ところが、この「第３次教育課程」社会科では、第一の段階でやや抽象的なテーマと調査・研究すべき下位のテーマを認識させ、次の段階ではその観点に沿って関連知識を説明し、第三段階ではそのまとめと国家や人々の努力や活動、生活の改善点、北朝鮮の実態等について整理して定着させながら態度形成に結び付けていく展開となっている。社会的事象に関する分析的な説明を中心に展開しながら、社会的機能への理解と、その機能を支え、発展させようとする態度形成を結びつけることで子ども達を社会化しようとしているのである。

379

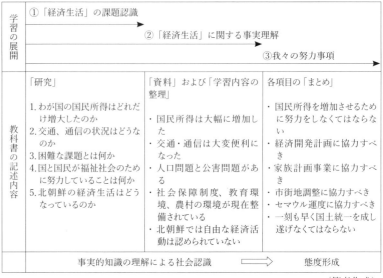

図16 「(2) 国民生活が向上する姿」の単元展開と社会認識の深化

　こうした展開と社会認識の深化の過程を示せば、図16のようになるだろう。

4．「第3次教育課程」社会科の性格と位置づけ

　「教授要目」期と「第1次教育課程」期の社会生活科では、カリキュラムに「社会認識教育中心単元」や「道徳教育中心単元」が混在していたために、「社会認識教育」と「道徳教育」の内容はともに曖昧で一貫性が乏しく、教科自体も不安定な存在となっていた。しかし既にみたように、「第2次教育課程」ではこうした社会科のカリキュラムに大きな変化が見られた。それまでの「道徳教育」関連の内容を「反共・道徳生活」へ切り離して「社会認識教育」の内容へ特化しただけでなく、同心円拡大法と社会機能に基づく内容の配列法の徹底化により、体系的で組織的

380

第四章 「社会認識教育」からの「道徳教育」の分離と確立

な総合社会科としてのカリキュラムが構想されたからである。

　ところが、この「第3次教育課程」社会科では「道徳教育的」な内容は排除されていたものの、学問中心教育課程教育思潮の影響を受けたことで社会科学的な学問の成果や知識が反映されており、いわば伝統的な地理、歴史、公民の内容の復活と分化的社会科への回帰が見られるものとなっている。記述の仕方も、子どもの主体性を保障しながら社会認識を段階的に深めていく方法になっていないばかりか、最初に「研究」で学習課題を示した後は、「資料」や「学習のまとめ」で学習をさせ、実際には社会的機能等に関する事実的な知識を追認させて理解させながら、知的に理解を深めさせていく学習となっている。

　社会の様々な社会的事象としての社会的機能が、一つの構造体として相互依存関係性を持ちながら存在し、それらの事象が持つ歴史的、地理的な背景も所与の事実として捉えられるとき、子ども達にとっては、それらが諸機能を成立させている価値観とともに理解されていく。したがって、こうした学習活動は、社会の問題点や矛盾点について考えさせたり問題解決的な能力を育成したりするのではなく、子どもたちを政治的に社会化することで、民族や国家、社会の維持と発展の担い手に育成しようとする論理が強化されることになるだろう。

　「第3次教育課程」社会科は、「社会認識教育」を扱う教科であることをより鮮明にしたカリキュラム構成となっているが、子ども達に対しては、主に学問的成果としての系統的知識を通じて社会化しようとする性格が強いものとなっている。民族や国家に対して、政治的に有能で忠実な国民の形成が、一層強化されたカリキュラムであったといえるのである。

第五項　「第3次教育課程」道徳科による「道徳教育」

1.「第3次教育課程」道徳科の目標と位置

　①道徳科の五つの目標領域

　最後に、教科として成立した「道徳」について検討してみよう。道徳科は如何なる教科目標を持っていたのだろうか。「一般目標」には、以下

のように、5項目で教科目標が示されている。

「第3次教育課程」（1973）道徳科の一般目標

ア．目標
(1) 一般目標
（ア）日常生活で持たなくてはならない礼節とその根本精神を理解し、礼節に合う生活習慣を育てる。
（イ）物事の道理を正しく判断して行動し、個性を正しく伸長させて自立する習慣を持つとともに、素晴らしい品格を備えていこうとする基礎を磨く。
（ウ）社会の一員として自分の位置を理解し、社会生活に正しく適用するとともに、秩序正しく行動して社会生活を民主的に営むことができる能力と態度を育てる。
（エ）輝く民族文化を創造した祖先の精神を見習い、わが国の発展と世界平和に貢献しようとする愛国心の深い韓国人を育てる。
（オ）民主主義の優越性と共産主義の間違いを理解し、国土統一を平和的に成し遂げようとする心と態度を育てる。

（下線は筆者による）
文教部『国民学校教育課程』教学図書株式会社、1973年、57頁より。

「一般目標」には、（ア）個人の礼節と生活習慣、（イ）個人の正しい判断力と品格、（ウ）民主的な社会生活、（エ）民族文化の継承と愛国心、そして（オ）反共思想と愛国心と民族愛、が主な目標として掲げられている。つまり、教えるべき指導領域の視点から、（ア）礼節生活、（イ）個人生活、（ウ）社会生活国家生活、（エ）国家生活（オ）反共生活、に分類し、それらに対応して目標が示されている。また、「反共・道徳生活」では四項目だったのに対し、道徳科では五項目となっている。これまでの目標をほぼ受け継いではいるが、第4項目とともに、新しく「反共生活」の領域が追加されたためである。

　②知的理解と態度・行動実践による統一的育成
　次にこれらの目標は、五項目の中では（イ）の「個人生活」領域の目

第四章 「社会認識教育」からの「道徳教育」の分離と確立

表87 道徳科の理解目標と行動目標の関係

領　域	理解目標	態度・行動目標
（ア）礼節生活	礼節と根本精神の理解	礼節に合う生活習慣
（イ）個人生活	物事の道理の理解	自立の習慣と品格醸成
（ウ）社会生活	社会の一員としての理解	社会生活へ適応、民主的生活
（エ）国家生活	民族文化、民族精神の理解	国家発展と世界平和へ貢献
（オ）反共生活	反共・民主主義の理解	平和的国土統一

理解させる　⇐　態度・行動目標を達成させるため

（筆者作成）

標を除けば、各項目の前半では「〜を理解し」と表現し、後半の部分
ではそれに基づく具体的な行動・態度を目標にしており、社会生活にお
ける様々な道徳的事象に関する知的な理解とそれに基づく行動・態度の
形成を統一的に育成しようする構造になっている。例えば（ア）の場合
には、「礼節と根本精神」を「理解」し、「生活習慣を育てる」とあり、
（ウ）では「社会の一員として自分の位置」を「理解」し、「秩序正しく
行動して社会生活を民主的に営むことができる能力と態度を育てる」と
なる。ただし、（イ）では「理解」という言葉こそ出ていないが、「物事の
道理を正しく判断」するには既に「物事」に対する理解的な側面が含ま
れていることから、それを前提としていると捉えることができるだろう。

　このように道徳科の目標では、基本的な礼節や習慣あるいは社会生活
に関する知的理解を基礎としながら、その連続的な学習として、一定の
方向性を持つ態度・行動の育成が同時に目指されたものとなっている。
つまり、ねらいとする態度・行動の育成のために、特定の徳目を理解さ
せるという関係になっており、態度・行動目標が理解目標を規定し、か
つ両者の統一的な理解によって形成されていくようになっているのであ
る。また、個人の道徳的資質だけでなく、社会的、民族的、国民的な道
徳的資質の育成が目標とされている点にも特徴がある。図示すれば、図
17のようになるだろう。

383

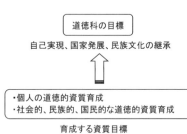

図17 「第3次教育課程」道徳科の目標構造

(筆者作成)

　徳目の知的理解と道徳的実践の展開により、個人の道徳的資質育成と社会・民族・国家への貢献的な態度育成を同時にねらいとしている点は、「第2次教育課程」の「反共・道徳生活」と同様である。徳目には日常生活に存在する基本的な道徳的知識や行動様式だけでなく、韓国社会の仕組みや民族の文化と精神、あるいは反共・民主主義思想等に関する内容も含まれており、子ども達には社会に適応して国家に貢献するための人格の陶冶だけでなく、韓国社会のシステムや諸機能を維持し、発展させるべき有能な人材である点が要請されているのである。

　また、こうした目標の構造は、「第2次教育課程」と「第3次教育課程」の社会科とも極めて近い。いずれも態度目標が理解目標を規定しているだけでなく、両者の統一的な理解によって社会や民族、国家を支えて貢献していく人材を育成する構造になっているからである。

　しかし、社会的事象に関する「理解」を通じて態度形成を図ろうとした社会科に対し、この道徳科では、徳目の直接的な「理解」を通じて態度形成が目指される点が異なっている。言い換えれば、社会科における知的理解のための「社会的事象」は、道徳科では「徳目」にすり替わっ

第四章　「社会認識教育」からの「道徳教育」の分離と確立

ただけと言えなくもない。そもそも、道徳科の母体は社会科であったことから、教科目標の底流にはやはり社会科の教科原理の影響があったと考えることができるだろう。

　③民族の文化・精神および反共・民主主義の強化
　ここで理解目標と態度・行動目標について、前回の「反共・道徳生活」との比較から、その変容の過程を詳しく見てみよう。これらを比較してみたものが、以下の表88、89である。
　理解目標では、「第2次教育課程」の「反共・道徳生活」からは「良心・品格」に関する目標項目が削減され、新たに「物事の道理」「民族文化、民族精神」「反共・民主主義」に関する理解目標が追加されている。「反共・民主主義」は、そのまま「第3次教育課程」道徳科の理解目標へ移動していることも確認できる。

表88　「反共・道徳生活」[70]（1963）と「道徳科」（1973）の理解目標の比較

「反共・道徳生活」（1963）の理解目標	「道徳科」（1973）の理解目標
（1）基本的行動様式と根本精神の理解 （2）良心、品格 （3）社会の自己の位置を理解 （4）反共・民主主義の理解	（ア）礼節と根本精神の理解 （イ）物事の道理の理解 （ウ）社会の一員としての理解 （エ）民族文化、民族精神の理解 （オ）反共・民主主義の理解

下線部は新しく加わった項目を示す。
（筆者作成）

表89　「反共・道徳生活」と「道徳科」の態度・行動目標の比較

「反共・道徳生活」（1963）の態度・行動目標	「道徳科」（1973）の態度・行動目標
（1）礼節の行動の習慣化 （2）良心的行動、自己反省の習慣育成 （3）社会生活に適応、発展 （4）愛国心、民族を愛する心の育成	（ア）礼節に合う生活習慣 （イ）自立の習慣と品格醸成 （ウ）社会生活へ適応、民主的生活 （エ）国家発展と世界平和へ貢献 （オ）平和的国土統一

下線部は新しく加わった項目を示す。
（筆者作成）

また態度・行動目標では、「反共・道徳生活」から「良心的行動、自己反省の習慣育成」が削除されているが、新たに「自立の習慣と品格醸成」「国家発展と世界平和へ貢献」「平和的国土統一」が追加されている。これらは「第2次教育課程」社会科の「反共生活、国連との協調」と「反共・道徳生活」の「国家生活」領域の態度目標が、今回は道徳科へと組み直された事に起因すると考えられる。

　このように、道徳科へと教科化されたことで、知的理解としては民族文化や民族精神、そして「反共教育」が強調され、そして態度・行動の形成としては、社会や国家・世界へ貢献し、南北統一を平和的に成し遂げていく人材の育成が一層強調されたことが理解される。つまり、民族や国家に対する帰属意識を高めるとともに、社会・民族・国家の発展に貢献する人材を育成するための教科であることがより鮮明になったといえるのである。社会科にも同様の傾向が見られるが、民族主義的、国家主義的な志向性が強化されていく中で、その傾向は、道徳科でより前面に出てきたことが確認できるのである。

2.「第3次教育課程」道徳科の内容構成

　①道徳科内容の選定基準

　では、カリキュラムの内容項目は如何なる構成となっていたのだろうか。

　道徳科の内容は、「低学年（第1、2学年)」、「中学年（第3、4学年)」、「高学年（第5、6学年)」の2学年ずつに区切られているが、その理由について、『国民学校教育課程解説』では以下のように述べている。

　　　道徳科の教育課程編成においては、他の教科と異なり、目標は学年別に設定せずに、低、中、高の段階別に設定し、指導内容においても学年別には設定せずに、低、中、高の3段階に分けて提示した。これは道徳科の性格上、他の教科のように明確に段階を区分することが困難であること、また、道徳科の時間だけで指導するのではなく、全教育活動で指導されるこ

第四章　「社会認識教育」からの「道徳教育」の分離と確立

とを前提にしており、弾力的で創意的な指導が行われるようにしたのである[71]。

　道徳科では、扱う徳目を学年で明確に区分するのが困難であることや、「道徳の時間でなくても諸学年にわたって継続的に反復指導する」という、いわゆる全面主義的な「道徳教育」を原則としたために、学年の内容には幅を持たせたという。そして内容を精選し、2学年毎に集約することでカリキュラムに「融通性」と「創意性」を与えているのである。

　また、2学年毎に「礼節生活」「個人生活」「社会生活」「国家生活」「反共生活」の五つの領域が設定されており、それらはさらに特定の徳目を含む内容項目で構成され、「○○を守る。」「○○を行う。」「○○を愛する。」のように、道徳科で学ぶべき、あるいは身に付けるべき心情や行為、態度が箇条書きで表現されている。例えば低学年では、「礼節生活」に4項目、「個人生活」に16項目、「社会生活」に11項目、「国家生活」に6項目、そして「反共生活」には5項目の内容が設定されている。各項目に徳目は示されていないが、『教育課程解説』にはその種類が明らかにされているので、それを参考に低学年を例に整理すれば、以下の表の通りとなる[72]。

表90　道徳科の低学年（第1、2学年）の内容項目と関連徳目

内　容　項　目	徳目
(1) 礼節生活	
（ア）姿勢を正しくし、服装をきちんとする。	姿勢・用意
（イ）友達や大人に適切な言葉を使い、正しいあいさつをすることができる。	挨拶・言行
（ウ）物をあげたり受けたりする時や食事をするときには正しい礼節を守る。	一般礼節
（エ）国旗に対する敬礼の方法を知り、集会の時の礼節を守る。	集会儀式礼節
(2) 個人生活	
（ア）健康に留意し、危険から安全を守る。	健康・安全
（イ）うそをつかない。	正直・誠実
（ウ）各用品とお小遣いを大切に使う。	倹約・節制

387

（エ）正しいことに勇気を持つ。	勇気・信念
（オ）自分の仕事をまじめに行う。	勤勉・努力
（カ）物事を注意深く見て率先して行う。	創意・進取
（キ）良い習慣を持つ。	思慮・反省
（ク）自分の長所を知る。	個性伸張
（ケ）自分でできることは自分で行う。	自主・自律
（コ）自分のものを大切にし、整頓する。	整理・整頓
（サ）他の人の間違いを有する。	寛容・慈悲
（シ）難しい仕事でも耐えて我慢する。	忍耐・不屈
（ス）動植物を大切にし愛する。	動植物愛護
（セ）美しいものを好む。	審美
（ソ）明朗で活発に生活する。	明朗・快活
（タ）決められた時間をきちんと守る。	時間尊重
（3）社会生活	
（ア）我を張らないで他の人の話も聞くことができる。	人権尊重
（イ）自分のものと公共物を区別することができ、大切に扱う。	公益・公徳心
（ウ）家族を大切にし愛する。	家庭愛
（エ）他の人に親切に制する。	親切・同情
（オ）自分が引き受けた仕事を知り、行う。	責任・義務
（カ）正しいことと間違いを区別することができる。	公明正大
（キ）父母と大人たちの教えに従い、感謝することができる。	敬愛・感謝
（ク）友達と仲良く過ごす。	友情・信義
（ケ）近隣と互いに助け合う。	協同・相助
（コ）学校を楽しい場所と思い愛する。	愛校・愛郷
（サ）家庭と学校で決めた約束を守る。	規律・遵法
（4）国家生活	
（ア）わが国を誇りに思う。	国家意識鼓吹
（イ）自分が韓国人として生まれたことをうれしく思う。	国民矜持・民族自覚
（ウ）国のために努力している人に対して感謝する。	先烈及び国軍に感謝
（エ）国のために貢献する道を知る。	国家発展に協力
（オ）わが国の国の美しい風俗を知る。	美風良俗継承の伸張
（カ）外国人に親切に接する。	人類愛・世界平和
（5）反共生活	
（ア）共産軍の侵略性を理解する。	共産蛮行に対する敵愾心
（イ）北朝鮮同胞の惨状を知り、同情心を持つ。	北朝鮮生活の惨状
（ウ）スパイの浸透を防がなくてはいけないことを理解する。	共産侵略警戒粉砕

388

第四章 「社会認識教育」からの「道徳教育」の分離と確立

（エ） わが国は自由の国であることを理解する。	共産圏の分裂と 自由友邦の連帯
（オ） 北朝鮮の土地を取り戻すため、共産党に勝たなくてはではな いことを理解する。	反共統一信念の確立

文教部『国民学校教育課程』、教学図書株式会社、1973 年、17-18 頁および教育課程研
究会『国民学校教育課程解説』、教学図書株式会社、1973 年、66 頁より筆者作成。

②『正しい生活』教科書の内容構成

　では、実際の授業では、これらの内容項目はどのように「弾力的」か
つ「創意的」に配置されていたのだろうか。ここでは教科書の『正しい
生活』を手掛かりに全体像を探ってみたい。この教科書もやはり国定教
科書であり、当時の児童が全国一斉に使用していたものである。「反共・
道徳生活」と同様、『正しい生活○-1』『正しい○-2』のように各学
年2巻の構成となっており、生活文や童話、詩、伝記、記録のような
様々な形式の教材で構成されている。第1学年～第6学年の目次を示せ
ば、以下の通りである。

表91　道徳科『正しい生活 1-1』および『正しい生活 1-2』の目次

『正しい生活 1-1』1976.3.1	『正しい生活 1-2』1975.9.1
1. 学校へ行く道	1. 注意、注意
2. あいさつ	2. もとの場所
3. 正しい姿勢	3. あいさつ
4. 私もできます	4. オオカミが来た
5. よい子ども	5. 国軍の日
6. 楽しいわが家	6. 遠足
7. カラスのたくらみ	7. 村の遊び場
8. 仲のよい友達	8. 展示会
9. 私のお母さん、私のお父さん	9. 学校の誕生日
10. 強く、安全に	10. あっちへよけて
11. 動物の話	11. 新しく磨いた道
12. 私たちの国軍	12. 踏み切りおじいさん
13. わが国、いい国	13. 太極旗
14. 大切に使うこと	14. 外祖母

15. 6.25 事変の時の話	15. 慰問品
16. ハトとアリ	16. ありがたい心
17. なびく太極旗	17. アリとキリギリス
	18. 野原に咲いた花

表92　道徳科『正しい生活2-1』および『正しい生活2-2』の目次

『正しい生活2-1』1976.3.1	『正しい生活2-2』1975.9.1
1. 2年生になって	1. うれしい開学の日
2. 自分の力でしなくちゃ	2. 忘れてきた運動帽子
3. 才能じまん	3. 秋夕の日
4. 友達の家で	4. パデュクとむく犬
5. 食べたくない	5. ヨンイの慰問手紙
6. クロマルハナバチとスズメバチ	6. '新しい村'に行く道
7. 二羽のツバメ	7. 動物学校の誕生日
8. かわいがられる赤ちゃんノル	8. おじいさんの誕生日
9. もう一度起き上がったスンホ	9. こわれた水道
10. 赤い帽子	10. 統一の船
11. 田植えの日	11. おまわりさん
12. 貯金ばこ	12. わが家の募金箱
13. 賢忠日	13. 新しく買ってきたテレビ
14. サッカー観戦	14. 遅刻するところだったチョルス
15. どこがいいだろうか	15. 金のおの
16. 6.25事変の時の話	16. インスの贈り物
17. 李瞬臣将軍	17. 香りのない牡丹の花
18. 村の遊び場	18. 反共ポスター
	19. うさぎの郵便配達

表93　道徳科『正しい生活3-1』および『正しい生活3-2』の目次

『正しい生活3-1』1976.3.1	『正しい生活3-2』1975.9.1
1. 新しい学年	1. 笑う子ども
2. 柳寛順お姉さん	2. みどりの母会
3. 昼食の時間	3. 欲深い犬
4. ブタの村と牛の村	4. 動物農場の話
5. 美しい村	5. いろいろな人が集まる場所で
6. 罰を受けてもできないだろう	6. 太極旗
7. 電話	7. 約束

第四章　「社会認識教育」からの「道徳教育」の分離と確立

8. 整理された勉強部屋	8. ジャマイカから来た手紙
8. ブタの村とヤギの村	9. 美しい言葉づかい
9. お客様	10. 電気が通った私たちの村
10. 塀を越えた子どもたち	11. 忠烈士
11. 動物の合唱	12. 二人の学生の日記
12. 私たちの国土	13. 雪あそび
13. ヨングンの心配	14. おじいさん、聞いて下さい
14. ウルジ　ムンドク将軍	15. 予備軍でいらっしゃるお父さん
15. 硬い決心	16. 森の中の動物たちの才能
16. ベトナムを助ける大韓	17. 税金
17. おばあさんの誕生日	18. 美しいわが国の国土
18. 誇らしい太極旗	19. チャンスの功勲

表94　道徳科『正しい生活4-1』および『正しい生活4-2』の目次

『正しい生活4-1』1974.3.1	『正しい生活4-2』1974.9.1
1. 礼儀正しい子ども達	1. 朝会の時間
2. 新しくつくった図書室	2. 子ども会
3. ヒマラヤ山脈の登坂	3. 洪水を防ぎ止めた住民たち
4. オオカミのうそ	4. 子どもの友　バン・チョンファン先生
5. 旅客機の拉北	5. 勇敢な農夫
6. 青いわが国	6. 村を救った少年
7. キム・ユシンとウォンスル	7. キチョルの審判
8. 私たちのもの	8. 私の貯蓄
9. 忠武公といろいろな将軍たち	9. バラの花
10. ホンイ将軍	10. 価値のある明日
11. 明日は遠足の日	11. あふれた水
12. サイムダンと栗谷	12. けだもののようなスパイ
13. 私たちの文化財	13. 帰郷民の列車の中で
14. ベトナムに行ってきた父	14. 見て書いた答案
15. 収復地区の子ども	15. 忘れられないその日
16. 美しいふるさと	16. 帰順してきた共産軍飛行士
17. 追い出されたハエとねずみ	17. 国軍兵士と少年
18. ソンミが助けた島の村	18. 血がついた太極旗
19. あるスパイの手記	19. 尊い約束
20. 勇敢な店のおじいさん	20. チョン・ヤギョン先生
21. 愛国志士　チョン・ミョンウンとチャン・インファン	21. 安重根義士

22. 輝くチョンサンリの戦い	22. 世界に伸びるわが国の商品
23. 互いに助ける心	23. 文化の花を咲かせた世宗大王
	24. 人道主義精神

表95　道徳科『正しい生活5-1』および『正しい生活5-2』の目次

『正しい生活5-1』1976.3.1	『正しい生活5-2』1976.9.1
1. 新しい学年	1. 私たちの自慢
2. 私たちの大統領	2. 健気な花
3. シラサギを待つ子ども	3. 親切な心
4. 忠臣　ソン・サンヒョン	4. 海上王　チャン・ボゴ
5. チョ・ホンと七百の義士	5. 母校の情
6. 常緑樹の村	6. 責任と義務
7. あいさつが上手なインスク	7. からだ丈夫、心丈夫
8. 正しい礼法	8. 私たちの力で準備した図書室
9. 民防衛の訓練	9. おじいさんが体験したこと
10. ソンチルの貯金	10. 叔母さんが体験したこと
11. 情の厚い友達	11・孔子と弟子
12.釈迦の悟り	12. 貴重な時間
13. ロケット王と宇宙飛行士	13. クレヨンと古くなった万年筆
14. キョンアが受け取った手紙	14. 共産軍遊撃隊員達の証言
15. 偉大なる死	15. 共産軍遊撃隊員を自主させたおじいさん
16. 国旗に対する私の誓い	16. ヒョンソンの家の祭礼儀式
17. 未熟な桃	17. 発明の話
18. マッカーサー将軍	18. ハワイのわが同胞
19. 郷土予備軍	19. 敬老のお祝いの計画
20. サングクお父さんの功勲	20. 板門店で見たこと
21. 北送在日同胞の生活	21. 新羅の臣下　パク・ジェサン
22. 島の村の功績碑	22. パク・チウォン
23. 李忠武公の遺跡を回って	23. 北送在日同胞の手紙
	24.. 北朝鮮の託児所

表96　道徳科『正しい生活6-1』および『正しい生活6-2』の目次

『正しい生活6-1』1976.3.1	『正しい生活6-2』1975.9.1
1. 6学年の新しい朝	1. 大きな志
2. 物語二つ	2. 礼節の国

第四章 「社会認識教育」からの「道徳教育」の分離と確立

3. 西ドイツから来た父の手紙	3. 自由と奴隷
4. 途切れた鉄道	4. 北朝鮮の政治と生活
5. サラエボの街の風景	5. 大切な生命
6. 礼節の精神	6. 大王岩
7. 学級子ども会	7. ありがたい先生
8. 勇気ある行動	8. 小さいが大きな公益
9. イエスキリスト	9. 私たちは共産党が嫌いです
10. 赤道の聖者	10. 民族の星
11. 愛の救命活動	11. 野牛の銅像
12. 私の自慢	12. 楽しい旅行
13. 天才画家　キム・ホンド	13. 新義州学生の義挙
14. 学校を助けた国軍のおじさん	14. ハンガリーの反共闘争
15. 天の勇士	15. 天の下で最初の村
16. 若い自由の闘士	16. ある反共捕虜の話
17. 代を受け継いできた心	17. ルーズベルト米国大統領
18. ビョンハクと保険	18. 愛の赤十字
19. 殉教者	19. わが民族の正義感
20. 引越しした日	20. ウルルン島を守ったアン・ヨンボク
21. トサン　アン・チャンホ	21. 祖国にささげた命
22. 国と私	22. 国民学校を卒業して
23. ‘李瞬臣将軍’を読んで	
24. 法と秩序	

　以上の目次項目を、「礼節生活」、「個人生活」、「社会生活」、「国家生活」の四領域と『国民学校教育課程解説』で明らかにされた徳目に沿って分類したものが、次の表 97 である。

表97 「道徳」(1973)の内容構成

領域	徳目	1学年	2学年	3学年	4学年	5学年	6学年
礼節生活	姿勢・用意	3. 正しい姿勢 (1-1)					
	あいさつ・言行	2.あいさつ (1-1) 3.あいさつ (1-2)	4. パデックとむく犬 (2-2)	9. お客様 (3-1) 9. 美しい言葉づかい (3-2)			
	一般礼節	16. ありがたい心 (1-2)	4.友達の家で (2-1)		礼儀正しい子どもたち (4-1)	7. あいさつが上手なインスク (5-1) 8.正しい礼法 (5-1)	6.礼節の精神 (6-1) 2.礼節の国 (6-2)
	集会・儀式礼節		7. 動物学校の誕生日 (2-2)	5. いろいろな人が集まる場所 で (3-2) 公益・公徳心	1.朝会の時間 (4-2)	16. ヒョンソンの家の祭礼儀式 (5-2)	
個人生活	健康・安全	10. 強く、安全 に (1-1) 1.注意、注意 (1-2)	8.風邪 (2-2)	3. 昼食の時間 (3-1) 2.みどりの母会 (3-2)	17. 追い出されたハエとネズミ (4-1)	17. 未熟な桃 (5-1) 7. からだ丈夫、心丈夫 (5-2)	5.大切な生命 (6-2)
	正直・誠実	4. オオカミが来た (1-2)	5. 食べたくない (2-1) 15. 金のおの (2-2)	10. 塀を越えた子どもたち (3-1)	14. 見て書いた答案 (4-2)	11・孔子と弟子 (5-2)	2. 物語二つ (6-1)
	倹約・節制	14. 大切に使うこと (1-1)		3. 欲深い犬 (3-2)	8. 私の貯蓄 (4-2)	10. ソンチルの貯金 (5-1) 13. クレヨンと古くなった万年筆 (5-2)	3. 西ドイツから来た父の手紙 (6-1)
	勇気・信念		6. クロマルハナバチとスズメバチ (2-1)	6. 罰を受けてもしかたないだろう (3-1)	7. キム・ユシンとウォスル (4-1)	21. 新羅の臣下パク・ジェサン (5-2)	8. 勇気ある行動 (6-1) 21. 祖国にささげた命 (6-2)
	勤勉・努力	17. アリとキリギリス (1-2)	19. うさぎの郵便配達 (2-2)		18. 一番やさしい仕事 (4-1) 19. 果樹園の宝物 (4-1) 2. 稲刈りの日 (4-2)	22. 島の村の功績碑 (5-1)(愛校・愛郷) 22. パク・チウォン (5-2)	
	創意・進取	7. カラスのたくらみ (1-1)	17. 香りのない牡丹の花 (2-2)		20. チョン・ヤギョン先生 (4-2)	13. ロケット王と宇宙飛行士 (5-1) 17. 発明の話 (5-2)	1.6学年の新しい朝 (6-1) 1.大きな志 (6-2)
	思慮・反省		7. お母さんの言葉 (2-1)	12. 二人の学生の日記 (3-2)	11. あふれた水 (4-2)		

第四章　「社会認識教育」からの「道徳教育」の分離と確立

個人生活	個性伸長		3. 才能じまん	16. 森の中の動物たちの才能 (3-2)			
	自主・自律	4. 私もできます (1-1)	2. 自分の力でしなくちゃ (2-1)		2. 子ども会 (4-2)		21. ト サン アン・チャンホ (6-1)
	整理・整頓	2. もとの場所 (1-2)	2. きれいな身なり (2-1) 2. 忘れてきた運動帽子 (2-2)	8. 整理された勉強部屋 (3-1)			
	寛容・慈悲				9.バラの花 (4-2)	12. 情の厚い友達 (5-1)	
	忍耐・不屈		9. もう一度起き上がったスンホ (2-1)		3. ヒマラヤ山脈の登坂 (4-1)		17. 代を受け継いできた心 (6-1)
	動植物愛護	6. 遠足 (1-2)	8. かわいがられる赤ちゃんノル (2-1)	13. ヨングンの心配 (3-1)			
	審美			5. 美しい村 (3-1) 協同・相助			13. 天才画家キム・ホンド (6-1)
	明朗・快活		1. うれしい開学の日 (2-2)	4. ブタの村とヤギの村 (3-1) 1. 笑う子ども (3-2)			
	時間尊重		14. 遅刻するするところだったチョルス (2-2)		19. 貴重な約束 (4-2)	12. 貴重な時間 (5-2)	
社会生活	人権尊重	10. あっちへよけて (1-2)		11. 動物の合唱 (3-1)			11. 愛の救命活動 (6-1)
	公益・公徳心	5. よい子ども (1-1)	18. 村の遊び場 (2-1)	7.電話 (3-1)	8. 私たちのもの (4-1)		8. 小さいが大きな公益 (6-2)
	家庭愛	6. 楽しいわが家 (1-1)	10. 赤い帽子 (2-1)		11. 明日は遠足の日 (4-1) 12. サイムダンと栗谷 (4-1)		
	親切・同情	16. ハトとアリ (1-1)	16. インスの贈り物 (2-2)		23. 互いに助ける心 (4-1)		11. 野牛の銅像 (6-2)
	責任・義務	12. 踏み切りおじいさん (1-2)	1. 2年生になって (2-1)	17. 税金 (3-2)（国家発展協力）	23. 文化の花を咲かせた世宗大王 (4-2)	1. 新しい学年 (5-1)	
	公明正大				7. キチョルの審判 (4-2)		7. 学級子ども会 (6-1)

社会生活	敬愛・感謝	9.私のお母さん、私のお父さん (1-1)	6.先生を待つ心 (2-2) 11.おまわりさん (2-2)				7.ありがたい先生 (6-2) 22.国民学校を卒業して (6-2)
	友情・信義	8.なかのよい友達 (1-1) 18.野原に咲いた花 (1-2)	7.二羽のツバメ (2-1)	7.約束 (3-2)	118.ソンミが助けた島の村 (4-1)	11.情の厚い友達 (5-1)	
	協同・相助	11.動物の話 (1-1)	11.田植えの日 (2-1) 6.'新しい村'に行く道 (2-2)	13.雪あそび (3-2)(奉仕・勤勉・努力)	3.洪水を防いだ住民達 (4-2)	8.私たちの力で準備した図書室 (5-1)	18.ビョンハクと保険 (6-1)
	愛校・愛郷	1.学校へ行く日 (1-1) 9.学校の誕生日 (1-2)	9.こわれた水道 (2-2)	1.新しい学年 (3-1)	新しく作った図書室 (4-1)	6.常緑樹の村 (5-1) 5.母校の情 (5-2)	
	規律・遵法	7.村の遊び場 (1-2)			10.価値のある明日 (4-2)		24.法と秩序 (6-1)
国家生活	愛国心 (国家意識の鼓吹) (先烈及び国軍に感謝)	12.私たちの国軍(1-1)(反共) 17.なびく太極旗(1-1) 5.国軍の日(1-2)反共 13.太極旗(1-2) 15.慰問品(1-2)(反共)	14.サッカー観戦(2-1) 5.ヨンイの慰問手紙(2-2)	2.柳寛順お姉さん(3-1) 18.誇らしい太極旗(3-2) 6.太極旗(3-2) 11.忠烈士(3-2)	6.青いわが国(4-1) 9.忠武公といろいろな将軍達(4-1) 10.ホンイ将軍 21.安重根義士(4-2)	2.私たちの大統領(5-1)(反共) 16.国旗に対する私の誓い(5-1) 4.海上王チャン・ボゴ(5-2)	14.学校を助けた国軍のおじさん(6-1)(反共) 15.天の勇士(6-1)(反共) 6.大王岩(6-2)
	国民矜持・民族自覚	13.わが国、いい国(1-1)		12.私たちの国土(3-1) 18.美しいわが国の国土(3-2)愛国心	13.私たちの文化財(4-1) 21.愛国志士チョン・ミョンウンとチャン・インファン(4-1) 4.子どもの友バン・チョンファン先生(4-2)	7.忠臣ソン・サンヒョン(5-1) 5.チョ・ホンと七百の義士(5-1) 1.私たちの自慢(5-2) 18.ハワイのわが同胞(5-2)	12.私の自慢(6-1) 19.わが民族の正義感(6-2) 20.ウルルン島を守ったアン・ヨンボク(6-2)
	国家発展に協力	11.新しく磨いた道(1-2)	17.李舜臣将軍(2-1) 13.新しく買ってきたテレビ(2-2)	14.ウルジムンドク将軍(3-1) 10.電気が通った私たちの村(3-2)	22.世界に伸びるわが国の商品(4-2)	23.李忠武公の遺跡を回って(5-1)	22.国と私(6-1) 23.'李舜臣将軍'を読んで(6-2) 12.楽しい旅行(6-2) 17.ルーズベルト米国大統領(6-2)
	美風良俗の継承伸長		3.秋夕の日(2-2)		16.美しいふるさと	19.敬老のお祝いの計画(5-2)	

第四章 「社会認識教育」からの「道徳教育」の分離と確立

国家生活	人類愛・世界平和			8.ジャマイカから来た手紙(3-2)(国家発展協力)		18.マッカーサー将軍(5-1)(反共)	9.イエスキリスト(6-1) 10.赤道の聖者(6-1) 18.愛の赤十字(6-2)
反共生活	反共 (共産蛮行に対する敵愾心) (北朝鮮生活の惨状) (共産侵略警戒粉砕) (共産圏分裂と自由友邦連帯) (反共統一信念の確立)	15.6.25事変の時の話(1-1) 8.展示会(1-2) 14.外祖母(1-2)	12.貯金ばこ(2-1)(倹約・節制) 13.賢忠日(2-1) 15.どこがいいだろうか(2-1) 16.6.25事変の時の話(2-2) 8.おじいさんの誕生日(2-2) 10.統一の船(2-2) 12.わが家の募金箱(2-2) 18.反共ポスター(2-2)	15.硬い決心(3-1) 16.ベトナムを助ける大韓(3-1) 17.おばあさんの誕生日(3-1) 4.動物農場の話(3-2) 14.おじいさん、聞いて下さい(3-2) 15.予備軍でいらっしゃるお父さん(3-2) 19.チャンスの功勲(3-2)	4.オオカミのうそ(4-1) 5.旅客機の拉北 14.ベトナムに行ってきたお父さん(4-1) 15.収復地区の子ども(4-1) 19.あるスパイの手記(4-1) 20.勇敢なお店のおじさん(4-1) 5.勇敢な農夫(4-2) 6.心を救った少年(4-2) 12.けだもののような共産スパイ(4-2) 13.帰郷民の列車の中で(4-2) 15.忘れられないその日(4-2) 16.帰順してきた共産軍飛行士(4-2) 17.国軍兵士と少年(4-2) 18.血がついた太極旗(4-2)	9.民防衛の訓練(5-1) 14.キョンアが受け取った手紙(5-1) 15.偉大な死(5-1) 19.郷土予備軍(5-1) 20.サングクおじさんの功勲(5-1) 21.北送在日同胞の生活(5-1) 9.おじいさんが体験したこと(5-2) 10.叔母さんが体験したこと(5-2) 14.共産軍遊撃隊員達の証言(5-2) 15.共産軍遊撃隊員を自首させたおじいさん(5-2) 20.板門店で見たこと(5-2) 23.北送在日同胞の手紙(5-2) 24..北朝鮮の託児所(5-2)	16.自由を求めた飛行士 4.途切れた鉄道(6-1) 5.サラエボの街の風景(6-1) 16.若い自由の闘士(6-1) 19.殉教者(6-1) 20.引越しした日(6-1) 3.自由と奴隷 4.北朝鮮の政治と生活(6-2) 9.私たちは共産党が嫌いです(6-2) 10.民族の星(6-2) 13.新義州学生の義挙(6-2) 14.ハンガリーの反共闘争(6-2) 15.天の下で最初の村(6-2) 16.ある反共捕虜の話(6-2)

(筆者作成)

③四領域による内容構成

　「礼節生活」領域には、日常生活での礼儀・作法に関する徳目が示されているが、初歩的で基本的な礼法は低学年に集中している。「姿勢・用意」「あいさつ・言行」の徳目は第３学年までであり、高学年では全く登場していない。ただし、「よい習慣」や「礼節の精神」「正しい礼法」などの「一般礼節」の徳目は全学年にほぼ均等に割り振られてあり、第２学年〜５学年では「集会・儀式礼節」の徳目が新しく登場している。

　「個人生活」領域は、学年段階によって重点化された徳目と、全学年でほぼ均等に配置されている徳目の二種類がある。前者の例では、「個性・伸張」「整理・整頓」「動植物愛護」「明朗・快活」などが第３学年までしか登場していないし、「寛容・慈悲」は第４、５学年、「忍耐・不屈」は第２、４、６学年、「時間尊重」は第２、４、５学年だけとなっている。後者には、「健康・安全」「正直・誠実」「倹約・節制」「勇気・信念」「勤労・努力」「創意・進取」「自主・自律」等の徳目があり、全学年で繰り返し登場している。とりわけ、後者は個人の道徳的な資質育成の観点や郷土や国家発展への貢献から見ても、「個人生活領域」で特に重視していたと考えられる。

　「社会生活」領域の内容は、いずれの徳目も学年全体に分散して配置され、しかもゆるやかに同心円的に配置されている。第１学年では「６．楽しいわが家（1-1）」に「家族愛」があり、第２学年に「18．村の遊び場（2-1）」に「公益・公徳心」、第３学年の「17．税金（3-2）」に「責任・義務」、第４学年の「3．洪水を防いだ住民達（4-2）」に「協同・相助」、第５学年の「常緑樹の村」に「愛校・愛郷」、そして第６学年の「8．小さいが大きな公益（6-2）」に「公共・公徳心」の徳目が見られる。これらは異なる徳目ではあるが、子どもを中心とする身近な題材から、段階的に生活経験領域の拡大性に合わせて配置されている。各学年の段階においても、「1．２年生になって（2-1）」に「責任・義務」、「1．新しい学年（3-1）」に「愛校・愛郷」、「1．新しい学年（5-1）」に「責任・義務」、「22．国民学校を卒業して（6-2）」に「敬愛・感謝」と見られるように、

第四章 「社会認識教育」からの「道徳教育」の分離と確立

異なる徳目が学年進級による生活経験の拡大に沿って配置されているのが分かる。つまり、「社会生活領域」では子どもの生活経験の範囲が順次拡大していくことを踏まえ、家族→近隣の人→学校の人→地域の人々というように、拡大する生活経験との関わりの中で育成されるべきとの考えから項目が配置されているのである。

「国家生活」領域では、「愛国心」「国民矜持・民族自覚」「国家発展」の徳目が全学年に継続的に反復されて登場するが、低学年、中学年、高学年の各段階に応じて内容の性格づけがなされている。例えば、低学年では「国軍」や「太極旗」「秋夕の日」「美しいわが国の国土」などのように、国家や朝鮮民族を象徴するような社会的事象が挿絵や日記等によって数多く登場して国家や民族への帰属意識を自覚させるが、中学年以降では、「ホンイ将軍」「安重根義士」「海上王チャン・ポゴ」「李忠武公」「私たちの大統領」などのように、歴史上の民族的・国家的な英雄や偉人の伝記、逸話が学習内容として数多く登場する。そして、世界に視野を広げる第5学年の段階になると、「マッカーサー将軍」「ルーズベルト大統領」「イエスキリスト」「赤道の聖者」のように海外の著名な英雄や政治家、歴史上の宗教人や聖人が登場し、さらに抽象的で高度な思考が可能と想定される第6学年では、「民族の正義感」「国と私」などのように、国家や民族そのものの概念について考えさせる題材が選択されている。「国家生活」領域の内容は、低学年では民族や国家に関する基礎的な知識や概念を直感的、視覚的に認識させ、中学年以上では歴史上の民族的、国家的な英雄や偉人たちを登場させて彼らが「わが民族」と国家を形成したものとして理解させている。そして、高学年では民族愛や愛国心を概念的に整理させて理解させるように配列しているのである。

つまり、一定の価値的な見方から捉えられた民族観や国家観、英雄像等を、伝記や物語を通して共感的に認識させるための学習題材が、全学年を通じて段階的かつ体系的に配列されているといえるだろう。とりわけ、中学年以降の英雄や偉人の登場は、理想的な人物達が一定の価値的な方向に向けて韓国社会を形成したものと捉えさせ、自分自身も民族や

399

国家をあるべき姿や進むべき方向に発展させていく集団の一員として、その役割の自覚につなげているのである。

　最後に「反共生活」領域だが、「反共教育」の徳目は第1学年から登場しながらも、第4学年から急増する傾向にある。第1学年では3項目、第2学年は8項目、第3学年は7項目だが、第4学年では14項目、第5学年は13項目、第6学年は13項目の単元が「反共生活」領域に配列されている。しかも、低・中学年では日記や物語等による日常的な題材の内容が多いが、学年が上がるにつれて、朝鮮戦争時の歴史的事実にもとづく北朝鮮の蛮行や悲惨な生活実態、共産主義思想の欠点等について具体的に捉えさせ、段階的に高度化しながら明確な反共思想の自覚を促す意識形成過程となっている。特に中学年以降では、「20. 勇敢なお店のおじさん（4-1）」「5. 勇敢な農夫（4-2）」「15. 偉大なる死（5-1）」「16. 若い自由の闘士（6-1）」「19. 殉教者（6-1）」などのように、朝鮮戦争時に勇敢に戦った兵士や活躍した民間人の逸話や物語を数多く登場させることで、民族と国家を北朝鮮の侵略から救った英雄として理解させている。このように、「反共生活」領域の内容は、全学年を通じて共感的に「反共」という一定の価値的な見方から民族観や国家観を形成させ、民族や国家をあるべき姿や進むべき方向に発展させる集団の一員としての自覚を促す内容となっているのである。

　総じて言えば、各学年の題材には、できるだけ子どもの発達段階を考慮しながら理解可能な範囲に即して内容を設定しようとした意図が見て取れよう。基本的な配列方法は、個人→家庭→近隣→国家→世界というように、同心円拡大法をカリキュラム構成の原理にしているからである。ただし、徳目によっては、特定の学年で重点化されているのものも少なくない。道徳的資質としての礼節や基本的習慣、あるいは社会を支えてきた（いる）人々の苦労や社会的な規範、そして愛国心や反共思想に対する知的理解を通じた態度形成は、学年段階によって重点化の度合いがかなり異なっているのである。

　とはいえ、個人の礼節や社会的な道徳的規範がどのような意味を持

第四章 「社会認識教育」からの「道徳教育」の分離と確立

ち、如何に自分たちにとって大切な徳目であるのか、個人レベルから家庭生活、郷土生活、国家や国連への理解、そして反共思想の学習までの一つ一つの徳目の理解により、国民としての使命感や責任感の自覚を促している点は変わらないだろう。こうした学習過程を積み重ねることで、子どもたちには無理なく、公衆道徳や社会的規範、愛国心、そして反共思想等に注目させ理解させようとする構成になっているのである。

3.『正しい生活』に見られる「道徳教育」の教育方法

①「国と私」単元の分析 ——道徳科の指導方法——

では、道徳科ではどのような教育の方法がとられていたのか。方法に関連して、道徳科カリキュラムの「指導上の留意点」には、以下の7点が挙げられている。

(1) 道徳科は教科のひとつとして新設されたのであり、その教育効果を高めるためには、道徳科は言うまでもなく、全ての教科と学校活動全般を通して有機的な指導計画になるようにする。

(2) 道徳科の指導目標や指導内容を、低学年、中学年、高学年別に分けたことは、個人や地域によって学生の素質の差が大きいためである。よって道徳科の指導においては、学生の心身の発達、地域世界や学校の特色を考慮し、弾力的に指導するようにする。

(3) 道徳教育の効果は、学校における教育だけでその成果を期待することはできないものであり、常に家庭と地域社会との緊密な連携のもとに行わなければならない。

(4) 道徳教育の素材や機会は、学生の身の回りにおいて見つけることができる素材を多く活用し、感銘深く指導する方法を追求しなくてはならない。特に教師の模範が学生に感銘を与える点を勘案し、教育効果を上げように留意する。

(5) 道徳教育においては、道徳的判断、道徳的態度形成がなされように
し、低学年の礼節指導においては、反復を通して習慣形成がなされる

401

ようにする。礼節生活のような実践行動は、実際に反復指導通してこ
れを熟達させるように指導する。

(6) 道徳教育において、問題児やその他の特殊な学生に対しては、個別指
導をすることにより教育効果を上げるように留意しなくてはならない。

(7) 道徳科の評価は、道徳科の学習内容の理解や態度、その他、学校生活
の全般にわたって行うようにする[73]。

　道徳科では、教育活動全体を通した全面主義的立場を前提にしながら
も、個人差や地域差の考慮や学校と家庭と地域の連携、「感銘」の重視、
道徳的判断と道徳的態度形成の重視、個別指導の考慮、そして評価を学
校生活の全般にわたって指導に生かすことなど、多様な指導方法につい
て多角的に述べられている。しかも、これらは今日のわが国の道徳教育
における指導上の基本的な姿勢と比較してみても大差ない指導原則であ
る。

　ところが、詳細に解説すべき『教育課程解説』ではその点があいまい
となっている。「道徳的判断を育成するためには、知識を付与するとか、
理解をさせるだけでは不可能である場合が多い。『知っていても実践され
ない』ということは、まさにそれを指し示す言葉である。したがって、
深く理解させると同時に判断させたり感動させたりして、心情を高める
様々な方法をとらなくてはならない。時にはそれらを組み合わせて態度
を育成しなくてはならない。」[74]と述べる程度である。実際の授業ではど
のように行うべきなのか、その原則を示す具体的な記述は見られず、如
何なる方法で知的理解と態度育成を図っていくのかは、明確にされてい
ないのである。

　そこで本研究では、ここでも教科書『正しい生活』の記述を手がかり
に、授業レベルでの教育方法について検討してみることにしたい。

　以下は、第6学年『正しい生活6-1』における「22. 国と私」という単
元の全文である。

第四章 「社会認識教育」からの「道徳教育」の分離と確立

『正しい生活6-1』(1973) における「22. 国と私」単元の全文

22. 国と私

　ヨンスの学校では昨日から5日間の間、「子供たちに聞かせてあげたい文」という先生たちの作文を展示しています。全部が面白くて勉強になる文です。その中でも、ヨンスが最も深い感銘を受けた文は、6学年の担任の先生が書かれた「正しい国民」でした。この文の内容は次の通りでした。

　人は、生まれてから互いに違う個性を持っています。ですから、人は各自が持っている個性を正しく生かして生きがいと喜びを味わいながら生きています。しかし、それは国があってこそになります。また、国があったとしても、その国がしっかりとしていなくてはなりません。いくら大きな抱負と高い理想を持っていたとしても、国がなくては成就することができないからです。それは、国が国民を保護し、個人の発展を保障してくれるからなのです。ですから、私たちが常に忘れてはならないのは、自分は大韓民国の国民であるという誇りを持たなくてはならないということなのです。

　「私」は、国の中ではもちろん、外国に行ったとしても、自分がその国で帰化しない限り大韓民国の国民です。私たちは同じ祖先から同じ血を受け継いだ韓国人です。私たちは、私たちの祖先たちが生まれたこの土地で生まれ、祖先たちが成し遂げてくれた輝く文化と伝統を受け継ぎながら、それをもとに発展してきているのです。それゆえに、「私」はこの国と切っても切れない関係にあり、さらには大韓民国が「私」を産んでくれた母であると考えることができるのです。

　私たちは、普段は水と空気のありがたさを考えることはできません。私たちは水と空気がなくては少しの間も生きていくことはできないということを知っていながらも、普段はそれを考えることができないというのが現実なのです。

　砂漠を旅行した時、一口の水を得るために苦痛を受けたことがない人とか、ヒマラヤの頂上で、空気が不足して呼吸困難を経験したことがない人は、水と空気の本当のありがたさを理解することは難しいものです。国もまた同じです。

　近年の日本の植民地時代の36年間、私たちは韓国語を使うことができなかったし、ハングルを読むことができないようになっていました。さらに祖先を奉ることもできないようになっていました。そのような抑圧の中で、私たちは国がないという悲しさを経験したのです。こんな時

403

には、一体どのような希望があったでしょうか？しかし、その時代を経験することができない私たちは、国のありがたみについて身にしみて感じることができずにいます。これもまた、水や空気のありがたさは普段感じることができないことと同じことなのです。

　しかし、国を自分の母と思い、自分自身が国を構成する国民の一人であると考えるならば、国と私は１つの体のようなものであると考えることができるでしょう。愛国心の根本もまさにここにあります。元来、人間として家族同士で互いに愛さない人はいません。子どもは両親を慕って、両親はその子どもを愛します。それは人間の自然の現象なのです。そのように、自分の生まれたこの国を自分の両親のように愛するということは当然のことなのです。国を愛するということは、すなわち自分自身を愛するという言葉と同じになります。私たちは、自分の国が他の国と意見が対立したり、戦争したりするようになった時に、初めて愛国心が現れると考えがちです。しかし、実際はそのような時にだけ愛国心が現れるのではありません。愛国心は、まさに毎日の生活を誠実に行っていくこと、それ自体と見ることができるのです。

　愛国心は、ある政治家や軍人だけが持っているものと考えてはいけません。また、愛国心について、一つ間違った考えがあります。それは、国から直接的な助けを受けてから国を愛そうという考え方です。このような考えは、国がなくなれば、楽しく自由に生活することができなくなるという事実を忘れてしまっているからなのです。国は国民の幸福を離れては存在することができないし、国民の幸福を考えない国は想像することもできないのです。

　今、わが国は国民の生活がよくなるために、全力で努力しています。ですから、どの時代よりも全国民の団結が要請されている時なのです。国が発展すれば、「私」もよりよく生活することができようになります。このように考える時、国を愛するということは、すなわち「私」を愛するということになるわけです。ですから、私たちはどのような苦しみや悲しみも我慢し、全力で私たちの国を素晴らしくしようとする努力が必要になっているのです。

　ヨンスはこの文を何回も繰り返して読む間に、国と国の関係をよく理解するようになり、また、国の大切を切実に感じるようになりました。国を愛することが、すなわち私を愛することであり、国がよくなることが自分の生活が良くなる道であることも分かるようになりました。

　　　　文教部『正しい生活 6-1』国定教科書株式会社、1973 年、137 ～ 142 頁より。

第四章　「社会認識教育」からの「道徳教育」の分離と確立

②単元展開の論理　──直接的な「愛国心」の徳目理解と態度形成──

　この単元では、ヨンスという6学年の子どもが登場するが、ヨンスが「先生」の書いた「正しい国民」という作文を読んで感銘を受け、それを紹介するという形式になっている。したがって、事実上は「先生」の作文を通して教えたい徳目を提示していくかたちとなっている。記述に即して検討すれば、以下のような論理展開となっている。

（ⅰ）韓国の国民としての理解

　まず、人は各自が「大きな抱負と個性」を持っているが、そのことは、「国が国民を保護し、個人の発展を保障してくれるから」可能であることを説明している。国あってこその我々であることを述べ、我々は大韓民国の国民であることを理解して誇りに思うべきであると説明する。その理由は第一に、私たちは祖先から受け継いだ血や土地や「輝く文化」や伝統をもとに発展してきたのであり、国は「私」にとって母のような存在であること、第二に、国の存在は水や空気のように普段は当たり前で気づかない存在だが、非常にありがたい存在だからである。

（ⅱ）「愛国心」についての理解

　次に、「愛国心」の根本精神とは何かについての説明がなされる。「愛国心」とは、第一に国を自分の母と思うこと、つまり自分の生まれたこの国を愛することは自分の両親を愛することと同じであり、かつ自分自身を愛することでもあるとする。そして第二に、国は国民の幸福のために存在して努力しているのだから、自分自身も国を構成する国民の一人であることを自覚すべきと説明する。「国と私」は一心同体であることを述べている。

（ⅲ）我々の努力事項

　最後は、我々の努力事項について述べられている。「国」が発展すれば、「私」たちの生活はよりよくなっていくのだから、「どのような苦しみ

405

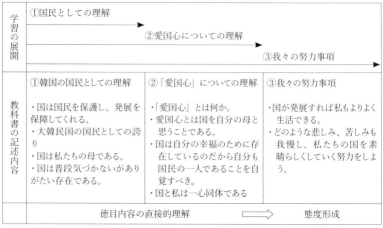

図18 『正しい生活6-1』(1973)の「22. 国と私」単元の展開過程

や悲しみも我慢し、何とかして私たちの国を素晴らしくしようとしていく努力が必要」であるとする。また、「国を愛することは、すなわち自分を愛すること」と同じであり、望ましい行動や態度の方向性を指し示しながら、「愛国心」を理解するための行動が促される。次に、ヨンスという子どもが登場し、彼が国の発展と自分の生活改善は直結する課題である点を理解したことを示しながら、暗に我々もそうすべきである点が示唆されている。教科書を読み進めていけば、「愛国心」について直接的に認識するだけでなく、国のために努力しようとする態度の形成にまで結びつけた展開となっているのである。

「国と私」の単元展開は、①徳目の理解→②態度形成というように、直接的に子どもに徳目を理解させた上で道徳的に望ましい心構えを持たせ、一定の態度形成がなされるように感化させようとするものとなっている。図示すれば、図18のようになるだろう。

この単元では、「先生」の作文を題材にして、国民と国家の関係に関する知識を示し、その上で「愛国心」の徳目を共感的に理解させ、望まし

第四章　「社会認識教育」からの「道徳教育」の分離と確立

い道徳的な態度形成まで認識を深めようとしている。内容は、「国と私」
に関する「先生」の考えであり主張だが、具体的には「国と私」の関係
に関する知識である。子どもたちは教科書を読み進めながら内容に入り
込み、「先生」の「愛国心」に関する主張について内面から共感的に理解
していくときに感動が生まれ、自分も国民として国を愛そうとする自覚
が形成されるという論理に支えられている。

　しかし、この時の「先生」の考えに対する対立的な価値観や価値葛藤
的な課題の提示、あるいは合理的な判断や批判的な視点は全て排除され
ている。つまり、あくまでも「愛国心」の直接的な注入で態度形成が目
指されており、「先生」の主張する「愛国心」の価値観だけが記述全体の
内容を貫いているのである。

　また、この教科書では、徳目の知的な理解によって道徳的な態度形
成を直接的に図ろうとする単元が中心となって構成されている。そこに
は、米軍政期からの「第1次教育課程」の新教育運動期に実践された経
験主義的で問題解決的な方法の原理は見られないばかりか、むしろ、伝
統的で注入的な方法によって価値の内面化を図ろうとする単元が多くを
占めている。つまり、道徳科の教育方法は、基本的には「第2次教育課
程」の「反共・道徳生活」のそれをそのまま引き継いでいたということ
ができるのである。

第五節　「反共・道徳生活」による「道徳教育」の分離と確立

　本章では、「第2次教育課程」期から「第3次教育課程」期までの「社
会」「国語」「反共・道徳生活」「道徳」の各教科等を対象に、それらの
カリキュラムの分析を試みることで諸教科に展開されていた「社会認識
教育」および「道徳教育」の実相と、それらが教科「道徳」に結実して
いった変容過程を明らかにしようとした。

　まず教科目標についてだが、1963年の特設「反共・道徳生活」と1973

407

年の教科「道徳」は（以下、道徳科等と略す）、1946年に米国から導入された経験主義的で総合教科の「社会生活」（後に「社会」）の目標から多大な影響を受けて設定されたことが明らかとなった。道徳科等の目標は、米軍政期の「社会生活」の目標と構造が酷似しており、基本的な枠組みはそれをベースに考案されたと考えられるからである。いずれも理解目標と態度・行動目標で構成され、後者が前者を規定するとともに、それらの知的側面と行動的側面との統一的理解により教科目標が達成される関係となっている。「個人」レベルでの資質と、社会的・民族的・国民的なレベルでの資質が同時に育成される点も同様となっているのである。

　だが、このように道徳科等の目標が「社会生活」のそれと酷似していたのは、ある意味で当然であったといえる。なぜならば、本研究で明らかにしたように、「社会生活」のカリキュラムから「道徳教育」的な内容が切り離されて「特設」されたのが「反共・道徳生活」なのであり、後の「道徳」の前身だったからである。元々の原型が「社会（生活）」であったならば、目標にその影響が見られるのは自然だったと言えなくもない。道徳科等の教科目標は、社会科のそれに範をとっていたのである。

　ところが、本研究において教科書レベルで検討してみたところ、道徳科等の内容と方法については、社会（生活）科とは異なる原理が適用されている点を確認することができた。社会（生活）科では、生活学習的な学習を通じて社会事象に関する事実的知識の理解と社会や国家に貢献しようとする姿勢の育成が目指されていたが、「道徳」では偉人伝や物語による望ましい徳目の直接的な理解と、それに基づく道徳的態度の形成が意図されていたからである。それらは、社会科よりもむしろ「公民」や「修身」からの影響や共通点が指摘できるものとなっており、道徳科等の内容と方法は社会（生活）科のそれから離れ、かつての「公民」や「修身」の教科原理へ回帰したと捉えられるのである。そしてそのきっかけとなったのが、「第2次教育課程」での社会科から「道徳教育単元」の分離であり、「特設」としての確立であったと考えられるのである。

第四章 「社会認識教育」からの「道徳教育」の分離と確立

　なお、「国語」に関しては、既に米軍政期からのカリキュラムには「社会認識教育」と「道徳教育」の内容が含まれており、「道徳」の内容と方法の面から見るならば、「道徳教育」の出現を潜在的に支えた教科だったといえるのではないだろうか。「第1次教育課程」から「第3次教育課程」の「国語」の教科目標には、一貫して言語能力の習得とともに、「個人」レベルでの人格的陶冶や自己実現、そして「社会」「国家」レベルでの国家や民族の発展が目標とされていたからである。そこには単なる言語力だけではなく、道徳科と同様に、児童生徒の道徳的育成まで視野に入れた改善の実現が目標とされていたのである。そして、教科書や「教育課程」には、反共教育や「社会認識教育」的な内容とともに多くの「道徳教育」的な題材が含まれており、物語や説話、詩、伝記等のかたちを通して、個人の徳目や民族主義、国家主義的な価値までも扱われていたのである。

　また、方法論的には、特定の価値を直接的に教え込むことで内面化し、それを行動に結びつけるものであり、そこにもやはり「公民」や「修身」からの影響が見られるものとなっている。道徳科が成立するまでの国語科は、「道徳科等」に準じながら、「第3次教育課程」までの重要な「道徳教育」の一翼を担っていたといえるのである。

　1973年における「道徳」の登場により、韓国の「道徳教育」はこのとき教科教育として正式に成立した。しかし、このような教科の目標、内容、方法の観点から見た場合、実質的には「第2次教育課程」の「反共・道徳生活」の特設の段階でその基本的な枠組みとしての原型は完成していたといえるであろう。いずれも、目標の構成は社会科から、そして教育内容と方法は「修身」や「公民」、そして「国語」から多くの示唆を受けて形成されており、「反共・道徳生活」の段階で、教科の「かたち」はほぼ確立していたといえるのである。以上のように、韓国の道徳科教育は複数教科における重層的な影響関係の中で成立を迎え、教科化されていったとみることができるのである。

1 中央大学校附設韓国教育問題研究所『文教史』中央大学校、1974 年、309-310 頁。
2 孫仁銖『韓国教育思想史』文音社、1991 年、1694 頁。民主党政権下の第二共和国の 9 ヶ月間には、デモは一日に約 4 回以上実施され、総デモ数は約 1,200 回に及んだと言われており、社会は無秩序状態に陥った。
3 孫仁銖、上掲書、1694 頁。
4 孫仁銖、上掲書、322 頁。
5 「革命政府文教政策」『教育評論』1961 年 7 月号、11 頁。
6 金鐘斌「反共教育の強化策」『文教公報』、1962 年 3 月号、38 頁。例えば、当時の文教部編修官の金鐘斌（キム・ジョンヒ）は、「朝鮮戦争の経験から 10 年経過した現在、貴重な代価を払って得た反共という精神的武装が崩れてしまったと認めざるを得ない。4.19 学生革命以後の混乱と言論の自由を利用した共産スパイの活動により、革新を標榜した一部言論人の妄動が見られるだけでなく、自覚がない一部学生による南北会談開催という主張がみられるからである。」と雑誌上で主張していた。第二共和国政権下では「間接的に侵略された状態」であったと捉えていた。
7 第 1 次 5 ヵ年計画は 1962 年〜1966 年、第 2 次五ヵ年計画は 1967 年〜1971 年、第 3 次五ヵ年計画は 1972 年〜1976 年、第 4 次五ヵ年計画は 1977 年〜1981 年まで計画された。これらの 5 ヵ年計画は経済成長目標の達成面で大きな成果を残した。
8 中央大学校附設韓国教育問題研究所、前掲書、326 頁。
9 中央大学校附設韓国教育問題研究所、前掲書、356-360 頁。
10 馬越徹『現代韓国教育研究』高麗書林、1981 年、15 頁。
11 文教部『国民学校教育課程解説』教学図書株式会社、1963 年、1 頁。
12 朴南洙「韓国社会科教育成立過程の研究」広島大学大学院博士論文、2001 年、290 頁。
13 パク・マンギュ「教育課程の検討と改善の構成」『新教育』1959 年 1 月号、43 頁。
14 金宗斌「反共道義教育の強化をどのようにすべきか」『文教公報』1962 年 7 月号、8 頁。
15 文教部、前掲書、1-3 頁。
16 編集部「新教育運動を振り返って」『新教育』1959 年 9 月号、8-15 頁。
17 編集部、上掲書、15 頁。
18 編集部、上掲書、10 頁。
19 キム・デゥソン「何がいわゆる新教育であったのか——新教育の本質とこれまでの新教育——」『新教育』1959 年 9 月号、大韓教育連合会、8 〜 15 頁。
20 キム・デゥソン、上掲書、19 頁。
21 許鉉「教育界の民主化」『教育評論』1960 年 6 月号、14 〜 18 頁。
また、「教育課程と教科書」『文教月報』1960 年 6 月号では、第一次教育課程期の教育の問題として、①教育目的意識の貧弱、②個人差を無視した教育課程計画、③断片的な知識への偏重、④全人的性格を無視した教育課程、⑤創意性発達を無視した教育課程、⑥民主的生活訓練を無視した教育課程等の問題点をあげていた。そのような点からの改訂の方向性には、①学校単位の教育課程研究の奨励、②個人差を充分考慮した教育課程の計画の必要性をあげている。

第四章 「社会認識教育」からの「道徳教育」の分離と確立

22 徐在千『韓国国民学校における社会科教育展開過程の研究』広島大学博士学位論文、1992 年、282 頁。当時の編修官であった李廷仁とのインタビューを実施した徐在千の研究によれば、編修官達は、1959 年頃からは「第 1 次教育課程」の改訂作業を始めており、「社会生活」に関しては、アメリカ的な社会生活科から脱皮して韓国的な社会科教育課程にしようとした動きがあったという。しかし、ある程度骨格は作成していたが、1961 年の軍事革命のために中止となり、趣旨は歪められ、当初の構想は革命政府が要求する方向へ変わっていったという。

23 文教部『文教部令 119 号 国民学校教育課程』教学社、1963 年、3 頁。

24 文教部、上掲書、13-16 頁。

25 韓国教育課程学会『教育課程：理論と実際』教育科学社、2002 年、81-82 頁。解放後の韓国の「教育課程」の概念上の区分として、一般に韓国では以下のように捉えられている。

「第 1 次教育課程」…教科中心教育課程
「第 2 次教育課程」…経験または生活中心教育課程
「第 3 次教育課程」…学問中心教育課程
「第 4 次教育課程」…統合教科
「第 5 次教育課程」…教育内容の地域化
「第 6 次教育課程」…教育課程の地域化
「第 7 次教育課程」…学生中心教育課程

このような理念上の変化は主に米国を中心に展開された教育課程パラダイムの変化によってもたらされた場合が多く、その中の一部は教育課程編成、教科組織、内容・方法等に具体化したものも多いが、一方では教育課程の総論と各論の乖離、教育課程の研修の形骸化、非効率性、教師・施設・教具等の不備、行財政的な支援の不足等により、教室の現場まで一貫性を持って具現化されなかった場合が多かったと言われている。

26 「教科課程時間配当基準表」上では「反共・道徳」と表記されているが、実際の正式名称は「反共・道徳生活」である。

27 文教部、前掲書11)、52 頁。

28 文教部、前掲書11)、51-52 頁。

29 文教部、前掲書11)、71 頁。

30 朴鵬培「韓国国語教育全史 中」大韓教科書株式会社、388 頁。

31 文教部、『初・中・高等学校 教育課程（1946 ～ 1981）──社会科・国史科──』大韓教科書株式会社、1986 年、106 頁。
馬越徹『現代韓国教育研究』高麗書林、1981 年、169-170 頁。

32 朴南洙氏によれば、この「目標」には、大きく社会生活者的資質と国民的資質という二つの資質の育成が設定されているという。

33 朴南洙『韓国社会科教育成立過程の研究─社会認識教育カリキュラムの構造と論理─』広島大学博士学位論文、2001 年、305 頁。

34 文教部、『国民学校教育課程解説』教学図書株式会社、1963 年、193 頁。

35 文教部、上掲書、193 頁。

36 文教部、前掲書31)、111 頁。

37 森分孝治「社会科における社会認識の論理——現行学習指導要領の分析から——」
『広島大学教育学部紀要』第一部第 23 号、1974 年、256 頁。

38 文教部、『社会 3-2』国定教科書株式会社、1965 年、78-88 頁。

39 文教部、前掲書 34)、446 頁。

40 文教部、前掲書 34)、452 頁。

41 文教部、前掲書 34)、452 頁。

42 目標には、「礼節生活」「個人生活」「社会生活」「国家生活」という領域区分は示さ
れていないが、カリキュラムの「Ⅲ. 指導内容」ではこの 4 領域に対応して内容が
示されていることから、目標もこの 4 領域の観点で示されていると考えられる。

43 なお、「2.」では「理解」の文言は見当たらないが、「習慣」や「すばらしい品
格」を持つためにはそれらに関する知識理解が前提とされることから、ここでは間
接的に表現されていると考える。

44 文教部、前掲書 34)、460 頁。

45 内容の分析において参考にした国定教科書は以下の通りである。
　・文教部『正しい生活 1-1』国定教科書株式会社、1965 年。
　・文教部『正しい生活 1-2』国定教科書株式会社、1965 年。
　・文教部『正しい生活 2-1』国定教科書株式会社、1965 年。
　・文教部『正しい生活 2-2』国定教科書株式会社、1966 年。
　・文教部『正しい生活 3-1』国定教科書株式会社、1965 年。
　・文教部『正しい生活 3-1』国定教科書株式会社、1966 年。
　・文教部『正しい生活 4-1』国定教科書株式会社、1965 年。
　・文教部『正しい生活 4-2』国定教科書株式会社、1966 年。
　・文教部『正しい生活 5-1』国定教科書株式会社、1966 年。
　・文教部『正しい生活 5-2』国定教科書株式会社、1966 年。
　・文教部『正しい生活 6-1』国定教科書株式会社、1966 年。
　・文教部『正しい生活 6-2』国定教科書株式会社、1966 年。

46 「第 2 次教育課程」期の『正しい生活』教科書には、各単元の項目がどのような徳
目中心に扱って作成したのか、カリキュラム及び教科書には明示されていない。し
かし、1973 年〜1976 年に発行された「第 3 次教育課程」期の『正しい生活』教科
書の各巻末には、「○学年○学期　正しい生活内容一覧表」(以下、「一覧表」と記
す。)というページがあり、そこには各巻の単元項目がねらいとしている徳目が全
て明らかにされている。そこで、本研究では「第 3 次教育課程」期の『正しい教科
書』における「一覧表」の分類方法を手がかりにしながら、「第 2 次教育課程」期
の『正しい生活』の各単元の項目について、関連する領域と徳目の分類を試みた。
ただし、単元の項目によっては分類が困難なものや複数の徳目にまたがるものも少
なくないため、厳密な分類は困難であることをお断りしておく。

47 『文教部令第 251 号別冊 1969 年 9 月改訂』の「反共・道徳生活」カリキュラムは、
「Ⅰ目標」、「Ⅱ指導内容」、「Ⅲ時間活用の態度」「Ⅳ指導上の留意点」で構成されて
いるが、「Ⅳ指導上の留意点」には授業での具体的な教育方法については示されて
いない。

48 劉奉鍋『韓国教育課程史研究』教学研究社、1992 年、326 頁。

第四章 「社会認識教育」からの「道徳教育」の分離と確立

49 国民教育憲章の制定に深く関わった柳炯鎮は、「新教育は変化の奴隷を育ててきた」として、解放後に導入された「新教育」に対して痛烈な批判をしている。柳炯鎮『国民教育憲章と現場教育』教学社、1970年、36-39頁。

50 馬越徹、前掲書、15頁。

51 李烘雨『教育課程探究』博英社、1977年、68-69頁。

52 崔宗落「特集 科学教育課程改編にともなう問題点」『教育評論』1968年7月号、20頁。

53 鄭範謨「社会科学と社会科教育」『社会科教育』第4号、1969年、9-11頁。

54 趙光濬「国民学校社会科地理の教科構造研究」『ソウル教育大学論文集』第3集、1970年、75-106頁。

55 劉奉鍋、前掲書、350-354頁。「国籍ある教育」とは、外国の模倣から脱皮し、国の現実を正しく認識しつつ、正しい国家観の下での教育を指している。そして、正しい国家観とは「主体的な民族史観」から出るとされ、「主体的な民族史観」と「正しい国家観」をもって行う教育を「国籍ある教育」と呼ぶことになったと言われる。

56 高等学校では、「第2次教育課程」から1969年の部分改訂までは社会科の中に「国民倫理」という2単位の科目が設置されていたが、この改訂では「反共及び国民倫理」に改称され、6単位の科目となった。

57 中央大学校附設韓国教育問題研究所、前掲書、340頁。長期的な視点から国家的な教育政策を策定するため、1968年11月30日、大統領令第3651号により「長期総合教育計画審議会規定」が制定された。これにより、1969年2月13日、文教部は政府関係者、教育関係者、社会各界を代表する人士50名からなる長期総合教育計画審議会を構成した。

58 劉奉鍋、前掲書、350頁。

59 中学校の「第3次教育課程」は、文教部令第325号として1973年8月31日に公布され、人文系高等学校のものは、文教部令第350号として1974年12月31日に公布されている。

60 教育課程研究会『文教部令第310号準拠国民学校教育課程解説』教学図書株式会社、1973年、32頁。

61 拙稿「韓国の道徳科におけるカリキュラム改訂の方向性と特質——「道徳科教育課程（2007年告示）の目標と内容構成」——」『道徳と教育——学会創設50周年記念号——No.326号』日本道徳教育学会、2008年、91頁。2007年に告示された道徳科のカリキュラムは、「1. 性格」「2. 目標」「3. 内容」「4. 教授・学習方法」「5. 評価」の5項目から構成されている。

62 殷容基『教育課程解説及び学生指導の展開シリーズ4、国民学校社会科』ソウル新聞社出版局、1973年、30－31頁。

63 教育課程研究会、前掲書、138頁。

64 教育課程研究会、前掲書、145頁。

65 殷容基、前掲書、204頁。韓国教育開発院は社会科カリキュラムの基礎になる学問概念を抽出する試みを実施し、社会科で扱うべき学問領域を次の六つに分類して概念整理をしている。

　　　　地理学：人間と自然との関係、地域、空間関係、自然環境に関する概念
　　　　歴史学：変遷、時代、民族意識
　　　　人類学：文化類型、文化展開、文化変容に関する概念
　　　　経済学：生産、消費、貨幣、貿易に関する概念
　　　　政治学：権力、権威、政府、国際政治に関する概念
　　　　社会学：人間関係、役割、社会組織、社会価値に関する概念

66　文教部、前掲書31)、111頁。

67　教育課程研究会、前掲書、61頁。

68　第5学年の「国史部分」では、「わが国」の経済と文化発展の歴史を、「地理・公民部分」では産業や経済及び世界地理について学習し、第6学年の「国史部分」では民族の歴史と近代史、「地理・公民分野」では「民主主義」と「国民としての責任」を学習するようになっている。

69　文教部『社会5』国定教科書株式会社、1974年、62-72頁。

70　文教部『文教部令119号　国民学校教育課程』教学社、1963年。

71　教育課程研究会、前掲書、66頁。

72　教育課程研究会、前掲書、66-74頁。

73　文教部『国民学校教育課程』教学図書株式会社、23-24頁。

74　教育課程研究会、前掲書、79頁。

終　　章

終　章

　本研究は、1970 年代に教科化された韓国の初等教育道徳科に着目し、成立期の「道徳教育」と関連した諸教科目のカリキュラムを分析することで、教科成立期の道徳科の教科原理とカリキュラム構造の特質について究明することを目的とした。本章ではその結果について述べるが、その前にあらためて本研究の課題意識について簡単に触れてみたい。

　解放後の韓国の「道徳教育」は、1945 年の「修身」の廃止と引き換えに設置された「公民」が十分に機能しなかったため、全面主義的な道徳教育の原則の下、実質的には 1946 年にその「公民」に代わって導入された「社会生活」によって開始された。すなわち、解放後の「道徳教育」は社会科教育によって間接的なかたちで開始されたわけである。だが、このような形態は 1948 年の大韓民国建国後もしばらく継続されたが、1963 年の「第 2 次教育課程」制定時には「反共・道徳生活」が新たに「特設」されて登場し、それが 1973 年の「第 3 次教育課程」には「道徳」へと教科化されて今日に至っている。したがって、韓国では教科教育としての「道徳教育」の歴史は 40 年を超えているのである。

　だが、解放後の「道徳教育」を振り返れば、その位置づけや役割は必ずしも安定的なものではなかった。これまで見てきたように、教科化の前は、社会科教育→「特設道徳」→教科「道徳」という経緯を辿りながら、当該時代の社会科的教科目や「国語」との複線的で複合的な関連の中で展開され、カリキュラムは児童・生徒の実態だけでなく、国家的、政治的、そして国民的なニーズにも応えながら試行錯誤的に形成されてきたからである。また、教科化後も教科のアイデンティティーやその在り方に対する議論は論争的であり、現在もなお絶えないテーマであり続けている。「道徳教育」の本質究明は、今日まで常に問われ続けてきた課題の一つといえるのである。

　さらに、こうした道徳科の成立過程や特質に対する教育学研究は、韓国ではマクロ的な制度や政策からの教育行政史的な視点から論じられる場合が多く、そもそも道徳科が本質的には如何なるルーツを持つ教科として成立し、開始されたのか、そして教科のアイデンティティーとは何

417

なのか、教科教育の原理的な本質については十分に解明されていない状況にある。つまり、1970年代に登場した道徳科が、他の教科目と如何なる歴史的関連性を持ちながら一つの教科として成立したのか、カリキュラムに内在する教科原理を紐解きながらその本質を明らかにした研究はほとんど見られないのである。

　一方、わが国の戦後の「道徳教育」を振り返れば、教科化以前の「道徳」は、1958（昭和33）年の学習指導要領の改訂時に一つの「領域」として「特設」されものであった。ただし、その後は「道徳の時間」や「特設」そのものの是非が政治的なイデオロギー対立に巻き込まれて論争的となったため、現在までの約60年間は極めて不安定かつ曖昧な立場で実践されてきたといえる。しかも「道徳」に対する研究動向は、一般教育史的な立場からの教育行政・思想・歴史に関する本質論研究の分野か、あるいは個別的なハウツー（how-to）論としての授業論研究の分野に大きく二極化してきたきらいがある。したがって、こうした「特設」の位置づけの曖昧さと二極分化された研究傾向は、特設された「道徳」とはいったい何を目標に、如何なる内容をどのような方法によって教え、評価すべきなのか、学習指導要領や教材（資料）そのものを対象化して教科教育学的に探究し、開発しようとする研究分野を空洞化させてきた側面を持っているのである。

　以上のように捉えれば、戦後の日韓両国では、「道徳教育」は教科あるいは教科外として、その位置づけや在り方が常に問われ続けてきたと言っても過言ではない。よって、1970年代に教科化された韓国の道徳科を対象に、教科教育学的な視座からあらためて教科原理の究明を試みることは、今後ますます道徳科の在り方への探究が要請される両国において喫緊の課題ではないか、というのが本研究の課題意識であった。

　そこで本研究は、成立期に関連した教科目群のカリキュラムの変容と特質を究明することで、韓国道徳科の教科原理とカリキュラム構造の実態を明らかにしようとした。すなわち、「道徳教育」を「道徳」はもとより、「反共・道徳生活」や「国史」「公民」などの関連社会科的教科目、

418

終　章

そして「国語」を含む広義の社会認識形成のための教育として捉え直し、その視点から教科形成過程の分析を試みることで、教科成立期の道徳科の本質を究明しようとしたのである。

　本研究で明らかとなった点は、具体的には次の通りである。

　第一に、解放から1947年に「教授要目」が制定されるまでの「道徳教育」は、「公民」と「国語」の教科書を作成した朝鮮語学会、あるいは国史教科書を作成した震壇学会のような民族主義的研究団体の影響を強く受けた社会科的教科目を通じて開始されていた点である。とりわけ、「修身」に代わって設置された「公民」は解放後の「道徳教育」の出発点としての中心的な役割を担い、その一部には民族の歴史や伝統、神話、そして朝鮮の歴史上の偉人を登場させる「道徳教育」的な内容も備えていた。「公民」は、政治教育的な内容とともに、民族主義的、国家主義的な徳目の理解に基づく望ましい国民としての態度や行為の育成を目指した教科だったのである。しかも教科書の内容と方法には、民族と国家の発展や維持のために子ども達を社会化しようとする傾向が強い点で、日本統治時代の「修身」からの影響を垣間見ることができるものであった。

　第二に、1946年〜1955年の「教授要目」期における「道徳教育」は、表面的には1946年に米国から導入された「社会生活」（「社会」）を中心に展開されていたが、実際には民族主義的な教育思潮と米国からの民主主義的な教育思潮の両方の思想の影響を受けながら展開されていた点が明らかとなった。一般に、今日もこの「社会生活」に対しては1942年の米国のコロラド・プランを翻案した教科であり、民主主義を学ぶために導入された教科であったとの評価がなされている。しかし本研究は、教育政策には民主主義教育の導入を主張した「米国留学帰国派」だけでなく、民族主義的教育を主張した「国内学派」の影響も同時に受けながら展開された点を明らかにした。したがって、この時期の「道徳教育」は、実際にはこれら双方からの思想的影響を受けながら「社会生活」のなかで折衷され、社会科教育の教科原理を通じて間接的に行われていたといえるのである。だが一方で、この時期には「国語」が果たしていた

419

「道徳教育」的な役割と意義についても注目する必要がある。伝記や物語、民話、説話等を通じて、民族主義的かつ国家主義的な「道徳教育」が国語科教科書を通じて潜在的に展開されていたからである。「国語」は「社会生活」以外での「道徳教育」を補完して支えることで、この時代の「道徳教育」の重要な一翼を担っていたということができる。

第三に、1955年〜1962年の「第1次教育課程」期では、「社会生活」が次期「第2次教育課程」にて「道徳教育」のカリキュラムが出現するための準備的な役割を果たしていた点が明らかとなった。「社会生活」のカリキュラムには新たに「道義教育」内容が挿入されていたが、それは単一教科としての社会科の性格に曖昧さをもたらした一方で、道徳科成立の過程から見るならば、「道徳教育」に特化された教育内容の登場を意味したからである。また、「社会生活」の教科書には、「道徳教育中心単元」群が出現していたが、それが「国語」教科書の「道徳教育」的な教材と内容と方法が酷似している点も明らかにした。つまり、「第1次教育課程」の「社会生活」には、「第2次教育課程」で「反共・道徳生活」に発展するための基礎的な「道徳教育」のためのカリキュラムが備わっていたのである。

第四に、「反共・道徳生活」が登場した1963年の「第2次教育課程」制定時において、「道徳教育」の教科化は事実上の成立を迎えていた点である。たしかに、法令的には「第2次教育課程」の「反共・道徳生活」は「特設」の位置づけであり、正式に教科化されたのは1973年の「第3次教育課程」の制定時である。だが、本研究の分析により、1973年の「道徳」には「反共・道徳生活」の教科原理がそのまま踏襲されており、1963年の「反共・道徳生活」の段階で、道徳科カリキュラムの基本的な目標、内容、方法はほぼ確立されていた点が明らかとなった。教科としての基本的なカリキュラム構造は、実質的にはこの時点で成立していたのである。

第五に、1973年に「道徳教育」が教科化を迎えるまで、国語科は本来の国語教育の目的だけでなく、米軍政期から継続的に「道徳教育」の重

終　章

要な一翼を担っていた点である。本研究は、道徳科が登場する以前にも
「国語」には「道徳教育」的な内容が豊富に包含されていた点を明らかに
した。しかも、そこには民族主義的、国家主義的な内容を注入的に子ど
も達に理解させながら、民族や社会、国家に寄与する態度形成を促す教
育の論理が内在していた。つまり、道徳科が成立していく過程では、「修
身」からの影響を色濃く残した国語科が傍流で「道徳教育」を支え、潜
在的にその役割を果たしていたといえるのである。

　以上の結果を踏まえれば、以下の通り整理できるであろう。

　解放後の韓国の「道徳教育」は、経験主義教育あるいは民族主義教育
という双方の韓国人有識者達からの思想的影響を受けながら、米軍政に
開始されていた。しかも、初期の米軍政庁文教部には日本統治時代から
の民族主義的な団体や、あるいは米国への留学経験がある「有識者」が
多数関わっていた関係で、その両者の影響のもとに、社会科的教科目や
「国語」、そして「社会生活」のなかで開始されていたのである。だが、
1946年からの「公民」はほとんど機能しないまま廃止されたため、実質
的には1947年の「社会生活」による生活指導的な「社会認識教育」の一
つとして開始されていた。したがって、1963年の「第2次教育課程」に
て「特設」化されるまで、「道徳教育」は主に「社会生活」を通じて間接
的に展開され、カリキュラムは社会科の教科原理に基づいて実施されて
いたということができる。

　ところが、1963年の特設「反共・道徳生活」と1973年の「道徳」の
カリキュラムには、教科目標には社会科の影響が見られたが、教科の内
容や方法には社会科の教科原理から離れ、道徳的価値の直接的な内面化
による道徳的態度や行動の育成を図ろうとするものへの変容が見られる
ものとなっていた。したがって、1973年の「第3次教育課程」で成立し
た韓国の「道徳」とは、教科目標では「社会生活」(「社会」)以来の社会
科の教科原理を基本としていた一方で、教育の内容や方法には「国語」
や「公民」の「道徳教育」的内容に近い論理を採用しており、部分的に
「修身」の教科原理を潜在的に引き継ぎながら形成されたといえるだろ

421

う。このように、道徳科という教科は、解放後の米国からの経験主義的な民主主義教育と日本統治時代からの民族主義的かつ国家主義的な思想が折衷された理念を教科原理の底流としながら、そこに1950年代からの反共教育という政治教育への要請が内容的にカリキュラムに合流し、成立したものだったといえるのである。

　以上を踏まえ、わが国への示唆としては以下のような点をあげることができる。

　第一に、「特別の教科　道徳」に対して、あらためて教科教育学的な研究と実践の推進が要請される点である。本研究は、韓国では既に1963年の「反共・道徳生活」の「特設」の時点で、事実上の教科化が実現されていた事実を明らかにした。この事は、「道徳教育」のカリキュラムに対する学問的追究が停滞していたわが国に対して、韓国では既に「特設」の時代からカリキュラムや教科書に対する教科教育学的追究が試みられてきたことを意味する。繰り返しになるが、2015（平成27）年3月27日に教科化が実現されたいま、「特別の教科　道徳」には、あらためて教科教育学的な研究のアプローチと実践、そして成果の蓄積が求められている。道徳科教育を進める上で、科学的、学問的に道徳科教育の在り方に向き合っていくことは我々に課せられた重要な課題の一つではないだろうか。

　第二に、他教科との連携に関するカリキュラム研究の必要性である。わが国の「道徳教育」は、全ての教育活動を通した全面主義的な「道徳教育」の立場に立つことを明示しているが、本研究では、韓国道徳科の成立過程で関連性の深い教科として、特に国語科の存在が大きかった点を明らかにした。これまで日韓両国において、道徳科と他教科との連携的な研究や実践が直接的に取り上げられることは極めて少なかった。だが、2017（平成29）年3月31日に公示されたわが国の学習指導要領に見られるように、これから10〜20年先の新時代の「道徳教育」の研究や実践を創造的に進めていく上で、教科横断的な実践やカリキュラムマネジメントの視点は今後ますます重要になっていくと考える[1]。教科の枠

422

終 章

を超えた「道徳教育」への模索は重要な課題の一つになっていくのではないだろうか。

　第三に、戦前の「修身」に対する学問的な究明の必要性である。一般に、わが国では「道徳教育」に関する研究は、戦前の「修身」教育に対する全面的な否定が前提とされる場合が多い。その傾向は、韓国の教育学研究においても同様である。しかし、本研究で明らかにしたように、韓国の道徳科は、米国の経験主義教育の影響を受けながら、同時に日本統治時代の韓国人有識者達の思想的な遺産や学問的成果と「公民」や「国語」、そして「修身」の教科原理も潜在的に引き継いで成立した教科であった。カリキュラムの分析からは、「修身」からの連続性や影響関係は否定し難いものとなっているのである。いうまでもないが、本研究は戦前の「修身」の復活はおろか、同教科が肯定的かつ積極的に再評価されるべき点を主張する立場に立つものではない。しかしながら、戦前や日本統治時代の両国の「道徳教育」のカリキュラムや教科書、そして教育実践を学問的に対象化し、あらためて「修身」が抱えていた歴史的な功罪を明らかにすることは、「道徳教育」研究における重要な学問的課題の一つであると考える。過去の成果や過誤、そして連続性と断絶性に真摯に向き合いながらあらためて教科としての本質を究明することは、未来志向的な「特別の教科　道徳」の創造につながると考えるからである。

　最後になるが、本研究の課題についても触れておきたい。本研究で取り上げた調査の対象は、主として韓国初等学校の国家基準カリキュラムである「教育課程」と国定教科書等であり、分析したものはあくまでも文書化された各教科等の目標、内容、方法を貫く教科の原理であった。したがって、資料の制約等もあり、今回の研究では特に評価に関する内容や方法を含む多様な教科成立期の実践の実態についてはほとんど明らかにすることはできなかった。対象時期も解放から1970年代までに限定されており、紆余曲折を経て成立した韓国道徳科教育の実態の一端を解明したに過ぎない。

　しかも、1990年代以降の世界的な冷戦時代の終焉と北朝鮮との南北融

423

和は、韓国道徳科教育の在り方にも重大な影響を及ぼしており、「2007 年改訂教育課程」以降では、約 2 ～ 3 年の短いスパンでカリキュラムの改革が急速かつ精力的に進められている[2]。例えば、かつての反共教育は、現在では「統一教育」や「人権教育」へと衣替えされたばかりか、2015年告示の「教育課程」では、「21 世紀の韓国人」として求められる徳目的価値を「誠実」「配慮」「正義」「責任」の四つの核心価値に整理し、新しい道徳科教育へと変貌を遂げているのである[3]。

　こうした本研究の限界による積み残された課題については、両国の道徳科教育の発展と充実を願う意味で、今後の継続的な研究課題としていきたい。

1　2017（平成 29）年 3 月 31 日、「文部科学省告示第六十三号」により、小学校学習指導要領（平成二十年文部科学省告示第二十七号）の全部が改正されたが、「総則」の第 1 の 4 には、「教育の目的や目標の実現に必要な教育の内容等を教科横断的な視点で組み立てていくこと、教育課程の実施状況を評価してその改善を図っていくこと、教育課程の実施に必要な人的又は物的な体制を確保するとともにその改善を図っていくことなど」として、カリキュラムマネジメントが説明されている。

2　貝塚茂樹・関根明伸編著『道徳教育を学ぶ重要項目 100』教育出版、2016 年、48 － 49 頁。

3　教育部告示　第 2015 - 74 号　別冊 6　『道徳科教育課程』、3 － 5 頁。道徳科の「総括目標」には以下の通り示されている。

　　ア．総括目標
　　道徳科は基本的に、誠実、配慮、正義、責任など 21 世紀の韓国人として持つべき人性の基本要素を核心価値として設定し、内面化することを一次的な目標とする。これを土台にして、自分の生の意味を自主的に探索することのできる道徳的探究および倫理的省察、実践過程で伴う道徳的実践の能力を養い、道徳的な人間で正義感に満ちた市民として生きて行けるように手助けすることを目標とする。
　　(1) 21 世紀の韓国人として普遍的に持つべき核心価値である誠実、配慮、正義、責任を内面化することを目標とする。価値関係の拡張を前提として自分から他者、社会と共同体、自然と超越的存在へと繋がる各領域の核心価値を内面化し、人性の基本要素を実践的に確立することを目標とする。
　　(2) 自分の身の回りに展開されている状況の中でどのように生きるべきなのかという問いを根幹とする価値の次元があることを認識し、それを現実の中でどのように具現化していくのかを考えることができる実践的な時間と空間を提供することを目標とする。これらの目標は自分を取り巻く道徳的現象に対する探究と内面の

終　章

道徳性に対する倫理的省察と日常的な実践を含む道徳的実践の能力を養うものとして具体化される。

(3)　独立した人格としての個人が、市民社会と国家、地球共同体をどのように認識し受け入れるかに対する問題を、特に生の意味の問いと関連させて探究できる能力と実践性向を養うことを目標とする。特にこのような能力と性向は、教師と児童生徒間における道徳的談話共同体の形成という過程的な目標を通して養うことが期待される。

あとがき

　本書は、2009（平成21）年に、東北大学大学院教育学研究科に提出した博士学位請求論文『韓国における道徳科成立過程に関する研究——1945〜1973年の「教育課程」および国定教科書を中心に——』に加筆・修正したものであり、この度、国士舘大学の出版助成を受けて公刊するものである。

　筆者が最初に韓国の道徳教育に関心を持ったのは、今から約30年前の1980年代終盤の頃であった。1988（昭和63）年6月9日、大きな期待と不安を胸に、韓国ソウル行の航空機に搭乗して成田空港を発ったこの日は、私にとって生涯忘れられない日となった。韓国への軽い1年程度の語学留学と考えていたはずの予定が、その後約4年もの長期滞在になったばかりか、後には教育学研究の道へ入るきっかけともなった日だからである。

　大学の卒業後は、漠然と教師の道をと考えていた私にとって、「漢江（ハンガン）の奇跡」と言われた急速な韓国の高度経済成長や1980年代のいわゆる「教科書問題」、そして1988年のソウルオリンピック開催の決定は、否応なく隣国・韓国の歴史や文化、そして教育に対する関心を高めてくれるものとなった。ならば、その「近くて遠い国」とは如何ほど「近くて遠い」ものなのか、実際に見聞してみたいと強く思い立ったのである。

　無謀にもほとんどハングル文字が読めないまま、ソウル市の高麗大学校附設民族文化研究所語学研修部に入学した私は、全くのゼロから韓国語を学ぶことになった。連日4コマの集中的な韓国語学習と街中の看板に溢れるハングル文字の洪水、一般道を時速80キロで快走する車たちと激辛の韓国料理、そして豪快に泣き、笑い、激怒する喜怒哀楽のはっきりした韓国の人々との生活は、毎日が驚きの連続であり、何もかもが新鮮で刺激的であった。互いに隣国なのに、日本人と韓国人はなぜこんなにも発想や考え方が違うのか…。面食らった経験は数知れない。しか

427

し、私にとってはこうした強烈なカルチャーショックが、心地よい写し鏡の異文化体験として内面に蓄積されていったのをはっきりと覚えている。なぜならば、これらの日々は確実に私を「近くて遠い国」に近づけさせ、韓国の学校や教育への更なる関心を高めてくれただけでなく、あらためて我が国の学校文化や国民性を見つめ直すきっかけも与えてくれたからである。そして、こうした両国の国民性や考え方の相違には、大なり小なり、小・中学校の道徳教育も無関係ではないと考え、いつしか私は両国の道徳教育に強い興味と関心を抱くようになっていった。同語学研修部上級課程の修了後、そのまま私は高麗大学校教育大学院修士課程に進学した。

　同大学院においては、戦後の日韓の道徳教育を対象に、国家基準カリキュラムレベルでの比較分析を研究テーマとした。日本統治時代から現代までの資料に向き合ってみると、教育法規や制度、そして教科やカリキュラムの内容に至るまで、両国では実に近いかたちで学校教育が展開されてきたことに興味を持ったが、とりわけ、韓国では1970年代に既に「道徳」が教科化されており、教科教育の位置づけと役割が確立していたことに驚いた。なぜ韓国では1970年代に「道徳」が教科化されたのか。歴史的な課題や意義は何だったのか。そもそも韓国の道徳科カリキュラムの特質はどこにあるのか。そして、他教科との重層的な関連のもとで成立した道徳科の教科原理を解明するためには、社会科や国語科等の関連教科も視野に入れながら、社会認識形成の教育の視点からカリキュラムと教科書を捉え直し、分析を試みなければ究明にはつながらないと考えるようになった。ただし、これらの課題は、後に進学する東北大学大学院博士課程での研究活動に引き継がれることになった。このような課題に対して、十分に究明されたかどうかは正直言って心もとないが、私なりにその解明を試みたものが本書である。学会の御批判と御指導をお願いしたい。

　こうして多くの時間がかかったが、兎にも角にも韓国留学時代からの研究の成果を本書にまとめることができたのは、これまで御指導して下

あとがき

さった日韓両国の先生方とご協力頂いた多くの方々のおかげである。学費と生活費の工面のため、連日のアルバイトに追われ続けた韓国の大学院時代は、多くの韓国の方々の協力を得ることがなくては修了自体が困難であった。まずは、指導教授であった高麗大学校名誉教授の朴道淳（パク・トスン）先生に感謝申し上げたい。朴先生は韓国教育課程評価院（KICE）の初代院長も歴任された方であり、現代韓国の教育課程と教育評価研究の第一人者であった。突然現れた日本人留学生の私を快く受け入れてくださり、常に笑顔と穏やかな口調で多くの示唆を与えて下さったことは昨日のことのように覚えている。深く感謝申し上げたい。また、仲間の一人として温かく私を受け入れてくれた同期や先輩の院生の方々にも感謝したい。なかでも、元初等学校教員の許鉉（ホ・ヒョン）先生は、修士論文執筆の際は校正に御協力頂いただけでなく、私とは家族ぐるみでお付き合いをして下さった。感謝申し上げたい。

　日本に帰国後は、4年間の福島県公立小学校教員を経て、東北大学大学院教育学研究科博士課程後期に編入学した。指導教授の水原克敏先生（現早稲田大学特任教授）には、大学院入学時から現在に至るまで常に温かいご指導を頂いてきた。なかなか博士学位論文を刊行しようとしない怠惰な私を常に励まして下さり、お会いするたびに強く背中を押して頂いた。今日、私が曲がりなりにも教育学研究者の端くれとして大学で研究活動ができるのは、これまで親身にご指導下さった先生のおかげにほかならない。深謝申し上げたい。また、小泉祥一先生（現白鷗大学教授）には論文に対して率直で貴重なご意見を数多く頂いた。谷口和也先生（東北大学准教授）には論文の構成や研究方法について多くの示唆を頂いた。

　そして2003（平成15）年、福島県郡山市の郡山女子大学に就職してからは、故関口富左名誉学園長先生、そして現理事長の関口修先生からは並々ならぬ厚情を賜った。社会人として大学院生を続けながら本研究を継続することができたのは、郡山開成学園の御厚意と助力なくしてはあり得なかった。あらためて記して感謝申し上げたい。

次に、本研究の資料の収集についても触れておきたい。韓国では、日本統治時代の資料はおろか、解放後は朝鮮戦争や度重なる政変を経るなかで実に多くの貴重な教育資料が紛失・散財しており、本研究でも歴代の「教育課程」や国定教科書等の第一次資料の収集は実に困難を極めた。そうした中で、ソウル教育大学校附属図書館の金多娟（キム・タヨン）氏には長年にわたって資料の収集に懇切丁寧に対応して頂き、何度も何度もお世話になった。また、元公州教育大学校教授の徐在千（ソ・ジェチョン）先生には、多くの貴重な関連資料をご提供頂いた。横浜市在住の鈴木一成氏には、韓国語資料の翻訳等で多くのご協力を頂いた。兄の嘉泉大学校教授の関根英行には、韓国の資料や研究者の紹介をして頂いた。これらの方々にも記して感謝を申し上げたい。

　出版に際しては、出版事情が厳しい折、東北大学出版会ならびに事務局の小林直之氏には特段のご配慮を頂いた。心より感謝申し上げたい。

　最後になるが、こうして無事に本書を世に送り出すことができたのは、これまで物心ともに陰で支え続けてくれた福島県在住の義父母と両親のおかげである。この間、2011年3月11日の東日本大震災を経ての大変な時期にもずっと見守っていただいた。深く感謝申し上げたい。また、常に私を励まし支え続けてくれた妻、そして私に限りない元気と希望を与えてくれた、まだ幼い息子にもあらためて感謝したい。

2018（平成30）年1月
関根明伸

参考文献

1．韓国語文献

①「教育課程」関連
・軍政庁文教部『初・中等学校各教科教授要目集（4）、国民学校社会生活科』朝鮮教学図書出版株式会社、1947 年
・文教部「文教部令第 9 号教授要目制定審議会規定」『官報』366 号、1950 年 6 月 2 日
・文教部「文教部令第 16 号教科課程研究委員会会則」『官報』448 号、1951 年 3 月 30 日
・文教部「文教部令第 35 号国民学校、中学校、高等学校、師範学校教育課程時間配当基準令」1954 年 4 月 20 日
・文教部『文教部令第 44 号 1955 年 8 月 1 日公布、国民学校教科課程』教育週報社、1955 年
・文教部『文教部令第 119 号 1963 年 2 月 15 日公布、国民学校教育課程』教学社、1963 年
・文教部『国民学校教育課程解説』教育図書株式会社、1963 年
・文教部『文教部令第 251 号別冊 1 国民学校教育課程』培英社、1969 年
・文教部『文教部令第 310 号 1973 年 2 月 14 日公布、国民学校教育課程』教学図書株式会社、1973 年
・教育部『高等学校社会科教育課程解説－共通社会、国史、政治、経済、社会・文化、世界史、世界地埋－』大韓教科書株式会社、1997 年
・文教部『初・中・高等学校教育課程（1946〜1981）－社会科・国史科－』1986 年

②国定教科書等
○日本統治時代（1910 年〜 1945 年）
・朝鮮総督府『初等修身書　巻五』朝鮮書籍印刷株式会社、1940 年

・朝鮮総督府『初等地理　巻一』朝鮮書籍印刷株式会社、1937 年

・朝鮮総督府『初等地理　巻二』朝鮮書籍印刷株式会社、1937 年

・朝鮮総督府『普通学校国史　巻二』（発行年不詳）

○米軍政期（1945 年〜 1948 年）

・軍政庁文教部（京畿道学務課内臨時教材研究会）『初等国史教本（5.6
学年用臨時教材）』1946 年

・軍政庁学務局（京畿道学務課内臨時教材研究会）『初等地理教本』
1946 年

・軍政庁学務局（震檀学会）『国史教本（5・6 学年)』1946 年

・軍政庁学務局『初等公民（1.2 学年用)』朝鮮書籍印刷株式会社、1946
年

・軍政庁学務局『初等公民（3.4 学年用)』朝鮮書籍印刷株式会、1946 年

・軍政庁学務局『初等公民（5.6 学年用)』朝鮮書籍印刷株式会社、1946
年

・朝鮮語学会『初等公民 5.6 用』』共和社、1946 年

・軍政庁学務局（朝鮮語学会）『ハングルの初歩』1945 年

・軍政庁学務局（朝鮮語学会）『初等国語教本　中』1946 年

○教授要目期（1946 年〜 1955 年）

＜社会科的教科目＞

・文教部『わが家、私たちの学校 1 の 1』大韓文教書籍株式会社、1953
年

・文教部『わが家・私たちの学校 1 の 2』大韓文教書籍株式会、1953 年

・文教部『郷土の生活（社会生活）2 の 1』大韓文教書籍株式会社、1953
年

・文教部『郷土の生活（社会生活）2 の 2』大韓文教書籍株式会社、
1953 年

・文教部『いろいろな所の生活 3 の 1』大韓文教書籍株式会社、1953 年

・文教部『いろいろな所の生活 3 の 2』大韓文教書籍株式会社、1953 年
・文教部『わが国の生活 4 の 1』大韓文教書籍株式会社、先客 52 年
・文教部『わが国の生活 4 の 2』バクムン出版社、1952 年
・文教部『他の国の生活 5 の 1』合同図書株式会社、1951 年
・文教部『他の国の生活（社会生活）5 の 2』大韓文教書籍株式会社、
　1952 年
・文教部『わが国の発達 6 の 1』研学社、1952 年
・文教部『わが国の発達 6 の 2』大韓文教書籍株式会社、1953 年
・文教部『わが国の発達 6 の 3』研学社、1952 年

＜国語科＞
・文教部『初等国語 1-1（パデゥギとチョルス）』朝鮮書籍印刷株式会
　社、1948 年
・文教部『初等国語 1-2』朝鮮書籍印刷株式会社、1948 年
・軍政庁文教部『初等国語 2-1』朝鮮書籍印刷株式会社、1946 年
・文教部『初等国語 2-1』朝鮮書籍印刷株式会社、1948 年
・文教部『初等国語 3-1』朝鮮書籍印刷株式会社、1948 年
・文教部『初等国語 3-2』朝鮮書籍印刷株式会社、1949 年
・文教部『初等国語 4-1』朝鮮書籍印刷株式会社、1948 年
・文教部『初等国語 4-2』朝鮮書籍印刷株式会社、1948 年
・文教部『初等国語 5-1』朝鮮書籍印刷株式会社、1950 年
・文教部『初等国語 5-2』朝鮮書籍印刷株式会社、1950 年
・軍政庁文教部『初等国語 6-1』朝鮮書籍印刷株式会社、1947 年
・文教部『初等国語 6-2』朝鮮書籍印刷株式会社、1949 年

○第 1 次教育課程期（1955 年〜 1963 年）
＜社会生活科＞
・文教部『社会生活 1-1』大韓文教書籍株式会社、1958 年
・文教部『社会生活 1-2』大韓文教書籍株式会社、1958 年

・文教部『社会生活 2-1』大韓文教書籍株式会社、1958 年

・文教部『社会生活 2-2』大韓文教書籍株式会社、1958 年

・文教部『社会生活 3-1』大韓文教書籍株式会社、1959 年

・文教部『社会生活 3-2』大韓文教書籍株式会社、1959 年

・文教部『社会生活 4-1』大韓文教書籍株式会社、1956 年

・文教部『社会生活 4-2』大韓文教書籍株式会社、1956 年

・文教部『社会生活 5-1』大韓文教書籍株式会社、1959 年

・文教部『社会生活 5-2』大韓文教書籍株式会社、1959 年

・文教部『社会生活 6-1』大韓文教書籍株式会社、1956 年

・文教部『社会生活 6-2』大韓文教書籍株式会社、1956 年

＜国語科＞

・文教部『国語 1-1』大韓文教書籍株式会社、1959 年

・文教部『国語 1-2』大韓文教書籍株式会社、1959 年

・文教部『国語 2-1』大韓文教書籍株式会社、1959 年

・文教部『国語 2-2』大韓文教書籍株式会社、1959 年

・文教部『国語 3-1』大韓文教書籍株式会社、1959 年

・文教部『国語 3-2』大韓文教書籍株式会社、1959 年

・文教部『国語 4-1』大韓文教書籍株式会社、1959 年

・文教部『国語 4-2』大韓文教書籍株式会社、1955 年

・文教部『国語 5-1』大韓文教書籍株式会社、1959 年

・文教部『国語 5-2』大韓文教書籍株式会社、1959 年

・文教部『国語 6-1』大韓文教書籍株式会社、1959 年

・文教部『国語 6-2』大韓文教書籍株式会社、1959 年

・文教部『初等道義 4』大韓書籍公社、1958 年

○第 2 次教育課程期（1963 年～ 1973 年）

＜社会科＞

・文教部『社会 1-1』国定教書株式会社、1964 年

参考文献

・文教部『社会 1-2』国定教科書株式会社、1964 年
・文教部『社会 2-1』国定教科書株式会社、1963 年
・文教部『社会 2-2』国定教科書株式会社、1964 年
・文教部『社会 3-1』国定教科書株式会社、1964 年
・文教部『社会 3-2』国定教科書株式会社、1965 年
・文教部『社会 4-1』国定教書籍株式会社、1965 年
・文教部『社会 4-2』国定教書籍株式会社、1966 年
・文教部『社会 5-1』国定教科書株式会社、1966 年
・文教部『社会 5-2』国定教科書株式会社、1966 年
・文教部『社会 6-1』国定教科書株式会社、1966 年
・文教部『社会 6-2』国定教科書株式会社、1966 年

<国語科>
・文教部『国語 1-1』国定教科書株式会社、1964 年
・文教部『国語 1-2』国定教科書株式会社、1964 年
・文教部『国語 2-1』国定教科書株式会社、1963 年
・文教部『国語 2-2』国定教科書株式会社、1964 年
・文教部『国語 3-1』国定教科書株式会社、1964 年
・文教部『国語 3-2』国定教科書株式会社、1965 年
・文教部『国語 4-1』国定教科書株式会社、1964 年
・文教部『国語 4-2』国定教科書株式会社、1965 年
・文教部『国語 5-1』国定教科書株式会社、1965 年
・文教部『国語 5-2』国定教科書株式会社、1966 年
・文教部『国語 6-1』国定教科書株式会社、1965 年
・文教部『国語 6-2』国定教科書株式会社、1966 年

<反共・道徳生活>
・文教部『正しい生活 1-1』国定教科書株式会社、1965 年
・文教部『正しい生活 1-2』国定教科書株式会社、1964 年

435

・文教部『正しい生活 2-1』国定教科書株式会社、1965 年
・文教部『正しい生活 2-2』国定教科書株式会社、1964 年
・文教部『正しい生活 3-1』国定教科書株式会社、1964 年
・文教部『正しい生活 3-2』国定教科書株式会社、1965 年
・文教部『正しい生活 4-1』国定教科書株式会社、1964 年
・文教部『正しい生活 4-2』国定教科書株式会社、1965 年
・文教部『正しい生活 5-1』国定教科書株式会社、1965 年
・文教部『正しい生活 5-2』国定教科書株式会社、1966 年
・文教部『正しい生活 6-1』国定教科書株式会社、1965 年
・文教部『正しい生活 6-2』国定教科書株式会社、1966 年

○第 3 次教育課程期（1973 年〜 1982 年）
＜社会科＞
・文教部『社会 1-1』国定教科書株式会社、1972 年
・文教部『社会 1-2』国定教科書株式会社、1964 年
・文教部『社会 2-1』国定教科書株式会社、1972 年
・文教部『社会 2-2』国定教科書株式会社、1964 年
・文教部『社会 3-1』国定教科書株式会社、1972 年
・文教部『社会 3-2』国定教科書株式会社、1965 年
・文教部『社会 4-1』国定教科書株式会社、1972 年
・文教部『社会 4-2』国定教科書株式会社、1966 年
・文教部『社会 5』国定教科書株式会社、1974 年
・文教部『社会 6』国定教科書株式会社、1974 年

＜国語科＞
・文教部『国語 1-1』国定教科書株式会社、1972 年
・文教部『国語 1-2』国定教科書株式会社、1973 年
・文教部『国語 2-1』国定教科書株式会社、1972 年
・文教部『国語 2-2』国定教科書株式会社、1973 年

参考文献

- 文教部『国語 3-1』国定教科書株式会社、1972 年
- 文教部『国語 3-2』国定教科書株式会社、1973 年
- 文教部『国語 4-1』国定教科書株式会社、1973 年
- 文教部『国語 4-2』国定教科書株式会社、1974 年
- 文教部『国語 5-1』国定教科書株式会社、1973 年
- 文教部『国語 5-2』国定教科書株式会社、1974 年
- 文教部『国語 6-1』国定教科書株式会社、1973 年
- 文教部『国語 6-2』国定教科書株式会社、1974 年

＜道徳科＞
- 文教部『正しい生活 1-1』国定教科書株式会社、1972 年
- 文教部『正しい生活 1-2』国定教科書株式会社、1973 年
- 文教部『正しい生活 2-1』国定教科書株式会社、1972 年
- 文教部『正しい生活 2-2』国定教科書株式会社、1973 年
- 文教部『正しい生活 3-1』国定教科書株式会社、1972 年
- 文教部『正しい生活 3-2』国定教科書株式会社、1973 年
- 文教部『正しい生活 4-1』国定教科書株式会社、1973 年
- 文教部『正しい生活 4-2』国定教科書株式会社、1974 年
- 文教部『正しい生活 5-1』国定教科書株式会社、1973 年
- 文教部『正しい生活 5-2』国定教科書株式会社、1974 年
- 文教部『正しい生活 6-1』国定教科書株式会社、1973 年
- 文教部『正しい生活 6-2』国定教科書株式会社、1974 年

③単行本
- 軍政庁文教部『初・中等学校各科教授要目集（4）国民学校社会生活科』朝鮮教学図書株式会社、1947 年
- チョン・スンギ『朝鮮語学会とその活動』韓国文化社
- 文教部編集局　訳『民主主義教育法』軍政庁文教部、1946 年
- 民主教育研究会『第一回民主教育研究講習会速記録』、1946 年

- 成来運　訳『単位教授組織法』文教社、1946 年
- 呉天錫『民主主義教育の建設』国際文化公会、1946 年
- 尹在千『新教育序説』朝鮮教育研究会、1946 年
- 李相鮮『社会生活科の理論と実際』金龍図書文具株式会社、1946 年
- 許玄『社会生活解説』第一出版社、1946 年
- 文教部調査企画課『文教行政概況』朝鮮教学図書株式会社、1947 年
- 李相鮮『総合教育と単位教授』同志社、1947 年
- 金雲漢『問題教授法』有吉書店、1947 年
- 崔南善『国民朝鮮歴史』東明社、1947 年
- 呉駿泳『社会生活科教育原論』東邦文化社、1948 年
- 成来運　訳『社会生活科教授指針』教育文化協会、1949 年
- 文教部『大韓民国教育概況』1950 年
- 白樂濬『韓国の現実と理想』東亜出版社、1952 年
- 光明社編集室　訳『単元論』中外出版社、1953 年
- 白樂濬『韓国教育と民族精神』文教社、1953 年
- 文教部『道義教育』1956 年
- 徐明源　訳『教育課程指針』大韓教連、1956 年
- 中央教育研究所　訳『新しい学習指導』大韓教連、1956 年
- 文教部『文教概観』大韓文教株式会社、1958 年
- 呉天錫『民主教育を志向して』乙酉文化社、1960 年
- 韓国教育 10 年史刊行会『韓国教育 10 年史』豊文社、1960 年
- 文教部『文教統計要覧』1962 年
- 康宇哲『社会生活科学習指導』一潮閣、1962 年
- 康宇哲編『社会科教育』現代教育叢書出版社、1963 年
- 呉天錫『韓国新教育史』現代教育叢書出版社、1964 年
- 柳炯鎮『国民教育憲章と現場教育』教学社、1970 年
- ハングル学会 50 周年記念事業会編『ハングル学会 50 年史』ハングル学会、1971 年
- パク・カンスク『トルーマン回顧録』韓林出版社、1971 年

参考文献

- 教大道徳教育研究会『道徳科教育』学文社、1972 年
- 殷容基『教育課程解説及び学生指導の展開シリーズ 4、国民学校社会科』ソウル新聞社出版局、1973 年
- 中央大学校教育問題研究所『文教史 1945 〜 1973』中央大学校出版部、1974 年
- 咸宗圭『韓国現代教育課程史研究』淑明女子大学校出版部、1976 年
- 車錫基『韓国民族主義教育の研究−歴史的認識を中心に−』進明出版社、1976 年
- 李烘雨『教育課程探究』博英社、1977 年
- 韓国教育 30 年史刊行会『韓国教育 30 年史』三和書籍株式会社、1980 年
- 『韓国現代史の最照明』図書出版トルベゲ、1982 年
- 韓鐘河　他『韓国の教科書変遷史』韓国教育開発院、1982 年
- シム・ジヨン外『韓国社会研究』創作と批評社、1983 年
- キョン・ハクピル『韓国現代政治史（1）』デーワン社、1985 年
- 朝鮮日報社『資料解放 40 年』月刊朝鮮 85 年新年特別付録、1985 年
- 朴鵬培『韓国国語教育前史上』大韓教科書株式会社、1987 年
- ソウル孝悌国民学校『孝悌 92 年史』ソンイル文化社、1987 年
- 韓免煕編『社会科教育』甲乙出版社、1988 年
- 韓駿相「米国の文化浸透と韓国教育−米軍政期の教育的矛盾解体のための研究課題−」
- 『解放前後の認識 3』韓古社、1987 年
- 郭柄善『韓国の教育課程』韓国教育開発院、1989 年
- 孫仁銖『韓国教育思想史IV』文音社、1989 年
- 李洸浩「米軍政の教育政策」『分断時代の学校教育』プルンナム、1989 年
- 教育課程教科書研究会編『韓国教科教育課程の変遷』大韓教科書株式会社、1990 年
- 孫仁銖『韓国教育思想史VI』文音社、1991 年

・洪雄善『光復後の新教育運動』大韓教科書株式会社、1991 年
・洪雄善「米軍政初期の民主主義教育」『韓国教育革新研究会編『教育
　革新の反省と進路』教育科学社、1991 年
・李炫熙『光復前後史の再認識（Ⅱ）』ポムウ社、1991 年
・孫仁銖『美軍政と教育政策』民英社、1992 年
・バン・キジュン『韓国近現代思想史研究』歴史批評社、1992 年。
・孫仁銖『米軍政と教育政策』民英社、1992 年
・劉奉鍋『韓国教育課程史研究』教学研究社、1992 年
・李吉相『解放前後史資料集』ウォンジュ文化社、1992 年
・孫仁銖『1950 年代教育の歴史認識　韓国教育運動史』文音社、1994
　年
・朴鵬培『韓国国語教育前史中』大韓教科書株式会社、1997 年
・朴鵬培『韓国国語教育前史上』大韓教科書株式会社、1997 年
・李吉相他編『韓国教育史資料集成　米軍政期編Ⅱ』韓国精神文化研究
　院、1997 年
・ブルース・カミングス他『分断前後の現代史』イルウォル書閣、1998
　年
・韓国教育開発院『韓国近代学校教育 100 年史研究（Ⅲ）－開放以後の
　学校教育－』韓国教育開発院、1998 年
・李吉相『米軍政下での進歩的民主主義教育運動』教育科学社、1999 年
・車錫基『韓国民主主義教育の生成と展開』太学社、1999 年
・オ・ソンチョル『植民地初等教育の形成』教育科学社、2000 年
・韓国教育課程学会、『教育課程：理論と実際』教育科学社、2002 年
・ユン・ヨタク『国語教育 100 年史Ⅰ』ソウル大学校出版部、2006 年

④論文関係
・尹在千（1947）「知的態度の新構成（1）」『新教育建設』『韓国教育資
　料集成－米軍政期編Ⅲ』に所収、韓国精神文化研究院、1997 年
・尹在千『新教育序説』朝鮮教育研究会、1946 年

参考文献

・朴光熙「韓国社会科の成立過程とその課程変遷に関する一研究」ソウル大学校教育大学院修士学位論文、1965 年

・金海仁編『社会科学習指導の理論と実際』韓国社会科教育研究会、1968 年

・李揆元「わが国国民学校歴史教育の変遷－教育課程分析を視点として－」高麗大学校教育大学院修士学位論文、1970 年

・李燦「社会科教育の導入と変遷過程及び展望」韓国社会科教育研究会『社会科教育』第 5 号、1971 年

・イ・チンチャン「米軍政下韓国の教育改革」延世大学校大学院修士学位論文、1973 年

・中央大学校教育問題研究所『文教史 1945 ～ 1973』中央大学校出版部、1974 年

・咸宗圭「教育課程沿革調査（前編）』淑明女子大学教育問題研究所、1974 年

・洪承基「震壇学会」『李梨史学研究』8 号、1974 年

・金謙熙「韓国初等学校教育課程の変遷に関する研究」慶熙大学校教育大学院修士学位論文、1974 年

・康宇哲「韓国社会科教育 30 年」韓国社会科教育研究会『社会科教育』第 10 号、1977 年

・金海仁「国民学校社会科教育内容の変遷」韓国社会科教育研究会『社会科教育』第 10 号、1977 年

・朴煥伊「国民学校社会科教育目標の変遷」韓国社会科教育研究会『社会科教育』第 10 号、1977 年

・李永春「社会科と道徳科の関連とその変遷」韓国社会科教育研究会『社会科教育』第 10 号、1977 年

・李燦「社会科教育の導入と変遷過程および展望」韓国社会科教育研究会『社会科教育』第 10 号 1977 年

・蒋炳昌「国民学校社会科教育学習指導方法の変遷」韓国社会科教育研究会『社会科教育』第 10 号、1977 年

441

・金宗西・李烘雨「韓国の教育課程に対する外国教育学者の観察」韓国教育学会『教育学研究』第 18 巻 1 号、1980 年

・ユ・ハギョン『国語科教育課程指導内容領域設定に関する研究』東国大学校教育大学院修士学位論文、1980 年

・康宇哲「初・中・高の国史教科書内容分析及び体制研究ｊ韓国教育開発院、1981 年

・韓鍾河編『韓国の教科書変遷史』韓国教育開発院、1982 年

・金純渾「学校教育の内容と方法研究」韓国精神文化研究院『韓国教育学の成長と課題』、1983 年

・鄭萬根『教育課程の変遷と背景に関する研究』延世大学校教育大学院修士学位論文、1983 年

・韓国精神文化研究院研究室編『韓国教育学の成長と課題』韓国精神文化院、1983 年

・金仁會「教育目的観の変遷過程」韓国精神文化研究院『韓国新教育の発展研究』、1984 年

・孫仁銖「新教育の変遷過程」韓国精神文化研究院『韓国新教育の発展研究』、1984 年

・林在潤「教育内容と方法の変遷過程」韓国精神文化研究院『韓国新教育の発展研究』、1984 年

・蒋炳昌「国民学校社会科教育課程の再省察」韓国社会科教育研究会『社会科教育』第 17 号、1984 年

・李丙燾「震壇学会 50 年回顧創立から光復まで」『震壇学報 57 号』震壇学会、1984 年

・韓国精神文化研究院研究室編『韓国新教育の発展方向』韓国精神文化院、1984 年

・洪敏淑『南滄孫晋泰の新民族主義史観研究』梨花女子大学校教育大学院修士学位論文、1985 年

・林奉洙『韓国道徳教育の変遷過程とその教科内容分析』公州師範大学教育大学院修士学位論文、1986 年

参考文献

- ユ・フィウォン『米軍政期　教育主導勢力の政治・社会的性格と教育改革指導の限界』延世大学校教育大学院修士学位論文、1986 年
- 権五定「中学校教育課程の変遷」韓国教員大学校『教員教育』第 3 巻第 1 号、1987 年
- 関英子「米軍政下における韓国人の教育再建努力」阿部洋偏『解放後韓国の教育改革－米軍政期を中心に－』韓国教育院、1987 年
- 金龍満「社会科教育の変遷と展望」韓国社会科教育研究会『社会科教育』第 20 号、1987 年
- 馬越徹「独立後韓国教育再建と米国の教育援助」阿部洋編『解放後韓国の教育改革－米軍政期を中心に－』韓国教育院、1987 年
- 文鳳珠『解放直後の文化建設運動と＜国史教本＞』高麗大学校教育大学院修士学位論文、1987 年
- 辛賢淑『国民学校社会教科書に現れた市民教育の内容分析－ 1 次教育課から 4 次教育課程－』高麗大学校教育大学院修士学位論文、1987 年
- 阿部洋「米軍政期における米国の大韓教育政策」阿部洋編『解放後韓国の教育改革－米軍政期を中心に－』韓国教育院、1987 年
- 鄭永壽「解放後外来教育思潮受容に関する批判的考察」『韓国教育』14 巻第 1 号、韓国教育開発院、1987 年
- 林完植『1945 年以後の国史教育の変遷過程－中学校教育課程を中心に－』圓光大学校教育大学院修士学位論文、1988 年
- 金永千「韓国国民学校社会科教育課程変遷に関する研究」東亜大学校教育大学院修士学位論文、1988 年
- 金哲守『国民学校国語科教育課程変遷史研究』東国大学校教育大学院修士学位論文、1988 年
- 鄭敬淑『社会変動と国民学校社会科の教育目標との関係』檀国大学校教育大学院修士学位論文、1989 年
- 洪雄善、金在福「韓国教育過程の生成過程に対する再照明」統合教科及び特別活動研究会『統合教科及び特別活動研究』第 5 巻第 1 号、1989 年

443

- 李庸浩『国民学校社会科教育課程の変遷過程に関する研究』慶熙大学校大学院修士論文、1988 年
- 文恩貞『日帝時代震壇学会に対する研究 – 『震壇学報』(1934 ～ 1945) を中心に –』梨花女子大学校修士学位論文、1988 年。
- 金慶淑『米軍政期教育運動 :1945 ～ 1948』ソウル大学校大学院修士学位論文、1989 年
- 鄭敬淑『社会変動と国民学校社会科の教育目標との関係』檀国大学校教育大学院修士学位論文、1989 年
- 韓マンギル「1950 年代の民主主義性格」『分断時代の学校教育』プルンナム、1989 年
- 韓マンギル「1950 年代民主主義教育のイデオロギー的性格」『韓国教育問題研究』第 2 集プルンナム、1989 年
- 金亨南『道徳教科書分析を通した理念教育内容比較研究 – 第 4・5 次教育課程、国民学校 4・5・6 学年道徳教科書を中心に –』朝鮮大学校教育大学院修士学位論文、1990 年
- イ・ガンホ『韓国教育体制再編の構造的特性に関する研究 – 1945 ～ 1955 年を中心に –』延世大学校大学院博士学位論文、1990 年
- カン・サンベ「初等社会科教育課程の比較研究」済州教育大学論文集第 22 集、1991 年
- 金景美「米軍政期『国史教本』研究 – 現行中学校『国史』との比較 –」梨花女子大学校教育大学院修士学位論文、1991 年
- 馬美和『米軍政期社会科の導入と性格研究』ソウル大学校大学院修士学位論文、1991 年
- 李洸浩「韓国教育体制再編の構造的特性に関する研究 – 1945 ～ 1955 年を中心に –」延世大学校大学院博士学位論文、1991 年
- 柳榮鎬『国民学校道徳科教育課程と社会科教育課程の統合性分析』韓国教員大学校大学院修士学位論文、1992 年
- 張貞秀『国民学校国語科教育課程変遷』檀国大学校教育大学院修士学位論文、1992 年

参考文献

- 朴英寛『国民学校道徳教科書に現れた政治教育の変遷過程分析研究
　－民主政治を中心に－』韓国教員大学校大学院修士学位論文、1992 年
- 李鎮碩『解放後韓国社会科成立過程とその性格に関する研究』ソウル
　大学校大学院博士学位論文、1992 年
- 洪雄善「米軍紋下社会生活科出現の経緯」『教育学研究』第 30 号、韓
　国教育学会、1992 年
- 洪雄善「最初の社会科教授要目の特徴」『韓国教育』第 19 号、韓国教
　育開発院、1992 年
- オク・チョルウ『米軍政期韓国教育主導勢力の形成と教育改革の性格』
　慶北大学校教育大学院修士学位論文、1992 年
- 金克烈『わが国初中等学校社会科教育課程変遷に関する研究』高麗大
　学教育大学院修士学位論文、1993 年
- 李雲発「国民学校社会科教育課程の改訂次時別比較」慶北大学校大学
　院修士学位論文、1993 年
- 関根英行『韓・日中等学校道徳・倫理（科）教育課程比較研究』ソウ
　ル大学校大学院修士学位論文、1993 年
- 関根明伸『韓・日初等学校道徳（科）教育課程比較研究』高麗大学校
　教育大学院修士学位論文、1994 年
- チョン・フィオク『社会機能中心教育課程の社会学的背景』韓国教員
　大学校博士学位論文、1994 年
- 金容逸『美軍政下の教育政策研究－教育政治学的接近－』高麗大学校
　大学院博士学位論文、1994 年
- ナム・サンムン『韓国教科書制度の歴史的発展と実態に関する研究』
　延世大学校教育大学院修士学位論文、1995 年
- 李鐘浩『韓国社会科教育課程理念の時代性変遷研究』韓国教員大学校
　博士学位論文、1996 年
- 李東原『セ教育運動期社会科授業方法の受容と実践』韓国教員大学校
　修士学位論文、1997 年
- 朴鐘『米軍政初期の南韓と日本の教育改革比較研究（軍政初期の指令

445

を中心に)』韓国教員大学校大学院修士学位論文、1996 年

・チョンヒオク『社会機能中心教育課程の礼会学的背景』韓国教員大学大学院博士論文

・金恵麟『米軍政期国史教育と歴史認識ー初・中等学校を中心に -』延世大学校教育大学院修士学位論文、1995 年

・李鎮碩「社会科学習目標として『市民性原理』と内容構成方法として『統合性原理』に対する史的考察ー社会科成立時期を中心に－」韓国社会科教育学会『社会と教育』第 20 号、1995 年

・李丞娟『米軍政期雑誌に表れた教育改革論』韓国精神文化研究院修士論文、1995 年

・朴一種『米軍政初期の韓国と日本の教育改革の比較ー軍政初期の指令を中心に』韓国教員大学大学院修士学位論文、1996 年

・チェ・ヨンギュ「初期社会科時代の'単元学習'に対する理解と実践」『社会科教育研究』第 3 号、韓国社会科教育研究会、1996 年

・成南伊「初等学校社会科教育課程変遷に関する研究」慶尚大学校大学院修士学位論文、1996 年

・泰卓教「初等学校道徳科教育課程の変遷過程に対する分析研究」全北大学校教育大学院修士学位論文、1996 年

・李鐘浩『韓国社会科教育課程理念の時代性変遷研究』韓国教員大學校大学院博士学位論文、1996 年

・李燦「韓国社会科教育の 50 年」韓国教員大学校社会科教育研究会『社会科教育研究』1996 年

・李慶燮『韓国現代教育課程史研究』教育科学社、1997 年

・李吉相、呉萬錫『韓国教育史資料集成：米軍政期編 I 〜III』韓国精神文化研究院、1997 年

・ユ・ビョンニョル「道徳科教育の基本性格と道徳教科書体制、構成」『初等道徳教育 Vol.4』、1998 年

・イ・ヘヨン『韓国近代学校教育 100 年史研究（III）－解放後の学校教育－』韓国教育開発院、1998 年

参考文献

- コ・グァンスン『初等道徳科教育課程の変遷に関する研究』春川教育大学校教育大学院修士学位論文、1998 年
- チョ・デヒョン『初等学校道徳科教育課程の変遷に関する考察 - 政治変動を中心に -』・韓国教員大学校教育大学院修士学位論文、2000 年
- 李健宰『道徳教育内容としての知識の性格に関する考察』韓国教員大学校大学院修士学位論文、2002 年
- 関根明伸「韓国における成立期社会科教育の授業実践構想 - 孝梯国民学校の目指したもの - 『社会科教育』第 41 巻 2 号　韓国社会科教育研究学会、2002 年
- チョン・ミラ『道徳領域に対する一考察 - 現行道徳教科書と伝統初学教材分析を中心に -』大邱教育大学校教育大学院修士学位論文、2006 年

⑤雑誌関係

- 沈泰鎮「社会生活科教育論」『朝鮮教育：第一回民主教育講習会速記録』第 1 輯、1946 年 12 月
- 安浩相「民主主義哲学論」『朝鮮教育：第一回民主教育講習会速記録』第 1 輯、1946 年 12 月
- 李浩盛「民主主義教育の実践」『朝鮮教育：第一回民主教育講習会速記録』第 1 輯、1946 年 12 月
- 震壇学会『震壇学報 15 号』1947 年
- 沈泰鎮「学習指導法の基本問題（一）」『朝鮮教育』創刊号、1947 年 4 月
- 尹貞石「現今初等学校で一番適切な教授法の基礎原理」『朝鮮教育』創刊号、1947 年 4 月
- 李浩盛「形式的民主主義教育をやめよ」『朝鮮教育』創刊号、1947 年 4 月
- 孫晋泰「国史教育の基本的諸問題」『朝鮮教育』第 1 巻第 2 号、1947 年 6 月

- 鄭健好「社会生活科の一考察」『朝鮮教育』第1巻第2号、1947年6月
- 金大榮「社会生活科『自然観察』の指導」『朝鮮教育』第1巻第3号、1947年7月
- 司空桓「祖国再建下国史教育の新使命」『朝鮮教育』第1巻第3号、1947年7月
- 沈泰鎭「学習指導法の基本問題（二）」『朝鮮教育』第1巻第3号、1947年7月
- 林泰壽「国史教育の実際理論」『朝鮮教育』第1巻第5号、1947年9月
- 司空桓「社会生活科で見た国史教育」『朝鮮教育』第1巻第5号、1947年9月
- 尹在千「知的態度の新構成（一）」教育科学研究所『新教育建設』創刊号、1947年9月
- 李相鮮「新教育の進路」教育科学研究所『新教育建設』創刊号、1947年9月
- 李相鮮「社会生活科の計画的実践」教育科学研究所『新教育建設』創刊号、1947年9月
- 李錫京「社会生活科自然観察の指導」教育科学研究所『新教育建設』創刊号、1947年9月
- 李元卿「児童生活の特徴による総合教育原理」『朝鮮教育』第1巻第5号、1947年9月
- 尹亮模「社会生活科以前（その一）」『朝鮮教育』第1巻第6号、1947年10月
- 成来運「教科統合と新教授法」『朝鮮教育』第1巻第7号、1947年12月
- 尹亮模「社会生活科以前」『朝鮮教育』第1巻第7号、1947年12月
- 尹在千「学習指導はこのように展開される」ソウル市教育会『教育』創刊号、1948年2月

参考文献

- 成来運「米国の教育思潮と朝鮮教育」『朝鮮教育』第2巻第3号、1948
  年3月
- 司空桓「国史教育再建に関する瞥見」『新教育』創刊号、1948年7月
- 安浩相「民族教育を主張する」『新教育』創刊号、1948年7月
- 安浩相「我が教育の進路と文教行政の志向」『新教育』1949年6、7月
- 呉璋煥「国史指導上のいくつかの難問題（下）」『新教育』1949年6、7
  月
- 尹貞石「新教育の正しい方向」『新教育』1949年6、7月
- 呉天錫「新教育法を批判する」『新教育』1950年2月
- 文栄漢「カリキュラム新研究」『新教育』1952年8月
- 裴成龍「民主主義に立脚した道義問題」『新教育』1952年8月
- 新教育編集部「カリキュラムを語る座談会」『新教育』1952年8月
- 李相鮮「道義教育と校風の振作」『新教育』1952年8月
- 李昶雨「社会生活科教育と国民道義問題」『新教育』1952年8月
- 鄭一亨「道義教育に対する私の提言」『新教育』1952年8月
- 韓永錫「カリキュラム改造と実際（一）」『新教育』1952年8月
- 韓永錫「カリキュラム改造と実際（二）」『新教育』1952年8月
- 文教部「教育課程改訂の基本方針」『新教育』1953年5、6月
- 朱耀燮「カリキュラムと学習活動」『新教育』1953年7、8月
- 金明鎮「教育課程が制定されるまで」『新教育』1953年9、10月
- 教育課程制定合同委員会「教育課程制定消息」『文教月報』第6号、
  1953年
- 高光萬「道義教育問題」『文教月報』第8号、1953年12月
- 崔鉉培「道徳科目設置に関して」『文教月報』第8号、1953年12月
- 李相鮮「道義教育の当面課題」『文教月報』第8号、1953年12月
- 宋淑伊「単元学習における問題意識の誘発」『新教育』1955年2月
- 文教月報編集部「新しい教育課程の公布において」『文教月報』第21
  号、1955年12月
- 文教月報編集部「道義教育委員会に対して」『文教月報』第23号、

1956 年 2 月

・方錫律「社生科指導における問題解決能力をどう育てるか」『新教室』 1956 年 3 月

・崔秉七「社会生活科編纂趣旨」『新教室』1956 年 6 月

・金明熙「高学年社会生活科の学習指導」『新教室』1956 年 7、8 月

・文教部「国民学校道徳教育課程（案）」『新教室』1957 年 1 月

・崔秉七「社生科指導の革新」『新教室』1957 年 1 月

・李俊球「社会生活科学習補導案」『新教室』1957 年 6 月

・李丙燾「私の研究生活の回顧」『思想界 6 月号』思想界社、1955 年

・文栄漢「学習指導の変遷」『新教育』1958 年 8 月

・康宇哲「社会生活科指導方法」『新教室』1959 年 1 月

・朴マンギュ「教育課程の検討と改善の構想」『新教育』1959 年 1 月

・座談会「新教育運動を振り返って」『新教育』1959 年 9 月

・キム・デゥソン「何がいわゆる新教育たったか－新教育の本質とこれまでの新教育－」・『新教育』1959 年 9 月

・康宇哲「新しい社会生活科学習を志向するためには」『新教室』1960 年 1 月

・崔秉七「社会生活科の教材内容」『新教室』1960 年 6 月

・康宇哲「歴史教材に留意すべき点」『新教室』1960 年 6 月

・高値浩「社生教科書の検討」『新教室』1961 年 2 月

・「革命政府の文教政策」『教育評論』1961 年 7 月号

・李廷仁「教育課程の改訂と教科運営の新方向－社会生活科－」『新教室』1962 年 3 月

・金宗斌「反共道義教育の強化をどのようにすべきか」『文教公報』1962 年 7 月

・李廷仁「教育課程の改訂と教科運営の新方向－社会科－」『新教室』1962 年 4 月号

・金宗斌「教育課程の改訂と教科運営の新方向－反共教育をどうするか－『新教室』1962 年 5 月

参考文献

- 黄五性「社会科教育の趨勢と望ましい社会科課程」『新教育』1962 年 9 月
- ペク・ヒョンギ「経済開発計画と教育計画」『文教公報』1962 年 11 月
- 尹亨模「教育法方面からみた回顧と展望」『新教育』1963 年 2 月
- 黄五性「社会科の性格と課程の方向」『教育評論』71 号、1964 年 9 月
- 金種斌「反共教育をどうするか」『新教育』1965 年 6 月
- 康宇哲「教育課程構成の基本問題」『新教育』1966 年 5 月
- 李泳澤「教育課程編成の焦点」『新教育』1966 年 5 月
- 金宗西「解放後新学習指導形態一覧」『新教室』1966 年 6 月
- 新教室編集室「新教育思潮と諸学習形態の批判及び進路」『新教室』1966 年 6 月
- 座談会「新教育思潮と諸学習形態の批判及び進路」『新教室』1966 年 6 月
- 韓基彦「解放後教育思潮の変遷史」『新教室』1966 年 6 月
- 崔秉七「わが国の教育課程が歩いてきた道」『新教育』1967 年 9 月
- 咸宗圭「教育課程の構造を通してみた新教育課程の問題点」『新教育』1967 年 9 月
- 柳炯鎮「新教育はどんな人間を形成してきたのか」『新教育』1968 年 1 月
- 金斗憲「反共教育を振り返って」『新教育』1968 年 3 月
- 康宇哲「模倣脱皮した社会科教育」『新教育』1968 年 7 月
- 金斗憲「その研究まで危険視した反共教育」『新教育』1968 年 7 月
- 孫仁銖「教育史的な側面からみた新教育 20 年」『新教育』1968 年 7 月
- 韓東一「教育哲学的立場からみた新教育 20 年」『新教育』1968 年 7 月
- 咸宗圭「新旧学習指導の葛藤の中で」『新教育』1968 年 7 月
- 洪雄善「教育課程模索だけに 10 年かかって」『新教育』1968 年 7 月
- 崔勉浩「社会科教育の変遷過程に関する小考」『新教育』1970 年 2 月
- 徐成玉「社会科改革運動の新方向」『新教育』1970 年 11 月
- 新教育編集部「教育課程こう変わった」『新教育』1971 年 3 月

- 崔秉七「教育課程変遷史」『新教育』1971 年 4 月
- 呉天錫「軍政文教の証言 1 〜 4」『新教育』1972 年 7 〜 10 月
- 洪雄善「韓国教育の発展－内容・方法的側面－」『新教育』1972 年 9 月
- 洪雄善「韓国教育に影響を及ぼした教授法の考察－問題解決と発見学習－」『新教育』1972 年 7 月
- 洪雄善「韓国教育 30 年－教育課程－」『新教育』1975 年 8 月
- 李敦熙「米国教育の影響、その否定と肯定」『新教育』1976 年 9 月
- 金仁會「米国教育が韓国教育に及ぼした影響」『新教育』1975 年 12 月

2．日本語文献

①論文等

- 梅根　悟「理科と社会科」『カリキュラム』第 55 号、誠文堂新光社、1958 年 7 月
- 広岡亮蔵「国家主義傾向の分析―社会科新指導要領案における -」『教育科学社会科教育』第 11 号　明治図書、1958 年
- 日比裕「戦後社会科教育史（1）〜（36）」社会科の初志をつらぬく会『考える子ども』第 38-77 号、1964-1971 年
- 日比裕「社会科教育の遺産に学ぶ（1）〜（10）」『社会科教育』第 144-155 号、明治図書、1967 〜 1977 年
- 上田　薫「26 年版指導要領の指向したもの」『社会科教育』第 54 号、明治図書、1969 年
- 長坂端午「社会科の生いたち（一）」社会科初志をつらぬく会編『考える子ども』第 81 号、1972 年
- 森分孝治 F 社会科授業構成の理論 1 －伝統的常識的な授業構成－」『社会科教育』第 228 号明治図書、1982 年
- 森分孝治「社会科授業構成の理論 2 －態度形成と授業構成（一）学習

指導要領の場合（その1）－」『教育科学社会科教育』第 229 号明治図書、1982 年

・森分孝治「社会科授業構成の理論 3 －態度形成と授業構成（二）学習指導要領の場合（その 2）－」『教育科学社会科教育』第 230 号明治図書、1982 年 5 月

・市川博「昭和 30 年代の社会科－子どもの現状認識と教材の特色－」『教育科学社会科教育』第 251 号、明治図書、1984 年

・田中史郎「初期社会科がめざしたもの、残したもの」「教育科学社会科教育」第 274 号明治図書、1985 年

・阿部洋「米軍政下におけるアメリカの対韓教育政策」『韓』No.111 号、東京韓国教育院、1988 年

・徐在千『韓国国民学校における社会科教育展開過程の研究』広島大学大学院博士学位論文、1992 年

・鄭美羅「韓国『国民学校教育課程』にみられる人間像の変遷（1）－ 1945 年から 1980 年まで－」『筑波大学教育学研究集録第 13 集』、1992 年

・鄭美羅「韓国における政治経済的変動と『教育課程』の改訂－独立後の教授要目から『1973 年版教育課程』」『筑波大学教育学研究集録第 18 巻第 1 号』、1993 年

・朴南洙『韓国社会科教育成立過程の研究－社会認識教育カリキュラムの構造と論理－』広島大学大学院博士学位論文、2000 年

・関根明伸「韓国における『社会生活科』の教科的特質－教授要目カリキュラムの分析を中心に－」『東北教育学会誌』第 4 号、2001 年

・関根明伸「社会生活科にあらわれた大戦後韓国道徳教育の方法」『道徳と教育』No.308,309 合併号、日本道徳教育学会、2001 年

②単行本

・朝鮮総督府令第 90 号、「国民学校規定」『朝鮮総督府官報』第 4254 号、1941 年 3 月 31 日

・「朝鮮総督府令第 90 号第 1 号表」朝鮮総督府官報第 4254 号、1941 年

3 月 31 日

・倉澤剛『近代カリキュラム』誠文堂新光社、1942 年

・倉澤剛『社会科の基本問題』誠文堂新光社、1948 年

・馬場四郎「社会科の本質」同学社、1948 年

・梅根悟『コア・カリキュラムの本質』誠文堂新光社、1949 年

・倉澤剛『続近代カリキュラム』誠文堂新光社、1950 年

・倉澤剛『カリキュラム構成』誠文堂新光社、1950 年

・内海巌編『社会科教育法』玉川大学通信教育部、1953 年

・梅根悟『問題解決学習』誠文堂新光社、1954 年

・重松鷹泰『社会科教育法』誠文堂新光社、1955 年

・内海巌、小林信郎、朝倉隆太郎『道徳教育と社会科指導－道徳と社会科の関係をめぐって－』光風出版株式会社、1960 年

・勝田守一「戦後における社会科の出発」『岩波講座現代教育学 12. 社会科学と教育』岩波書店、1961 年

・船山謙次『社会科論史』東洋館出版社、1964 年

・小林哲郎『社会科研究入門』明治図書、1969 年

・重松直奏「国民的自覚と社会科」社会科初志をつらぬく会編『問題解決学習の展開－礼会科 20 年の歩み－』明治図書、1970 年

・森分孝治「アメリカにおける社会科教育の成立（4）－その歴史的背景と社会科の性格－『広島大学教育学部紀要 1 部』第 18 号、1969 年

・伊東亮三「社会認識教育の理論的基礎」内海巌編著『社会認識教育の理論と実践』葵書　房、1971 年

・伊東亮三「公民教育の研究Ⅰ－初期社会科を中心に－」『神戸大学教育学部研究集録』第 45 集、1971 年

・内海　巌編『社会認識教育の理論と実践－社会科教育学の原理－』葵書房、1971 年

・東京教育大学社会科教育研究室編『社会科教育の本質』明治図書、1971 年

・森分孝治「成立期社会科における社会認識教育」内海巌編著『社会認

識教育の理論と実践－社会科教育学原理－』葵書房、1971 年

・森分孝治「アメリカにおける成立期社会科の性格－その教科論的検討－」内海巌博士頌寿記念論叢編集委員会『社会科教育学の課題』明示図書、1971 年

・森分孝治「社会科における社会認識の論理－現行学習指導料要領の分析から－」『広島大学教育学部紀要』第 1 部第 23 号、1974 年

・伊東亮三・森分孝治「社会科の歴史的背景」内海巌　他編『社会科教育法』玉川大学通信教育部、1973 年

・上田薫ほか編『社会科教育史資料（1）～（4）』東京法令、1974 ～ 1977 年

・梅根悟『梅根悟教育著作選集 7、問題解決学習』明治図書、1977 年

・上田薫『問題解決学習の本質』明治図書、1978 年

・森分孝治『社会科授業構成の理論と方法』明治図書、1978 年

・片上宗二「アメリカ側の内部構造と社会科の成立過程－わが国における社会科成立史研究－」全国社会科教育学会『社会科教育研究』第 43 号、1980 年

・片上宗二「公民教師用書の構造（3）－社会科教育実践史研究（4）－」『茨城大学教育学部紀要（教育科学）』茨城大学教育学部、1980 年

・馬越徹『現代韓国教育研究』高麗書林、1981 年

・森分孝治『現代社会科授業理論』明治図書、1984 年

・平田嘉三編『初期社会科実践史研究』教育出版センター、1986 年

・臼井喜一『社会科カリキュラム研究序説』学文社、1989 年

・馬越徹『現代アジアの教育』東信堂、1989 年

・藤岡信勝『社会認識教育論』日本書籍、1991 年

・社会認識教育学会『社会科教育学ハンドブック』明治図書、1994 年

・水原克敏『現代日本の教育課程改革』風間書房、1997 年

・谷口和也『昭和初期社会認識教育の史的展開』風間書房、1998 年

・日本社会科教育学会『社会科教育辞典』ぎょうせい、2000 年

・押谷由夫『『道徳の時間』成立過程に関する研究－道徳教育の新たな展

開－』東洋館出版社、2001 年

・朴貞蘭『「国語」を再生産する戦後空間－建国期韓国における国語科教
　科書研究』三元社、2013 年

・貝塚茂樹「道徳の教科化－『戦後七〇年の対立を超えて』－」文化書
　房博文社、2015 年

・貝塚茂樹・関根明伸編著『道徳教育を学ぶための重要項目 100』教育
　出版、2016 年

資料編

「道徳教育」関連教科等の
歴代「教育課程」

（1947 〜 1973 年）

（訳：関根明伸）

資料編「道徳教育」関連教科等の歴代「教育課程」（1947 ～ 1973年）

Ⅰ．「教授要目」（軍政庁文教部『初・中等学校各教科教授要目集』（1947 年）

1．「教授要目」国語科

(1) 教授要旨

　国語は、日常生活に必要な言葉と文字を習得させ、正しい言葉と文字を会得させて理解させることにより、自分の意味するところを正しく賢く表すことができるように育成するとともに、知恵と道徳を培い、国民としての道理と責任を悟らせるようにし、わが国民性に独特の素地と国文化の長く蓄積された過程を明らかにし、国民精神を充分に育成していくことに目的を置くものである。

(2) 教授方針

（ア）国語と国文のしくみと特質を分からせるとともに、正しい道を探させ、自分の考えと自ら経験したところを明るく賢く、自由に表現することができるように指導する。

（イ）国語と国民性の関係をよく調和させるようにして国語を学習することで、わが国民の品格を高めることができるということを学習させるものであり、よって我々の国語を大切にし、高め、国語の実力をよくみがき、一層美しく、さらに正しくしていくという心を強く持つようにさせる。

（ウ）これまでの我々の国文化のあゆみと実績をよく理解させて感謝し、今後我々がさらに磨きをかけて輝かせるようにし、また一層開発させることによって世界文化に大きく貢献していこうとする心を持つようにする。

(3) 教授事項

（ア）国語は読む、話す、聞く、つくる、書くに分けて教える。

　1．読む

　　正しい言葉を正しい文字を使って書き、これを読ませ、読解させるが、文字は必ず美しく明快でそして力強く書く。文が持つ意味は、国家観念と国民道徳と知恵を広げるもの、人格を高めるもの、情緒を実しくするものから選んで教え、民主国家国民にふさわしい素地を育てることに注意する

　2．話す

　　子ども達には発音を正しくさせるようにして、意味をはっきりさせる。基本ができてない言葉やだらしない言葉を直し、標準となる言葉で正しく話すようにさせ、考えがせまくひどく、軽はずみな言葉は直し、ゆったりとやわらかく、上品で重みのあるように話すよう教える。

459

3．聞き取り
　　　他の人の言葉を聞くときは、まじめによく聞き、その意味をよく理解することが
　　できるようにする。
　　4．作文
　　　自分が考える事や外で体験したことを文字に書かせ、偽りや嘘がなくまことで真
　　実を書くようにする。文字はできるだけきれいにはっきりときちんと書き、だれで
　　も明るく読むことができてその意味をすぐに理解することができるように書かせる。
　　　時には他の人の文を用いて、上手にできたところと間違ったところを捉えさ
　　せ、その意図するところを理解し、いい点とよくない点を批評させ、文を読むこと
　　によって自分が文の書き方を見つけることができるようにさせる。
　　5．書き方
　　　鉛筆や鉄筆を用いて国文の文字を書かせ、字画の前後を教えるとともに、文字
　　の形を正しく美しく書くように教える。

(4) 教授の注意
　他のすべての学科目を教えるときにも、常に言葉と文字を正しく教えることに重点を
置き、文字の書き方を正しく早く、よく書くことができるように注意すしなくてはなら
ない。
　このように言葉と文字を教えるときは、常に我々の国民性に照らして、我々の文化に
現れた我々の特徴を理解させるとともに、我々が努力しなければならないものを見つけ
させ、品格を落とさず、国をよくしようとするしっかりした心と強い力を育成するよう
に尽力する。

2．「教授要目」社会生活科

一．社会生活科の教授目的
　社会生活科（Social Studies）は人と自然環境および社会環境との関係を明確に認識さ
せ、社会生活に誠実で有能な国民となるようにすることを目的とする。

二．社会生活科の教授方針
　国体生活に必要な精神、態度、技術、習慣を養成する。
　国体生活の全ての関係を理解させ、責任感を養う。
　人と環境との関係を理解させる。
　私たちの国の歴史と制度に関する知識を身につけさせる。
　私たちの国に適した民主主義的生活方法に関する知識を涵養する。
　実践を通して勤労精神を体得させる。

資料編「道徳教育」関連教科等の歴代「教育課程」（1947 ～ 1973年）

三．社会生活科教授要目の運用法

1．教案の進展に飛躍のないよう留意すること

各学年の題目は児童の成熟度に合わせ、興味と関心を持ち、また理解できる範囲の社会生活を理解し、獲得させるよう展開する。そのため、教授進行に飛躍があってはならず、漸進的で自然な教授をするよう注意しなくてはならない。第四学年の私たちの国の生活から第五学年の他国の生活に移ることは飛躍的な感覚を児童に与えやすくなるが、前学年で得た外国に対する断片的な知識と体験を活用し、教授進行が自然になるように努力する必要がある。

2．郷土の生活に対する適応と国家生活を正確に把握する

この教授要目の目的は社会生活の理解・体得にあり、究極の目標は国家生活を正確に把握させるところにある。第六学年の私たちの国の発達で、初等教育を完成させているのはそのためである。同時に、社会生活の技術、態度、習性を涵養・実践する具体的な場所は郷土であり、郷土での生活に対応する社会化された人格を陶冶しなければならない。この教案は二段階に分けられるが、第三学年以下では郷土の生活を知らせることに重点が置かれ、第四学年以上では正確な私たちの国の把握を強調している。従って、この教案を運用するに当たって、第三学年以下では教授の焦点を郷土生活に対する適応に置かなければならず、上級学年に至っては国家生活を具体的で、正確に理解させることに力を入れなければならない。これは厳然と区別して説明せよという意味ではなく、根本精神は、全学年を通して郷土生活を中心としながら正確な国家生活を把握させるところにある。

3．設問式教育をすること

この教授要目の各単位に設問式で細目を挙げているのは、児童に問題を提示して教授を進行させよという意味である。それらの提示方法としては、一つの細目ごとに提示するのか、様々な細目を一纏めにして提示するのかを決定する基準は、その細目のその単位に対する意義と、その細目の相互関係、児童の理解能力、論議する上での便宜などによって判断する。さらに、設問式の細目を解決するに当たっては、その回答を見出す根拠は様々あるということを子供達に教えるべきである。すなわち、その根拠としては現地に行ってみたり、本を読んだり、両親や先輩その他の名士に聞いてみることなどがある。したがって、教科書はこれらの問題を解決する回答の根拠の一部分に過ぎないことを教師も児童も知らなければならず、教師はその細目を解決するのに最も適した回答と根拠を幅広く見出し、それを最も適切に利用できるように指導しなければならない。

4．教授方法は各単元を中心として秩序正しく行う

教授は各単元の中の一つ一つの設問的細目を中心とするのではなく、各単元を中心

としなければならない。そしてこの教授を秩序正しく行うために、(1)第一に具体的な対象物を見学したり、絵、写真、地図をみたりして観察的活動によってその単元に対する研究心を喚起させ、概略的知識を共有した次に、(2)その単元に必要な知識を収集し、その知識を発表する本格的な活動に移るのが良い。知識を収集する活動には、その単元に入る問題であるとともに、児童が提議した問題を解決するために本を読んだり、学者、名士、先輩の講演を聞いたりすることが中心となる。しかし、また特殊な教材の収集、旅行なども含まれる。実質的な活動は、知識を収集する活動と密接に併行するものであり、演説、論文、図画、手工、演劇などの形式が使用される。(3)そしてこのような教授を実行させるだけで、放任するようなことのないようにし、児童の教育的体験を確固たるものとさせるために評価する活動と総括する活動をしなければならない。その総括する活動は児童会、学芸会の形式が最適である。このような活動は学父母に学校で教授している教育案を見せる良い機会となる。

5．各地方の特殊性を考慮すること

　この教授要目に挙げられている諸単位は、標本的な学級を標準に普遍的なものとして編纂したものである。したがって、各地方では特にその地方の児童に必要なものとその地方の特殊性を考慮し、また適当であると思えるものがあれば適切に単位を削除、補充しても良い。要するに、この教授要目の精神を把握し、各地方に適切な教授をするように努力することを期待する。

6．歴史、地理、公民の渾然融合を期すること

　この要目は、下級学年では主に日常的な故郷生活を扱い、上級学年になると歴史、地理、公民が総合されている。これは歴史、地理、公民の総合が社会生活科になるということではなく、社会生活科に歴史、地理、公民の総合が必要だからである。したがって、この総合は社会生活の考察および体験を中心としなければならない。従来の分化的観念を以って社会生活科に歴史、地理、公民を組み込もうとすれば、その総合に不自然性が生じやすくなるので特に注意して社会生活の究明を基本とし、適切に地理、歴史、公民を組み込むことが望ましい。また、第五学年の要目に地理的教材が多いところから見て地理的にのみ扱うものだと速断するのではなく、第六学年の要目に歴史的教材が多いところから見て歴史的にのみ扱うものだと速断してはならない。

7．人倫道徳を自ずと実践体得させること

　従来の修身教科書のように、人倫道徳をはっきりと表示したものがないとの理由で人倫道徳を考慮しなくてもよいと誤認してはならない。社会生活科の目標は社会生活の理解体得にあるので、全ての教授活動において人倫道徳に相応しい行動を実践させなければならない。そうすることで、児童は自ずと社会生活の規範である人倫道徳を体得・実践する人格として陶冶されなければならない。

資料編「道徳教育」関連教科等の歴代「教育課程」（1947 ～ 1973年）

8．民主主義的教育をすること

この教授要目の内容が設問式になっている理由は、民主主義的教育法に依拠しようとしたからである。すなわち、従前のように教師が先ず価値判断をして命令的に教える断案的、命令的教授法から離れ、教師と児童が協力して問題を解決するための観察、研究、推理、批判、討論を通して児童自身で正当な結論に到達するよう教師が指導しなければならない。それゆえ、教授には教師の緻密な注意と周到な計画が必要となる。

9．教授時数に関する注意

各学年教材の各単位に定められた教授時数は、単にその基準を表したものであり、都合によって伸縮することもできる。

10．「自然観察」の項目の扱い方

1、2、3学年の終わりに組み込まれている自然観察に関する教材は、分化的に一つの教科として扱う独立した単元ではない。したがって、それに該当する教授時間数内にその内容を調べて、その学年の各単元で適当な機会に教えなければならない。

11．教科書問題

社会生活科の本質から見て、一定の教科書を使用するというのは非常に困難なことである。すなわち、分化的な公民、地理、理科、職業の教科書を参考用として児童に持たせ、その科目に必要な分だけ読み進めて教授を進行させるのが最も適当な方法であり、そうしてこそ社会生活科の生活体得を有効にするものとなる。しかし、このような参考用教科書が不十分な私たちの朝鮮の現状において、教師の便宜のために、1、2学年には教師用教授指針書を、3学年以上の各学年には学年別の教科書を、そして1、2、3学年の自然観察は教師用教授指針書を提供しようとするものである。しかし、3学年以上では、従前のような教育法をそのまま実施して教科書だけを読んでいるのでは教授をしたとはいえない。社会生活科の本質はあくまでも生活体験であるので、教科書を適切に読み進めながら、具体的な生活法の教授をしなければならない。この科目における教科書は生徒にとっては学習予備書となり、教師にとっては教授指針を与えてくれる参考書に過ぎないのである。要は、具体的な実際の教授がどのように行われるかにこの科目の全てがかかっているのである。また、この他に絵本、新聞、雑誌なども良い参考書となるので必要によって適切なものを幅広く探して活用することが望ましい。

四．社会生活科教授に関する注意

1．個人差に関する注意

どのような班、グループにも児童の能力の差があり、また集団作業への参与能力、

社会生活に関する理解、教材の理解力などの差があるので、教授方法をこの個人差に適応させることに注意すること。児童は同一の問題の各方面を研究させ、その結果をお互いに融合させるのが良い。発表においても児童各自の興味と天稟に留意し、作文の上手な児童は作文表現に、絵の上手な児童は絵画表現に、可能な限り多く参与研究させるのが良い。全ての活動を決められた時間内に画一的に扱うのは実際において不可能なことであり、またそのような必要もない。

2．団体活動の指導

社会生活の勉強をグループでさせる時には、興味が同じ児童を一緒にしてグループを組織する。単元の課題、あるいは単元に関する全ての材料を収集、研究しての報告や非形式的な質疑、あるいは表現活動劇の形式で他のグループとお互いに学習することができる。児童は自分たちが読んだ書籍を記録しておくことがよく、教師は団体報告の討議考査を通して児童の記録を調査する。

3．活動時間を扱う方法

社会生活の活動時間は、児童各自が、あるいはグループが自分たちの興味を持っている問題を様々に試してみる時間である。例えば、木材で模型を作成するとか、土で何かを作るとか、手紙を書くとか、裁縫、図画、読書などをしてみることである。このような時間に、他人の迷惑にならない限り、お互いに談話をするのも問題ない。この時間を始める前には、二、三分の時間を使ってその時間の計画を討議する。次に、各児童はグループに分れて、決められた課題に着手し、教師は各グループを指導し、必要な時には援助をする。

4．他の科目との関連に注意すること

社会生活科の教育は、社会生活の実践、探求、体験であるため、全ての学科目の領域と関連を持つことになる。したがって、他の学科目の進展と程度に常に留意し、お互いにずれないようにしなければならない。

5．社会生活科に対する学習心を喚起させること

この教授要目には児童が読書しなければならないことが多いので、班員（学級児童）の読解力が普通以下の場合には、教師が読書教材を班員に読んであげるなど、児童が読解力不足のために社会生活科を嫌いにならないようにしなければならない。

また、この教授要目には同じ問題が再三再四繰り返されており、児童はマンネリ化して変化がないために学習心を喪失しやすくなるため、特に興味を失わないよう留意しなければならない。とはいっても、反復を避けるなければならないというわけではなく、必要によっては何度でも反復して良い。

資料編「道徳教育」関連教科等の歴代「教育課程」（1947 ～ 1973年）

五．社会生活科の教授事項

第1学年　家庭と学校

（1）私たちの家（20時間）

1．私たちの家は村のどこにあるのか？
2．私たちの家は何で建てられているのか？
3．私たちの家族は誰と誰がいて何人家族か？
4．私たちの家族は何の仕事をしているのか？
5．私が私たちの家でしている仕事は何で、また今後する仕事は何なのか？
6．私たちの家族はどのようにお互い助け合っているのか？
7．私たちの家族が仲良く暮らす様子とはどのようなことなのか？
8．私は私たちの家族にどのように接するのが良いのか？
9．私が家族にしている挨拶。

　　挨拶の例
　　　　お父さん、おやすみなさい。
　　　　お母さん、おはようございます。
　　　　お兄さん、学校に行って来ます。
　　　　お姉さん、ただいま学校から帰ってまいりました。

10．私たちの家ではどのような花を植えているのか？

（2）私たちの学校（26時間）

1．私たちの学校はどこにあるのか？
2．私たちの学校はどのような学校なのか？
3．私は何をしに学校に通っているのか？
4．教室と教師と生徒の数は何人なのか？
5．教室には何があり、それは何をするものであり、どのように使うものなのか？
6．運動場には何があり、それは何をするものであり、どのように使うものなのか？
7．教師は何をし、どのように私たちを助けてくれるのか？
8．生徒は何をするのか？
9．友達同士どのように過ごすべきなのか？
10．学校生活はどのように過ごすべきなのか－教室では？－運動場では？
11．先生と友達にどんな挨拶をするのか？
12．学校ではどのような規則があるのか？なぜそれを守らなければならないのか？
13．どのようにすれば学校をより美しくできるのか？
14．通学上の注意（登校、下校、欠席、遅刻など）
15．私たちの学校にはどのような木や草が生えているのか？
16．私たちの学校ではどのような動物を飼っているのか？

（3）私たちの家の動物（16 時間）

1．私たちの家にはどのような家畜を飼っているのか？その頭数は？
2．どうして家畜を飼うのか？
3．どうすれば家畜を手に入れられるのか？
4．家で家畜を飼うにはどのようなものが必要か？
5．私たちの家が家畜を飼うとどのような良い点があるのか？
6．家畜はどのような生活をしているのか？どんな仕事をしているのか？
7．家畜は私たちを愛してくれる気持ちをどのように表現してくれるのか？
8．私たちはどうして家畜の世話をしなければならないのか？
9．家畜以外にどのような動物がおり、彼らはどのように生きているのか？

（4）私たちの食卓（18 時間）

1．私たちの食物はどこから来るのか？（田、畑、果樹園、海、動物、商店など）
2．私たちに必要な食物は何か？
3．どのようにして食物が食べられるようになるのか？（食物の作り方）
4．食物を料理するのにどのような器具を使用するのか？
5．食物をどのようにして見分けるのか？
6．食物と食器を清潔にしようとするならば、どのようにすれば良いのか？
7．食事をする時の注意（衛生と礼節）
8．家族全員がみんな楽しく食事をする様子を述べよ。

（5）私たちの衣服（14 時間）

1．なぜ衣服を着なければならないのか？
2．私たちはどのような衣服を着るのか？（種類）
3．私たちの衣服は何で作られているのか？（原料）
4．誰が私たちの衣服を作ってくれるのか？
5．私たちは衣服を着たり、仕舞ったりするのにはどのようにしているのか？
6．服装はどのようにして外出しなければならないのか？

（6）私たちの家族の休養（18 時間）

1．なぜ寝なければならないのか？
2．寝る時にはどのような点に注意しなければならないのか？
3．寝る前と起きた時にすることは何か？
4．家では家族がどのように楽しく過ごしているのか？－公園、動物園、博物館、
　音楽会、映画館、劇場、ハイキング、ピクニック、散歩では？
5．家にはどのような玩具や娯楽器具があるのか？なければならないのか？
6．家族はどんな本や新聞を読んでいるのか？どのような運動をするのか？

資料編「道徳教育」関連教科等の歴代「教育課程」（1947 〜 1973年）

7．私たちが遊覧、遠足に行く時に注意することは何なのか？（公徳）

自然観察（1学年）（38時間）

(1) 秋になると生き物がどのようになるのか（どのように変化するのか）？
1．草木はどのようになるのか？
2．虫はどのようになるのか？
3．鳥類はどうなるのか？
4．その他の生物はどうなるのか？

(2) 空には何があるのか？
1．昼には空に何があるのか？
2．夜には空に何が見えるのか？
3．月はどのように見えるのか？
4．北斗七星はどこにあるのか？

(3) 私たちは空気（風）に対して何を知っているか？
1．空気はどこにあるのか？
2．空気がなくても物体は燃えるのか？
3．空気が動くとどのような現象が起こるのか？
4．水はどのようにして空気中に含まれるのか？

(4) 気候はどのように変わるのか？
1．日々の天気はどうして違うのか？
2．一年間の気候はどのように変化し、天気はどのように変わっていくのか？
3．なぜ私たちは季節によって衣服を着替えるのか？

(5) 春になると生き物はどのようになるのか？
1．動物はどうなるのか？
2．植物はどうなるのか？
3．種をどのようにすれば芽が出て育つのか？
4．野菜畑には何を植え、それをどのようにして食べるのか？

(6) 岩石について疑問に思う点はないか？
1．岩石にはどのような種類があり、その形は大体どのように見えるのか？
2．岩石はどのようにして土になるのか？

467

（七）物体を移したり、動かしたりするのにどのようなものが使われるのか？

1．磁石を使って私たちは何をすることができるのか？

2．帆船はどうして水上を行き来できるのか？

第2学年　郷土生活

(1) 私たちの食料（15時間）

1．私たちの郷土でとれる食料は何があるのか？

2．誰がその食料を作っているのか？

3．誰がどのような食料（食料品）を売っているのか（都会）

4．私たちの郷土の人たちが食べて余る食料は何なのか？足りない食料は何なのか？

5．私たちはなぜ穀物を大事にしなければならないのか？

6．私たちの郷土で食料がもっと採れるようにするためには私たちはどのようにすれば良いのか？

7．私たちの食物を育ててくれる人は誰であり、彼らは私たちをどのように支えてくれるのか？

(2) 私たちの衣服（14時間）

1．私たちにはどのような衣服が必要なのか？

2．私たちはなぜ季節によって違う衣服を着るのか？

3．私たちの郷土での衣服の原料は何があるのか？（木綿、麻、毛織、絹）

4．私たちの郷土で私たちの衣服（または布地）を作ってくれる人はどのような人なのか？

5．どのような衣服（布地）を私たちの故郷の外部から買ってくるのか？

6．どのような動物が私たちの衣服を作るのに役立っているのか？

7．どのような人が私たちの衣服を洗濯してくれるのか？また直してくれるのか？

8．衣服を着るときと仕舞う時にはどのような注意が必要なのか？

(3) 私たちの家（13時間）

1．私たちの郷土にはどのような家があるのか？

2．家を建てる材料はどこからどのようにして来たのか？

3．私たちの家は誰が建てたのか？彼らは各々どのような仕事をしているのか？

4．誰が私たちの家の衛生を保ち、安全に守ってくれるのか？また、彼らのする仕事は何なのか？

5．私たちの家の構造はどのようになっているのか？

6．私たちの家の各部分はどのように使われているのか？

資料編「道徳教育」関連教科等の歴代「教育課程」（1947 〜 1973年）

7．私たちの家を清潔にしてきれいに保存するためにはどのようにしているのか？
8．私たちの家の庭にはどのような植物があるのか？
9．私たちの家では食べるものをどのように手に入れているのか？
10．私たちの家では部屋をどのようにして暖かくしているのか？
11．私たちの家では部屋をどのようにして明るくしているのか？

（4）私たちの故郷での旅行（14時間）

1．班のみんなはどのように学校に通っているのか？
2．昔の人々は何を使ってどのように旅行をしていたのか？
3．人々はなぜ旅行をするのか？（観光、出張）
4．私たちは旅行する時に何に乗るのか？
5．私たちは旅行する時にどのような人々がどのように私たちを手助けしてくれるのか？
6．旅行する時にはどのような道徳を守らなければならないのか？
7．旅行する時には何を見て、何を学ぶことができるのか？

（5）私たちの通信（10時間）

1．通信はどんな時に、どんな目的でするのか？
2．昔の人々は何を使ってどのように通信をしていたのか？
3．最近ではどのような通信方法があるのか？
4．私たちの通信に対して手助けをしてくれる人たちと、彼らの仕事は何か？
5．通信する時にはどのような注意と礼法が必要か？

（6）その他の社会生活でお互いに助け合う人たち（30時間）

1．私たちの郷土が他の地方から手に入れる（食料、衣類以外の）生活品は何であり、どのようにして手に入れているのか？
2．私たちの郷土から他の地方に提供している生活品は何か？
3．都市と農村はお互いにどのように助け合っているのか？
4．他の地方の人たちが私たちの地方に旅行して来るのは何のためか？
5　警察官はどのようにして私たちの生活を守ってくれるのか？
6．行政官吏はどのようにして私たちの生活を守ってくれるのか？
7．銀行（金融組合）の人たちはどのようにして私たちの生活を支えてくれるのか？
8．工業者はどのようにして私たちの生活を支えてくれるのか？
9．商業者はどのようにして私たちの生活を支えてくれるのか？
10．医師たちはどのようにして私たちの生活を支えてくれるのか？
11．鉱業者はどのようにして私たちの生活を支えてくれるのか？

469

12. 水産業者はどのようにして私たちの生活を支えてくれるのか？
13. 学者、文筆家はどのようにして私たちの生活を支えてくれるのか？
14. 新聞社の人たちはどのようにして私たちの生活を支えてくれるのか？
15. 芸術家はどのようにして私たちの生活を支えてくれるのか？
16. 役に立つ鳥、役に立つ動物、役に立つ虫はどのようにして私たちの生活の役に立ってくれるのか？
17. 私たちの社会生活において、どのようにすればお互い幸せな生活を送ることができるのか？

(7) 一年の中の慶祝の日（11時間）

1. 元日はどのような日なのか？私たちの家では何をするのか？私たちはどのようにこの日を楽しく過ごすのか？
2. 旧盆はどのような日なのか？私たちの家では何をするのか？私たちはどのようにこの日を楽しく過ごすのか？
3. 三月一日は何の日か？
4. 八月十五日は何の日か？
5. 陰暦十月三日は何の日か？
6. 十月九日は何の日か？
7. あなたたちの嬉しい日はどんな日か？

(8) 私たちの国の国旗と他国の国旗（8時間）

1. 国旗はどんな時に掲げるのか？
2. 慶祝日になぜ国旗を掲げるのか？
3. 私たちの国の国旗はどのような模様になっているのか？
4. 私たちはなぜ国旗に敬意を払わなくてはならないのか？
5. 国ごとに国旗が別々になっているのはどんな理由からか？
6. 他国の国旗に対してはどのような態度を執らなければならないのか？
7. 連合国国旗はどのような模様になっているのか？

自然観察（38時間）

(1) 生き物は冬の間どのように過ごしているのか？

1. 私たちは冬が来るとどのような準備をするのか？
2. 鳥類は冬の間どのように過ごしているのか？
3. 虫は冬の間はどのように過ごしているのか？
4. かえる、ひきがえるはどのように冬を過ごしているのか？
5. 植物は冬をどのように過ごしているのか？

資料編「道徳教育」関連教科等の歴代「教育課程」（1947 ～ 1973年）

　　　　　(2) 太陽は私たちにどのような恵みを与えてくれるのか？
1．太陽は地球と比べてどれくらいの大きさか？
2．太陽は私たちにどのような恵みを与えてくれるのか？
3．何が雲を作るのか？

　　　　　(3) 雨や雪が降るのはなぜなのか？
1．何が雲になるのか？
2．空気中に水があるということをどのようにして知ることができるか？
3．なぜ空気中に水が生じるのか？

　　　　　(4) 磁石はどのような作用をするのか？
1．磁石を二つ近づけるとどのような現象が起こるか？
2．刀を磁石にしようとするにはどのようにするのか？

　　　　　(5) 動物はその子をどのように養っているのか？
1．私たちの両親は私たちをどのように育ててくれたのか？
2．家で育てる動物（牛、馬、ヤギ、犬、鶏、アヒル、うさぎなど）はその子をど
　のように育てているのか？
3．鳥類はどのように雛を育てているのか？

　　　　　(6) 生き物はどのように育つのか？
1．虫はどのように育っているのか？
2．かえる、ひきがえるはどのように育っているのか？
3．植物は種からどのように育っていくのか？
4．植物はどのようにしてその体の一角から伸びていくのか？
　（ア）茎が伸び、それが横に広がることはないのか？
　（イ）木の枝を折ったら生え変わることはあるのか？

　　　　　(7) 私たちは植物や動物をどのように利用しているのか？
1．私たちはどのような植物を食料として利用しているのか？
2．どのような植物が織物を織るのに使われるのか？
3．どのような動物が私たちの食物となり、また織物を織るのに使われるのか？

　　　　　(8) 何が物を動かすのか？
1．物はなぜ地面に落ちるのか？
2．電気はどのような作用をするのか？
3．風はどのような作用をし、私たちの役に立っているのか？

471

4．水はどのような作用をし、私たちの役に立っているのか？

(9) 岩石はどのようにできているのか？

1．岩石は何が集まってできたのか？
2．熱は岩石を溶かすことができるのか？

第3学年　様々な場所での社会生活

(1) 私たちの地方（21時間）

1．私たちの地方は国のどこにあり、土地の形はどうなっているのか？
2．私たちの地方の夏と冬はどのくらい暑く、また寒いのか？（寒暑が激しいこと）
　　雨はどの季節に多いのか？
3．貯水池はどこにあり、なぜ必要なのか？
4．私たちの地方ではどんな農業を行っているのか？（都会地、村落）
5．人々が大勢集まり賑やかなところはどこか？そこには何があるのか？そこで人たちが何をしているのか？（商業中心地、市場、娯楽機関）
6．私たちの地方では工場がどこに多いのか？（工場地帯）その工場では何を作っているのか？
7．どんな鉱山があるのか？そこでは何が採れ、それで何を作っているのか？
8．学校に行く時には何に乗っていくのか？田舎や遠隔地へ行く時には何に乗り、どのように乗っていくのか？
9．私たちの家で上級学校に通う人はどのような学校に通っているのか？上級学校にはどんな種類の学校があるのか？
10．家族の中で官公庁（地方行政機関）に通う人は誰なのか？どこに通っているのか？そこで何をしているのか？私たちの地方の官公庁はどのようなものなのか？
11．私たちの地方で有名なものは何か？（人物、古跡、生物、風習、美術、歌曲、名節、遊び）
12．私たちの地方で最も有名な産業は何か？

(2) 各地域の生活様式の違い

(ア) 寒帯地方（18時間）

1．世界で最も寒いのはどこか？
2．寒帯地方にはどのような人が住んでいるのか？
3．南極地方と北極地方の違いを比較してみよう。またここでのみ見られる不思議な現象は何か？
4．両極地方では夏と冬になればどのようになるのか？（気温、日の長短）
5．寒帯地方では家をどのように建てているのか？（夏、冬）

472

資料編「道徳教育」関連教科等の歴代「教育課程」（1947 ～ 1973年）

6．そこでは何を着ているのか？またどのような動物がいるのか？

7．そこに住む人々は何を食べているのか？

8．狩りや釣りをする時には何を使うのか？

9．そこではどんな物が獲れるのか？

10．そこでは何に乗って移動するのか？

11．そこではお互いに手紙をどのように交わし、遠い所とどのようにして連絡しているのか？

12．子供たちはどのような教育を受けており、学校はどのように運用されているのか？

13．アムンゼン（Amundsen）が両極を探検したことや、その話をしてみよう。

14．寒帯地方の産業はどのような物があるのか？その中で何が最も重要なものか？

15．そこの文化はどのようなものか？（彫刻、服装）

（イ）熱帯地方：サハラ砂漠（17 時間）

1．サハラ砂漠はどこにあるのか？

2．土地はどのような形で、どれくらい暑いのか？（私たちの地方との違い）

3．ラクダはどのような姿をしているのか？なぜ「砂漠の舟」と呼ばれるのか？

4．隊商はどのような人たちで、どこに向かっていくのか？中間で休むところはどこなのか？

5．オアシスとはどのような所なのか？（土地、水、ヤシの木）そこの気候はどうなのか？他の場所にどのような影響を与えているのか？（食料品、衣服、家、植物、動物）

6．オアシスにはどんな人が住んでおり、どのように生活しているのか？そこで採れるものは何か？（宝石、金属、象牙、果実）

7．オアシスでは子供たちがどのような教育を受けているのか？

8．これらの砂漠は現代の影響をどのように受けているのか？

9．砂漠を舞台とした人たちの文化はどのようなものか？（天幕文化）

10．この地方の世界的に独特なものは何か？（織布、図案、舞踊、音楽、学問）

11．オアシスに生きる人々の生活と私たちの生活とを比較してみよう。

（ウ）山間地方：スイス（25 時間）

1．スイスの地形はどうなっているのか？私たちの地方と同じ点は何であり、違う点は何なのか？「世界の公園」と呼ばれる理由は何なのか？

2．このようなスイスの気候はどうなのか？私たちの国との同じ点は何か？

3．アルプス山地はどのくらいの高さなのか？山の上には何があるのか？

4．スイスの位置と地形はその生活と歴史にどのような影響を与えたのか？

5．スイス人の国民性はどのような特徴があるのか？

473

6. そこにはどのような産業があるのか？そこの人たちの特に見受けられる点は何か？

7. スイスのような狭く高い地方ではどのように自然を利用しているのか？農場はどこにあり、何を生産しているのか？牧場はどこにあるのか？

8. このような地方ではお互いの通信はどのようにしているのか？交通運輸は私たちの地方とどのように違うのか？

9. このように不便な所（山岳地帯）にはどのような設備をして避暑の備えをしているのか？

10. スイス人がそこに作った郷土芸術品は何か？

11. スイスにはどのような種類の音楽、美術、舞踊があるのか？

（エ）海洋島嶼地方：ハワイ（18時間）

1. 島とはどのようなものか？地形はどうなのか？

2. ハワイはどこにあるのか？地形と広さはどれくらいか？

3. 島は大陸と気候がどのように違うのか？なぜ違うのか？この島はどうなのか？

4. そこではどのような人たちが住んでいるのか？私たちとどのような因縁があるのか？

5. その人たちはどのような生活をしているのか？（衣・食・住）

6. そこではどのようなものを生産しているのか？

7. なぜこのような島は住み易いのか？自然の恵みは何があるのか？

8. そこにはどのような通信機関があるのか？

9. そこにはどのような学校があるのか？

10. そこでの娯楽は何か？

11. どのような音楽、美術、舞踊があるのか？

12. 原住民の文化はどのように残っているのか？どのように新しい文化と融合しているのか？

13. 島での生活と大陸式の生活はどのように違うのか？

14. ハワイの生活と私たちの地方の生活とを比較してみよう。

(3) 人の自然に対する適応

（ア）農業（22時間）

1. 私たちの国で最も主たる産業は何であり、最も重要な農産物は何か？

2. 雨が多い時期はいつであり、雨量はどれくらいになるのか？

3. 夏の気温はどれくらいで、米の収穫量はどれくらいになるのか？

4. 私たちの地方の気候と産業の関係はどのようなものなのか？

5. 稲作農業の歴史的事実はどのようなものがあり、どこの地方の米の生産高が最も高いのか？

資料編「道徳教育」関連教科等の歴代「教育課程」（1947 ～ 1973年）

6．稲はどのような土地に最もよく育つのか？私たちの国で見た場合はどこか？

7．大きな川の流域は農業にどのように利用されているのか？

8．貯水池の必要性は何か？治山の必要性、砂防工事の必要性はなぜ生じたのか？（特に私たちの国の中部以南で）

9．稲作農業に最も良い条件をすべて上げよ。その条件に最も見合う地方は世界でどの地方に当たるのか？

10．世界の歴史上での農業発展と人の生活の発展との関係を調べてみよう。

11．私たちの国の歴史上最も誇れる測雨器に関して、私たちが知っていることを考えてみよう。

（イ）居住（23時間）

1．人が住むところには何が必要か？

2．私たちの国の気候（大陸性）と生活の関係はどのようであり、特に家をどのように建てているのか？

3．他の国の気候の特異な点を挙げてみよう。

4．熱帯地方では家がどこにあるのか？（都会地、村落）その地方の人たちの家はどのような材料で作られているのか？水上生活をする原住民の家と樹上生活をする原住民の家を比較してみよう。

5．中華民国各地域の家の形はどのようであり、その理由は何か？（北、中、南、山間、平野、黄土、水上）

6．日本の家の形とその理由は何か？

7．アメリカの家の形はどのようであり、その材料は何か？

8．ロシア式建築の特色は何であり、その理由は何か？（寒帯地方の家の暖房設備）

9．雨の多い地方はどのような家を建てて住んでいるのか？雨が少ない地方はどうか？

10．風の強い所にはどのような家があるのか？そうでない地方はどうか？

11．アラビアの人々はどのような家を建てて住んでいるのか？モンゴル人の家と比較してみよう。

12．私たちの国の家の良い点と悪い点は何であり、どのように直せば良いか？

（ウ）衣服（18時間）

1．私たちが冬にはどのように寒さを感じるのか？

2．気候と衣服はどのような関係があるのか？

3．寒帯地方の人々の衣服はどのようになっているのか？

4．熱帯地方の人々の衣服はどのようになっているのか？

5．温帯地方の人々の衣服はどのようになっているのか？

6．私たちが季節ごとに着替える服はどのような生地で作られているのか？

475

7．私たちはなぜ衣服を着るのか？
8．朝鮮服の良い点と悪い点は何か？

自然観察（38時間）

(1) なぜ植物や動物はその住む所がそれぞれ違うのか？
1．なぜ地上に住む動物や水中に住む動物、または空中や地中に住む動物に分かれるのか？
2．なぜ植物が地上で育つことができるのか？水中で育つことができるのか？

(2) 動物はどのようにして自分の身を守るのか？
1．動物は自分の身を敵から守るために耳、目、脚、口などをどのように使っているのか？
2．家を作って生きる動物もいるが、なぜ家を作るのか？

(3) 夜になると空に何が見えるのか？
1．なぜ月は光るのか？
2．月はその形を変えていくように見えるが、それはなぜか？
3．私たちは北極星をどのようにして見つけることができるか？
4．天の川とは何か？
5．隕石とは何か？

(4) 地球の表面はどのように変わるのか？
1．水はどのようにして土や砂を運ぶのか？
2．風はどのようにして土や砂を運ぶのか？
3．水はどのようにして岩を砕くのか？
4．私たちは地球の表面をどのように変化させたのか？

(5) 私たちは仕事を効率的にするためにどのような方法を取っているのか？
1．私たちは風をどのように利用しているのか？
2．私たちは水をどのように利用しているか？
3．機械は私たちの仕事をどのように手助けしてくれるのか？
4．熱は私たちの仕事をどのように手助けしてくれるのか？

(6) 石はいかに必要なものなのか？
1．昔の人たちは石をどのように利用していたのか？
2．私たちは石をどのように利用しているのか？

資料編「道徳教育」関連教科等の歴代「教育課程」（1947 〜 1973年）

(7) 私たちは食料をどのように手に入れるのか？
　1．私たちが食べる様々な食料はどこから来るのか？
　2．青い葉を持つ植物はどこに養分を貯蔵しているのか？
　3．どのような種類の土が植物の生育に最も適しているのか？

第4学年　わが国の生活

(1) わが国の地図学習（15 時間）
　1．地球とその表面はどのような形をしているのか？
　2．わが国の地図を描く。
　3．わが国の地図と世界地図。
　4．わが国の地図と隣国の地図。
　5．わが国の土地の広さと人口はどれくらいなのか？

(2) わが国の生活と自然環境（25 時間）
　1．わが国の高い山と美しい山。
　2．わが国の山地はどのようになっているのか？
　3．わが国で平野が多い地方はどこなのか？
　4．平野と山間地帯の良い点と不便な点は何か？
　5．わが国の大きな川と湖の名前を言ってみよう。
　6．わが国の川と湖はどのように利用されているのか？（水力発電、交通路としての水利）
　7．わが国の気候の特色は何か？
　8．季節風（monsoon）とはどのようなものであり、わが国の生活にどのような影響を与えているのか？
　9．わが国の気温と雨量はどれくらいか？
　10．わが国の海に対する位置はどうなっているのか？
　11．わが国の海岸線はどのようになっており、その沿岸の海流と潮汐はどうなっているのか？
　12．海はわが国の生活にどのような影響を与えるのか？

(3) わが国の資源と産業（35 時間）
　1．資源とは何であり、わが国の産業をどのように支えているのか？
　2．わが国の資源で余っているものと足りないものは何か？
　3．わが国の農業はどのように発達してきたのか？
　4．わが国の農業はどのように自然の影響を受けているのか？
　5．北方と南方の農作物はどのような違いがあり、その理由は何なのか？

6．南方が農作物を多く産出するようになる自然の要因は何か？

7．わが国の主要生産物の生産高はどれくらいになるのか？

8．わが国の人口と食料はどうなのか？

9．綿花の歴史はどのようなものであり、わが国民生活をどのように支えているのか？

10．わが国の山と山林の関係はどのようなものか？

11．わが国の山林はどのように利用されているのか？

12．わが国の植物は自然の影響をどのように受けているのか？

13．わが国で生産される果実。

14．わが国の家畜は何であり、その理由は何か？

15．家畜は私たちの生活をどのように支えているのか？

16．わが国の水産業の昔と今。

17．わが国の水産業と海流の関係。

18．わが国の水産業は私たちの生活をどのように支えているのか？

19．わが国の地下資源の分布とその種類はどうなっているのか？

20．わが国の地下資源はどのように利用されているのか？

21．わが国の工業発達の歴史はどのようになっているのか？

22．わが国の工業地帯はどこにあり、発達の原因は何か？

23．わが国の工業は私たちの生活にどのように貢献しているのか？

24．わが国の工業を発達させようとすればどのようにしなければならないのか？

（4）わが国の交通（15 時間）

1．わが国の交通の昔と今。

2．わが国の交通はどのように自然の影響を受けているのか？

3．わが国の交通は私たちの生活をどのように支えているのか？

4．わが国の交通で次々と発達させなければならない問題はどのような問題か？（陸上、海上、空中）

5．わが国の電信と郵便。

（5）わが国の都市と村落（35 時間）

1．わが国で最も人口の多い地方はどこで、その理由は何か？

2．歴史的な都市と村落はどことどこか？

3．わが国の都市とその発達の原因は何か？

4．わが国の都市と村落の生活はどのようなものか？

資料編「道徳教育」関連教科等の歴代「教育課程」（1947 ～ 1973年）

(6) わが家の生活（15 時間）

 1．わが家には誰と誰が住んでいるか？（家族構成と内外の関係）
 2．わが家の戸主は誰なのか？
 3．わが家の生活を支えているのは誰なのか？
 4．わが家の職業は何なのか？
 5．わが家の宗教は何か？
 6．わが家は過去にどこでどのように生活してきたのか？
 7．わが家ではどことどこに住んでいるのか？
 8．わが家ではどのような家系があるのか？
 9．わが家はなぜ私たちに最も楽しくて良い所なのか？
 10．私たちは家族にどのように接すれば良いのか？
 11．わが家と社会との関係はどのようなものなのか？
 12．わが家の希望は何なのか？

(7) わが民族の由来と古文化（30 時間）

 1．私たちの郷土の歴史はどのようなものなのか？
 2．わが民族はどこから来て、昔の文化はどのようなものだったのか？（有史以前、有史以後）
 3．私たちの言葉と文字はどのようなものなのか？
 4．わが国の文化の中で世界に誇れるものは何か？

(8) わが国と外国との関係（20 時間）

 1．わが国の生活様式が外国の生活様式と違う点は何か？
 2．わが国の産物で余るものと足りないものは何か？
 3．わが国で外国に輸出するものと輸入するものは何か？
 4．わが国と密接な関係を持った様々な国。

第 5 学年　他の国の生活

(1) 地球の話（25 時間）

 1．地球はどのような形をしているのか？
 2．地球はどのような運動をしているのか？（自転、公転）
 3．春、夏、秋、冬が生じる原因は？
 4．昼と夜が長くなったり短くなったりする原因は？
 5．日食、月食はどのようにして起こるのか？
 6．地軸と経線、緯線とは何か？

(2) 原始人の生活（15 時間）

　1．原始人の遺跡が発見された場所はどこで、どのような遺跡だったのか？

　2．原始人はどのような生活をしており、自然に対してどのような困難を克服して来たのか？（食物、衣服、家、洞穴生活、水上生活）

　3．原始人の発見した偉大なものは何か？

　　（ア）火：火はどのようにして発見されたのか？

　　（イ）道具や機械

　　（ウ）動物を家畜として飼い慣らすこと。

　　（エ）植物を有効に使う。

　　（オ）通信や交通、信号（火、太鼓）、旅行。（木、麻）

　　（カ）政治：家族を形成するまでの組織

　　　　　　　　家族が種族を形成するまでの組織

　　　　　　　　習慣、法律、宗教、教育はどのようなものだったのか？

　4．原始人の生活と私たちの生活とはどのように違うのか？

(3) 古代文明（15 時間）

　1．古代文明はなぜ雨が少なく暑い地方で発達したのか？それでありながらもなぜ河口で発達したのか？

　2．中華民国の黄河遺跡はどのような文明を生んだのか？

　3．インダス川とガンジス川の流域にはどのような文明が発生したのか？

　4．儒教の発生と、それが東洋文化に与えた影響は何か？仏教と比較してみよう。

　5．ナイル川はその流域に住んでいる人たちにどのような影響を与えたのか？

　6．チグリス川、ユーフラテス川流域にはどのような文化が発生したのか？

　7．ギリシャ文明はどのようなものであり、後世にどのような影響を与えたのか？

　8．ローマ文明で見られる最も優れた点は？

　9．わが国の文化に大きな影響を与えた文化はどこから来たのか？

　10．様々な古代文明を受け継いだ現代文明はどのように発展しているのか？

(4) アジアとその住民（40 時間）

　1．アジアの面積と人口は？

　2．アジアにはどんな国があるのか？

　3．アジア独自の特色は何か？気候はどうなのか？

　4．満州とわが国とはどのような関係があるのか？

　5．中華民国の人民の生活の根本となっているのは何か？（国民性、道教、儒教）

　6．この国の産業と自然との関係はどうなのか？

　7．モンゴル地方はどこにあり、住民の生活はどのようなものなのか？

　8．中華民国の西部山岳地帯の状態は？（青海、チベット）

資料編「道徳教育」関連教科等の歴代「教育課程」（1947 ～ 1973年）

9．インドの位置と気候は？

10．インドの産業と風の関係は？

11．インドの宗教は住民の生活をどのように動かしているのか？

12．インドの独立は他国にどのような影響を与えたのか？

13．インドと中国の文化はどのように違い、アジア全体にどのような影響を与えたのか？

14．インドシナ半島の重要な産業は何であり、その住民の生活はどのようなものか？

15．マレー半島の産業は何であり、その住民の生活はどのようなものか？

16．マレー諸島の自然の特色は？

17．フィリピンの歴史はどのようなものであり、今はどうなっているのか？

18．火山の多い日本列島の自然はどのようなものか？その国民性はどのようなものであり、わが国とどのような関係があるのか？

19．日本の野心と敗戦の話をしてみなさい。

20．シベリアの自然と住民の生活はどのようなものか？

21．アジアの交通と都市の発達状態はどうなのか？

22．アジアにはなぜ独立国が多くないのか？

23．アジアでの私たち国の地位はどうなっており、また為すべきことは何か？

24．中央アジアの自然の特色は何か？西南アジアと違う点は何か？

25．中央アジアと西南アジアの文化はどのようなものであり、西洋文化との関係はどのようなものか？（回教のサラセン文化）

26．中央アジアとヨーロッパとの様々な関係はどうなのか？特に南西アジアはどのような状態なのか？

(5)　ヨーロッパとその住民（35時間）

1．次の各国の自然の特色は何か？

（ア）ロシア

（イ）イギリス

（ウ）北ヨーロッパ－ノルウェイ、フィンランド、デンマーク、バルチック諸国

（エ）西ヨーロッパ－オランダ、ベルギー、フランス

（オ）中央ヨーロッパ－ドイツ、ポーランド、チェコスロバキア、オーストリア、ハンガリー、スイス

（カ）地中海地方－スペイン、ポルトガル、イタリア、ギリシャ

（キ）東ヨーロッパ－バルカン地方

これらの各地方は政治的変遷が激しく、特に第二次大戦後の国境がハッキリしないところが多い。

この点に関してその理由を考えてみよう。

2．ヨーロッパの産業に大きな影響を与えた自然的要素は何か？

3．キリスト教がヨーロッパの歴史上、いかに大きな役割を果たしたのか？

4．産業革命とは何であり、どのように人々の生活を変化させたのか？

5．ヨーロッパで余っている物資と足りない物資は何か？

6．ヨーロッパの交通と都市はどのようなものか？

7．ヨーロッパの政治はどうなのか？

8．ヨーロッパの人々の生活はどのようなもので、わが国とどのように違うのか？

9．ヨーロッパから私たちが学ぶべき点は何か？

(6) アフリカとその住民（10 時間）

1．アフリカはどのような大陸なのか？

2．アフリカの独立国はどことどこであり、その国の人々はどのような生活をしているのか？

3．アフリカを探検した人の話はどのようなものか？

4．アフリカの産業は何か？（鉱業、農業）アフリカの大きな砂漠はどこにあり、どうして発生したのか？

5．南アフリカ連邦とはどんな国か？

6．アフリカの西岸にある各海岸はなぜあのような名を付けられているのか？

7．アフリカにはどのような動物や植物があるのか？

8．マダガスカル島の特異な点は何か？

9．スエズ運河の話をしてみよう。（パナマ運河との比較）

10．アフリカとわが国の生活の違いを比較してみよう。

(7) 南北アメリカとその住民（25 時間）

1．アメリカは今年で建国何周年か？その大陸の発見者は誰か？

2．アメリカにはどのような人たちが住んでいるのか？（国家の由来）

3．ラテンアメリカはどこであり、なぜそのように呼ばれているのか？北アメリカとの違いは何なのか？

4．北アメリカの地形はどうなのか？（南アメリカとの比較）。パナマ運河の利点を挙げよ。

5．北アメリカの気候は？南アメリカの気候は？

6．アメリカの強盛な理由は何か？（政治、産業）

7．独立戦争と南北戦争の話をしてみよう。

8．カナダとアラスカの産業は何か？メキシコおよび中央アメリカの産業は？

9．南アメリカの各国の現状は。特に A、B、C 三国の特産品は何か？

10．南アメリカの交通と都市は？

11．世界に対するアメリカの地位は？特に私たちの国との関係は？

資料編「道徳教育」関連教科等の歴代「教育課程」（1947 ～ 1973年）

(8) 大洋州とその住民（10時間）

1．太平洋を探検した人は？太平洋の名前の由来を述べよ。

2．オーストラリアはどこにあるのか？その地形と気候は？

3．オーストラリアが他の大陸と遠く離れていることが生物にはどのような影響を与えたのか？

4．オーストラリアとニュージーランドにはどのような人たちが住んでいるのか？

5．オーストラリアが"労働者の天国"と呼ばれる理由は？

6．太平洋の島にはどのようは人たちが住んでいるのか？そこの重要な産物は？

7．"南洋の楽園"と呼ばれる島の話をしてみよう。

(9) わが国と世界（15時間）

1．わが国と他国の面積を比べてみよう。

2．わが国と他国の人口を比べてみよう。

3．わが国と他国の生活状態を比べてみよう。

第6学年　わが国の発達

(1) 原始国家と上古文化（8時間）

1．わが国の起源はどのようなもので、原初の生活様式はどうだったのか？
　　（ア）民族の起源　　（イ）原初の生活様式

2．古朝鮮はどのような国で、檀君王倹はどのような人物だったのか？
　　（ア）古朝鮮　　　（イ）檀君王倹

3．各国（列国）の分裂とその変遷は？
　　（ア）北部　　（イ）中部　　（ウ）南部　　（エ）漢民族との関係

4．上古の文化はどのようなものだったのか？
　　（ア）宗教　　（イ）文字　　（ウ）工芸　　（エ）産業
　　（オ）道義と風俗

(2) 三国の発展と文化（13時間）

1．三国はどのように建国されたのか？
　　（ア）民族の動向　　（イ）高句麗　　（ウ）百済　　（エ）新羅

2．三国はどのように発展していったのか？
　　（ア）高句麗　　（イ）百済　　（ウ）新羅　　（エ）附　金官伽倻

3．仏教文化はどのように輸入されて来たのか？
　　（ア）仏教　　（イ）仏教の伝来　　（ウ）その影響

4．三国はどのように変遷していったのか？
　　（ア）高句麗の南下　　（イ）百済の縮小　　（ウ）新羅の北進

483

（エ）三国の戦い

5．漢民族である随の国とどのように戦ったのか？
　　（ア）原因　　（イ）最初の戦い　　（ウ）二度目の戦い
　　（エ）三度目の戦い　　（オ）四度目の戦い。

6．漢民族の唐の国とどのように戦ったのか？
　　（ア）原因　　（イ）安市城の戦い　　（ウ）その後の戦い

7．百済と高句麗はどのように敗亡していったのか？
　　（ア）百済の滅亡　　（イ）百済の独立運動　　（ウ）高句麗の滅亡
　　（エ）高句麗の独立運動

8．三国の文化はどのようなものだったのか？
　　（ア）宗教　　（イ）学問　　（ウ）工芸　　（エ）産業
　　（オ）豪華な生活　　（カ）道義と風俗　　（キ）文化の伝来と伝播

(3) 南北朝の対立とその文化（12 時間）

1．新羅はどのように拡張し、渤海はどのように独立、解体したのか？
　　（ア）新羅の拡大　　（イ）渤海のなりたち

2．渤海の全盛時代の様子と、その文化は今日どのような形で残っているのか？
　　（ア）渤海国の全盛　　（イ）文化　　（ウ）遺跡　　（エ）産業
　　（オ）道義と風俗

3．新羅の文化はどのようなものだったのか？
　　（ア）平和と文化　　（イ）宗教　　（ウ）学問　　（エ）工芸
　　（オ）産業　　（カ）豪華な生活　　（キ）道義と風俗
　　（ク）文化の交流

4．渤海はどうして滅亡したのか我々の古来の土地（東明、故疆）はなぜ失われたのか？
　　（ア）渤海の滅びた原因　　（イ）傭兵の侵入と渤海の滅亡
　　（ウ）流民の独立運動　　（エ）東明、故疆の喪失

5．新羅はどのようにして階級革命が起こったのか王室はどのように衰亡したのか？
　　（ア）貴族政治の崩壊　　（イ）平民階級の蜂起
　　（ウ）後百済と後高句麗の蜂起　　（エ）新羅王室の衰亡
　　（オ）貴族の没落と平民の解放

(4) 高麗とその文化（22 時間）

1．高麗はどのようにして建国されたのか？
　　（ア）太祖の建国　　（イ）新羅と後百済の併合　　（ウ）北進政策
　　（エ）三省制度の成立

資料編「道徳教育」関連教科等の歴代「教育課程」（1947 ～ 1973年）

2．北方民族とはどのような関係があったのか？
　　（ア）契丹軍の侵入と社会の建て直し　　（イ）契丹の数度に渡る侵入
　　（ウ）姜邯賛の大勝　　（エ）女真との関係

3．高麗初期の文化はどのようなものだったのか？
　　（ア）仏教の全盛　　（イ）文運の起こり　　（ウ）工芸　　（エ）産業

4．武官がどうして権勢を誇ったのか？
　　（ア）鄭仲夫の乱　　（イ）崔氏の戦乱　　（ウ）王政の復旧

5．高麗の国民運動はどのようなものがあったのか？
　　（ア）妙清の国粋主義運動　　（イ）庶民の自由運動
　　（ウ）渤海の独立運動

6．高麗中期の文化はどのようなものか？
　　（ア）宗教　　（イ）学問　　（ウ）工芸　　（エ）産業

7．蒙古（元）との関係は？
　　（ア）北方民族の変遷と関係　　（イ）モンゴルの侵略と抵抗
　　（ウ）日本の侵攻　　（エ）元の圧迫

8．高麗の復興運動はどうして起こったのか？
　　（ア）国土回復運動　　（イ）崔瑩の明国討伐

9．高麗の王室はなぜ衰亡したのか？
　　（ア）北方民族の侵入　　（イ）倭寇の侵略　　（ウ）内乱
　　（エ）公田制の崩壊　　（オ）王室の衰亡

10．高麗末期の文化はどのようなものだったのか？
　　（ア）宗教　　（イ）学問　　（ウ）工芸　　（エ）産業
　　（オ）道義と風俗

(5) 近世朝鮮とその文化（30時間）
1．近世朝鮮の建国はどうして起こったのか？
　　（ア）建国と遷都　　（イ）王氏の処置　　（ウ）王子の乱
　　（エ）内政と外交

2．世宗大王の記録した業績は何か？
　　（ア）国文　　（イ）雅楽　　（ウ）天文機械　　（エ）活字
　　（オ）著述　　（カ）制度　　（キ）武功

3．社会はどのように激変したのか？
　　（ア）原因　　（イ）進展　　（ウ）影響

4．近世朝鮮前期の文化はどのようなものだったのか？
　　（ア）宗教　　（イ）学問　　（ウ）工芸　　（エ）産業
　　（オ）道義と風俗

5．壬申倭乱はどのように起こり、どのような経過を経て李舜臣は国のためにいか

485

なる力を尽くしたのか？

（ア）倭寇の侵入　　（イ）李舜臣の大勝　　（ウ）義兵の蜂起

（エ）命令が下って手助けをする　　（オ）李舜臣が無実の罪に問われる

（カ）丁酉再乱　　（キ）私たちの命がけの大勝

（ク）名将の二度目の加勢　　（ケ）露梁の戦いに大勝

6．壬申倭乱後の社会状態はどうだったのか？

（ア）人口の減少　　（イ）経済の破滅　　（ウ）文化の破壊

（エ）国力の衰弱と復興運動

7．丙子胡乱はどのように起こったのか明と清との関係はどのように進展していったのか？

（ア）明と清との関係　　（イ）満州遠征　　（ウ）丁卯胡乱

（エ）国力の衰弱と復興運動

8．党争はなぜ起こり、どのように進展していったのかその結果はどのように現れたのか？

（ア）東人、西人と南人、北人に分かれる　　（イ）北人の全盛

（ウ）西人の全盛と西南人の争い　　（エ）農論の分断と争い

（オ）その結果

9．文芸はどのような形で復興したのか？

（ア）清朝の文物の輸入　　（イ）西洋文化の輸入　　（ウ）学問の発達

（エ）著述と印刷の全盛

10．貴族はどのような悪政を行い、庶民は自由のためにどのような抵抗をしたのか？

（ア）戚臣の悪政　　（イ）両班儒生の放縦　　（ウ）洪景来の乱

（エ）民衆の反乱運動

(6) 日本人の圧迫と開放（35時間）

1．興宣大院君はどのような政治を行い、国際的な衝突はどのようにして起こったのか？

（ア）大院君の政権掌握　　（イ）弊政を改革

（ウ）フランス・アメリカとの衝突

（エ）日本の侵略計画　　（オ）大院君の引退

2．国際関係はどうなっており、改革運動はどのように起こったのか？

（ア）日本との通商　　（イ）欧米諸国との通商　　（ウ）壬午軍乱

（エ）開化運動

3．欧米文化をどのように輸入し、どのように発展させてきたのか？

（ア）キリスト教の文化輸入　　（イ）新教育機関の成立

4．東学党とは何であり、日清戦争はどのように起こり、私たちにどんな影響を与

資料編「道徳教育」関連教科等の歴代「教育課程」（1947 〜 1973年）

えたのか？

（ア）東学党の起こり 　　（イ）全琫準の民衆運動 　　（ウ）日清戦争

（エ）下関条約とわが国との関係

5．ロシアと日本はどのように勢力争いをしたのか？私たちの国にどのような影響を
　与えたのか？

（ア）乙未改革運動 　　（イ）親日党と親露党の対立

（ウ）高宗の露官播遷 　　（エ）国号の変更と民衆の覚醒

（オ）日露戦争と私たちの国への影響

6．日本人はどうして私たちの国を強奪し、彼らの虐政はどのようなものだったの
　か？

（ア）乙巳保護条約 　　（イ）ハーグ特使事件 　　（ウ）国民の抵抗運動

（エ）日本の強奪

7．第1次世界大戦の終結に伴いわが民族はどのように独立運動をしたのか？

（ア）第一次世界大戦 　　（イ）民族自決主義 　　（ウ）日本人の圧迫政治

（エ）私たち国民の独立運動

8．日本人はどのような圧迫政治をしたのか？

（ア）生命、財産の略奪 　　（イ）文化の破壊

（ウ）自由の圧迫と差別待遇 　　（エ）わが国民の独立運動

9．第二次世界大戦はどのように起こり、どのように終結し、私たちの国はどのよう
　にして解放されたのか？

（ア）日本人の侵略政策 　　（イ）第二次世界大戦

（ウ）カイロ会談とポツダム会談 　　（エ）わが国の解放

10．近世朝鮮後期の文化にはどのようなものがあるか？

（ア）宗教 　　（イ）学問 　　（ウ）新文化運動 　　（エ）産業

（オ）道義と風俗

(7) 健全な生活（25時間）

（ア）迷信の打破（10）

1．樹下で祈ったり路上で祈ったりして、病気が治り金持ちになれるか？

2 　私たちの地方にはどのような迷信があるのか？

3．迷信はなぜ悪いものであり、私たちは迷信をどのようになくさなければならない
　のか？

4．科学は人々の生活をどのように支えているのか？

5．私たちの地方の人々が信じている宗教は何か？

（イ）娯楽（5）

1．みなさんは何をしている時が一番楽しいのか？

2．人生に娯楽がなぜ必要なのか？

３．どのような娯楽が健全な娯楽なのか？
　　４．私たちは娯楽に対してどのような注意が必要か？
（ウ）教育（5）
　　１．教育を受けた人と受けられなかった人はどのように違うのか？
　　２．なぜすべての国民が教育を受けなければならないのか？
（エ）公衆道徳（5）
　　１．公園の花を手折り、ゴミを捨てると人々にどのような影響を与えるのか？
　　２．なぜ公衆道徳を守らなければならないのか？
　　３．私たちはどのような公衆道徳を守らなければならないのか？

（8）私たちの国の政治（15 時間）
　　１．政治とは何か？
　　２．政治にはどのような形態があるのか？
　　３．わが国には過去どのような政治が実施されてきたのか？
　　４．わが国は将来どのような政治をしていくのか？（民主政治）
　　　　（ア）民権とは何か？
　　　　（イ）自治精神を持とう。
　　　　（ウ）代議政治とは何か？
　　　　（エ）なぜ三権が分立されなければならないのか？
　　　　　　　　○　立法とは？
　　　　　　　　○　行政とは？
　　　　　　　　○　司法とは？
　　５．国家と国法の関係はどうなっているのか？
　　６．国民の権利と義務は何か？

（9）わが国の産業と経済（14 時間）
　　１．産業とは何か？経済とは何か？
　　２．私たちの国の産業と経済はどのように発展してきたのか？
　　３．産業を起こそう（資源と方法）
　　　　　　○　農業を起こそう。
　　　　　　○　工業を起こそう。
　　　　　　○　鉱業を起こそう。
　　　　　　○　林業を起こそう。
　　　　　　○　水産業を起こそう。
　　　　　　○　商業と貿易を起こして所得を増やそう。
　　４．生産と消費をどのようにすればよいのだろうか？
　　５．物価はどのように決定し、どのように変動するのか？

資料編「道徳教育」関連教科等の歴代「教育課程」（1947 ～ 1973年）

6．技術を進歩させよう。

7．資源と産業との関係はどうなっているのか？

（10）わが民族性（10時間）

1．民族性とは何か？

2．わが民族性はどのように形成されてきたのか？

3．わが民族性の良い点は何か？（独創性、粘り強さ、平和を愛すること、情操）

4．わが民族性の悪い点は何か？（依頼心、猜疑心、団結心の不足、節制心の不足）

5．わが民族性を高めよう。

（11）我々の自覚と使命（12時間）

1．過去のわが国はどのようであったか？

2．現在のわが国はどうか？

3．我々の自覚と使命。

　　○　独立国家を建設しよう。

　　○　偉大な文化を創造しよう。

　　○　人類の幸福と世界平和のために力を尽くそう。

Ⅱ.「第1次教育課程」
（文教部『文教部令第44号1955年8月1日公布、国民学校教科課程』）

1.「第1次教育課程」国語科

目次
一．国民学校国語科の目標
二．国民学校国語教育の領域
三．国民学校各学年の指導目標
四．国民学校国語科学習指導方法

一．国民学校国語教育の目標
1．国民学校教育の目標と国語教育

　　教育の目的は、教育法第1条に書かれているように、'弘益人間の理念の下に、全ての国民をして、人格を完成し自主的生活能力と国民としての資質を具有させるようにし、民主国家発展に奉仕し、人類共栄の理想実現に寄与すること'にある。

　　この目的を達成するための新しい教育方針がすなわち教育法第2条であるが、このような教育目標は、国語の習得と使用を通してはじめて効果的に達成されるものである。教育における国語の位置と国語科の使命もここに基礎をおくものである。

　　国語教育の使命は、第一に学習者の言語能力を発達させて全ての学習を円滑にさせ、第二に国語文化を伝達して文化的な教養を摂取させるようにし、第三に言語生活を改善向上させるところにある。

　　元来、言語が言語生活と区別することができないことと同じように、国語教育も'国語の教育'であると同時に'国語生活の教育'であることを忘れてはならない。

　　国民学校教育の目的は、国民生活に必要な基礎的初等普通教育をすることにあり、教育法にはその目標として下記のような8項目が明示されている。

2．日常生活に必要な国語を正確に理解し、使用することができる能力を育てる。

3．個人と社会と国家の関係を理解させ、道義心と責任感、公徳心と協同の精神を育てる。

4．特に郷土と民族の伝統と現状を正確に理解させ、民族意識を向上させて独立自存の気風を育成するとともに、国際協調の精神を育てる。

5．日常生活に現れる自然事物と現象を科学的に観察し、処理することができる能力を育てる。

6．日常生活に必要な推量的関係を正確に理解し、処理することができる能力を育てる。

資料編「道徳教育」関連教科等の歴代「教育課程」（1947 ～ 1973年）

7．日常生活に必要な衣食住と職業等に対して基礎的な理解と機能を育て、勤労、自立自活の能力を育てる。

8．人間生活を明るく、リラックスさせてくれる音楽、美術、文芸等に対して基礎的な理解と技能を育てる。

9．保健生活に対する理解を深くし、これに必要な習慣を育て、心身が調和的に発達するようにする。

　ここで特に留意すべきことは、国民学校教育の目標が、一般教育目標の特定の部分の達成にあるものでもなく、同じ目標内容を達成しようとすることに特質があるという点である。すなわち国民学校の教育は、身近な日常生活から出発して生活経験を勉強するようにして高めていくことにより、言語に関する技能を求める態度と習慣を育て、広く発展することができる態度を積み重ねていくことにその目標を置いている。

　国民学校の国語学習指導は、このような一般目標の中でその技能を充分に発揮しなくてはならない。したがって国語の教育課程は他教科から孤立することができないし、全ての活動と経験の大部分を占める言語活動の基礎にならなければならないだろう。

　教育の目標は、教育法第一条の意図する国民を育成することにあるが、それを学習する各教科も国語の指導計画の如何によってその効果が大きく左右されることになる。特に国民学校低学年においては決定的な要素を持っている。それゆえに、国語科の学習領域は、他の学習から要求される基本的な理解と技能と態度、特にどのように思考して、どのように読み、どのように表現するのかという点に重点を置きながら、それを練磨しなくてはならない重大な責務を持っているのである。

10．国民学校国語科の目標

　国語は全ての社会生活と密接な関係を持っているので、個人の人格から分離することができない一部分であると同時に、社会的な手段でもある。国語の純化は社会的な媒介を改善することによって、人間関係をさらに密接にし、理解と協同の社会へと牽引していくと同時に、個人の心性と人格を陶冶する。ここに言語教化の重要な価値がある。それゆえに、国語教育は内容面で思想と感情を重視し民主的な生活指導に力を入れなければならないし、形式面では機械的な正確性を訓練しなくてはならない。

　国語学習指導の目標は、前記のとおり、技能を持った国語の使用を効果的にするところにあり、話すこと、聞くこと、読むこと、書くことに続けて、いい習慣と態度と技能を育て、日常生活に必要な理解と知識と鑑賞する力を増大させ、正しい国語生活への向上を図るとところにある。

　国民学校国語科学習指導は、主に基本的な言語習慣、言語技術を正しく育てる体験をあたえるところにある。従来の国語教育は、知識を付与するとか理解力を育成することによって、演繹的に言語技術を熟達させようとしたのであり、鑑賞と創作の力も知識を通して与えようとした。国語の抽象的な知識は語法の知識や文字、語句の知識である。しかし、このような部分的な知識は言語活動を通して得ることができるし、この

491

ようにして得た知識こそ必要なものである。単純な言語の抽象的な知識は、事物に対するある程度の理解を与えることはできるが、生命を付与することはできない。ある必要性と動機による生活を通した体験をすることなしには、知識と理解はまちがった知識を与え、生命のない言語として、不正確な表現で誤用されがちである。言語を誤用せずに正しく思考し、判断することによって、その技能は行動表現とともに正しく発揮させることが、国語教育が社会の改善と人格の完成に寄与する一つの使命でなくてはならない。

特に国語科は国家の要請にしたがって文盲をなくし、標準語を確立させ、これを普及させることに意義がある。わが国はまだ音声標準語、表記法、文法等か区分化に科学的な標準が確立されていないが、方言や語法に極端な対立がない単一語族として、文字組織が簡単なハングルを持っているので、この国民学校時代に少なくとも言語生活の基盤を磨き、表記法統一と語法に対する初歩的な知識はもつようにしなくてはならない。これがすなわち、国語純化向上の大きな基盤になるだろう。

このような国語教育の目標を言語活動の範囲の中で要約すれば次の通りである。

1. 日常会話を最後まで正確に聞く。
2. 他の人の話を落ち着いて聞いて判断する。
3. 標準となる言葉を使用する。
4. 標準となる表記法を理解する。
5. 様々な形式の挨拶をする。
6. 敬語を区別して使う。
7. 俗語と卑語を避け、品位のある言葉を話す。
8. 討議や会議に参加する。
9. 議決と研究を発表する。
10. ラジオ、映画、演劇の趣味を持つ。
11. 興味を持って図書、雑誌、新聞を読む。
12. 調査と参考のために写真及び参考書を利用する。
13. 簡単な論説文を読む。
14. 文学作品鑑賞に興味を持つ。
15. 簡単な用件を書信で書く。
16. 敬体と常体を区別して書く。
17. いろいろな形式の作文を書く。
18. 聞き、読む内容の要点を書く。
19. 簡単な書式を書く。
20. 簡単な演劇をする。
21. 新聞と文集を作る。
22. 文庫及び図書館を利用することができる。
23. 文字を正しく選んで書く。

資料編「道徳教育」関連教科等の歴代「教育課程」（1947 ～ 1973年）

24．様々な符号を分別する。
25．正確な語法に留意する。
26．文章構成の重要な部分を区別する。

二．国民学校国語教育の領域
　最も国語科分野をはっきり表す教育法の条文は、第94条の第2項である。
　1．日常生活に必要な国語を性格に理解し、使用することができる能力を育てる。
　2．人間生活を明朗に楽しくする音楽、美術、文芸等に対する基礎的な理解と技能
　　を育てる。しかし、ここに表れた理解と技能を形式面で見れば、
　　　1．音韻
　　　2．文字
　　　3．語彙
　　　4．語法
　　　5．文学鑑賞
　等だけであり、これは他の様々な項目を包含する内容が沿っていなければ成立し
ない。そのように見るならば、国語科の領域というものは、抽象面で見れば一つもな
いか、反対に全ての有形無形の生活が全ての領域になるとも言えるだろう。それゆえ
に、ここに言う国語科の領域というものは、言語としての内容ではなく、国語科の使命
を達成するために何をしなくてはならないかの内容である。
　国語科の指導内容は、国語学習指導の実際場面とその目的に従って決定される。こ
こに学習指導形態が決定されるからである。
　1．国語時間の学習指導
　2．他の教科での国語学習指導
　3．特別活動での国語学習指導
　4．生活指導での国語学習指導
　5．生活単元としての国語学習指導
　6．基礎学習特別時間としての国語学習指導
　しかし、このような範囲の一つ一つの内容を別々に行うことは不可能であるので、こ
こでは、一般的に個人と社会生活の中でありえる全ての国語活動及び体験での重要な
ものについて、必要と程度によって選択配列されることを前提とする。

（一）言語経験の要素
　音声言語（話すこと、聞くこと）の経験
　1．一人で話すこと
　　　講演、報告、研究、発表、説明、お話、朗読、ラジオ、拡声器
　2．互いに話すこと
　　　あいさつ、対話、問答、討議、紹介、訪問、電話等

493

3．会議

　　子ども会、委員会等

4．劇

　　演劇、映画、演劇等、

文字言語（読むこと、書くこと）の経験

1．記録

2．読むこと

3．手紙

4．掲示：広告、告示、看板、名碑

5．説明：論説、報告、解説

6．文学：小説、童話、童謡、詩、伝説、随筆、伝記

7．新聞、雑誌

8．参考書：写真、参考資料

（二）言語経験の機会

2．「第１次教育課程」社会生活科

社会生活科の目標

①　自己と他の人の個性と権利を尊重することを理解させ、自主的に思考し行動する態度を育てる。

②　職種の集団生活（家庭、学校、市、邑、面、国、洞）に関しての成員間の関係、集団の意義、及び集団と集団の関係を理解させ、その中における自己の正しい立場を理解させるとともに、立場をわきまえた正しい態度をとるようにする。

③　社会生活の諸機能（生産、消費、交通、通信、生命、財産の保全、厚生慰安、教育、文化、政治、国防、道義等）に関して正しい理解をするようにさせ、社会的な協同活動に積極的に参加する態度と能力を育てる。

④　人間生活と自然生活との関係を理解させるとともに、適応させ、これらを統制・利用し、人間生活を向上させようとする態度と能力を育てる。

⑤　各種の制度、施設、習慣、及び文化遺産が我々の生活において如何なる意義を持っているのか理解させ、これを利用し改善させる能力を育てる。

資料編「道徳教育」関連教科等の歴代「教育課程」（1947 ～ 1973年）

2．国民学校　社会生活科の内容

国民学校社会生活科　単元一覧表

第1学年	第2学年	第3学年	第4学年	第5学年	第6学年
わが家 わが学校	近隣の生活	地域の生活	私たちの 生活の来歴	産業の発達	わが国の 発展と世界
1. 私たちの学校 2. あいさつ 3. 遠足 4. 物を大切に使おう 5. 安全 6. よい習慣を育てよう 7. たくましい体 8. ともだち 9. わが家 10. 楽しい日 11. 私たちの学校とわが家	1. よい2学年 2. 私たちの地域を守っている人たち 3. 人と物の輸送 4. ものをつくる人たち 5. おつかい 6. 手紙を届ける人たち 7. 正直な子ども 8. 金融調合と銀行 9. 面事務所と市庁 10. 時間を守ろう 11. 私たちの健康を守る人たち 12. 私たちの生活を楽しくしてくれる人たち	1. すばらしい子ども 2. 私の地域の自然環境 3. 私たちの食料 4. 責任と公益 5. 私たちの衣服 6. 私たちの家 7. 都市といなかの生活 8. わが国の北部地方の生活 9. わが国の南部地方の生活 10. わが国の山間地方の生活 11. わが国の海岸地方の生活	1. 私たちの礼法 2. 私たちの地域の発展 3. 自由と協同 4. 愛林 5. わが国の自然環境 6. わが国の名勝古跡 7. うつくしい風俗 8. 私たちが住む地球 9. ソンヨンモの発達 10. 農業のはじめ 11. 集団生活	1. 礼法を守ろう 2. 勤労 3. 医薬と娯楽 4. .資源の利用 5. 機械発展と産業 6. 交通と輸送 7. 商業と貿易 8. .銀行と組合 9. わが国の人口と都市 10. 世界の諸国 11. 国産品愛用	1. 美しい習慣 2. わが国の来歴 3. わが国の歴史を輝かせた人たちと物 4. わが国の政治 5. 民主主義 6. 国際連合 7. 統一と復興 8. 美しいもの 9. 宗教 10. 国民の本分 11. 私たちの未来

第1学年　わが家わが学校

1．私たちの学校

（1）学校にはどのような人がいるだろうか？

（2）学校にはどのような施設があるだろうか？

（3）先生たちはどのように私たちを手助けしてくださるのだろうか？

（4）学校ではどのような勉強をするのだろうか？

（5）教室や運動場ではどのように生活しなくてはならないだろうか？

（6）どうすれば学校を美しくすることができるだろうか？

（7）私の物と他の人の物はどのように注意して使わなければならないだろうか。

（8）どうすれば学校では楽しい時間を過ごすことができるのだろうか？

（9）友達とはどのように過ごさなければならないだろうか？

（10）私たちはなぜ学校に通わなければならないのだろうか？

（11）どのような子どもがよい子どもなのだろうか？

2．あいさつ
（1）両親にはどのようにあいさつしなければならないだろうか？
（2）先生にはどのようにあいさつしなければならないだろうか？
（3）友だちどうしではどのようにあいさつするだろうか？
（4）その他の子ども達にはどのようにあいさつしなくてはならないだろうか？
（5）私たちはどのようにあいさつをしてきただろうか？（反省してみよう）
（6）私たちはなぜあいさつをしなくてはならないのだろうか？
（7）あいさつをするときは、どのような言葉と態度でするのだろうか？
（8）あいさつに使う言葉と行動には、どのようなものがあるだろうか？

3．遠足
（1）遠足にはどのような場所に行くのがいいだろうか？
（2）遠足に行くときは、どのような準備が必要だろうか？
（3）遠足に行くときは、どのような道を行かなくてはならないだろうか？
（4）遠足に行っては何を見て、どのように遊ばなくてはならないだろうか？
（5）遠足にいく場所では、どのような注意が必要だろうか？
（6）遠足に行ったことは、勉強でどのように活用しなくてはならないだろうか？

4．物を大切に使おう
（1）私たちはどのような時にお小遣いを使うだろうか？
（2）お小遣いはどのように使わなくてはならないだろうか？
（3）私たちにはどのような物が必要だろうか？
（4）物はどのように使わなくてはならないのだろうか？
（5）自分の物はなぜ大切にしなくてはならないのだろうか？
（6）人の物はなぜ大切にしなくてはならないのだろうか？
（7）学校の物はなぜ大切にしなくてはならないのだろうか？
（8）学校の物はどのように大切にしなくてはならないのだろうか？

5．安全（危険なことをしないようにしよう）
（1）どのようにすれば安全に登下校することができるだろうか？
（2）道を行くときはどのような注意が必要だろうか？
（3）車（自転車、自動車、電車、汽車）に乗る時はどのような注意が必要だろうか？
（4）山や川べりで遊ぶ時はどのような注意が必要だろうか？
（5）火の用心をしようとするならどのような点に注意したらいいだろうか？

資料編「道徳教育」関連教科等の歴代「教育課程」（1947 ～ 1973年）

（6）恐ろしい病気にかかった時にはどのように注意しなくてはならないだろうか？

（7）私たちが注意しなくてはならない危険な遊びにはどんなものがあるだろうか？

（8）どのような場所で遊ばなくてはならないだろうか？

6．よい習慣をつけよう。

（1）私たちはどのような良い習慣を持っているだろうか？

（2）私たちはどのような悪い習慣を持っているだろうか？

（3）よい習慣はどのようにつけていかなくてはならないだろうか？

（4）悪い習慣はどのように直さなくてはならないだろうか？

（5）どのような口癖がよいのだろうか？

（6）どのような口癖が悪いのだろうか？

7．丈夫な体

（1）丈夫な体を持つためには私たちはどのような習慣をつけなくてはならないだろうか？

    a.　朝起きる時間

    b.　用便する時間

    c.　食事する時間

    d.　夜に寝る時間

（2）食べ物はどのように食べれば体にいいのだろうか？

    e.　よくかんで食べる

    f.　好き嫌いをしない

    g.　冷水と温水のとりそろえ

    h.　煮たもの　煮てないもの

（3）服はどのように着なくてはならないだろうか？

    a.　きれいな服

    b.　季節に合う服

    c.　寝巻き

    d.　端正で簡素な服

（4）私たちの体はどのようにきれいにするのだろうか？

    a.　沐浴

    b.　理髪

    c.　手の爪、足の爪切り

    d.　鼻水を拭く

e.　洗面と手洗いをよくすること

（5）私たちの体を丈夫にするためにはどのようなことをしたらいいだろうか？
　　　a.　冷水摩擦
　　　b.　簡単な徒手体操
　　　c.　楽しい遊び
　　　d.　登山
　　　e.　海水浴
　　　f.　過労を避けること
　　　g.　正しい姿勢
　　　h.　力いっぱいの運動

（6）病気を予防するにはどのようにすればいいか？
　　　a.　体調が悪い時には医者の診察を受ける
　　　b.　予防注射を受ける
　　　c.　回虫、眼疾、虫歯を治すこと
　　　d.　体やその周りをきれいにすること
　　　e.　医師や看護婦の注意を守るようにする

8．友だち
　（1）私たちはどのように友だちとつきあっているか？
　（2）わが家の近所にはどのような友だちがいるか？
　（3）私たちの学校にはどのような友だちがいるか？
　（4）私たちは友だちとどのように遊んでいるか？
　（5）私たちは友だちとどのように学校にいっているか？
　（6）友だちと仲良くなるためにはどのようにしなければならないか？
　（7）悪い友だちとはどのようなものか？
　（8）いい友だちとはどのようなものか？
　（9）友だち同士ではどのように過ごさなくてはならないか？

9．わが家
　（1）家庭にはどのような人たちがいるのか？
　（2）家庭の人たちはどのような仕事をしているのか？
　（3）どのようにすれば家の人たちと一緒に楽しく過ごすことができるだろうか？
　（4）私の家ではどのように責任を互いに理解しているか？
　（5）どのようにすれば私たちは家の仕事を手伝うことができるだろうか？
　（6）どのようにすれば家をきれいに美しくできるだろうか？

資料編「道徳教育」関連教科等の歴代「教育課程」（1947～1973年）

（7）家に来られたお客さまにはどのように礼節を守らなくてはならないか？

（8）近隣の人々にはどのように接したらいいのだろうか？

（9）わが家ではどのような動物を飼っているだろうか？

（10）いい家庭をつくろうとするにはどうしたらいいだろうか？

10．楽しい日

（1）私たちの楽しい日にはどんな日があるだろうか？

    a.   正月はどんな日だろうか？

    b.   秋夕はどんな日だろうか？

    c.   私たちは秋夕をどのように楽しく過ごしただろうか？

    d.   誕生日はどんな日だろうか？

    e.   誕生日はどう過ごしたか？

    f.   運動会の日、学芸会の日には何をして、どのように過ごさなくてはならないだろうか？

（2）わが国の楽しい日にはどのような日があるだろうか？

    a.   三一節、制憲節（7.17）、光復節（8.15）、開天節（10.3）、ハングルの日（10.9）、国際連合（10.24）

（3）国旗を揚げる時にはどのような注意が必要だろうか？

    a.   時間

    b.   旗を立てる位置と模様

    c.   旗のあつかい方

（4）国のうれしい日、式を過ごすときにはどんな注意が必要か？

    a.   真心を尽くす気持ち

    b.   団体としての規則を守ること

    c.   うれしい日の意味をよく理解し、楽しく過ごすこと

11．わが学校、わが家

（1）学校はわが家とどのように協力しているだろうか？

（2）わが家は学校とどのように協力しているだろうか？

（3）私たちは学校と家庭の間をどのようにつなげることができるだろっか？

第2学年　近隣の生活

1．よい2学年

（1）よい言葉使いで話をしよう

    a.   先生にはどういう言葉使いで話をしなくてはならないか。

    b.   両親にはどういう言葉使いで話をしなくてはならないか。

c. 友だち同士では普通に話してもいいが、悪い言葉は使わないようにしよう。

d. 人の意見を尊重し、親切で謙遜な言葉を使うようにしよう。

e. 自分だけ話し、他の人が話できないようにしないこと。

f. 電話で話するときにはどんな注意点が必要か。

g. 大人が呼ぶときには気分よく返事し、すぐに立ち上がって行くようにしよう。

h. はっきり聞き取れるように話をしよう。

（2）あいさつをちゃんとしよう。

a. 家の中では朝夕に大人にあいさつをしよう。

b. 食事をするときにも。（いただきます。とあいさつしよう。）

c. 学校に行く道で近所の大人や先生、友だちと会ったときはあいさつしよう。

d. 学校では先生に朝夕あいさつしよう。

e. 学校にくる参加者やお客様にもあいさつをしよう。

f. 自分の家に来るお客様にあいさつをよくしよう。

g. 他の人の家にお使いに行くときはどのようにあいさつをするのだろうか。

（3）食事をするときにはどのような注意が必要か。

a. 食事をする前は手を良く洗い、歯みがきをしよう。

b. 正しい身なりで座ろう。

c. 時間を急いでないときは、大人が食べるまで食べないようにしよう。

d. よくかんで食べよう。

e. 食べるときは口をつぐもう。

f. 流しこまないように食べよう。

g. おいしいものを選んで一人でだけたくさん食べないようにする。

h. 口に食べ物をたくさん入れて話しないようにしよう。

i. 雑誌や本を読みながら食べないようにしよう。

j. あんまりたくさん食べないようにしよう。

k. 食事中は席を立たないようにしよう。

l. 食後には静かに休むようにしよう。

（4）近隣の人たちとはどのように過ごさなくてはならないか。（あいさつ、手伝い、そうじ、留守番等）

a. わが家の近所にはどのような人が住んでいるのか。

b. 私たちは近所の人たちとどのような関係を持っているのか。

c. 私たちは近所の人とどのようにすれば親しく過ごすことができるのか。

d. 私たちはどのように近所の人たちと協力するのだろうか。

2．私たちのふるさとを守ってくださっている人たち

（1）私たちを守ってくださる人たちにはどのような人たちがいるのか？（軍人、警察、消防署員）

資料編「道徳教育」関連教科等の歴代「教育課程」（1947〜1973年）

（2）彼らはどのように私たちを守っているのか？

（3）私たちは彼らとどのように協力するのだろうか？

（4）私たちは安全のためにどのような信号と表示を知っておかなくてはならないか？

（5）私たちは安全で健康な生活をするためにどのような注意が必要か？

3．人と物を輸送する人たちはどのように私たちを助けているのか？

（1）旅行するとき、私たちはどのような物を利用するのか？

（2）物の輸送にはどのような車が使われるのか？

（3）人と物を輸送する人たちにはどのような人たちがいるのか？

（4）彼らは私たちをどのように助けているのか？

（5）私たちはこの人たちとどのように協力することができるのか？

4．物を届けてくれる人たちは、私たちをどのように助けているのか？

（1）私たちの生活に必要な物を届けてくれる人たちにはどのような人たちがいるか？（店、新聞、配達、牛乳配達、行商）

（2）私たちの地域に近い市場はどこだろうか？

（3）市場はなぜ必要なのだろうか？

（4）店には売る品物によってどんな種類のものがあるだろうか？（野菜、肉、魚、菓子、皿、金物、紙、食べ物、くつ、楽器、その他）

（5）店には大きさによってどんな種類があるか？（百貨店、市場、露店）

（6）よい買い物をしようとするならば、どんな注意が必要か？

（7）物を売る人たちはどんな注意が必要か？

（8）物を売る人たちと私達はどんな関係を持っているだろうか？

（9）私達はこれらの人たちとどのような協力をすることができるだろうか？

5．お使い

（1）私たちはどのようなお使いをしているか？

（2）私たちはどのようなお使いをすることができるだろうか？（朝、夕、学校、家庭で）

（3）お使いをするとき、注意しなくてはならないことはなんだろうか？

（4）お使いがうまくできる子どもは、どうしてよい子なのだろうか？

6．手紙を届ける人たちは、私達にどのように役立っているのだろうか？

（1）手紙や小包はどのように届けられているか？

（2）郵便局ではどのような仕事をしているのか？

（3）そこで仕事をしている人たちは私達にどのように役立っているだろうか。

（４）手紙や小包はどのように送ればいいのだろうか？

（５）私達は手紙を届けてくれる人たちをどのように手助けできるだろうか？

7．正直な子ども

（１）どのようにすることが正直な子どもということなのだろうか？

（２）自分が話したい言葉はしっかり言うようにしよう。

（３）自分がしたことについてはしっかり言うようにしよう。

（４）一度約束したことは守るようにしよう。

（５）うそを言うことはなぜよくないのだろうか。

（６）正直な子どもはなぜよい子どもなのだろうか？

8．金融組合と銀行の人たちは私達にどのように役立っているのだろうか？

（１）金融組合や銀行ではどんな仕事をしているのか？

（２）人たちはどのように私たちの役に立っているのだろうか？

（３）私たちは銀行の人たちにどのように協力することができるのだろうか？

9．面、邑の事務所の人たちは私たちにどのように役に立っているのだろうか？

（１）面、邑の事務所や市庁ではどんな仕事をしているのだろうか？

（２）この場所で仕事している人たちにはどんな人たちがいるのだろうか？（面長、邑長、市長、その他）

（３）この人たちはどのように私たちに役に立っているのだろうか？

（４）私たちはこれらの人たちとどのように協力することができるだろうか？

10．時間を守ろう

（１）わが家ではどのように時間を使う生活をしているのだろうか？

（２）わが学校ではどのように時間を使う生活をしているのだろうか？

（３）この社会の人たちはどのように時間を決め、働いているのだろうか？

（４）学校の時間に遅れないようにするためには、どのような注意が必要だろうか？

（５）私たちは他の人たちと約束するとき、どのような注意が必要だろうか？

（６）時間を破れば私たちはどのような損害を受けるだろうか？

11．私たちの日常生活を楽しくおもしろくしてくれる人たちは、どのように私たちの役に立っているだろうか？（劇場人、演劇人、放送員、芸術員、運動家、出版報道員）

（１）私たちを楽しくしてくれる施設にはどのようなものがあるだろうか？

（２）私たちはこのような施設をどのように利用しているだろうか？

（３）そこではどのような人たちがいて、またその人たちはどのような仕事をしてい

資料編「道徳教育」関連教科等の歴代「教育課程」（1947 ～ 1973年）

　るだろうか
（4）私たちは、このような人たちとどのように協力することができるだろうか？

第3学年

1．すばらしい子ども
　（1）自分の意志をはっきり示そう。
　　　　a.　自分の意志を文字や言葉ではっきり示そう。
　　　　b.　人が自分を呼ぶときは正しい返答をしよう。
　　　　c.　友だちが勧めたり要求したりすることで、よいことには賛同し悪いことは
　　　　　　断ろう。
　（2）体と服とまわりの物を美しく整頓しよう。
　　　　a.　体をきれいにしよう。(顔、耳、首、髪型、口、手)
　　　　b.　服をきれいにしよう。
　　　　　　きれいな下着を着よう。
　　　　　　くつ下をよく洗おう。
　　　　　　制服を着るようにしよう。
　　　　　　洋服は大事に扱うようにしよう。
　　　　　　ハンガーにかけておくように。ボタンが落ちたものは修繕すること。
　　　　　　ズボンは時々アイロンをかけること。
　　　　　　高い布のものより安い服をよく洗って着よう。
　　　　c.　正しい態度と動作をしよう。(身なり、歩き方、ポケットに手を入れない
　　　　　　ようにしよう)
　　　　d.　部屋の中のものを美しく整理しよう。
　　　　e.　机の上のものをよく整理しよう。
　　　　f.　教室の中をきれいに整理しよう。
　（3）外に出てはどんなことに注意しなくてはならないだろうか？
　　　　a.　道端にゴミを捨てないようにしよう。
　　　　b.　道でつばを吐いたり、小便をしたりしないようにしよう。
　　　　c.　道で歩きながら食べ物を食べないようにしよう。
　　　　d.　道を行くときは身なりを端正にしよう。
　　　　e.　交通道徳を守ろう。(信号、歩道、車道)
　　　　f.　道端で遊ばないようにしよう。
　　　　g.　数人で歩くときは横に広がらないようにしよう。
　　　　h.　道の真中に立って話をしなようにしよう。
　（4）公園や遊び場ではどのように注意しなくてはならないだろうか？
　　　　a.　公園や遊び場のイス、ブランコ、シーソー、すべり台のようなものを独

503

り占めしないようにしよう。

b. 弁当、皮や紙は一定の捨て場へ捨てるようにしよう。

c. 公園の花や鳥、その他の動植物は折ったり害を与えたりしないようにしよう。

d. その場所にあるものを大切に使おう。

（7）電車やバス、汽車に乗る時はどんなことに注意したらよいだろうか？

a. 電車や汽車の切符を買うときや、それから降りるときは一列に並んで順番を守ろう。

b. 車の中では席を独り占めしないで、老人や婦人に席をゆずろう。

c. 靴のまま上がって窓の外を見ないようにしよう。

d. 車の外にもたれかからないようにしよう。

（8）お金と物と時間をどのように使ったらいいだろうか？

a. このようなものを大切に使おう。

b. なぜこのようなものを大切に使わなくてはならないのだろうか？

c. このようなものをかしこく利用しようとするならば、どのように気を使わなくてはならないだろうか？

d. お小遣いはどのように使わなくてはならないだろうか？

e. 学用品、家の中の物、学校の物、その他の他人の物、公共物はどのように使わなければならないだろうか？

f. 下校後の時間、長期の休み期間はどのように過ごさなくてはならないだろうか？

g. 約束した時間を守ろうとすればどのように務めなくてはならないだろうか？

2．私たちの地域の自然環境

（1）私たちの地域はどのような位置にあるのか？

（2）私たちの地域ではどのような山があり、どのように山脈が伸びているか？

（3）平野はどのようにが広がっているか？

（4）川はどのように流れ、またどこから流れてきているのか？

（5）山、平野、川等は、どのように互いに関係しているのか？

（6）私たちの地域の気候と雨量はどうだろうか？

（7）私たちの地域の環境は私たちの生活とどのように関係しているだろうか？

3．私たちの食料品

（1）私たちはなぜ食料品が必要なのか？

（2）食料品にはどんな種類があるのか？

（3）私たちの地域ではどんな食料を産出しているか？

資料編「道徳教育」関連教科等の歴代「教育課程」（1947 ～ 1973年）

（4） 私たちの地域で余っている食料品は何で、足りない食料品は何か？
（5） 足りない食料品はどのようにして私たちの地域に入ってくるのか？
（6） 食料品はだれが産出するのだろうか？
（7） 各地域では食料品をどのように相互依存しているのか？
（8） 私たちの地域の土地はどのように利用されているのか？
（9） 私たちは食料品を生産している人たちをどのように手伝うことができるか？
（10） 私たちは食料品をどのように扱い、食事をするときにはどのように注意が必要だろうか？

4．責任と公益
（1） 私たちが責任を果たそうとすれば、どのようにしなくてはならないだろうか？
　　 a. 私たちのクラスではどのように仕事を分担しているだろうか？
　　 b. 自分が任された仕事はどのようにしなくてはならないか？
　　 c. 先生や友だちとの約束はどのように守らなくてはならないか？
　　 d. 学級で決議したことはどのように守らなくてはならないか？
　　 e. 分担して仕事をするときはどのようにしなくてはならないか？
　　 f. 私たちの地域の人々は、どのように互いに責任を果たしているか？
（2） 私たちはどのようにいろいろな人々のために仕事をするのだろうか？
　　 a. 私たちの地域の人々はどのように互いに助け合い、生活しているのか？
　　 b. 私たちが自分の利益だけを考えることは、なぜよくないのか？
　　 c. 他の人のためにすることはなぜいいことなのか？
　　 d. 学校の物や協同の物はなぜ大事に扱わなくてはならないのか？
　　 e. 私たちはいろいろな人々の利益のために、どのようなことができるか？
（3） 自分の責任を果たすことは、なぜ他の人のためになるのだろうか？

5．私たちの衣類
（1） 私たちにはなぜ衣類が必要なのか？
（2） 私たちは季節によってどのような衣服を着るか？
（3） 学校の通学時や運動する時にはどのような衣服が適当か？
（4） 他の国の人たちはどのような衣服を着ているか？
（5） 衣類の資源にはどのようなものがあるか？
（6） 私たちの地域ではどのような衣類の資源が生産されているか？
（7） 衣類の生産と製作に人々はどのように協力しているのか？
（8） 衣類はなぜ価格に差があるのか？
（9） 贅沢な服はなぜよくないのか？
（10） 衣服はどのように処理し、管理するのだろうか？
（11） 私たちは衣類の生産や扱い方に、どのように協力しているのだろうか？

505

6．私たちの家
　（1）私たちにはなぜ住宅が必要なのか？
　（2）住宅にはどのような種類があるのか？
　（3）私たちの地域にはどのような住宅が多いのか？
　（4）わが国の住宅はどのように変わってきたのか？
　（5）他の地域の人々はどのように家を作っているのか？
　（6）住宅に必要な資材にはどんなものがあるのか？
　（7）住宅の建築にはどのような人々が仕事をし、彼らはまたどのように協力しているのか？
　（8）住宅は私たちにどのように安全を提供してくれているのか？
　（9）私たちは住宅や学校を見回し、美化するときにどのように手伝うことができるだろうか？
　（10）私たちは住宅のどのような点を改良することができるだろうか？

7．都市と地方の生活
　（1）都市の人々の食料品はどのようにどのように仕入れているか？
　（2）都市の人々は食料品をどのように加工し、また販売しているか？
　（3）都市の人々は衣類をどのように生産し、また販売しているか？
　（4）都市の人々はどのように住宅を建てているか？
　（5）都市には住宅の以外にどのような機関の建物があるか？
　（6）地方の人々は食料品をどのように生産しているか？
　（7）地方の人々は住宅をどのように建てているか？
　（8）地方の人々は衣類をどのように生産し、また仕入れているのか？
　（9）地方の人々には様々な人々のためにどのような機関があるのか？
　（10）都市と田舎の人たちは互いにどのように依存しているのか？
　（11）都市の良い点と悪い点は何か？（教育、文化、政治、経済、交通、娯楽、複雑、人心、生活観、不安）
　（12）地方の良い点と悪い点は何か？（自然美、平和、安心、生産、自給自足、人心、教育、文化）

8．わが国の北部地方の生活
　（1）わが国の北部地方にはどのような道があるか？
　（2）この地方の気候と雨量はどのくらいか？
　（3）この地方の土地の模様はどうか？
　（4）この地方で出る重要な産物には何があるか？
　（5）この地方の人たちの生活は私たちの生活とどういう点がちがうか？（衣食住、風俗、習慣）

資料編「道徳教育」関連教科等の歴代「教育課程」（1947〜1973年）

　（6）　この地方はわが国でどのように重要な場所となっているだろうか？

9．わが国の南部地方の生活
　（1）　わが国の南部地方にはどのような道があるか？
　（2）　この地方の気候と雨量はどのくらいか？
　（3）　この地方の土地の模様はどうか？
　（4）　この地方ではどのような重要な産物が出るか？
　（5）　私たちの地域の人々との生活と点がちがう点は何か？
　（6）　この地方はなぜ重要か？
　（7）　北部地方と違う点はどのような点か？

10．わが国の山間地方の生活
　（1）　山間地方の自然環境の特色は何か？
　（2）　この地方の人々はどのような生業に従事しているか？
　（3）　この地方の人々は食料をどのように得ているか？
　（4）　他の地方とはどのように相互依存しているか？
　（5）　この地方のいい点と異なっている点は何か？
　（6）　わが地域の生活とはどのように違うか？

11．わが国の平野地方の生活
　（1）　平野地方の自然環境はどのようであるか？
　（2）　平野地方ではどのような産業が発達したのか？
　（3）　他の地方との相互依存関係はどうか？
　（4）　この地方の便利な点は何であり、また不便な点は何か？
　（5）　わが地域の生活とどのような点が違うか？
　（6）　山間地方の生活と違う点は何か？

12．わが国の海岸地方の生活
　（1）　海岸地方はどのような自然環境を持っているか？
　（2）　この地方の人々はどのような生業に従事しているか？
　（3）　他の地方とはどのように相互依存関係を持っているか？
　（4）　この地方の便利な点と不便な点は何か？
　（5）　わが地域の生活と特色が違う点は何か？
　（6）　山間地方、平野地方の生活と違う点は何か？

507

第 4 学年

1．私たちの礼節
　（1）礼節を守ろう
　　　　a.　礼節をよく守るためにはどのような注意が必要か？
　　　　b.　どうすれば人と愉快に接することができるだろうか？
　　　　c.　人の人格と意見はなぜ尊重しなければならないか？
　　　　d.　いろいろな礼法の習慣や形式を知っていても、これを運用しようとすれば常識が必要なことはどのような理由からか？
　　　　e.　常識を育成しようとするならば、自分が自ら考えなくてはならないというのはどういう理由からか？
　　　　f.　常識を育成しようとするならば、よく観察し、いい本を読んでいい行動をし、経験を積むことであるのはどういう理由からか？
　　　　g.　私たちの日常生活をもう少しすばらしくするためには、どのように常識を活用し、気をつけるべきか？
　（2）自分より幼い子や弱者には、どのような態度を持つべきか？
　　　　a.　自分より目下の者にはどのように接するべきか？
　　　　b.　自分よりよく礼節を知らない子どもには、どのように接するべきか？
　　　　c.　自分より貧しい家の子ども、不潔な子ども、勉強ができない子どもたちには、どのように接するべきか？
　　　　d.　自分より幼く力が弱い子どもにはどのように接するのべきか？
　　　　e.　私たちは、なぜ自分より幼く弱い人を助けなくてはならないのか？
　（3）私たちの本分を守ることとは、どのようにするのだろうか？
　　　　a.　私たちの本分は何か？
　　　　b.　私たちはどのようにすれば学校で勉強ができるようになるのか？
　　　　c.　私たちは学校を出て、将来どのような人になるように努力するべきか？
　　　　d.　学校になかなか通うことができない不幸な子ども達には、私たちはどのような心を持つべきなのか？
　　　　e.　私たちは両親と先生の恩に対してどのように応える覚悟が必要か？
　　　　f.　私たちが怠惰や誘惑に陥るとき、その結果はどのようになるだろうか？
　　　　g.　私たちが本分を守ることは、私たちの社会にどのように貢献することになるだろうか？
　（4）いろいろな人が集まる場所ではどのように注意するべきだろうか？
　　　　a.　自治会ではどのような注意が必要か？
　　　　b.　停留所で車に乗るときはどのようにしなくてはならないか？
　　　　c.　公衆浴場ではどのような身だしなみをしなくてはならないか？
　　　　d.　井戸の近くではどのような注意が必要か？

資料編「道徳教育」関連教科等の歴代「教育課程」（1947 ～ 1973年）

  e. 公衆便所の使用はどのようにすればいいだろうか？

  f. 運動競技場ではどのような態度でなければならないか？

  g. 劇場に行ってからはどのようにすればいいだろうか？

  h. 約束はなぜ守らなければならないか？

（5）手紙はどのように書かなければならないか？

  a. 手紙はどのような場合に書くものだろうか？

  b. 手紙を書くときに注意しなくてはならないことは何か？

  c. 内容と用件はどのように書くのか？

  d. 文字はどのように書くのか？

  e. 目上の人にはどのような言葉使いで書くのか？

  f. 堅苦しく下品な手紙にならないようにするには、どのような注意が必要か？

  g. 住所と姓名（宛名）はどのように書くのだろうか？

  h. この他に注意することは何だろうか？

  i. 手紙は私たちの生活とどのような関係があるのだろうか？

2．私たちの地域の発達

（1）私たちの学校生活の研究

  a. 私たちの学校はどうすればもっとよくなることができるだろうか？

  b. いい学校の特色は何だろうか？

  c. 私たちの学校はどのように運営しているのか？

  d. 私たちの学校は他の地域社会の機関や団体とどのように協力しているのだろうか？

  e. 私たちは個人や学生団体の力でどのように学校を改善することができるだろうか？

  f. 私たちの学校は近所の他の学校と比較すればどうなのだろうか？

（2）私たちの道生活の研究

  a. 私たちの道の実力はどうか？

  b. 私たちの道の発展に影響を与えた要素は何か？

  c. 私たちの道の名勝古跡にはどのようなものがあるか？

  d. 私たちの道の産業はどうだろうか？

  e. 私たちの道の交通と運輸は、私たち道民にどのような影響を与えているか？

  f. 私たちの道庁はどのように運営され、私たち道民の要求をどのように満足させているか？

  g. 私たちの道の周囲にはどのような道があるか？

  h. 私たちの道はわが国へどのような貢献をしているか？

i．私たちの道の発展のために、私達はどのように協力しなくてはならない
　　　　だろうか？

３．私たちの生活に自由と協同はどうして必要なのだろうか？
　（１）自由とは何だろうか？
　（２）民主主義社会ではどうして自由が尊重されるのか？
　（３）自由と恣意はどのように区別されるのだろうか？
　（４）本当の自由とはどのようなものだろうか？
　（５）協同とは何だろうか？
　（６）自由と協同にはどんな関係があるのか？
　（７）人々は自由のためにどのように戦ってきたか？
　（８）社会では協同、または価値のためにどんな制度をつくり上げてきたのか？
　（９）私たちはこの問題を学校や家庭でどのように運用するのだろうか？

４．私たちはどうして木を愛さなくてはならないのだろうか？
　（１）植樹日はいつだろうか？
　（２）私達はなぜ毎年木を植えるのだろうか？
　（３）わが国の山はなぜ丸裸なのか？
　（４）この問題を解決しようとすれば、どんな点に努力しなくてはならないのか？
　（５）木と人にはどんな関係があるのか？
　（６）他の国では木を育てるためにどのような努力をしているのか？

５．わが国の自然環境
　（１）わが国はどのような場所にあるのか？
　（２）わが国の山勢と有名な山はどうだろうか？
　（３）わが国の川と流域の平野はどこにあるか？
　（４）わが国の重要な島と半島はどのようなものがあるか？
　（５）わが国の海岸線はどうだろうか？
　（６）わが国の海流にはどのようなものがあるか？
　（７）わが国の気候の特色は何か？
　（８）季節風とは何か？
　（９）わが国の平均気温はどのくらいだろうか？
　（10）わが国の年間の雨量はどのくらいだろうか？
　（11）自然環境はわが国の生活にどのような影響を与えているだろうか？

６．わが国の名勝古跡
　（１）名勝古跡とはどのような場所か？

資料編「道徳教育」関連教科等の歴代「教育課程」（1947～1973年）

（2）わが国の北部地方には名勝古跡があるだろうか？（平譲、ハムフン等）

（3）わが国の中部地方にはどのような名勝古跡があるか？（ソウル、開城等）

（4）わが国の南部地方にはどのような名勝古跡があるか？（プヨ、慶州等）

（5）わが国では名勝古跡をどのように保護保存しているのか？

7．美しい風俗

（1）わが家の家族たちは、どのように仲良く暮らしているだろうか？

（2）わが家の親戚たちはどのように互いに助け合っているだろうか？

（3）わが地域にはどのような良い風俗があるのだろうか？

（4）わが国の美しい風俗はなんだろうか？

（5）私たちは、これからどのような良い風俗を育てて行かなくてはならないか？

8．われわれが住んでいる地球とはどのようなものだろうか？

（1）地球はどのようにして生まれたのか？

（2）地図はどのように読むのだろうか？

（3）地球の表面はどうなっているのだろうか？

　　a．地球の上に大きな壁をなしている山脈は何だろうか？

　　b．平野とは何だろうか？

　　c．川とは何だろうか？

　　d．海岸とは何だろうか？

（4）地球の上の気候はどうなっているのだろうか？

（5）地球の上にはどのような動物と植物がいるのか？

（6）地球の上にはどのような人たちがいるのか？

9．全ての生

（1）私たちはどのように家庭生活をしているのか？

（2）昔の人たちはどのように生きてきたのか？

（3）生活の総合がなぜ必要なのか？

（4）私たちの学校はどうして集団生活をしているのだろうか？

（5）私たちの地域はどのように集団生活をしているのだろうか？

（6）私達の道と国はどのように集団生活をしているのだろうか？

（7）私たちの世界はどのように集団生活をしているのだろうか？

10．人はどのようにして農作業をつくるようになったのか？

（1）昔の人々はどのように農作業をしたのか？

（2）農具はどのように変わってきたのだろうか？

（3）私達はどのように農業を改良しなくてはならないだろうか？（主に耕作）

11. 技術の発達
 （1） 昔の人たち（原始人）は、何を使って生きていたのか？
 （2） 漆器は最初はどのようにして作られたのか？
 （3） どのようにして銅や鉄で物が作られるようになったのか？
 （4） 昔の人たちは何の服を着ていたのか？
 （5） 昔の人たちは（どのようにして）紙や本を作っていたのか？
 （6） 文字はどのように発達してきたのか？
 （7） 人はどうしてお金を使うようになったのか？

5学年

産業の発達

1. 礼法を守ろう
 （1） 正しい批判力を持とうとすれば、どのようにすべきだろうか？
  a. 私たちは人々のうわさをどのように聞かなければならないか？
  b. 新聞に出る事件の報道はどのように読まなければならないか？
  c. 一つの事件に対するいろいろな新聞雑誌の記事はどのように読まなくてはならないのか？
  d. 広告文はどのように読まなくてはならないのか？
  e. 正しい批判力を持とうとすれば、なぜいろんな人の意見を聞かなくてはならないか？
  f. 正しい批判力を持とうとすれば、なぜ自分がよく考えなくてはならないのか？
  g. 正しい批判力を持とうとすれば、なぜ自分の経験に照らしてみなくてはならないのか？
  h. 正しい批判力を持とうとすれば、なぜ確実な情報を知らなくてはならないのか？
  i. 民主主義社会ではどうして鋭い批判力を持たなくてはならないのか？
 （2） 家庭ではどのように過ごさなくてはならないのだろうか？
  a. 祖父母に対してはどのように接しなくてはならないのか？
  b. 父母に対してはどのように孝行しなくてはならないのか？（その生前と死後）
  c. ‘父母の日’‘父の日’の由来はなんだろうか？
  d. 同期の間で友愛的に過ごそうとするならば、どのような点に留意しなくてはならないのか？
  e. 自分の家に来たお客さんに対しては、どのように接しなくてはならないのか？

資料編「道徳教育」関連教科等の歴代「教育課程」（1947 ～ 1973年）

f. 自分が人に家のお客さんとして行った場合には、どのように行動しなくてはならないか？

（3）訪問・接待

a. 友だちの家を訪問するときには、どうすればよいのか？

b. 友だちの家ではどのように遊べばよいのか？

c. 電話で大人を呼ぶときは、どのような言葉使いをしなくてはならないのか？

d. 食堂で大人といっしょに食事するときは、どのようにすればよいのか？

e. 学校の用事で新聞社にお使い行くときは、どのようにすればよいのか？

f. 家にお客さんが来られたときは、どのようにすればよいのか？

g. お客さんには、お茶や食事等はどのように接待しなくてはならないのか？

h. お客さんが帰られるときには、どのように見送るのがよいのか？

i. 外国人と接するときは、どのような態度と注意が必要か？

j. 病院に傷痍軍人のおじさんを慰問に行くときは、どのようにしてあげたらよいのか？

（4）公共施設の利用

a. 図書館や図書室はどのように利用しなくてはならないのか？

b. 公園にはどのような施設があり、それをどのように利用しなくてはならないのか？

c. 旅行するとき、車の中ではどのような態度が必要か？

d. 博覧会や展示会のような場所ではどのような態度でなくてはならないか？

e. 公共施設等をよく利用し保存しようとすれば、どのようにすればよいか？

2．勤労は私たちの生活にどのように必要なのだろうか？

a. 勤労とはなんだろうか？

b. 私たちは勤労の場所として、どのように教室と学校を美化しなくてはならないのか？

c. 私たちは勤労の場所として、家庭をどのように美化しているだろうか？

d. 勤労は国家・民族の発展にどのような関係があるのか？

3．誠実で勤勉な人になろうとするならどんな点に留意しなくてはならないだろうか

a. 心身の健康

b. 勤労の習慣

c. 仕事の全貌を理解すること

d. 仕事の目的と性格を理解すること

513

e.　仕事の順序を考えること
　　　f.　仕事に対する全体的な計画
　　　g.　受動的な勤労よりも自主的な勤労は、なぜ、より価値があるのだろうか？
　　　h.　　勤労が尊いものであり、勤労から喜びを得るということはなぜだろうか？
　　　i.　勤労にはなぜ忍耐が必要なのだろうか？

4．健康と娯楽
　（1）原始的な人や無知な人は、どのような方法で病気を治そうとするのか？
　（2）伝染病にはどんなものがあり、それらを防ぐためにはどのような方法があるのか？
　（3）わが国では防疫と保健のためにどのような施設をもっており、どのように努力しているだろうか？
　（4）私たちは何をするときに最も楽しみを感じるだろうか？
　（5）人生にはなぜ娯楽が必要なのだろうか？
　（6）どのような娯楽が健全な娯楽なのだろうか？
　（7）私達は娯楽に対してどのような注意が必要だろうか？

5．資源の利用
　（1）資源とは何だろうか？
　（2）農産資源はどんなものか？
　　　a.　わが国の農地の広さや農業人口はどのくらいだろうか？
　　　b.　わが国の主要農産物にはどのようなものがあるか？（米、麦、豆、等）
　　　c.　衣料資源にはどんなものがあるか？（綿花、綿、麻、生糸）
　　　d.　薬用資源にはどのようなものがあるか？（人参、ききょう）
　　　e.　その他、特殊農産物にはどんなものがあるか？
　　　f.　食用農産物にはどんなものがあるか？（りんご、梨、みかん等）
　　　g.　農産資源をさらに開発しようとすれば、どのようにしなくてはならないだろうか？
　（3）水産資源はどうだろうか？
　　　a.　わが国に水産資源が豊富な理由の何だろうか？
　　　b.　わが国の水産資源にはどのようなものがあるか？
　　　　　東海漁場
　　　　　南海漁場
　　　　　西海漁場
　　　c.　水産資源は私たちの生活にどのように役に立っているだろうか？

資料編「道徳教育」関連教科等の歴代「教育課程」（1947 ～ 1973年）

    d.　わが国の製塩法はどのようになっているだろうか？
       天日法
       火力法
    e.　水産資源をさらに増大させようとするならば、今後どのような方法があるか？
（4）動力資源とはなんだろうか？
    a.　動力資源にはどんなものがあるだろうか？（水、風、石炭、石油等）
    b.　動力資源をどのように利用しているだろうか？
    c.　新しく動力を得るために、今はどのような研究が進められているか？
    d.　わが国の動力を発展させるためには、我々はどのような点に努力しなくてはならないのか？
（5）地下資源はどうだろうか？
    a.　わが国にはどのような種類の地下資源があるか？
    b.　わが国の4大鉱物は何だろうか？（金、石炭、鉄、黒鉛）
    c.　その他、地下資源にはどんなものがあるだろうか？（重石、蛍石等）
    d.　わが国は地下資源をどのように利用しているか？
    e.　地下資源の開発には、どのような努力が必要か？
（6）資源と国家発展にはどのような関係があるか？
    a.　わが国の豊かな資源は何と何か？
    b.　わが国に不足の資源には何があるか？
    c.　わが国が豊かになろうとするならば、どのような資源が必要か？
    d.　資源開発にはどのような方法があるか？

6．機械の発達と産業
（1）昔の人たちはどのようにして物品を生産したのか？
（2）今、わが国の田舎ではどのようにして物品を生産しているのか？
（3）工場では、どのようにして物品を生産しているのか？
（4）産業革命とはなんだろうか？
（5）私たちの服の布はどのように機械生産されているのか？
（6）私たちの衣類はどのように機械生産されているのか？
（7）せとものはどのように機械生産されているのか？
（8）ゴム靴、運動靴等はどのように機械生産されているのか？
（9）自転車はどのように機械生産されているのか？
（10）工業にはどのような種類があるか？
（11）わが国の工業を発展させようとするならば、どのような点に努力しなくてはならないのか？

7．交通と輸送
　（1）人と人が意思を通じようとするならば、どのような手段を使うだろうか？（言葉、文字、ジェスチャー等）
　（2）文字はどのように発明され、また、どのように発展してきたのか？（ハングル、漢字、アルファベット等）
　（3）昔と今の郵便方法はどのように変遷してきたのか？
　（4）私たちが文字を書くときに必要な物にはどんなものがあり、それはどのように発展し、変遷してきたのだろうか？
　　　　a紙、b墨、cインク、d筆、eペン、f鉛筆、g印刷機
　（5）昔の通信方法はどのようであっただろうか？（烽火、手旗）
　（6）有線、電線、電話はどのように発展してきたのか？
　（7）無線、電線、ラジオ、テレビ等はどのように発明され発展してきたのか？
　（8）昔の人たちはどのように人や物を運んだのだろうか？（人力、畜力、その他）
　（9）船はどのように発展してきたのか？
　(10)　汽車はどのように発展してきたのか？
　(11)　自動車はどのように発展してきたのか？
　(12)　航空機はどのように発展してきたのか？
　(13)　わが国の郵便、通信（電信、新聞、ラジオ等）等の状況はどうだろうか？
　(14)　わが国の陸上交通はどうなっているのだろうか？
　(15)　わが国の海上交通はどうなっているのだろうか？
　(16　)　わが国の航空交通はどうなっているのだろうか？
　(17)　通信交通の発展はわが国の生活にどのような影響を及ぼしているのだろうか？

8．産業と貿易
　（1）私たちは必要な物をどこで購入しているのか？（市場、百貨店等）
　（2）昔の人たちはどのような方法で必要な物を入手していたのか？
　（3）国と国の間ではどのように互いに必要な物を交換しているのか？
　（4）貿易とは何だろうか？
　（5）昔のわが国の貿易はどうなっていたのだろうか？
　（6）現在のわが国の貿易はどうなっているのか？（国際関係）
　（7）貿易と国家の経済はどのような関係となっているのか？
　（8）わが国の貿易を振興しようとすれば、どのような点に努力しなくてはならないのか？

9．銀行と組合
　（1）私たちの生活に貯蓄はどのように必要なのだろうか？

資料編「道徳教育」関連教科等の歴代「教育課程」（1947～1973年）

（2）わが国の金融機関にはどのようなものがあるのか？

（3）銀行や組合はどのような役割を持つ場所か？

（4）わが国ではどのような種類の銀行や組合があるのか？

（5）預金にはどのような種類があるか？

（6）組合は農村発展にどのような役割を果たしているのか？

（7）私たちの銀行や組合を発展させようとすれば、どのような点に努力しなければならないのか？

10. わが国の人口と都市

（1）わが国の人口と面積はどうだろうか？

（2）わが国の人口密度はどのくらいだろうか？

（3）わが国の行政区域はどのように区分されているか？

    a.　昔の八道区分

    b.　現在の一特別市 14 道区分

    c.　各道の広さと人口の比較

（4）次に、各地方の都市はどのように発達しているのか？

    a.　江北地方

    b.　江西地方

    c.　海面地方

    d.　京畿地方

    e.　ヨンドン地方

    f.　ホソ地方

    g.　ホナム地方

    h.　ヨンナム地方

（5）わが国の都市や村落を発展させようとするならば、どのようにすればよいだろうか？

11. 世界の様々な国

（1）地球の上には陸地と海の分布がどのようになっているか？

（2）地球の上にはいくつの国があり、人はどれくらい住んでいるのか？

（3）6大州の広さと3大洋の広さを比較するとどうだろうか？

（4）世界の重要な国たちはどこに位置しているか？

（5）世界で有名な山と川はどこにあるか？

（6）世界の重要な産物はどこで産出されているか？

（7）わが国と関係の深い国はどこだろうか？

    a.　近代

    b.　現代

（8）現在その国々の生活はどうだろうか？

    a.   わが国との隣接国家

    b.   民友陣営の代表国

    c.   6.25事変中、わが国を援助した国

（9）共産陣営にはどのような国々があり、その生活状態はどうか？

（10）世界の国々は互いにどのように助け合っているのか？

（11）私たちは国際親善のために、どのように努力しなくてはならないのだろうか？

12. 国産品愛用

（1）国産品をどのように愛用しなくてはならないか？

（2）需要と供給の関係はどうなっているのだろうか？

（3）優秀な国産品はどのように作られていくのだろうか？（国産品展示会）

（4）国産品愛用と産業振興とはどのような関係があるのか？

（5）国産品奨励には国家や個人がどのようにしなくてはならないのか？

6学年

わが国の発達と世界

1. 美しい習慣

（1）計画的な生活

    a.   計画的な生活とはどのような生活だろうか？

    b.   計画的な生活をするためにはどのような点に留意しなくてはならないだろうか？

        継続的な努力

        忍耐心

        探究心

        反省心

    c.   私たちの学校の一日一日の生活はどのように計画的に動いているか？

    d.   私たちは家庭でどのように一日一日の生活を樹立するのだろうか？

    e.   計画的な生活は私たちにどのようなよい結果をもたらすか？

（2）儀式に理解をしよう

    a.   わが国の国慶日にはどのような行事を行うか？

    b.   クリスマス行事に関する由来と形式を知っておくようにしよう。

    c.   釈迦如来の誕生節にはどのような行事を行うのか？

    d.   結婚式は、宗教的な儀式にしたがってどのように異なって行われているのか？

    e.   私たちの家ではどのような時にどのような方式で祭事を行っているのか？

資料編 「道徳教育」関連教科等の歴代 「教育課程」（1947 ～ 1973年）

    f.   私たちはどのような時にどのように先祖たちの墓参りをするのか？

    g.   宗教の信者達は食事の時に感謝の心をどのように表現しているのか？

    h.   わが国の儀式や習慣の中で宗教と関係があるものにはどのようなものがあるのか？

（3）指導性を伸ばそう

    a.   共同作業の計画分担実行に対して能力を伸ばそう。

    b.   児童会の司会者としての能力を伸ばそう。

    c.   他の意見や議題を整理することができる能力を育てよう。

    d.   発表会、学芸会等の集会を計画実行する能力を育てよう。

    e.   下級生の模範になり、親切に指導するようにしよう。

（4）社会に対する奉仕活動

    a.   交通事故の防止のために交通安全ポスターをつくる。校門の前で交通整理をする。

    b.   防火週間に協力する。

    c.   学校や家の近所の清掃をする。

    d.   同胞愛週間の共同募金に協力する。

    e.   軍人家族罹災民等に対する助力と慰問をする。

    f.   老人、不愚者に対して親切にする。

    g.   公演、道路等を清掃する。

    h.   公共施設の保全に協力する。

2．わが国の国力はどうだろうか？

（1）わが民族はどのように始まったのか？

（2）有史以前のわが国の人々の生活はどうだったのか？

（3）古朝鮮とはどういう国であり、その生活はどうだったのか？

（4）三韓と三国時代の人々の生活はどうだったか？

（5）新羅はどのようにしてわが国を統一し、人々の生活はどうだったのか？

（6）高麗はどのようにしてわが国を統一し、人々の生活はどうだったのか？

（7）朝鮮はどのようにしてわが国を統一し、その生活の特徴は何だったのか？

（8）日本はどのようにわが国を占領し、彼らの政治はどうだったのか？

（9）大韓民国はどのようにして成立したのか？

3．私たちの歴史を輝かせる人と物

（1）政治上で、私たちの歴史を輝かせた時代と人物にはどのようなものがあるか？
   （例：ウルパソ　世宗大王等）

（2）軍事上で、私たちの歴史を輝かせた時代と人物にはどのような人がいるか？
   （例：ウルジ・ムンドク　李舜臣等）

519

（3）経済産業上で、私たちの歴史を輝かせた人にはどのような人たちがいるか？（例：ムン・イクジョム）

（4）学問上で私たちの歴史を輝かせた人にはどのような人たちがいるか？（例：世宗大王、チェ・ジウォン、ソル・チョン、イ・ワン、イ・イ、チョン・ヤクヨン）

（5）文学上で私たちの歴史を輝かせた人にはどのような人たちがいるか？（例：イ・サングク、チョン・キョク、ユン・ソンド、イ・ヨンウォン）

（6）美術工芸上で私たちの歴史を輝かせた人にはどのような人たちがいるか？（例：タン・ジ、キム・セン、ソルゴ、タノン等）

（7）建築で私たちの歴史を輝かせた人にはどのような人たちがいるか？　（例：キム・テソン等）

（8）科学上で私たちの歴史を輝かせた人と物にはどのようなものがあるか？（例：高麗活字、キム・ジョンホ、チ・ソギョン等）

（9）宗教上で私たちの歴史を輝かせた人にはどのような人たちがいるか？（例：ウォン・ホ、キム・テゴン等）

（10）教育上で私たちの歴史を輝かせた人にはどのような人たちがいるか？　（例：チェ・ジュン、イ・ワン、イ・イ等）

（11）外交上で私たちの歴史を輝かせた人にはどのような人たちがいるか？　（例：キム・チュンチュ等）

（12）私たちは、どのようにすればさらに私たちの歴史を輝かせることができるだろうか？

4．わが国の政治
（1）わが国はどのように治められているか？
（2）私たちの地域にはどのような政治機関があるか？（地方自治体）
（3）三権分立とは何だろうか？
（4）私たちの中央にはどのような政治機関があるだろうか？
（5）今、私たちの政府はどのように仕事をしているのか？
（6）私たちの国会はどのように仕事をしているのか？
（7）私たちの法院はどのように仕事をしているのか？
（8）わが国の選挙はどのように行なわれているのか？
（9）わが国の教育制度はどうだろうか？
（10）わが国は他の国とどのように協同しているのか？
（11）わが国の政治の発展のために、私たちはどのように協力しなくてはならないのか？

資料編「道徳教育」関連教科等の歴代「教育課程」（1947 ～ 1973年）

５．民主主義
　（１）民主主義とは何だろうか？
　（２）民主主義とは自由を意味するというが、その内容はどのようなものだろうか？
　（３）民主主義とは自ら治めることを意味するというが、その内容はどのようなもの
　　　　だろうか？
　（４）民主主義とは義務を果たすことを意味するというが、その内容はどのような
　　　　ものだろうか？
　（５）民主主義とは意見が互いに異なるということを意味するというが、その内容
　　　　はどのようなものだろうか？
　（６）民主主義とは全ての人に同じような機会を与えるということを意味するという
　　　　が、その内容はどのようなものなのだろうか？
　（７）民主主義とは忍耐を意味するというが、その内容はどのようなものなのだろ
　　　　うか？
　（８）民主主義的な意見を持った人は、どのような人なのだろうか？
　（９）民主主義的な学校や家庭は、どのようなものなのだろうか？
　（10）民主国家というものはどのようなものなのだろうか？
　（11）私たちは民主主義の発展にどのように努力しなくてはならないのか？

６．国際連合
　（１）ＵＮ軍とは、どのような軍隊か？
　（２）国際連合は、いつどこで組織されたのか？
　（３）国際連合の目的と理想は何だろうか？
　（４）国際連合の機構はどのようになっているのか？
　（５）国際連合はどのような仕事をしてきたのか？
　（６）国際連合とわが国とはどのような関係があるのか？
　（７）私たちは国際連合と協力するために、どのように努力すべきなのだろうか？
　（８）加盟国は何カ国になるのか？

７．わが国の統一と復興
　（１）わが国の解放はどのようにしてなされたのか？
　（２）わが国の独立はどのようにしてなされたのか？
　（１）6.25事変はどのようにして起こり、どのように扱われているか？
　（２）わが国の復興はどのように進んでいるのか？
　（３）昔のわが国はどのようにわが国を統一したのか？（新羅、高麗、朝鮮等）
　（４）私たちはわが国の統一と復興のために、どのように努力しなくてはならない
　　　　のだろうか？

521

8．美しいもの
（1）美しいものは私たちの生活とどのような関係があるのか？
（2）自然の美にはどのようなものがあるのか？（わが国の国立公園はどこにあるのか？）
（3）私たちが愛読する話にはどのようなものがあるか？（ノルブ、フンブ、アンデルセン、ロビンソン・クルーソー、グリム童話、イソップ童話、その他）
（4）私たちが好きな名画にはどんなものがあるか？（ダンウォン、ラファエル、レオナルド・ダ・ビンチ）
（5）石や鉄でできた有名な彫刻品にはどんなものがあるか？（多宝塔、釈迦塔、石窟庵、スフィンクス、ギリシャの彫刻、その他）
（6）美しい建築物にはどんなものがあるか？（南大門、仏国寺、徳寿宮、パルテノン神殿、アメリカの摩天楼等）
（7）美しい音楽にはどのようなものがあるか？（バッハ、ヘンデル、モーツァルト、ハイドン、ベートーベン、シューマン、ブラームス、ワグナー、ドボルザーク、シュトラウス、シューベルト等）
（8）美術館はどんな仕事をしているのか？
（9）博物館はどんな仕事をしているのか？
（10）劇場や放送局はどのような仕事をしているのか？
（11）私たちの生活を美しくするために、私たちはどのように努力しなくてはならないのか？

9．宗教
（1）宗教とは何だろうか？
（2）宗教と迷信はどのように違うか？
（3）わが国にはどのような宗教があるか？（儒教、仏教、キリスト教、天道教、大宗教）
（4）世界の宗教にはどんなものがあるか？（キリスト教、マホメット教、仏教、ヒンズー教等）
（5）宗教と人生にはどんな関係があるか？
（6）宗教儀式に対して、どんな礼法をわきまえなくてはならないか？

10．国民の本分
（1）我々学生の本分とは何だろうか？
（2）わが国の国民の義務とは何だろうか？
　　　義務教育、納税、国土防衛、勤労
（3）わが国の国民の権利とは何だろうか？
　　　参政権、自由権、請求権、教育、勤労

資料編「道徳教育」関連教科等の歴代「教育課程」（1947 〜 1973年）

（4）わが国の国民はどのように本分を守らなくてはならないのか？

（5）非常事態下では、国民の本分が一層強調されなくてはならないのはどのような理由からなのか？

11. 私たちの未来

（1）私たちが無事国民学校を終えることができるのはだれのおかげだろうか？
    a.   国家のおかげ
    b.   先生のおかげ
    c.   両親のおかげ

（2）私たちの卒業後にはどんな道があるか？
    a.   進学
    b.   就職
    c.   家事従事

（3）私たちの未来は各々どのように決定しなくてはならないか？

（4）卒業記念の計画はどのように進行させるのか？
    a.   記念植樹
    b.   記念文集
    c.   記念写真アルバム
    d.   謝恩会
    e.   同窓会組織

（5）卒業後には出身学校に対してどのように感謝しなくてはならないか？

Ⅲ.「第2次教育課程」
（文教部『文教部令第119号1963年2月15日公布、
国民学校教育課程』）

1.「第2次教育課程」国語科
（文教部令第251号別冊1969年9月改訂）

Ⅰ. 目標
1. 教育の目標と国語教育

　教育法第1条に明記された教育目的を達成するために、新しい教育における教育目標は、国語の習得と使用を通して初めて効果的になる。

　それゆえに、教育における国語の位置と使命もここにある。

　国語教育の使命の第1は、学習者の言語能力を発達させてすべての学習を円滑にし、2つ目として国語文化を伝達し、文化的教養を高め、3つ目に言語生活を改善向上させるところにある。

　言語は元来、言語生活と区別することができないことと同じように、国語教育は国語の教育であると同時に国語生活の教育であり、人間教育であることを忘れてはならない。

　すなわち、国民学校は、身近な日常生活から始まって生活経験を豊かにし、高めていくことによって、言語に関する技能と態度と習慣を育成し、広く発展することができる土台を積み上げていくところにその目標を置いている。

　国民学校の国語学習指導も、このような一般目標の中にその機能を充分に発揮しなくてはならない、したがって国語の教育課程は、他の教科から孤立することはできないし、すべての活動と経験の大部分を占める言語活動の基礎にならなくてはならないのである。

　教育の目的を達成するためには、学習する各教科と国語の指導計画の如何によって、その効果が左右されるものである。特に国民学校の低学年においては、これが決定的な要素となっている。したがって、国語科の学習領域は、他の教科学習から要求される基本的な理解と機能と態度、特にどのように思考し、どのように読み、どのように表現するかという点に重点を置いており、これを錬磨するための重要な責務を負っている。

2. 国語科の目標

　国語はすべての社会生活と密接な関係を持っているので、個人の人格と分離することはできない一部分であると同時に、社会的な手段でもある。

　国語の純化する社会的な媒体を改善することによって、人間関係をさらに密接にし、理解と共同の社会にしていくと同時に、個人の心性と人格を陶冶する。ここに言

資料編「道徳教育」関連教科等の歴代「教育課程」（1947 ～ 1973年）

語教育の重要な価値がある。それゆえに、国語教育は内容面から思想と感情を重視し、民主的な生活指導に力を入れなくてはならないし、形式面では機械的な正確性を訓練しなくてはならない。

　国語科の目標は、前述のような機能を持った国語の使用を効果的にし、話すこと、聞くこと、読むこと、書くことにおける、よい習慣と態度と機能を育成し、日常生活に必要な理解と知識と観賞する力を高めることによって、正しい国語生活への向上を図ることにある。

　したがって、国民学校国語科学習指導は、主に基本的な言語習慣、言語技術を正しく育てる体験を与えることにある。従来の国語教育は知識を敷衍するとか理解力を育てることによって演繹的に言語技術を熟達させようとし、鑑賞と創作の力も知識を通して育てようとした。

　しかし、国語の抽象的な知識である語法や文字、語句など、そのような部分的な知識は言語活動を通して得ることができるし、このように得た知識こそ真のものである。必要性と動機による生活を通した体験のない知識と理解は、間違った知識を与え、命のない言語として正確ではない表現として誤用されやすい。国語を誤用せずに、正しく思考し、判断することによって、その技能を行動表現とともに正しく発揮させることが、国語教育が社会改善と人格完成に寄与する１つの目標であり使命でなくてはならないのである。

　特に国語科は国家の要請によって文盲をなくし、標準語を確立させ、これを普及させることに意義がある。わが国は音声、標準語、表記法、文法等の各分野に科学的な標準が確立されていないが、方言や語法に極端な対立がない単一語族として、文字の組織が簡単なハングルを持っているので、国民学校時代には少なくとも言語生活の基盤を作り、表記法の統一と語法に対する初歩的な知識を持つようにさせなくてはならない。これがすなわち国語純化の形成の基盤になるのである。

　以上、述べた国語科の目標を簡単に要約すれば次の通りである。

（1）日常生活に必要な国語の経験を広げて、正しく考える力を育て、円満な民主生活を行うことができるようにする。
（2）国語生活を効果的に行うことができ、話すこと、聞くこと、読むこと、書くことの技能を育てて、問題を解決するようにする。
（3）体験を理解して表現し、知識を得て趣味を高めるための技能、態度を育てる。
（4）正しく話し、聞いて、観賞する習慣を育て、国語を純化する自覚を持つようにさせる。

　このような国語教育の目標について、再び言語活動の範囲の中で具体化させれば次の通りである。
（1）日常会話を最後まで正確に聞く。

525

（2）他の人の話を落ち着いて聞いて判断する。

（3）標準となる言葉を使用する。

（4）いろいろな形式のあいさつをする。

（5）敬語を区別して使う。

（6）俗語と卑語を避け、品位のある言葉を使う。

（7）討議と会議に参加する。

（8）意見と研究を発表する。

（9）ラジオ、映画、演劇の趣味を持つ。

（10）簡単な演劇をする。

（11）正確な語法に留意する。

（12）趣味を持ち、図書、雑誌、新聞を読む。

（13）文庫及び図書館を利用することができる。

（14）調査と参考のために辞典及び参考書を利用する。

（15）簡単な論説文を読む。

（16）知識と情報を得るために本を読む。

（17）文学作品を鑑賞する趣味を持つ。

（18）標準となる表記法を理解する。

（19）簡単な要件を手紙で書く。

（20）敬体と常体を区別して使う。

（21）いろいろな形式の作文を書く。

（22）聞いて読む内容の要点を書く。

（23）簡単な書式を書く。

（24）文章構成の重要な部分を区別する。

（25）新聞と文集を作る。

（26）文字を正しく美しく書く。

（27）いろいろな符号を分別して書く。

II．学年目標

第1学年

　第1学年の指導目標は、安定感を持って学校生活を行うことができるように、特に聞くことを標準化させると同時に、これを土台にして、読むこと、書くことも基礎としながら技能、習慣、態度等を育成することにある。

話すこと

　1．標準語があることを理解させる。

　2．言葉には順序があることを理解させる。

　3．言葉には敬語があることを理解させる。

資料編「道徳教育」関連教科等の歴代「教育課程」(1947～1973年)

4．絵を見て話すことができるようにする。
5．自分の生活を簡単に話すことができるようにする。
6．簡単な伝言とあいさつをすることができるようにする。
7．友達と互いに楽しく話することができるようにする。
8．常に知らない点について質問をすることができるようにする。
9．恥ずかしがらないで話するようにする。
10．はっきりした発音で話す習慣を持つように努力させる。

聞くこと
1．簡単な話の内容を理解するようにする。
2．簡単な話を聞いて順序を理解するようにする。
3．質問にはっきりと答えることができるようにする。
4．ラジオを静かに聞くことができるようにする。
5．友達の話を注意深く聞くようにする。
6．面白い話を楽しんで聞くようにする。
7．話す人の動作と表情を見ながら聞くようにする。

読むこと
1．人と物事の名前をたくさん読むようにする。
2．本を読みすすめていく方法を理解するようにする。
3．文字以外にも様々な符号があることを理解するようにする。
4．絵を見て話をし、楽しむことができるようにする。
5．絵と文字と物に見慣れて見分けることができるようにする。
6．簡単な単語と文章を区別し、読むことができるようにする。
7．正しい姿勢で本を読むことができるようにする。
8．はっきりした発音で文を読むことができるようにする。
9．文字のかたちに注意して読むようにする。
10．自ら簡単な文や物語を読むことに努めるようにする。

書くこと
1．人や物の名前を書くことができるようにする。
2．言葉を文字に移して文になることを理解するようにする。
3．簡単な文を書いて、口で話すことができるようにする。
4．絵について簡単な説明を書くことができるようにする。
5．自分の経験を楽しみ、絵や文字で表現することができるようにする。
6．文を書こうとする気持ちを持たせるようにする。
7．文字を書くときには、順序があることを理解するようにする。

527

8．文を書くときは必要な文字や単語を理解するようにする。

9．常に正しい姿勢で文を書くようにする。

10．様子や意味が分かるように作文に努めるようにする。

第2学年

　第2学年の指導目標は、自発的に集団生活を営んでいく中で、1学年から習得した話すことと聞くことの経験を一層拡充させ、文字に対する理解と親近感をもち、読むことに対する楽しさと書くことに対する自信を持つようにさせることにある。

話すこと

1．言葉には良い言葉があることを理解するようにする。

2．正しい順序で話す方法を理解するようにする。

3．動作と表情を使って話すことを理解するようにする。

4．日常生活の経験を発表することができるようにする。

5．見て聞いたり、本を読んだ話をすることができるようにする。

6．簡単な演劇をすることができるようにする。

7．話のあらすじをまとめて話すようにする。

8．人の言葉を全部聞いてから話をするようにする。

9．相手を意識して敬語を使うようにする。

10．常に他の人が聞き取りやすいようにはっきりと話すことに努めるようにする。

聞くこと

1．不明な話は質問することができるようにする。

2．話のあらすじをつかむことができるようにする。

3．話をやりとりして会話ができるようにする。

4．話を考えて聞くようにする。

5．他の人の話を注意して聞くことになれるようにする。

6．話を聞くことに常に楽しむようにする。

7．常に話を最後まで聞いて、その意味をつかむことに努めるようにする。

読むこと

1．他の人が聞き取りやすいように声を出して読むことができるようにする。

2．少しの声でも読むことができるようにする

3．文字以外の簡単な符号を区別することができるようにする。

4．ハングルの音節を正しく読むことができるようにする。

5．簡単な文章を最後まで読むことができるようにする。

6．読んだ内容を他の人に話すことができるようにする。

資料編「道徳教育」関連教科等の歴代「教育課程」（1947 〜 1973年）

　7．一人で本を読んで楽しむことができるようにする。
　8．読んだ内容をそのまま話しすることができるようにする。
　9．知らない言葉や文字を探すようにする。
　10．自ら物語や詩を読むことに努めるようにする。

書くこと
　1．簡単なメモを書くことができるようにする。
　2．生活で使う絵や日記を書くことができるようにする。
　3．簡単な手紙を見て記録をかくことができるようにする。
　4．他の人の言葉を書きとり、自分の感じたことを書くことができるようにする。
　5．他の人の文を読んで、読書感想文を書くことができるようにする。
　6．文を書くときは、常に順序を決めるようにする。
　7．標準的な順序でハングルを書くことができる。
　8．文字のかたちを美しく書くようにする。
　9．ノートを書く方法を理解するようにする。
　10．簡単な記号を書いて、分かりやすい書き方ができるようにする。

第3学年
　第3学年の指導目標は、非常に活発になる言語活動と自覚的な学習態度をもとにして、語彙の拡充と効果的な表現をするための基礎的な技能と習慣を育成する一方、文字の形式的負担の軽減を利用し、読む事と書く事に対する本格的な指導を始めるところにある。

話すこと
　1．言葉の調子とアクセントがあることを理解するようにする。
　2．その時その時に適当な声で話ができるようにする。
　3．要点をもらさず話する方法を理解するようにする。
　4．かなり長い話を続けて話せる方法を理解する。
　5．本を読んで他の人に内容を話すことができるようにする。
　6．簡単な絵、演劇をつくることができるようにする。
　7．他の人に楽しませる話ができるようにする。
　8．自然な態度で話するようにする。
　9．自分の言葉について反省するようにする。
　10．常に言葉を効果的に使うことに努力するようにする。

聞くこと
　1．話の要点を把握することができるようにする。

529

2．かなり長い話のあらすじも把握することができるようにする。

3．話を聞いて感じたことを話すことができるようにする。

4．他の人の話の効果を理解することができるようにする。

5．他の人の話を聞くとき、相手が話しやすいような態度をとるようにする。

6．話を聞いて重要なところを書くようにする。

7．自分の知識と経験を比較しながら聞くことに努めるようにする。

読むこと

1．文章の前後から単語の意味を推察することができるようにする。

2．文章の敬体と常体を区別して理解できるようにする。

3．文章の要点をまとめることができるようにする。

4．声を出さずに読むことができるようにする。

5．長い文章を最後まで楽しんで読むことができるようにする。

6．読む目的のために本を選ぶことができるようにする。

7．趣味のために文を読めるようにする。

8．本を読んで必要なことを知り調査するようにする。

9．文を読んで自分の感想を話すようにする。

10．知識情報を得る資料や簡単な児童文学を読むことに努めるようにする。

書くこと

1．日記と観察記録を書くことができるようにする。

2．自分の作品を整理することができるようにする。

3．手紙、報告、絵、演劇等を書くために、内容を整理することができるようにする。

4．表現を考え、文を正確に詳しく書くことができるようにする。

5．常に主題からずれないで文を書くことができるようにする。

6．他の人の文からおもしろい場所を探すことができるようにする。

7．符号を用いて原稿用紙を書くことができるようにする。

8．きれいにノートを整理することができるようにする。

9．文字を書くときには常に誠意を込めて書くようにする。

10．正しい文字で自分の考えを順序正しく書くことに努めるようにする。

第4学年

　　第4学年は、自己中心的な生活から理知的な思考方式が発達し、問題解決のための言語活動も活発になる時期である。このような性格は集団意識を強くさせ、共同学習を本格的に行うことができるようにさせるので、国語学習もいろいろなグループ活動や協調的な技能、習慣、態度を中心に展開させなくてはならない。

　　読書の範囲を興味中心から必要に応じて拡大させ、素材を求める読書の範囲を広げ

資料編「道徳教育」関連教科等の歴代「教育課程」（1947 ～ 1973年）

させ、表現創作する力を育てなくてはならない。
　一方、基礎的な運動神経や筋肉が発達しているので、早く読み、書いて、効果的に
表現する力も育てるようにする。

話すこと
　1．自分の考えをまとめて正しく話すことができるようにする。
　2．一つの問題について互いに協議することができるようにする。
　3．会議に参加し発言することができるようにする。
　4．他の人の意見を聞いて、その要点にそって話を発展させることができるように
　　する。
　5．見て聞いて読んでいることについて説明し、自分の感想を話すことができるよ
　　うにする。
　6．電話をかけることができるようにする。
　7．標準語と比較し、まちがっている点をすぐに把握することができるようにする。
　8．敬語を自然に使って話せるようにする。
　9．話題に合う話をすることができるようにする。
　10．効果的に話をする方法を研究することに互いに努力できるようにする。

聞くこと
　1．聞いた話を整理することができるようにする。
　2．聞いた話を総合して利用することができるようにする。
　3．話を聞いて知識と情報を広げることができるようにする。
　4．新しい単語を前後考えて聞き取りができるようにする。
　5．人の話を聞いて、その目的と内容を考えるようにする。
　6．相手が話しやすいように誘導するようにする。
　7．話の内容を自分の経験と照らし合わせて選びとることに努めるようにする。

読むこと
　1．適度に区切って適当な速さで読むことができるようにする。
　2．効果的な表現を鑑賞することができるようにする。
　3．ハングルの字母の順で索引をし、辞書で調べることができる。
　4．問題を解決するために参考となる文を利用することができる。
　5．文章を分析し、その要点をつかむことができるようにする。
　6．いろいろな文章を楽しみながら読む習慣を持つようにする。
　7．自分の経験や意見と比較して文を読むようにする。
　8．良い文を朗読し、表現の効果を溜めることができるようにする。
　9．児童文学や新聞雑誌を楽しみながら読み、学級文庫の活用に努める。

書くこと
1．本を読んで内容の要点を書くことができるようにする。
2．学校行事についての招待状、宣伝、説明文を書くことができるようにする。
3．日常生活の報告や感想を書くことができるようにする。
4．修飾語を書いて内容を具体的に表現することができるようにする。
5．読んだ本の内容を具現化する原稿や紙芝居をつくることに興味を持たせ、説明と会話を区別するようにする。
6．簡単な文集や学級新聞を編集することに関心を持つようにする。
7．自分の文字の長所や短所を知るようにする。
8．文字の大きさ、かたち、配列に留意し、書くことができるようにする。
9．次第に文字を書く速度が早くなるようにする。
10．格式に合わせ、主題に合う文を書くことに努めるようにする。

第5学年
　第5学年は知的発達が顕著で全ての事物の現象を論理的に追究するようになるとともに、抽象と推理の力が発達しはじめ、語彙の質的深さを認識して使用する傾向がある。
　このような性格を基礎にして、児童期としての完成を目標にする理解と技能及び集団的編集活動の充実に期するようにする。

話すこと
1．要点が明確な話をすることができるようにする。
2．あらすじの重点をまとめて話することができるようにする。
3．会議に参加し、質問、報告、説明、司会の要領を知るようにする。
4．メモを利用し、順序よく発表することができるようにする。
5．討議結果をまとめて全体の意見を発表することができるようにする。
6．電話を正確に、そして礼儀正しくすることができるようにする。
7．あいさつと紹介を礼儀正しくするようにする。
8．目下の人に優しく話するようにする。
9．他の人の意見を尊重し、話するようにする。
10．語調、動作、表情に留意し、常に礼儀正しく話すことに努めるようにする。

聞くこと
1．話す人の趣旨を理解するようにする。
2．聞いた話の要点をつなぎ合わせて再構成できるようにする。
3．話を聞いて要点をメモすることができるようにする。
4．会議で討議を聞き、建設的な意見を出すことができるようにする。

資料編「道徳教育」関連教科等の歴代「教育課程」（1947 ～ 1973年）

5．他の人の話を聞く前に、予備知識を持って準備するようにする。
6．疑問のある点は再度聞いて確認するようにする。
7．他の人の話の効果を常に評価することに努めるようにする。

読むこと
1．レベルにあった良い本を選んで読むことができるようにする。
2．黙読を早くするとともに正確に内容を理解するようにする。
3．文学的な文章と実用文があることを理解するようにする。
4．文章を精読し、主題と表現を感想、批評することができるようにする。
5．問題解決のために参考図書を利用することができるようにする。
6．長い文章を読み、重要な内容をメモすることができるようにする。
7．文章の内容と構成の善し悪しを常に判断するようにする。
8．原稿を読んで、選ぶ編集活動に参加するようにする。
9．常に本や文を読んだ感想を書くようにする。
10．実用文や文学作品を読み、心を豊かにすることに努めるようにする。

書くこと
1．調査研究の記録、報告と会議の記事を書くことができるようにする。
2．簡単な申請書、紹介状、あいさつ、招待、情報などの書式を書くことができる
　　ようにする。
3．物語を脚色し、発表しようとする素材を整理して粗筋を書くことができるように
　　する。
4．主題と表現をさらに正確にするために、文章を整えることができるようにする。
5．必要な長さで主題に合う文を書き、簡単な新聞や文集を編集するようにする。
6．個性的な文を書くことに留意するよっにする。
7．鉄筆の文字を書くことができるようにする。
8．文字を正しく美しく早く書くことができるようにする。
9．格式に合う正確な表記方法習慣化するようにする。
10．語彙を正しく選び、効果的な文を書くことに努めるようにする。

第6学年
　第6学年は、児童期の最高の発達段階であり、国民学校教育の完成期に計画された
生活を内省的にするとともに、学んだことを実生活に反映させようとする。このような
性格は、国語に対する意識をふるい立たせ、国語に対する理解と関心を高めて、社会
生活を効果的に、そして円満に行うことができるように国語純化に努めなくてはならな
い。特に日常生活の言語運営に留意させ、実用的な技能を発達させて、確かな思考と
責任ある表現をする社会的な側面を体得するようにしなくてはならない。

話すこと

1．事実と意見を区別して話すことができるようにする。
2．発声に留意し、電話、拡声機、録音機を効果的に使うことができる。
3．題目に合う会議を効果的に誘導する方法を理解する。
4．一定の時間に合わせて効果的に話すことができるようにする。
5．語法に合う標準を自由に使うことができるようにする。
6．ユーモアを入れて効果的な言葉を話すことができるようにする。
7．俗語、なまり、卑しい言葉を意識的に避けるようにする。
8．話題を広く求めて話しするようにする。
9．標準語の生活の向上に協力するようにする。
10．言葉に自信と責任と思って明確に話す習慣を持つ。

聞くこと

1．ユーモアを理解し、会話に利用することができるようにする。
2．映画や演劇などのセリフを聞いて、内容を理解することができるようにする。
3．相手の話を注意深く聞いて、その意見を正確に正しく理解できるようにする。
4．話を聞いて、その内容と話法を研究することができるようにする。
5．聞いた話と関係のある資料を集めて、確認するようにする。
6．研究、調査のためのインタビューでは正しい態度をとるようにする。
7．他の人の意見を尊重しながら聞いて、自分の教養を高めることに努めるようにする。

読むこと

1．文章のいろいろな種類とその特徴を理解するようにする。
2．新聞と紹介文の順序を見て、良い本を選ぶことができるようにする。
3．日常生活に必要な書式の大略を知るようにする。
4．文章の構造と文意を正確に理解するようにする。
5．必要によって読書の範囲と方法を広げることができるようにする。
6．文学に対する興味を感じ、基礎的鑑賞を行うことができる。
7．読んで得たことを実生活に活用するようにする。
8．常に文章の構成を理解し、作者の意図を把握するようにする。
9．同じような文について、いろいろな人の意見を取り上げて正しく解釈するようにする。
10．読書に趣味を持ち、効果的な読書生活をするように努める。

書くこと

1．簡単な演劇、放送等の原稿と、その感想や意見を書くことができるようにする。

資料編「道徳教育」関連教科等の歴代「教育課程」（1947〜1973年）

2．日常生活に必要な簡単な書式を書くことができるようにする。
3．実用文、論文、感想文を区別し、書くことができるようにする。
4．個性がはっきりした本、映画、演劇の紹介、感想を書くことができるようにする。
5．効果的な学校新聞や文集を編集するようにする。
6．日記や感想文を書いて、常に生活を反省するようにする。
7．行書の初歩を書くことができるようにする。
8．学習と会議の記録を速記し、講演の要旨を書くことができるようにする。
9．決められた表記方法に合う書き方をするようにする。
10．語法と目的に合うとともに、整った文字の書き方に努めるようにする。

Ⅲ．指導内容

国語科分野を最もはっきり表している教育法の条文は、第94条の第2項である。

1．日常生活に必要な国語を正確に理解し、使用することができるようにする。
2．日常生活を明朗に楽しくする音楽、美術、文芸等に対する基礎的な理解と技能を育てる。

ここに現われた理解と技能を解釈面で見れば、

1．音韻
2．文字
3．語彙
4．語法
5．文学鑑賞

等であり、これは他の様々な項目を含む内容がそろっていなければ成立しないものである。そのように見るならば，国語科の内容とは抽象面から見れは一つもないが、反対に全ての有形無形の生活や内容になると言えることだろう。それゆえに、国語科の領域とは、言語としての内容ではなく、国語科の使命を達成するために何をしなくてはならないかが内容となるのである。
　国語科の指導内容は、国語学習指導の実際の場面とその目的によって決定される。ここに、学習指導の形態が決定されるからである。

535

1．国語の時間の学習指導
2．他の教科での国語学習指導
3．特別活動での国語学習指導
4．生活指導としての国語学習指導
5．生活単元としての国語学習指導
6．基礎学習特別時間としての国語学習指導

しかし、このような範囲を一つ一つ考慮して内容を設定することは不可能であるので、ここでは一般的に個人と社会生活で得ることができる全ての国語活動、及び体験の主要なものを必要と程度によって選択配列することを前提とする。

(1) 言語経験の要素
音声言語（話すこと、聞くこと）の経験
①　一人で話すこと
　　講演、報告、研究発表、説明、物語、朗読（ラジオ、拡声器等）
②　互いに話すこと
　　あいさつ、対話、問答、討議、紹介、訪問、電話等
③　会議
　　子ども会、委員会等
④　劇
　　演劇、映画（紙芝居）、放送等
　　文字言語（読むこと、書くこと）の経験
　　　①記録
　　　②日記
　　　③手紙（電報）
　　　④掲示、書式
　　広告、告示、看板、名牌、届出、感想
⑤　説明
　　論説、報告、解説（感想文）
⑥文学
　　小説、童話、寓話、童謡、詩、伝説、随筆、伝記、紀行、古典
⑦編集、文集、詩集、新聞、雑誌
⑧参考書
　　写真、参考資料

(2) 言語経験の機会
①　朝の会、昼会

資料編「道徳教育」関連教科等の歴代「教育課程」（1947 〜 1973年）

② 他の教科の時間
③ 遊び時間、放課後の時間
④ 子ども会、委員会
⑤ 当番日誌、生活日記、飼育観察日記
⑥ 学級文庫及び図書館
⑦ 特別活動の時間
⑧ 教師と学生との接触
⑨ 遠足、学芸会、お話し会、講演会、映画演劇の観覧、運動会、祝賀会
⑩ 創作発表会
⑪ 学級学校文集、学級学校新聞
⑫ 遅刻、早退、欠席の申告、その他
⑬ 学習資料のための社会交渉、探査

(3) 技術面からみた学習指導
① 発音と発声の練習
② 聞く力を育てる練習
③ 音読、朗読の練習
④ 黙読の練習
⑤ 語句の使用と理解の練習
⑥ 書写の練習（文字の練習）
⑦ おおまかに読むこと、じっくり読むこと、早く読むことの練習

(4) 生活指導としての学習指導
① 聞き方
② 話し方
③ 読み方
④ 表記法
⑤ 手紙及び書式
⑥ 日記及び新聞の編集
⑦ 報告の発表と討議
⑧ 演劇
⑨ 会議
⑩ 読書
⑪ 電話及び放送
⑫ 記録及び感想
⑬ 辞典及び参考書の利用
⑭ 学級文庫及び図書館の利用

537

(5) 国語科読むことの重要な主題

① 日常生活のいろいろな生活経験
② 家庭及び学校の行事
③ 季節の変化
④ 時事ニュース
⑤ 動植物及自然現象の観察
⑥ 映画・演劇及び読書後の感想
⑦ 遊びと運動競技に関すること
⑧ 児童のための文学作品
⑨ 科学的、継続的な観察記録
⑩ 心を豊かにする伝説及び寓話、童話
⑪ 道議心を高める話
⑫ 趣味を満足させる話
⑬ 科学の原理に関する話
⑭ 民主思想の理解と発達を助長する話
⑮ 社会生活の改善に寄与する話
⑯ 産業開発に関する話
⑰ 国防思想を高める話
⑱ 民族と人類文化に寄与した偉人の伝記
⑲ 国語生活に直接的に寄与する資料
⑳ 言語感覚を新しくする資料
㉑ 国語の発達と国語純化に関する資料

IV．指導上の留意点

1．学習指導においては教科書中心に偏ったり、知識の体系に重点化したりすること
がないようにし、常に総合的な言語活動を得るうえ重視して具体的な経験を重ねる
ようにすること。

2．国語の指導は国語科の時間だけに限定されるものではなく、すべての教科活動及
び教科外活動においても指導すること。

3．教科単元を中心にまとめた教科書の編纂趣旨を生かして、中心話題と問題解決の
ための多様な活動と、豊富な資料の活用に留意すること。

4．学習指導においては、学生の能力と発達状態を考慮し、分担を組織したり、程度
によって指導を変えたりして学力の充実を期すこと。

5．教科書の単元を地域に合うように改編し、学習を指導するときには常に

(1) 社会的必要性（言語の能力）

(2) 学生の発達程度（言語の生活）

(3) 学生の興味と要求（興味を引く話題）

資料編「道徳教育」関連教科等の歴代「教育課程」（1947 〜 1973年）

等を満足させることができように留意すること。

6．各学校において構成する教育課程は、地方の実情と学生の実態を考慮し、重点を
設定してこれを具体化させるように努めること。

7．別途に補充単元を用意し、学習指導するときには学習内容に例示された

(1)　経験要素

(2)　言語経験の機会

(3)　学習指導面

(4)　読むこと

の主題等を参考にしながら、地域と学生の特殊性を生かすようにすること。

8．単元学習を展開するときには、常に次のような準備をし、計画的な活動を通して
評価し、再計画するようにすること。

(1)　単元の目標

(2)　単元の内容

(3)　資料の収集

(4)　導入

(5)　基本的な指導

(6)　発展的な活動

(7)　評価

9．学生達の言語実態と地域的な特性を調査し、分析して、すべての教科活動におい
て常に言語の純化に努めようにすること。

2．「第2次教育課程」社会科

Ⅰ．目標

1．民主的な社会生活を営もうとすれば、自分と他の人の人格を尊重し、各地が持っ
ている権利や義務を正当に行使することがその基本であることを理解させ、自主的
で自律的に思考し行動する生活態度を育てる。

2．家庭や学校、その他各種の社会集団において、集団の意義、集団成員間の関係、
集団と個人、集団と集団との関係について理解させ、その集団における自分の位置
を理解し、集団生活に適応し社会改善のために貢献しようとする態度と能力を育て
る。

3．社会生活の重要な諸機能とその相互間の関係について正しい理解をするように
し、社会的な協力活動に積極的に参加し、これを改善していこうとする態度と能力
を育てる。

4．私たちの人間生活が自然環境と緊密な関係を持ち営まれていることを理解させ、
日常生活において、自然に適応する一方で、これを活用し、生活を向上発展させて

539

地域社会の改善に貢献しようとする態度と能力を育てる。

5．わが国の社会的な制度、生活風習、固有文化等について、その変遷と発展の姿を理解させることによって正しい民族的自覚を持ち、民族の発展のために貢献しようとする態度と努力を育てる。

6．自由民主国家の真の社会生活について理解させる一方、わが国が民主堡塁の尖峰であることを理解し、反共思想を固くすることによって透徹した反共生活を営み、国際連合及び民主友邦と協力しようとする態度を育てる。

7．国土統一と産業の振興がわが国と民族の重大な課題であることを理解させ、この解決のために積極的に協力しようとする態度と能力を育てる。

II．学年目標

第1学年

1．私たちは学校と家庭の一員として生活していることを理解させ、集団生活で自分自身の考えと希望をそのまま表現する事とともに、他の人の立場をよく考えて行動し、協力しようとする心と態度を育てる。

2．学校や家庭では誰がどのような仕事をしているのか、また、そのような仕事は自分とどのような関係があるのか理解させることによって、人々の仕事に協力し、自分の仕事を最後までやりとげていく態度と能力を育てる。

3．学校や家庭における施設や使われている道具、飼育栽培されている動植物は私たちの生活に役立っていることを理解させ、一方で自分のものだけでなく集団の公共物を大切に扱う態度や能力を育てる。

4．車（乗り物）や道路（道）が私たちの生活に大きく役立っているということと、その利用において安全に注意すること、人に迷惑をかけないことが必要であるということを理解させ、これを実行することができる態度と能力を育てる。

5．学校、家庭、社会、国家で行われているいろいろな行事について、その意義を理解させ、その行事に進んで参加し、奉仕しようという態度を育てる。

第2学年

1．私たちの日常生活は、学校と家庭の人々だけでなく、その他のたくさんの人々とのかかわりの中で成り立っていることを理解させ、日常生活と関係が深い人々に正しく接する態度を育てる。

2．私たちの生活に必要な物資の生産と、その輸送に従事している人々がいることを理解させ、その人々の苦労に感謝し、また日常生活で使われるいろいろな物資の利用方法に関する正しい態度と能力を育てる。

3．私たちの生命と財産を守っている人々の仕事と、その施設について理解させ、私たちの生活の安全のために活躍している人々の苦労に感謝する心を育てる。

資料編「道徳教育」関連教科等の歴代「教育課程」(1947 ~ 1973年)

4．学校、家庭、近所にある様々な施設は、いろいろな人々と一緒に使っていること
　を理解させ、公共施設と共有物を利用する正しい態度と能力を育てる。
5．私たちの生活において、季節の変化に関心を持つようにし、人々の生活が自然と
　関係が深いということを理解させる。

第3学年
1．自分が住んでいる地域の土地の姿、気候、資源、交通等を観察し、環境は私たち
　の生活と密接な関係があることを理解させ、各地域の生活は、場所によって生活の
　姿が違うということを理解させる。
2．ある地域の生活は、その地域の中で住んでいる人々の相互協力によって成り立っ
　ており、また他の地域とも相互関係があることを理解させ、生産、消費、通信、運
　輸等の諸機能について初歩的な理解をすることができるようにする。
3．地域の生活の維持と発展に役立っているいろいろな集団や機関がしている仕事を
　理解させ、その仕事に協力しようとする心と公共施設を大切に使おうとする態度と
　能力を育てる。
4．地域の美風良俗と昔の遺物、遺跡について理解させ、地域の発展に貢献した祖先
　の人々の苦労に感謝し、地域を愛し、地域の発展のために努力しようとする心を育
　てる。
5．自分たちが住んでいる地域には、改善を要する様々な問題があることを理解さ
　せ、その解決の方法を考えさせ、地域の発展のために協力しようとする心を育てる。

第4学年
1．わが国の各地方の生活は、近隣の地方、または遠い地方とは互いに深い関係を
　持っていることを具体的な生活事実に照らして理解させる。
2．わが国の各地方の生活は自然環境と密接な関連の下で成り立っているということ
　を理解させ、地域社会の開発に貢献しようとする心を育てる。
3．私たちの現在の生活はたくさんの昔の人たちの絶え間ない努力によって成り立っ
　ていることを理解させることにより、私たちの生活の由来について関心を持つように
　させ、昔の文化を継承発展させようとする意欲を持つようにさせる。
4．私たちの地方の生活のために整えられているさまざまな社会機能について理解さ
　せ、それを合理的に活用し、生活を改善しようとする態度を育てる。
5．私たちの地方の発展を図ろうとするときに、必要で重要な問題が何であるか理解
　させることによって、自分が住んでいる地方やわが国の発展に貢献する道を考えよ
　うにさせる。

第5学年
1．わが国の産業の全般にわたりその現況を理解させ、資源の開発と合理的な利用に

よって、国家産業の発展に貢献しようとする意欲を育てる。

2．わが国の産業と国民生活との関係について理解させ、産業の近代化と産業振興の緊急の解決が、国家経済の向上の道であることを理解するようにさせる。

3．経済活動に重要な分野を担当している交通、通信、貿易等について、その使命を理解させ、これに対する関心を持つようにさせる。

4．わが国の歴史に見られる、産業開発のための祖先たちの努力を理解させ、未来の幸福のために貢献しようとする態度と能力を育てる。

5．わが国は国土発展と産業振興によって経済の自立が可能であることを理解させ、産業発展に貢献しようとする態度と能力を育てる。

第6学年

1．わが国の政治家制度、国民生活が今日に至るまでには、時代によってそれぞれ特色を持つ発展を繰り返してきたことを振り返り、それを理解させて、国家や社会の維持発展に貢献した人たちの業績に対して感謝する心を持つようにする。

2．自由民主国家としてのわが国の政治が私たちの日常生活とどのように関連して行われているのか振り返り、今日の民主政治の基本的な体制を理解させ、民主国民としての正しい態度を持つようにさせる。

3．わが国と関係が深い国をはじめとして、世界の主要なさまざまな国について、その生活の特色とわが国との関係を理解させ、国際協調に貢献しようとする心を育てる。

4．わが国の自主独立と発展において、国際連合と民主友邦国家に負うところが多い点を理解させ、国際連合の活動、民主国家間の協調、わが国の国際的な位置などについて考察させる。

5．わが国の昔の文化の特色と伝統について正しく理解させ、これを尊重する一方、さらには新しい文化を創造し、発展させようとする態度と機能を育てる。

6．わが国が国家の育成と国土統一の大業を成し遂げるためには、国土開発、産業振興及び民生の安定に対する緊急の解決が重要であることを理解させ、これに積極的に採用し、貢献しようとする態度と精神を育てる。

III．指導内容
第1学年
1．楽しい私たちの学校
　（1）学校生活の楽しさ
　（2）学校にある道具と施設の重要性とその使用法
　（3）公共施設を扱う心構えと態度
　（4）規則的な生活習慣
　（5）学校で行っている勉強のさまざまな形態で

資料編「道徳教育」関連教科等の歴代「教育課程」（1947 ～ 1973年）

（6）学校で行っている年中行事の種類とその必要
2．先生と友達
（1）学校で働いていらっしゃる人たちの任務
（2）先生を尊敬する心と態度
（3）礼儀正しい生活態度
（4）友達と仲良く過ごす心構えと態度
（5）集団生活での協調精神
3．学校に行く道
（1）交通規則を遵守する生活態度
（2）交通秩序維持のために働いている人の義務
（3）交通施設を利用するときに守らなくてはならない公衆道徳
4．わが家
（1）家庭を構成している人たちとその行っていること
（2）両親の恩に対してこたえる心構えと態度
（3）家での私の1日の生活
（4）楽しい家庭生活を営むための努力
5．近所の遊び場
（1）近所にある遊び場の種類
（2）近所の遊び場と私たちの生活との関係
（3）公共施設の愛護とその効果的な利用方法
（4）様々な人が集まる場所で守らなければならない公衆道徳
6．いろいろな行事
（1）国旗に対する態度
（2）いろいろな行事の意義とその種類
（3）いろいろな行事に参加する正しい態度

第2学年
1．私たちの地域の生活を世話している方々と機関
（1）里、洞で行う仕事
（2）面、邑事務所で行う仕事
（3）私たちの地域の仕事の世話をしている方に対する私たちがすること
2．物を提供してくださる方々と施設
（1）私たちの生活に必要な物の種類
（2）地域にある店と陳列されている商品の種類
（3）物を買う時に注意すること
（4）正しい消費、節約生活のための態度
（5）物を売る人が守らなければならないこと

543

（6）いろいろな物の生産者と消費者との相互依存関係
3．私たちに連絡を伝えてくれる方々と施設
　（1）通信機関の種類とその仕事
　（2）通信機関と施設を利用する時に注意すること
　（3）通信事業に従事する人に対する私たちの態度
4．旅行と物の輸送
　（1）旅行する時に利用する交通の種類
　（2）いろいろな交通施設と機関の重要性
　（3）交通施設と機関を利用するときに守らなければならないこと
　（4）交通機関に従事する人に対する私たちの態度
5．私たちの生活の安全を守ってくださる方々と機関
　（1）私たちの健康を守ってくださる方々と施設
　（2）軍人、警察官、消防署員のする仕事
　（3）私たちの生活の安全を守って下さる方々に対する私たちの仕事
6．私たちの地域の生活
　（1）地域の人々が従事している仕事職業の種類
　（2）地域の楽しい生活のために奉仕する生活態度
　（3）地域で行われている行事に自分が参加し奉仕する心と態度

第3学年
1．地域の自然環境
　（1）私たちの地域の位置
　（2）私たちの地域の土地のようす（山、川、平野、道など）とその相互間の関係
　（3）私たちの地域の気候
　（4）私たちの地域の自然環境と地域の生活との関係
2．地域の生活に役立っている機関と施設
　（1）私たちの地域の官公署の種類と機能
　（2）私たちの地域の社会事業機関と機能
　（3）私たちの地域の経済生活に役立っている機関および施設と機能
　（4）私たちの地域にある保健衛生施設
　（5）私たちの地域の交通施設
　（6）私たちの地域の生活を楽しくしてくれる文化施設
　（7）私たちの地域の宗教機関の種類
　（8）私たちの地域の生活に役立っている機関および施設で私たちがする事と、その利用方法
3．地域での産物
　（1）私たちの地域で生産されているいろいろな物の種類

資料編「道徳教育」関連教科等の歴代「教育課程」（1947 ～ 1973年）

 （2）私たちの地域の特産物の種類と、それが地域の経済生活に及ぼす影響
 （3）私たちの経済発展のために私たちがする事
4．いろいろな地域の生活
 （1）農村生活の様子
 （2）山村生活の様子
 （3）漁村生活の様子
 （4）都市生活の様子
 （5）衣食住生活から見たいろいろな地域の相互依存関係
 （6）いろいろな地域の生活改善を要する点
 （7）他の国の人々の衣、食、住生活の様子
5．昔の私たちの地域
 （1）昔の私たちの地域の衣、食、住生活の様子
 （2）私たちの地域の美風良俗
 （3）私たちの地域の発展のために貢献した方々の業績
 （4）私たちの地域の文化財と天然記念物
 （5）6・25事変と私たちの地域の被害
6．今後の私たちの地域
 （1）いろいろな機関と施設を通した生活改善の方案
 （2）私たちの地域の長所の継承発展と短所の改善方案
 （3）地域の相互間の依存および親善を通した社会、経済、文化生活の向上方案
 （4）地域生活の安全のための災害対策の確立
 （5）楽しい地域の生活のための道徳生活

第4学年
1 わが国の自然環境
 （1）わが国の位置
 （2）わが国の土地の様子
 （3）わが国の気候
 （4）自然環境とわが国の生活との関係
2．山林の緑化
 （1）私たちの地方の山林の様子
 （2）わが国の山林の様子
 （3）山林と私たちの生活との関係
 （4）私たちの地方の山林の緑化計画と私たちの行うこと
3．わが国の名勝古跡
 （1）わが国の各地方の名勝古跡
 （2）名勝古跡の保護保存方案

（3）名勝古跡とわが国の観光事業の計画
4．わが国の様々な地方の生活
　（1）南部地方の都市、交通、産業、文化の現況
　（2）中部地方の都市、交通、産業、文化の現況
　（3）北部地方の都市、交通、産業、文化の現況
　（4）様々な地方における生活のための地方間の相互関係
5．全ての暮らし
　（1）私たちの家庭生活の昔と今日との比較
　（2）学校及び地域社会、国家におけるみんなの暮らし
　（3）みんなの暮らしで守らなくてはならないこと
6．農業の発達
　（1）昔の農業と祖先たちの生活の様子
　（2）わが国の農業の現況
　（3）発達した他の国の農業
　（4）わが国の農業の発達のために私たちのすること
7．私たちの地方の発達
　（1）私たちの地方の由来
　（2）私たちの地方の都市、交通、産業、文化の現況
　（3）私たちの地方の生活に役立っている様々な機関とその機能
　（4）私たちの地方と他の地方との相違点
　（5）私たちの地方の発展のために解決されなければならない問題と私たちがしな
　　　ければならないこと

第5学年
1．勤労と私たちの生活
　（1）私たちの生活と勤労との関係
　（2）国の発達のための勤労精神
　（3）勤労と強制労働との相違点
　（4）勤労生活に対する私たちの覚悟
2．資源の利用を利用
　（1）私たちの生活に必要な資源の種類
　（2）資源と産業との関係
　（3）わが国の資源の分布とその利用状況
　（4）資源の開発のために努力しなければならないこと
3．機械の発達と産業
　（1）昔の道具の変遷
　（2）いろいろな機会の発明と産業発達の関係

資料編「道徳教育」関連教科等の歴代「教育課程」（1947 ～ 1973年）

（3）わが国の近代工業の種類とその発達
4．経済生活と金融機関
（1）金融機関の種類とその役割
（2）個人の生活と金融機関との関係
（3）国家の経済発展と金融機関との関係
（4）貯蓄と個人および国家経済生活との関係
5．交通と商業
（1）交通と産業の発達過程
（2）わが国の交通と商業
（3）わが国と世界の様々な国との交通
（4）わが国の貿易
（5）世界の主要国家の貿易
6．わが国の産業の発達
（1）わが国の経済生活の変遷のために貢献した祖先たちの業績
（2）わが国の産業の現況
（3）国土発展と産業振興のためのいろいろな計画と私たちのすること

第6学年
1．わが国の発達
（1）わが国が発達した過程
（2）民族の独立を守るための対外闘争
（3）わが国の発展のために貢献した人々の業績
（4）6.25 事変と反共闘争
（5）わが国の発展のため愛国愛族精神
2．民主主義と政治
（1）民主主義の根本精神とその発達
（2）民主政治と三権分立
（3）共産独裁政治の実態
（4）家庭、学校、社会生活における民主主義
（5）民主国家の発達のために私たちがすること
3．世界のいろいろな国の生活
（1）世界の主要国の自然環境と生活の様子
（2）世界の主要国の発達
（3）民主友邦との相互依存関係
4．韓国と国際連合
（1）わが国と民主友邦との関係
（2）国際連合の機能と活動

547

（3）国際連合とわが国の関係

（4）今日の世界情勢

5．新しい文化生活

（1）わが国の固有の文化の特色とその発達

（2）わが国の文化の発達のために貢献した方々の業績

（3）芸術、科学、宗教生活の変遷

（4）新しい文化の発展のために私たちがすること

6．私たちのすること

（1）国民の本文についての理解とその正しい行い

（2）わが国の将来と私たちのすること

（3）自分の将来とすること

IV．指導上の留意点

1．社会科の目標を達成するためには、社会的および子どもの要求による基礎的な問題が扱わなければならないし、社会科の内容である公民、歴史、地理、道徳は、これを分科的または系統的に扱うのではなく、心身発達の段階から見て総合的に扱われなくてはならない。特に社会、経済、文化生活の改善発展のために、地域社会を中心にしながら、問題解決のための効果的な学習になるよう指導しなくてはならない。

2．社会科の学習は、子どもたちの生活の現実を土台にして、子どもたちの素朴で単純な要求や問題の中から学習を始め、その内容やそこから意味する問題を探求し、そこで得た知識を基礎にして、さらに住みやすい社会を作っていくことができるよう指導しなくてはならない。

3．反共および道徳教育については、各学年別学習の内容に提示されたことだけを指導するのではなく、各単元を学習する毎に、効果的な反共および道徳教育になるように学習計画を立てて指導しなくてはならない。

4．各学年別学習内容は、全体の目標と各学年別目標に合わせて提示されているが、より効果的な学習のために、他の教科外との充分な関連性を考慮し、計画を立てて指導しなくてはならない。

5．1、2学年の学習においては、子どもたちの日常生活の経験を整理発展させながら、社会生活に対する正しい理解を持つようにするとともに、自主的で自律的な生活をすることができるようにすることを重視し、社会的な様々現象と機能について、深い解釈と批判に流されることないよう留意しながら指導しなくてはならない。

6．3、4学年の学習においては、地域社会の開発のために学習をすることを原則とするが、3学年では自分の郡を中心に、そして4学年では自分の道（ソウル特別市および釜山直轄市）を中心に学習するようにする。しかし、実際の学習においては、学習内容が行政の区域と一致する場合もそうでない場合もあるので、これについては

資料編「道徳教育」関連教科等の歴代「教育課程」（1947〜1973年）

その地域の特殊性に照らし合わせ、適切な学習計画にそって指導しなくてはならない。

7．5・6学年では、おおよそ間接的な経験を主として行う学習内容が大部分を占めており、ともすれば形式的で表面的な学習に流れやすいので、この点を特に留意し、常に問題解決的な学習になるよう指導しなくてはならない。

3．「第2次教育課程」反共・道徳生活（文教部令第251号別冊1969年9月改訂）

Ⅰ．目標

1．日常生活に必要な基本的行動様式とその根本精神を理解し、礼節に合う行動が習慣化されるようにする。

2．良心に従って行動、常に自己を反省する習慣を育て、自分を正しく伸長させ、すばらしい品格を持とうとする能力を育てる。

3．社会の一員としての自己の位置を理解し、民主的社会生活に正しく適用することはいう間でもなく、社会生活を明朗快活にし、健全な発展に貢献することができる基礎的能力を育てる。

4．共産主義の間違いと、民主主義の優越性を理解し、愛国・愛族する心と態度を育てる。

Ⅱ．指導内容

1．礼節生活

（1）正しい姿勢を身につける。

（2）時と場所によって正しいあいさつをする。

（3）大人と目下の人に対する礼節を守る。

（4）言語と行動を正しく行う。

（5）衣服を端正に身につける。

（6）食べ物を食べるときの礼節を守る。

（7）国民儀礼を正しく行う。

（8）集会の時の礼節を守る。

（9）共同施設を利用するときの秩序を守る。

（10）交通施設を利用するときの秩序を守る。

（11）他の人と交際し、他の人を訪問するときの礼節を守る。

（12）冠婚葬祭に関する礼節を知る。

（13）宗教儀式に関する礼節を知る。

（14）外国人との間の礼節を守る。

2．個人生活
（1）正直な心を持ち、良心に従って行動する。
（2）誠実な心で行動し、絶えず努力する習慣を育てる。
（3）あまり欲張らず、分をわきまえた生活をする。
（4）節約、質素で清廉な生活をする。
（5）明朗闊達な気性を育てる。
（6）心身をきれいにし、環境を整理整頓し、規律ある生活をする。
（7）正しいことは勇気と信念をもって最後まで貫徹する。
（8）自主性を失わず、しかし自慢も抑制する。
（9）謙そんで寛大な心を持つ。
（10）困難を我慢し耐える。
（11）深く考えて創意性を発揮する。
（12）高い志を穂持って初志を貫徹する。
（13）言動を慎み、他の人の謀にだまされず、危機に際しても沈着冷静に対処する。
（14）自分の長所と短所を知り、個性を正しく伸ばす。
（15）勤労を尊重し、職業に対する正しい考えを持つ。
（16）物事の道理をよく判断して行動し、自分の言動に責任を持つ。

3．社会生活
（1）他の人と仲良く過ごす。
（2）他の人にわがままを言わない。
（3）他の人を尊重し、他の人の気持ちを理解することができる。
（4）兄弟と仲良く過ごす。
（5）両親と先生、その他の大人たちの恩に感謝することができ、その方々の気持ちに従う。
（6）見知らぬ人にも親切を施す。
（7）近隣の人々と親しくし、互いに助け、協力する。
（8）公衆道徳を守り、他の人や公共団体に迷惑をかけない。
（9）かわいそうな、困難な人々に対して同情心をもって助けようとする心を持つ。
（10）共同でしようとする仕事には自ら進んで協力し、奉仕しようとする心を持つ。
（11）いろいろな社会の規則をよく守る。
（12）友達との間で友情を厚くし義理を守る。
（13）競技、その他の優越を争う活動においては正しい精神と正当な態度を持つ。

4．国家生活
（1）国旗、国家に対する尊敬心を持つ。

資料編「道徳教育」関連教科等の歴代「教育課程」(1947 ～ 1973年)

（2）国民の祝日、その他の国家的行事にその意義を知り、敬虔な心で参与する。

（3）国家・民族に対する誇りを大切にする。

（4）戦没遺族と傷痍軍人の勇士に対する尊敬心と奉仕精神を発揮する。

（5）国土の防衛に努力している国軍に対して感謝と慰問を忘れない。

（6）わが国を独立させるために努力した先烈たちの遺徳を高く受ける。

（7）6・25事変のときをはじめとする、共産党の蛮行を振り返り、憤慨心を高める。

（8）共産党の再び侵略しようとする謀略を知り、高い警戒心を持つ。

（9）北朝鮮の共産地域で苦しんでいる同胞の惨状を知り、これを救出しようとする心を持つ。

（10）共産党の虚偽の宣伝の本当の意味を知り、これにだまされない。

（11）言動に慎重にし、間接侵略に利用されないように精神武装しっかりとする。

（12）世界の侵略に向けて共産独裁をたくらむ共産主義の正体を知り、自由諸国と団結を堅くしようとする心を持つ。

（13）われわれの美風良俗を伸長し、われわれの文化と伝統に対する誇りを持つ。

（14）わが国の発展のために協力しようとする心を高くする。

III. 時間活用の態度

　反共・道徳生活の教育は、すべての教育活動を通して指導することを原則としている。したがって、時間配当基準に確保されている各教科別時間の運営方法は、各学校において研究されなくてはならない。

　これに対して、特設された時間には各教科及び教育活動全般において得られる成果を総合し体系化して補充し、実践力を育てることに充当するように努力しなくてはならない。

IV. 指導上の留意点

1．この過程では各段階別（低，中，高学年）によって道徳目標を表示し、指導内容は学年別あるいは段階別の区分をおかないが、これはすべての学年で学生の心身の発達、地域社会、学校環境等の特色によって弾力的に指導することはできるようにするためにしたものであり、この点に注意し、創意的な指導をしなくてはならない。

2．反共・道徳教育は、すべての教科と学校活動全般にわたるものであることを強調するものであり、反共・道徳のために特設された時間には、教科と学校活動との緊密な連携を図り、その成果を拡充・深化することに努力しなくてはならない。

3．反共・道徳教育は、学校での教育だけで成果を上げることはできないものであるので、常に家庭教育及び社会環境との連携を考慮し、家庭、地域社会との緊密な協力のもとにこれを推進するようにしなくてはならない。

4．反共・道徳教育の特にその指導方法に留意し、学生たちに圧迫感や嫌気を起こさせないようにすることに創意を発揮しなくてはならない。

5．反共・道徳教育の機会や素材は、特に身近な生活面において現れる実例や近隣に
　ある素材を多く利用し、感銘深く指導することができる方法を追求しなくてはならな
　い。
6．礼節の指導のような実践行動は、実際に反復指導することによってこれを育成
　し、その後の生活において活用するかどうかを確認するようにしなくてはならない。
7．道徳的な問題児やその他の特殊な学生に対しては、特に個別指導にまで誠意を
　もって行わなくてはならない。
8．反共・道徳教育がスローガンにだけに終わることがないように留意し、実際の研
　究、練習、模擬活動などの経験を通して体得するようにし、創意的な方法を模索
　し、教育効果を上げるように努力しなくてはならない。

資料編「道徳教育」関連教科等の歴代「教育課程」(1947 ～ 1973年)

Ⅳ.「第3次教育課程」(文教部令第 310 号 1973 年 2 月 14 日、国民学校教育課程)

1.「第3次教育課程」国語科

ア.目標

(1) 一般目標

(ア) 日常生活に必要な国語の経験を広げ、正確に理解し適切に表現する技能を育成し、言語生活を円滑に行うことができようにする。

(イ) 国語を通して知識を広げ、問題を解決する力を育成し、発展する社会に適応するようにして、将来を切り開いて歩んでいくことができる基礎を準備させる。

(ウ) 国語を通して正しく思考し、自主的に判断する力と美しい心を育て、堅実な国民として育成する。

(エ) 国語に対する関心を高めて、国語と国語で表現された我々の文化を愛し、ひいては民族の文化発展に貢献しようとする心を持つようにさせる。

(2) 学年目標

<第1学年>

(ア) 話すことの基礎的態度を育成し、生活経験を広げる基礎を準備させる。

(イ) 聞くことの基礎的態度を育成し、生活経験を広げる基礎を準備させる。

(ウ) 文字を読む方法の初歩を知り、書かれている事実のおおよそを理解しながら読むことができようにし、また簡単な読み物に興味を持つようにさせる。

(ウ) 書くことに興味を持たせ、簡単な文を書く事ができる技能を育成して、表現しようとすることを文字で表すことができようにする。

(エ) 書写の基礎的態度を育成し、正しい姿勢で文字をきちんと書くことができようにする。

<第2学年>

(ア) 話すことの基礎的技能を育成し、順序を考えてはっきりとした発音で話すことができるようにする。

(イ) 聞くことの基礎的技能を育成し、順序を考えて静かに最後まで聞くことができるようにする。

(ウ) 読むことの基礎的技能を育成し、簡単な文を正しく読むことができようにし、また読むことに対する興味を持たせ、簡単な読み物を楽しんで読むことができようにする。

(エ) 楽しんで文を書こうとする心を持つようにさせ、作文の基礎的技能を育成し、表現しようとすることを順序に従って書くことができようにする。

553

（カ）書写の基礎的技能を育成し、用具、用材の使用法を知り、字形に関心を持ち、真心を込めて文字を書くことができようにする。

<第 3 学年>
（ア）話すことの初歩的技能を育成し、落ち着いた態度で用件をもらすことなく、順序立てて正確な発音で話すことができるようにする。
（イ）聞くことの初歩的な技能を育成し、落ち着いた態度で、順序にしたがって用件をもらすことなく聞くことができるようにする。
（ウ）読むことの初歩的技能を育成し、書かれている事実や文の要点をまとめることができるようにし、また、いろいろな読み物を読もうとする意識を高める。
（エ）表現に興味と意欲を持つようにさせ、作文の初歩的技能を育成し、要点をもらさずに内容をまとめ、簡単な文を構成立てて書くことができるようにする。
（オ）書写の初歩的技能を育成し、字形に留意して文字を正しく書くことができるようにする。

<第 4 学年>
（ア）話すことの基礎的技能をさらに高め、要点をまとめて話すことができるようにし、また、会話集会に参加し、協調して話すことができるようにする。
（イ）聞くことの基礎的技能をさらに高め、要点をまとめながら自然な態度で聞くことができるようにし、また、会話集会に参加して協調して聞くことができるようにする。
（ウ）読むことの基礎的技能をさらに高めて各段落をまとめながら文の細部まで読むことができるようにし、また、いろいろな文を自ら選択し、楽しんで読むことができるようにする。
（エ）気軽な態度で作文をさせて作文の初歩的技能をさらに高め、段落の構成がはっきりした文を書くことができるようにする。
（オ）書写の初歩的技能をさらに高め、楷書の書写に熟達させる。

<第 5 学年>
（ア）話すことの技能をさらに充実させ、相手や状況に応じて話すことができるようにし、また、会話集会に参加して論理的に話すことができるようにする。
（イ）聞くことの技能をさらに充実させ、相手や状況に応じて適切に聞くことができるようにし、また、会話集会に参加して他の人の言葉を批判的に聞くことができるようにする。
（ウ）読むことの技能をさらに充実させ、文の主題や要旨を正確に把握できるようにし、また、読書量をさらに多くし、読みたいと思う読み物を広く求めて読むことができるようにする。

資料編「道徳教育」関連教科等の歴代「教育課程」(1947 〜 1973年)

（エ）作文の必要を意識させるようにし、作文の技能が充実するように育成して、
　　　文字の体裁を考えながら、分かりやすい文を書くことができるようにする。
（オ）書写の技能をさらに充実させ、条件と目的にそって文字を書くことができる
　　　ようにし、また、ペン文字と楷書の基礎的技能を育成する。

＜第6学年＞
（ア）話すことの応用技能を育成し、目的や形式にそって効果的に話すことができ
　　　るようにし、また、正しい考えに基づいて責任ある言葉を言えるようにする。
（イ）聞くことの応用技能を育成し、目的や形式にそって効果的に聞くことができ
　　　るようにし、また他の人の言葉を平静な心で聞くことができるようにする。
（ウ）読むことの応用技能を育成し、目的や文の形式にそって適切に読むことがで
　　　きるようにし、また読んだものは生活に適用させることができるようにする。
（エ）作文の応用技能を育成し、目的に合い、表現しようとする内容にふさわしい
　　　文を書くことができるようにする。
（オ）書写の応用技能を育成し、条件と目的に合う書写を効果的に行うことができ
　　　るようにし、また、ペン文字と楷書の初歩的技能を育成する。

イ．内　容
［指導事項及び形式］
＜第1学年＞
（1）話すこと
　（ア）指導事項
　　　①いろいろな人と恥ずかしがらずに話すこと
　　　②用件をもらさずに話すことに努めること。
　　　③生活経験を簡単に話すこと
　　　④順序を意識しながら話すこと
　　　⑤乳児音がないようにはっきりとした発音で話すこと
　　　⑥尊敬語があることを知ること
　　　⑦相手を見ながら話すこと
　（イ）主要な形式
　　　①あいさつ、応答
　　　②伝言、絵の説明
　　　③生活経験談、寓話、劇

（2）聞くこと
　（ア）指導事項
　　　①いろいろな人の話すことに参加し静かに聞くこと

555

②話す内容のおおよそを理解しながら聞くこと
③順序を意識しながら聞くこと
④話す人を見ながら聞くこと
（イ）主要な形式
①応答
②伝言、指示、説明、発表
③生活経験談、寓話、童話、説話、劇

（3）読むこと
（ア）指導事項
①簡単な読み物に興味を持って、一人でも本を読むこと
②正しい姿勢で本を読み、ページをめくる方法を知ること。
③文字の形に注意して読むこと
④文章の符号があることを理解して読むこと
⑤人、事物の名前をたくさん理解すること
⑥基本文型を理解すること
⑦主となる言葉と答えに出る言葉があることを意識しながら読むこと
⑧話のあらすじを意識しながら読むこと
⑨書かれている言動を考えながら読むこと
⑩文を読みながらよい点、悪い点を理解すること
⑪はっきりした発音で声を出して読むこと
⑫行をまっすぐ見ながら目で読むこと
（イ）主要な形式
①絵日記、生活経験
②説明
③寓話、童話、説話、童詩（童謡）、脚本

（4）書くこと
＜作文＞
（ア）指導事項
①興味と意欲を持ってん書くこと
②簡単な語彙と簡単な文を書くこと
③題材を探すこと
④経験の順序を意識しながら書くこと
⑤文字や語彙を増やして書くこと
⑥出だしからつなげて文を作ること
⑦文型を理解すること

資料編「道徳教育」関連教科等の歴代「教育課程」（1947 ～ 1973年）

　　　⑧問いとなる言葉と答えになる言葉があることを知ること
　　　⑨短い文を集めて簡単な文章を作ること
　　　⑩経験を文字で書いてみること
　　　⑪書いた文を繰り返して読んでみること
　　（イ）主要な形式
　　　①絵日記、経験の素材、絵の説明
＜書写＞
　　（ア）指導事項
　　　①正しい姿勢で書くこと
　　　②用具の使用法を知って書くこと
　　　③基本となる点と画を区別して正しく書くこと
　　　④紙に書くことの基本を知り、代表的な字形に留意して書くこと
　　　⑤楷書の基礎をおおよそ知り書くこと
　　　⑥文字と語彙を正しく移して書くこと
　　　⑦句読点などの簡単な文章の符号があることを知り書くこと

＜第2学年＞
（1）話すこと
　　（ア）指導事項
　　　①会話の集会に積極的に参与し、相手と楽しみながら話すこと
　　　②要件を漏らすことなく話すこと
　　　③見て聞いたままに話すこと
　　　④順序を考えながら話すこと
　　　⑤標準語に関心を持って、他の人が聴き取ることができように正確な発音で話
　　　　すこと
　　　⑥相手を意識して尊敬語を使うこと
　　　⑦相手を見ながら話すこと
　　（イ）主要な形式
　　　①あいさつ、応答
　　　②伝言、説明
　　　③生活経験談、寓話、童話、説話、劇

（2）聞くこと
　　（ア）指導事項
　　　①会話の集会に積極的に参与し、集中して静かに聞くこと
　　　②伝える言葉を漏らすことなく聞くこと
　　　③話す内容を間違いなく聞くこと

④話す順序を考えながら聞くこと

⑤話す人を見ながら聞くこと

（イ）主要な形式

①応答

②伝言、指示、説明、発表

③生活経験談、寓話、童話、説話、伝記、劇

（3）読むこと

（ア）指導事項

①いろいろな読み物に興味を持ち簡単な読み物を楽しんで読むこと

②正しい姿勢で本を読むこと

③学級文庫を利用すること

④文字を正しく読むこと

⑤文章の符号を正しく理解して読むこと

⑥分からない語彙を調べて読むこと

⑦文型になれること

⑧問いとなる言葉と答えとなる言葉の呼応に留意して読むこと

⑨つなぐ言葉と示す言葉の役割を理解して読むこと

⑩書かれている内容のおおよそを理解して読むこと

⑪話のあらすじを考えながら読むこと

⑫表現が良いところを意識し、書かれている事実を正しく読むこと

⑬書かれている行動や場面を考えながら読むこと

⑭文を読み、よい点、間違っている点を理解すること

⑮はっきりした発音で声を出して読むこと

⑯黙読になれること

（イ）主要な形式

①絵日記、生活経験、生活記録、手紙

②説明

③寓話、童話、説話、童詩（童謡）、脚本

（4）書くこと

＜作文＞

（ア）指導事項

①興味と意欲を持って楽しんで書くこと

②文章と文を意識して書くこと

③題材を選んで書くこと

④物事の順序に従って書くこと

558

資料編「道徳教育」関連教科等の歴代「教育課程」（1947 ～ 1973年）

　　⑤書くことに必要な語彙を増やすこと
　　⑥語彙をつなげてまとまった文を作ること
　　⑦正しい文型に留意して書くこと
　　⑧問いとなる言葉と答えとなる言葉の呼応に留意して書くこと
　　⑨作る言葉を意識しながら書くこと
　　⑩文と文をつなげて簡単な文章を作ること
　　⑪時間を意識して書くこと
　　⑫尊敬語を意識して書くこと
　　⑬知らせようとすることを他の人が分かるように書くこと
　　⑭書いた文を読んでみて推敲すること
　（イ）主要な形式
　　①絵日記、手紙、生活経験、生活記録
　　②説明
　　③物語（内容）

＜書写＞
　（ア）指導事項
　　①正しい姿勢で書くこと
　　②用具の使用法になれること
　　③基本となる点と画を区別して、正しく書くこと
　　④整った字形で書くこと
　　⑤楷書の基礎を理解し正しく書くこと
　　⑥語彙と文を正しく写して書くこと
　　⑦語彙と簡単な文を正しく書きとること
　　⑧正書法を意識して書くこと
　　⑨文章の符号のあらましを理解して書くこと

＜第3学年＞
（1）話すこと
　（ア）指導事項
　　①落ち着いた態度で話すこと
　　②礼儀正しく話すこと
　　③自然な態度で話すこと
　　④面白い話題を求めて話すこと
　　⑤要点を漏らさずに話すこと
　　⑥要点をはっきりと話すこと
　　⑦順序を立てて話すこと

559

⑧内容のおおよそをまとめて話すこと
⑨標準語を使うことに努力し、正確な発音で話すこと
⑩語調、声量、速度を意識しながら話すこと
⑪語彙の使用について関心を持って話すこと
⑫正しい文型で話すこと
⑬相手方に適切な尊敬語で話すこと
⑭聞いたり読んだりした話を面白く話すこと
⑮相手方の立場や境遇を考えながら話すこと
　（イ）主要な形式
　　①応答
　　②伝言、説明、発表
　　③寓話、童話、説話、伝記、劇
　　　＊電話

（2）聞くこと
　（ア）　指導事項
　　①冷静な態度で聞くこと
　　②自然な態度で聞くこと
　　③要件を漏らさずに聞くこと
　　④話している要点を正しく聞くこと
　　⑤話している順序に従って聞くこと
　　⑥内容のおおよそをまとめながら聞くこと
　　⑦話の内容を向かい合って聞くこと
　　⑧相手方が話しやすい態度で聞くこと
　（イ）主要な形式
　　①応答
　　②文、報告、説明、発表
　　③寓話、童話、説話、伝記、劇
　　　＊放送、電話

（3）読むこと
　（ア）指導事項
　　①いろいろな読み物を自ら探して読むこと
　　②学級文庫を利用すること
　　③知らない語彙は文の前後から理解すること
　　④正しい文型を覚えること
　　⑤問いとなる言葉と答えとなる言葉に注意して読むこと

資料編「道徳教育」関連教科等の歴代「教育課程」（1947 ～ 1973年）

　　⑥段落に留意して読むこと
　　⑦つなぐ言葉と示す言葉の役割に留意して読むこと
　　⑧文の形式を意識して読むこと
　　⑨文の素材を意識しながら読むこと
　　⑩書かれている内容のおおよそを理解して読むこと
　　⑪話のあらすじに従って読むこと
　　⑫文の要点をつかみながら読むこと
　　⑬表現された事実に従って正しく読むこと
　　⑭文に現れる人物の気持ち、性格、行動や文に現れた場面を想像しながら読む
　　　こと
　　⑮読んだ内容について自分なりの意見を持つこと
　　⑯読んだ内容を他の人に伝えながら楽しむこと
　　⑰読み物の良い点と間違いを意識しながら読むこと
　　⑱読むことの量を増やすこと
　　⑲内容を考えながら正しく間をとって適当な速度で読むこと
　　⑳比較的長い文を最後まで黙読すること
　（イ）主要な形式
　　①生活文、感想文、手紙、日記、観察記録、報告
　　②説明文、記録文、報告文
　　③説話、童話、伝記、童詩（童謡）、少年小説、脚本

（4）書くこと
＜作文＞
　（ア）指導事項
　　①表現に対する興味と意欲を持って書くこと
　　②対象をよく注意して書くこと
　　③確かな資料を選んで書くこと
　　④要点を漏らさずに書くこと
　　⑤区切りをつけて順序正しく書くこと
　　⑥段落を意識して書くこと
　　⑦書くことに必要な語彙を増やすこと
　　⑧文脈が通るように正しく書くこと
　　⑨出だしに続けて整った文を作ること
　　⑩正しい文型を使用して書くこと
　　⑪問いとなる言葉と答えとなる言葉に注意して書くこと
　　⑫作る言葉に注意して書くこと
　　⑬文の中でつながる言葉の役割を理解して書くこと

561

⑭文と文をつなげて簡単な文章を作ること
⑮文と文のつなぎ目に留意して書くこと
⑯指し示す言葉の役割を理解して書くこと
⑰時間（時制）に留意して書くこと
⑱尊敬語を正しく書くこと
⑲比較的長い文を詳しく、そして続けて書くこと
⑳文の間違ったところを直すこと
（イ）主要な形式
①日記、手紙、生活文、観察記録
②説明、物語（内容）、童詩（童謡）

＜書写＞
（ア）指導事項
①用材の使用法を正しく理解して書くこと
②点と画のつなぎ目や方向に留意して正しく書くこと
③整った字形を書くこと
④楷書を書くことに熟達すること
⑤文の内容を考えながら正しく写して書くこと
⑥文と簡単な文章を正しく書き取りすること
⑦正書法に留意して書くこと
⑧文章の符号のあらましを正しく理解して書くこと

＜第4学年＞
（1）話すこと
（ア）指導事項
①会話の集会に楽しんで参与し、落ち着いて話すこと
②礼儀正しく話すこと
③自然な態度で話すこと
④自由な態度で話すこと
⑤話題を豊かにして話題からそれずに話すこと
⑥メモをもとに話すこと
⑦用紙を生かして話すこと
⑧話す目的を考えながら話すこと
⑨話す内容の展開計画をおおよそ立てて話すこと
⑩内容のあらましをまとめて話すこと
⑪標準となまりを区別して正確な発音で話すこと
⑫相手や状況に合う語調、声量、速度で話すこと

562

資料編「道徳教育」関連教科等の歴代「教育課程」（1947 ～ 1973年）

　　⑬相手や状況に応じて語彙の使用に留意しながら話すこと
　　⑭言葉の使われ方に留意して正しい語法によって話すこと
　　⑮尊敬語を自然に使うこと
　　⑯物語を面白く述べて話し、根拠を挙げながらつじつまが合うように話すこと
　　⑰相手の立場や境遇を考えながら話すこと
　（イ）主要な形式
　　①素材
　　②報告、説明、発表
　　③座談、会議
　　④童話、伝記、劇
　　　＊放送、電話、マイク

（2）聞くこと
　（ア）指導事項
　　①誠実な対応で聞くこと
　　②意見を尊重しながら聞くこと
　　③自然な態度で聞くこと
　　④メモをとりながら聞くこと
　　④話す要旨を把握しながら聞くこと
　　⑥話す目的を意識しながら聞くこと
　　⑦話す内容の展開を考えながら聞くこと
　　⑧内容をまとめながら聞くこと
　　⑨話の内容に感想を持ちながら聞くこと
　　⑩相手が話しやすい態度で聞くこと
　（イ）主要な形式
　　①素材
　　②報告、説明、発表
　　③座談、会議
　　④童話、伝記、劇
　　　＊放送、電話

（3）読むこと
　（ア）指導事項
　　①意欲を持っていろいろな文を楽しんで読む習慣を持つこと
　　②学級文庫を効果的に利用すること
　　③辞典を活用して本を読むこと
　　④わからない語彙は文の前後を考えて理解すること

563

⑤文の役割、構成、つながりを考えながら正しく読むこと

⑥段落ごとに意味をまとめながら読むこと

⑦つながっている言葉と指し示す言葉に注意しながら読むこと

⑧文の形式に注意して読むこと

⑨文の素材を考えながら読むこと

⑩作者の意図や文の主題を探しながら読むこと

⑪文のあらすじに沿って内容を考えながら読むこと

⑫文の要点を把握しながら読むこと

⑭必要なヤマ場を詳しく読むこと

⑭文の中に出てくる人物の気持ち、性格、行動や文に現れた場面を想像しながら読むこと

⑮読んだ内容に対する感じたことや意見を交換すること

⑯目的に沿っていろいろな読み物を探して読んでみること

⑰読み物を選んで読むこと

⑱読むことの量を増やし、読み物を増やすことに留意すること

⑲意味がよく分かるように声を出して読むこと

⑳黙読で早く読むこと

（イ）主要な形式

①生活文、感想文、紀行文、日記、手紙、書式、広告、掲示、告示、標語、ポスター

②説明文、報告文、観察記録、記録文、論説文、語録、記事文

③童話、伝記、少年小説、脚本、童詩（童謡）、説話

（4）書くこと

＜作文＞

（ア）指導事項

①意欲を持ち気軽な態度で作文をすること

②しっかりと考えて客観的に書くこと

③興味があり、問題点がある資料を選んで書くこと

④要点がしっかり現れるように書くこと

⑤中心をしっかり書くこと

⑥段落の構造に留意して書くこと

⑦必要な語彙を増やし活用して書くこと

⑧語彙の相互関係に留意して書くこと

⑨辞典を利用して正しく書くこと

⑩問いとなる言葉と答えとなる言葉に注意して書くこと

⑪作った言葉を適切に書くこと

資料編「道徳教育」関連教科等の歴代「教育課程」（1947 ～ 1973年）

　　⑫文と文のつなぎ目に留意して書くこと
　　⑬文の中でつながっている言葉に注意して書くこと
　　⑭指し示す言葉に注意して書くこと
　　⑮時間（時制）に適切に書くこと
　　⑯尊敬語を適切に書くこと
　　⑰説明、描写を入れて効果的に書くこと
　　⑱書いた文を繰り返し読んで直すこと
　（イ）主要な形式
　　①日記、手紙、生活文、感想文、表づくり、編集、掲示、告示
　　②標語、ポスター
　　③説明文、記事文、記録文、観察記録
　　④物語（内容）伝記の要約及び感想、童詩（童謡）

＜書写＞
　（ア）指導事項
　　①いろいろな用材の使用法についてなれること
　　②点と画のつなぎや方向に留意して正しく書くこと
　　③楷書を書くことに熟達すること
　　④文と文の間に注意して書くこと
　　⑤文字を書く速度を少しずつ速くして書くこと
　　⑥書き取りに熟達すること
　　⑦正書法に注意して書くこと
　　⑧文章の符号を適切に活用して書くこと

＜第5学年＞
（1）話すこと
　（ア）指導事項
　　①目的を考えながら協力的に話すこと
　　②礼儀正しく話すこと
　　③いろいろな人の前で自然な態度で話すこと
　　④いろいろな人の前でも自由に話すこと
　　⑤話題に合わせて話すこと
　　⑥要点のメモを生かして話すこと
　　⑦事実と意見を区別して話すこと
　　⑧趣旨が分かるように話すこと
　　⑨話す意図、目的をはっきりさせて話すこと
　　⑩意見を総合して話すこと

565

⑪話す目的によって話す内容の展開計画を立てて話すこと

⑫内容を簡潔にまとめて話すこと

⑬標準語の使用に慣れ、正確な発音で効果的に話すこと

⑭相手や状況に合う語調、声量、速度で話すこと

⑮相手や状況に応じて語彙を使用しながら話すこと

⑯言葉の使い方に留意して正しい語法によって話すこと

⑰標準語になれるように使うこと

⑱ユーモアを入れて面白く話し、根拠や理由を入れてつじつまの合うように話すこと

⑲一定の会議の規則に従って話すこと

⑳相手方に理解させて感銘を与えることができるように、言葉遣い、表情、動作に留意して話すこと

㉑適切な機会に話すこと

（イ）主要な形式

①紹介

②報告、説明、発表

③座談、会議

④童話、伝記、劇

　＊放送、電話、マイク

（２）聞くこと

（ア）指導事項

①会議に参加し、他の人の言葉を誠実は態度で集中して聞くこと

②意見を尊重しながら聞くこと

③自然な態度で聞くこと

④要点をメモしながら聞くこと

⑤事実と意見を区別して聞くこと

⑥趣旨を把握しながら聞くこと

⑦話す意図、目的を把握しながら聞くこと

⑧意見を総合しながら聞くこと

⑨話す内容の発展を想像しながら聞くこと

⑩内容をまとめながら聞くこと

⑪よい意見を出すために他の人の言葉を批判的に聞くこと

⑫相手方が話しやすい態度で聞くこと

（イ）主要な形式

①紹介

②報告、説明、講演（演説）

資料編「道徳教育」関連教科等の歴代「教育課程」（1947 ～ 1973年）

③座談、会議
④童話、伝記、劇
　＊放送、電話

（３）読むこと
（ア）指導事項
　①興味を持って読書活動に努めること
　②学校図書館を利用し本を読むこと
　③辞典を活用して本を読むこと
　④参考資料を使用して調査しながら読むこと
　⑤わからない語彙の意味を調べながら読むこと
　⑥文の役割、文の関係、つながりの関係に沿って正しく読むこと
　⑦段落の連結関係に注意しながら読むこと
　⑧文と文との関係に注意して読むこと
　⑨文章の形式に沿って正しく読むこと
　⑩文の主題を表すための主たる素材が何であるかを把握しながら読むこと
　⑪作者の意図や文章の主題、趣旨を探しながら読むこと
　⑫文章のあらすじに沿って内容を考えながら読むこと
　⑬段落に沿って要点をつかみ要約しながら読むこと
　⑭文章の詳しい部分まで読むこと
　⑮人物の性格や行動、文に現れた場面の情景を想像しながら読むこと
　⑯自分の生活や意見と比較しながら批判的に読むこと
　⑰目的をもって本を読むこと
　⑱読んでみたい本を自ら広く求めて読むこと
　⑲読み物の範囲を広げること
　⑳鑑賞のために朗読すること
　㉑長い文章を正しく早く黙読すること
（イ）主要な形式
　①生活文、感想文、紀行文、手紙、日記、書式、宣伝・広告、掲示・告示、標語・
　　ポスター
　②説明文、報告文、記録文、観察記録、論説文、語録、記事文
　③童話、伝記、少年小説、脚本、童詩（童謡）、時調

（４）書くこと
＜作文＞
（ア）指導事項
　①作文の必要性を意識しながら書くこと

567

②準備した資料を観点に沿って整理して活用しながら書くこと
③主題、趣旨が明確に現れるように書くこと
④段落と段落の関係を注意しながら書くこと
⑤文の展開の形式を理解して書くこと
⑥文の詳しく書く部分と簡略して部分を理解して書くこと
⑦語彙を適切に選んで書くこと
⑧辞典を活用しながら正しく書くこと
⑨問いとなる言葉と答えとなる言葉があるように文章を書くこと
⑩作ろうとする言葉を適切に書くこと
⑪文章の中でつながる言葉を適切に書くこと
⑫文と文のつながりを正しく書くこと
⑬指し示す言葉を正しく書くこと
⑭必要によって多く書いたり少なく書いたりすること
⑮趣旨、構成、著述を正しく直すための校正をすること

（イ）主要な形式
①日記、手紙、生活文、感想文、紀行文（旅行記）、表の作成、編集、掲示・告示、標語・ポスター、書式、宣伝・広告
②説明文、記事文、記録文、観察記録、報告文、講演の要旨
③物語（内容）、伝記の要約、感想、童詩（童謡）、脚本（脚色）

＜書写＞

（ア）指導事項
①ペンの使用法を理解して書くこと
②楷書の初歩を理解して書くこと
③書式に注意して書くこと
④文字の形が乱れないように早く書くこと
⑤正書法に合うように正しく書くこと

＜第6学年＞

（1）話すこと

（ア）指導事項
①良い結論を出すために協力的に話すこと
②礼儀正しく話すこと
③いろいろな人の前で自然な態度で話すこと
④いろいろな人の前でも自由に話すこと
⑤要点のメモを生かして話すこと
⑥事実と意見を区別して話すこと
⑦主題、趣旨の展開を考えて話すこと

資料編「道徳教育」関連教科等の歴代「教育課程」（1947 ～ 1973年）

⑧話す意図、目的がはっきりと表れるように話すこと
⑨意見を総合して話すこと
⑩目的によって話す内容の展開計画を立てて話すこと
⑪内容を要約しまとめて話すこと
⑫標準語の使用に慣れて、正確な発音で効果的に話すこと
⑬話す目的や状態、状況に合う、語調、声量、速度によって話すこと
⑭相手や状況に応じた語彙を適切に使用して話すこと
⑮言葉の使われ方に留意して正しい語法によって話すこと
⑯尊敬語に慣れて使うこと
⑰ユーモアを入れて面白く話し、根拠や理由を入れてつじつまが合うように話すこと
⑱一定の規則に従って話すこと
⑲相手方を理解させて感銘を与えることができように、言葉遣い、表情、動作を研究して話すこと
⑳適切な機会に話すこと
（イ）主要な形式
　①報告、説明、発表
　②座談、会議
　③伝記、劇
　　※放送、電話、マイク

（2）聞くこと
（ア）指導事項
　①会議に参加し他の人の言葉を誠実な態度で集中して聞くこと
　②意見を尊重して聞くこと
　③自然な態度で聞くこと
　④要点をメモしながら聞くこと
　⑤事実と意見を区別して聞くこと
　⑥主題、趣旨の展開を考えながら聞くこと
　⑦話す意図、目的を正確に把握しながら聞くこと
　⑧意見を総合しながら聞くこと
　⑨話す内容の発展を想像しながら聞くこと
　⑩内容を簡潔にまとめながら聞くこと
　⑪建設的な意見を出すために他の人の言葉を批判しながら聞くこと
　⑫相手方が話しやすい態度で聞くこと
（イ）主要な形式
　①報告、説明、講演（演説）

569

②座談、会議
③伝記、劇
　＊放送、電話

（3）読むこと
　（ア）指導事項
　　　①興味を持って読書活動に努めること
　　　②学校図書館を利用し効果的に読書すること
　　　③辞典を活用して本を読むこと
　　　④参考資料を効果的に使用しながら読むこと
　　　⑤読むことに必要な語彙を増やして調査すること
　　　⑥文の構造に従って正しく読むこと
　　　⑦段落と文全体との関係に留意して読むこと
　　　⑧文章の構成に注意して読むこと
　　　⑨文章の形式に従って正しく読むこと
　　　⑩文章の主題に表すための主たる素材が何であるか把握しながら読むこと
　　　⑪筆者の意図や文章の主題、趣旨を探して読むこと
　　　⑫文章のあらすじに従って内容を考えながら読むこと
　　　⑬調査するために要点をえらび抜いたり、文章全体を要約したりしながら読むこと
　　　⑭文章の流れに沿って正しく読むこと
　　　⑮文章を吟味しながら読み、上手な表現を読むこと
　　　⑯主体的、批判的に読むこと
　　　⑰読むことの目的やあらすじの形式に沿った方法で読むこと
　　　⑱良書をよく選んで読むこと
　　　⑲読み物の範囲を増やすこと
　　　⑳鑑賞のため朗読すること
　　　㉑長い文章を精読すること
　（イ）主要な形式
　　　①生活文、感想文、紀行文、手紙、日記、書式、宣伝・広告、掲示・告示、標語・ポスター
　　　②説明文、報告文、記録文、観察記録、論説文、語録、記事文
　　　③伝記、少年小説、脚本、童詩（童謡）、時調

資料編「道徳教育」関連教科等の歴代「教育課程」（1947 ～ 1973年）

（4）書くこと
＜作文＞
　（ア）指導事項
　　　①作文を通して考えを深くすることを意識しながら書くこと
　　　②目的に従って資料を選び、必要なことを漏らさずに書くこと
　　　③主題、趣旨がはっきりと現れるように書くこと
　　　④段落と文章全体との関係に注意しながら書くこと
　　　⑤文章の展開形式に注意して書くこと
　　　⑥詳しく書く部分と簡略に書く部分を分けて書くこと
　　　⑦語彙の使用法に注意して書くこと
　　　⑧辞典を活用して正しく書くこと。
　　　⑨問いとなる言葉と答えとなる言葉の文を準備して書くこと
　　　⑩書こうとする言葉を適切に使うこと
　　　⑪文の中でつながる言葉を適切に使うこと
　　　⑫文と文のつながりを適切に書くこと
　　　⑬指し示す言葉を適切に使うこと
　　　⑭目的や条件に合うように効果的に書くこと
　　　⑮効果的に表現するために公正すること
　（イ）主要な形式
　　　①日記、手紙、生活文、感想文、紀行文（旅行記）、表づくり、編集、掲示・告
　　　　示、標語・ポスター、書式、宣伝・広告
　　　②説明文、記事文、記録文、講演の要旨
　　　③物語（内容）
　　　④伝記の要約、感想、童詩（童謡）、時調、脚本（脚色）
＜書写＞
　（ア）指導事項
　　　①ペンの使用法になれること
　　　②行書を正しく書くこと
　　　③条件や目的に合うように配列して書くこと
　　　④文字を書く目的や時間に合うような速度で書くこと
　　　⑤正書法に合うように正しく書くこと

［題材選定の基準］
　題材は、教育法第2条と第94条および国民教育憲章等を基に、子供の心身の発達に
従って次のような点に基準をおいて選定する。
（1）透徹した国家観を確立して国民としての使命感を深く持たせ、国の発展に貢献
　　　しようとする心を育成することに一助となるもの。

571

（２）国語に対する関心と国語愛を高めることに一助となるもの。

（３）わが国の国土と文化の理解、わが国の国土と文化を愛することに一助となるもの。

（４）自由と平和を愛し、反共民主精神を固くさせることに一助となるもの。

（５）正しい思考力、科学的態度を育成することに一助となるもの。

（６）創造力、創意力を育成することに一助となるもの。

（７）文学と芸術について理解を高めることに一助となるもの。

（８）情緒を純化させることに一助となるもの。

（９）勤勉、誠実な生活態度を育成することに一助となるもの。

（10）強靭な意志と信念、透徹した責任感を育成することに一助となるもの。

（11）強健な体力を育成することに一助となるもの。

（12）つつましい生活態度を育成することに一助となるもの。

（13）逆境の克服、進取的な態度、開拓する心を育成することに一助となるもの。

（14）自然、人生について正しい理解を持つようにさせることに一助となるもの。

（15）公益と秩序を尊重し、法を守る精神を育成することに一助となるもの。

（16）愛と奉仕の精神を育成し、他の人と協同する態度を育成することに一助となるもの。

（17）美風良俗を理解し、これを保存することに一助となるもの。

（18）世界の風土、文化に理解を持たせ、国際協調精神や世界的な視野を育成することに一助となるもの。

（19）その他、素晴らしい人となるために一助となるもの。

ウ．指導上の留意点

（１）国語の教育は、国語科の教育活動だけでなく、全ての教育活動を通して行われるものであり、国語科では子どもの言語生活を円滑にする基礎を育成するために、他の教科及び特別活動の指導と有機的に関連させながら国語の学習に関する基本的な事項を扱うようにする。

（２）子供の言語活動を重視して、子供の言語活動が主体的に約行われるようにし、話すこと、聞くこと、読むこと、書くことの指導が原則的に総合的に行われるようにする。

（３）話すこと、聞くことは、便宜上、その目標と内容において分離して叙述しているが、実際の指導においては、同様の過程でそれらの活動が行われるのであり、これを勘案して適切に指導する。

（４）子供の言語実態と地域的特性を調査し、分析して、すべての教育活動で国語の純化に努めようにする。

（５）国語の学力を育成する上で基本となることは、指導事項を体系化し、これを深化、拡充させて指導することができように内容を調整し、実際の指導において

資料編「道徳教育」関連教科等の歴代「教育課程」（1947 ～ 1973年）

は子どもの言語発達段階を考慮して意図的、計画的に指導するようにする。

（6）国語の学力の伸長は、言語生活の円滑化にだけその目的があるのではなく、言語を通して得られた内容の価値を探り出すことにも目的があるので、これを勘案して指導するようにする。

（7）話すこと、聞くことは、2人以上で構成される言語活動であるとともに、言語生活全般において営まれる活動であり、話すこと、聞くことの指導においては、音声言語教材を活用して指導するだけでなく、学校教育全般を通して指導し、言語生活環境を準備して指導の効果を得るようにする。

（8）読むこと、書くことは、意思疎通の手段という面では話すこと聞くことと機能的に同じであるが、伝達の状況においては、話すこと、聞くことの場合とは多少異なって間接的であり、1人の頭の中での活動となるため、この領域の指導は一層意図的に行うようにする。

（9）読むことの指導においては、読解力を育成することに努めなくてはならないだけでなく、読書活動も活発に行うようにして、題材の選定の基準に従って豊富な読み物を選定して読むようにし、堅実な国民として育つための基礎を作る。

（10）書くことの指導は、すべての学習活動の中で行われるものであるが、子供たちの実態や指導の効果を勘案し、書く活動を主に行う学習計画を立てて指導の断絶がないように継続的に指導するようにする。

（11）書写の用具、用材の選定は、子供の健康、書く能力の伸長に直結するものであり、子どもの心身発達の段階を勘案して書写の実効を得ることができように留意する。

（12）言葉の使い方の指導は、話すこと、聞くこと、読むこと、書くことのすべての領域を通して行うようにするが、言語活動の機会と指導事項の系列を有機的に関連させて指導の効果を上げるようにする

（13）年間計画を立てる場合には、次のような点について勘案する。

　　（ア）当該学年の学年目標を最も効果的に達成することができるように、当該学年の内容をもとにして、その学年に合う言語活動を選定する。

　　（イ）前後学年の年間計画と系列を立てる。

　　（ウ）当該学年言語領域の，主要な形式，を考慮して題材選定の基準を適切に具体化する。

　　（エ）子どもの個人差、地域差、特性、子供の生活環境の実態等を考慮する。

　　（オ）学校教育全体と有機的に関連させる。

（14）各学年における言語領域の指導事項は、その言語領域の主要な形式を通して指導する。

2.「第3次教育課程」社会科

文教部令第310号（1973. 2. 14. 制定公布）

社会科

ア．目標

（1）一般目標

（ア）社会生活について正しい理解を持つようにさせ、家庭、社会、国家に対する愛情を育て、国家の発展と国民的課題の解決に積極的に採用する国民としての資質を育てる。

（イ）社会の様々な機能と民主社会生活の特徴を理解させ、その他人格の尊重と相互協力によって社会生活の改善と発展に寄与しようとする態度を育てる。

（ウ）人間生活と自然環境との関係、自然条件の活用の重要性を理解させ、郷土と国土に対する愛情を育成し、国土の開発、国際協力の必要性を自覚させるようにする。

（エ）わが国の文化と伝統について理解させ、文化民族としての自覚を堅くし、民族文化を発展させて国民的使命を完遂しようとする態度を育てる。

（オ）社会的な事実を観察して理解し、さまざまな社会的現象の意味するところ正しく思考し、正しい判断力をもって問題を解決する能力を育てる。

（2）学年目標

＜第1学年＞

（ア）学校と家庭など、生活周辺の社会生活に関して理解させ、社会を構成する一員として集団生活に参与する態度を育てる。

（イ）身辺の社会的な事実と現象について関心を持ち、よく観察する態度を持つようにさせ、時間と空間に対する意識を開かせるようにする。

＜第2学年＞

（ア）物資の生産と交流、交通、通信、生命、財産の保護等に従事する人々の仕事について理解させるとともに、自分たちの生活が様々な人々の努力と相互依存関係の中で営まれていることを理解させ、社会的分業の意味を認識させる。

（イ）今日の私たちの生活が祖先たちの努力と国民の協力によって営まれていることを理解させ、自分が住んでいる地域の社会生活に関しを持つようにし、地域発展のために共同生活の必要性を認識させる。

（ウ）自然の様子、さまざまな人々の活動を関係させながら観察し、これを効果的に表現する能力を育て、時間と空間に対する認識を伸ばす。

資料編「道徳教育」関連教科等の歴代「教育課程」（1947 ～ 1973年）

＜第3学年＞
（ア）人間が根本的に必要を充足させるために自然に適応しているとともに、これを
　　よく利用していることを理解させ、自然環境の活用の必要性を認識させる。
（イ）様々な地域の生活の特色を理解させ、人々がそれぞれ他の生活環境の中でこれ
　　を活用しているとともに、互いに助け合いながら生活していることを理解させ
　　る。
（ウ）地域生活の歴史的な変遷を知り、地域の発展には多くの人々の努力があったと
　　いうことを認識させ、地域の一員として地域発展に努力しなくてはならないと
　　いう心構えを持つようにさせる。
（エ）時間と空間に対する認識を広げ、いろいろな資料を活用し、地域の特色を把握
　　して相互比較することができる能力を育てる。

＜第4学年＞
（ア）自分が住んでいる市、道の社会生活の様子を理解させ、わが国の各地方の自然
　　と産業、交通、集落について概観し、各地方の生活の特色を認識させる。
（イ）わが国の自然環境とその活用によって展開されている国民生活の様子を概括的
　　に把握させ、国土に対する愛情を育て、国土の保全、活用に努力しようとする
　　態度を持たせる。
（ウ）わが国の古跡、遺跡等を通して、われわれの民族生活を発展の概略を理解さ
　　せ、祖先と歴史に対して誇りを持たせる。
（エ）いろいろな地図や年代表の資料を活用し、必要な知識を得させ、部分的なもの
　　を総合して概括的特色を把握することができる能力を育てる。

＜第5学年＞
（ア）私たちの民族の経済、学問、教育、宗教、芸術等の発達について理解させ、祖
　　先の生活と伝統について愛情を持つようにさせ、文化民族としての誇りを感じ
　　るようにさせる。
（イ）人間が自然環境の中でその生活を発展させるために創造、活用している様々な
　　経済機能について理解させ、現代の経済社会の中での賢明な生活方法を認識さ
　　せる。
（ウ）わが国の経済開発計画の目的とその実績、展望について理解させ、福祉社会建
　　設のために解決しなくてはならない様々な問題点を認識させ、さらに経済社会
　　発展のために積極的に参与して奉仕しようとする態度を育てる。
（エ）世界のさまざまな場所の自然環境とさまざまな国民たちの特色ある生活に関し
　　て理解させ、私たちの生活がこれらの人々と緊密な関係を持っていることを認
　　識させる。
（オ）各種の地図、年代表、統計図表、その他の資料をよく評価して利用し、さまざ

まな社会的事実と現象が持っている意味を互いに関連させながら把握し、これ
を適切に要約する能力を育てる。

＜第6学年＞

（ア）民族の起源から今日に至るまでの我々の祖先たちの生活の特色と発展の足跡を
体系的に理解させるとともに、自主的な生活態度を認識させ、新しい歴史創造
の使命感をもち、民族の将来のために献身しようとする態度を育てる。

（イ）民主主義の基本理念、民主政治の原理と体制、韓国民主制度の特色について理
解させ、民主国家国民としての自覚を堅くを持たせ、社会発展に貢献しようと
する態度を育てる。

（ウ）国際関係と人類福祉の向上のために世界の各国民の協力について理解させ、国
際社会の中でのわが大韓民国の地位、世界を舞台に活躍しているわが国民の活
動について認識させ、国家発展と人類共栄に貢献しようとする態度を育てる。

（エ）今日、我々の現実において、国民が解決しなくてはならないさまざまな問題を
考察し、国民の1人としての責任を感じさせるようにする。

（オ）社会の様々な現象を変化する過程として認識し、これを理論と結び付けて考え
ることができる能力を育てる。

イ．内容

＜第1学年＞

（ア）学校の施設－学校の施設を直接観察してその機能を理解し、正しく利用するこ
とができるようにする。
①施設の種類
②施設の使用方法
③施設共用の意味
④家庭の施設と違う点、同じ点

（イ）学校の成員－自分の学校の教職員と子供たちの生活を観察し、自分との関係を
中心にして彼らを理解し、自分も学校の成員の一員であることを自覚させるよ
うにする。
①成員に対する分別
②活動状況
③担当している仕事の意味
④努力する方向

（ウ）学校の行事－行事に参加したときの経験の発表、反省党の学習を通して、子供
たちが直接参加することができる学校、社会、国家的な行事の意義を考えさ
せ、これに参与するようにする。
①日課表に従った行事

資料編「道徳教育」関連教科等の歴代「教育課程」（1947 ～ 1973年）

②季節的な行事
③社会的な行事
④国家的な行事
⑤国旗、愛国歌、国家の元首

（２）家庭生活
（ア）家族の構成－自分の家族の構成について調査と他の家族の構成に対する報告を
聞き、比較することによって、家族に対する理解を深くし、家族の一員である
ことを自覚させるようにする。
①家族の数
②家族の血縁関係
③成長過程
④他の家族の違いと共通点
（イ）家族がしていること－家族がしていることを調査することによって、各自がして
いる仕事が少しずつ違うということを認識させ、相互平等の必要性を感じるよ
うにさせる。
①お母さんがしている仕事
②お父さんがしている仕事
③それ以外の家族がしている仕事
④家族の共同
⑤近隣の家庭との相違点と共通点
（ウ）住居－簡単な絵を描いて、自分の家の構造施設を理解させ、と家屋の管理のた
めに家族がしていることを調査させ、すべての家族が協力してよく管理しなく
てはならないことを理解させる。
①建物の様式
②住居の施設と構造
③住居の管理
④住居の生活
⑤家で育てている動植物
⑥家の回りの様子
（エ）家庭と社会－日常時に自分の家をよく訪問する人々、近隣と協力して行う仕事
等について調べることによって、自分の家庭が近隣と互いに密接な関係を持っ
ていることを理解させる。
①親戚、近隣の人との相互扶助
②家庭に訪ねてくる人々
③家庭と社会とのつながり
④近隣の人々の行っている仕事

577

（３）近隣と地域の生活

（ア）近隣と地域の様子－地上の日常生活の場所として利用されている自分の地域の様子を観察し、自然環境と生活との関係について意識を芽生えさせ、自分の地域を絵で表して、さらに理解することができるようにする。

①地域の地形

②地域の家々

③地域の土地利用

（ウ）地域の公共施設－地域の人々が共同で利用している場所を調査してみるとともに、利用している態度について、反省を通して正しい利用法と公共施設の必要性を理解させる。

①交通安全施設

②共同利用の施設

③その他の施設

＜第２学年＞

（１）物の生産と流通のために働く人々

（ア）市場と消費生活－市場、商店の見学調査等を通して、物資の生産者と消費者を結び付けてくれる仕事をしている人々の活動について理解させ、賢明な消費生活の必要性と方法を理解させる。

①物の生産者と消費者を結び付けてくれる市場の役割

②市場や商店の人々がしている仕事

③市場と私たちの生活との関係

④ものを上手に買う方法

⑤お金と物資の節約

⑥貯蓄の意義と方法

（イ）物の生産に従事する人々－自分の地域で主に生産される物と、それを生産する仕事に従事している人々の活動の様子を観察し、調査して、さらに他の場所での農業、林業、水産業、工業等の物の生産に従事している人々の活動の様子についても、さまざまな資料を通して調べさせ、これらの活動と私たちの生活との関係を理解させる。

①農業の種類と順序

②農産物の増産のための農民たちの活動と苦労

③林産物や地下資源を得るための人々の活動

④水産物を得るためのさまざまな活動

⑤いろいろな工業製品とその生産過程

⑥工場で働く人々の生活の様子とその苦労

⑦物の生産に従事している人々と私たちの生活の関係

資料編「道徳教育」関連教科等の歴代「教育課程」（1947 ～ 1973年）

（2）交通、通信に従事している人々

（ア）交通機関で働いている人々－交通輸送機関の種類と機能を調査し、観察することによって、ここで働いている人々の活動と努力について関心を持たせ、私たちの生活に役立っていることを理解させる。

　①交通機関の種類とその機能

　②交通機関に従事する人々のしている仕事

　③交通機関で行っている仕事の性質

　④交通機関に従事している人々の仕事と私たちの生活との関係

（イ）通信機関で働いている人々－通信上報機関の種類と機能を調査し、観察することによって、ここで働いている人々の活動と努力について関心を持たせ、日常生活において通信報道機関をよく利用することができる機能と、これに協力しようとする心を持たせる。

　①通信の種類と利用方法

　②通信機関に従事している人々の仕事

　③報道機関の種類とその機能

　④通信報道機関で行っている仕事の性質

　⑤私たちの生活との関係と私たちの協力

（3）生命、財産、健康に従事する人々

（ア）国軍がしている仕事－国軍の日の行事を通して、国土防衛の重要性を理解させ、総力安保の決意を堅くし、国軍の組織と任務及び彼らの活動について関心を持たせ、国軍の苦労と感謝のために何ができるか考えさせる。

　①国軍の区分

　②国軍の任務

　③国軍の活動と苦労

　④国土防衛に対する私たちの覚悟とすべきこと

（イ）警察官の仕事－警察官がしている仕事の種類と具体的な活動を調査し、観察することによって、警察官がしている仕事の意味と彼らの苦労に対して関心を持たせ、私たちの生活との関係を理解し、協力の方法について考えさせる。

　①警察官の仕事の種類と活動

　②警察官の任務と私たちの生活との関係

　③警察官の苦労と私たちの協力

（ウ）消防署員の仕事－消防官がしている仕事の種類と具体的な活動を調査し観察することによって、消防官がしている仕事の意味と彼らの苦労について関心を持たせ、私たちの生活との関係を理解し、協力の方法について考えさせる。

　①消防官の仕事の種類と活動

　②消防官の任務と私たちの生活との関係

579

③火災発生の原因と季節との関係

④消防官の苦労と私たちの協力

(エ) 健康保護に従事している人－私たちの健康を保護してくれる医療機関の種類とその機能を調査し、観察することによって、ここで活動している人々の仕事の意味と彼らの苦労に対して関心を持たせ、私たちの生活との関係を理解させて協力の方法について考えさせる。

①医療機関の種類とその機能

②医療機関の利用法方

③医療機関に従事している人々の仕事

④保健所で行う仕事に対する協力

⑤保健衛生のための努力点

(4) 地域の生活

(ア) 地域の自然環境－地域の自然環境についてさまざまに観察させ、地形と気候条件が地域の発展にどのような影響を及ぼしているのか発見させ、自然環境と地域発展との密接な関係について考えさせる。

①地域の自然環境の特色

②地域の気候

③集落と人口分布

④自然の相互関係

⑤自然が地域の生活に及ぼす影響

(イ) 地域の絵地図－絵地図を読んで描くことができるようにし、地域の集落の分布、産物、地形等について絵で正確に表すことができるようにし、自分の地域の特色を理解して、地域の発展のためになされなくてはならない事を発見させる。

①絵地図を描く順番と方法

②地域の絵地図を描く

③地域の全貌を観察

(ウ) 地域の生活－地域の社会的事実や現象を観察させ、社会生活の構造と協同の必要性を認識させて、地域の発展のための工夫と協力について関心を持たせる。

①地域の交通通信

②地域の人々の職業と産物

③他の地方との交流

④地域の機関と地域の人々との協力

⑤地域の発展のための努力

(オ) 国慶日と地域の行事－国慶日行事への参加の経験発表、反省等を通して、国慶日の意義、祖先と私たちの生活の関係とを理解させ、民族及び国家意識が芽生えるようにさせる。

580

資料編「道徳教育」関連教科等の歴代「教育課程」（1947 ～ 1973年）

①国慶日の意義
②祖先たちの努力と私たちの生活
③国慶日の行事と意識

＜第３学年＞
（１）自然の利用と衣・食・住
　衣・食・住について様々な資料を収集し、これを整理する中で、衣・食・住の種類
と機能発達過程、私たちの生活の関係等を理解させ、基本的な必要・要求の充足のた
めに社会分業協同の構造と生活向上のための自然の効果的な利用等について考えさせ
る。
（ア）衣服
　　①衣服の種類と機能
　　②布の種類と生産地
　　③衣服と私たちの生活の関係
　　④適当な衣服
　　⑤原料から製品までの工程
（イ）食物
　　①季節と地域による食物の種類と機能
　　②食生活の発達
　　③食物と私たちの生活との関係
　　④食品の種類と生産地
　　⑤食品の生産、需要と供給による地域間の協力構造
　　⑥食生活の改善
（ウ）家
　　①地域と用途による家の種類
　　②家の発達と機能
　　③建築資材と工程
　　④住生活の改善
（エ）私たちの生活と自然の利用
　　①自然の恵沢
　　②自然利用開発の必要性
　　③自然を利用開発する様子
　　④自然を利用開発する努力

（２）いろいろな地域の生活
　自分が生活している地域を見学、調査し、自然の様子、産物、人々がしている仕
事、相互協力依存関係、共通的な要求、自然を利用を開発する様子等について学習

581

し、他の地域については、このような内容を間接経験を通して考えさせる中でさまざまな地域の特徴を把握し、さまざまな地域間の共通点と相違点、地域と地域間の関係を発見させる。

（ア）農村、山村、漁村の生活
  ①各地域の自然環境の特色
  ②各地域の人々の仕事と主要産物
  ③各地域の生活の特色
  ④地域生活の発展のための努力
  ⑤地域の人々の相互協力関係

（イ）都市の生活
①各都市の姿とその機能
②各都市の人々がしている仕事
③各生活の特色
④都市生活の改善のための努力

（ウ）いろいろな地域の関係
  ①いろいろな地域の共通点と相違点
  ②いろいろな地域の相互協力関係

（3）世界のいろいろな場所での人々の生活

 本、絵、その他の資料を活用し、世界のいろいろな場所の中で珍しい自然環境を持っている場所の生活の様子を調べ、その場所の自然環境をよく利用し、さらによい暮らしができるよう努力していることを理解させ、生活の開拓の精神を学ばせる。

（ア）熱帯地方で生きる人々
  ①高温多湿の地域の環境
  ②気候条件を克服し、衣・食・住を解決する様子
  ③この地域の生活の特色
  ④私たちの生活との共通点と相違点

（イ）砂漠や草原で生きる人々
  ①乾燥した砂漠草原の自然環境
  ②遊牧生活とオアシス農業
  ③この地域の生活の特色
  ④私たちの生活との共通点と相違点

（ウ）寒帯地方で生きる人々
  ①酷寒の中での自然環境
  ②原始的な漁撈狩猟生活
  ③この地域の生活の特色
  ④私たちの生活との共通点と相違点

資料編「道徳教育」関連教科等の歴代「教育課程」（1947 ～ 1973年）

（エ）自然を利用しよく生活している人々
　　　①よくない自然条件を克服し、利用を開発している様子
　　　②勤勉誠実で質素な生活の様子
　　　③私たちの生活との共通点と相違点
　　　④この人々の生活から私たちが学ばなくてはならない点

（4）地域生活の昔と今
　写真、大人たちのお話し、その他の資料を収集し、年表を作りながら、近代の生活範囲の中で、地域も変化の成長の様子を調査し、分析する中で、人間生活が絶え間なく変化し発展していることを理解させ、自分の地域に対する愛情を持つとともに地域の発展に参与し、奉仕しようとする意欲を持たせる。
　（ア）学校の昔と今
　　　①地域の学校が発展した様子
　　　②学校 l の近くの村が発展した様子
　（イ）変化した地域の様子
　　　①地域の由来
　　　②地域の行政区域の変遷
　　　③地域発展の年表
　（ウ）変化した生活の様子
　　　①家族生活の変遷
　　　②衣服生活の変遷
　　　③便利になった生活
　　　④合理的な生活
　（エ）地域の発展のために努力した方々
　　　①祖先たちの業績
　　　②地域の古跡
　　　③地域発展のための努力

（5）地域の人々の協同生活
　実施調査、図表の解読等を通して、地域の生活を支えてきた各種の機関、団体に行なっている仕事の内容と相互協力関係を調査する中で、地域の発展は地域の人々の協同と創意と勇気かその根本になっていることについて考えさせ、さらに地域の発展のためになされなければならない事について考えさせる。
　（ア）村の人々の協同生活
　　　①セマウル運動
　　　②地域の発展のための村の人々の努力
　（イ）地域の行政機関

①機関の種類
　　　②機関で行っている仕事
　　　③地域の人々との関係
　（ウ）地域のさまざまな団体
　　　①団体の種類
　　　②団体の活動
　　　③地域の発展との関係
　（エ）地域の発展のための努力
　　　①協同生活
　　　②遵法生活
　　　③勤労生活

＜第4学年＞
（1）私たちが住んでいる市・道
　　新しい記号を覚えながら、大縮尺地図を読み、写真、統計図表等を収集し、整理して自分が住んでいる市・道の自然と社会生活を概括的に理解させる。
　（ア）地図を読む
　　　①わが国の行政区域
　　　②地図の記号
　　　③地図の解釈
　（イ）私たちの市・道の自然と生活
　　　①私たちの市・道の自然環境
　　　②人口と主要都市
　　　③私たちの市・道の行政区域
　　　④市、道庁その他の機関

（2）わが国における各地方の生活
　　各種の地図、絵等の資料を利用し、わが国における各地方をまんべんなく学ばせることによって、各地方の生活の特色、地方の相互間の緊密な相互関係を理解させる。
　（ア）わが国の地域区分
　　　①わが国の地方区分
　　　②各地方内の地域区分
　（イ）南部地方の生活
　　　①南部地方の自然と産業
　　　②南部地方の交通・通信と主要都市
　　　③南部地方の生活の特色
　（ウ）中部地方の生活

資料編「道徳教育」関連教科等の歴代「教育課程」（1947 ～ 1973年）

　　　①中部地方の自然と産業
　　　②中部地方の交通・通信と主要都市
　　　③中部地方の生活の特色
　（エ）北部地方の生活
　　　①北部地方の自然、産業、交通と主要都市
　　　②北部地方の住民たちの生活

（3）国土の環境と国民生活
　さまざまな地方の生活で学習したことを土台にして、わが国の自然資源、産業、人
口、交通、通信等を互いに関連させながら考察させることにより、資源の効果的な利
用が国民生活の向上の土台になっていることを理解させる。
　（ア）わが国の自然環境
　　　①位置、周辺との関係
　　　②地形の特色
　　　③気候と植生の特色
　（イ）わが国の自然と産業
　　　①自然の条件と資源
　　　②農業
　　　③人形
　　　④水産業
　　　⑤観光業
　　　⑥工業
　（ウ）人口と交通・通信
　　　①人口の分布
　　　②主要都市
　　　③交通・通信
　　　④人口・都市と交通・通信との関係

（4）国土の保全と開発
　自分の生活経験、いろいろな統計、政府や地方自治体が発行した資料等を活用し、
わが国の国土の条件からくるさまざまな災害の実態を把握させ、国民の生活環境をよ
り住みやすくするためには、どのような努力がなされなければならないか考えさせ、さ
らに私たちの国土の保全・活用が国民生活の向上にどのような影響を与えるのか考察
させる。
　（ア）国土の保全と災害の防止
　　　①わが国の自然災害と公害
　　　②国土保全の必要性

585

③自然災害の防止対策
　　　④公害の防止対策
　（イ）国土の開発
　　　①山林の緑化と山地の開発
　　　②農地の開発と整理
　　　③物資源の活用
　　　④観光資源の開発
　　　⑤国土開発の計画

（5）私たちの祖先の生活の由来とその足跡
　　年表、歴史地図等を活用し、わが国の歴史の時代区分を概略的に把握させ、昔の都
　や博物館、その他のいろいろな場所に残されている文化財に関する写真、資料等を収
　集、整理し、祖先たちの生活の足跡について振り返ることによって、私たちの国土と
　国民生活が祖先たちの活動の土台の上になされていることを理解させる。
　（ア）昔の都
　　　①わが民族の由来
　　　②高句麗と平壌
　　　③新羅と公州、扶余
　　　④新羅と慶州
　　　⑤高麗と開城
　　　⑥朝鮮とソウル
　　　⑦昔の都の重要文化財
　（イ）私たちの文化財
　　　①博物館の役割
　　　②わが国のいろいろな博物館の所蔵品
　　　③各地方に散在している文化財
　　　④無形文化財と天然記念物
　　　⑤文化財保護の重要性

<第5学年>
<国史部分>
（1）わが国の経済生活の発展
　　家庭、地域において見ることができるさまざまな遺物、古跡写真、などの資料を通
　して、私たちの祖先たちの経済生活の様子を振り返り、その変化の要因を考察させる。
　（ア）産業技術の発達
　　　①人間の基本的必要と産業技術
　　　②農林業の発達

586

資料編「道徳教育」関連教科等の歴代「教育課程」（1947 ～ 1973年）

　　　③水産業の発達
　　　④観光業の発達
　（イ）商業と交通・通信の発達
　　　①商業と市場の発達
　　　②貿易の発達
　　　③貨幣の発達
　　　④交通の発達
　　　⑤通信の発達

（2）わが国の文化の発展

　年代図表、参考書籍などの資料を通して、わが国の学問、教育、宗教、風習などの変化発展を振り返り、祖先たちの生活様式が今日の社会生活にどのような形態で現れているのか考察してみることによって、伝統に対する親近感と文化民族としての誇りを感じさせる。

3. 「第3次教育課程」道徳科

ア．目標

（1）一般目標
（ア）日常生活で持たなくてはならない礼節とその根本精神を理解し、礼節に合う生活習慣を育てる。
（イ）私利を正しく判断して行動し、個性を正しく伸長させて自立する習慣を持つとともに、素晴らしい品格を備えていこうとする基礎を磨く。
（ウ）社会の一員として自分の位置を理解し、社会生活に正しく適用するとともに、秩序正しく行動して社会生活を民主的に営むことができる能力と態度を育てる。
（エ）輝く民族文化を創造した祖先の精神を見習い、わが国の発展と世界平和に貢献しようとする愛国心の深い韓国人を育てる。
（オ）民主主義の優越性と共産主義の間違いを理解し、国土統一を平和的に成し遂げようとする心と態度を育てる。

（2）学年目標
＜低学年（第1, 2学年）＞
（ア）自分と他の人、または生活の周辺で守らなくてはならない礼節を知り、これに合うような言行を行う習慣を育てる。
（イ）明朗闊達な生活の中で、善悪を判断することができ、これに従って言行するこ

とができるようにする。

(ウ) 父母と先生の教えに喜んで従い、兄弟や友達の間で仲良く過ごし互いに助ける心を持つようにさせる。

(エ) 私たちの国家と民族の誇りを知り、国を愛する心を持つようにさせる。

(オ) 北朝鮮の共産集団の間違いを知り、国を守ってくれる方たちに対して感謝する心を持つようにさせる。

＜中学年（第3，4学年）＞

(ア) 日常生活で必要な礼節を知り、礼儀正しく生活する態度を育てる。

(イ) 自分の生活を反省し、善悪を判断して正しく行動し、楽しい生活を行うことができるようにする。

(ウ) 共同生活においても守らなくてはならないことを知り、喜んでこれに従い、秩序を守って互いに助ける生活態度を持つようにさせる。

(エ) 私たちの国家に対する感謝の気持ちを持ち、国のために苦労している人たちに感謝し、国を愛する心と態度を持つようにさせる。

(オ) 北朝鮮共産集団が犯した罪悪と北朝鮮同胞の惨状を知り、民主主義が良い点を理解させる。

＜高学年（第5，6学年）＞

(ア) 礼節の基本精神を理解していろいろな場合の礼節を育成し、品位のある生活をすることができようにする。

(イ) 自律的判断に従って責任ある行動をとり、絶えず自分を発展させようとし、素晴らしい品格を備える基礎を磨く。

(ウ) 民主社会で守らなくてはならない道徳の基本精神を理解して行動し、社会発展に貢献しようとする心と態度を育てる。

(エ) 祖先の志を受け継ぎ、国家発展に貢献しようとする態度を持つようにさせ、世界平和に貢献する道を考えるようにさせる。

(オ) 北朝鮮共産集団の罪悪を知り、平和統一を成し遂げようとする決意を固くさせる。

イ．内容

＜低学年（第1，2学年）＞

（1）礼節生活

(ア) 姿勢を正しくし、服装をきちんとする。

(イ) 友達や大人の人に適切な言葉を使い、正しいあいさつをすることができる。

(ウ) 物をあげたり受けるときや、食事をするときには正しい礼節を守る。

(エ) 国旗に対する敬礼の方法を知り、集会の時の礼節を守る。

資料編「道徳教育」関連教科等の歴代「教育課程」（1947 ～ 1973年）

（2）個人生活
（ア）健康に留意し、危険から安全を守る。
（イ）うそをつかない。
（ウ）学用品とお小遣いを大切に使う。
（エ）正しいことに勇気を持つ。
（オ）自分の仕事をまじめに行う。
（カ）物事を注意深く見て率先して行う。
（キ）良い習慣を持つ。
（ク）自分の長所を知る。
（ケ）自分でできることは自分で行う。
（コ）自分のものを大切にし、整頓する。
（サ）他の人の間違いを許す。
（シ）難しい仕事でも耐えて我慢する。
（ス）動植物を大切にし愛する。
（セ）美しいものを好む。
（ソ）明朗で活発に生活する。
（タ）決められた時間をきちんと守る。

（3）社会生活
（ア）我を張らないで他の人の話も聞くことができる。
（イ）自分のものと公共物を区別することができ、大切に扱う。
（ウ）家族を大切にし愛する。
（エ）他の人に親切に接する。
（オ）自分が引き受けた仕事を知り、行う。
（カ）正しいことと間違いを区別することができる。
（キ）父母と大人たちの教えに従い、感謝することができる。
（ク）友達と仲良く過ごす。
（ケ）近隣と互いに助け合う。
（コ）学校を楽しい場所と思い愛する。
（サ）家庭と学校で決めた約束を守る。

（4）国家生活
（ア）わが国を誇りに思う。
（イ）自分が韓国人として生まれたことをうれしく思う。
（ウ）国のために努力している人に対して感謝する。
（エ）国のために貢献する道を知る。
（オ）わが国の国の美しい風俗を知る。

（カ）外国人に親切に接する。

（5）反共生活
（ア）共産軍の侵略性を理解する。
（イ）北朝鮮同胞の惨状を知り、同情心を持つ。
（ウ）スパイの浸透を防がなくてはいけないことを理解する。
（エ）わが国は自由の国であることを理解する。
（オ）北朝鮮の土地を取り戻すため、共産党に勝たなくてはではないことを理解する。

＜中学年（第3、4学年）＞
（1）礼節生活
（ア）姿勢と心の準備を正しくしなくてはならないことを知り、身につける。
（イ）柔らかく、美しい言葉を使い、時と場所に合うあいさつをする。
（ウ）食事、訪問、接待等をするときには正しい礼節を知り守る。
（エ）集会や儀式に参加するときには正しい礼節を守る。

（2）個人生活
（ア）食べ物を節制し、自ら健康安全に努力する。
（イ）全ての仕事を正直に誠実に行う。
（ウ）物の価値を知って使い、過分な欲望を持たないようにする。
（エ）正誤を判断することができ、信念をもって行う。
（オ）自分が他の人に役立つことを楽しい気持ちで行う。
（カ）小さなことにも創意と研究的な態度を持つようにする。
（キ）自分の言行を反省し直していく。
（ク）自分の長所を発見し伸ばす。
（ケ）自分ができることを自ら計画し実践する。
（コ）整理整頓や環境美化に努力する。
（サ）相手の立場を理解し、他の人の間違いを許してあげる。
（シ）苦しい仕事も忍耐して最後まで行う。
（ス）動植物を愛して世話をしてあげる。
（セ）美しいものやきれいなものを大切にする。
（ソ）常に明るく、楽しい気持ちで生活する。
（タ）時間を大切にして利用する。

（3）社会生活
（ア）他の人のよい意見を受け入れ、他の人を見下さない。
（イ）公共物を大切に思い、公衆道徳を守る。

資料編「道徳教育」関連教科等の歴代「教育課程」（1947 〜 1973年）

（ウ）家族を敬愛し、家庭での自分の役割を果たす。

（エ）弱者や不遇者を慰労し助ける。

（オ）引き受けた仕事を最後まで行い、責任ある行動をとる。

（カ）自分の偏見にとらわれず公正に対応する。

（キ）自分を助けてくれた人に対して尊敬し感謝する。

（ク）友達の間では互いに信じ合い、仲良く過ごす。

（ケ）共同の仕事には進んで協力する。

（コ）学校と故郷に対する愛情を持つ。

（サ）共同生活の規則をよく守る。

（4）国家生活

（ア）国家に対する愛情を感じ、輝かせようとする心を持つ。

（イ）わが国の国土と文化・伝統の優れた点を理解する。

（ウ）国家と民族のために苦労した先賢たちを敬う。

（エ）支援補助の道を知り、国家発展のために協力することを理解する。

（オ）我々の美風良俗を理解し、輝かせようとする心を持つ。

（カ）他の国と親しくしなくてはならないことを理解し努力する。

（5）反共生活

（ア）共産軍の侵略性を知り、彼らに対して警戒する心を持つ。

（イ）北朝鮮同胞の惨状を知り、彼らを救出しようとする心を持つ。

（ウ）スパイの浸透を防がなくてはならないことを理解し、反共活動に参加しようと
　　　する心を持つ。

（エ）共産圏の分裂と自由友邦結束の意義を理解する。

（オ）平和統一を成就するために力を蓄えなくてはならないことを理解する。

＜高学年（第5、6学年）＞

（1）礼節生活

（ア）常に品位のある姿勢と心構えを持つ。

（イ）心からのあいさつと言行でなくてはならないことを知り　身につける。

（ウ）礼節の根本精神を知り、正しい礼節を守る。

（エ）国民儀礼の精神を理解し、敬虔に参与する。

（2）個人生活

（ア）公衆衛生の意味を理解し、守り、自ら健康管理に努力する。

（イ）全ての仕事に誠意を尽くす。

（ウ）物や金銭の価値を理解し、貯蓄し、計画的に活用する。

（エ）正しいことには勇気を持ち、積極的に行う。

（オ）勤労の尊さを理解し、自ら働く。

（カ）全ての仕事に研究心を持ち改善していこうとする。

（キ）自分の言行を反省し、深く考えて行動する。

（ク）自分の長所を知り、伸ばそうとする。

（ケ）自分が正しいと考える信念に従って行動し、ぶれない。

（コ）身の回りの環境を清潔にし、能率的に整理整頓する。

（サ）広い心で間違いを許してあげ、寛大な心で対処する。

（シ）自分の志を成し遂げるためには困難に耐えて最後まで行う。

（ス）動植物の生命を尊重し愛護する。

（セ）美しいものや崇高なものを愛し尊重する。

（ソ）明朗活発な生活を通して近隣の人を楽しくさせる。

（タ）時間の意義を知り、効果的に活用する。

（3）社会生活

（ア）他人の意見と権利を尊重する。

（イ）公徳意義を理解し、自ら進んで公益のために働く。

（ウ）家族を愛し、楽しい家庭になるように努力する。

（エ）その人の立場に立って考え、だれにでも親切に接する。

（オ）権利よりも義務を優先し、自分の言行に責任を持つ。

（カ）対人関係において公正に判断し、私的なことにとらわれないようにする。

（キ）恩を知り、自らその恩に報いることができる。

（ク）互いに信頼し、義理を守る。

（ケ）共同の意義を理解し、自ら進んで協力する。

（コ）学校や地域の発展のために努力する。

（サ）遵法の意義を理解して守り、これの改善に努力する。

（4）国家生活

（ア）自分と国家との関係を理解し、個人よりも国家の利益を優先することができる。

（イ）素晴らしい文化民族であることを理解し、誇りに思う。

（ウ）先賢と国軍の功績を理解し、感謝して模範とする。

（エ）国家発展のために使命感を自覚して努力する。

（オ）美風良俗と民族文化の優秀性を知り、さらに輝かせようとする。

（カ）外国の生活と文化を理解し、国際親善の維持に努力する道を理解する。

（5）反共生活

（ア）わが国の統一を妨害する共産党の蛮行知り、これを警戒する心を固く持つ。

資料編「道徳教育」関連教科等の歴代「教育課程」(1947 ～ 1973年)

（イ）北朝鮮共産党の非民主性を知り、民主主義を守ろうとする心を固く持つ。

（ウ）共産侵略の謀略を知り、これを警戒し、粉砕する方途を理解する。

（エ）共産圏が分裂していく現況を理解し、民主友邦との団結をさらに固くする方途を理解する。

（オ）平和統一の信念を固くし、これを実現する道を理解する。

ウ．指導上の留意点

（1）道徳科は教科のひとつとして新設されたのであり、その教育効果を高めるためには、道徳科は言うまでもなく、全ての教科と学校活動全般を通して有機的な指導計画になるようにする。

（2）道徳科の指導目標や指導内容を、低学年、中学年，高学年別に分けたことは、個人や地域によって学生の素質の差が大きいためである。よって道徳科の指導においては、学生の心身の発達、地域世界や学校の特色を考慮し、弾力的に指導するようにする。

（3）道徳教育の効果は、学校における教育だけでその成果を期待することはできないものであり、常に家庭と地域社会との緊密な連携のもとに行わなければならない。

（4）道徳教育の素材や機会は、学生の身の回りにおいて見つけることができる素材を多く活用し、感銘深く指導する方法を追求しなくてはならない。特に教師の模範が学生に感銘を与える点を勘案し、教育効果を上げように留意する。

（5）道徳教育においては、道徳的判断、道徳的態度形成がなされようにし、低学年の礼節指導においては、反復を通して習慣形成がなされるようにする。礼節生活のような実践行動は、実際に反復指導を通してこれを熟達させるように指導する。

（6）道徳教育において、問題児やその他の特殊な学生に対しては個別指導をすることにより、教育効果を上げるように留意しなくてはならない。

（7）道徳科の評価は、道徳教科学習内容の理解、態度、その他学校生活の全般にわたるようにする

著者略歴

関根明伸（せきね　あきのぶ）

1964 年	福島県生まれ
1988 年	福島大学教育学部卒業
1994 年	韓国・高麗大学校教育大学院修士課程修了
2009 年	東北大学大学院教育学研究科博士課程後期修了　博士（教育学）取得
2003 年	郡山女子大学家政学部専任講師
2009 年	国士舘大学体育学部准教授
現在	国士舘大学体育学部教授

＜著書＞

『自ら学ぶ道徳教育』保育出版社、（共著）2011 年
『道徳の時代がきた！』教育出版、（共著）2013 年
『道徳の時代をつくる！』教育出版、（共著）2014 年
『道徳教育を学ぶための重要項目 100』教育出版、（編著）2016 年

韓国道徳科教育の研究
教科原理とカリキュラム

Research on Korean moral education
Subject principle and Curriculum

©Akinobu SEKINE, 2018

2018 年 2 月 28 日　初版第 1 刷発行

著　者／関根　明伸

発行者／久 道　　茂

発行所／東北大学出版会
　　　　〒 980-8577　仙台市青葉区片平 2-1-1
　　　　Tel. 022-214-2777　Fax. 022-214-2778
　　　　http://www.tups.jp　E mail info@tups.jp

印　刷／カガワ印刷株式会社
　　　　〒 980-0821　仙台市青葉区春日町 1-11
　　　　Tel. 022-262-5551

ISBN978-4-86163-286-0　C3037
定価はカバーに表示してあります。
乱丁、落丁はおとりかえします。

JCOPY 〈出版者著作権管理機構　委託出版物〉

本書（誌）の無断複製は著作権法上での例外を除き禁じられています。複製される場合は、そのつど事前
に、出版者著作権管理機構（電話 03-3513-6969、FAX 03-3513-6979、e-mail: info@jcopy.or.jp）の許諾を
得てください。